지역 다양성과 사회 통합

세계 각국의 시민 - 정당 연계 동향과 쟁점

IV

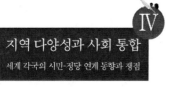

지역 다양성과 사회 통합
세계 각국의 시민-정당 연계 동향과 쟁점

초판 1쇄 발행 2018년 6월 27일
초판 2쇄 발행 2021년 7월 7일

지은이 윤종빈·정회옥 외

펴낸이 김선기
펴낸곳 (주)푸른길
출판등록 1996년 4월 12일 제16–1292호
주소 (08377) 서울시 구로구 디지털로 33길 48 대륭포스트타워 7차 1008호
전화 02–523–2907, 6942–9570~2
팩스 02–523–2951
이메일 purungilbook@naver.com
홈페이지 www.purungil.co.kr

ISBN 978–89–6291–460–3 93340

*이 도서의 국립중앙도서관 출판예정도서목록(CIP)은 서지정보유통지원시스템 홈페이지(http:
//seoji.nl.go.kr)와 국가자료공동목록시스템(http://www.nl.go.kr/kolisnet)에서 이용하실 수
있습니다.(CIP제어번호: CIP2018019058)

이 저서는 2016년 대한민국 교육부와 한국연구재단의 지원을 받아 수행된 연구임(NRF–2016S1A3
A2924104).

지역 다양성과 사회 통합

미래정치연구소 학술 총서 시리즈 08

세계 각국의 시민-정당 연계 동향과 쟁점

미래정치연구소 편

윤종빈 · 정회옥 · 김윤실 · 김진주 · 김소정 · 정승희
김민석 · 이순영 · 정하연 · 정현영 · 조현희 · 최민지

푸른길

Regional Diversity and Social Integration

Trends and Issues of Citizens-Parties Linkages in the World

Korea Institute for Future Politics
by Jong Bin Yoon and Hoi Ok Jeong

PURUNGIL

책을 내면서

2013년 한국연구재단의 한국사회과학연구지원(Social Science Korea, SSK) 사업에 선정되어 2016년 중형단계에 진입한 명지대학교 연구단은 연구 기획물로 매년 학술도서를 발행하고 있다. 정당과 유권자의 연계(linkage)가 대의민주주의 발전의 중요한 부분이며 한국의 사회통합을 달성하는 데 있어 이러한 연계의 강화가 필요하다는 것이 본 연구단의 핵심 연구 주제이다. 소형 연구팀으로서 3년의 기간을 지나 중형 연구단으로 2년여간 다양한 학술적 활동을 지속해 오면서, 본 연구단이 강조하고자 하는 점은 정치적 측면에서의 사회통합에 대해서도 학문적 연구와 논의가 필요하다는 것이다. 한국 사회는 정치적으로 이념, 지역 등의 갈등을 겪고 있다. 이러한 사회갈등을 해소하고 사회적 통합을 이룩하기 위해 본 연구단은 정당이 대의제 기능을 회복하고 시민에 대한 본연의 책임성과 대표성을 제고해야 한다는 문제의식을 가지고 연구를 진행해왔다. 본 학술도서는 다양한 지역과의 비교 분석을 통해 한국적 정당-시민 연계 강화 방안을 모색할 수 있을 것이라는 연구진들의 깨달음이 담겨 있다. 모두 다른 정도의 민주주의 수준을 가진 세계 여러 나라들은 저마다 다른 정도의 사회통합 수준을 보이고 있으며, 사회적 갈등을 해결하기 위한 전략도 모두 다르다. 따라서 이들에 대한 심층적이고 지속적인 연구를 수행한다면 우리가 얻고자 하는 정책적 제안이 도출될 수 있을 것이다.

본 학술도서 역시 이러한 관점에서 기획되었으며 동유럽, 유럽의회, 미국, 일본, 한국, 대만, 싱가포르의 지역별 동향 및 쟁점을 다루고 있다. 제1부에서는 동유럽 사례를 다룬다. 1980년대 후반 이후 공산당의 일당지배체제가 붕괴된 폴란드, 헝가리, 체코 등 동유럽 국가들은 단시간에 절차적 민주주의를 달성하였다는 점에서 한국과 유사한 형태를 보이고 있다. 2016년 말부터 2017년 중순까지 동유럽은 극우정당이 득세하고, 행정부가 강경한 움직임을 보이는 등 민주주의의 위기가 도래하였다. 이를 바탕으로 한 동유럽에 대한 연구는 한국 사회에서도 중요한 정책적 함의를 제공해줄 수 있을 것이다. 제2부는 유럽 각국 정당들의 연합으로 구성되는 유럽정당(European Political Groups, EPG)의 활동영역인 유럽의회를 살펴본다. 근래 유럽연합은 영국의 탈퇴와 여러 차례의 테러로 혼란이 가중되었다. 또한 난민할당제와 관련해서도 분열의 움직임이 나타났다. 그러한 상황에서 유럽연합 내 정당들의 시민과의 연계성 강화 노력과 유럽 통합을 위한 움직임은 한국의 사회통합 과정에서도 적용이 가능할 것이다. 제3부에서는 미국 정치의 동향과 쟁점을 다룬다. 강경 우파적인 정책을 펼치는 트럼프 대통령이 당선된 후 미국 사회는 인종, 계층 간의 분열이 심화되고 있다. 그 속에서 미국의 정당들은 이념적 논쟁을 떠나 유권자들을 대변하고 대의민주주의 강화를 위해 다양한 노력을 기울이고 있다. 이러한 점에서 한국의 정당–유권자 연계 강화를 논의하는데 있어 미국의 동향 분석은 유용한 자료이다. 제4부는 일본의 동향과 쟁점을 살펴보았다. 장기집권 중인 자민당은 야당과의 불통과 아베 총리의 사학스캔들로 인해 국민의 신뢰를 얻지 못하면서 위기에 봉착했다. 선진 민주주의 국가라 할 수 있는 일본이지만 최근 국민에게 신뢰받지 못하는 일본 정당들의 모습은 한국의 정당이 국민의 신뢰 회복을 위해 어떠한 노력을 기울여야 하는지 시사점을 제공할 수 있다. 제5부에서는 한국의 동향과 쟁점을 소개한다. 국정농단 사태로 인해 민주주의의 큰 변화를 겪은 한국 사회의 흐름과 대통령 탄핵으로 이어지는 과정에서의 정당의 모습 등을 통해 시민들의 정치참여와 정당과의 연계에 대해 심도 있게 연구하고자 하였다. 제6부와 제7부에서는 대만과 싱가포르의 정치적 동향과 쟁점을 살펴보았다. 우선 대만의 경우 중국에서 독립한 이후 양안 간의 갈등이 심화되고 있으나 첫 여성 총통 하의 민진당 정권이 강력하게 실제적 독립을 주장하고 있다. 대만의 실제적 독립과 관련하여 여당과 야당의 갈등 또한 첨예한 상황이며, 여당인 민진당과 총통에 대한 국민이 신뢰까지 낮아지면서 위기를 맞이하고 있다. 이러한 상황에 대처하는 민진당의 모습은 국민의 신뢰가 낮아지는 한국 정당들에게 중요한 사례가 될 것이다. 마지막으로 싱가포르는 여당인 인민행동당이 독립 이후 지금까지 장기집권하고 있는 권위주의적 정치문화를 가지고 있음에도 다인종 간 사회통합을 위해 여러 노력을 기울이고 있다. 하지만 이러한 노력 역시 특정 인종에게 국한되어 있고, 지나치게 여당 중심으로 이루어지면서 여전히 많은 문제를 가지고 있다. 과거 권위주의 속 한국 정치에서의 정당-시민 연계와 현재 싱가포르의 정당이 시민과 연계하는 모습을 비교분석하면서 민주주의가 나아가야할 방향에 대해 모색할 수 있을 것이다.

지난 연구기간 동안 참여한 7명의 공동연구원과 2명의 전임연구원은 매달 월례발표회에 참석하였으며, 연구단이 심층적으로 연구하고 있는 지역들에 직접 방문하여 현지 전문가, 연구자 등과 인터뷰하여 자료를 수집하는 등의 노력을 기울여 왔다. 공동연구원인 박경미(전북대 정치외교학과)·유성진(이화여대 스크랜튼 학부)·장승진(국민대 정치외교학과)·한의석(성신여대 정치외교학과)·한정훈(서울대 국제대학원 국제학과) 교수님들과 전임연구원인 정수현(명지대 미래정치연구소)·박지영(명지대 미래정치연구소) 박사님들의 노고에 깊은 감사를 드린다. 더불어 매달 월례발표회를 준비하고 참석하여 연구원들의 연구를 도와온 명지대학교 대학원생 및 학부생 연구보조원들에게도 감사드린다. 연구 자료를 수집하고 정리한 김윤실·김진주·김소정·정승희 학생을 포함한 학부생 연구보조원들의 도움 없이 본 학술 도서의 발행은 어려웠을 것이다. 명지대학교 연구단이 발간한 여러 연구 총서 중 하나인 본 학술 도서가 한국 사회의 갈등을 해소하고 통합하는 데에 좋은 영향을 미쳤으면 하는 바람으로 머리말을 마무리 짓고자 한다.

2018년 6월

저자들을 대신하여, 윤종빈 · 정회옥

차례

제1부

동유럽의 동향 및 쟁점
- 극우정당 득세와 민주주의의 위기

제2부

유럽의회의 동향 및 쟁점

- 유럽연합의 분열과 갈등

제3부
미국의 동향 및 쟁점
- 트럼프의 당선과 미국의 분열

제4부
일본의 동향 및 쟁점
- 자민당의 장기집권과 변화의 움직임

제5부

한국의 동향 및 쟁점

- 국정농단 사태와 촛불시위, 그리고 탄핵

동유럽의 동향 및 쟁점

극우정당 득세와 민주주의의 위기

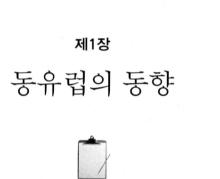

제1장
동유럽의 동향

1차(2016년 6월 말~7월 말)

김소정

　폴란드에서 7월에 실시된 여론조사 결과에 따르면 여당인 법과정의당(Prawo i Sprawiedliwość, PiS)이 선두를 달리고 있으며, 시민연단(Plaforma Obywatelska, PO)이 그 뒤를 따르고 있는 것으로 나타났다(Warsaw Voice 2016. 07. 11). 안드레이 두다(Andrzej Duda) 대통령의 지지율은 임기를 시작한 이래로 최대치인 56% 정도인 것으로 나타난 반면, 의회에 대해서는 31%의 응답자만이 긍정적으로 평가하고 있다(Warsaw Voice 2016. 07. 13). 한편 법과정의당 지도부는 정부의 정책 추진이 더디다고 판단되면 내각을 교체할 수도 있다는 입장을 밝혀 논란이 되고 있다(Warsaw Voice 2016. 07. 19). 이러한 논란은 여당 내의 긴장 관계가 반영된 것으로 평가된다.

　헝가리의 동향을 살펴보면 영국의 유럽연합(European Union, EU) 탈퇴에 이어 정부가 헝가리 또한 유럽연합에 대한 신임투표를 치를 것이라는 입장을 밝혔다(Financial Times 2016. 07. 05; 조선일보 2016. 07. 07 재인용). 한편 국제연합(United Nations, UN)의 난민기구(United Nations High Commissioner for Refugees, UNHCR)는 헝가리 국경지대에서 일어나는 난민 학대에 대해 우려를 표명하며 헝가리 정부에 실태조사를 촉구했다(연합뉴스 2016. 07. 15). 이러한 상황에서 빅토르 오르반(Viktor Orban) 총리가 난민들이 공공안전에 위협이 되고 테러의 위험성을 내포하고 있다며 "난민들은 유럽에 독"이라고 발언해 논란이 되고 있다(AFP 2016. 07. 26; 뉴스1 2016. 07. 27 재인용).

체코에서는 하원 의원들이 정당 기금과 관련된 새로운 법안을 마련하기 위해 총력을 기울이고 있다(praguemonitor 2016. 06. 29). 새로운 법안의 내용은 정당이 기업과 개인에게 받을 수 있는 후원금을 제한하고, 선거 지출을 감독하기 위한 새로운 기관을 창설하는 것이다(praguemonitor 2016. 06. 29). 영국의 유럽연합 탈퇴 결정 이후 체코에서도 유럽연합과 북대서양조약기구(North Atlantic Treaty Organization, NATO) 탈퇴 여부를 결정하는 국민투표가 실시되어야 한다는 목소리가 나오고 있다(연합뉴스 2016. 07. 03). 한편 총선에서 여성 후보의 비율을 40%로 정하는 여성 할당제안에 대해 정부가 지지를 철회해 논란이 되고 있다(praguemonitor 2016. 07. 11).

폴란드

07월 11일

• 여당 법과정의당, 지지율 조사에서 선두 달려   (Warsaw Voice 07. 11)

- 7월에 실시된 여론조사 결과에 따르면 여당인 법과정의당의 지지율은 지난 6월보다 4%포인트 상승해 39% 정도이며, 중도적 이념을 보이는 시민연단은 그 뒤를 이어 15%의 지지를 받는 것으로 나타났다. 또한 자유주의 야당인 현대폴란드당(NowoczesnaPL)은 지난달과 비슷한 14%의 지지를 받고 있는 것으로 드러났다. '쿠키스 15'(Kukiz'15)는 지난달보다 1%포인트 하락한 8%대의 지지율을 획득했으며 국민당은 3%의 지지를 받고 있는 것이 확인되었다. 마지막으로 민주좌파동맹(Sojusz Lewicy Demokratycznej, SLD)은 3%의 지지율을 보였다.

07월 13일

• 대통령에 대한 지지율 상승해 (Warsaw Voice 07. 13)

– 안드레이 두다 대통령의 직무 수행 만족도가 56%인 것으로 나타났다. 여론조사
기관인 CBOS(Centrum Badania Opinii Społecznej)는 이러한 지지도는 대통령이 임기를
시작한 이래로 최대치라고 밝혔다. 한편 의회에 대해서는 폴란드 국민의 31%만이
긍정적으로 평가하는 것으로 나타났다.

07월 18일

• 야당들, 사회적 이슈에 초점 맞출 것이라 밝혀 (Warsaw Voice 07. 18)

– 야당인 시민연단과 현대폴란드당이 여당의 사회 보장을 능가하지 않는 선에서 자
유와 민주주의를 수호하는 방향으로 나아갈 것이라고 합의했다. 또한 사회적 이슈
에 초점을 맞출 것이라고 밝히면서 현대폴란드당은 사회 보조금 정책을 수정된 형
태이지만 지속적으로 펼쳐나갈 것이라고 주장했다. 폴란드의 거대 야당인 시민연단
또한 당의 새로운 정책 노선을 오는 9월에 발표할 것이라고 밝혔고, 이 정책은 가난
한 사람들을 지원하는 것이 중심으로 될 것이라고 주장했다.

07월 19일

• 내각 교체가 이루어질 것인가 (Warsaw Voice 07. 19)

– 법과정의당의 지도부는 정부가 예상했던 것보다 느리게 정책을 추진한다면 내각
교체를 고려할 것이라고 밝혔다. 이러한 점에서 볼 수 있는 여당 내의 긴장 관계는
분명히 존재한다. 의원들 사이에서 나오는 이야기에 따르면 당 지도부와 베아타 슈
드워(Beata Sydlo) 총리의 관계는 냉랭하다고 볼 수 있다. 법과정의당의 몇몇 의원은
슈드워 총리가 의사를 결정하는 데 어려움을 겪고 있으며, 내각 구성원들과 갈등을
빚고 있기 때문에 당대표인 야로슬라프 카친스키(Jaroslaw Kaczynski)가 슈드워 총리
를 교체해야 한다고 주장하고 있다. 하지만 슈드워 총리가 유권자들에게 여전히 인
기가 높기에 이러한 주장은 관철되기 어려울 것으로 예상된다.

07월 26일

• '쿠키스15'와 코르비느의 정당, 지방선거에서 협력할 것이라 예상돼

(Warsaw Voice 07. 26)

– 반체제 정당인 '쿠키스15'의 대표인 파블 쿠키스(Pawel Kukiz)가 'KORWIN'의 대표 야노시 코르비느 미카(Janusz Korwin-Mikke)와 만났다. 'KORWIN'은 지난 10월 총선에서 안타까운 차이로 원내 진입에 실패한 정당이다. 다가오는 지방 선거에서 협력하기 위한 논의를 시작하기 위해 두 대표가 만났다는 것이 당의 설명이다.

헝가리

07월 04일

• 유럽연합 난민 할당제 놓고 헝가리 10월 국민투표

(Financial Times 07. 05; 조선일보 07. 07 재인용)

– 영국의 유럽연합 탈퇴에 이어 오는 10월 헝가리와 오스트리아에서도 유럽연합에 대한 신임투표 성격의 투표가 치러진다고 파이낸셜타임스(FT)가 5일 보도했다. 유럽연합이 다시 한 번 시험대에 오르게 되는 셈이다. 헝가리는 10월 2일 유럽연합이 추진 중인 난민 할당제를 수용할 것인지를 묻는 국민투표를 치른다고 지난 4일 발표했다. 유럽연합은 지난해 그리스·이탈리아 등에 입국한 난민 16만 명을 다른 회원국으로 분산 배치하고, 이를 받아들이지 않으면 벌금을 부과하기로 했다. 빅토르 오르반 헝가리 총리는 지난해 헝가리와 크로아티아·세르비아 국경에 난민 차단 장벽을 세우는 등 강경책을 펴온 인물이다. 전문가들은 국민투표에서 '난민 할당제 반대'가 우세할 것으로 보고 있다. 투표 문항도 "유럽연합이 의회 동의도 없이 비(非)헝가리 국민을 헝가리에 정착하도록 강제할 권리를 갖기를 바라는가"로 돼 있어, 사실상 반대를 유도하고 있다.

07월 15일

• 국제연합(UN), 헝가리에 국경지대 난민 학대 조사 촉구   (연합뉴스 07. 15)

– 유엔난민기구(UNHCR)는 15일 세르비아와 헝가리 국경지대에서 일어나는 난민 학

대에 우려를 나타내면서 헝가리 정부에 실태 조사를 촉구했다. 유엔난민기구(UN-HCR)는 "헝가리 경찰이 폭력을 사용해 난민들을 세르비아로 돌려보내고 있다는 보고서 내용에 우려하고 있다"며 "이런 행위는 유럽연합, 국제 사회와 맺은 협약을 위반하는 것이다"라고 말했다. 국제연합(UN)에 따르면 헝가리-세르비아 국경에는 대부분 여성, 어린이인 1천400여 명의 난민이 열악한 환경에서 헝가리 지역 송환구역(transit zone)에 들어가기 위해 대기하고 있다. 헝가리는 최근 국경에서 8km 떨어진 곳에서까지 경찰이 난민을 체포해 세르비아로 돌려보낼 수 있도록 허용하는 법을 통과시켰고, 법 시행 후 며칠 만에 664명이 세르비아로 돌려보내졌다. 헝가리 정부는 1만여 명의 군인을 철제 펜스에 배치하는 한편 헬리콥터와 드론으로 국경지대를 감시하고 있다.

07월 17일

• 헝가리 난민 캠프서 200여 명 몸싸움…8명 병원 이송　　　　　　(연합뉴스 07. 18)

- 열악한 난민 처우로 인권단체의 비판을 받는 헝가리에서 이번에는 난민들 사이에 집단 몸싸움이 일어났다. 18일 헝가리 당국에 따르면 수도 부다페스트에서 남쪽으로 150km 떨어진 난민캠프에서 17일 밤 8시께 난민 200여 명이 몸싸움을 벌였다. 이 소동으로 8명이 병원으로 이송됐고 9명이 다친 것으로 파악됐다. 이곳에 있는 난민들은 대부분 알제리, 시리아, 파키스탄, 몽골 출신이다. 헝가리 당국은 200여 명의 경찰을 투입해 사태를 진정시켰다. 이곳에서는 지난달에도 인간적인 처우와 조속한 망명 처리를 요구하며 난민들의 시위가 있었다. 헝가리 정부는 아프리카, 중동에서 유입되는 난민 수가 40만 명이 넘자 지난해 9월 세르비아와 맞닿은 국경에 철제 펜스를 쳤다. 세르비아 국경지대에서 비인간적 환경에 놓은 난민들의 처우가 문제가 되는 등 인권단체의 비판이 제기되고 있지만, 헝가리 정부는 국경을 넘어 8km까지 들어온 난민을 경찰이 체포해 쫓아낼 수 있는 법을 지난달 통과시켰다.

07월 26일

• 오르반 총리 "난민은 독…한 명도 필요 없다"　　　　(AFP 07. 26; 뉴스1 07. 27 재인용)

- 빅토르 오르반 헝가리 총리가 26일 "난민들은 유럽에 독"이라고 말했다고 AFP이

보도했다. 우파 성향의 오르반 총리는 이날 부다페스트를 방문한 오스트리아 총리와의 회담 후 공동 기자회견을 열고 "헝가리 경제가 돌아가고 인구가 제대로 유지되고 또 미래를 위한다면 단 한 명의 이민자도 필요 없다"며 강경한 입장을 밝혔다. 그는 "유럽 차원의 통합된 이주민 정책도 필요 없다"며 "이민자가 필요한 나라들이 그들을 받아들여라. 다만 우리에게 (이민자들을) 받으라고 강요하지 말라, 우린 필요 없다"고 말했다. 오르반 총리는 난민 유입에 반대하는 이유로 "모든 이민자들이 공공안전 위협이자 테러 위협"이며 "우리에게 이민자들이란 해결이 아닌 문제이자 약이 아닌 독"이라고 강조했다. 우파 성향의 빅토르 오르반 총리를 필두로 한 헝가리 정부는 유럽연합의 정책이 헝가리 주권을 위반하는 한편 '테러리스트'들이 난민으로 위장해 들어오는 계기가 될 수 있다며 반대 목소리를 내고 있다.

체코

06월 29일

• **하원, 정당 기금에 대한 법안 통과를 위한 논의 중**   (praguemonitor 06. 29)

– 하원 의원들이 정당의 기금과 관련된 새로운 법을 마련하기 위해 노력하고 있다. 새로운 법안은 정당이 기업과 개인에게 받을 수 있는 후원금을 연 3백만 크라운으로 제한하는 것을 골자로 한다. 이 법안은 또한 선거 지출을 감독하기 위한 새로운 기관을 창설하는 내용을 담고 있다. 하원 의원들은 이 법안이 통과된다면 정당 자금에서 좀 더 투명한 운용이 이루어질 것이라고 주장했다.

07월 03일

• **체코 대통령 '유럽연합 탈퇴' 국민투표 거론···총리는 즉각 거부**   (연합뉴스 07. 03)

– 영국에 이어 체코에서도 유럽연합과 북대서양조약기구(NATO) 탈퇴 여부를 가리는 국민투표 필요성이 제기됐다. 유럽연합 통합에 우호적인 밀로스 제만(Miloš Ze-man) 체코 대통령은 최근 자국 라디오를 통해 "자신은 유럽연합을 떠나는 걸 반대하지만, 국민이 유럽연합과 나토 탈퇴 여부에 의견을 밝힐 수 있도록 국민투표를 추진하는 데 최선을 다할 것"이라고 말했다. 제만 대통령의 이런 입장은 체코가 유럽연

합 회원국인 것에 대한 국민 만족도가 낮아지고 있어서다. 이에 보후슬라프 소보트카(Bohuslav Sobotka) 총리는 즉각 거부했다. 체코는 총리가 실권을 가진 내각제 중심 국가다. 다만, 제만 대통령은 역대 처음 직선으로 선출된 데다 총리도 지낸 인물이어서 영향력이 크다는 평가를 받는다. 총리 대변인은 제만 대통령의 발언과 관련해 낸 성명에서 "유럽연합과 나토 회원국 지위는 체코의 안정과 안보를 보증하는 역할을 하므로 정부는 그런 지위를 의문에 빠뜨리는 여하한 조처도 고려하지 않는다"고 밝혔다. 연정 소수당 파트너인 긍정당(Akce Nespokojených Občanů, ANO)의 안드레이 바비스(Andrej Babis) 당수도 국민투표가 체코에 손실을 줄 수 있다며 반대 의사를 밝혔다. 아울러 체코에서는 국민투표 시행의 헌법적 근거가 없으므로 국민투표를 하려면 개헌을 해야 하는 상황이다. 그러려면 상하 양원 모두에서 개헌 찬성표가 압도적으로 나와야 하는데, 그 가능성은 적다고 현지 언론들이 전망했다.

07월 11일

• 보후슬라프 소보트카 총리, 가을에 치러질 선거가 자신의 미래를 결정할 것이라 밝혀 (praguemonitor 07. 11)

– 보후슬라프 소보트카 총리가 올 가을에 치러질 상원 선거와 지방선거에서 사회민주당(Česká Strana Sociálně Demokratická, ČSSD) 대표로서 자신의 운명이 결정될 것이라고 말했다. 덧붙여 그는 사회민주당이 대중의 충분한 지지를 받는 상황이 되어야 2017년 봄에 총리직 재선에 도전할 것이라는 입장을 밝혔다. 이와 관련해 그가 생각하기에 충분한 지지란 어느 정도인지 구체적으로 밝히지는 않았다. 한편 사회민주당은 상원 81석 중 상당히 많은 의석인 33석을 차지하고 있다.

07월 11일

• 정부, 여성 할당제에 대한 지원 거부해 (praguemonitor 07. 11)

– 정부는 총선에서 여성 후보의 비율을 40%로 정하는 안에 대한 지지를 철회했다. 전하는 바에 따르면 여성 할당제에 반대하는 대표적인 목소리는 긍정당과 기독민주당(Křesťanská a demokratická unie - Československá strana lidová, KDU-CSL)에서 나오고 있다고 한다. 여성 할당제안은 남성과 여성의 평등을 위해 제기되었다. 현재 상황을

보면 의회에서 여성은 20%의 의석을 차지하고 있으며 지방의회에서는 27% 정도의 의석을 차지하고 있는 것으로 나타났다. 여성 할당제안은 고위직에서의 여성 비율을 제고하고 나아가 연구, 교육 분야에서도 여성의 역할을 확대하기 위한 일환으로 출발하였으나 반대하는 정당들이 존재하는 등 채택되기까지에는 잡음이 많을 것으로 예측된다.

07월 25일

• 대부분의 체코 국민, 동성 커플의 입양 권리 지지해　　　(praguemonitor 07. 25)
– 여론조사기관인 CVVM(Centrum pro Výzkum Veřejného Mínění)에서 실시한 조사 결과에 따르면 체코 국민 5분의 3 이상이 동성 커플도 아이를 입양할 수 있는 권리가 있다고 지지하는 것으로 나타났다. 한편 설문에 참여한 3분의 1 미만의 사람들만이 그 권리에 대해 반대한다는 입장을 밝혔다. 의원들은 최근 동성 커플의 아이 양육에 대한 권리를 두고 논쟁을 펼치고 있다. 동성 커플이 일반적인 부부와 동일한 양육의 권리를 가질 수 있는지 여부에 대한 것이 주요 내용이며, 이러한 논의는 총선이 치러질 때까지 지속적으로 이루어질 것으로 예측된다.

2차(7월 말~8월 말)

김소정

　유럽연합(EU)이 민주주의 훼손을 이유로 폴란드에 대한 제재 계획을 통보해 논란이 되고 있다(Financial Times 2016. 07. 27; 연합뉴스 2016. 07. 28 재인용). 유럽연합의 이 같은 제재 계획은 폴란드 정부가 법치주의를 위협하는 등 민주주의를 훼손하고 있다는 판단에서 비롯되었는데 이러한 상황에도 여당인 법과정의당은 안정적인 지지율을 얻어 선두를 달리고 있는 것으로 나타났다(Warsaw Voice 2016. 08. 05). 또한 이와 맞물려 폴란드에서는 헌법재판소 소장이 직권남용의 혐의로 검찰 수사를 받게 되며 법치주의 훼손에 대한 논란이 가중되고 있다(AFP 2016. 08. 18; 연합뉴스 2016. 08. 19 재인용). 한편 지방정부들은 정부의 중앙집권화에 대항하기 위한 협력을 체결해 자신들의 권한을 지킬 것이라는 입장을 밝혔다(Warsaw Voice 2016. 08. 25).

헝가리의 동향을 살펴보면 국경 지대에서 난민들이 유럽연합의 정책을 비판하며 단식농성을 이어갔으며, 헝가리 정부가 난민들을 적게 수용하고 있는 것에 불만을 터뜨렸다(AP 2016. 07. 28; 연합뉴스 2016. 07. 28 재인용). 사회당(Magyar Szocialista Párt, MSZP)은 지지자들에게 오는 10월 예정되어있는 난민할당제에 대한 국민투표는 유럽연합 탈퇴를 선전하는 도구에 지나지 않는다며, 이에 반대할 것을 요청했다(hungarytoday.hu 2016. 08. 08). 한편 요빅(Jobbik Magyarországért Mozgalom, Jobbik)이 제안한 국외거주자의 투표권이 여당의 보이콧으로 인해 인정되지 않았다(hungarytoday.hu 2016. 08. 22).

체코에서는 여당인 사회민주당이 내년 예산 편성과 관련해 국가 안보, 사회보장 제도, 교육 세 가지가 우선되어야 한다는 입장을 밝혔다(praguemonitor 2016. 07. 29). 한편 올 10월 예정된 지방선거를 위해 270명의 후보들이 등록을 마쳤다(praguemonitor 2016. 08. 02). 10월에는 13개의 지역에서 지방선거가 치러지는 동시에 상원의원을 선출하는 1차 선거가 치러질 예정이다(praguemonitor 2016. 08. 02). 8월 실시된 여론조사 결과에 따르면 긍정당에 대한 지지율이 상승해 선두를 달리고 있는 것으로 나타났으며 그 뒤를 여당인 사회민주당이 뒤따랐다(praguemonitor 2016. 08. 23).

07월 27일

• 유럽연합, 폴란드 제재 절차 착수…회원국 '민주주의 훼손' 첫 사례

(Financial Times 07. 27; 연합뉴스 07. 28 재인용)

– 유럽연합이 민주주의 훼손을 이유로 폴란드에 대한 제재 절차에 들어갔다고 영국 파이낸셜타임스가 27일 보도했다. 유럽연합 집행위원회는 최상위 법원인 헌법재판소에 대한 간섭을 끝내고 그 기능을 3개월 안에 정상화하지 않으면 제재한다는 계획을 폴란드 정부에 통보했다. 폴란드의 우파 법과정의당은 작년 11월 집권한 뒤 의회 권력을 견제하는 헌법재판소의 기능을 무력화했다는 지적을 받고 있다. 프란스 팀머만스(Frans Timmermans) 유럽연합 집행위원회 부위원장은 "폴란드에서 법치가 위협받는다는 근본적인 우려가 해소되지 않는다는 게 우리 결론"이라고 말했다. 유럽연합 집행위가 민주주의를 위협한다는 이유로 회원국에 대한 제재에 나서는 것은 이번 폴란드 사례가 처음이다. 이날 유럽연합의 통첩에 따라 폴란드 정부는 3개월 이내에 유럽연합의 요구를 수용하지 않으면 유럽연합 투표권 박탈과 같은 마지막 징계를 위한 절차에 휘말린다. 한편 폴란드 정권과 절친한 헝가리 정권은 이미 폴란드에 대한 어떤 제재안에도 거부권을 행사하겠다고 선언했다. 이런 분위기에서 폴란드 정부는 유럽연합의 잇따른 권고와 제재절차를 월권으로 규정하며 비웃고 있다.

08월 05일

• 여당 법과정의당, 안정적인 지지도 얻어   (Warsaw Voice 08. 05)

– 폴란드의 여당인 법과정의당은 7월에도 32%의 안정적인 지지율을 획득한 것으로 나타났으며, 야당인 현대폴란드당과 시민연단은 18%의 지지율을 얻어 법과정의당의 뒤를 이었다. 한편 반체제적 성격을 보이는 쿠키스15는 11%의 지지를 얻었으며 국민당(Polskie Stronnictwo Ludowe, PSL)은 4%의 지지를 얻는 것에 그쳤다. 민주좌파동맹은 지난달에 비해 1%포인트 상승한 6%의 지지를 받는 것으로 나타났다.

08월 18일

• 폴란드, 헌재소장 월권 여부 수사…민주주의 훼손 논란 증폭

(AFP 08. 18; 연합뉴스 08. 19 재인용)

– 민주주의 후퇴에 대한 지적을 잇달아 받은 폴란드에서 헌법재판소 소장이 직권남용 혐의로 검찰 수사를 받게 되면서 법치 훼손 논란이 증폭되고 있다. 18일 AFP에 따르면 폴란드 검찰은 안드레이 제플린스키(Andrzej Rzeplinski) 헌재소장의 '업무 과실 또는 직권남용' 여부를 수사하고 있다. 이 혐의가 인정되면 최고 징역 3년형에 처해질 수 있다. 검찰 대변인은 현지 매체에 "수사 초기 단계"라며 "관련 자료를 모으고 헌재와 서신을 주고받고 있다"고 설명했다. 폴란드 우파 법과정의당은 작년 11월 집권에 성공한 이후 헌법재판소 권한을 제한하는 법안을 통과시켰으며 헌법재판관 15명 가운데 이전 집권당이 추천한 재판관 5명의 임명을 거부하고 새로운 5명을 추천해 대통령 임명 절차를 재빨리 밟았다. 이는 의회 권력을 견제하는 헌재 기능을 무력화하는 조처라는 지적을 받았고 이에 항의하는 대규모 가두집회가 일어났다. 헌재소장에 대한 검찰 수사 개시는 계속해서 헌재를 흔드는 시도로 해석될 수 있어 법치 훼손에 대한 지적은 더욱 거세질 것으로 전망된다. 이번 제플린스키 헌재소장에 대한 검찰 수사는 집권 법과정의당이 새로 재판관으로 지명한 3명을 인정하지 않은 결정을 겨냥한 것이다. 헌재는 이전 의회에서 지명한 5명 가운데 3명의 지명 절차가 적법하다고 결정하고 집권당이 지명한 3명의 취임을 거부하고 있다.

08월 25일

• 지방정부, 중앙집권화에 대항하기 위해 연합해 (Warsaw Voice 08. 25)

– 지방 권력을 중앙으로 모으려는 정부의 노력에 대항해 많은 수의 지방 정부가 협동하고 연합할 것이라는 입장을 밝히면서 정부와 대통령과의 회담에서 자신들의 위치를 강화하기 위한 협력 계약을 체결했다. 한편 지방정부들은 중앙정부가 이미 지방 권력의 다수를 박탈했다는 사실을 알고 있다고 밝혔다. 또한 정부가 지방자치단체장을 선출할 때 직접선거의 방식이 아닌 시의회에 의해 선출하는 방식으로 선거법을 변경하는 것이 우려된다고 주장하면서 이는 자치의 원칙에 어긋난다며 반드시 막을 것이라는 입장을 밝혔다.

07월 28일

• 헝가리 국경 앞서 난민들 단식 농성…"당신들 침묵에 고통"

(AP 07. 28; 연합뉴스 07. 28 재인용)

– 잇따른 유럽 내 테러로 난민에 대한 시선이 적대적으로 변한 상황에서 헝가리 국경 지대가 난민 사태의 다른 뇌관이 되고 있다. 28일 AP에 따르면 헝가리 국경 앞 세르비아 지역 호르고스에서는 난민 100여 명이 유럽연합의 난민 정책을 비판하며 며칠째 단식 농성을 이어가고 있다. 이들은 '당신의 침묵이 우리를 아프게 한다', '우리는 모두 자유롭게 태어났다' 등의 구호를 적은 플래카드를 걸고 국경 앞에서 주저앉았다. 헝가리 국경지대에는 수천 명의 난민이 유럽연합으로 들어가기를 기다리고 있지만, 헝가리 정부는 아이가 있는 가족을 중심으로 하루 최대 30명 입국을 허용하고 있다. 헝가리 난민 정책이 바뀔 가능성은 거의 없다. 빅토르 오르반 총리는 기자회견에서 "난민은 독이다"라며 "우리는 단 한 명도 필요 없다"고 말했다.

08월 08일

• 사회당 의원들, 지지자들에게 난민할당제에 대한 정부 주도의 국민투표에 반대할 것을 요청

(hungarytoday.hu 08. 08)

– 사회당은 그들의 지지자들에게 10월 2일에 치러질 유럽연합의 강제 난민할당제에 대한 국민투표에 반대할 것을 요청했다. 사회당대표는 사회당이 국민투표에 관한 운동을 벌일 준비가 되어 있으며, 그들의 지지자들로 하여금 정부 주도의 국민투표에 반대하도록 유도할 것이라고 덧붙였다. 그들은 정부가 주장하는 국민투표가 단지 청년민주동맹(Magyar Polgári Szövetség, Fidesz)－기독민주국민당(Keresztény Demokrata NépPárt, KDNP) 내각의 유럽연합을 탈퇴하기 위한 계획의 선전 도구에 지나지 않는다고 덧붙였다. 그러나 사회당은 국민투표가 민주주의의 중요한 수단임을 인정하고 국민투표 제도를 존중하기 때문에 맹목적으로 유권자들에게 이를 거부할 것을 요청하는 것은 아니라는 입장을 밝혔다.

08월 22일

• 여당의 보이콧으로 인해 국외거주자의 우편 투표 권리 인정되지 않아

(hungarytoday.hu 08. 22)

- 요빅이 제안하고 사회당과 대안정당(Lehet Más a Politika, LMP)의 지지를 받았던 국외거주자의 우편을 통한 투표권 인정에 대한 안건에 대한 논의가 여당인 청년민주동맹-기독민주국민당 연대 소속 의원들이 출석하지 않아 무산되었다. 정족수 미달로 인해 이번 논의는 연기되었으며 본회의 의결 안건에 포함되지 못했다. 한편 여당은 이 안건에 대해 동의하지 않는다는 입장을 밝힌 바 있다. 청년민주동맹 대표인 라요쉬 코샤(Lajos Kósa)는 이전에는 선거절차와 관련된 법이 수정되려면 헌법재판소의 승인을 받아야 한다고 주장했었다. 현행법상 현거주지가 헝가리가 아닌 국민, 즉 재외국민은 선거인단에 등록을 하면 우편을 통한 투표권 행사가 가능하다.

08월 22일

• 헝가리 정치인 "이슬람 난민 차단 위해 국경에 돼지 머리 걸어놓자"

(BBC 08. 22; 중앙일보 08. 23 재인용)

- 헝가리 정치인이 난민의 불법 유입을 막기 위해 "국경에 (무슬림이 꺼리는) 돼지 머리 형상을 걸어두자"는 발언을 하여 논란의 중심에 섰다. 22일 영국 BBC 방송은 헝가리 집권당인 청년민주동맹 소속 유럽의회 의원인 기오르기 쇼플린(György Schöpflin)이 최근 트위터상에서 인종 차별 논란을 일으키는 발언을 했다고 보도했다. 앞서 한 인권 운동가는 트위터에 헝가리 정부가 난민 유입을 막기 위해 국경의 철조망에 사람 머리 형상의 사탕수수를 걸어둔 사진을 올리고 "이것들로 난민을 막을 수는 없을 것"이라고 비판하는 글을 올렸다. 쇼플린은 인권 운동가의 트윗글에 "맞는 말이다. 사람 머리(형상)보다는 돼지 머리가 난민을 막는데 효과적일 거다"고 대꾸하는 글을 올려 논쟁의 불을 지폈다. 이슬람권에서 돼지를 불경한 존재로 꺼리는 것을 가리킨 발언이었다. 인권 운동가는 쇼플린의 발언에 대해 "나치와 같은 발상"이라며 "당신 같은 사람이 유럽 의회에서 헝가리를 대표하는 것은 헝가리의 수치"라고 강력히 반발했다.

08월 26일

• 헝가리 또 난민장벽…독일에는 "어느 편이냐"　　　　　　　　(연합뉴스 08. 26)

－ 유럽연합 회원국 중 가장 폐쇄적인 난민정책을 고수하는 헝가리가 국경지대에 난민 유입을 막기 위한 장벽을 또 만들기로 했다. 빅토르 오르반 헝가리 총리는 26일 정례 라디오 방송 브리핑에서 "지금 장벽을 대체할 수 있는 견고하고 완벽한 펜스를 만들려는 기술적 계획이 진행 중이다"라며 "동시에 수십만 명이 넘어와도 막을 수 있을 것"이라고 말했다. 또한 국경지대에 있는 4만4천 명의 경찰 병력도 3천 명 증원하기로 했다. 그는 이날 오후 같은 비셰그라드 회원국인 체코, 슬로바키아, 폴란드의 정상들과 함께 폴란드 바르샤바에서 앙겔라 메르켈(Angela Merkel) 독일 총리와 회담한다. 오르반 총리는 "브뤼셀(EU)에 있는 관료들은 난민을 유럽연합 전체에 흩어놓으려고 하는데 비셰그라드 그룹은 반대한다는 점을 분명히 밝힌다"면서 "문제는 메르켈 총리가 편을 택하느냐이다"라고 말했다. 헝가리는 10월 2일 유럽연합의 회원국 난민할당 정책을 놓고 국민투표를 실시한다. 투표에서 오르반 총리가 승리하면 반난민 감정이 고조된 동유럽 쪽에서는 연쇄적으로 유럽연합 정책에 반대하는 '집단행동'이 일어날 가능성도 있다.

체코

07월 29일

• 사회민주당, 예산과 관련 우선순위 밝혀　　　　　　　　(praguemonitor 07. 29)

－ 사회민주당은 내년 예산 초안과 관련된 논쟁에서 국가적 안보, 사회보장 제도, 교육 세 가지가 우선적으로 강조되어야 한다는 입장을 밝혔다. 사회민주당 소속인 보후슬라프 소보트카 총리는 한 기자회견에서 이 같은 당의 입장을 분명히 했다. 한편 내무부장관인 밀라네 쿠바네츠(Milan Chovanec)는 경찰관의 숫자를 늘리고, 온라인상의 안보뿐만 아니라 테러에 대비하기 위해 독자적으로 30억 크라운의 재원을 찾을 것이라고 주장했다.

08월 02일

• 지방선거를 위한 후보 등록 마쳐   (praguemonitor 08. 02)

– 체코에서 10월에 치러지게 될 지방선거를 위해 여러 정당 소속 270명의 후보자들
이 등록을 마쳤다. 등록을 마친 후보자들의 수는 지난 2012년 지방선거에 비해 24명
정도 많은 것으로 나타났다. 올 10월에 예정되어 있는 지방선거는 14개의 지역 중
2014년에 지방의회 선거가 있었던 프라하를 제외한 13개의 지역에서 이루어질 예정
이다. 선거는 10월 7일과 8일 이틀에 걸쳐 진행될 예정이며 지방선거와 동시에 상원
의원을 선출하는 1차선거가 치러질 것이다.

08월 03일

• 체코 대통령 "프랑스·독일 같은 테러 날까봐 난민 한 명도 못 받겠다"

                                   (AFP 08. 02, 연합뉴스 08. 03 재인용)

– 밀로스 제만 체코 대통령이 국가안보에 위협이 된다며 정부가 추진하는 난민 2천
700명 수용안에 반대입장을 표명했다. AFP에 따르면 이리 오바체크(Jiri Ovcacek) 제
만 대통령 대변인은 2일 "대통령이 체코 영토의 어떤 이주민도 환영하는 데 반대한
다"면서 "독일과 프랑스에서 벌어진 것과 같은 테러 공격의 위험을 무릅쓸 여유가
체코에는 없다"고 전했다. 오바체크 대변인은 "바꿔 말한다면, 이주민을 환영함으로
써 체코 공화국은 테러 공격을 키울 근거를 마련하는 셈"이라고 설명했다. 보후슬라
프 소보트카 총리가 이끄는 체코 정부는 유럽연합이 추진하는 회원국별 난민 할당
제를 받아들여 2천691명의 난민을 수용하는 방안을 올해 초 내놓았으나 아직 의회
승인을 받지 않은 상태다. 체코는 총리가 실권을 장악하는 총리 중심제로 대통령은
명목상 국가를 대표해 외교, 국방을 담당하는 의전적 임무를 맡는다. 하지만 대통령
에게 법률 거부권이 있고 직선제로 선출된다는 점에서 다른 유럽국가에 비해 권한
과 영향력이 큰 편이다.

08월 23일

• 긍정당 지지율 상승하며 선두 달려   (praguemonitor 08. 23)

– 여론조사 결과에 따르면 긍정당의 지지율이 지난 7월보다 1%포인트 상승한

23.9%로 선두를 달리고 있는 것으로 나타났다. 또한 조사 결과 이번 달에 선거가 치러질 경우 여당인 사회민주당은 19.1%의 지지를 얻는 것에 그칠 것이라고 한다. 이는 지난 7월 실시된 조사에서의 같은 설문 결과보다 2%포인트 하락한 결과이다. 긍정당, 사회민주당 다음으로는 공산당(Komunistická Strana Čech a Moravy, KSCM)이 13.4%의 지지율을 획득하였으며 그 뒤를 시민민주당(Občanská Demokratická Strana, ODS)이 11.2%로 바짝 추격하고 있다. 한편 전통책임번영당(Tradice Odpovědnost Pros-perita, TOP 09)은 6.1%의 지지율을 획득한 것에 그쳤다.

08월 26일

• 소보트카 총리, 퇴직연령 제한 거부하는 긍정당 맹비난　　　(praguemonitor 08. 26)
– 사회민주당 소속 보후슬라프 소보트카 총리가 퇴직연령을 명백히 정하는 당의 제안을 거부했다는 이유로 연정 파트너인 긍정당을 비난했다. 사회민주당의 제안은 남성과 여성 모두 65세가 되면 퇴직이 가능하다는 내용을 담고 있다. 긍정당의 대표이자 재정부장관인 안드레이 바비스는 사회민주당의 제안을 올 가을 치러질 지방선거와 상원선거를 위한 포퓰리즘적인 행보라고 치부하며 이를 거부했었다. 이에 소보트카 총리는 바비스 장관이 선거 공약과 정당 간 연대 협정을 위반했다고 주장했다. 한편 퇴직연령에 관련된 논쟁은 65세가 아닌 67세로 높여 정하는 방향으로 지속될 것으로 예측된다.

3차(8월 말~9월 말)

김소정

폴란드에서 실시된 여론조사 결과에 따르면 폴란드 국민의 54%가 안드레이 두다 대통령의 업무수행을 긍정적으로 평가하고 있는 반면, 의회에 대해서는 대다수가 부정적인 평가를 내리고 있는 것으로 나타났다(Warsaw Voice 2016. 09. 01). 9월에 실시된 또 다른 여론조사 결과, 여당인 법과정의당은 지지율이 5%포인트 하락해 36%의 지지를 받는 것에 그쳤으나 여전히 선두를 달리고 있는 것으로 나타났으며, 시민연단은 17%의 지지율 획득에 머물렀다(Warsaw Voice 2016. 09. 19). 한편 베아타 슈드워(Beata Sydlo) 총리는 돌아오는 주에 내각을 개편할 것이라는 입장을 밝혔으며 이 과정에서 여당의 협조가 필수적이고 주장했다(Warsaw Voice 2016. 09. 26).

헝가리의 동향을 살펴보면 사회당과 민주연합(Demokratikus Koalíció, DK) 등의 좌파 정당들이 정부의 반유럽 정책과 난민할당제에 대한 국민투표 실시를 강도 높게 비난했다(hungarytoday.hu 2016. 09. 05). 한편 요빅과 대안정당의 대표는 헝가리의 선거제도 개편에 대해 논의하면서 선거제도의 비례성을 제고하는 방향으로 변화해야 한다고 주장했다(politics.hu 2016. 09. 22). 유럽연합이 추진하는 난민할당제의 수용 여부를 묻는 국민투표 결과 개표율이 99.98%인 가운데 투표한 유권자의 98%가 난민 할당제에 반대했으나, 투표율이 50%에 미치지 못해 국민투표는 무효화되었다(연합뉴스 2016. 10. 03).

체코 하원에서는 정당의 선거 지출을 제한하는 개정안을 통과시켰으며 이 개정안은 선거 지출에 대해 좀 더 명확한 기준들을 담고 있다(praguemonitor 2016. 09. 07). 하원에서는 또한 안드레이 바비스 재무부 장관을 겨냥하여 정부 인사들의 언론사 소유를 금지하는 안건에 대한 표결이 실시되었다(praguemonitor 2016. 09. 14). 한편 10월 7일에 치러질 지방선거의 후보자 중 30%가 여성인 것으로 나타났으며, 이는 역대 지방 선거 중 가장 높은 수치이다(CTK 2016. 09. 23). 9월에 치러진 정당 지지율 조사 결과 긍정당이 선두를 달리고 있는 것으로 나타났고 그 뒤를 사회민주당이 쫓고 있다(praguemonitor 2016. 09. 27).

09월 01일

• 대통령 인기 여전히 높아 (Warsaw Voice 09. 01)
- 여론조사기관인 CBOS(Centrum Badania Opinii Społecznej)에 따르면 폴란드 국민
의 34%가 안드레이 두다 대통령의 업무 수행에 부정적인 평가를 내리고 있는 반면,
54%는 긍정적으로 바라보고 있다고 한다. 한편 폴란드 의회에 대한 부정적 평가는
이전과 같이 높은 것으로 나타났다. 하원·상원에 대한 긍정적인 평가는 각각 26%,
27%이었으며 부정적인 평가는 57%, 46%인 것으로 나타났다.

09월 19일

• 집권 법과정의당, 지지율은 하락했으나 여전히 선두 달려 (Warsaw Voice 09. 19)
- 여론조사기관인 CBOS의 조사 결과에 따르면 여당인 법과정의당의 지지율이 지
난달에 비해 5%포인트 하락한 36%에 그쳤으나 시민연단과 약 20%포인트 차이를
보이며 여전히 선두를 달리고 있는 것으로 나타났다. 시민연단은 지난달에 비해 1%
포인트 상승한 17%의 지지율을 보였으나 여전히 법과정의당의 지지율과는 큰 차이
를 보이고 있다. 한편 현대폴란드당은 4%포인트 상승한 16%의 지지율을 획득해 시
민연단을 바짝 추격하고 있다. 쿠키스15는 2%포인트 하락한 6%의 지지를 받는 것
으로 나타났으며 국민당은 3%대의 지지율을 획득하는 것에 그쳤다.

09월 26일

• 폴란드 총리, 내각 개편 계획 세워 (Warsaw Voice 09. 26)
- 베아타 슈드워 총리가 돌아오는 주에 내각이 개편될 것이라는 입장을 밝혔다. 슈
드워 총리는 라디오 인터뷰에서 "내각에 변화가 있을 것이다. 이 과정에서 인사 개
개인뿐만 아니라 체제 전반에 대한 변화가 요구될 것"이라고 말했다. 한편 개편에
대한 세부적인 내용은 다음 주에 발표될 예정이다. 슈드워 총리는 법과정의당의 대
표인 야로슬라프 카친스키에게 이와 같은 내각 개편 과정에 여당의 전폭적인 지지
가 필요하다고 말했다. 슈드워 총리는 "나에게는 야로슬로프 카친스키라는 가장 위

대한 동맹이자 조언자가 있다"고 말하며 "카친스키 대표와 내가 법과정의당을 잘 운영해 폴란드 국민들의 당에 대한 신뢰를 유지할 수 있을 것"이라고 주장했다.

10월 01일
• 폴란드 낙태 전면금지 법안에 '검은 시위'…"내 몸은 내가 알아서"

(AP 10. 01; 연합뉴스 10. 02 재인용)

– 폴란드 수도 바르샤바에서 낙태를 전면적으로 금지하는 법안 추진에 반발하는 시위가 벌어졌다. 여성을 중심으로 한 시위자들은 항의의 표시로 검은 옷을 갖춰 입고 바르샤바의 의회 앞에서 낙태 전면 불허로 여성들이 고통을 받을 것이라고 강조했다. 시위자들은 성폭행 피해로 임신한 여성을 포함해 모든 낙태를 금지하는 것은 "야만적인 행위"라며 목소리를 높였다. 낙태를 전면 금지하는 입법안은 지난해 10월 총선거에서 집권한 우파 법과정의당이 가톨릭 교리에 따르겠다며 마련했다. 폴란드는 이미 유럽 내에서 보수적인 낙태법을 시행하는 국가로 꼽힌다. 폴란드 현행법은 임신부나 태아의 생명이 위험하거나 성폭행이나 근친상간으로 임신한 경우가 아닌 이상 낙태를 금하고 있다. 낙태 전면금지 법안은 현재 의회의 관련 위원회가 검토 중이며 법안에 대한 표결은 몇 주 내에 이뤄지지는 않을 전망이다.

헝가리

09월 05일
• 좌파 정당들, 정부의 반유럽 정책과 국민투표에 대해 비난해

(hungarytoday.hu 09. 05)

– 좌파 야당들은 빅토르 오르반 총리와 여당인 청년민주동맹을 강도 높게 비난하는 동시에 다가오는 국민투표에 대한 우려를 표명했다. 사회당과 민주연합, 다함께 2014(Együtt 2014)는 국민들에게 국민투표를 거부할 것을 요청했다. 한편 사회당 대표인 굴라 몰나르(Gyula Molnár)는 오르반 정권과 청년민주동맹이 그들의 이익을 위해 국민들을 기만했기 때문에 2018년을 끝으로 집권하지 못할 것이라고 주장했다. 몰나르는 또한 "오르반 정부는 국민들이 가져야 하는 민주주의와 재산, 그들의 미래

를 박탈하는 것밖에 하지 못한다"고 비난했다. 마지막으로 그는 청년민주동맹이 집권한 이래 의료 서비스와 교육권이 붕괴되는 상황에 놓여있으며 대부분의 국민들이 임금 수준에 만족하지 못한다고 주장했다.

09월 22일

• 요빅·대안정당, 헝가리의 선거제도 비판해 (politics.hu 09. 22)

– 요빅과 대안정당의 대표가 헝가리의 선거제도 개편에 대한 논의를 진행했다. 논의는 우편투표와 선거자금에 대한 법률에 비례 원칙을 적용하는 것을 중심으로 이루어졌다. 대안정당의 공동대표인 아코시 하태지(Ákos Hadházy)는 해외에 거주하는 헝가리 국민의 투표권과 헝가리로 귀화한 사람들의 투표권을 인정하지 않고 있는 현행법을 비난했다. 그러면서 모든 구성원이 그 규칙에 동의해야만 선거가 민주적일 수 있다고 주장했다. 그는 또한 정당 득표율과 의석수 간에는 큰 차이가 존재한다며 현행 헝가리 선거제도는 비례성이 떨어진다고 말했다. 한편 요빅의 대표인 도라 두로(Dóra Dúró)는 투표권이 제한되는 범죄의 목록을 확장할 것을 제안했다. 요빅은 강력 범죄를 저지르는 상습범을 목록에 포함하고 싶어 하는 것으로 나타났다. 또한 요빅은 젊은 세대의 정치 참여를 활성화하기 위해 선거권의 연령을 16세로 낮출 것을 제안했다.

09월 24일

• '증오의 정치'가 불러온 유혈사태…헝가리에서 경찰 노린 폭탄 공격

(경향신문 09. 27)

– 유럽연합의 난민 분산 수용 계획 찬반을 묻는 헝가리 국민투표를 앞두고 지난 24일 수도 부다페스트에서 경찰을 겨냥한 폭탄 공격이 발생했다. 이날 폭발로 경찰 2명이 크게 다쳤다. 아직 테러 가능성에 대해 밝혀진 것은 없지만 헝가리 내 분위기는 심상치 않다. 도심 한가운데서 경찰을 살상하기 위한 공격이 벌어진 것도 국민투표와 무관하지 않을 것이라는 관측이 제기되고 있다. 국민투표를 앞두고 정부는 '알고 있느냐'(Did you know) 캠페인을 벌이고 있다. 캠페인에는 "프랑스 파리 테러를 이민자들이 벌인 것을 아는가", "리비아에서만 난민 100만 명이 유럽으로 넘어온 것

을 아는가" 등의 문구가 사용됐다. 여론조사 기관인 푸블리쿠스(public institute)는 "1년 전만 해도 난민을 지지한다는 여론이 3분의2에 달했지만 올해는 응답자의 3분의 1만이 난민에 대해 동정심을 갖고 있다고 답했다"고 밝혔다. 한편 경찰청장은 "범죄 원인에 대해 7가지 가능성을 염두에 두고 있다"고 말했지만 테러 연관성에 대해서는 언급을 피했다.

09월 29일

• 헝가리 반난민 국민투표 사흘 앞…투표율이 변수   (연합뉴스 09. 29)
– 유럽연합이 추진하는 난민 할당제의 수용 여부를 묻는 헝가리 국민투표가 사흘 앞으로 다가온 가운데 투표율에 유럽 각국이 촉각을 곤두세우고 있다. 29일 현지 언론 등에 따르면 최근 조사에서 난민 할당제를 반대한다는 응답자가 73%였지만 투표율을 두고 전망이 엇갈리고 있다. 헝가리 싱크탱크에서 실시한 이 여론조사에서 투표소에 가겠다는 응답자는 48%였고 23%가 투표하러 갈 것 같다고 답했다. 헝가리 국민투표는 투표율이 50%에서 한 표를 넘겨야 유효하다. 800만 유권자 중에 400만 명 넘게 투표에 나서야 하는데 야당과 시민단체에서는 국민투표 보이콧 전략을 앞세워 다음 달 2일 집에 있자는 캠페인을 벌이고 있다. 한편 투표소에 가지 않겠다는 응답자 비율은 17%에서 21%로 높아졌다. 헝가리 정부는 각국의 비판을 무릅쓰고 자극적인 캠페인 문구를 앞세워 유럽연합이 28개 회원국에 난민을 할당하려는 정책에 반대표를 던지라고 촉구하고 있다. 이번 국민투표에서 난민 할당제 반대가 결정되면 올해 6월 브렉시트에 이어 유럽연합은 또다시 혼란에 빠질 가능성이 크다.

10월 03일

• 헝가리 난민할당 반대 국민투표 무효…유럽연합 안도   (연합뉴스 10. 03)
– 유럽연합의 난민할당제를 국회 동의 없이 받아들이겠느냐는 안건을 놓고 추진한 헝가리 국민투표가 50%의 투표율을 밑돌아 무효가 됐다. 2일 헝가리 선거관리위원회에 따르면 개표율이 99.98%에 이른 가운데 공식 투표율은 43.91%로 집계됐다. 헝가리 국민투표는 투표율 50%에서 한 표를 넘어야 성립된다. 투표는 무효가 됐지만

투표한 유권자의 98%에 이르는 325만5천 명이 난민할당제에 반대했다. 유럽연합 안에 찬성한다고 투표한 유권자는 5만5천600여 명에 그쳤다. 난민 문제를 국내 정치 문제로 끌어들였던 빅토르 오르반 총리는 투표가 무산되면서 정치적인 부담을 안게 됐다. 그는 투표 결과가 나온 뒤 '승리'를 선언하면서 유럽연합이 난민 할당제를 즉각 중단해야 한다고 촉구했다. 반면 야당과 시민단체는 오르반 총리가 투표 책임을 지고 물러나야 한다고 주장했다. '빅테이터'(Victor라는 이름과 독재자라는 뜻의 dictator를 결합한 단어)라는 별명이 붙은 오르반 총리는 야당, 시민단체는 물론 유럽연합 다른 회원국의 비판도 무시하며 인종차별 논란까지 일으킨 투표 캠페인을 주도했다. 320만 명 이상 오르반 총리를 지지하기는 했지만 투표소를 찾지 않은 대부분의 유권자는 유럽연합과 관계가 악화하는 것을 우려한 것으로 보인다.

체코

09월 06일
• 하원, 선거자금 제한하는 안 수정해 통과시켜　　　　　　(praguemonitor 09. 07)
– 체코 하원은 상원이 제안한 점을 포함해 정당의 선거 지출을 제한하는 개정안을 통과시켰다고 밝혔다. 개정안은 선거 지출에 대해 좀 더 명확한 규칙들을 담고 있다. 이 개정안이 법률로 인정되려면 밀로스 제만 대통령의 서명을 받아야 한다. 한편 몇몇 야당은 새로운 규칙이 실효성이 있을지 의문이라는 입장을 밝혔다. 개정안에 따르면 정당들은 2017년 총선까지 선거운동 자금으로 9천만 크라운 이상을 써서는 안 된다. 지방선거에서 정당은 한 지역당 700만 크라운까지만 사용할 수 있다. 또한 개정안은 상원의원 후보자가 선거운동에 250만 크라운 이상을 사용해서는 안 된다고 제한하고 있다. 한편 대통령 후보자의 선거운동 자금을 5천만 크라운으로 제한하는 점은 변하지 않았다. 개정안에 따르면, 정당들은 선거운동 자금을 투명하게 사용하여야 하며 자금 사용 내역은 새로운 기관에 의해 감독될 것이다.

09월 14일

• "반 바비스" 법이 정부 인사들의 언론 소유를 막을 수 있을 것인가?

(praguemonitor 09. 14)

- 14일, 억만장자인 긍정당 소속 재무부 장관 안드레이 바비스를 겨냥하여 하원의
원들이 정부 인사들의 언론사 소유를 금지하는 법안에 대한 표결을 실시했다. 한편
장관의 기업 소유를 금지하는 제안은 거부된 바 있다. 하원에서의 표결이 바비스 장
관에게 현실적인 영향을 미칠 수 있을 것인가? 안드레이 바비스 장관은 체코의 가
장 부유한 사람들 중 한 명이다. 그는 화학, 농업 분야 등 여러 계열사는 물론 두 개
의 저명한 신문사와 한 개의 라디오 방송국을 소유하고 있다. 표결이 실시된 법안은
긍정당의 연정 파트너인 사회민주당 소속 얀 보이카(Jan Chvojka) 의원에 의해 공론화
되었다.

09월 23일

• 지방선거에서의 여성 후보 비율 사상 최고치　　　　　　　　　　(CTK 09. 23)

- 지방선거의 후보자 중 30%가 여성인 것으로 나타났으며, 이는 체코의 역대 지
방 선거 중 가장 높은 수치이다. 지방선거에 출마한 11,886명의 후보자 중 3581명
(30.1%)이 여성이다. 하지만 30%의 여성 후보 중 당선 가능성이 높은 후보는 4분의
1 안팎인 것으로 드러났다. 4년 전 치러진 지방선거에서 여성 후보의 비율은 올해의
지방선거보다 2.5%포인트 낮았다. 한편 정당 명부에서 10위권 안에 드는 여성 후보
는 23.4%이며, 5위권 안에 드는 후보는 21.1%인 것으로 나타났다. 남녀의 대표성을
강조하는 유럽연합의 할당제를 지지하는 사회민주당은 후보자 중 43%가 여성이었
으나 지방자치단체장 후보로 여성을 지목하지는 않았다. 체코의 지방선거와 상원의
원 선거는 10월 7일부터 8일에 동시에 치러질 예정이다.

09월 27일

• 긍정당, 지지율 조사에서 선두 달려　　　　　　　　　　(praguemonitor 09. 27)

- 여론조사기관인 CVVM(Centrum pro Výzkum Veřejného Mínění)의 조사 결과 긍정당
이 28.5%의 지지율을 획득해 선두를 달리고 있는 것으로 나타났다. 한편 사회민주

당은 23%의 지지를 받고 있어 긍정당의 뒤를 쫓고 있다. 한편 공산당은 체코 국민의 15%가 지지하고 있으며 시민민주당은 9.5%의 지지 획득에 그쳤다. 마지막으로 기독민주당과 전통책임번영당은 각각 6.5%의 지지율을 획득했다.

4차(9월 말~10월 말)

김소정

폴란드에서는 우파 법과정의당이 가톨릭교회의 지지를 바탕으로 낙태전면금지법안을 검토했으나 여성들의 전국적인 대규모 항의 시위로 인해 법안을 폐기하는 절차에 들어갔다(AP 2016. 10. 05; 연합뉴스 2016. 10. 06 재인용). 한편 10월 중순에는 수천 명의 교사와 학부모들이 정부의 교육제도 개혁안에 반대하며 16개의 지역에서 시위를 개최했다(Warsaw Voice 2016. 10. 11). 한편 10월 초 낙태전면금지법안이 무산됐음에도 불구하고 집권 여당이 또다시 새로운 법안을 만들려는 움직임에 착수하자 이에 항의하며 대규모 시위가 개최되었다(BBC 2016. 10. 23; 연합뉴스 2016. 10. 24 재인용). 낙태전면금지법안 이슈 때문인지 10월 실시된 여론조사 결과 여당에 대한 지지율은 다소 하락한 것으로 나타났다(Warsaw Voice 2016. 10. 24).

헝가리의 동향을 살펴보면 10월 초 유럽연합의 난민할당제를 거부하는 국민투표가 부결되었음에도 불구하고 빅토르 오르반 총리는 난민 정착을 불허하는 내용의 개헌을 추진할 것이라는 입장을 밝혔다(연합뉴스 2016. 10. 05). 한편 헝가리 정부에 비판적인 기사를 실어왔던 일간지가 돌연 발행을 중단하자 이에 항의하며 2천여 명의 시민들이 대규모 시위에 참여했다(AP 2016. 10. 09; 연합뉴스 2016. 10. 09 재인용). 이와 관련해 야당인 민주연합은 정부의 비민주주의적인 행보에 반발하며 의정활동을 보이콧 할 것이라는 입장을 밝혔다(politics.hu 2016. 10. 11). 언론탄압에 대항하는 헝가리 시민들의 집회와 시위는 10월 중순까지 지속적으로 이어지고 있으며, 이에 대한 각 정당들의 입장도 강경한 상황이다(AFP 2016. 10. 17; 연합뉴스 2016. 10. 17 재인용).

체코에서는 10월 초 실시된 지방선거에서 '반부패'를 내세운 긍정당이 약진하는 모습을 보였으며 이로 인해 긍정당의 대표인 안드레이 바비스 장관의 차기 총리 지명이 탄력을 받게 되었다(연합뉴스 2016. 10. 09). 또한 지방선거와 동시에 치러진 상원의원 선거에서는 기독민주당이 가장 많은 의석을 차지한 것으로 나타났다(praguemonitor 2016. 10. 15). 상원의원 선거에서 투표율이 15.4%로 저조한 모습을 보이자 밀로스 제만 대통령은 상원의 존폐에 대한 논의가 이루어져야 한다고 주장했다(praguemonitor 2016. 10. 18). 한편 체코 정부는 동성커플의 아이 입양에 대한 법안을 승인했다(praguemonitor 2016. 10. 25).

폴란드

10월 05일

• '여성 검은시위'에 놀란 폴란드 낙태전면금지법안 폐기 절차

(AP 10. 05; 연합뉴스 10. 06 재인용)

– 폴란드가 여성들의 전국적 대규모 항의 시위에 밀려 낙태를 전면 금지하는 법안을 폐기하는 수순에 들어갔다. AP에 따르면 낙태 전면 금지법안을 검토했던 의회의 정의·인권 위원회는 법안을 부결했다. 법안은 오는 6일 열리는 하원 본회의에서 표결에 부쳐진다. 하지만 법안을 검토했던 위원회가 부결을 권고하고 있고, 다수의석을 차지하고 있는 법과정의당이 법안을 밀어붙이지 않겠다는 입장이어서 폐기될 가능성이 크다. 작년 집권을 시작한 우파 정당 법과정의당은 가톨릭교회의 지지를 바탕으로 임신부의 목숨이 위태로울 때만 낙태를 허용하고, 이를 위반할 경우 임산부와 의료진을 최고 징역 5년형에 처하는 법안을 마련했다. 하지만 법안에 반대하는 대규모 시위가 벌어지면서 법안은 난관에 봉착했다. 특히 지난 3일 10만 명이 넘는 폴란드 여성들이 전국 도시에서 학교와 직장을 비우고 거리로 나와 시위를 벌이면서 논란은 커졌다. 한편 현지 매체 폴스카(Polska)의 여론조사에 따르면 응답자 74%가 '현행법 유지'를 지지했다.

10월 11일

• 폴란드 교육제도 변화에 대항하며 교사들 시위 참여해 (Warsaw Voice 10. 11)

– 수천 명의 교사와 학부모들이 정부의 교육 개혁안에 반대하며 16개 지역에서 시위를 개최했다. 교사들은 정부의 교육제도 개혁 포기와 교육제도에 대한 충분한 토론을 요구했다. 또한 교사들은 정부가 충분한 논의 없이 학제개편을 단행하려고 하나, 그대로 실행된다면 교육제도는 수년 내에 무너질 것이라고 주장했다. 한편 교육

제도 개편 이외에도 교사들은 봉급 인상을 외쳤다. 베아타 슈드워 총리는 이에 대해 정부에서 추진하고 있는 교육제도 개편은 충분한 고려 끝에 나온 것이며 완벽하게 준비되고 있다고 반박했다. 한편 야당인 시민연단은 정부의 이러한 개혁안에 반대하려는 움직임을 보이고 있다.

10월 23일

• 폴란드 거리로 다시 나온 검은 옷 시위대⋯낙태금지법 강화 반대

(BBC 10. 23; 연합뉴스 10. 24 재인용)

– 폴란드에서 검은 옷 시위대가 다시 거리로 나왔다. 낙태전면금지 법안이 거센 반대여론에 무산됐음에도 보수 집권당이 낙태금지를 현행보다 강화하는 새 법안에 착수했기 때문이다. 23일 영국 BBC 방송은 이날 의회 앞에서 낙태금지 강화 움직임에 반대하는 대규모 시위가 진행됐다고 보도했다. 지난 3일 '검은 월요일' 파업 때처럼 검은 옷을 입고 모인 시위대는 "이제 충분하다"고 구호를 외치며 가톨릭교회가 정치적 영향력을 행사하려 한다고 비판했다. 지난 10월 초 낙태전면금지 법안은 의회를 통과하지 못했으나 법과정의당은 불과 며칠 만에 낙태금지를 강화하는 새 법안에 착수했다고 밝혔다. 폴란드는 이미 유럽에서도 가장 보수적인 편에 속하는 낙태금지법을 시행하고 있다. 현행법에 따르면 임산부나 태아의 생명이 위험하거나 성폭행이나 근친상간으로 임신한 경우를 제외하고 낙태를 할 수 없다.

10월 24일

• 여당에 대한 지지도 감소한 것으로 나타나   (Warsaw Voice 10. 24)

– 폴란드 여당인 법과정의당은 다른 정당들의 지지율이 감소하고 있는 상황에서 여전히 가장 높은 지지를 받고 있는 것으로 나타났다. 그러나 법과정의당 또한 지난여름 실시된 조사에서 37.1%의 지지율을 획득한 것에 비해 다소 감소한 33.9%의 지지율을 보였다. 법과정의당의 주요 경쟁상대인 시민연단은 20.7%의 지지율을 획득하는 것에 그쳤으며, 그 뒤를 현대당(과거 현대폴란드당)이 17.5%로 뒤따르고 있는 것으로 나타났다. 한편 쿠키스15는 8.6%의 지지를 받고 있는 모습을 보였다. 폴란드 내에서는 여당에 대한 지지율 하락이 국민들이 보내는 경고의 신호로 볼 수 있다는 평가가

나오고 있다. 헌법재판소, 낙태 관련 이슈 등 논쟁이 되고 있는 여러 이슈로 인해 여당의 지지율이 하락한 것으로 볼 수 있다는 것이다.

헝가리

10월 05일

• 헝가리 내달 반난민 개헌 추진…통과는 불투명 　　　　　　　　　(연합뉴스 10. 05)

- 유럽연합의 난민할당제를 거부하는 헝가리 국민투표가 부결된 이후 정치적 여진이 계속되고 있다. 10월 2일, 국민투표 결과가 나오자 '승리'를 선언하며 개헌 의사를 밝힌 오르반 총리는 난민 정착을 불허하는 내용의 헌법 수정안을 의회에 제출하겠다고 말했다. 의회의 동의 없이 치러진 국민투표는 투표율이 50%에 미달해 규정에 따라 무효처리 됐다. 오르반 총리는 무효 결과보다는 반대표를 던진 320만 명에 의미를 부여하면서 "압도적인 반대 결과가 나왔는데 헝가리에 민주주의가 있다면 정치적으로 후속 조치를 하는 게 마땅하다"고 말했다. 반면 제1야당인 사회당은 "500만 명에 이르는 다수 유권자는 무의미한 국민투표에 참여하지 않았다. 국민 다수의 의사를 무시하고 개헌을 추진하는 것은 비합법적인 행위"라고 비난했다. 오르반 총리가 추진하는 개헌안은 극우 정당인 요빅이 올해 초 제안한 안과 유사하다. 당시 여당인 청년민주동맹의 부의장을 지낸 인사는 "개헌을 하면 유럽연합에서 쫓겨나는 역풍을 맞을 수 있다"고 말한 바 있다. 개헌이 성사되려면 의원 3분의 2가 찬성해야 한다.

10월 09일

• 정부 비판 헝가리 최대 일간지 돌연 발행 중단 　　(AP 10. 09; 연합뉴스 10. 09 재인용)

- 헝가리 최대 일간지이자 정부에 비판적인 기사를 실어왔던 넵사바드사그(Nepsz-abadsag)가 돌연 발행을 중단했다. 9일 AP 등에 따르면 넵사바드사그를 발행하는 미디어웍스(Media Works)는 대규모 손실 때문에 활자 신문과 온라인 신문 발행을 모두 중단한다고 지난 8일 발표했다. 발행 중단 소식이 알려지면서 헝가리에서는 2천여 명의 시민들이 넵사바드사그 본사 앞에 모여 빅토르 오르반 총리의 언론 정책을 비

관하며 언론자유를 촉구하는 항의집회를 벌였다. 야당은 넵사바드사그가 며칠 전 고위 각료의 호화 여행 준비, 중앙은행 총재의 사적인 스캔들 등 정부에 타격을 주는 기사를 집중적으로 게재하고 나서 이번 조치가 이뤄졌다는 의혹을 제기했다. 심지어 극우 정당인 요빅의 대변인도 "넵사바드사그의 쇠락은 빅토르 오르반 총리의 과대망상증을 보여주는 증거"라면서 "청년민주동맹의 목표는 헝가리 언론을 100% 통제하거나 무너뜨리는 것이다"라고 말했다. 한편 AP은 미디어의 주 수익 중 하나인 정부, 공기업의 광고비 지출이 친정부 매체에만 집중됐다고 전했다. 1956년 창간한 넵사바드사그는 헝가리 우파 정부에 비판적인 기사를 게재하면서도 미국과 유럽연합의 정책을 지지하기도 했다.

10월 11일
• 민주연합, 최근의 비민주주의적인 행보에 대항해 의정활동을 보이콧해

(politics.hu 10. 11)

– 민주연합은 향후 정당 소속 의원 대부분이 의정활동에 불참할 것이라는 입장을 밝혔다. 민주연합의 대표인 페렌츠 주르차니(Ferenc Gyurcsány)는 최근의 사태와 관련해 정당이 다른 선택을 할 수 없었다는 입장을 밝혔다. 입장 표명 중에 주르차니 대표는 최근 무효화된 국민투표와 정부의 언론탄압 등을 언급했다. 한편 보이콧을 시행하는 것과는 별개로 그들의 부재로 인해 정부를 지지하는 상황을 피하기 위해 정족수가 필요한 상황에서는 표결을 위해 등원할 것이라는 입장을 밝혔다. 또한 비록 의정활동에는 참여하지 않지만 시민과의 접촉 등 정당이 필수적으로 해야 할 역할은 원외에서 활발히 이어나갈 것이라고 말했다.

10월 16일
• "자유를 훔쳤다" 헝가리 언론탄압 항의시위 확산

(AFP 10. 17; 연합뉴스 10. 17 재인용)

– 정부에 비판적인 기사를 실었던 헝가리 최대 일간지가 돌연 발행을 중단한 뒤 헝가리에서 언론자유를 촉구하는 시위가 이어지고 있다. 16일, 부다페스트에서는 수천 명이 정치 일간지 넵사바드사그의 발행 중단에 항의하며 언론자유를 요구하는

행진을 벌였다. 소속 기자들에게 알리지도 않고 넵사바드사그의 경영진이 발행 중단을 발표한 뒤 헝가리에서는 크고 작은 집회와 시위가 계속되고 있다. AFP은 오르반 총리가 2010년 총선에서 3분의 2 의석을 차지한 뒤 언론에서 반대 목소리를 지우기 위해 탄압을 시작했다고 전했다. 이날 집회 참가자들은 '독재를 멈추라'고 쓴 플래카드를 들고 "(정치인들이) 우리의 자유를 훔치고 있다"라고 비판했다. 한편 여당인 청년민주동맹은 기자간담회 등을 통해 헝가리의 언론자유가 보장받고 있으며 신문 발행 중단은 경제적 이유로 이뤄진 것으로 외부 개입은 없었다고 말했다. 하지만 야당과 시민단체는 물론 언론인들은 헝가리 정부가 언론의 산소 호흡기를 제거했다고 비판하고 있다. 유럽연합도 헝가리의 언론자유 위축에 대해 우려한다는 논평을 내기도 했다.

10월 25일

• 정부, 헌법 개정안에 대한 요빅의 제안 거부해   (politics.hu 10. 26)

– 정부가 10월 25일 화요일, 헌법 개정안과 관련된 요빅의 제안을 거부했다. 정부는 일전에 헌법 수정안에 대한 국내 여러 집단의 요구를 수용하기 위해 헌법 개정안을 협상 테이블 위에 올려놓을 것이라는 입장을 밝힌 적이 있다. 요빅의 헌법 개정안에 대한 제안의 내용을 보면, 헌법 개정안이 외국인이 헝가리에 거주하는 조건을 엄격히 하는 것을 포함해야 한다는 것이다. 정부는 이러한 제안에 대해 취지에는 공감하나 요빅이 제안하는 방식에는 동의하지 않는다는 입장을 밝혔다.

체코

10월 09일

• 체코 지방선거 긍정당 약진…내년 집권 주도 청신호   (연합뉴스 10. 09)

– 체코 지방선거와 상원 부분선거에서 '반부패'를 내세운 실용주의 정당인 긍정당이 대약진했다. 이로써, 집권다수 사회민주당과 함께 연정의 주요 축을 이루는 긍정당은 내년 10월 총선에서 사민당을 누르고 연정을 주도할 가능성이 커지고, 덩달아 이 정당 당수인 재벌 출신 안드레이 바비스 재무장관의 차기 총리 대망론도 탄력을

받게 됐다는 분석이 나왔다. 9일 체코 선거관리당국에 따르면 전날 치러진 전국 13곳 광역자치단체 의회 선거 90% 이상의 개표 결과, 긍정당은 21.1%를 득표했다. 그러나 보후슬라프 소보트카 총리가 이끄는 중도좌파 사회민주당은 15.3%에 그쳤고, 이어 공산당은 10.6%, 중도우파 시민민주당은 9.4%를 각각 기록했다. 현지 언론은 긍정당이 1당을 차지한 지역은 9곳이었지만, 사민당은 2곳에 불과했다고 보도했다. 긍정당은 2011년 출범한 신생정당이며 포퓰리즘 정당이라는 딱지도 자주 따라붙는다. 하지만 22억 달러 규모의 재산을 가진 것으로 알려진 바비스 당수가 반부패 기치를 걸며 '다른 정치'를 표방하는 것으로 표심을 파고들며 득세했다.

10월 15일

• 기독민주당, 상원 의석의 3분의 1 차지해   (praguemonitor 10. 15)

- 상원의원을 선출하는 결선투표 결과, 기독민주당이 상원 의석의 3분의 1을 차지해 선거에서 가장 큰 승리를 거두었다. 기독민주당은 전통적으로 당의 지지 기반인 지역 7곳 중에서 5석을 차지하는 등 선전하는 모습을 보였다. 한편 연립정부를 구성하고 있는 사회민주당은 오직 두 석만을 획득했다. 긍정당은 3석을 획득했다. 하지만 이러한 결과에도 불구하고 사회민주당은 상원에서 가장 큰 정당으로 남았다. 한편 이번 상원의원 선거의 투표율은 지난 20년간 가장 저조했던 15.4%를 기록해 이에 대한 논의가 지속되고 있는 상황이다.

10월 18일

• 제만 대통령, 상원의원 선거의 낮은 투표율과 관련된 논의 제기해

(praguemonitor 10. 18)

- 밀로스 제만 대통령은 상원의 존재 이유에 대한 의문을 제기했다. TV 인터뷰에서 제만 대통령은 상원이 민주주의를 위한 보호 장치라고 하지만 체코 국민에게 상원의 존재 여부는 큰 의미가 없다고 주장했다. 덧붙여 그는 만약 체코 국민이 상원의 존재에 큰 가치를 두었다면 상원 선거에서 더욱 높은 투표율을 보였어야 했다고 말했다. 상원의원의 3분의 1을 선출하는 이번 선거에서 투표율은 15.4%에 그쳐 최근 20년 동안 치러진 상원의원 선거의 투표율 중 가장 저조한 것으로 나타났다. 제만

대통령은 향후에도 이번 선거와 같이 저조한 투표율이 지속된다면 상원의 존폐 논의가 이루어져야 한다고 주장했다.

10월 25일

• 정부, 동성커플의 아이 입양에 대한 법안 승인해   (praguemonitor 10. 25)

– 정부는 체코에서 동성커플의 아이 입양에 대해 이성커플과 동일한 법적 권리를 부여하는 법안을 승인했다. 성적 소수자 부모의 입양 권리에 대한 논쟁은 지난 몇 년 동안 이어져 왔으며 입양 합법화를 담은 법안도 수차례 상정되었다. 한편 관련 이슈에 대해 여론조사기관인 CVVM이 실시한 설문조사에 따르면 체코 국민의 5분의 3 이상이 동성커플의 아이 입양에 대해 호의적인 태도를 가지고 있는 것으로 나타났다.

10월 26일

• 대통령 빼고 다 외면하는 체코 새 국호 '체키아'

(The Guardian 10. 26; 연합뉴스 10. 26 재인용)

– 체코 정부가 6개월 전에 추가한 새 국호 '체키아'(Czechia)가 국민으로부터 철저한 외면을 받고 있다. 15일 영국 일간 가디언에 따르면 체키아는 새 국호를 옹호하는 밀로스 제만 대통령만 즐겨 쓸 뿐 국민 상당수는 여전히 모국을 '체코 공화국'(Czech Republic)으로 부르고 있다. 체코 정부는 지난 5월 체코를 부르는 영어식 한 단어로 체키아라는 용어를 만들어 병용한다고 국제연합(UN)에 통보했다. 하지만 체코 정부 조차도 공식 발표문이나 정부의 영문 홈페이지, 대통령 홈페이지 등에 체코 공화국이라는 단어를 지속 사용해 체키아를 외면하고 있다. 체키아는 애초 의견 수렴과정에서도 전폭적 지지를 받거나 인기를 얻지는 못했다. 체키아 대신 체코의 가장 큰 지방인 '보헤미아'를 사용하자는 주장이 일부에서 나오자 모라비아와 실레지아 지방 주민이 반발했고, 차라리 더 헷갈리지 않도록 그대로 두자는 의견도 만만치 않았다.

5차(10월 말~11월 말)

김소정

폴란드에서는 여당인 법과정의당이 헌법재판소의 예산을 승인하지 않음으로써 헌재에 대한 압력행사를 시도하고 있다(Gazeta Wyborcza 2016. 10. 31; Warsaw Voice 2016. 10. 31 재인용). 한편 법과정의당의 행보를 비판하며 폴란드 정치권에 유럽민주당(European Democrats Party, EDP)이 창당되었으며, 정당 구성원들은 폴란드의 민주주의를 되찾을 것이라는 입장을 밝혔다(Warsaw Voice 2016. 11. 14). 이 같은 정치적 상황 속에서 폴란드 국민의 절반은 정부의 행보에 부정적인 평가를 내리고 있는 것으로 나타났다(Warsaw Voice 2016. 11. 16). 야당인 시민연단은 전임 총리인 에바 코파츠(Ewa Kopacz) 등의 유명 인사를 포함한 예비내각 구성을 발표했다(Warsaw Voice 2016. 11. 18).

헝가리의 동향을 살펴보면 본회의에 의원 199명 중 오직 7명이 출석, 역대 가장 낮은 출석률을 기록해 이에 대한 비난이 증폭되고 있다(politics.hu 2016. 11. 02). 한편 유럽연합은 헝가리 정부가 추진하고 있는 광고세가 언론에 대한 영향력 확대를 노린 것이라고 비판하며 이에 대한 시정을 촉구했다(AP 2016. 11. 05; 연합뉴스 2016. 11. 05 재인용). 사회당은 현행 선거제도의 낮은 비례성을 지적하며 선거제도가 전반적으로 개혁되어야 한다고 주장했다(politics.hu 2016. 11. 11). 한편 빅토르 오르반 총리가 주도했던 난민정착 금지 개헌안이 부결된 이후 극우정당인 요빅이 또다시 비슷한 취지의 개헌을 추진해 논란이 되고 있다(연합뉴스 2016. 11. 14).

체코에서 실시된 여론조사 결과에 따르면 사회민주당에 대한 선호도가 현저히 낮아져 공산당의 지지율에도 미치지 못하는 것으로 나타났다(praguemonitor 2016. 10. 15). 한편 프라하 지방법원은 대통령 비판 시위 금지 결정을 무효화했다(praguemonitor 2016. 11. 01). 11월 말에는 정치 분석가인 페테르 로베이세크(Petr Robejšek)가 새로운 보수정당의 창당을 발표했다(praguemonitor 2016. 11. 24). 창당된 정당은 기존 정당에 불만족하고 있는 유권자를 중심적으로 동원해 지지율을 획득할 것이라는 입장을 밝혔다(praguemonitor 2016. 11. 24).

10월 31일

• 집권 법과정의당, 헌법재판소에 대한 확고한 의지 보여

(Gazeta Wyborcza 10. 31; Warsaw Voice 10. 31 재인용)

– 일간지인 가제타 비보르차(Gazeta Wyborcza)에 따르면 여당인 법과정의당이 예산을 승인하지 않음으로써 헌법재판소에 압력 행사를 시도하고 있다고 한다. 지난 목요일 하원의 법무위원회(justice commission)는 헌법재판소의 예산에 대한 논의를 중단시켰다. 논의를 중단시킨 핵심인물은 법과정의당 소속의 스타니스와프 표트로비치(Stanislaw Piotrowicz) 위원장으로 법과정의당이 추천한 세 명의 인사가 헌법재판소의 구성에 포함되지 않았기 때문에 헌재의 예산 구성은 부적절하다고 주장했다.

11월 12일

• 폴란드 정치권에 새로운 정당 등장해 (Warsaw Voice 11. 14)

– 지난 토요일인 12일, 폴란드 의회에서 유럽민주당이 창당되었다. 유럽민주당 구성에는 시민연단의 전직 대표였던 야첵 프로타지비츠(Jacek Protasiewicz)를 비롯해 미헬 카민스키(Michał Kamiński), 스테판 니시오스키(Stefan Niesiołowski) 등의 인사가 포함되었다. 유럽민주당 구성원들은 "우리 정당이 폴란드의 민주주의를 되찾을 것"이라는 입장을 표명했다. 한편 유럽민주당 대표는 에르비에타 빈체스카(Elzbieta Binczycka)가 맡게 되었다. 빈체스카 대표는 창당 선언문에서 "폴란드에는 증오와 독재를 향한 야망이 자리 잡을 곳이 없어야 한다"는 입장을 밝혔다. 선언문의 전체적인 논지는 여당인 법과정의당을 비롯한 보수정당 연대가 폴란드의 정치적 기반을 파괴해 국가 안보를 위협하고 있다는 것이었다.

11월 16일

• 폴란드 국민의 절반, 정부의 행보에 부정적인 평가 내려 (Warsaw Voice 11. 16)

– 일간지인 젠닉 가제타 프라브나(Dziennik Gazeta Prawna)의 여론조사 결과에 따르면 집권 1년차에 접어든 법과정의당이 유권자 동원에 실패하고 있다고 한다. 조사

결과 응답자의 50%는 정부의 국정운영에 대해 부정적인 평가를 하고 있으며, 오직 27% 정도의 응답자만이 긍정적인 평가를 내린 것으로 나타났다. 한편 베아타 슈드 워 총리에 대해서는 응답자의 48%가 부정적인 평가를 내렸고 32% 정도의 응답자 들은 총리의 업무 수행을 긍정적으로 평가하는 것으로 나타났다.

11월 17일

• 야당인 시민연단, 예비내각 구성해　　　　　　　　　　　　　　(Warsaw Voice 11. 18)

– 폴란드의 거대 야당인 시민연단은 지난 목요일, 법과정의당 정권에 대한 평가와 동시에 미래에 대한 해결책을 제시하며 당대표인 제고쉬 세테나(Grzegorz Schetyna) 를 중심으로 하는 예비내각 구성을 발표했다. 세테나 대표는 예비내각이 입법과정 을 통해 현 정권이 저지른 실수들을 해결할 수 있을 것이라고 주장했다. 시민연단은 법과정의당 집권(2015년 11월부터 집권) 이전에 8년 동안 집권한 이력이 있다. 한편 세테 나 대표의 예비내각에는 전임 총리인 에바 코파츠와 전임 국방장관인 토마쉬 셰모 낙(Tomasz Siemoniak) 등이 포함되었다. 예비내각은 50여 명의 인사들로 구성되었으 며 이들 중 다수는 전임 장관이거나 유망한 시민연단 소속 정치인이나, 신진세력 또 한 포함된 것으로 나타났다. 예비내각은 당을 통합해 가장 영향력 있는 야당으로 나 아가기 위한 준비에 박차를 가할 것이라는 입장을 밝혔다.

11월 20일

• 교육 시스템 개편 반대 시위나선 폴란드 선생님들　　　　　　　　(Reuters 11. 20)

– 집권 법과정의당이 추진하고 있는 교육 개혁에 반대하는 시위대가 의회를 향해 바르샤바 거리를 행진했다. 이 집회에는 약 5만 명의 교사가 참가했다. 폴란드 집권 당의 지지율은 복지 예산 지출 확대로 높은 수준을 유지하고 있으나, 공공기관에 대 한 통제 강화를 추진하며 폴란드 사회 내 깊은 갈등을 야기했다. 유럽연합도 폴란드 민주주의와 언론자유의 후퇴를 우려하고 있다. 폴란드 교육부는 1999년 교육개혁으 로 폐지된 (초등 8년, 중등 4년) 2단계 학제를 2017년부터 부활시키는 정책을 추진하고 있다. 또한 학제 개편과 아울러 새로운 의무교육과정 도입도 함께 추진 중이다. 이 에 교육개혁에 반대하는 교사들은 학제개편이 혼란만을 초래할 것이라고 주장하고,

정부가 새 의무교육과정 내용도 공개하지 않는다며 반발했다.

10월 26일

· 199명의 의원 중 7명만이 출석해 (politics.hu 11. 02)

– 지난 수요일, 법안 개정에 대한 회의에 199명의 의원 중 오직 7명만이 출석해 역대 가장 낮은 본회의 출석률을 기록했다. 헝가리에서 의원들의 본회의 출석률이 높지 않다는 것은 잘 알려진 사실이지만 지난 수요일 회의 참석률은 놀라울 정도로 낮았다. '아동의 안전과 보호 증진을 위한 특정 아동 보호 및 건강관리법' 개정 논의 자리에 회기 중 회의에 참여하는 것을 비롯한 제반 활동에 대한 봉급을 받는 의원 199명 중 7명만이 참석해 논란이 되고 있다.

11월 05일

· 유럽연합, 미디어 영향력 확대 노린 헝가리 '광고세' 경고

(AP 11. 05; 연합뉴스 11. 05 재인용)

– 유럽연합이 헝가리 정부가 추진하는 '광고세'에 대해 차별에 해당한다며 유럽연합 법률에 맞게 시정하라고 촉구했다. 광고세는 광고 수익에 기반을 둬 미디어 기업에 부과하는 세금이다. 2014년 7월 누진세를 적용해 시행했던 이 법은 독일계 미디어그룹 RTL(RTL Télé Lëtzebuerg)이 소송을 제기하고 유럽연합이 개정을 요구하면서 보류됐다가 누진세 구조는 그대로 두고 세율만 낮춰 기습적으로 다시 시행됐다. 이 법은 누진세를 적용했을 때 세금을 내는 미디어 기업이 RTL밖에 없어 사실상 RTL에 대한 영향력을 확대하려는 의도를 지녔다는 비판을 받아왔다. 한편 최근 헝가리에서는 정부 비판적인 기사를 게재했던 최대 일간지 넵사바드사그(Nepszabadsag)가 돌연 발행을 중단한 뒤 정부의 언론 지배를 우려하는 목소리가 커지고 있다. 외신들은 빅토르 오르반 총리의 측근 인사들이 헝가리 미디어를 인수하며 친정부 언론으로 만들고 있다고 비판하고 있다.

11월 11일

• 사회당, 좀 더 비례성이 높은 선거제도 제안해　　　　　　　　(politics.hu 11. 11)

– 사회당은 정당에 대한 투표가 의석수로 직접 비례해 전환되는 선거제도를 새롭게 제안했다. 졸트 몰나르(Zsolt Molnár) 의원은 기자회견에서 새로운 선거제도에 대해 발표하면서 현행 선거제도는 매우 불균형하며 하나의 거대정당에 극도로 유리하다고 주장했다. 몰나르 의원은 현행 선거제도에서 선거구 경계가 왜곡되어 있기 때문에 부분적인 조정으로는 이를 수정할 수 없어 사회당은 선거제도 전반에 대한 논의를 요구하는 것이라고 밝혔다. 사회당이 주장한 선거제도는 199명의 의원을 선출하기 위한 단일투표제도로, 196개의 의석을 19개의 주에 배분하고 나머지 3개의 의석은 재외국민을 위해 둔다고 규정하고 있다. 또한 각 주에 배분되는 의석은 인구수에 따라 나누어진다고 한다. 사회당은 여성의 대표성을 제고하기 위한 할당제 또한 주장했다.

11월 14일

• 헝가리 극우정당, 난민 정착 금지 개헌 재시도　　　　　　　　(연합뉴스 11. 14)

– 빅토르 오르반 총리가 주도한 난민정착 금지 개헌안이 부결된 헝가리에서 극우정당이 다시 비슷한 취지의 개헌을 추진하기로 해 유럽연합의 난민할당제에 대한 논란이 가라앉지 않고 있다. 헝가리 극우정당 요빅의 가보르 보너(Gabor Vona) 당수는 14일 현지 언론에 난민정착 금지 개헌안을 다시 제출하겠다고 말했다. 요빅의 개헌안은 빅토르 오르반 총리의 안에서 30만 유로(한화 3억8천만 원) 특별 국채를 사는 외국인에게만 거주 허가를 내주는 조항만 삭제했다. 요빅은 이달 8일 의회 개헌안 표결에서 오르반 총리의 안을 '더러운 거래'라고 비난하면서 돈을 받고 테러리스트를 입국시키는 것과 다름없다고 주장한 바 있다. 총리가 주도했던 개헌안은 의회에서 여당 청년민주동맹 의원 131명이 모두 찬성표를 던졌지만 재적 3분의 2 찬성에 2표가 부족해 부결됐다. 애초 요빅은 개헌에 찬성 입장이었지만 모든 외국인 거주에 반대한다며 막판에 국채 구입 예외 조항을 문제 삼아 등을 돌렸다. 오르반 총리는 자신의 개헌안이 부결된 뒤 다시 개헌을 추진하지 않겠다고 말해 요빅 안이 의회를 통과할 수 있을지는 미지수다. 최근 여론 조사에서 요빅 지지율은 14%에서 10%대로 낮아

졌고 여당 지지율은 30%에서 32%로 소폭 올랐다.

11월 25일
• 헝가리 국경마을, 이슬람 사원·부르카 전면 금지

(AFP 11. 25; 연합뉴스 11. 25 재인용)

- 헝가리의 작은 시골 마을이 부르카와 부르키니 등 무슬림 여성 복장뿐 아니라 모스크와 모스크에서 종을 치는 무에진까지 모두 금지했다고 AFP 통신이 25일 전했다. 헝가리와 세르비아 국경 지대에 있는 아소탈롬시의 라스즐로 트로크츠카이 (László Toroczkai) 시장은 유럽연합이 난민들을 재정착시키는 조치에 맞서 마을 공동체와 전통을 지키려는 조치라고 주장했다. 아소탈롬시는 발칸 반도에 머무는 난민들이 세르비아를 거쳐 오스트리아 등으로 들어갈 때 거치는 경로에 있다. 극우 성향의 트로크츠카이 시장은 지난해 9월 헝가리 정부가 세르비아 국경에 난민 장벽을 설치할 때 적극적으로 찬성했다. 그는 당시 기마대, 경찰, 순찰견, 철조망 등을 배경으로 하는 영상에 출연해 '독일로 가려는 난민들은 헝가리가 아닌 인접국 슬로베니아로 가라'고 말해 난민들을 협박하는 것이냐는 비판을 받기도 했다.

체코

10월 31일
• 사회민주당 지지율 대폭 하락한 것으로 나타나   (praguemonitor 10. 31)

- 여론조사기관인 스테마(STEM)의 조사 결과에 따르면 "오늘 선거가 치러진다면 어떤 정당을 지지하시겠습니까?"라는 질문에 대한 응답치를 분석한 결과 사회민주당에 대한 선호도가 현저히 낮아진 것으로 나타났다. 구체적으로 보면 사회민주당에 대한 지지율은 14.4%로 공산당의 14.6%보다 낮은 것으로 나타났다. 또한 긍정당의 지지율은 29.7%로 가장 높은 것으로 나타났으며 시민민주당과 전통책임번영당은 각각 9%, 7%대의 지지율을 보였다. 한편 2015년 창당된 도미오 오카무라(Tomio Okamura)가 이끄는 자유와 직접민주주의(Svoboda a Přímá Demokracie, SPD)는 5.2%의 지지율을 획득하는 것에 그쳤다.

11월 01일

• **지방법원, 시위 금지 결정 무효화해** (praguemonitor 11. 01)

– 프라하 지방법원은 국경일인 17일에 개최될 밀로스 제만 대통령을 비판하기 위한 시위 금지 결정을 무효화했다. 프라하 시에서는 대통령 지지자들과 동시에 시위를 개최하려는 계획의 궁극적인 목적이 반대편과의 충돌에 있다며 시위를 금지했다. 시위 주최자이자 시민운동가인 얀 쳄퍼(Jan Cemper)는 대통령을 비판하는 시위가 계획된 다른 시위대를 우회할 것이라며 반박했고 결국 시위 금지 결정은 무효화되었다. 경찰은 17일 시위가 시작되면 시위대의 충돌을 방지하기 위해 모든 노력을 다할 것이라는 입장을 밝혔다. 한편 11월 17일은 1939년 나치 점령과 1989년 공산정권에 대한 학생들의 시위를 기념하는 자유주의와 민주주의를 위한 투쟁을 기념하는 날이다.

11월 04일

• **총리, 선거 패배 이후 내각 개편 약속** (praguemonitor 11. 04)

– 보후슬라프 소보트카 총리는 10월 지방선거와 상원선거에서 사회민주당이 패배한다면 내각을 개편할 것이라고 약속한 바 있다. 사회민주당 소속 의원에게 보낸 서한에서 소보트카 총리는 내년 총선을 앞두고 사회민주당에 새로운 인사들이 필요하기 때문에 내각 개편을 염두에 두고 있다고 밝혔다. 또한 그러한 내각 개편은 한 달 안에 발표될 것이라고 한다. 현재 내각에 사회민주당 소속 장관은 7인이 존재한다. 지난 10월 치러진 두 선거 결과에서 나타난 사회민주당의 저조한 성적으로 인해 총리는 책임성의 압박을 받고 있는 상황이다. 한편 여론조사기관인 스테마의 최근 지지도 조사에 따르면 사회민주당의 지지율은 14.4%까지 하락한 것으로 나타나 공산당에도 뒤지고 있는 것으로 나타났다.

11월 24일

• **정치 분석가, 새로운 보수정당 창당해** (praguemonitor 11. 24)

– 정치 분석가인 페테르 로베이세크가 새로운 보수정당 창당을 발표했다. 로베이세크는 정당의 명칭은 'Realists'이며, 창당을 통해 가족의 가치를 수호하고 국익과 국

가 안보를 지켜낼 것이라는 입장을 밝혔다. 또한 로베이세크는 기존에 우파정당을 지지했으나 불만족스러워하고 있는 유권자를 동원해 향후 20% 정도의 득표율을 달성할 것이라는 포부를 밝혔다. 한편 체코의 몇몇 언론들은 새로운 정당이 지지하는 정당이 없는 유권자를 효과적으로 동원한다면 충분히 가능성 있는 이야기라는 평가를 하고 있다.

6차(11월 말~12월 말)

김소정

폴란드에서는 거대 야당인 시민연단(Plaforma Obywatelska, PO)이 구성한 예비내각이 활동을 개시했다. 전임 장관들과 유명 정치인으로 구성된 예비내각은 현 법과정의당(Prawo i Sprawiedliwość, PiS) 정부의 국정운영을 평가하고 이에 대한 해결책 모색을 위한 활동을 추진할 예정이다(Warsaw Voice 2016. 11. 25). 한편 반정부 성향의 시민단체인 민주주의수호위원회(Komitet Obrony Demokracji, KOD)는 현 정부의 해체를 비롯한 요구 사항을 표명했으며, 오는 12월 13일 대규모 시위를 개최할 것이라고 밝혔다(Warsaw Voice 2016. 12. 08). 민주주의수호위원회가 예고했던 것처럼 공산정권이 민주화운동 탄압을 위해 계엄령을 내렸던 12월 13일을 기념해 현 정부의 민주주의 탄압에 반발하는 대규모 시위가 개최되었다(The New York Times 2016. 12. 13; 국민일보 2016. 12. 15 재인용).

헝가리의 동향을 살펴보면 헝가리 법원이 국경 폐쇄에 항의하는 시위에 참여한 난민에게 테러 혐의로 징역 10년의 중형을 선고해 논란이 되고 있다(AP 2016. 12. 01; 연합뉴스 2016. 12. 01 재인용). 또한 헝가리 내에서는 지난 10월 정부에 비판적인 논조를 보였던 일간지 발행 중단에 이어서 헝가리 빅토르 오르반(Viktor Orban) 총리의 측근 기업인이 방송사를 인수해 비판의 목소리가 높아지고 있다(AP 2016. 12. 02; 연합뉴스 2016. 12. 02 재인용). 한편 사회당(Magyar SZocialista Párt, MSZP)은 자산 신고제도 개선 등을 비롯한 반부패 취지 법안을 의회에 제출했다고 밝혔다(politics.hu 2016. 12. 09).

체코에서 실시된 여론조사 결과에 따르면 2017년 10월 치러질 총선에서 긍정당(Akce Nespokojených Občanů, ANO)이 33.5% 정도를 득표해 1위를 차지하고 현 여당인 사회민주당(Česká Strana Sociálně Demokratická, ČSSD)은 14%를 득표해 그 뒤를 이을 것으로 나타났다(praguemonitor 2016. 12. 04). 또한 여론조사기관인 CVVM(Centrum pro Výzkum Veřejného Mínění)의 조사에 따르면 밀로스 제만(Miloš Zeman) 대통령에 대한 신뢰도가 역대 최저치를 기록했으며, 보후슬라프 소보트카(Bohuslav Sobotka) 정권에 대한 신뢰도 또한 하락하는 추세인 것으로 나타났다

(praguemonitor 2016. 12. 05). 한편 사회민주당은 진보적인 조세정책을 추진해 유권자를 동원할 것이라는 입장을 밝혔다(CTK 2016. 12. 08).

폴란드

11월 24일

• 폴란드 예비내각 활동 시작해 (Warsaw Voice 11. 25)

– 폴란드의 거대 야당인 시민연단이 구성한 예비내각이 지난 목요일 활동을 개시했다. 시민연단의 당대표인 제고쉬 세테나(Grzegorz Schetyna)를 중심으로 예비내각은 현 법과정의당 정부의 국정운영을 평가하고 이에 대한 해결책 구성을 추진 중이다. 시민연단은 법과정의당이 집권하기 8년 전에 정권을 잡은 경험이 있다. 예비내각 구성원 중 한 명인 에바 코파츠(Ewa Kopacz) 전임 총리는 예비내각의 활동이 입법을 중심으로 추진될 것이라고 밝혔다. 코파츠 전 총리는 "예비내각은 활동기간 동안 폴란드 전역을 돌아다니면서 여러 유권자의 의견을 들으며 이를 반영해 법과정의당 정부의 잘못된 국정운영에 대한 해결책을 세울 것"이라고 말했다. 한편 시민연단의 예비내각은 지난 11월, 많은 전직 장관들과 유명 정치인을 포함한 50여 명의 인사들로 구성되었다.

12월 08일

• 반정부 단체인 민주주의수호위원회, 대규모 시위 주최 예정 (Warsaw Voice 12. 08)

– 풀뿌리 조직인 반정부 성향의 민주주의수호위원회(KOD)는 오는 12월 13일 대규모 집회를 주최할 예정이라고 밝혔다. 한편 민주주의수호위원회는 현 정부의 해체와 정부의 교육 및 공공집회 관련 개혁의 철수를 원한다는 입장을 표명한 바 있다. 돌아오는 13일 민주주의수호위원회는 바르샤바에서 두 시위를 동시에 개최한다. 하나는 현 집권당인 법과정의당의 당사 앞에서 개최될 예정이며, 다른 하나는 도심에서 시작해 이후에는 두 시위대가 하나로 통합되어 시위가 진행될 예정이다.

12월 13일

• 계엄령 35주년에⋯ 폴란드 반정부 시위

(The New York Times 12. 13; 국민일보 12. 15 재인용)

– 폴란드에서 공산정권이 민주화운동을 탄압하기 위해 계엄령을 내린 1981년 12월 13일을 기념해 현 정부의 민주주의 탄압을 규탄하는 시위가 열렸다. 뉴욕타임스와 영국 일간 가디언 등은 13일 계엄령 발효 35주년을 맞아 폴란드 수도 바르샤바에서 시민 수천 명이 옛 통일노동당(Polska Zjednoczona Partia Robotnicza, PZPR) 본부 앞부터 현 집권여당인 법과정의당 당사 앞까지 행진했다고 보도했다. 시위를 주도한 민주주의수호위원회 측은 "정부가 35년 전처럼 우리의 자유를 빼앗고 있다"고 강조했다. 시위대 맞은편에선 정부 지지자들이 참여한 가운데 법과정의당이 81년 계엄령 선포를 기념하는 행사를 가졌다. 법과정의당은 유럽 내에서도 대표적인 극우 정당으로 지난해 집권 이후 사법부를 약화시키고 국영 언론매체들을 길들이는 식의 권위주의적인 정책을 펴왔다. 유럽연합(European Union, EU)과 미국도 법과정의당의 정책들을 비난하는 상황이다. 특히 집회의 자유를 제한하는 내용의 법안이 이달 초 하원을 통과한 점이 이날 시위에 기름을 끼얹었다. 야로슬라프 카친스키(Jaroslaw Kaczynski) 법과정의당 대표는 시위대를 반정부 세력으로 규정하고 정부가 질서를 바로잡아야 한다고 주장하고 있다.

헝가리

11월 30일

• 헝가리 법원, 국경폐쇄 항의 난민 징역 10년 (AP 12. 01; 연합뉴스 12. 01 재인용)

– 헝가리 법원이 지난달 30일 국경 폐쇄에 항의하는 시위에 참여한 난민에게 징역 10년의 중형을 선고했다고 현지 언론들이 전했다. 헝가리 서남부 세게드(Szeged) 지방법원은 시리아 출신인 한 난민에게 시위 중 경찰관들을 난민들 속으로 몰아넣고 돌을 던진 혐의가 '테러 행위'라며 불법 입국 혐의까지 적용해 이같이 선고했다. 헝가리에서는 국경지대에 레이저 선을 두른 장벽을 설치한 이튿날인 지난해 9월 16일 난민과 경찰의 충돌이 발생해 경찰관과 취재기자 등 수십 명이 다쳤다. 국제사면위

원회(Amnesty International)는 법원 판결이 가혹하다고 비판하면서 난민에게 가혹한 헝가리 정부의 정책을 반영하고 있다고 주장했다. 헝가리는 지난해까지 40만 명의 난민이 발칸 반도를 거쳐 들어오자 남쪽 국경지대에 장벽을 세워 이들을 막았다. 빅토르 오르반 헝가리 총리는 난민을 '독'이라고 부르면서 무슬림 난민들이 유럽 기독교 문화에 위협이 되고 있다고 언급하는 등 유럽 내에서 가장 강력한 반 난민 정책을 고수하고 있다.

12월 02일

• **헝가리 총리 측근 기업인 방송사 인수 논란** (AP 12. 02; 연합뉴스 12. 02 재인용)

– 빅토르 오르반 헝가리 총리의 측근인 기업인이 뉴스와 대담 프로그램을 주로 제작하는 케이블 방송사를 인수했다고 AP 등 외신이 2일 전했다. 헝가리 에코TV 경영자인 가보르 첼레스(Gábor Széles)는 자신이 소유주로 있는 일간지와의 인터뷰에서 시장 겸 사업가인 로링크 메차로스(Lörinc Mészáros)에게 에코TV를 넘기기로 했다고 말했다. 그는 메차로스가 에코TV를 통해 우파 정부의 정책을 지지할 수 있을 것이라고도 말했다. 첼레스는 "에코TV는 오르반 총리의 이념에 적합한, 정부와 가장 가까운 채널"이라며 "나는 2005년 방송을 시작한 이후 우파의 성공을 돕는 임무를 마친 것 같다"고 말했다. 그는 메차로스가 510만 달러를 투자해 장비를 현대화하면 경쟁 채널보다 시청률에서 앞설 것이라는 조언도 했다. 경쟁채널인 히르는 원래 친정부 성향 매체였지만 소유주가 오르반 총리와 지난해부터 멀어진 뒤 비판 보도 수위를 높이고 있다. 포브스지 선정에서 헝가리 28번째 부자로 이름을 올린 메차로스는 최근 헝가리 최대 일간지마저 인수해 미디어 다양성을 해치고 있다는 논란을 낳기도 했다. 그가 소유한 옵티무스 프레스(Optimus press)는 올해 10월 헝가리 최대 일간지 넵사바드사그(Nepszabadsag)를 인수한 뒤 경영진과 편집국 인사를 친정부 성향의 인물로 모두 교체했다.

12월 09일

• **사회당, 반 부패법안 의회에 제출해** (politics.hu 12. 09)

– 사회당의 지도부는 당 차원에서 반부패 취지의 법안을 의회에 제출했다고 밝혔

다. 사회당 의원들은 자산 신고 제도를 개선하고 검찰에 단 한 번의 임기만 지낼 수 있도록 하는 제도를 도입하길 원한다는 입장을 표명했다. 사회당 소속 의원인 베타란 도우(Bertalan Tóth)는 당이 제출한 법안 내용에는 시민단체와 의회 운영 전반에 대한 사항도 포함되어 있다고 밝혔다. 한편 토마쉬 하랑고조(Tamás Harangozó) 의원은 이해상충에 대한 규칙을 재정립할 필요가 있으며, 장관을 비롯한 정부 인사의 활동을 전혀 모니터링할 수 없는 것이 마피아형 의사결정 구조의 발단이 되고 있다고 지적했다.

체코

12월 04일

- 여론조사 결과 긍정당, 사회민주당의 두 배의 표를 얻을 것으로 나타나

(praguemonitor 12. 04)

- TNS(Taylor Nelson Sofres)의 조사에 따르면 내년 10월 치러질 총선에서 긍정당은 33.5% 정도를 득표해 1위를 차지할 것이라고 한다. 11월 치러진 여론조사에서 사회민주당은 14%를 득표해 2위에 그칠 것이라는 결과가 나타났다. 또한 시민민주당(Občanská Demokratická Strana, ODS)은 9%대의 지지율을 보여 사회민주당에 이어 3위인 것으로 나타났다. 마지막으로 공산당(Komunistická Sstrana Čech a Moravy, KSČM)은 8.5%, 기독민주당(Křesťanská a Demokratická Unie - Československá Strana Lidová, KDU-ČSL)은 7.5% 유권자의 지지를 받고 있을 것으로 예측된다.

12월 05일

- 대통령에 대한 신뢰 올해 가장 낮은 것으로 나타나   (praguemonitor 12. 05)

- 여론조사기관인 CVVM의 조사 결과에 따르면 밀로스 제만 대통령에 대한 신뢰도가 최저치를 기록한 것으로 나타났다. 조사에 따르면 대통령에 대한 신뢰는 11월 8%포인트 하락해 48%인 것으로 나타났다. 이러한 하락세는 지난 10월 아우슈비츠 생존자인 예레 브래디(Jiří Brady)가 그의 삼촌인 문화부장관 다니엘 허먼(Daniel Herman)과 티베트의 영적 지도자인 달라이 라마(Dalai Lama)와의 만남 이후 체코의 명예

의 전당에 올랐다는 스캔들과 시기적으로 일치하는 것으로 나타났다. 한편 대통령에 대해 불신한다는 응답은 49% 정도인 것으로 나타났으며 체코 총리인 보후슬라프 소보트카 정권에 대한 신뢰도는 지난 조사에 비해 3%포인트 하락해 35%의 유권자만이 '신뢰한다'고 응답했다.

12월 08일

• 사회민주당, 진보적인 조세 정책으로 유권자 동원할 것이라 밝혀　　　(CTK 12. 08)

– 사회민주당 소속이자 내무부 장관인 밀라네 쿠바네츠(Milan Chovanec)는 진보적인 조세정책을 비롯해 다수의 유권자들이 원하는 방향으로 입법을 추진해 유권자를 동원할 것이라는 입장을 밝혔다. 그는 사회민주당의 전통적인 지지층에 집중하는 것은 물론이고 향후에는 새롭게 젊은 유권자, 도시 거주 유권자 등을 집중적으로 동원할 것이라고 덧붙였다. 또한 그는 무제한적인 복지 추진은 당이 추구하는 바가 아니며, 복지 혜택을 꼭 필요로 하는 국민을 대상으로 한 정책을 집중적으로 실시할 것이라는 입장을 밝혔다. 한편 사회민주당은 재무부 장관인 안드레이 바비스(Andrej Babis)가 배당금에 대한 세율을 낮추거나 폐지하도록 하고 있는 것과는 반대로 진보적인 세금 개혁 정책을 마련하기 위해 노력 중이라고 밝혔다.

7차(12월 말~2017년 1월 말)

김소정

폴란드에서는 기자들의 의회 취재를 제한하는 여당의 법안을 놓고 여야 간 대립하였으며, 수천 명의 시민이 의회 주변에 모여 시위를 벌였다(AP 2016. 12. 16; 연합뉴스 2016. 12. 17 재인용). 이러한 언론의 자유를 위한 시위에 놀란 집권당은 언론의 취재를 제한하려는 취지의 법안을 전면 철회할 것이라는 입장을 밝혀 위기는 진정되었다(AP 2016. 12. 19; 연합뉴스 2016. 12. 20 재인용). 한편 의회 취재 제한법을 두고 논쟁하는 과정에서 여당은 예산을 날치기로 처리하였으며 이를 계기로 의회 내 위기가 봉합되지 않고 지속적으로 진행되고 있는 상황이다(Warsaw Voice 2017. 01. 11). 이러한 상황에서 베아타 슈드워 총리는 "현재로서는 내각의 어떠한 변화도 이루어질 필요가 없다고 생각한다"고 밝혀 논란이 증폭되고 있다(Warsaw Voice 2017. 01. 23).

헝가리에서는 현 청년민주동맹 정부에 대해 극우정당인 요빅은 역사상 가장 부패한 정권이라고 강도 높게 비난했다(politics.hu 2017. 01. 05). 헝가리 정부는 국채 매입 시 영주권을 부여하는 정책을 폐지한다고 밝혔으며, 이에 대해 이주자에 비판적인 입장을 보였던 몇몇 야당은 찬성한다는 입장을 밝혔다(AFP 2017. 01. 12; 뉴스1 2017. 01. 13 재인용). 한편 요빅은 현재 헝가리에서 부패에 대항하는 것은 매우 중요하다며, 반부패 관련 조문을 헌법에 명시해야 한다고 주장했다(politics. hu 2017. 01. 19). 마지막으로 사회당은 2월 중순쯤 외부 인사가 포함된 예비내각을 구성하고 활동을 개시할 것이라고 밝혔으며, 예비내각 구성을 통해 헝가리 사회에 발생하고 있는 여러 문제들을 해결할 것이라고 주장했다(politics.hu 2017. 01. 13).

체코에서는 밀로스 제만 대통령이 고위 각료의 언론 소유 등을 금지하는 이해충돌법안(conflict of interests bill)에 대한 거부권을 행사했다(praguemonitor 2016. 12. 19). 또한 제만 대통령은 유럽에서 일어나고 있는 테러와 난민 문제가 무관하지 않다며 이주자들을 받아들여서는 안 된다고 주장했다(AP 2016. 12. 26; 뉴시스 2016. 12. 27 재인용). 한편 하원에서는 대선 후보들이 국민들의 서명을 받는 과정에서의 규칙을 강화하는 취지의 법안이 통과되었다(praguemonitor 2017. 01. 13).

12월 16일

• 폴란드 '의회 취재 제한' 추진…성난 시민들 의사당 봉쇄

(AP 12. 16; 연합뉴스 12. 17 재인용)

– 폴란드에서 기자들의 의회 취재를 제한하는 집권당의 법안을 놓고 여야 간 대립이 격화되고 있다. AP·AFP과 BBC 등 외신보도에 따르면 16일 의회의사당 주위에는 수천 명의 시민이 몰려들어 '자유 언론' 등의 구호를 외치며 시위를 벌였다. 집권당인 법과정의당은 기자들의 의회 취재를 제한하는 방안을 추진하고 있다. 미리 선별한 방송사 5곳에만 의회의 각종 회의 녹화를 허용하고 의회에서 취재하는 기자의 수도 제한하는 것이 새 미디어 법안의 주요 내용이다. 집권당인 법과정의당은 이런 취재 제한이 여타 유럽연합 국가들과 다를 바 없는 수준이라면서 시위대의 행동을 '집단 난동'이라고 규정했다. 그러나 폴란드의 야당과 언론단체 등은 집권당의 계획에 강하게 반발하고 있다. 폴란드 언론사들도 연합성명을 내고 "제한조치는 기자들뿐 아니라 의원들을 선출한 시민들의 알 권리까지 침해하는 것"이라며 철회를 요구했다. 앞서 이날 오전 폴란드 야당 의원들은 여당의 미디어 법안에 항의하며 의장석을 수 시간 점거하는 등 격렬히 항의했다. 이들은 2017년 정부 예산안 표결도 거부했다. 그러나 여당은 다른 회의실에 모여 정부 예산안을 날치기 처리했다. 시위대는 17일 낮에도 모여 여당의 취재 제한조치 등에 항의하는 집회를 이어갈 방침이다.

12월 19일

• 언론자유 시위에 놀란 폴란드 '의회취재 제한' 철회

(AP 12. 19; 연합뉴스 12. 20 재인용)

– 폴란드 집권당이 여론의 거센 반대에 밀려 언론의 의회 취재를 제한하는 법안을 철회하기로 했다고 AP가 19일 보도했다. 안드레이 두다 대통령은 집권당인 법과정의당이 의회에서 기자들의 접근을 제한하는 법안을 도입하지 않겠다고 약속했다고

말했다. 두다 대통령은 이날 야로슬라프 카친스키 대표 등 법과정의당 주요 인사과 면담을 한 뒤 국영 방송과의 인터뷰를 통해 이같이 밝혔다. 법과정의당 출신인 두다 대통령은 "기자들이 일을 더 잘할 수 있도록 도우려는 좋은 의도였을 뿐"이라면서도 "극심한 분열을 초래한 만큼 더는 이 문제를 논의하지 않을 것"이라고 설명했다. 그는 "시민들이 의회 업무와 관련한 정보에 접근할 권리가 보장돼야 한다"고 덧붙였다. 지난 16일 폴란드 수도 바르샤바의 의회의사당 주위에는 수천 명의 시민이 몰려 격한 반대 시위를 벌였다. 당시 야당 의원들은 의장석을 점거하며 격렬히 항의했고, 언론사들도 연합성명을 내 법안 철회를 요구했다. 폴란드에서는 포퓰리스트 정당인 법과정의당이 카친스키 대표 체제에서 광범위한 변화를 시도하면서 1년 넘게 정치적 위기 상황이 지속하고 있다. 법과정의당이 새 정책을 발표했다가 여론에 떠밀려 철회한 것도 이번이 벌써 두 번째다.

01월 10일

• 의회 내 위기 여전히 해결되지 않아　　　　　　　　　　　(Warsaw Voice 01. 11)

－ 여당 법과정의당대표인 야로슬라프 카친스키는 의회의 위기를 봉합하기 위한 여야 간 합의가 불발되었다고 언론에 전했다. 한편 야당 대표들은 여야 간 합의는 이루어지지 않았으나, 이전에 선언했던 것과 같은 의회 일정에 대한 보이콧은 실시하지 않을 것이라는 입장을 밝혔다. 거대 야당인 시민연단을 제외한 야당 대표들은 지난 9일에도 여당 대표와 회동한 바 있다. 이 같은 위기는 지난 12월부터 진행되었는데 12월 중순, 야당 의원들은 여당이 언론 보도 제한 계획을 추진하려하자 장내 투쟁을 지속한 바 있다. 언론 보도 제한 조치를 둘러싼 논쟁은 여당의 날치기 예산안 처리 논란으로 우선순위에서 밀려났다. 야당은 예산안 통과에 대해 정족수에 미치지 못한 표결이었다며 절차상의 결함을 지적했으며 이에 대해 여당 대표는 법적으로 아무 문제가 없었다고 반박했다.

01월 17일

• 여론조사 결과, 법과정의당의 지지율 상승해　　　　　　　(Warsaw Voice 01. 17)

－ 여론조사기관인 CBOS는 여론조사 결과 집권여당인 법과정의당의 지지율이

37%로 완만히 상승하는 모습을 보여 야당인 시민연단과의 격차를 벌려나가고 있다고 전했다. 시민연단은 16% 정도의 지지율을 매달 유지하고 있으나 시민연단을 뒤따르는 현대당과의 격차는 점점 좁혀지고 있는 것으로 나타났다. 한편 국민당과 민주좌파동맹 연합의 지지율은 의회 진입 문턱을 넘는 수치로 상승한 것으로 나타났다.

01월 23일

• 베아타 슈드워 총리, "현재로서는 내각 개편 필요성 없어"   (Warsaw Voice 01. 23)
– 베아타 슈드워 총리가 한 언론사와의 인터뷰에서 내각 개편 계획이 없다는 입장을 밝혔다. 슈드워 총리는 "현재로서는 내각의 어떠한 변화도 이루어질 필요가 없다고 생각한다"고 말하며 내각 개편설을 일축했다. 덧붙여 슈드워 총리는 내각이 2017년 개발 계획 실행에 초점을 맞출 것이라고 밝혔으며 폴란드 의회는 2017년 정부 계획에 대한 토론회를 반드시 개최해야 한다고 주장했다.

헝가리

01월 05일

• 요빅, "현 정부는 헝가리에서 가장 부패한 정권"   (politics.hu 01. 05)
– 극우정당인 요빅의 대변인인 아담 미코즈키(Ádám Mirkóczki)는 현 청년민주동맹 정부가 헝가리 역사상 가장 부패한 정권이라고 강도 높게 비난했다. 그는 또한 청년민주동맹이 당과 밀접한 관계가 있는 사람들에게 이익이 되는 방향으로 도박, 담배 업계, 미디어, 스포츠 협회 등 다양한 분야 전반을 점령해나가고 있다고 지적했다. 덧붙여 그는 헝가리 국민들의 삶의 질을 향상시켜 헝가리를 살기 좋은 나라로 만들기 위해 연령, 성별, 종교 및 정당 가입 여부와 관계없이 모든 사회집단을 대변하는 것이 요빅의 목표라는 입장을 밝혔다.

01월 12일

• 헝가리, 국채 매입 시 영주권 부여 정책 폐지 　　　(AFP 01. 12; 뉴스1 01. 13 재인용)

– 헝가리 정부가 비(非) 유럽국가 국적의 투자자들에게 영주권을 부여하는 정책을 오는 3월 폐지한다고 12일 밝혔다. AFP에 따르면 헝가리 채무국은 이날 홈페이지를 통해 "영주권 발급을 3월 31일자로 중단한다"고 말했다. 이어 "자금조달 상황이 개선됐다"고 그 이유를 설명했다. 헝가리는 2013년부터 투자 유치를 위해 액면가 30만 유로(약 3억8000만 원)의 특별 국채를 매입하는 투자자들에게 체류를 허가해 왔다. 이 경우 투자자들은 유럽 시민 자격을 얻어 28개 유럽연합 회원국을 자유롭게 오고갈 수 있다. 공식 통계에 따르면 지금까지 4000개 이상의 특별 국채가 판매됐다. 하지만 야당을 포함한 일각에서는 이 같은 정책이 국가 안보 위험을 키운다고 비판해 왔으며 채권을 판매하는 역외 기업을 통한 부패 가능성도 지적돼 왔다. 지난해 11월에는 빅토르 오르반 총리가 주도했던 '난민정착 금지 개헌안'이 특별 국채 조항이 있다는 이유로 부결되기도 했다. 당시 이를 반대했던 극우 정당 요빅 측은 "부자이든 가난하든 난민은 헝가리에 발을 들일 수 없다"고 말했다.

01월 13일

• 사회당, 외부 전문가 포함한 인사들로 예비내각 구성할 것이라 밝혀

(politics.hu 01. 13)

– 사회당이 경제, 건강보험, 법률, 사회보장제도 등 다양한 분야를 대표하는 전문가들로 예비 내각을 구성할 계획이라고 밝혔다. 헝가리의 한 언론에 따르면 사회당은 돌아오는 2월 18일 선거 관련 회의를 마친 직후 예비내각을 구성, 활동을 개시할 예정이라고 한다. 사회당대표인 굴라 몰나르는 이전에 현 시국에 주요한 이슈에 정통하면서 사회당과 가까운 인사 서너 명을 영입할 것이라고 밝힌 바 있다. 한편 사회당의 전 대표인 라슬로 코바츠(László Kovács)는 최근 방송사와의 인터뷰에서 "사회당은 현직 대통령과 청년민주동맹을 이길 수 없다"는 예측을 했다. 그는 "젊은 사회당 의원들을 언급하면서 의도와는 다르게 그들이 많은 실수를 저질렀으며 사회당을 망쳤다"고 비난하며 이같이 전했다.

01월 19일

• 요빅 대표, 헌법에 반부패 관련 조문 명시할 것 요구해 (politics.hu 01. 19)

– 요빅의 대표인 가보르 보나는 부패와 맞서 대응하는 것이 중요하다고 지적하며 반부패 관련 내용을 헌법에 명시해야 한다고 주장했다. 또한 이를 위해 요빅은 관련 제안서를 2월에 의회에 제출할 것이라는 입장을 밝혔다. 보나 대표는 부패 퇴치가 "정부의 기본적인 기둥"이라고 언급하며 경제 범죄와 관련된 정치인을 수사하는 특검팀 가동 등의 내용을 포함한 법안을 제출할 것이라고 말했다. 덧붙여 그는 공직자가 범죄를 저지를 경우 일반 사람들이 받는 형량의 두 배를 받아야 한다고 주장했다. 만약 정부와 밀접한 관련이 있는 기업이 경제적인 이득을 취할 시 타 기업의 경쟁력은 약화되어 결과적으로 불평등한 결과로 귀결된다고 지적하며, 현 정부가 시민들을 위해 봉사하지 않고 그들을 지배하기 위해 존재한다고 비판했다.

체코

12월 19일

• 제만 대통령, 이해충돌법안 거부권 행사해 (praguemonitor 12. 19)

– 밀로스 제만 대통령은 각료의 이해 상충을 방지하기 위해 고안된 이해충돌법안에 대한 거부권을 행사했다. 이 법안은 고위 각료의 언론 소유를 금지하고 각료가 25% 이상의 지분을 소유하고 있는 기업의 공공 입찰 참여를 금지시키는 내용을 포함하고 있다. 한편 이러한 법안이 통과될 시 많은 기업과 언론을 소유하고 있는 재무부장관이자 긍정당 대표인 안드레이 바비스가 큰 타격을 입을 것이라고 예측된 바 있다. 대통령 대변인은 제만 대통령이 헌법에 위배될 것으로 간주되는 법안에 대한 많은 지식을 가지고 있다는 입장을 밝히며, 거부권 행사 의지를 전했다. 한편 대통령의 거부권은 하원에서 뒤집힐 것으로 예측되고 있다.

12월 26일

• 체코 대통령 "유럽테러와 난민 무관하지 않아" (AP 12. 26; 뉴시스 12. 27 재인용)

– 밀로스 제만 대통령이 유럽에서 분출하는 테러 사태의 원인으로 전쟁과 기아를

피해 각국에서 이주해온 난민들을 꼽았다. 제만 대통령은 26일 성탄절을 기념하는 연례 연설에서 "오늘날 그 누구도 난민 이주 행렬과 테러리스트 공격 간 상관관계를 의심하지 않는다"며 이같이 강조했다. 그는 체코를 향한 테러리스트들의 공격을 예방하기 위해서는 '자발적으로'(on a volunteer basis) 이주민들을 받아들여서는 안 된다고 지적했다. 제만 대통령이 언급한 '자발적'이라는 표현은 난민들을 유럽 각국에 골고루 분산 배치하려는 유럽연합의 노력을 겨냥한 발언으로 풀이됐다. 제만 대통령은 "난민들을 그들의 영토나 이웃 국가에서 돕는 일에 반대하지 않는다"면서도 "이슬람교도를 우리의 영토에 두는 것은 잠재적인 테러공격의 온상을 만드는 것"이라고 말했다.

12월 29일

• 대통령 직선제에 대한 지지도 확고한 것으로 나타나 　　　　(praguemonitor 12. 29)

– 여론조사기관인 메디안(Median)의 조사 결과에 따르면 체코 국민들의 대통령 직선제에 대한 지지가 확고한 것으로 나타났다. 구체적으로 보면 대통령 직선제에 대한 국민들의 지지도는 작년 4월 실시된 조사에서 78%이었으나 12월 말 실시된 조사에서는 84%인 것으로 나타났다. 한편 밀로스 제만 대통령의 재임 여부는 2018년 치러질 선거를 통해 결정된다. 제만 대통령은 체코에서 처음으로 직선제를 통해 선출된 대통령이다.

01월 13일

• 하원, 대선 후보 관련 규칙 강화할 예정 　　　　(praguemonitor 01. 13)

– 하원의원들은 국민들의 서명을 받아 후보 자격을 얻으려는 소위 "독립적인" 대통령 후보들에 대한 규칙을 강화하기로 결정했다. 하원은 시민들이 대통령 후보에 서명하는 과정에서 여권이나 신분증 등의 개인정보가 필수적으로 요구되어야 하는 규칙을 만들었다고 밝혔다. 4년 전 치러진 대통령선거에서 몇몇 후보자들은 그들이 얻은 서명이 위조되었다는 사실이 확인된 이후 후보 자격을 박탈당한 바 있다. 이러한 서명 위조를 방지하기 위해 의원들은 많은 안을 두고 고심했고, 그 결과 서명에는 서명자 본인임을 확인할 수 있는 서류들이 필요하다는 결론에 이르렀다.

8차(1월 말~2월 말)

김소정

폴란드에서는 2018년 가을에 지방선거가 치러질 예정이며, 이에 따라 현 집권당인 법과정의당은 지방선거를 위한 준비를 시작했다고 밝혔다(Warsaw Voice 2017. 01. 24). 1월 25일에는 대도시 곳곳에서 법과정의당이 부당한 선전을 위해 대중 매체를 이용하고 있는 것을 비롯한 전반적인 행보에 항의하며 학생들이 대규모 시위를 개최했다(Warsaw Voice 2017. 01. 26). 한편 이러한 상황에서 2월 실시된 여론조사 결과에 따르면, 집권 법과정의당의 지지율은 1월에 비해 3%포인트 상승한 40%에 육박하는 것으로 확인되었다(Warsaw Voice 2017. 02. 13).

헝가리 정부는 외국 기업 및 단체의 지원을 받는 비정부기구(NGO)는 기부금 내용을 공개하도록 하는 법안을 추진하고 있으며 이에 대해 여러 야당들이 반발하고 있는 상황이다(AP 2017. 02. 09; 연합뉴스 2017. 02. 09 재인용). 이에 대해 야당인 요빅은 "부패를 은폐하기 위한 마녀사냥"이라고 강도 높게 비난했다(politics.hu 2017. 01. 26). 반 난민 정책을 고수해온 헝가리 정부는 망명을 신청한 난민의 거주지를 보호시설로 제한하는 정책을 추진하겠다고 밝히면서 향후 유럽연합(European Union, EU)과의 충돌이 전망되고 있다(The Guardian 2017. 02. 07; 연합뉴스 2017. 02. 07 재인용). 또한 헝가리 정부는 난민 유입을 좀 더 확실히 막겠다며 막대한 예산을 들여 세르비아 국경지대에 추가적으로 난민장벽을 건설할 예정이라고 밝혔다(AP 2017. 02. 24; 연합뉴스 2017. 02. 24 재인용).

체코에서는 여론조사 결과, 당장 총선이 실시될 경우 긍정당이 승리할 것이라는 응답이 29.9%인 것으로 나타났으며 사회민주당(14.6%), 공산당(12.6%)이 그 뒤를 따르는 것으로 확인되었다(praguemonitor 2017. 01. 26). 5%대의 지지율을 보이고 있는 전통책임번영당의 대표는 총선에서 두 자리 수의 지지율을 획득하는 것이 목표라고 밝히며 선거에서 실패한다면 대표직을 내려놓을 것이라는 입장을 표명했다(praguemonitor 2017. 01. 31). 보후슬라프 소보트카 총리는 군대에 인터넷 감시를 할 수 있는 권한을 확대해 부여하는 방안에 대해 당 지도부와 논의할 예정이라고 밝혔다(praguemonitor 2017. 02. 13).

01월 24일

- 집권 법과정의당, 2018년 지방선거 준비 시작됐다고 밝혀　　(Warsaw Voice 01. 24)

　– 집권 여당인 법과정의당의 대표 야로슬라프 카친스키는 한 일간지와의 인터뷰에서 돌아오는 2018년 가을 치러질 지방선거에 대한 준비가 차분히 이루어지고 있다고 밝혔다. 지방선거를 위해 카친스키 대표는 여러 지역을 방문하면서 지역 정당 관계자와 접촉하는 시간들을 보내고 있다. 내년 치러질 지방선거는 총선거 1년 전에 치러지기 때문에 법과정의당에 대한 지지도를 확인할 수 있는 중요한 선거라고 볼 수 있다. 카친스키 대표는 또한 지방선거를 앞두고 시장의 임기 상한선 설정 등의 내용을 포함한 지방 선거법 개정을 요구하고 있다. 만약 선거법이 개정된다면 107명의 현직 시장 중 66명이 지방선거에 참여하지 못하게 될 것이다.

01월 25일

- 폴란드 학생들, 정부에 대항하는 시위 개최해　　(Warsaw Voice 01. 26)

　– 1월 25일, 수백 명의 학생들이 수도인 바르샤바와 각종 대도시에서 집권 법과정의당의 논란이 되고 있는 행보에 대해 항의하는 시위를 개최했다. 법과정의당은 보수 성향의 정당으로 2015년 10월 총선에서 전례 없는 다수 의석을 차지한 바 있다. 시위 주최 측은 어떤 정당도 지지하거나 후원하지 않는다고 밝혔다. 또한 시위에 앞서 학생들은 14가지 요구사항을 담은 선언문을 발표했다. 학생들은 헌법이 존중받는 나라, 연구와 문화 기관, 미디어가 독립적이며 집회의 자유가 있는 곳에서 살기를 원한다는 입장을 전했으며, 성별, 출신, 피부색, 장애 여부 등에 상관없이 모든 사람이 법 앞에서 평등해야 한다고 요구했다. 학생들은 정부가 부당한 선전을 위해 대중 매체를 이용하는 것에 반대하는 목소리를 냈다. 법과정의당이 추구하는 일련의 개혁에 대해 비판하는 것이 이번 시위의 핵심 내용인데, 헌법재판소와 공영 방송사를 장악하도록 하는 내용의 법안을 법과정의당이 추진했다는 것이 핵심적인 사항이다.

02월 07일

• 폴란드 최고실권자 "유럽연합 리스본조약, 난민정책 최대 오류"

(Deutsche Welle 02. 07; 연합뉴스 02. 07 재인용)

– 폴란드 집권당인 법과정의당의 야로슬라프 카친스키 당수가 유럽연합의 개혁 필요성을 들어 메르켈 총리의 개방적 난민정책의 수정을 압박했다. 폴란드 여권의 최고실력자로 통하는 카친스키 당수는 7일 한 독일 보수 일간지와의 인터뷰에서 이같이 밝혔다고 공영 국제방송 도이체벨레가 인용했다. 카친스키 당수는 이어, 2007년 유럽연합의 권한을 현저하게 확대한 리스본 조약과 난민 위기, 이 두 가지를 유럽연합의 중대 오류로 규정한 뒤 유럽연합 체제가 주로 독일에만 이익을 안긴다고 지적한 도널드 트럼프 미국 대통령의 언급에 공감도 표했다. 또한 그는 메르켈 총리의 개방적 난민정책을 겨냥해선 "난민을 대거 수용함으로써 기독 문명의 이완을 가져왔다"고 주장하고, 메르켈 총리가 폴란드에 난민수용 분담을 요구하는 것에 대해 "불합리한 발상"이라고 비난했다. 카친스키 당수는 유럽연합의 개혁 방향과 관련해서는 각 회원국의 주권 강화와 유럽연합 사법권의 축소를 거론했다.

02월 13일

• 2월 여론조사 결과, 여당 법과정의당 지지율 상승해 (Warsaw Voice 02. 13)

– 여론조사기관인 CBOS의 조사 결과에 따르면 폴란드 여당인 법과정의당의 지지율은 지난 1월에 비해 3%포인트 상승해 40% 정도인 것으로 나타나 야당인 시민연단(23%)과의 격차를 더욱 벌렸다. 한편 시민연단 또한 라이벌인 현대당의 격차를 벌린 것으로 나타났다. 조사 결과에 의하면 현대당은 지난달과 비슷한 9%대의 지지율을 유지하고 있었다. 쿠키스15 또한 8%대의 지지율을 꾸준히 유지하고 있는 것으로 나타났다.

01월 26일

• 요빅, 청년민주동맹이 부패를 은폐하기 위해 비정부기구(NGO) 대상으로 마녀사냥

진행해   (politics.hu 01. 26)

– 급진적 극우 정당인 요빅은 청년민주동맹 정부가 전례 없을 정도로 높은 수준의

헝가리의 부패를 은폐하기 위해 비정부기구(NGO)를 대상으로 마녀사냥을 하고 있

다고 주장했다. 이 같은 주장은 최근 청년민주동맹의 대변인이 헝가리 태생의 미국

인 금융업자 조지 소로스가 이끄는 '가짜 조직'이 헝가리 정치권에 영향을 미치기 위

해 고의적으로 설립되었기 때문에 이 나라에서 사라져야 한다고 발언한 것이 배경

이 되었다. 요빅 관계자는 대통령을 비롯해 총리, 하원의장 등 또한 과거 소로스로

부터 지원을 받았던 사실을 지적하며 청년민주동맹에 "선택적인 기억을 가지지 말

라"고 비판했다. 그러면서 요빅은 소로스를 비롯해 외국에서도 어떠한 기금을 받지

않았다고 덧붙였다. 마지막으로 요빅은 비정부기구(NGO)의 재정 운영을 좀 더 투명

하게 하기 위한 계획을 수립해야 할 때라고 주장했다.

02월 07일

• 헝가리 "망명신청 난민, 보호시설에만 머물러야"…유럽연합과 충돌

(The Guardian 02. 07; 연합뉴스 02. 07 재인용)

– 유럽연합 회원국 중 반 난민 정책을 고수해온 헝가리가 망명신청 난민의 거주지

를 보호시설로 제한하는 정책을 추진하겠다고 밝혀 유럽연합과 충돌이 예상된다. 7

일 영국 일간 가디언에 따르면 졸탄 코바치(Zoltán Kovács) 헝가리 정부 대변인은 유럽

국경을 보호하기 위해 망명 신청자를 체류허가 여부 결정전까지 시설에서만 머물도

록 하는 안을 유럽연합에 제출하겠다고 말했다. 그는 도널드 트럼프(Donald Trump)

미국 대통령의 당선으로 유럽에서도 난민 문제 기류가 바뀌고 있으며 최근 몰타에

서 열린 유럽연합 정상회담은 난민 정책 변화의 전환점이 됐다고 주장했다. 국가마

다 조금씩 다르지만 망명 신청자는 인도적 체류허가를 받고 거주지를 신고하면 비

교적 자유롭게 이동할 수 있는 게 국제관례여서 헝가리의 새 정책은 유럽연합 내에

서 논란을 불러올 전망이다.

02월 09일

• 트럼프 '마이웨이' 닮나…헝가리, 비정부기구(NGO) 재정 공개 압박

(AFP 02. 09; 연합뉴스 02. 09 재인용)

– 헝가리가 외국 기업, 단체의 지원을 받는 비정부기구(NGO)에 기부금 내용을 공개하도록 의무화하는 법안을 추진해 반발을 사고 있다고 AFP이 9일 전했다. 민주당 열성 지지자로 작년 미국 대선에서 반 트럼프 진영에 섰던 억만장자 조지 소로스가 일부 헝가리 비정부기구(NGO)들의 재정을 지원하는 것을 겨냥한 조치라는 분석도 나온다. 헝가리 우파 여당 청년민주동맹은 외국의 지원을 받는 비정부기구(NGO)가 내역을 신고하지 않으면 활동을 중단시키는 법안을 4월께 의회에 제출할 계획이라고 공식 밝혔다. 청년민주동맹 소속 라요쉬 코샤 의원은 "헝가리 국민은 비정부기구(NGO) 활동 자금 중 외국에서 들어온 돈이 예산의 얼마를 차지하는지 알아야 한다"며 "스스로 신고하지 않으면 헝가리에서 더 활동할 수 없게 될 것이다"라고 말했다. 헝가리 비정부기구(NGO)들은 강경 우파인 빅토르 오르반(Viktor Orban) 총리가 집권 후 정부와 불편한 관계에 있었다. 일부 비정부기구(NGO)들은 이미 국내, 국외 기부금 명세를 신고하도록 압박을 받고 있다. 청년민주동맹 부의장인 스지라르드 네메스(Szilárd Németh)는 지난달 초 기자회견에서 소로스가 거대한 글로벌 자금과 정치적 정당성을 헝가리에 주입하고 있다면서 "모든 수단을 동원해 이런 가짜(fake) 단체들을 쓸어버리는 게 맞다"고 말하기도 했다. 그는 트럼프의 당선으로 '국제적인 여건'도 갖춰졌다고 말했다. 발언 내용이 문제가 되자 헝가리 정부는 어떤 단체도 쫓아낼 의사는 없다고 부인했다. 2014년 오르반 총리 취임 이후 노르웨이의 지원을 받는 비정부기구(NGO)들이 회계 관리 위반으로 조사받는 일도 있었는데 범죄 혐의는 드러나지 않았다. 당시 버락 오바마(Barack Obama) 미국 대통령은 헝가리 정부의 비정부기구(NGO) 압박을 경고하면서 시민사회를 붕괴시키려는 의도라고 비판하기도 했다. 오르반 총리는 지난 미국 대선 기간 트럼프를 공개 지지했고 그가 당선된 뒤 가장 먼저 통화한 외국 정상 중 한 명이다.

02월 24일

• 헝가리, 세르비아 국경지대에 난민장벽 또 건설 (AP 02. 24; 연합뉴스 02. 24 재인용)

- 난민유입을 막겠다며 2015년 9월 세르비아와 접한 국경에 레이저 철선을 두른 장벽을 세웠던 헝가리가 다시 막대한 예산을 들여 난민장벽을 건설하기로 했다. 24일 AP 등에 따르면 라자르 야노쉬(Lázár János) 헝가리 총리실 장관은 날씨가 풀리면 두 번째 장벽 건설을 시작할 계획이라고 말했다. 그는 이번 사업에 380억 포린트(한화 1천500억 원)의 예산이 투입되며 국경지대에는 컨테이너로 만든 난민 심사대기 캠프를 조성한다고 덧붙였다. 헝가리로 망명신청을 하는 난민들은 컨테이너에서 결과가 나올 때까지 대기해야 하며 자유롭게 이동할 수 없다. 발칸반도가 지난해 3월 공식적으로 폐쇄되면서 헝가리 등을 거쳐 독일, 오스트리아로 가려던 난민의 유입은 크게 줄었다. 헝가리는 재정 부담을 우려해 2024년 하계 올림픽 유치 경쟁에서 부다페스트가 유치 신청을 철회했음에도 장벽 건설에 다시 막대한 예산을 투입하면서 야당과 인권단체의 반발을 사고 있다.

체코

01월 26일

• 여론조사 결과, 전통책임번영당 원내 진입하지 못할 것으로 예상

(praguemonitor 01. 26)

- 여론조사기관인 스테마(STEM)의 조사 결과에 따르면 당장 총선이 실시될 경우 긍정당이 승리할 것이라는 응답이 29.9%인 것으로 확인되었다. 긍정당에 이어서 사회민주당이 승리할 것이라는 응답률이 두 번째로 높았으며 14.6%인 것으로 나타났다. 뒤이어 공산당이 승리할 것이라는 응답은 12.6%에 그쳤다. 지난 여론조사 결과 5%의 지지율을 보였던 전통책임번영당에 대해서는 의회에 진입하지 못할 것이라는 의견이 다수인 것으로 확인되었다. 한편 현재 상황에서 하원 원내에 진입하기 위한 요건인 5%의 지지율을 확보하고 있는 정당은 시민민주당(Občanská Demokratická Strana, ODS), 기독민주국민당인 것으로 나타났다.

01월 31일

• 총리, 당 지도부와 군대의 확장된 인터넷 감시 계획에 대해 논의 예정

(praguemonitor 01. 31)

- 보후슬라프 소보트카 총리는 군대에 인터넷을 감시할 수 있는 권한을 확대해 부여하려는 계획에 대한 정당들의 의견을 듣기 위해 정당 지도부와 만날 예정이다. 이러한 권한의 확대는 사이버 안보를 수호하기 위한 것을 명분으로 하고 있다. 하지만 이러한 계획에 대해 비정부기구(NGO)와 인터넷 회사들로부터 자유와 인권이 훼손될 것이라는 우려를 듣고 있는 상황이다. 한편 이러한 제안은 하원에 제출되기 이전에 정치권에서 활발히 논의되고 있는 과정에 있다.

02월 13일

• 전통책임번영당 대표, 선거에서 실패한다면 대표직 내려놓을 것이라 밝혀

(praguemonitor 02. 13)

- 야당인 전통책임번영당의 대표 미로슬라프 칼로섹(Miroslav Kalousek)은 만약 가을 총선에서 당이 성과를 내지 못할 시 대표직에서 물러날 것이라는 입장을 밝혔다. 칼로섹 대표는 한 일간지와의 인터뷰에서 선거에서 전통책임번영당이 두 자리 수의 지지율을 획득하길 기대하고 있다고 전했다. 1월 실시된 여론조사 결과에 따르면 전통책임번영당은 4.6% 정도의 지지율을 획득하고 있는 것으로 나타났다. 한편 전통책임번영당은 정당 차원에서 전자 선거, 유로화 채택, 독일에 필적하는 생활수준 등의 내용을 담은 장기적 공약을 내놓은 바 있다.

9차(2월 말~3월 말)

김소정

폴란드에서는 지난 2월 실시된 여론조사 결과, 여당에 대한 지지율은 하락한 반면 경쟁 정당인 시민연단의 지지율은 상승한 것으로 나타났다(Warsaw Voice 2017. 03. 12). 한편 여당인 법과정의당은 지방선거제도 개혁을 위한 논의를 지속하고 있는 가운데 그러한 내용을 구체적으로 밝히지 않고 있어 지방정부의 우려가 확대되고 있다(Gazeta Wyborcza 2017. 03. 06; Warsaw Voice 2017. 03. 06 재인용). 공공문제연구소(Instytut Spraw Publicznych, ISP)가 청년층을 대상으로 설문조사를 실시한 결과 응답자의 22%는 이념적으로 보수적이라고 답했으며, 44%는 중도 보수라고 응답해 폴란드의 청년층이 주로 보수 성향을 보이고 있는 것으로 나타났다(Warsaw Voice 2017. 03. 08). 한편 제1야당인 시민연단을 비롯한 야당들은 현 법과정의당 내각에 대한 불신임 투표를 진행할 것이라고 밝혀 폴란드 정치권이 들썩이고 있다(Warsaw Voice 2017. 01. 23).

헝가리의 동향을 살펴보면 2018년 총선을 앞두고 빅토르 오르반 총리의 최측근이 거대 미디어 그룹의 큰 지분을 확보해 향후 논란이 될 전망이다(AP 2017. 03. 04; 연합뉴스 2017. 03. 04 재인용). 또한 오르반 총리는 망명을 신청한 난민을 심사 결과가 나오기 전까지 국경지대 수용시설에 억류할 수 있도록 하는 법안을 추진해 통과시켰으며, 세르비아 국경지대에 제2의 난민장벽을 완성시킬 것이라는 입장을 밝혀 논란이 되고 있다(dpa 2017. 03. 17; 연합뉴스 2017. 03. 17 재인용). 한편 헝가리의 좌우 진영 모두에서 오르반 총리의 4선을 저지해야 한다는 공감대가 형성되고 있다(AFP 2017. 03. 12; 연합뉴스 2017. 03. 12 재인용). 또한 아데르 야노시(Ader Joanos) 대통령이 야권 단일후보를 누르고 연임에 성공했다(AFP 2017. 03. 12; 연합뉴스 2017. 03. 13 재인용).

체코에서는 정책연구소인 민주주의연구소21(Institute for Democracy 21)이 유권자들의 정치참여 제고를 위해 대통령선거 후보자에 대한 호감을 표현할 수 있는 온라인 플랫폼을 만들었고 이는 유권자들의 큰 관심을 받고 있다(prague-monitor 2017. 03. 10). 3월 10일에는 여당인 사회민주당의 전당대회가 열렸으며, 당

대표 선거 결과 보후슬라프 소보트카 총리의 재선이 확정되었다(praguemonitor 2017. 03. 10). 한편 상원의원들은 현행 정당 국고보조금제도가 군소정당에 불리하다며 불만을 제기했다(praguemonitor 2017. 03. 23).

03월 02일

• 2월 여론조사 결과 여당에 대한 지지율 하락해 　　　　　　　　　(Warsaw Voice 03. 02)

– 여론조사기관인 'Kantar Public pollster'에서 2월 실시한 조사 결과에 따르면 여당인 법과정의당에 대한 지지율이 3%포인트 하락해 33%에 머무른 반면, 경쟁 상대인 시민연단의 지지율은 3%포인트 상승해 22%인 것으로 나타났다. 한편 현대당에 대한 지지율은 1%포인트 하락해 8%대에 머물러 쿠키스15와 유사한 유권자의 지지를 받고 있는 것이 확인되었다. 주목할 점은 유권자의 20% 정도가 "지지할 정당을 정하지 못했다"고 응답한 것이다.

03월 06일

• 지방선거제도 개혁에 대한 지방정부의 우려 늘고 있어

　　　　　　　　　(Gazeta Wyborcza 03. 06; Warsaw Voice 03. 06 재인용)

– 일간지인 가체타 비보르차(Gazeta Wyborcza)에 따르면 여당인 법과정의당의 지방선거제도 개혁 계획에 대해 지방정부가 우려를 표명하고 있다고 한다. 선거제도 개혁을 논의하기 위해 지난 3월 2일 200여 명의 하원의원이 모였으나, 법과정의당 대표인 야로슬라프 카친스키 등 여당의 핵심 인사들은 불참하였다. 지방선거에서 의원 및 지방자치단체장의 임기를 제한하고 소선거구제를 폐지하는 등의 선거제도 개혁 추진내용은 언론들을 통해 언급되었으나, 이에 대해 여당은 어떠한 내용이 논의되고 있는지 구체적으로 밝히지 않고 있다. 한편 선거제도 개혁에 대해 여론조사기관인 CBOS의 조사 결과에 따르면 지방정부 인사들의 임기를 2회로 제한하는 것에 대해 폴란드인의 50%는 호의적인 것으로 나타난 반면, 반대하는 응답 또한 40%에 이르는 것으로 확인되었다.

03월 08일

• 폴란드의 청년층 주로 중도 보수 성향 보이고 있는 것으로 나타나

(Warsaw Voice 03. 08)

– 폴란드의 공공문제연구소가 15세부터 24세의 청년층을 대상으로 설문조사를 실시한 결과 응답자의 22%는 이념적으로 보수적이라고 응답했으며, 44%는 중도 보수라고 응답했다. 반면 진보적이라고 응답한 응답자들은 8%였으며 중도 좌파라는 응답은 24%인 것으로 나타났다. 전반적으로 폴란드 청년층의 과반은 좌파보다 우파의 성향을 보이는 것으로 나타났다. 한편 구체적인 정당 지지를 물었을 때는 반체제적(anti-establishment) 정당인 쿠키스15에 대한 지지가 가장 높은 것으로 나타났으며 그 뒤를 현대폴란드당, 여당인 법과정의당, 시민연단이 뒤따랐다.

03월 09일

• 폴란드 극우 집권당 몽니… 자국출신 유럽연합(European Union, EU) 의장 연임 반대 (Financial Times 03. 08; 문화일보 03. 09 재인용)

– 헌법재판소 권한 제한법과 언론 취재 제한법을 밀어붙여 국내외 반발을 불렀던 폴란드 극우당 정부가 이번에는 자국 출신인 도날드 투스크(Donald Tusk) 유럽연합 정상회의 상임의장 연임에 몽니를 부리고 있다. 투스크 의장이 그동안 극우당 정부의 행보를 민주주의 역행이라고 비판해왔던 것에 대해 보복에 나선 것이다. 8일 파이낸셜타임스 등에 따르면 폴란드 정부는 연임에 도전하는 투스크 의장에 대해 "자국 정부를 불법적으로 전복시키려는 시도를 지지했다"고 비난하며 연임 반대 의사를 분명히 했다. 베아타 슈드워 폴란드 총리는 9일 열리는 유럽연합 정상회의를 앞두고 유럽연합 정상들에게 보낸 서한을 통해 "투스크 의장은 (폴란드) 국내 정치에 개입함으로써 중립성 의무를 심각하게 위반했다"고 비난하면서 투스크 의장의 연임 반대 의사를 밝혔다. 이는 그동안 투스크 의장이 폴란드 정권을 장악한 법과정의당 행보에 대해 민주주의를 퇴행시키는 시도라며 비판해왔기 때문이라고 파이낸셜타임스는 전했다.

03월 20일

• 폴란드의 야당, 정부에 대한 불신임 투표 진행할 것이라고 밝혀

(Warsaw Voice 03. 20)

— 폴란드의 제1야당이자 친 유럽연합적인 노선을 보이고 있는 시민연단이 공식적으로 현 베아타 슈드워 총리 내각에 대한 불신임투표를 진행할 것이며, 총리후보로 현 시민연단 당대표인 제고쉬 세테나를 지명했다고 밝혔다. 시민연단의 한 관계자는 "우파 정부가 폴란드를 유럽연합 밖으로 끌어내려 한다"며 "세계무대에서 폴란드에 대한 불신을 키우고 있다"고 주장했다. 그는 또한 최근 정부가 도날드 투스크 유럽연합 정상회의 상임의장 연임에 대해 반대의사를 밝히는 등의 독선적인 행보들을 지적하였다. 한편 폴란드는 투스크 상임의장의 재선에 반대표를 던진 유일한 국가인 것으로 확인되었다. 시민연단은 법과정의당이 집권한 이래로 폴란드의 위상은 추락하고 있다고 주장하며 헌법재판소의 권력 축소 논란, 여론 통제의 움직임 등을 언급하였다. 이러한 불신임 투표 계획에 대해 진보정당인 현대당은 지지한다는 입장을 밝혔으며, 국민당 또한 시민연단과 함께할 것이라는 입장을 표명했다. 불신임 투표는 회기 시작일인 4월 5일 이전에는 실시될 수 없다. 한편 여당인 법과정의당이 460개의 의석 중 과반인 234석을 차지하고 있기에 불신임 투표가 성공하기에는 어려울 것으로 예측된다.

헝가리

03월 04일

• 총선 앞둔 헝가리, 총리 측근 미디어 '큰손' 등장

(AP 03. 04; 연합뉴스 03. 04 재인용)

— 내년 총선을 치르는 헝가리에서 빅토르 오르반 총리의 측근이 최대 미디어 기업의 지분을 대거 확보했다. 4일 AP 등에 따르면 헝가리 미디어그룹 오피무스(Opimus)는 뢰린츠 메자로스(Lörincz Mészáros)가 지분 16.9%를 인수했다고 전날 밝혔다. 오피무스는 지난해 10월 헝가리 최대 미디어 기업인 미디어웍스(Media Works)를 인수했다. 당시 미디어웍스는 재정적 이유를 들며 좌파 성향의 헝가리 최대 일간지인 넵사

바드사그(Nepszabadsag) 발행을 갑작스럽게 중단해 논란이 됐는데 넵사바드사그 발행 중단 후 총리 측근이 미디어웍스를 인수할 것이라는 소문이 돌기도 했다. 작은 도시의 시장을 지내기도 했던 메자로스는 오르반 총리의 지원을 등에 업고 기업인으로 성공을 거둔 인물로 알려져 있다. 그는 지난해 12월도 에코 TV와 몇몇 케이블 채널, 대담 채널 등을 인수했다. 에코TV 전 소유주는 방송사를 넘기면서 메자로스가 방송을 통해 우파 정부 정책을 지지할 수 있을 것이라고도 말했다. 오르반 총리는 내년 총선에서 승리를 거둬 네 번째 총리직에 도전하겠다는 의사를 밝힌 바 있어 측근들의 미디어 인수는 선거 정국에서 논란이 될 전망이다.

03월 12일

• 헝가리 좌우 진영, 현 총리 4선 저지 공감 확산 (AFP 03. 12; 연합뉴스 03. 12 재인용)
- 유럽 보수 우파의 대표 정치인 중 한 명인 빅토르 오르반 헝가리 총리가 내년 총선에서 좌우 진영 모두에게서 거센 공격을 받아 네 번째 총리직에 오르는 게 쉽지는 않을 전망이라고 AFP이 12일 전했다. 헝가리는 13일 의회에서 상징적 국가원수인 대통령을 선출한다. 아데르 야노시 현 대통령은 5년 전 단독 출마해 당선됐는데 이번에는 야당 단일 후보인 라즈로 마즈테니(László Majtényi)와 경쟁해야 한다. 마즈테니는 사회당과 다른 5개 좌파 성향의 군소 정당으로부터 지지를 받고 있다. 이들 정당이 단일 후보를 낸 것은 처음이다. 한편 야권이 내년 총선에서 사회당이 총리 후보로 지명한 라요시 보트카(László Botka)를 지지할지도 관심사다. 그는 야권에서 초당적 지지를 받고 있으며, 최근 여론조사에서 오르반 총리와 막상막하의 지지율을 보이고 있다. 극우 정당인 요빅의 가보르 보나 대표 또한 오르반 총리를 위협할 수 있는 대항마로 거론되고 있다. 38세의 젊은 정치인인 그는 '극우'라는 이미지를 벗기 위해 노력하고 있다. 작년에는 이민을 제한하려는 오르반 총리의 법안을 당론으로 반대해 부결시키는 데 앞장서기도 했다.

03월 13일

• 헝가리 대통령, 야권 단일후보 누르고 연임 성공

(AFP 03. 13; 연합뉴스 03. 13 재인용)

- 헝가리 의회는 13일 아데르 야노시 현 대통령을 임기 5년의 차기 대통령으로 재선출 했다고 AFP 등이 전했다. 아데르 대통령은 전체 199표 중 131표를 얻어 39표 득표에 그친 야권의 단일 후보 라즐로 마즈테니 전 방송위원장을 누르고 연임에 성공했다. 처음 대통령에 선출될 때는 단일 후보로 출마해 표결 없이 당선됐지만, 이번에는 야권 후보와 경선을 했다. 현지 언론들은 마즈테니 전 방송위원장이 큰 표 차이로 지기는 했지만, 소수 정당으로 분열된 중도 및 좌파 진영을 한데 묶었다면서 의미를 부여했다. 헝가리 제1야당인 사회당은 내년 총선에서 소수 정당과 연대해 의석을 확대하는 것을 목표로 선거 전략을 마련하고 있다. 오르반 총리는 내년 총선에서 네 번째 총리직에 도전하겠다는 의사를 밝힌 바 있다.

03월 15일

• 헝가리 총리 국경일 연설 때 시위대 호루라기 항의

(AFP 03. 16; 연합뉴스 03. 16 재인용)

- 빅토르 오르반 헝가리 총리가 15일 국경일 기념 연설을 하는 동안 수백 명의 야당 지지자들이 밖에서 호루라기와 자동차 경적을 울리며 항의 시위를 벌였다고 AFP과 현지 언론들이 16일 전했다. 15일은 헝가리가 1848년 오스트리아 합스부르크 왕가에서 독립한 것을 기념하는 혁명 기념일이다. 오르반 총리는 수도 부다페스트의 국립박물관 야외에서 기념 연설을 했는데 그의 반 유럽연합, 반 난민 정책 등을 비판하는 시위대가 박물관 담 밖에서 호루라기를 불고 자동차 경적을 울렸다. 경찰은 애초 이들의 집회를 금지했지만 법원은 하루 전날 경찰의 집회 금지 통고가 부당하다고 결정했다. 시위대의 호루라기와 경적 소리 때문에 연설 행사장 주변에서는 잠시 지지자와 반대자들 사이에 긴장감이 감돌기도 했지만 별다른 충돌은 일어나지 않았다. 오르반 총리는 내년 4월 총선에서 네 번째 총리직에 도전하고 있지만 정부 주도로 강하게 추진한 부다페스트 올림픽 유치가 유권자 단체의 반대 운동으로 무산되는 등 어려운 상황을 맞고 있다.

03월 17일

• "유럽연합은 실패했다" 난민 억류하고 장벽 또 세우는 헝가리

(DPA 03. 17; 연합뉴스 03. 17 재인용)

– 난민 사태에 대해 헝가리가 점점 더 강경 노선을 취하면서 유럽연합 내에서 갈등을 키우고 있다. 17일 독일 DPA 통신 등에 따르면 아데르 야노시 헝가리 대통령은 모든 망명 신청 난민을 심사 결과가 나올 때까지 국경 지대 컨테이너 수용 시설에 억류할 수 있도록 한 법에 최종 서명했다. 보호자가 없는 어린이들까지 강제로 억류할 수 있게 한 이 법은 인권단체들의 비판을 받고 있지만 여당이 다수인 의회를 통과했고 대통령이 서명함에 따라 8일 뒤 효력을 띠게 됐다. 유럽연합은 특별한 사유가 없는 한 망명 신청 난민을 특정 시설에 강제 억류하는 것을 금지하고 있지만, 유럽연합 회원국인 헝가리는 일사천리로 법안을 밀어붙였다. 한편 빅토르 오르반 총리는 또 이날 라디오 방송에서 세르비아 국경 지대에 짓는 제2의 난민장벽이 5월 중 완성될 것이라고 밝혔다.

체코

03월 03일

• 체코의 정치인들 항상 믿을만하지 않은 것으로 나타나　　　(praguemonitor 03. 03)

– 의정감시단체인 데마고그(Demagog)의 조사 결과에 따르면, 체코의 정치인은 거의 거짓말을 하진 않지만 종종 의심스럽거나 확인하기 어려운 내용에 대해 발언하는 것으로 나타났다. 이번 조사는 TV토론이나 언론과의 인터뷰에서 350명의 정치인이 제기한 7500건의 주장을 분석하는 방식으로 이루어졌다. 데마고그는 분석 결과, 주장의 60%만이 검증가능하고 신뢰할 만하다는 결론이 도출되었으며 체코의 이러한 상황은 다른 유럽 국가와 비슷한 수준이라고 주장하였다.

03월 10일

• 정치참여 제고를 위한 정책연구소의 새로운 움직임　　　(praguemonitor 03. 10)

– 다가올 2018년 대통령선거 후보자에 대한 호감을 표현할 수 있는 웹사이트 플랫

폼인 'President 21'이 유권자들의 관심을 끌고 있다. 현재까지 약 6만 명의 사람들이 사이트에서 500명이 넘는 후보자들을 제안했으며, 후보자에 대한 의견을 표현했다. 이러한 행사를 주최한 민주주의연구소21은 정책연구소로, 전국적으로 유권자의 참여를 제고할 수 있는 다양한 행사를 계획하고 있다고 밝혔다.

03월 10일

• 보후슬라프 소보트카, 사회민주당 당대표 재선 성공해　　(praguemonitor 03. 10)

－ 오늘 오전 집권당인 사회민주당의 전당대회가 열렸다. 보후슬라프 소보트카 총리는 대의원의 67%의 지지를 획득해 당대표직 재선이 확실시되었다. 투표결과 내무장관인 밀라네 쿠바네츠 또한 본래 직위였던 당의 부대표직을 유지할 수 있을 것으로 나타났다. 지명 연설에서 소보트카 총리는 사회민주당이 계획했던 정책들을 시행하는 경우에만 다음 내각의 일원이 될 수 있다는 점을 강조했다. 그는 또한 시민민주당과 긍정당이 힘을 합하면 현 내각을 위협할 수 있을 것이라며 사회민주당원들에 경고했다.

03월 23일

• 상원의원들, 정당보조금제도에 대한 불만 제기　　(praguemonitor 03. 23)

－ 상원의원 18명이 헌법재판소에 현행 정당보조금 제도에 대한 불만을 전달했다. 의원들은 현행 보조금 제도가 군소정당에 불리한 반면 거대정당은 과도한 보조금을 받고 있다고 주장했다. 구체적으로는 선거에서 3% 이상의 득표를 한 정당에 한해 연간 600만 달러를 지불하는 내용에 대해 지적하였으며, 3% 이상의 득표를 하지 못한 정당에 대한 유일한 보상은 한 표당 100코루나(약 4달러)라는 점이 불공평하다는 입장을 밝혔다. 이와 비슷한 내용으로 지난 2003년에도 헌법재판소에 불만이 제기된 사례가 존재한다. 한편 불만을 표출한 의원들 중 대부분은 군소정당 소속인 것으로 나타났다.

10차(3월 말~4월 말)

김소정

폴란드에서는 비톨트 바슈코프스키(Witold Waszczykowski) 외무장관이 도날드 투스크 유럽연합 정상회의(European Council) 상임의장 연임이 가짜 투표 결과라고 비난해 논란이 되고 있다(AP 2017. 03. 27; 뉴시스 2017. 03. 28 재인용). 여당인 법과정의당은 폴란드 총리 출신인 도날드 투스크 유럽연합 정상회의 상임의장의 연임을 저지하려다가 실패한 이후 지지율이 하락한 것으로 나타났다(AP 2017. 04. 04; 뉴시스 2017. 04. 04 재인용). 한편 제1야당인 시민연단의 제안으로 불신임 투표가 실시되었으나, 부결되고 베아타 슈드워 내각은 집권을 지속할 수 있게 되었다(Warsaw Voice 2017. 04. 10). 시민연단은 내각불신임에 실패한 이후에도 반정부적 활동을 지속하고 있으며 오는 5월에는 정부를 규탄하는 대규모 집회를 개최할 예정이라고 밝혔다(Warsaw Voice 2017. 04. 24).

헝가리의 동향을 살펴보면 부총리가 우편투표 절차를 간소화해 투표율을 제고해야 한다는 입장을 밝혔다(politics.hu 2017. 03. 24). 한편 헝가리 정부는 여론조사를 실시한다는 명분하에 유럽연합에 대한 국민들의 반감을 증폭시키고 있어 논란이 되고 있다(AFP 2017. 04. 02; 연합뉴스 2017. 04. 02 재인용). 정부는 '브뤼셀을 멈추자'라는 제목의 설문지를 헝가리 전역에 발송했으며 중립적이지 못한 설문항을 통해 국민들의 불안 심리를 자극해 난민 문제를 중심으로 유럽연합에 대한 반발심을 증폭시키고 있다(AFP 2017. 04. 02; 연합뉴스 2017. 04. 02 재인용). 정부는 또한 고등교육법 개정안을 제출하였는데 이 개정안이 진보적 이념을 보이고 개혁 활동을 지속한 인사에 대한 보복이라는 주장이 제기되며 논란이 되고 있다(politics. hu 2017. 04. 03).

체코에서는 밀로스 제만 대통령이 오는 10월 20, 21일에 총선이 치러질 것이라고 밝혔으며 이에 따라 정당들은 총선 준비에 박차를 가했다(praguemonitor 2017. 04. 07). 대표적으로 사회민주당은 대통령 후보 선출을 위한 당내 경선을 총선 이후인 11월로 연기할 것이라고 밝혔다(praguemonitor 2017. 04. 09). 한편 여론조사 결과에 따르면 2018년 치러질 대통령선거에서 현 제만 대통령이 지지율에서 우위를 점하고 있는 것으로 나타났다(praguemonitor 2017. 04. 17). 한편 최고행정법원은 대안당(Alternative for the Czech Republic, ACR)이 재무보고서를 제출하지 않았다며 즉각적인 당의 활동정지 판결을 내렸다(praguemonitor 2017. 04. 20).

폴란드

03월 27일

• 폴란드 외무장관 "투스크 연임은 '가짜 투표'" (AP 03. 27; 뉴시스 03. 28 재인용)

– 폴란드 외무장관이 도날트 투스크 유럽연합 정상회의 상임의장의 연임은 '가짜 투표'의 결과물이었다고 비난하고 나섰다. 27일 비톨트 바슈코프스키 폴란드 외무장관은 투스크의 연임에 반대하는지에 대해서만 표결에 부쳤다며 이는 "가짜 투표 (pseudo vote)"라고 지적했다. 그는 "전문가들이 투스크의 연임이 유럽연합의 규율을 어기는 것이라고 말하고 있다"고 말했다. 바슈코프스키 외무장관은 이어 투스크 의장의 연임결정이 가짜 투표였다는 것을 증명함으로써 "우리가 속한 유럽연합이 이중 잣대를 사용하는 연합이라는 것을 사회에게 보여줄 것"이라고 강조했다. 앞서 지난 9일 유럽 정상은 벨기에 브뤼셀에 모여 유럽연합 정상회의를 열고 투스크 상임의장의 연임을 결정했다. 28개국 중 폴란드를 제외한 27개국의 지지를 받았다. 폴란드는 투스크 의장과의 정치적 갈등을 이유로 야체크 사리우스볼스키(Jacek Saryusz-Wolski) 유럽의회 의원을 새 의장으로 선출해야 한다고 주장해 왔다.

04월 04일

• 폴란드 우파 집권당, '투스크 연임저지' 후 지지도 하락

(AP 04. 04; 뉴시스 04. 04 재인용)

– 폴란드의 강경 우파 집권당인 법과정의당이 자국 총리 출신인 도날트 투스크 유럽연합 정상회의 상임의장의 연임을 막으려다 실패한 후 여론조사 지지도에서 손해를 본 것으로 나타났다. 반면 투스크 상임의장이 2014년 유럽연합 대통령직 자리로 갈 때까지 이끌고 있던 시민연단은 지지세가 크게 늘어났다. 뉴스 포털 온넷이 주관한 여론조사에 따르면 야로슬라프 카친스키가 이끌고 있는 법과정의당은 30.5%의

지지를 얻었으며 중도좌파 성향의 시민연단은 29.2%를 얻었다. 지난달에 비해 집권당은 2.3%포인트 떨어졌으며 제1야당은 12%포인트나 뛰었다. 시민연단은 2015년 말 총선에서 패해 6년 만에 정권을 내줬다.

04월 10일

• **슈드워 내각, 불신임 투표 결과 임기 지속할 수 있게 돼**　　　(Warsaw Voice 04. 10)

– 지난 4월 7일 하원에서 실시된 불신임 투표 결과, 베아타 슈드워 총리 내각은 임기를 지속할 수 있게 되었다. 불신임 표결 결과를 보면 174명의 의원이 불신임안에 찬성한 반면 238명은 반대한 것으로 나타났으며, 4명의 의원은 표결에 참여하지 않았다. 지난 3월 24일 제1야당인 시민연단은 정부가 국가를 쇠락하게 만들고 있으며, 폴란드의 유럽연합 탈퇴를 부추기고 있다고 비난하며 불신임안을 제출했다. 하지만 여당인 법과정의당이 의회에서 과반 의석을 차지하고 있기에 불신임안 통과는 어려울 것으로 예측되었다. 한편 최근 실시된 설문조사에 따르면 선거가 당장 치러진다면 법과정의당이 과반 의석을 차지할 수 없을 것이라는 결과가 도출되었다.

04월 14일

• **좌파정당, 유권자 동원하기 위한 노력 시작해**　　　(Warsaw Voice 04. 14)

– 민주좌파동맹은 내년 지방선거를 위한 준비를 시작했다고 밝히면서 모든 좌파정당들과 협력할 것이라는 입장을 표명했다. 민주좌파동맹은 지난 1991년 중도 보수 정당 간 연대를 형성해 만들어졌으며, 1999년 하나의 정당이 되었다. 이러한 좌파정당 간 연대는 공산당을 견제하며 형성되었다. 한편 지난 2015년 10월 치러진 총선에서 민주좌파동맹은 7.6%의 지지율을 획득해 비례대표 의석 배분을 위한 최소요건인 8%를 충족하지 못하였으며 의석을 차지하지 못했다. 또한 지난 총선에서 중도 좌파 정당은 하나의 의석도 차지하지 못했다.

04월 24일

• 시민연단, 오는 5월에 열릴 대규모 집회 계획해

(Warsaw Voice 04. 24)

– 거대 야당인 시민연단은 오는 5월 6일 유럽연합의 가치와 자유를 방어하기 위해 개최할 집회에 10만 명 이상의 시민의 참여를 바란다는 입장을 표명했다. 시민연단은 구체적으로 집회에서 지방선거제도의 개혁, 교육 개혁, 법안 발의 규칙에 대한 개혁 등 세 가지를 집중적으로 주장할 것이라고 밝혔다. 한편 국민당 대표는 국민당 또한 집회에 참여할 것이며 정당 지지자를 포함해 1만 명 정도의 시민을 동원할 것이라고 밝혔다. 반면 현대당은 집회에 회의적인 입장을 표명했는데 집회가 오직 시민연단에게만 이득을 가져다 줄 것이라는 예측을 했기 때문이다.

헝가리

03월 24일

• 부총리, 우편투표 절차 간소화를 주장해　　　　　　　　　(politics.hu 03. 24)

– 졸트 제민(Zsolt Semjén) 부총리는 2018년 총선부터 우편으로 투표하는 절차가 간소화될 필요가 있다고 주장했다. 제민 부총리는 우편투표를 규제하는 현행 절차가 과도하게 복잡하다고 주장하면서 이를 보완하기 위해 정부가 투표절차를 수정하는 안을 제출할 것이라고 밝혔다. 그는 이러한 절차상의 수정이 이루어지면 보다 많은 유권자가 손쉽게 투표에 참여할 수 있어 투표율이 제고될 것이며 이는 헝가리 민주주의의 발전을 위해 꼭 필요한 점이라고 덧붙였다.

04월 02일

• 헝가리 "브뤼셀 멈추자"… 설문조사 통해 '반 유럽연합 감정' 부추겨

(AFP 04. 02; 연합뉴스 04. 02 재인용)

– 헝가리 정부가 반(反) 유럽연합 정책을 어떻게 추진할지 묻는 설문조사를 전국에서 시작하는 등 또다시 '여론조사' 형태로 유럽연합에 대한 반감의 불씨를 지피고 있다. 2일 AFP 등에 따르면 헝가리 정부는 전날 '브뤼셀(유럽연합 본부 소재지)을 멈추자

(Let's stop Brussels)'라는 제목의 설문조사지를 전 가구에 우편으로 발송했다. 6개 문항으로 구성된 설문은 주로 난민 재정착, 법인세 인상 등 이민, 경제 정책 관련 이슈들을 다루고 있다. 우파 포퓰리즘 정당이 집권한 헝가리는 그동안 유럽연합 정책이 국가의 독립성을 훼손한다고 주장해왔다. 설문 중 하나는 "유럽에서 최근 잇따른 테러에도 불구하고 유럽연합이 불법 난민을 받아들이라고 하는데 어떻게 해야 하느냐?"라며 응답자들의 견해를 물었다. 선택할 수 있는 답은 "불법 난민은 당국 결정이 있을 때까지 감시를 받아야 한다", "불법으로 들어온 난민이 자유롭게 헝가리에서 이동할 수 있게 해야 한다"로 돼 있어 불안 심리를 자극하면서 반대를 유도하고 있다. 빅토르 오르반 총리는 작년에도 유럽연합의 난민 할당 계획에 반대하면서 개헌으로 이를 막으려고 했지만 막대한 예산을 '여론조사' 방식의 개헌 캠페인에 쏟아 붓고도 낮은 투표율 때문에 투표가 무산되는 정치적 패배를 겪기도 했다.

04월 03일

• "소로스 설립 대학 폐쇄 말라"…헝가리 수천 명 가두시위   (politics.hu 04. 03)
– 수천 명의 헝가리 국민들이 2일 수도 부다페스트에서 정부의 고등교육법 개정안에 항의하는 시위를 벌였다. 헝가리 정부의 고등교육법 개정안은 미국의 억만장자인 조지 소로스(George Soros)가 설립한 유럽중앙대학(Central European University, CEU)을 폐쇄하기 위한 조처라는 의혹을 사고 있다. 헝가리 출신인 소로스는 지난 1991년 부다페스트에 CEU를 설립했다. 소로스는 또한 부다페스트에 '오픈 소사이어티 재단' 사무실을 두고 헝가리는 물론 유럽 각국의 민주주의 증진과 진보적 개혁을 지원하는 각종 프로그램을 운영하고 있다. 빅토르 오르반 헝가리 총리는 이런 소로스를 이데올로기의 적으로 규정하고 있다. 그는 지난 2월 소로스를 '거대한 약탈자'라고 표현하기도 했다. 오르반 총리는 "이곳은 국경을 초월한, 막대한 자금력을 지닌 소로스의 제국이다. 그들이 헝가리 정치에 영향력을 행사하려고 하면서 문제를 일으키고 있다"고 비난했다.

04월 15일

• 공정한 선거를 주장하는 시위 개최돼   (politics.hu 04. 18)

– 시민운동가인 마르톤 구야쉬(Márton Gulyás)는 지난 4월 15일 비례대표제에 기반한
선거제도 개혁을 외치는 시위를 부다페스트에서 개최했다. 그는 늦어도 2017년 말
까지는 선거제도가 개혁되어야 한다고 주장했다. 또한 그는 헝가리가 사회의 여러
세력을 반영할 수 있는 의회를 구성할 필요가 있다고 말했다. 그러면서 현재의 선거
제도가 지속되는 한 다수당이 의회 내에서 권력의 대부분을 차지하는 구조는 변화
될 수 없다고 주장했다. 선거제도 개혁을 외치는 시위는 여러 시민단체가 공동으로
개최했다. 시위에 참여한 여러 시민들은 "우리는 침묵하지 않을 것이다"라는 구호를
외치면서 헝가리 국기와 유럽연합 기를 흔들었다.

04월 22일

• 소로스와 '전쟁' 벌이는 헝가리…국내외 반발 확산

(AFP 04. 22; 연합뉴스 04. 23 재인용)

– 조지 소로스가 설립한 유럽중앙대학 폐쇄에 반발하는 대규모 집회가 주말인 22일
헝가리 부다페스트에서 다시 열리는 등 반대여론이 확산되고 있다. AFP 등에 따르
면 이날 집회는 빅토르 오르반 헝가리 총리를 풍자하는 플래카드가 등장하는 등 반
정부 집회 성격을 띠었다. 이날 집회는 오르반 총리를 블라디미르 푸틴(Vladimir Pu-
tin) 러시아 대통령에 빗대면서 '일방통행'식 정책 추진을 비판했다. 참석자들은 '언
론 타도', '교육 타도', '더 많은 정치 선동' 등 정부를 비꼬는 플래카드를 들었다. 오르
반 총리는 비정부기구(Non Government Organization, NGO)를 지원해온 헝가리 출신 미
국인 소로스가 헝가리 정치에 영향을 미치려고 한다고 비판하면서 그의 지원을 받
는 비정부기구(NGO)와 대학을 쫓아내는 법을 잇달아 추진했다. CEU 폐쇄 법은 이
미 대통령 서명까지 마쳤고 비정부기구(NGO) 법안도 의회 처리가 예정돼 있다. 한편
이달 19일에는 존 매케인(John McCain) 미국 공화당 상원의원 등 미 의회 의원들이 헝
가리 정부에 법안 철회를 요청하는 서한을 보냈고 27일에는 유럽연합 장 클로드 융
커 집행위원장과 소로스가 브뤼셀에서 만날 예정이며 CEU 사태를 둘러싼 갈등은
계속될 전망이다.

04월 07일

• **대통령, 총선 날짜 공지해** (praguemonitor 04. 07)

– 체코의 밀로스 제만 대통령이 오는 10월 20일부터 21일 이틀간 하원 선거가 치러질 것이라고 언론 인터뷰 중 밝혔다. 체코 헌법상 총선은 4년의 임기가 종료되는 시점의 30일 전에 치러져야 하며, 대통령은 총선 90일 전에 총선 일시를 공지할 의무가 있다. 한편 오는 10월 말 총선이 치러짐에 따라 정당들은 8월 15일까지 정당 명부 제출을 마쳐야 한다. 보후슬라프 소보트카 총리는 그의 트위터에 대통령이 공지한 총선 일시 제안에 서명할 준비가 되어있다는 입장을 밝혔다.

04월 09일

• **사회민주당 대통령 후보 지명 총선 이후로 미뤄** (praguemonitor 04. 09)

– 연립내각을 구성하고 있는 사회민주당은 10월 말 총선이 치러질 것이라는 대통령의 발표에 따라 대통령 후보 선출을 위한 당내 경선을 11월로 미룰 것이라고 밝혔다. 또한 사회민주당은 경선 일정을 조정하면서 2017년 상반기에 대한 논의를 이어갔다. 체코 국민들은 2018년 2월에 새로운 대통령을 선출할 예정이다. 몇몇 후보들은 이미 대통령선거에 출마할 예정이라는 입장을 밝혔으며 현 밀로스 제만 대통령 또한 재선 도전 의지를 밝힌 바 있다.

04월 17일

• **제만 대통령, 2018년 치러질 대통령선거에서 우위 점하고 있는 것으로 나타나**

(praguemonitor 04. 17)

– 여론조사 결과에 따르면 현재 밀로스 제만 대통령이 2018년 대통령선거에서 가장 인기 있는 후보인 것으로 나타났다. "만약 대통령선거가 오늘 치러진다면 누구에게 투표하시겠습니까?"라는 질문으로 실시된 설문조사 결과에 따르면 응답자의 37%는 밀로스 제만 대통령이라고 응답했으며, 그 뒤를 기업가인 미헬 호라첵(Michal Horáček) 후보가 20%의 지지를 받아 뒤따르는 것으로 나타났다. 예레 드라호스(Jiri

Drahoš)는 17%의 지지율을 보여 호라첵 후보와 경쟁하고 있는 모습을 보였다. 한편 누구에게 투표할지 아직 정하지 못했다는 응답은 21%를 차지했다.

04월 20일

• **법원, 대안당 활동정지 판결 내려** (praguemonitor 04. 20)
– 최고행정법원은 대안당이 즉각적으로 모든 활동을 중지해야 한다는 판결을 내렸다. 행정법원은 이 같은 판결을 내린 배경에는 대안당이 2014, 2015년 재무보고서를 제출하지 않았다는 원인이 존재한다고 밝혔다. 한편 상원의원 선거에 출마한 대안당 소속 마르틴 코르비츠카(Martin Konvička)는 반 이슬람 기치를 중심으로 선거운동을 해 논란을 빚었고 이를 통해 정당의 이름을 대중에게 널리 알린바 있다.

04월 26일

• **여론조사 결과 긍정당에 대한 지지율 상승한 것으로 나타나** (praguemonitor 04. 26)
– 여론조사기관인 스테마(STEM)가 실시한 조사 결과에 따르면 "이번 달에 총선이 실시된다면 어느 정당을 지지하시겠습니까?"라는 질문에 대해 응답자의 28.3%가 긍정당을 지지할 것이라고 응답한 것으로 나타났다. 지난 3월 실시된 조사 결과에서 긍정당은 27%의 지지율을 보여 지난달에 비해 지지율이 약 1%포인트 상승했다. 한편 이번 조사에서 사회민주당에 대한 지지율은 16.1%인 것으로 나타났으며 긍정당과 마찬가지로 지난달에 비해 1%포인트 가량 지지율이 상승한 것으로 확인되었다. 긍정당, 사회민주당에 이어 공산당은 12.2%의 지지율을 획득해 3위에 그쳤다.

11차(4월 말~5월 말)

김소정

폴란드에서는 4월 말 실시된 여론조사 결과 야당인 시민연단이 28%의 지지율을 획득해 선두를 달리는 것으로 나타났으며 여당인 법과정의당이 뒤따르고 있는 것으로 확인되었다(Warsaw Voice 2017. 05. 04). 5월 6일에는 수도인 바르샤바에서 집권 여당의 언론 장악과 개혁정책 등에 반대하는 대규모 시위가 개최되었다(AFP 2017. 05. 06; 연합뉴스 2017. 05. 07 재인용). 한편 안드레이 두다 대통령은 폴란드 독립 100주년인 2018년 11월 11일을 개헌을 묻는 국민투표를 실시할 잠재적인 일시로 언급하였으며, 국민투표안에는 10개 내지 20개의 질문이 포함될 것이라고 밝혔다(Warsaw Voice 2017. 05. 16). 이와 같은 개헌 논의에 대해 폴란드 국민의 35%가 반대하는 것으로 나타났으며, 21.8%는 찬성한다는 여론조사 결과가 발표되었다(Warsaw Voice 2017. 05. 11).

헝가리의 동향을 살펴보면 정책 포럼을 취재하던 기자가 관리들에 의해 폭력적으로 퇴출당한 사실이 밝혀지면서 정부의 언론자유 침해에 대해 항의하는 대규모 시위가 개최되었다(AP 2017. 05. 06; 뉴시스 2017. 05. 07 재인용). 한편 미국은 헝가리 정부에 대해 중앙유럽대학(CEU) 퇴출을 둘러싼 사태와 관련해 차별적 조치를 중단해야 한다고 촉구하였다(연합뉴스 2017. 05. 24). 헝가리 사회당은 내년 총선을 앞두고 40대의 젊은 정치인인 라요시 보트카를 총리 후보로 지명하였으며, 군소정당들은 보트카 후보를 중심으로 반(反) 빅토르 오르반 총리 전선을 구축하는 모습을 보이고 있다(연합뉴스 2017. 05. 28).

체코에서는 보후슬라프 소보트카 총리가 밀로스 제만 대통령에게 사임 의사를 밝히며 새로운 정부 구성을 유도하고자 하였으나(AFP 2017. 05. 02; 연합뉴스 2017. 05. 02 재인용), 이후 사임 의사를 철회하고 갈등을 빚던 안드레이 바비스 재무부 장관을 퇴출시키려는 의지를 밝혔다(연합뉴스 2017. 05. 05). 결과적으로 제만 대통령은 바비스 장관을 해임하였으며 후임에 하원 경제위원장인 이반나 페르니(Ivan Pilny)를 임명하였다(praguemonitor 2017. 05. 23). 한편 이러한 일련의 사태들은 10월 예정된 총선을 앞두고 사회민주당, 긍정당, 기독민주연합 등 연정 내부의 갈등 양상을 반영한 것이라는 분석이 도출되고 있는 상황이다(AFP 2017. 05. 02; 연합뉴스 2017. 05. 02 재인용).

폴란드

05월 04일

• 여론조사 결과 시민연단이 선두 달리는 것으로 나타나 　　　 (Warsaw Voice 05. 04)

– 일간지인 가제타 비보르차(Gazeta Wyborcza)가 실시한 여론조사 결과에 따르면 여당인 법과정의당은 27%의 지지율을 획득해 2위에 그쳤으며, 야당인 시민연단은 28%의 지지율을 보여 1%포인트 차이로 선두를 달리고 있는 것으로 나타났다. 또한 쿠키스15는 지난달 조사와 유사하게 12%의 지지율을 보였으며 민주좌파동맹은 5%의 지지 획득에 그쳤다. 한편 안드레이 두다 대통령은 38%의 지지율을 획득했으며, 도날드 투스크 전임 총리가 31%의 지지를 보이는 것으로 나타났다.

05월 06일

• 폴란드 올해 들어 최대 반정부시위…"여당이 민주주의 훼손"

(AFP 05. 06; 연합뉴스 05. 07 재인용)

– 폴란드 수도 바르샤바에서 6일 정부와 집권여당의 개혁정책과 언론장악에 반대하는 대규모 시위가 열렸다고 AFP이 보도했다. 보도에 따르면 폴란드 시민 수만 명은 정부와 집권여당 법과정의당이 헌법재판소의 권한을 축소하고, 언론을 장악하는 등 민주주의를 훼손하고 있다며 이날 시위에 나섰다. 폴란드 중도성향 야당 시민연단이 주도한 이번 시위에는 약 9만 명이 참가해 올해 들어 최대 규모의 반정부 시위로 기록됐다. 이번 시위는 최대 야당인 시민연단의 지지율이 법과정의당을 앞질렀다는 여론조사 결과가 나온 후 벌어졌다. 조사 결과에서도 드러나듯 법과정의당 정부의 국정운영에 대한 폴란드 국민의 불만이 점점 커지고 있다. 현재 안드레이 두다 폴란드 대통령은 내년 독립 100주년을 맞아 헌법 개정을 위한 국민투표를 시행하자고 제안한 상태다. 이와 더불어 법과정의당은 현재 교육개혁법안을 추진 중이다. 하지만 폴란드 시민들은 헌법 개정이 민주주의와 법치를 훼손하고, 새로운 교육정책

은 학생들의 수준을 떨어뜨리고, 보수적인 시각만을 심어줄 것이라며 강하게 반발하고 있다.

05월 11일

• 개헌에 대한 여론조사 결과 발표돼   (Warsaw Voice 05. 11)

– 헌법 개정에 대해 폴란드 국민의 35%가 반대하는 것으로 나타났으며, 21.8%는 찬성한다는 여론조사 결과가 발표되었다. 정당 지지별로 헌법 개정에 대한 의견을 보면 여당인 법과정의당 지지자 중 42%가 개헌에 찬성하는 반면, 야당인 시민연단 지지자들은 17.2%만이 개헌에 찬성하는 것으로 나타났다. 한편 개헌에 대해 가장 반대하는 유권자들은 현대당 지지자(77.1%가 반대)와 민주좌파동맹(66.9%가 반대)지지 자인 것으로 나타났다. 여론조사는 안드레이 두다 대통령이 2018년에 헌법 개정을 묻는 국민투표를 실시할 것이라는 입장을 밝힌 이후 실시되었다.

05월 16일

• 2018년에 개헌을 묻는 국민투표가 실시될 것인가?   (Warsaw Voice 05. 16)

– 폴란드의 안드레이 두다 대통령은 상원의 승인을 받아 개헌을 묻는 국민투표 실시를 발표할 것이나, 발표까지 어느 정도의 시간이 걸릴 것이라고 밝혔다. 두다 대통령은 폴란드 독립 100주년인 2018년 11월 11일을 국민투표를 실시할 잠재적인 일시로 언급했다. 또한 국민투표 실시 이전에 광범위한 논의가 선행되어야 하고 이러한 논의를 통해 국민투표안을 결정할 것이며, 국민투표에는 10~20개의 질문이 포함될 것이라고 밝혔다. 또한 대통령의 말에 따르면 폴란드가 유로화를 채택해야할지 여부도 국민투표 안건에 포함될 수 있다고 한다. 한편 이러한 헌법개정안에 대해 여당인 법과정의당은 대통령의 의견을 존중한다는 입장을 밝힌 바 있다.

05월 29일

• 지방선거법 개정 이루어지지 않을 예정   (Warsaw Voice 05. 29)

– 여당인 법과정의당의 관계자들은 다음 선거에서 더 나은 결과를 얻을 수 있도록 지방선거법을 개정하려는 계획을 이행하지 않을 것이라는 입장을 밝혔다. 이와 관

련하여 법과정의당은 이미 지방정부에서의 연임을 제한하는 안을 정당 내부적으로 철회한 바 있으나 야당들은 여전히 이를 두려워하고 있는 모습을 보이고 있다. 한편 정치학자들은 법과정의당이 주도하는 지방선거법 개정이 이루어지더라도 큰 파장을 야기할 만큼 대폭적인 개정이 되지는 않을 것이라고 예측하고 있다.

헝가리

05월 04일

• 여론조사 결과, 헝가리 대통령 여전히 높은 지지율 보여　　(Hungary Today 05. 04)

– 4월 말 실시된 여론조사 결과 절반이 넘는 응답자들이 야노쉬 아데르 대통령의 업무 수행에 대해 만족하고 있으며, 3월에 결정된 그의 연임이 '잘한 결정'이라고 응답한 것으로 나타났다. 한편 아데르 대통령의 업무 수행 평가에서 진보 성향의 유권자들은 비판적이었는데 사회당, 민주연합, 대화당 등 진보정당을 지지하는 유권자들의 24%만이 대통령에 대해 긍정적인 평가를 내렸으며, 65%는 부정적인 평가를 내린 것으로 나타났다. 극우정당인 요빅을 지지하는 유권자들의 대통령에 대한 평가는 긍정적, 부정적 평가가 각각 36%로 유사한 것으로 나타났다. 한편 대통령에 대한 긍정적인 평가는 연임이 결정되기 이전보다는 하락한 것으로 확인되었다.

05월 06일

• 헝가리 정부 언론장악 심화, 취재기자 폭행 퇴출로 수백 명 시위

(AP 05. 06; 뉴시스 05. 07 재인용)

– 헝가리 여당의 한 정책 포럼을 취재하던 독립매체의 기자가 관리들에 의해 폭력적으로 퇴출당한 사실을 밝히자 정부의 언론자유 침해를 항의하는 수백 명의 군중이 6일 부다페스트의 중심가에서 시위를 벌였다. 헝가리의 '444.hu news' 사이트의 기자 율리아 할라스(Julia Halasz)는 4일 여당인 청년민주동맹의 정책포럼을 취재하던 중 행사장인 한 학교에서 주최 측 사람에게 휴대전화기를 빼앗긴 채 여러 층의 계단을 강제로 끌려 내려와 학교 밖까지 쫓겨났다고 말했다. 그날 행사는 이슈트반 시미스코(István Simicskó) 국방부장관이 정부의 반 유럽연합 정책인 "브뤼셀을 막자"(Let's

Stop Brussels)의 유세를 하는 강연이었다. 할라스 기자는 이 날 행사 중 축하행사와 명사안내 담당 관리 한 명이 다가와 포럼 도중에 동영상을 촬영했다고 비난했으며 자신이 부인했는데도 강제로 휴대전화에 찍힌 사진들 여러 장을 삭제했다고 말했다. 기자는 경찰에 이들을 폭행으로 고발했고 청년민주동맹측은 이에 대해 명예훼손 소송으로 맞섰다. 6일 부다페스트의 시위대는 언론의 자유를 지지한다는 내용의 구호를 외치며 행진을 벌였다.

05월 24일

• 미국, "소로스 대학 사태 직접 풀어야"…헝가리 압박　　　　　　　(연합뉴스 05. 24)

– 미국인 부호 조지 소로스가 부다페스트에 설립한 중앙유럽대학을 사실상 퇴출하려던 헝가리 정부가 안팎으로 곤란한 상황에 빠져들고 있다. 미국 국무부는 23일 성명에서 "학문의 자유와 독립성을 훼손할 수 있는 차별적 조치를 중단해야 한다"고 촉구하면서 헝가리 당국이 중앙유럽대학과 직접 문제를 해결해야 한다고 밝혔다. 오르반 총리는 '열린사회'를 내걸고 시민단체, 비정부기구(NGO)를 지원하는 조지 소로스가 헝가리 정치에 개입하려 한다고 비판했다. 헝가리 의회는 그의 후원을 받는 비정부기구(NGO)들을 압박하고 중앙유럽대학을 제재하기 위한 법을 만들었다. 최근 헝가리에서는 주말마다 중앙유럽대학 퇴출에 반대하는 대규모 집회가 열리는 등 총선을 1년도 남겨두지 않은 시점에서 중앙유럽대학 사태가 여당의 발목을 잡고 있다. 유럽연합도 헝가리 정부의 조치가 공정한 경쟁을 침해했는지 판단하기 위한 법적 절차를 밟고 있다.

05월 27일

• 내년 총선 헝가리, 좌·극우 30·40대 총리후보 내세워　　　　　　(연합뉴스 05. 28)

– 헝가리 사회당이 27일 내년 총선의 총리 후보로 40대 젊은 정치인 라요시 보트카를 지명했다고 현지 언론들이 28일 전했다. 에마뉘엘 마크롱(Emmanuel Macron) 프랑스 대통령의 등장 이후 오스트리아, 헝가리에서도 젊은 정치인들이 총선에서 잇따라 태풍의 눈으로 부상하고 있다. 헝가리 제3의 도시인 세게드의 시장인 그는 야권에서 초당적 지지를 받는데다 여론조사에서 빅토르 오르반 현 총리와 비슷한 지지

율을 보일 정도로 대중적 인기를 누리고 있다. 여당 청년민주동맹이 199석 중 114석을 차지하고 있어 내년 총선에서 사회당을 비롯한 야당이 열세를 뒤집기는 쉽지 않을 것이라는 예상이 지배적이지만 빅토르 오르반 현 총리에 대한 반감이 높아지고 있어 청년민주동맹의 승리를 단정할 수는 없는 상황이다. 한편 의회에서 29석을 차지하고 있는 사회당은 여당에 의석수가 크게 밀리기는 해도 제1야당의 위치에 있다. 극우 정당인 요빅을 제외한 군소정당들은 보트카를 중심으로 반(反) 오르반 전선을 구축하고 내년 총선에 뛰어들 준비를 하고 있다. 한편 극우정당인 요빅에서도 30대인 가보르 보나 대표가 일찌감치 총리 후보로 거론되고 있다.

체코

05월 02일

• 체코 총리 사임의사…총선까지 과도 新정부 구성 가능성

(AFP 05. 02; 연합뉴스 05. 02 재인용)

– 보후슬라프 소보트카 체코 총리가 이번 주 중 밀로스 제만 대통령에게 사임 의사를 밝히고 새로운 정부 구성을 유도할 계획이다. 연립정부 다수당인 사회민주당 소속 소보트카 총리는 2일 제1연정 파트너 정당인 긍정당 소속 안드레이 바비스 재무부 장관의 부패 혐의를 문제 삼아 이런 방침을 밝혔다고 외신들이 전했다. 소보트카 총리는 "내가 바비스 장관을 해임하면 그는 순교자 행세를 할 것이기 때문에 나의 이 같은 선택은 불가피하다"라고 주장하고 "내가 금주 대통령에게 사임 의사를 밝히고 나면 연정을 구성한 정당들이 정국 해법을 찾아 나서길 바란다"라고 덧붙였다. 이번 발표는 오는 10월로 예정된 총선을 앞두고 사민당, 긍정당, 기독민주연합 등 3개 정당 간 연정 내부의 갈등 양상을 반영한 것이라는 분석이 나왔다. 소보트카 총리는 체코 제2의 부자 기업가 출신인 바비스 장관의 부패 혐의를 최근까지 거론한 것으로 알려졌다. 한편 지난달 시행된 한 여론조사를 보면 긍정당 지지도는 33.5%를 기록해 16.0%에 불과한 사민당을 압도하고 있을 뿐 아니라 바비스 장관의 개인 지지도 역시 56%를 보여 39%인 소보트카 총리를 크게 앞서는 것으로 알려졌다.

05월 05일

• 체코 총리 사임 의사 철회···재무장관과 갈등 지속 　　　　　　(연합뉴스 05. 05)

– 보후슬라프 소보트카 체코 총리가 사퇴 의사를 철회했다. 연립정부 다수당인 사회민주당 소속 소보트카 총리는 5일 밀로스 제만 대통령에게 애초 사임 의사를 전달하려 했으나 계획을 접었다. 소보트카 총리는 지난 2일, 제1연정 파트너 정당인 긍정당 소속 안드레이 바비스 재무부 장관의 세금탈루 등 부패 혐의를 문제 삼아 내각 개편을 촉발하는 자신의 사퇴 계획을 예고한 바 있다. 그는 그러나, 제만 대통령이 총리 사퇴만 수용하고 내각 전체를 유지할 것이라고 시사하자 입장을 바꾸는 동시에 오히려 자신의 정적인 바비스 장관을 퇴출시키려 하고 있다고 외신들이 전했다. 오는 10월 총선을 앞둔 체코에선 최근 사민당, 긍정당, 기독민주연합 등 3개 정당 간 연정 내부의 갈등이 지속되고 있다. 소보트카 총리는 체코 제2의 부자 기업가 출신인 바비스 장관의 부패 혐의를 물고 늘어지고 있고, 바비스 장관은 총리와 같은 사민당 소속 내무부 장관이 경찰까지 동원해 자신의 사업 관계를 수사한다고 맞서는 형국이다.

05월 23일

• 제만 대통령, 재무부 장관인 안드레이 바비스 해임 예정이라 밝혀

(praguemonitor 05. 23)

– 기자회견에서 밀로스 제만 대통령의 대변인인 이리 오바체크는 오는 24일에 대통령이 안드레이 바비스 장관을 해임할 것이라는 입장을 발표했다. 또한 후임 재무부 장관에 하원 경제 위원장인 이반나 페르니를 임명할 것이라는 계획을 밝혔다. 보후슬라프 소보트카 총리는 부패혐의와 설명할 수 없는 금융거래 등을 이유로 억만장자이자 긍정당의 대표인 안드레이 바비스 장관의 해임을 대통령에게 제안한 바 있다. 한편 이 같은 상황에서 바비스 장관은 부패 혐의를 비롯한 모든 의혹을 전면적으로 부인하고 있다.

05월 26일

• 여론조사 결과, 정부 위기 이후에도 유권자 선호도의 변화가 없는 것으로 나타나

- 최근 CVVM이 실시한 여론조사 결과(5월 8일~5월 18일 조사)에 따르면 안드레이 바비스 장관 해임을 중심으로 한 일련의 이슈들이 체코 정당에 대한 유권자의 선호에는 유의미한 영향을 미치지 않는 것으로 나타났다. 전 재무부 장관이자 긍정당 대표인 안드레이 바비스에 대한 지지율은 33%인 것으로 나타나 지난달에 실시된 조사 결과와 유사한 것으로 확인되었다. 한편 이번 위기에서 긍정당과 충돌한 사회민주당은 14%의 지지율을 기록했다. 사회민주당의 뒤를 이어 우파정당인 시민민주당은 13%의 지지를 받는 것으로 나타났으며 공산당은 11.5%에 그쳤다.

12차(5월 말~6월 말)

폴란드에서는 여당인 법과정의당의 관계자가 일간지와의 인터뷰에서 베아타 슈드워 총리가 현 내각 구성을 유지할 것이라고 전망했으며, 특별한 일이 없는 한 전면적인 내각 개편은 이루어지지 않을 것이라는 입장을 밝혔다(Rzeczpospolita 2017. 06. 09; Warsaw Voice 2017. 06. 09 재인용). 한편 슈드워 총리는 아우슈비츠 강제수용소에 방문해 집권 여당의 반(反) 이민 정책을 옹호하는 취지의 발언을 해 논란이 되고 있다(AFP 2017. 06. 14; 뉴시스 2017. 06. 15 재인용). 또한 최근 헌법재판소의 국가법원평의회(Krajowy Rejestr Sadowy, KRS) 구성에 관한 위헌 판결이 정부의 뜻대로 판사를 임용하는 길을 열어 사법부의 독립성이 침해될 것이라는 우려가 이어지고 있다(Süddeutsche Zeitung 2017. 06. 21; 연합뉴스 2017. 06. 21 재인용).

헝가리의 여당은 조지 소로스가 설립한 중앙유럽대학(CEU)을 퇴출하려다가 궁지에 몰렸으며 이를 해결하기 위해 미국 뉴욕주와 직접 대화에 나섰다(AP 2017. 05. 31; 연합뉴스 2017. 05. 31 재인용). 또한 이와 관련하여 헝가리 의회에서는 시민단체가 외국으로부터 자금 지원을 받을 때는 그 사실을 공개해야 한다는 법안을 통과시켰으며, 일각에서는 통과된 법안이 일부 비정부기구들을 차별하는 데 이용될 수 있다는 우려가 나오고 있다(AFP 2017. 06. 13; 뉴스1 2017. 06. 13 재인용). 한편 의회는 옥외광고판 소유주가 정당에 사용요금을 할인해주면 큰 벌금을 부과하는 내용의 법안을 의결했으며, 이에 대해 야당은 재정이 넉넉하지 않은 정당에게는 법안의 내용이 불공평하게 작용한다며 반발했다(AP 2017. 06. 24; 연합뉴스 2017. 06. 24 재인용).

체코에서는 여론조사 결과 2013년 말 이후 대통령과 정부에 대한 신뢰도가 가장 낮으며, 신뢰도가 지속적으로 하락하고 있는 추세가 나타났다(praguemonitor 2017. 05. 30). 한편 유럽연합은 난민 분담 수용을 거부한 폴란드, 헝가리, 체코 3개 국가에 대해 거액의 벌금을 부과하는 법적 조치를 취할 것이라는 입장을 밝혔다(BBC 2017. 06. 13; 문화일보 2017. 06. 14 재인용). 하지만 이러한 유럽연합의 경고에도 불구하고 체코는 난민 수용 불가 방침을 재확인했다(AP 2017. 06. 13; 뉴시스 2017.

06. 14 재인용).

06월 06일

• 헌법 개정을 위한 국민투표 시기 확실치 않아

(Rzeczpospolita 06. 06; Warsaw Voice 06. 06 재인용)

– 폴란드의 일간지인 제스포즈폴리타(Rzeczpospolita)는 2018년 11월 11일로 예정되었던 헌법 개정에 대한 국민투표 날짜가 완전히 새로운 시기로 옮겨질 가능성이 있으며, 그 날짜는 여당인 법과정의당의 확정을 앞두고 있는 상황이라고 보도했다. 한편 2018년으로 예정된 국민투표안에는 폴란드의 유로화 도입 여부를 포함하고 있으나, 폴란드의 유럽연합 탈퇴 여부를 다룰 가능성은 낮은 것으로 확인되었다. 이와 관련해 파웰 무차(Pawel Mucha) 장관은 유럽연합이 존속되어야 한다는 입장을 표명했다.

06월 09일

• 내각 구성에 변화 없을 것으로 나타나

(Rzeczpospolita 06. 09; Warsaw Voice 06. 09 재인용)

– 법과정의당 관계자는 일간지인 제스포즈폴리타(Rzeczpospolita)와의 인터뷰에서 베아타 슈드워 총리가 현 내각 구성을 유지할 것이라고 전망했다. 슈드워 총리의 내각 개편이 법과정의당의 지지 상승세를 저지할 수 있기 때문이다. 법과정의당 관계자는 또한 "전면적인 내각 개편은 필요하지 않으며, 당의 7월 총회까지 특별한 일이 없는 한 정부 인사 변경은 의미가 없을 것"이라는 입장을 밝혔다. 덧붙여 환경부, 농업부 장관은 대체될 가능성이 크며 새로운 장관 인사를 통해 슈드워 총리가 정치권에서 자신의 능력을 증명할 것이라고 예측했다.

06월 14일

• **폴란드 총리, 아우슈비츠서 반이민 옹호 '뭇매'** (AFP 06. 14; 뉴시스 06. 15 재인용)

– 베아타 슈드워 폴란드 총리가 아우슈비츠 강제수용소에서 집권 여당의 반(反)이민 정책을 옹호하는 취지의 발언을 해 구설에 올랐다. AFP에 따르면 우익 성향의 슈드워 총리는 독일 나치가 폴란드인들을 아우슈비츠에 처음 강제 수용한지 77주년이 된 14일 아우슈비츠 강제수용소를 방문해 "지금처럼 힘든 시기에 아우슈비츠는 국민의 안전과 삶을 수호하기 위해 할 수 있는 모든 걸 해야 한다는 큰 교훈을 주는 곳"이라고 말했다. 슈드워 총리의 발언은 유럽연합 집행위원회가 폴란드·헝가리·체코 3개국이 난민 분산 수용안을 준수하지 않고 있어 법적 제재를 가하겠다고 발표한지 하루 만에 나온 것이다. 전직 폴란드 총리인 도널트 투스크 유럽연합 정상회의 상임의장은 슈드워 총리의 발언에 "폴란드 총리라면 그런 장소에서 그런 말을 해선 안됐다"고 지적했다. 진보 성향의 현대당 대표 카타르지나 루브나우어(Katarzyna Lubnauer)는 "폴란드인들이 난민을 두려워하게 만들려고 아우슈비츠의 잔혹함을 예로 들었다"고 노골적으로 비판했다.

06월 21일

• **폴란드 정부 입맛대로 판사 임용 길 터… 사법권 흔들**

(Süddeutsche Zeitung 06. 21; 연합뉴스 06. 21 재인용)

– 폴란드 헌법재판소가 정부여당의 입맛대로 판사를 임용하는 길을 터 사법부 독립 침해가 우려된다고 독일 일간 쥐트도이체차이퉁이 21일 전했다. 이 보도에 따르면 폴란드 헌재는 최근 국가법원평의회(KRS) 구성에 관한 법률이 위헌이라고 결정했다. 이에 따라 그동안 이 법률의 존재로 가로막혔던 폴란드 집권 법과정의당 주도의 두 가지 법률안이 의회에서 통과될 전망이다. 그중 한 법안은 판사 17명, 국회의원 6명, 법무장관, 대통령 대리인으로 구성된 현 국가법원평의회(KRS)를 두 개 조직으로 나누고 그 구성원도 바꾸도록 했다. 판사가 아니라 현재 법과정의당이 장악한 의회가 국가법원평의회(KRS) 위원을 선출하도록 하고 판사 15명의 평의회 1부(편의상 명칭), 의원 6명·법무장관·대통령 대리인·판사 2명의 2부로 조직을 분할한다는 내용이다. 결국, 앞으로는 이들 두 조직이 판사 임용과 다른 결정을 책임지기 때문에 정

부가 사실상 판사 임용에 관해 거부권(결정적 권한)을 갖게 된다고 신문은 풀이했다. 정부의 사법부 통제를 강화하는 나머지 한 법안은 검찰총장을 겸하는 법무장관에게 재판장·부재판장의 임면권을 부여했다.

헝가리

05월 31일

• '소로스大 퇴출' 궁지 몰린 헝가리, 뉴욕주와 협상

(AP 05. 31; 연합뉴스 05. 31 재인용)

– 헝가리 출신 미국인 부호 조지 소로스가 부다페스트에 설립한 중앙유럽대학을 퇴출하려다 안팎으로 궁지에 몰린 헝가리 정부가 미국 뉴욕주와 직접 대화에 나서기로 했다. 31일 AP은 앤드류 쿠오모(Andrew Cuomo) 뉴욕주지사가 빅토르 오르반 헝가리 총리와 야노시 아데르 헝가리 대통령에게 서한을 보내 중앙유럽대학의 독립성을 보장함으로써 양측의 긴밀한 관계가 지속하기를 희망한다는 뜻을 밝혔다고 전했다. 헝가리 외무부는 이날 뉴욕주와 중앙유럽대학 문제를 논의하기 위해 일정을 조율하고 있다고 말했다. 오르반 총리는 '열린사회'를 내걸고 비정부기구(NGO)를 지원해온 소로스가 헝가리 정치에 개입하려 한다며 중앙유럽대학을 폐쇄할 수 있는 조항을 담아 고등교육법을 개정했다. 본국에 캠퍼스가 없는 외국 대학은 헝가리에서 캠퍼스를 운영할 수 없다는 규정이 생기면서 중앙유럽대학은 퇴출위기에 몰렸지만, 유럽연합과 미국 국무부는 물론 헝가리 내부에서도 비판여론이 고조되면서 오르반 총리가 오히려 수세에 몰렸다. 헝가리는 최근 미국 정부에 양자 협상을 하자고 제안했다가 거절당한 바 있다.

06월 13일

• 헝가리, '외국 지원 받는 시민단체' 등록 의무화   (AFP 06. 13; 뉴스1 06. 13 재인용)

– 앞으로 헝가리에서 활동하는 시민단체 등 비정부기구(NGO)가 외국으로부터 자금 지원을 받을 땐 이 같은 사실을 공개해야 한다. AFP은 이 같은 내용을 담은 법안이 13일 헝가리 의회 표결에서 찬성 130표 대 반대 44표로 통과했다고 보도했다. 법안

에 따르면 외국의 개인·단체 등으로부터 연간 2만4000유로(약 3035만 원) 이상의 자금 지원을 받는 단체는 '외국의 지원을 받는 단체'라고 등록해야 하며, 이를 어길 경우 처벌을 받을 수 있다. 헝가리 정부는 이번 법안이 자금세탁과 테러자금 지원 방지 등 투명성 제고를 위한 것이라고 설명하고 있으나, 그간 헝가리 출신의 미국인 부호 조지 소로스가 헝가리 정부에 비판적인 활동을 해온 비정부기구(NGO)들을 지원해 온 사실을 겨냥한 것이란 관측이 많다. 때문에 국제연합(UN)과 유럽연합 집행위원회는 이번 법안이 일부 비정부기구(NGO)들을 "차별·배제"하는 데 이용될 수 있다고 우려하고 있다.

06월 21일

• 사회당, 옥외광고판 요금 할인 금지 관련해 청년민주동맹과 협조하지 않을 것이라 밝혀 (Politics.hu 06. 21)

– 사회당 대변인은 여당인 청년민주동맹을 저지하는 것을 목적으로 향후 청년민주동맹과 어떠한 협력도 하지 않을 것이라는 입장을 표명했다. 또한 최근 논란이 되고 있는 여당의 정치적 옥외 광고 제한 움직임을 저지하기 위한 투쟁을 지속해나갈 것이라는 입장을 밝히면서 청년민주동맹이 사회당의 정책들을 지지한다고 해도 향후 어떠한 협력도 없을 것이라는 점을 강조했다. 여당이 추진하고 있는 "옥외광고 법안 (billboard bill)"은 정당의 정치적 광고를 제한하는 방향의 내용을 담고 있으며 이에 대해 지난 주 야노시 아데르 대통령이 거부권을 행사해 의회에서 재논의 될 예정이다. 한편 사회당 의원 중 한명은 "앞으로 사회당에서 청년민주동맹과의 협력은 수용되지 않을 것이며 이에 반대하는 사람은 당에서 나가야 할 것"이라는 말로 강력한 입장을 밝혔다.

06월 24일

• 헝가리 옥외광고 사용료 할인 금지…야당 '탄압' 반발

(AP 06. 24; 연합뉴스 06. 24 재인용)

– 헝가리 의회가 옥외광고판 요금 할인을 금지하는 법안을 통과시키자 소수 야당이 반발하고 있다고 AP 등이 24일 전했다. 여당 청년민주동맹이 의석의 3분의 2를 차

지하는 헝가리 의회는 옥외광고판 소유주가 정당에 사용요금을 할인해주면 무거운 벌금을 부과하는 내용을 담은 이 법안을 의결했다. 야당은 재정이 넉넉하지 않은 야당에는 부담되기 때문에 사실상 정치적 탄압, 차별이라며 반발했지만, 여당이 다수인 의회의 벽을 넘지 못했다. 정부는 불법 정치자금을 규제하려는 조치라고 주장하면서 최근 극우 정당 요빅이 옥외광고판을 중심으로 벌인 불법정치자금 규제 캠페인을 예로 들었다. 요빅은 헝가리 국민이 성실히 일해 돈을 버는 반면 빅토르 오르반 헝가리 총리와 그의 추종자들은 국민의 돈을 훔치고 있다며 옥외광고판에서 정부와 여당을 공격했다. 요빅이 사용한 옥외광고판은 사업가이자 한때 오르반 총리의 지지자였던 라요시 시미스카(Lajos Simicska)가 임대했다. 그는 오르반 총리와 친분이 있던 시절 건설업으로 재산을 모았는데 2015년부터 오르반 총리에 등을 돌렸다. 정부와 여당은 그가 돈으로 요빅을 샀다고 비난했다. 무소속의 마르타 데메테르(Márta Demeter) 의원은 "청년민주동맹의 관심은 모든 곳을 정부 홍보로 도배하는 것"이라며 의회의 법안 통과를 비판했다.

체코

05월 30일

• 대통령과 정부에 대한 신뢰도 하락해   (praguemonitor 05. 30)

– 여론조사기관인 CVVM의 조사에 따르면 최근 밀로스 제만 대통령에 대한 신뢰도가 지속적으로 하락하고 있다고 한다. 구체적으로 대통령을 신뢰한다는 응답은 2개월 전 55%에서 14%포인트 가량 하락한 41%인 것으로 나타났다. 또한 정부에 대한 신뢰 역시 큰 폭으로 하락한 모습을 보였는데 "신뢰한다"는 응답이 4월에는 40% 가량이었던 반면 5월 조사 결과에서는 23%에 그친 것으로 나타났다. CVVM은 조사 결과를 소개하면서 대통령, 정부에 대한 신뢰도가 2013년 말 이후 가장 낮은 수치를 기록하고 있다고 밝혔다.

06월 13일

• 유럽연합, '난민 수용 거부' 폴란드·헝가리·체코에 벌금

(BBC 06. 13; 문화일보 06. 14 재인용)

– 잇따른 테러와 난민 유입으로 몸살을 앓고 있는 유럽연합이 난민 분담 수용을 거부한 폴란드와 헝가리, 체코 등 동유럽 3개 국가를 압박하고 나섰다. 유럽연합 집행위원회는 난민 수용 의무를 다하지 않은 이들 국가에 거액의 벌금을 매기는 법적 조치를 취하겠다는 방침이다. BBC에 따르면 13일 디미트리스 아브라모풀로스(Dimitris Avramopoulos) 유럽연합 집행위원은 "유럽연합 집행위가 반복적으로 난민 분담 수용을 요청했음에도 불구하고 체코, 헝가리, 폴란드는 어떤 필수적인 조치조차 취하지 않았다"며 "이런 이유로 위원회는 세 국가에 대해 법적 의무 위반 절차를 시작하기로 했다"고 밝혔다. 14일부터 법적 의무 위반 절차가 시작되면 이들 국가는 유럽사법재판소(European Court of Justice, ECJ)에 회부돼 벌금형을 받게 된다. 앞서 2015년 유럽연합 회원국들은 이탈리아와 그리스에 있는 난민 16만 명을 향후 2년간 각국이 분담 수용하기로 다수결 합의한 바 있다. 현재까지 체코는 자국의 할당 규모인 2000명 중 12명만을 받아들였으며 헝가리와 폴란드는 1명도 받아들이지 않았다. 폴란드와 체코, 헝가리는 법적 조치를 피하려면 14일까지 난민 수용 불가 입장을 바꿔야 하는 상황이다. 하지만 이들 국가는 수용 불가 방침을 거듭 강조했다.

06월 14일

• 체코, 유럽연합 경고에도 난민 수용 불가 '재확인' (AP 06. 13; 뉴시스 06. 14 재인용)

– 체코가 난민수용 의무를 이행하지 않았다며 법적 조치를 경고한 유럽연합 집행위원회에 대해 '수용 불가 방침'을 재확인했다. 보후슬라프 소보트카 총리는 13일 성명을 통해 "체코는 이민자 쿼터에 기초한 난민 재배치 시스템에 동의하지 않는다"며 "더 악화된 유럽의 안보 상황에 비춰볼 때, 또 쿼터 시스템이 작동하지 않고 있다는 점을 감안할 때, 체코는 여기에 참가하지 않을 것"이라고 밝혔다. 소보트카 총리는 유럽연합의 난민 쿼터 시스템이 체코인들 사이에서 인기가 없는데다, 유럽연합을 향한 신뢰까지 훼손하고 있다고 지적했다. 또 이 시스템이 이민자 위기의 해법이 될 수도 없다고 주장했다. 밀라네 쿠바네츠 내무장관도 앞서 지난 주 더 이상 난민을 수

용하지 않겠다는 입장을 피력했다. 유럽연합 집행위원회는 이날 난민 수용 의무를 이행하지 않은 체코, 헝가리, 폴란드 등 3개 국가에 대해 법적 조치를 취하기로 결정했다. 유럽연합 국가들은 앞서 재작년 9월 이탈리아와 그리스에 있는 난민 16만 명을 향후 2년간 분산수용하기로 다수결 합의한 바 있다.

06월 26일

• 공산당, 복지정책 통해 유권자 동원할 것이라 밝혀 (praguemonitor 06. 26)

- 공산당 소속 의원인 예레 돌레스(Jiri Dolejs)는 공산당이 10월 총선 이전에 유권자들에게 복지를 확대하고 국가 보안을 강화하겠다는 공약을 내세울 것이라는 입장을 표명했다. 또한 공산당은 매니페스토를 중시해 유권자를 위한 공약들을 세울 계획이라는 입장을 밝혔다. 한편 공산당은 다음 주 내로 기자회견을 통해 공약을 발표하고 각 지역구 선거 출마 후보를 확정지을 것이라는 계획을 발표했다. 그에 따르면 공산당은 경제 분야에서 중소기업을 대상으로도 세율을 높일 것이라고 한다. 여론조사 결과에 따르면 공산당은 12% 내외의 안정적인 유권자의 지지를 받고 있는 것으로 나타났다.

제2장
동유럽의 쟁점

체코의 국민투표 실시와 개헌에 대한 논의

김소정

지난 6월 영국의 유럽연합 탈퇴가 결정된 이후 동유럽을 중심으로 하여 새로운 움직임이 관찰되고 있다. 이와 관련해 헝가리에서는 유럽연합에 대한 신임 투표 성격을 갖는 난민 할당제 수용 여부에 대한 국민투표가 치러질 예정이며 (Financial Times 2016. 07. 05; 조선일보 2016. 07. 07 재인용), 체코에서는 유럽연합과 북대서양조약기구(NATO) 탈퇴 여부를 묻는 국민투표가 실시되어야 한다는 목소리가 나오고 있다(연합뉴스 2016. 07. 03). 밀로스 제만 대통령은 국민투표를 추진하겠다는 입장을 밝혔으나 보후슬라프 소보트카 총리가 이를 거부한 상황이지만, 체코가 유럽연합 회원국인 것에 대한 국민의 만족도가 낮아지고 있기 때문에 국민투표 실시 여부에 대한 논의는 꾸준히 진행될 것이다(연합뉴스 2016. 07. 03).

하지만 체코의 경우 국민투표를 실시하기 위해서는 많은 난관이 있을 것으로 예상된다. 총리가 실권을 가지고 있는 내각제 국가인 체코에서 보후슬라프 소보트카 총리가 국민투표 실시에 반대하고 있으며 이와 더불어 연정 파트너인 긍정당 또한 반대 의사를 밝혔기 때문이다(연합뉴스 2016. 07. 03). 또한 좀 더 근본적인 문제점은 체코에서 국민투표 시행의 헌법적 근거가 존재하지 않는다는 점이다(연합뉴스 2016. 07. 03). 따라서 국민투표를 실시하기 위해서는 개헌이 필요한 상황인데, 헌법상 개헌을 하려면 상원과 하원 양원에서의 압도적인 찬성이 요구되기 때문에 국민투표 실시까지는 오랜 시간이 소요될 것이다. 실제로 체코 헌법을 살펴보면 '국민투표'(referendum)라는 문구는 찾아볼 수 있지만 시행 요건 등 전반적인 내용이 빠져있는 것을 볼 수 있다.

유럽연합 탈퇴 여부를 묻는 것을 떠나 국민투표는 대의민주주의의 한계점을 보완해줄 수 있는 제도이고 국민들의 의견을 직접적으로 물을 수 있다는 점에서 그 필요성이 크다고 할 수 있다. 최근 체코에서는 민주주의의 발전 수준에 맞추어 정당 기금에 대한 법안, 여성 할당제안 등 여러 논의들이 진행되고 있다. 여성 할당제안을 비롯해 국민투표, 정당 기금법 등 여러 이슈들이 등장하고 있는 것은 체코의 민주주의 발전에 긍정적인 신호라고 볼 수 있다. 이러한 흐름 속에서 체코의 여당을 비롯한 모든 정당들은 민의를 수렴하고 이를 정책적으로 반영하는 더욱 더 성숙한 민주주의를 위한 방향으로 나아가기 위해 지속적으로 심사숙고해야 할 것이다.

참고문헌

연합뉴스. 2016.07.03.
조선일보. 2016.07.07.
Financial Times. 2016.07.05.

폴란드 민주주의 후퇴와 국민들의 역할

김소정

지난 7월 유럽연합은 여당인 법과정의당이 집권한 이후로 폴란드의 법치주의가 위협받고 있는 것은 물론 민주주의가 훼손되고 있다며 폴란드를 제재하는 절차에 들어갔다고 밝혔다(Financial Times 2016. 07. 27; 연합뉴스 2016. 07. 28 재인용). 프랑스 팀머만스 유럽연합 집행위원회 부위원장은 수차례 경고에도 불구하고 폴란드에서는 아직도 법원이 본래의 기능을 회복하지 못하고 있다며 개선을 촉구했다(Financial Times 2016. 07. 27; 연합뉴스 2016. 07. 28 재인용). 법과정의당은 집권에 성공한 이후 헌법재판관 중 이전 집권당이 추천한 5명의 임명을 거부하고 새로이 5명을 추천하는 등 헌법재판소의 기능을 무력화하는 행보를 보였다(AFP 2016. 08. 18; 연합뉴스 2016. 08. 19 재인용).

이러한 집권당의 행보는 야당과 많은 시민들의 반발을 낳았다. 작년 12월에는 수도인 바르샤바에 2만여 명의 시민들이 운집해 "민주주의를 파괴하는 것을 멈춰야 한다"고 외쳤고, 이어서 올 1월에는 야당인 현대폴란드당에 의해 대규모 시위가 열렸다(Warsaw voice 2016. 01. 04). 이에 5월부터 유럽연합은 폴란드 정부에 시정을 요구했고 폴란드 정부와 지속적인 대화를 통해 우려를 전달했다. 하지만 폴란드 정부는 조치를 취하지 않았으며, 8월에는 헌법재판소 소장이 직권을 남용했다는 혐의로 검찰 수사까지 받게 되면서 정부가 지속적으로 사법부를 흔들고 있다는 평가를 받고 있다(AFP 2016. 08. 18; 연합뉴스 2016. 08. 19 재인용).

만약 정부가 헌법재판소의 기능을 정상화하지 않는다면 제재가 이루어져 유럽연합에서 폴란드의 투표권이 박탈되는 등 불명예를 겪게 된다. 민주주의 국가에서 입법부와 행정부, 사법부의 권력 분립은 필수적인 요소이며 어떠한 이유에서도 사법부의 권한이 침해되어서는 안 될 것이다. 현재 유럽연합이 지속적으로 폴란드 정부를 압박하고 있으나 유럽연합 탈퇴 논의가 형성되고 있는 현 시점에서 유럽연합은 큰 역할을 하지 못할 것으로 생각된다. 이러한 상황에서 폴란드 정부를 가장 효과적으로 제재할 수 있는 대상은 폴란드 국민이라고 할 수 있다. 하지만 여론조사 결과 여당에 대한 지지율이 32%에 육박하는 것에서 볼 수 있듯 국민들은 사법부의 독립성이 침해되고 있는 현실을 무겁게 받아들이지 않고 있다. 야당과 더불어 국민들은 민주주의를 훼손하는 정부의 행보를 제지하는 역할을 해 폴란드의 민주주의를 수호해야 할 것이다.

참고문헌

연합뉴스. 2016.07.28.
_____. 2016.08.19.
AFP. 2016.08.18.
Financial Times. 2016.07.27.
Warsaw Voice. 2016.01.04.

체코 지방선거와 여성의 대표성

김소정

체코에서는 오는 10월 7일부터 8일 지방선거와 상원의원 선거가 동시에 치러질 예정이다. 지방선거는 2014년에 지방의회 선거가 있었던 프라하를 제외한 13개의 지역에서 이루어지며, 상원의원을 선출하는 1차선거가 치러질 것이다(praguemonitor 2016. 08. 02). 한편 선거를 앞두고 실시된 여론조사 결과 긍정당이 선두를 달리고 있으며 그 뒤를 사회민주당, 공산당 등이 뒤쫓고 있는 것으로 나타났다(praguemonitor 2016. 09. 27). 지난 8월에는 여러 정당 소속 후보자들이 후보 등록을 마쳤으며 선거는 일주일 앞으로 다가왔다.

올해 치러질 지방선거의 특징은 여성 후보자의 비율이 역대 지방선거 중 가장 높다는 점이다. CTK의 9월 23일자 보도에 따르면 지방선거에 출마한 11,886

명의 후보자 중 3581명이 여성으로, 30% 정도의 비율을 여성 후보자가 차지하는 것으로 나타났다. 이는 2012년 치러진 지방선거보다 2.5%포인트 높은 비율이나, 여성 후보 중 당선 가능성이 높은 후보는 4분의 1 안팎인 것으로 평가된다(CTK 2016. 09. 23). 또한 선거에서 남녀의 대표성을 강조하는 유럽연합의 여성 할당제안을 지지하는 사회민주당의 경우 후보자의 43%가 여성인 것으로 나타났다(CTK 2016. 09. 23). 한편 지난 7월에는 체코 정치권에서 여성 할당제에 대한 논의가 대대적으로 이루어진 바 있다. 긍정당과 기독민주당은 총선에서 여성 후보의 비율을 40%로 고정시키는 안에 대해 반대하였고, 정부는 할당제안에 대한 지지를 철회했다(praguemonitor 2016. 07. 11). 현재 체코 의회에서의 여성의원의 비율은 20%이며, 지방의회에서는 27% 정도의 의석을 차지하고 있다(praguemonitor 2016. 07. 11).

현재 유럽연합에서는 회원국에 선거 과정에서 여성 후보자의 비율을 할당하는 것을 권고하고 있으며 이에 따라 벨기에, 프랑스, 폴란드 등의 국가에서 여성 후보자의 비율 할당을 법제화한 바 있다(European Parliament 2013). 현재 정책 결정자로서 여성의 참여율이 서서히 제고되고 있으나, 2013년 기준으로 유럽 국가들의 여성 의원 비율의 평균은 25.6%로 현저히 낮은 수준이라고 평가될 수 있다(European Parliament 2013). 따라서 체코에서 여성 후보자의 비율이 역대 최고치를 기록한 사례는 선거에서 대표성을 제고할 수 있는 바람직한 흐름이라고 볼 수 있다. 또한 수치상의 증대뿐만 아니라, 체코 정치권이 실질적으로 여성의 대표성을 확대시킬 수 있는 방향으로 나아가는 것이 바람직하다고 생각한다.

참고문헌

CTK. 2016.09.23.

European Parliament. 2013. "Electoral Gender Quota Systems and their Implementation in Europe Update 2013."

praguemonitor. 2016.07.11.

_____. 2016.08.02.

_____. 2016.09.27.

헝가리 정부의 언론 탄압과 민주주의의 후퇴

김소정

현재 헝가리 정치권에서 뜨거운 이슈는 일간지인 넵사바드사그(Nepszabadsag)의 발행 중단과 관련된 사안이다. 1956년 창간한 넵사바드사그는 좌파계열의 목소리를 대변하면서 우파 정부에 대한 비판적인 기사를 게재해왔다(연합뉴스 2016. 10. 09). 지난 10월 8일 넵사바드사그를 발행하는 미디어웍스는 손실로 인해 신문 발행을 모두 중단한다는 급작스러운 발표를 했으며, 발행 중단 소식을 사전에 통보받지 못하고 해고된 기자들은 이에 항의하는 모습을 보였다(연합뉴스 2016. 10. 09). 또한 수천 명의 시민들은 10월 말인 현재까지 크고 작은 집회와 시위를 이어나가며 정부의 언론 탄압에 지속적으로 항의하고 있다(연합뉴스 2016. 10. 22).

이러한 정부의 언론 탄압 의혹에 대해 야당은 넵사바드사그가 중앙은행 총재의 사적인 스캔들 등 정부에 타격을 주는 기사를 게재하고 난 뒤 발행 중단 조치가 이루어진 것이 아니냐는 의혹을 제기하기도 했다(연합뉴스 2016. 10. 09). 심지어 극단적인 우파정당이라는 비난을 받기도 했던 요빅마저 "여당인 청년민주동맹의 목표는 언론을 100% 통제하는 것"이라며 현재의 사태에 대해 강도 높게 비난했다(연합뉴스 2016. 10. 09). 한편 AP은 헝가리의 언론 탄압 행보에 우려를 표하면서 언론의 주요 수익인 정부, 공기업의 광고비 지출이 친정부적인 매체에만 집중되었다고 전했으며, 비슷한 논지에서 언론인들은 헝가리 정부가 자신들에게 비판적인 논조를 보였던 언론의 산소 호흡기를 제거한 것이라고 비판했다(연합뉴스 2016. 10. 17).

한편 정부는 단지 경제적 이유로 인해 신문 발행 중단이 이루어진 것으로 외부 개입은 없었다고 말했으나 논란은 종결되지 않고 있다. 정부의 해명에도 불구하고 시민들의 불신이 지속되고 있는 이유는 그동안 헝가리 정부가 '불통'의 모습을 보였기 때문이다. 빅토르 오르반 총리는 유럽연합의 난민할당제를 거부하는 국민투표가 무효화되었음에도 불구하고 이를 재추진하기 위한 개헌의지를 밝히는 등 국민의 의사를 무시하고 자신의 의지를 관철시키기 위한 방향으로 국정을 운영하고 있다(연합뉴스 2016. 10. 05). 시민연단 등 야당이 하나 둘 의정활동에 대한 보이콧을 선언하는 등 헝가리 정치권이 크게 요동치고 있는 것은 물론이고 미국을 비롯한 국가들이 헝가리 사태에 주목하고 있는 지금, 헝가리 정치권은 현재 상황을 직시하고 국정 정상화를 위해 시민들과 소통하는 노력을 해야 할 것이다.

참고문헌

연합뉴스. 2016.10.05.
_____. 2016.10.09.
_____. 2016.10.17.
_____. 2016.10.22.

헝가리 정부의 행보와 야당의 역할

김소정

헝가리 여당인 청년민주동맹은 집권 이후 끊임없는 잡음을 내고 있다. 빅토르 오르반 총리는 지난 4월 "헝가리의 이슬람화를 막는 것이 헌법 정신에 부합한다"는 주장으로 홍역을 치렀으며(ABC 2016. 04. 25), 난민 유입을 막기 위해 세르비아 국경에 철조망을 설치하기도 했다(뉴스1 2016. 05. 30). 야당으로부터 가장 많은 비난을 받았던 사안은 정부의 언론 탄압으로, 정부에 비판적인 기사를 실어왔던 일간지가 돌연 발행이 중단되었는데 그 과정에서 정부의 입김이 작용했다는 의혹이 제기되며 야당인 민주연합 등의 정당이 의정활동을 보이콧한 바 있다(politics.hu 2016. 10. 11). 또한 최근에는 헝가리 정부의 미디어에 대한 영향력 확대를 경고하며 유럽연합에서는 시정을 촉구하였다(AP 2016. 11. 05; 연합뉴스 2016. 11. 05 재인용).

언론 탄압 외에도 헝가리 정부는 유럽연합의 난민할당제 찬반에 대한 국민투표 실시를 실시했으며, 이러한 국민투표 추진에 대해 사회당과 민주연합은 포퓰리즘적이며 여당의 이익을 위해 국민을 기만하는 행위라고 비난한 바 있다(hungarytoday.hu 2016. 09. 05). 결과적으로 국민투표는 투표율의 문제로 인해 무효화되었으나, 이후 오르반 총리는 국민투표 결과를 인정하지 않는다며 난민 정착을 불허하는 내용의 헌법 수정안을 의회에 제출하였고 개헌안은 부결되었다(연합뉴스 2016. 10. 05). 이처럼 헝가리 정부는 국민투표를 거쳐 유권자의 의견을 확인하였고 개헌이 무산되며 유권자를 대표하는 의원들의 의중 또한 살펴보았음에도 불구하고 오르반 총리는 '반난민' 프레임을 버리지 않고 있다.

이러한 상황에서 야당들은 유권자가 진정으로 원하는 것을 파악해야 마땅하나 그 역할을 제대로 하고 있지 못하다. 대표적인 예로 극우정당인 요빅은 정부가 추진했던 난민정착 금지와 비슷한 취지의 개헌을 재추진하고 있다(연합뉴스 2016. 11. 14). 정치적으로 정당의 이념은 중요하나, 현재 헝가리처럼 정치권에서 난민정착 이외의 이슈가 실종된 상황에서 야당들은 유권자가 시급하다고 생각하는 사안에 귀 기울여야 한다. 헝가리 민주주의에서 현재 가장 중요한 사안은 정부의 언론 탄압이라고 볼 수 있으며 이에 대한 논의가 우선되어야 할 것이다. 요빅을 비롯한 야당들은 정부가 올바른 방향으로 나아가게 하기 위한 자신들의 역할에 대해 다시 생각해야 할 때라고 보인다.

참고문헌

뉴스1. 2016.05.30.
연합뉴스. 2016.10.05.
_____. 2016.11.05.
_____. 2016.11.14.

ABC. 2016.04.25.

AP. 2016.11.05.

hungarytoday.hu. 2016.09.05.

politics.hu. 2016.10.11.

||||||||||||||||||||||||||||||||||||||||||||||||||||||||||||||||||||||||||||||||||||||||||||||||||||||||||||||||||||||

반정부 시위와 예비내각의 활동

김소정

최근 폴란드에서는 법과정의당 정권에 반발하는 대규모 시위가 빈번히 일어나고 있다. 지난 10월, 대부분의 유권자들이 반대하는 낙태전면금지법안을 정부가 재추진하자 이에 반발하는 시위가 개최된 바 있으며(BBC 2016. 10. 23), 이번 달 중순에는 공산정권이 민주화운동 탄압을 목적으로 계엄령을 내린 1981년 12월 13일을 기념해 폴란드 정부 해산을 요구하는 대규모 시위가 진행되었다(The New York Times 2016. 12. 13; 국민일보 2016. 12. 15 재인용). 이렇듯 폴란드에서 반정부 시위가 빈번하게 일어나는 원인으로는 법과정의당 정부의 독선과 비민주주의적인 행보가 지적되고 있다.

법과정의당은 2015년 10월 총선에서 460개의 의석 중 242석을 차지해 폴란드 민주화 이후 처음으로 단독으로 정부를 구성했으며, 현재까지 집권하고 있다(뉴시스 2015. 10. 26). 하지만 과반 의석을 차지하며 집권을 시작한 법과정의당의 최근 행보는 유권자의 기대에 반하는 모습이라고 볼 수 있다. 법과정의당 정부는 집권 이후 헌법재판소의 권한을 축소해 삼권분립의 원칙을 훼손하였으며, 언론을 탄압하는 미디어 법안을 통과시키는 등 민주주의에 역행하는 모습을 보이고 있다(연합뉴스 2016. 05. 23). 이러한 폴란드 정부의 행보에 대해 유권자 절반 이상이 부정적인 평가를 내리고 있는 것을 통해 정부에 대한 불신이 만연해 있는 상황임을 유추할 수 있다(Warsaw Voice 2016. 11. 16).

정부에 대한 불신이 확대되고 있는 상황에서 야당인 시민연단은 예비내각을 구성해 폴란드 전역을 돌며 유권자의 의견을 수렴하고 이를 입법과정에 반영하고 있다(Warsaw Voice 2016. 11. 25). 예비내각이 유권자와 소통하려는 모습은 법과 정의당 정부의 불통과 뚜렷하게 대비된다. 시민연단의 이러한 행보는 정권획득을 위한 보여주기용 정책일수도 있다는 점에서 장기적으로 지켜봐야 하겠지만 적어도 현 정부보다는 한걸음 나아간 모습이라는 평가가 가능하다. 폴란드는 동유럽 공산국가들 가운데 최초로 공산체제가 붕괴되어 상징적인 의미가 크며, 그 과정에서 평화적인 방식으로 민주적인 정치체제를 형성해 공산국가들에 체제전환의 모범을 보였다(진승권 2010). 폴란드 정부는 선구적인 민주주의 역사를 되돌아보고 유권자의 목소리에 귀기울여 민주주의를 훼손하는 현재와 같은 행보를 멈춰야 할 것이다.

참고문헌

국민일보. 2016.12.15.

뉴시스. 2015.10.26.

연합뉴스. 2016.05.23.

진승권. 2010. "탈사회주의 체제전환기 동유럽 선거민주주의와 정당정치." 『세계정치』 31집 1호, 191-228.

BBC. 2016.10.23.

The New York Times. 2016.12.13.

Warsaw Voice. 2016.11.16.

＿＿＿＿＿＿. 2016.11.25.

폴란드 의회 파행과 여야 간 합의의 필요성

김소정

지난 12월 중순 이후 폴란드 의회는 여당이 제안한 의회 취재 제한 법안을 두고 파행을 거듭하고 있다. 법안의 주요 내용은 정부가 미리 선정한 다섯 곳의 방송사에서만 회의 녹화 등 취재를 허용하고 취재하는 기자의 수도 제한하는 것이었다(AP 2016. 12. 16; 연합뉴스 2016. 12. 17 재인용). 이에 야당은 물론 수천 명의 시민들은 수도인 바르샤바에 집결하여 언론의 자유를 외쳤으나, 집권당은 이를 '집단 난동'이라고 규정하며 법안 통과를 강행하였다(AP 2016. 12. 16; 연합뉴스 2016. 12. 17 재인용). 정부의 이러한 대처 이후 시민들은 사흘 동안 대규모 시위를 이어갔고 결국 집권당은 안드레이 두다 대통령과의 면담을 통해 법안 전면 폐지를 결정했다(AP 2016. 12. 19; 연합뉴스 2016. 12. 20 재인용).

법안의 폐지로 인해 폴란드 의회 파행은 일단락되는 수순을 밟았으나, 법안의 내용에 야당이 반발하는 과정에서 장내투쟁을 진행하였고 야당이 부재한 틈을 타 여당은 2017년도 예산안을 날치기로 처리하여 또 다시 논란이 증폭되었다(Warsaw Voice 2017. 01. 11). 의회 파행을 종결하기 위해 여당과 야당은 두 차례 회동해 접점을 찾으려 했으나, 예산안 처리를 두고 야당들은 "정족수에 미치지 못했기 때문에 절차상으로 결함이 있었다"라고 주장한 반면 여당은 "예산안 처리가 법적으로 아무 문제가 없었다"고 반박하며 합의를 도출하지 못하였다(Warsaw Voice 2017. 01. 11).

이번 논란 이외에도 여당인 법과정의당은 집권 이후 끊임없는 잡음을 내고있다. 법과정의당 정권은 집권을 시작하자마자 사법부 권한 제한 등을 골자로하는 법안을 입법해 유럽연합으로부터 여러 번 경고를 받았으나, 해결하려는의지조차 보이지 않고 있다(BBC 2016. 12. 18; 뉴시스 2016. 12. 18 재인용). 집권당의 국민 그리고 야당과의 소통 부재에 대한 평가는 한 여론조사 결과를 통해 단적으로 알 수 있는데 1월 말 실시된 조사 결과 응답자의 61%가 "법과정의당 정부가권력을 남용하고 있다"고 응답하였다(Warsaw Voice 2017. 01. 23). 의회의 잦은 파행은 정치권에 대한 유권자의 불신을 야기하고 불신은 정치 전반에 대한 혐오로 이어질 수 있다. 의회 취재 제한 관련 사태 이후 이어지고 있는 여야 간 파행을 종료하기 위해 여당은 국민들의 의견과 평가를 적극적으로 반영해야 하고 야당들은 국정 정상화를 위해 여당과 지속적으로 소통해야 할 것이다.

참고문헌

뉴시스. 2016.12.18.
연합뉴스. 2016.12.17.
_____. 2016.12.20.
AP. 2016.12.16.
___. 2016.12.19.
BBC. 2016.12.18.
Warsaw Voice. 2017.01.11.
_____. 2017.01.23.

|||||||||||||||||||||||||||||||||||||||||||||||||||||||||||||||||||||||||||||||||||||||||||||||||||||||||||||||||||

비정부기구(NGO)의 활동과 민주주의

김소정

최근 헝가리 정치권에서는 비정부기구(NGO)의 활동과 관련된 사안을 두고 여야가 공방하고 있다. 지난 1월 말 헝가리 정부는 해외 기업, 단체의 지원을 받는 비정부기구(NGO)는 기부금 내용을 의무적으로 공개해야 한다는 취지의 법안을 발의할 예정이라고 밝혔다(AFP 2017. 02. 09; 연합뉴스 2017. 02. 09 재인용). 정부가 이러한 법안을 발의한 배경에는 현 정권과는 반대되는 성향을 보이는 헝가리 출생인 조지 소로스가 헝가리 내의 비정부기구(NGO)에 대한 지원을 지속적으로 해

오자, 이를 저지하기 위함이라는 해석이 지배적이다(AP 2017. 02. 11; 연합뉴스 2017. 02. 11 재인용).

오르반 총리는 미국 대선 당시 트럼프 후보에 대한 공개적 지지를 표명했던 반면 민주당 지지자인 소로스는 트럼프 당선인을 줄곧 비판해왔다(연합뉴스 2017. 01. 11). 이러한 이념적 차이를 기반으로 하여 오르반 총리는 헝가리 내에서 소로스의 영향력을 줄이기 위한 행보를 지속하고 있다. 빅토르 오르반 총리는 "거대한 약탈자들이 물속에서 자유롭게 수영하고 있다. 이곳은 국경을 초월한, 막대한 자금력을 지닌 소로스의 제국이다"라며 "그들이 헝가리 정치에 영향력을 행사하려고 하면서 문제를 일으키고 있다"고 소로스를 겨냥하여 법안을 발의하는 것이라는 뜻을 숨기지 않았다(AP 2017. 02. 11; 연합뉴스 2017. 02. 11 재인용).

소로스와는 관계없이 지난 2014년부터 헝가리 정부는 회계 상의 문제를 지적하며 10여 개의 비정부기구(NGO)에 대한 해체를 추진해 야권은 물론 여당 내에서도 비판을 받았다(연합뉴스 2017. 01. 11). 헝가리 의회에서는 기부금 내용 공개와 더불어 비정부기구(NGO) 간부들의 재산 신고 의무를 확대하는 내용을 담은 법안에 대한 표결이 진행될 예정이나, 여당인 청년민주동맹이 의석의 과반을 차지하고 있는 상황이라 법안이 통과될 가능성이 높을 것으로 예측되고 있다(연합뉴스 2017. 01. 11).

또한 현재와는 달리 중도 좌파의 이념적 노선을 걸었던 오르반 총리는 1980년대 소로스 재단의 장학금을 받았던 것으로 나타나면서 법안을 중심으로 한 야권과 비정부기구(NGO)들의 반발은 커져가고 있는 상황이다(AP 2017. 02. 11; 연합뉴스 2017. 02. 11 재인용). 비정부기구(NGO)는 권위주의 국가의 민주화 과정에 기여할 뿐 아니라 민주주의가 확립된 국가에서는 제도의 성숙과 발전을 위해 중요한 역할을 수행하는 주체이다(유재원 2004). 명분 없이 비정부기구(NGO)의 활동을 제한하는 것은 민주주의의 성숙에 역행하는 행보이기 때문에 헝가리 정부는 이에 대해 재고해야 할 것으로 생각된다.

참고문헌

연합뉴스. 2017.01.11.

_____. 2017.02.09.

_____. 2017.02.11.

유재원. 2004. "정책과정에서 비정부기구(NGO)의 역할변화." 『행정논총』 42권 4호,
  77-105.

AFP. 2017.02.09.

AP. 2017.02.11.

‖‖

폴란드 정부의 행보와 야당의 반발

김소정

현재 폴란드 정치권의 화두는 법과정의당 정부에 대한 야당들의 내각 불신임 추진이다. 제1야당인 시민연단을 중심으로 현대당, 국민당 등 야권은 정부의 여러 과오들을 지적하며 빠른 시일 내에 내각 불신임 표결을 할 것이라고 밝혔다(Warsaw Voice 2017. 03. 20). 집권당인 법과정의당은 지난 2015년 말부터 집권한 이래로 끊임없는 잡음을 내고 있다. 대표적인 예로 헌법재판소의 임명권을 본래의 배분보다 많이 행사하려고 해 헌법재판소의 권한을 무력화하려고 했으며, 의회 내 취재를 제한하는 등 민주주의 후퇴를 야기하는 행보를 지속했다. 이에 유럽연합에서는 폴란드 민주주의에 대한 우려를 표명하고 제재를 가할 것이라는 입장을 밝히기도 했다(Financial Times 2016. 07. 27; 연합뉴스 2016. 07. 28 재인용).

최근에 논란이 되었던 점은 여당이 지방선거제도 개혁을 추진하고 있으면서 이에 대한 구체적인 내용을 공식적으로 밝히지 않아 지방정부의 우려가 커지고 있다는 것이다(Gazeta Wyborcza 2017. 03. 06; Warsaw Voice 2017. 03. 06 재인용). 또한 그동안 폴란드 출신인 도날드 투스크 유럽연합 정상회의 상임의장이 정부의 행보를 비난하였다는 이유로 투스크 의장의 연임에 반대의사를 표명하여 논란이 되

었다(Financial Times 2017. 03. 08; 문화일보 2017. 03. 09 재인용). 결과적으로 투스크 의장의 연임은 성공하였으나 폴란드는 투스크 의장의 재선 선거에서 반대표를 던진 유일한 국가로 기록에 남았다(Warsaw Voice 2017. 03. 20).

집권 초기부터 이어져 온 폴란드 정부의 이러한 행보들을 나열하며 야권은 내각 불신임 투표를 실시할 것이라는 입장을 밝혔다. 특히 제1야당인 시민연단은 당내에서 총리 후보까지 지명하며 적극적인 모습을 보이고 있다(Warsaw Voice 2017. 03. 20). 폴란드 헌법 158조에 따르면 내각불신임안이 통과되기 위해서는 하원의원 과반이 동의해야 한다. 하지만 현재 여당인 법과정의당이 460개의 의석 중 과반인 234석을 차지하고 있어 불신임 투표가 성공하기에는 어려울 것이라는 예측이 가능하다(Warsaw Voice 2017. 03. 20).

그러나 내각 불신임이 무산되더라도 폴란드 정부는 경각심을 가질 필요가 있다. 법과정의당에 대한 유권자의 지지도가 하락세를 보이고 있는 점은 정부의 행보에 문제가 있다는 점을 방증한다. 야당들의 반발은 물론 대외적으로는 유럽연합의 폴란드 민주주의에 대한 우려가 지속되고 있는 상황에서 폴란드 정부는 다양한 집단의 의견을 청취해야 하며, 그러한 의견을 통해 정부는 자신들이 걷고 있는 길이 올바른지에 대해 재고할 필요가 있다.

참고문헌

연합뉴스. 2016.07.28.
문화일보. 2017.03.09.
Financial Times. 2016.07.27.
_____. 2017.03.08.
Gazeta Wyborcza. 2017.03.06.
Warsaw Voice. 2017.03.06.
_____. 2017.03.20.

헝가리 정부의 일방통행과 대규모 집회

김소정

현재 헝가리 정치권의 쟁점은 고등교육법 개정을 중심으로 한 유럽중앙대학 폐쇄에 관련된 사안이다. 헝가리 정부는 고등교육법 개정안을 제출하였는데 법안의 내용이 미국 출신의 조지 소로스가 설립한 유럽중앙대학 폐쇄를 겨냥한 것이라는 의혹이 제기되어 논란이 되고 있다(politics.hu 2017. 03. 20). 개정법안의 내용은 외국 대학이 헝가리에서 캠퍼스를 운영하기 위해서는 본국에서도 캠퍼스를 운영해야 한다는 내용으로 미국에 캠퍼스가 없는 유럽중앙대학이 타깃이 되었다(연합뉴스 2017. 04. 14). 대학 설립자인 조지 소로스는 헝가리에 '오픈 소사이어티 재단'을 두고 헝가리를 포함한 유럽 국가들의 민주주의 증진을 지원하는 활동을 이어가고 있는 인사이며, 정부는 소로스를 이데올로기의 적으로 규정했다(politics.hu 2017. 03. 20). 특히 소로스가 헝가리의 비정부기구를 지원하고 있는 점이 알려지면서 빅토르 오르반 총리는 공개적으로 그를 비판했다(뉴스1 2017. 04. 11).

고등교육법 개정안이 의회에 제출되자 많은 시민들은 개정안에 항의하는 대규모 집회를 개최하였으며 정부의 '일방통행'식 정책 추진을 비판했다(AFP 2017. 04. 22; 연합뉴스 2017. 04. 23 재인용). 한편 존 매케인 공화당 의원을 중심으로 한 미 의회 의원들은 헝가리 정부에 개정안 철회를 요청하는 서한을 보냈으며, 개정안과 관련된 논의를 하기 위해 유럽연합 장 클로드 융커 집행위원장과 소로스가 회동하기도 했다(AFP 2017. 04. 22; 연합뉴스 2017. 04. 23 재인용). 하지만 이러한 국내외적 반발에도 불구하고 대통령이 개정안에 서명함으로써 법안은 통과되었으며, 유럽중앙대학은 "지난 25년간 헝가리의 자랑이었던 자유 기관에 대한 정치적 공격"이라고 규탄하였고 이를 저지하기 위한 법적 절차를 밟을 것이라고 밝혔다(뉴스1 2017. 04. 11). 또한 유럽연합은 고등교육을 비롯해 비정부기구를 탄압하는 헝가리 법률에 대해 소송을 제기할 것이라는 입장을 밝혔다(BBC 2017. 04. 12; 연합뉴스 2017. 04. 13 재인용).

오르반 총리는 집권 이후 국민들의 의견을 무시하는 독단적 행보를 보여 '빅테이터(Viktor와 dictator의 합성어)'라는 별명을 얻었다. 개정안의 내용에 대한 헝가리 시민들의 반발에 대해서도 그는 반대 시위를 '총선용'이라고 비난했다(AFP 2017. 04. 16; 연합뉴스 2017. 04. 16 재인용). 이러한 정부의 행보는 헝가리의 민주주의 수준 저하로 직결될 가능성이 높다. 총리를 중심으로 한 여당은 계속되고 있는 대규모 집회가 어떠한 내용을 중심으로 이루어지고 있는지 숙고해야 한다. 또한 야당들은 시민들의 의견을 진중히 수용해 정부의 행보를 바로잡아야 할 것이다.

참고문헌

뉴스1. 2017.04.11.
연합뉴스. 2017.04.13.
_____. 2017.04.14.
_____. 2017.04.16.
_____. 2017.04.23.
AFP. 2017.04.16.
____. 2017.04.22.
BBC. 2017.04.22.
politics.hu. 2017.03.20.

소보트카 총리의 사임안과 10월 총선

김소정

현재 체코에서는 10월 치러질 총선을 앞두고 연립 정부 내부의 갈등이 표면화되고 있다. 사회민주당 소속인 보후슬라프 소보트카 총리는 긍정당 소속의 안드레이 바비스 재무부 장관의 부패 혐의를 지적하면서 밀로스 제만 대통령에 총리직 사임 의사를 밝혔다(AFP 2017. 05. 02; 연합뉴스 2017. 05. 02 재인용). 이를 통해 새로운 내각 구성을 모색한 것이다. 소보트카 총리는 "금주 대통령에게 사임 의사를 밝히고 나면 연정을 구성한 정당들이 정국 해법을 찾아 나서길 바란다"는 입장을 밝히며 사임 의사를 강하게 피력했다(AFP 2017. 05. 02; 연합뉴스 2017. 05. 02 재인용).

하지만 사임 의사를 밝힌 지 사흘 만에 소보트카 총리는 사퇴 의사를 철회하였는데 제만 대통령이 총리 사퇴만 수용하고 내각은 그대로 유지할 것이라는 입장을 밝혔기 때문이다(연합뉴스 2017. 05. 05). 소보트카 총리는 사퇴 의사를 철회하는 동시에 바비스 장관을 퇴출시키려는 움직임을 보였으며(연합뉴스 2017. 05. 05), 결국 제만 대통령은 바비스 장관을 해임시켰다(praguemonitor 2017. 05. 23). 이러한 소보트카 총리의 사퇴 의사 번복의 배경에는 바비스 전(前) 장관이 대표이기도 한 긍정당의 급격한 상승세가 존재한다. 중도 성향을 보이는 긍정당은 지난 2013년 총선에서 단숨에 제2당으로 부상해 인기를 끌고 있다(BBC 2017. 05. 02; 뉴시스 2017. 05. 03 재인용). 지난 4월 말 실시된 여론조사 결과에 따르면, 긍정당을 지지한다는 응답이 28.3%에 달해 지지도 1위를 차지하고 있으며 2위인 사회민주당(16.1%)에도 약 10%포인트 가량 앞서는 것으로 나타났다(praguemonitor 2017. 04. 26).

현행 체코 헌법 62조에 따르면 대통령은 총리의 사임을 승인할 수 있으며 이러한 경우에는 새로운 총리를 지명할 수 있는 권한을 갖는다고 규정하고 있다. 소보트카 총리는 이러한 헌법 규정을 염두에 두고 소속 정당인 사회민주당이 총선에서 불리한 상황을 타개하기 위해 총리 사임안을 꺼내든 것으로 보인다. 제만 대통령이 내각 유지의 입장을 밝히자 곧바로 사퇴 의사를 철회한 것을 통해 그의 계획을 추측할 수 있다(AP 2017. 05. 02; 연합뉴스 2017. 05. 02 재인용). 소보트카 총리의 이러한 행보는 총선을 앞두고 당의 승리를 위한 정치적인 책략이나, 총리 사임 이후의 국정 공백을 심각하게 고민하지 않은 결과라고 볼 수 있다. 총선이 치러지기 전까지 연립 정부를 구성하고 있는 정당들은 물론 야당 또한 국정

운영을 지속적으로 우선순위에 두어야 할 것이다.

참고문헌

뉴시스. 2017.05.03.
연합뉴스. 2017.05.02.
_____. 2017.05.05.
AP. 2017.05.02.
AFP. 2017.05.02.
BBC. 2017.05.02.
praguemonitor. 2017.04.26.
_____. 2017.05.23.

||||||||||||||||||||||||||||||||||||||||||||||||||||||||||||||||||||||||||||||||||||||||||||||||||

헝가리 정부의 행보에 대한 국민들의 평가

김소정

현재 헝가리 정치권은 청년민주동맹 정부의 거침없는 행보로 인해 갈등을 빚고 있다. 갈등의 원인으로 첫째, 헝가리 출신 미국인인 조지 소로스가 헝가리 정치에 개입한다는 이유로 그를 저지하기 위한 여당의 행보가 존재한다. 헝가리 정부는 소로스가 헝가리에 설립한 대학을 퇴출시키기 위해 고등교육법을 개정하는 한편, 외국의 지원을 받은 시민단체는 이를 공개해야 할 의무가 있다는 법을 의회에서 통과시켰다(AFP 2017. 06. 13; 뉴스1 2017. 06. 13 재인용). 정부는 법안의 도입 배경에 대해 자금 세탁 및 테러자금 지원을 방지하기 위한 것이라고 설명했으나 국제연합(UN)을 비롯한 많은 단체들은 이번 법안이 특정 비정부기구들을 차별하고 배제하는 데 이용될 수 있다는 우려를 표명했다(AFP 2017. 06. 13; 뉴스1

2017. 06. 13 재인용).

둘째, 정부는 옥외광고판 소유주가 정당에 사용요금을 할인해주면 높은 벌금을 부과하는 법안을 제안하였으며 결국 이 법안은 의회에서 통과되었다(AP 2017. 06. 24; 연합뉴스 2017. 06. 24 재인용). 법안의 도입 배경에는 극우정당인 요빅이 옥외광고판을 통해 정부와 여당을 공격했다는 것이 존재하며, 이에 대해 야당들은 재정이 부족한 정당에게는 법안의 내용이 직접적인 재정적 부담으로 다가오기 때문에 법안의 내용이 정치적 탄압이라고 반발했다(AP 2017. 06. 24; 연합뉴스 2017. 06. 24 재인용). 하지만 여당이 전체 의석의 3분의 2를 차지하기 때문에 법안은 의결되었다(Politics.hu 2017. 06. 23). 이 과정에서 여야의 갈등은 극대화되었는데 대표적으로 사회당은 향후 청년민주동맹과 어떠한 협력도 하지 않을 것이라는 입장을 표명하며 옥외광고 제한을 저지하기 위해 투쟁할 것이라고 밝혔다(Politics.hu 2017. 06. 21).

이러한 헝가리 정부의 거침없는 행보가 반영된 것인지 최근 실시된 여론조사 결과, 헝가리 유권자들의 대부분은 헝가리의 민주주의 수준에 대해 '평균 이하'라는 평가를 내렸다(Politics.hu 2017. 06. 22). 구체적으로 민주연합 등의 좌파 정당 지지자들은 1.6~1.7점 사이의 점수(5점 만점)를 매겼으며, 여당인 청년민주동맹 지지자는 3.5점 정도라고 평가했으나 전반적으로 민주주의 수준에 대해 부정적인 평가를 내렸다(Politics.hu 2017. 06. 22). 하지만 지지 정당을 초월해 헝가리 유권자들은 민주주의의 중요성에 대해서는 모두 공감하고 있는 것으로 나타났다(Politics.hu 2017. 06. 22). 시민들과 소통하지 않는 헝가리 정부의 행보는 유권자들의 정치 효능감을 약화시켜 결과적으로는 대의민주주의의 후퇴를 야기할 수 있다. 지금부터라도 정부는 정책을 추진하는 과정에서 독단적일 것이 아니라 여러 정당들과 충분히 논의하는 모습을 보일 필요가 있다.

참고문헌

뉴스1. 2017.06.13.
연합뉴스. 2017.06.24.
AFP. 2017.06.13.

AP. 2017.06.24.

Politics.hu. 2017.06.21.

_____. 2017.06.22.

_____. 2017.06.23.

유럽의회의 동향 및 쟁점

유럽연합의 분열과 갈등

제1장
유럽의회의 동향

1차(2016년 6월 말~7월 말)

김진주

2016년 7월 유럽의회 본회의는 스트라스부르에서 4일부터 7일까지 진행되었다. 이번 본회의에서는 브렉시트(Brexit·영국의 유럽연합 탈퇴)에 대해 유럽의회 의원들의 논의가 이어졌으며, 파나마 페이퍼(Panama Papers)에 대해 내부 고발자를 보호하는 것과 관련한 논의가 있었다(European Parliament Press Releases 2016. 07. 08). 또한 7월 6일 유럽의회는 이민자 급증으로 인해 국경수비대를 배치하는 것에 대한 법안을 가결처리 하였으며 이로 인해 오는 9월부터 국경수비대가 유럽연합 국경지역에 투입되어 이민자들을 통제하게 된다(연합뉴스 2016. 07. 14).

유럽의회 내 중도우파이자 다수당인 유럽국민당그룹(European People's Party, EPP)은 파나마 사태위원회에 소속 의원이 대표와 대변인을 맡게 된 것에 대해 기대를 표출했으며(EPP Group Press Releases 2016. 07. 12), 테러를 목적으로 분쟁지역에 갔다가 유럽연합으로 재입국한 사람들을 대상으로 인터넷 선전, 테러조직에 대한 자금 지원에 오용되는 인터넷 활동 등을 막는 반(反) 테러법안을 지지하였다(EPP Group Press Releases 2016. 07. 05). 한편 중도좌파인 유럽사회당그룹(Socialists & Democrats, S&D)은 난민에 좀 더 초점을 맞추어 난민 문제를 오히려 기회로 삼아야 한다는 입장을 보였으며, 유럽연합의 외부 국경을 보호하는 해안경비대의 활동에 대한 기대를 보였다(S&D Press Releases 2016. 07. 05; 2016. 07. 06). 또한 최근 군사 쿠데타를 통해 독재정권으로 가고 있는 터키에 대해 민주주의를 저해하고 있다고 규탄하며 비자 자유화를 중지해야 한다고 강력하게 주장했다(S&D Press Releases 2016. 07. 22).

한편 지난 달 6월 23일 영국의 유럽연합 탈퇴가 결정된 이후 스코틀랜드 니콜라 스터전(Nicola Sturgeon) 스코틀랜드국민당(Scottish National Party, SNP) 대표 겸 자치정부 수반이 유럽연합 잔류를 위한 외교적 행보를 시작했다(동아일보 2016. 06. 30).

8월의 유럽의회는 휴가 기간이므로 다음 본회의는 9월 12일부터 15일까지 개최될 예정이다.

유럽의회 정당

07월 05일

• 유럽연합 반(反) 테러법: 유럽시민을 위한 강력한 보안

(EPP Group Press Releases 07. 05)

– 유럽국민당그룹의 모니카 홀메이어(Monika Hohlmeier) 의원은 유럽연합의 테러에 대한 지침이 마무리되는 회담에서 이번 법률안이 테러 훈련, 인터넷 선전, 테러조직에 대한 자금 지원 등으로 오용되는 인터넷의 활용 등을 해결할 것이라고 말했다. 또한 그녀는 이 제안을 통해 인권의 원칙을 존중함과 동시에 데이터 보호와 자유에 대한 보안 사이에서의 균형을 지킬 것이라고 강조했다. 이번 제안은 테러 목적으로 시리아 등 분쟁 지역을 여행하고 재입국한 유럽연합 시민들을 대상으로 한다.

07월 05일

• 유럽사회당그룹: 난민은 우리 사회에 도전이 아니라 기회다

(S&D Press Releases 07. 05)

– 유럽의회에서는 난민이 신속하고 완벽하게 노동시장과 사회에 통합을 보장하겠

다는 조치가 촉구되었다. 결의안 초안을 만든 유럽사회당그룹 브란도 베니페(Brando Benifei) 의원은 난민을 노동시장에 통합하는 과정에서 인간의 존엄성과 가치를 복원하는 것이 중요하며, 난민 문제를 우리 사회 모두에 대한 도전이 아니라 기회로 봐야 한다고 주장했다. 또한 그는 유럽연합과 회원국들이 자국 내에서 난민에 대해 준비할 수 있도록 현행 입법을 보완해야 한다고 말했다. 유럽사회당그룹 대변인은 난민이 고용시장에 접근할 수 있도록 적절하고 효과적인 교육 및 연수가 필요하여 특히 소녀와 여성에게 적용될 투명한 절차로 필요가 있다고 말했다.

07월 06일

- 유럽의 국경과 해안경비대는 난민과 쉥겐을 위한 것 (S&D Press Releases 07. 06)
– 유럽의회는 오늘 유럽의 국경과 해안 경비대의 생성을 지지하였고 유럽사회당그룹의 보고관 피터 니더뮬러(Peter Niedermüller)는 이것이 긍정적인 단계라고 평가하며, 이 새로운 기관이 더 나은 유럽연합의 외부 국경의 효과적인 관리를 보장할 것이라고 기대했다. 또한 그는 새로운 기관이 갖게 되는 수색 및 구조작업의 특정 권한은 향후 유럽 바다에서 발생할 불필요한 죽음을 방지하는 데에 큰 도움이 될 것이라고 말했다.

07월 12일

- 유럽국민당그룹, 파나마 사태위원회 이끌 것 (EPP Group Press Releases 07. 12)
– 워너 랜진(Werner Langen)은 대표로, 다리우즈 로사티(Dariusz Rosati)는 유럽국민당그룹의 대변인으로 새롭게 파나마 사태 위원회에 선출되었다. 유럽국민당그룹의 웨너는 조사관의 대표가 되었다. 전 폴란드 외교부장관이자 경제학 교수인 다리우즈 역시 65명 의원이 속한 이 위원회의 대변인으로 선출되어 우리는 파나마 위원회가 성공적으로 일하기 원하며 포퓰리즘적인 방향으로 가지 않겠다고 말했다.

07월 22일

- 피텔라, 터키의 비자 자유화 중지 요구   (EPP Group Press Releases 06. 24)
– 유럽사회당그룹은 터키에서 군사 쿠데타가 일어난 것에 대해 강력하게 비난하였

다. 대통령인 레제프 타이이프 에르도안(Recep Tayyip Erdogan)은 민주당을 탄압하고 자율을 더욱 제한하고 있어 사실상 에르도안은 터키의 민주주의를 독재시스템으로 되돌리고 있다. 이에 유럽사회당그룹 대표 지아니 피텔라(Gianni Pittella)는 유럽사회당그룹은 이 상황에 침묵하지 않을 것이며 우리는 비자 자유화를 중지하기를 원한다고 말했다. 또한 터키가 유럽연합 회원국 후보인 만큼 터키는 완전히 코펜하겐 기준을 준수해야 한다. 그러나 터키 당국은 사형제도의 재도입은 유럽 인권 협약과 완전히 반하는 것이다. 이에 유럽은 우리의 공통의 가치와 원칙을 지키기 위해 어떠한 망설임을 표할 수 없다고 말했다.

유럽의회 선거·의회

06월 30일

• 유럽연합, 영 배제한 '자본시장동맹' 추진

(Financial Times 06. 29; 서울경제 06. 30 재인용)

– 파이낸셜타임스는 6월 29일(현지시간) 유럽연합이 브렉시트를 계기로 영국을 배제하는 자본시장동맹(Capital Markets Union, CMU) 구축을 추진하려 한다고 보도했다. 그동안 영국이 유럽연합의 단일 자본시장 구축에 브레이크를 걸어왔으나 영국이 유럽연합을 탈퇴함으로써 유로화를 기반으로 한 자본거래와 청산에 대한 감독권을 단일화하는 구상이 진전될 가능성이 높아졌다는 것이다. 영국은 유럽중앙은행(European Central Bank, ECB)이나 프랑스와 유럽연합 주요 기구들이 주축이 돼 추진해온 유로화 기반 자본시장동맹 구상과 달리 다중통화 기반의 자본시장 동맹 구축을 주장해왔다. 유럽의회 의원들과 유럽연합 고위관계자들은 브렉시트가 유럽연합 차원의 시장 감독 및 개입을 꺼려온 구상을 바로잡을 기회로 보고 있다고 파이낸셜타임즈는 설명했다.

07월 07일

• 유럽연합, 9월에 그리스 등에 국경수비대 배치…이민자 통제·관리 (연합뉴스 07. 07)

– 유럽의회는 7월 6일 프랑스 스트라스부르에서 열린 본회의에서 이민자 급증으로

인한 위기를 해결하기 위해 국경수비대를 배치하는 법안을 찬성 483표, 반대 181표, 기권 48표로 가결 처리했다. 따라서 오는 9월부터 중동과 아프리카 출신 이민자들이 제일 처음 발을 들여놓는 그리스와 이탈리아와 같은 유럽연합 지역에는 새로운 국경수비대가 배치돼 이민자들을 통제·관리하게 된다. 이번 합의에 따르면 유럽연합 회원국들은 자신들의 국경을 일상적으로 관리하지만, 비상시에는 국경수비대에 지원을 요청할 수 있다.

07월 08일

• 총회 주요 쟁점: 브렉시트, 국경 통제 및 배출

(European Parliament Press Releases 07. 08)

– 브렉시트 결과에 따라 유럽의회 의원은 유럽연합 정상회의(European Council)의 본회의에서 해당 내용을 논의하였다. 또한 유럽의회 의원은 파나마 페이퍼 스캔들과 관련하여 내부 고발자를 보호할 필요성이 있음을 제기했다. 그리고 7월 6일에 유럽연합 국경관리 시스템에 대해 유럽의회 의원은 더 나은 도움을 통해 유럽연합의 외부경계를 보호하자는 제안을 승인했다. 최근 유로바로미터(Eurobarometer)가 발표한 자료에 따르면 유럽인의 71%가 유럽연합이 외부 국경을 보호하기 위해 더 많은 일을 할 수 있을 것이라고 답했다.

07월 13일

• 유럽연합 "'이민쇼핑' 땐 망명 원천 차단"…통일된 망명규칙 제안　(연합뉴스 07. 14)

– 2015년을 기준으로 유럽연합에 유입된 이민자 수가 130만 명에 이르는 등 폭발적인 증가세를 보인 가운데 유럽연합 집행위원회(European Commission)는 7월 13일(현지시각) 난민 문제를 해결하기 위해 회원국들에게 통일된 망명규칙을 제안했다. 디미트리스 아브라모풀로스(Dimitris Avramopoulos) 유럽연합 이민담당 집행위원은 "유럽연합은 공통된 망명절차를 만들 것"이라면서 "동시에 망명신청자들에게는 난민 지위를 얻기 위한 이차적 행동이나 망명절차 남용을 금지하는 명확한 의무를 규정할 것"이라고 말했다. 유럽연합은 이번 제안에서 난민 수용시설 표준화, 난민에 대한 국가 차원의 지원 통일, 거주허가·여행증명서·취업·학교 교육·보건 및 복지에 대한

공통된 규칙 제정 등을 담아 이주민들이 망명이 용이한 국가를 찾아 유럽연합 역내를 떠도는 것을 막도록 했다. 또 장기 거주 자격을 얻은 난민이 지정된 국가를 떠나 다른 나라에 거주하면 '5년의 대기 기간'을 다시 시작하도록 하고, 망명신청자들이 당국에 협조하지 않으면 망명 신청을 거부할 수 있도록 했다.

유럽의회 여론

06월 27일

• 쿠데타 빌미로 공포정치로 치닫는 터키　　　　(Hurriyet 07. 19; 한겨레 07. 20 재인용)

– 터키 언론들은 터키 정부가 6월 19일에 쿠데타 배후로 지목된 온건 이슬람주의자 펫홀라흐 귈렌(Fethullah Gülen)과의 연루 가능성을 이유로 교사 및 교직원 1만5200명을 해고하거나 직위해제했다고 전했다. 휘리예트(Hurriyet)는 터키 정부가 '펫홀라흐주의 테러 조직'(Fethullah Terrorist Organization, FETO)과 연루된 혐의를 이유로 들어 사립학교 교사 2만1000명의 교사 자격증도 취소했다고 전했다. 에르도안의 정의개발당(Adalet ve Kalkınma Partisi, AKP) 정부는 귈렌의 사회교육운동 조직인 '히즈메트'(xizmat, 봉사)를 정부를 전복하려는 '펫홀라흐주의 테러 조직'으로 규정하고 있다. 또 터키 고등교육위원회는 전국 모든 대학 학장 1577명 전원에게 사표를 내라고 지시했다. 한편 터키 참모본부는 쿠데타 시작 5시간 전 국가정보국으로부터 쿠데타 모의 사실을 전달받았다고 6월 19일에 밝혔다. 훌루시 아카르(Hulusi AKAR) 군총사령관은 정보에 따라 군에 장비이동 금지명령과 기지 폐쇄명령을 내렸다. 쿠데타 기도를 사전에 몰랐다는 그동안의 터키 정부 설명과는 다르다. 터키 국민 10명 중 3명은 쿠데타를 에르도안의 자작극으로 본다는 조사 결과도 있다. 영국 조사업체인 스트리트 비스(street bees)가 터키인 2832명을 대상으로 여론조사를 한 결과, 응답자의 47%는 쿠데타 배후로 귈렌을 꼽았으며, 32%는 에로도안을 꼽았다.

06월 30일

• 스코틀랜드는 '유럽연합 잔류'　　　　　　　　　　　　　　(동아일보 06. 30)

– 유럽연합 잔류를 희망하는 여론이 강한 스코틀랜드의 스터전 스코틀랜드국민

당(SNP) 대표 겸 자치정부 수반이 6월 29일 유럽연합 본부가 있는 벨기에 브뤼셀을 찾아 장클로드 융커(Jean Claude Juncker) 유럽연합 집행위원장, 마르틴 슐츠(Martin Schulz) 유럽의회 의장과 회동하여 스코틀랜드의 유럽연합 잔류를 위한 외교전을 시작했다. 전날 스코틀랜드 의회 연설에서 그녀는 스코틀랜드가 단일 유럽시장에 머물기를 원하며, 유럽연합에 남을 것이라고 말했다. 또한 그녀는 스코틀랜드의 분리·독립 투표 문제도 재차 언급하면서 당장 독립을 선언하려는 것은 아니지만 독립투표가 스코틀랜드의 유럽연합 잔류를 위한 대안이 될 수 있다고 말했다. 6월 23일 실시된 브렉시트 국민투표에서 스코틀랜드는 '유럽연합 탈퇴 반대'가 62%로 높았으며, 2년 전 영연방으로부터의 독립 여부를 묻는 투표에서는 55% 대 45%로 영연방 잔류를 선택한 쪽이 많았다.

2차(7월 말~8월 말)

김진주

8월 유럽의회는 휴가 기간으로 본회의가 열리지 않았기에 본회의에서 논의된 내용은 없으며 주로 현재 유럽의회에서 하고 있는 정책들에 대한 홍보가 이어졌다. 우선 전례 없는 이주 위기를 맞고 있는 유럽 사회에서 현재 유럽의회가 국경관리시스템 도입에 주력하고 있으며, 지중해의 각종 상황에 대해 주시하고 있다는 것을 강조하였다(European Parliament Press Releases 2016. 08. 05). 또한 국경 보안에서 유럽연합 내 자유로운 쉥겐 지역 확보를 위해 각 국가가 도움을 받을 수 있도록 프론텍스(Frontex)를 통한 국경관리시스템 제공을 홈페이지를 통해 홍보하였다(European Parliament Press Releases 2016. 08. 12). 그리고 2016년 하반기에 유럽의회가 주력할 이주, 테러, 과세, 환경, 기타 등의 세부 사업계획에 대해 홈페이지에 공지하였다(European Parliament Press Releases 2016. 08. 18).

유럽의회가 휴가기간인 만큼 유럽의회 내 중도우파이자 다수당인 유럽국민당그룹 역시 보도된 활동은 없었다. 그러나 중도좌파인 유럽사회당그룹의 경우 최근 쿠데타 등으로 독재정권으로 가고 있는 터키에 대해 유럽연합과의 난민 협상에서 약속했던 비자 자유화 관련된 부분에 엄정히 기준을 충족해야만 비자 자유화가 가능하다는 것을 다시 한 번 강조하였고, 유럽연합이 함께하는 의지를 다지고 연대를 촉구하는 내용이 보도되었다(S&D Press Releases 2016. 08. 01; 2016. 08. 22).

한편 이민자에 대한 여론으로는 여론조사기관 입소스(Ipsos)가 조사한 결과 최근 테러로 인해 프랑스가 다른 나라에 비해 이민자에 대한 부정적인 견해가 많이 있으며, 특히 이민이 프랑스에 긍정적인 영향을 미칠 것이라는 응답은 단 10%대인 것으로 나타났다(Le Figaro 2016. 08. 22; 연합뉴스 2016. 08. 22 재인용).

다음 달 본회의는 9월 12일부터 15일까지 개최될 예정이다.

08월 01일

• 터키 비자 자유화 중지되어야 해   (S&D Press Releases 08. 01)

– 유럽사회당그룹의 부대표인 크누트 프레켄스테인(Knut Fleckenstein)은 다른 나라의 시민이 비자 자유화를 원한다면 우리의 기준을 충족시켜야 한다는 기준이 명확하다고 말하며 터키의 경우 최근 쿠데타 시도 등으로 인해 잘못된 방향으로 가고 있으므로 비자 자유화를 받아들여서는 안 된다고 말했다. 그는 터키는 난민 위기를 해결하는 중요한 파트너이지만 터키가 난민 거래를 협상에서 이용할 경우를 대비해 대안을 준비해야 하며 유럽연합이 기본적인 인권과 법의 지배를 존중하고 있기에 터키가 비자 자유화를 원한다면 유럽연합의 기준을 충족시켜야만 한다고 말했다.

08월 22일

• 피텔라, 유럽연합 새롭게 시작해야 해   (S&D Press Releases 08. 22)

– 앙겔라 메르켈(Angela Merkel) 독일 총리와 프랑수아 올랑드(Francois Hollande) 프랑스 대통령, 마테오 렌치(Matteo Renzi) 이탈리아 총리가 벤토 테네 섬에서 오늘 회의를 가졌다. 유럽연합의 순서가 되었을 때 지아니 피텔라는 유럽연합은 새로운 시작이 필요함을 주장했다. 그는 벤토 테네, 유럽인에게 매우 상징적인 섬에서 유럽연합은 유럽의 가치를 위해 긴축하고 신규투자에 주력해야 한다고 말하며, 붕괴에 직면한 유럽이 위기를 기회로 바꿀 시간이라고 말했다. 또한 그는 유럽이 이제 함께하고자 하는 의지를 다시 가져야 하며 새로운 금융 유연성을 갖는 것이 필수적이기에 소형 재정과 투자가 성장과 일자리를 창출할 수 있다고 주장했다. 그는 이민정책에서는 정책의 완전한 이행이 중요하며 모든 회원국들이 근본적인 원인을 놓고 싸우기보다 유럽연합의 연대를 추구하여 해결해 나가야 하며 강화된 협력을 통해 테러와 안보에 맞서야 한다고 말했다.

08월 05일

• 유럽인의 74%, 이주민과 관련해 유럽연합이 더 많은 일을 할 것

(European Parliament Press Releases 08. 05)

– 유럽연합은 지난 몇 년 동안 전례 없는 이민자의 유입을 경험하고 있다. 유로바로미터에 따르면 유럽인의 74%는 유럽연합이 이주에 대한 상황을 관리하기 위해 더 많은 일을 할 수 있다고 응답했으며, 특히 응답자의 3분의 2는 유럽연합의 조치가 불충분했다고 응답했다. 유럽의회는 지중해의 상황 및 이주에 대한 전체적인 유럽연합의 접근방식에 대해 논의하고 있으며, 6~7월에는 유럽의회 의원들이 찬성하여 유럽연합 국경관리시스템이 작동될 것이다.

08월 12일

• 국경보안과 유럽 안정을 위한 유럽의회의 역할

(European Parliament Press Releases 08. 12)

– 이주 위기는 외부의 강력한 국경 없이는 자유로운 쉥겐 지역을 가질 수 없다는 것을 보여주었다. 최근 유로바로미터에 따르면 유럽인의 71%는 유럽연합이 국경을 보호하기 위해 더 많은 일을 할 수 있을 것이라고 응답했다. 유럽의회는 2016년 7월 유럽연합 국경관리시스템을 승인하였고 유럽연합의 국경기관과 프론텍스 및 국가의 국경관리 당국에게 이 시스템을 도입하고 있다. 국가들이 개별적으로 매일 국경을 관리하지만 유럽연합 외부 국경일 경우 이번 승인된 시스템을 통해 해안 경비대 기관의 도움을 받을 수 있을 것이다.

08월 18일

• 2016년 남은 기간 동안 유럽의회의 우선순위

(European Parliament Press Releases 08. 18)

– 이주위기부터 브렉시트까지 유럽의회는 2016년을 매우 다사다난하게 보냈다. 유럽의회 의원들이 9월에 처리할 과제는 다음과 같다. ▶이주: 유럽의회 의원은 유럽

연합 국가의 국제적인 보호를 필요로 하는 사람들을 이주시키기 위해 영주 이주기구를 작동하는 시스템을 2015년 9월에 채택했다. ▶테러: 유럽의회 의원은 개정된 규칙에 투표할 것이며, 이는 총기를 구입하고 총을 소유하려는 테러리스트들과 범죄자들을 어렵게 만들 수 있을 것이다. ▶과세: 파나마 페이퍼 사태에 따라 유럽의회에서는 사태조사위원회를 꾸렸고 탈세 및 자금 세탁에 대한 것을 9월부터 조사할 예정이다. ▶환경: 폭스바겐 스캔들의 여파로 인해 의회가 승인한 조사위원회가 자동사 산업에서의 배출 측정과정에서 최종 보고서로 그 결과를 발표할 예정이다. ▶기타: 유럽의 디지털 시장을 개선하기 위해 유럽의회 의원은 시청각 자료 규칙을 개정하고 부당한 지리적 제한을 중지하는 제안에 투표할 것이다.

유럽의회 여론

08월 22일

• 프랑스인 11%만 "이민, 나라에 도움"…테러·실업에 반(反)이민 우세

(Le Figaro 08. 22; 연합뉴스 08. 22 재인용)

- 여론조사기관 입소스가 지난 6~7월 프랑스와 미국, 영국, 독일, 스페인 등 22개국 1만 6천 명을 대상으로 시행한 이민 설문조사 결과 특히 프랑스에서 난민 등 이민자에 대한 부정적 의견이 많았다고 프랑스 일간지 르피가로가 22일 보도했다. '이민이 프랑스에 긍정적인 영향을 준다'는 응답 비율은 10%대에 그쳤으며 '난민으로 위장한 테러범이 있을 것이다'라는 질문에는 60% 넘게 "그렇다"라고 대답했다. '이민이 전체적으로 당신 국가에 긍정적인 영향을 주는가'라는 질문에 "그렇다"라고 대답한 프랑스인은 11%에 그쳤다. 이는 22개국 평균(20%)의 절반에 그치는 수준으로 독일 (18%), 스페인(20%)보다 낮았다. '난민에게 국경을 완전히 봉쇄해야 하는가'라는 질문에는 프랑스에서는 찬성이 45%로 반대(42%)보다 3%포인트 높게 나타났다. 또한 '난민으로 위장한 테러범이 자국에 있겠는가'라는 물음에 프랑스인은 67%가 "그렇다"고 대답했다. 입소스는 "프랑스에서는 세계화가 프랑스의 하락을 촉진하며 국가 정체성을 위협한다고 인식되고 있다"고 분석했다.

3차(8월 말~9월 말)

김진주

    유럽의회 본회의가 스트라스부르에서 9월 12일부터 15일까지 진행되었다. 이번 본회의에서는 현재 유럽연합에서 문제가 되고 있는 포퓰리즘과 실업, 사회적 불의 등에 대해 논쟁이 있었고, 폴란드 정부에 헌법재판소 관련 위기 해결 방안을 권고하는 결의안이 채택되는 등의 논의가 있었다(European Parliament Press Releases 2016. 09. 16).

    본회의에서 유럽연합 집행위원장인 장클로드 융커가 젊은 유럽인들에게 한 달권의 유레일패스 제공하여 청년들의 유럽연합 소속감을 높이겠다는 주장을 한 바 있다(The Independent 2016. 10. 01; 연합뉴스 2016. 10. 01 재인용). 이에 대해 유럽의회 내 중도우파이자 다수당인 유럽국민당그룹은 유럽연합의 지도자가 포퓰리즘에 휩싸여서는 안 된다고 비판했다(EPP Group Press Releases 2016. 09. 14). 또한 이주와 관련하여 회원국들이 망명자 재배치와 관련하여 긴밀하게 협력할 것을 촉구했다(EPP Group Press Releases 2016. 09. 28). 유럽의회의 중도좌파인 유럽사회당그룹은 무슬림들에게 기회를 제공하자는 컨퍼런스를 개최하여 유럽 사회 내에서 소수자 지위 보호를 주장하였고, 10월 2일, 헝가리에서 있었던 난민정책 반대 국민투표와 관련하여 헝가리 국민의 민주적인 행동과 이주의 위기에 대한 연대적인 책임의식을 가져야 한다는 입장을 표명했다(S&D Press Releases 2016. 09. 29; 2016. 10. 02).

    한편 9월 4일 독일 메클렌부르크포어포메른 주에서 치러진 의회선거에서 독일의 포퓰리즘 정당인 독일을 위한 대안(Alternative für Deutschland, AfD, 독일대안당)이 20.8%의 득표율로 앙겔라 메르켈 독일 총리의 기독교민주연합(Christlich-Demokratische Union, CDU, 기민당)에게 승리함에 따라 앞으로 유럽전체에 있을 선거에서 포퓰리즘 정당의 약진이 예상된다(The Wall Street Journal 2016. 09. 05; 연합뉴스 2016. 09. 06 재인용). 마지막으로 9월 2일 헝가리에서 유럽연합의 난민정책을 반대하는 국민투표가 헝가리 빅토르 오르반(Viktor Orban) 총리에 의해 추진되었으나 투표율이 50%가 넘지 않아 수포로 돌아갔다(연합뉴스 2016. 10. 03).

10월의 유럽의회는 3일부터 6일, 24일부터 27일까지 두 차례 개최될 예정이다.

09월 14일

• 유럽국민당그룹, 값싼 포퓰리즘의 지양과 난민에 대한 연대 촉구

(EPP Group Press Releases 09. 14)

– 유럽국민당그룹 대표인 만프레드 베버(Manfred Weber)는 유럽의 청소년이 유럽의 더 나은 미래에 대한 희망이며, 그들이 우리나라를 자랑스럽게 생각하고 우리는 유럽이라는 생각을 갖게 만들어야 한다고 말했다. 그는 유럽연합 지도자에게 값싼 포퓰리즘은 지양해야 한다며 정치인이라면 확신을 가져야 하고 유럽이 멋지다는 것을 젊은이들에게 상기시켜야 열정적인 젊은 세대로부터 많은 것을 배울 수 있다고 주장했다. 한편 그는 유럽국민당그룹은 앞으로도 유럽에서의 삶의 방식을 방어에 둘 것이라며, 보안을 위해 출입국 시스템과 모두를 보호하는 효율적인 국경 수비를 위해 노력할 것임을 밝혔다. 난민에 대해서는 유럽국민당그룹은 연대를 중요시한다고 말하며 난민의 공정한 부담을 공유해야 한다는 입장을 밝혔다.

09월 22일

• 유럽국민당그룹, 탈세는 개인의 문제가 아닌 구조적 문제

(EPP Group Press Releases 09. 22)

– 유럽국민당그룹은 조세 피난처와 관련된 유럽연합의 공동 목록을 설정하는 것을 빠르게 실행하고자 한다. 유럽국민당그룹의 대변인 다리우스 로사티(Dariusz Rosati)는 다른 것들과 마찬가지로 조세와 관련하여 매우 신중해야 하고 우리가 직면하고 있는 것이 개인의 문제가 아니라 구조적인 문제라는 것을 강조하며 새로 설립될 파나마 조사위원회에서 조세 피난처의 공동 목록을 설정하는 과정을 가속화하기를 유럽연합 집행위원회(European Commission)와 회원국에 촉구했다.

09월 28일

• 유럽연합 회원국, 이주자 문제 관련 약속 지켜야

(EPP Group Press Releases 09. 28)

– 유럽국민당그룹 부대표인 에스테반 곤잘레스 폰스(Esteban González Pons)는 유럽연합 회원국 간의 긴밀한 협력이 가능한 한 빨리 이민자 재배치를 수행하기 위해 반드시 필요하다고 말했다. 그는 망명프로그램의 과정을 개선하기 위해 노력하는 것이 중요하며 유럽연합과 터키 사이의 합의가 잘 작동하는지 정보를 제공하고, 양쪽 모두가 최선을 대하 합의를 유지할 수 있도록 해야 한다고 강조했다. 유럽국민당그룹의 법률 자치부 부의장인 엘리자베스 보쳄버그-브리오니디(Elissavet Vozemberg-Vrionidi)는 유럽연합이 그리스와 같은 국경 국가에게 압력을 넣어 유럽연합 회원국들에 망명자를 재배치하고 이 문제를 해소하기 위해 빠르게 노력해야 한다고 강조하였다. 그리고 현재 16만 망명신청자 중 5천 명만이 배치되었다는 것은 여전히 실망스럽다며 난민 재배치를 위해 더욱 많은 일을 해야 한다고 강조했다.

09월 29일

• 유럽연합 이슬람사회와의 관계 위해 더 많은 노력 필요

(S&D Press Releases 09. 29)

– 유럽연합은 유럽연합 내 기관에서 정치와 작업에 종사하는 무슬림들과 다른 소수 집단을 위해 더 많은 일을 할 필요가 있다. 유럽사회당그룹의 오늘 컨퍼런스는 유럽에서 이슬람들이 성공한 사례를 홍보하는 중요한 행사였다. 이번 행사의 대표 호스트이자 유럽사회당그룹의 회원인 아프잘 칸(Khan Afzal)은 자신이 종종 브뤼셀에서 겪는 동료들과의 이슬람과 무슬림에 대한 실제적인 이해의 부족은 정치에서 근무하는 사람들의 민족적 배경이 다르다는 것에서 유래한다고 말했다. 그는 소수의 위치를 인정하고 그룹 내에서 그들을 더 많이 격려할 수 있는 방안을 찾아야 한다고 말하며, 오늘 행사는 최근 의회에서 이슬람 테러와 같은 사건들에 초점을 맞추어 논의되고 있으나 유럽의 수많은 무슬림들을 향한 불신과 편견에 맞서는 데에 목적을 두고 있다고 강조했다. 또한 그는 외부인으로 이슬람교도들을 대하는 것은 옳지 않으며 오히려 이것이 극단주의 세력들에게 이용되기 때문에 유럽이 가지고 있는 하나님에

대한 정의, 관용 등을 가지고 무슬림들이 성공적으로 희망을 가질 수 있어야 한다고 말했다.

10월 02일

• 피텔라: 이주 위기에 대한 유럽연합의 해결책 요구 (S&D Press Releases 10. 02)
– 유럽사회당그룹 대표 지아니 피텔라는 이번 헝가리 국민투표의 결과를 언급했다. 그는 전체적으로 유럽이 승리했으며, 포퓰리즘과 외국인 혐오는 실패했다고 말했다. 그는 오르반의 거짓말이 점점 커지고 이주의 위기는 연대와 공동책임을 기반으로 장기적인 해결책을 유럽연합이 제시해야 한다고 강조했다. 또한 그는 오르반의 더러운 게임에 의해 국민투표가 이루어졌으나 민주적인 행동을 보여준 헝가리 시민들에게 축하 인사를 보냈다.

유럽의회 선거·의회

09월 06일

• 독일 주 의회 선거에 유럽 화들짝…"포퓰리즘 약진 신호탄"
(The Wall Street Journal 09. 05; 연합뉴스 09. 06 재인용)
– 창당한 지 3년에 불과한 독일대안당이 9월 4일(현지시간) 메클렌부르크포어포메른 주 의회 선거에서 20.8%의 득표율로 2위를 차지해 득표율 19.0%에 그친 앙겔라 메르켈 독일 총리의 기민당을 3위로 몰아냈다. 이에 미국 일간 월스트리트저널이 9월 5일, 독일대안당의 성공은 메르켈 총리의 지역구에서 이뤄졌다는 점, 독일대안당이 메르켈 총리의 난민 개방 정책에 반대해 민심의 동향을 반영했다는 점 등에서 의미가 각별하다고 분석했다. 또한 이번 선거 결과는 개헌 국민투표를 앞둔 이탈리아, 대통령 재선거를 치르는 오스트리아를 비롯해 정부를 구성하지 못해 세 번째 총선거를 치를 가능성이 큰 스페인, 내년 봄 대통령선거를 앞둔 프랑스 등에게 유럽 전체에 포퓰리즘 또는 반(反)기득권 구호를 내건 정당을 고무할 것이라고 진단했다.

09월 16일

• 총회 주요쟁점: 유럽연합의 상태, 자동차 배기가스, 폴란드

(European Parliament Press Releases 09. 16)

– 유럽집행위원회 위원장 장클로드 융커와 유럽의회 의원들은 현재 유럽연합의 상태에 대해 논쟁을 벌였다. 특히 유럽연합의 핵심주제인 포퓰리즘, 실업과 사회적 불의에 대해 융커가 발언했다. 또한 화요일에는 폴란드의 헌법재판소 문제에서 헌법 위기를 해결하고 권고에 맞춰 타협점을 찾기를 폴란드 정부에 권고하는 결의안을 채택했다. 또한 유럽의회는 자동차 배기가스 측정 방법에 대한 조사 위원회에게 필요한 모든 문서들의 작업을 완료하라며 경고했다. 또한 목요일 달라이 라마(Dalai Lama)가 유럽의회를 방문해 유럽의회 의원들과 외교적인 논의를 하였다.

09월 16일

• 영국 제외 27개 유럽연합 정상 비공식 회의, 브렉시트 이후 유럽연합 장래 논의

(연합뉴스 09. 16)

– 영국을 제외한 유럽연합 27개 회원국과 지도부는 9월 15일(현지시간) 슬로바키아의 수도 브라티슬라바에서 만나 유럽연합의 장래에 대한 논의를 시작했다. 2016년 6월 말에 이어 두 번째로 영국 총리가 빠진 가운데 열리는 이번 비공식 정상회의에서는 유럽연합 개혁, 난민 문제, 테러, 2008년 금융위기 이후 경제, 러시아의 군사적 위협 등의 현안들이 논의될 예정이다. 테러 및 난민 문제와 관련, 유럽연합의 핵심국가인 독일과 프랑스는 더 적극적인 안보정책에 대한 계획을 제안할 예정인 것으로 알려졌다. 앙겔라 메르켈 독일 총리와 프랑수아 올랑드 프랑스 대통령은 전날 파리에서 회동하여 유럽의 국경을 보호하기 위한 로드맵을 요구했다. 앞서 장클로드 융커 유럽연합 집행위원장은 지난 14일 유럽의회에서 행한 시정연설에서 유럽 군 창설로 나아가기 위한 전 단계로 '유럽 군 지휘부' 설립을 제안한 바 있다. 또 유럽으로 향하는 난민이 몰려드는 그리스, 이탈리아 등은 유럽연합 회원국들이 난민을 더 적극적으로 수용할 것을 주장하고 있는 반면, 폴란드, 헝가리, 체코, 슬로바키아 등 동유럽 국가들은 더 많은 난민을 받아들이는 것을 반대하고 있어 난민 문제 해법을 놓고 격론이 예상된다.

10월 01일

• 유럽연합, 18세 생일에 한 달권 유레일패스…"소속감" vs "청년실업부터"

(The Independent 10. 01; 연합뉴스 10. 01 재인용)

‒ 10월 1일 영국 The Independent 등에 따르면 장클로드 융커 유럽연합 집행위원장은 유럽의회 연설에서 18세 생일에 한 달권 유레일패스를 줌으로써 젊은이들에게 유럽연합 소속감을 높이겠다는 제안을 했고, 유럽의회는 내주 중 표결로 제안을 확정할 예정이다. 이 제안은 한 달간 회원 30개국을 철도로 무제한 여행할 수 있는 약 479유로(약 59만1천 원) 상당의 인터레일 패스를 18세 생일을 맞은 회원국 국민에게 제공하는 것이 골자다. 독일 만프레드 베버 의원은 "사회적으로나 교육 수준이 다른 유럽 젊은이들에게 유럽의 다양성을 깨닫게 하고, 일상생활에서 배출하는 온실가스를 줄이는 수단으로서 철도여행을 촉진하는 계기가 될 것"이라고 찬성을 표시했으며, 이탈리아의 마테오 렌치 총리, 독일 정부도 찬성하고 있는 상황이다. 이 방안이 확정되고, 유럽연합 회원국 국민 중 18세인 540만 명의 50~70%가 제안을 받아들인다고 가정할 때 약 15억 유로(약 1조8천500억 원)의 재원이 필요할 것으로 추정된다. 그러나 이런 방안은 청년 실업률이 높은 그리스나 스페인, 포르투갈 같은 국가의 국민은 무시될 것이라는 반론도 만만치 않으며, 지아니 피텔라 유럽사회당그룹 대표는 청년을 위한 일자리 마련이 더 중요하다고 지적하였다.

유럽의회 여론

10월 03일

• '난민버전 브렉시트' 피한 유럽연합, 16만 명 분산 숙제　　　　　(연합뉴스 10. 03)

‒ 헝가리 국민투표가 10월 2일(현지시간) 투표율 미달로 무효가 되면서 난민할당 정책을 추진했던 유럽연합은 난민 버전의 유럽연합 탈퇴를 피할 수 있게 됐다. 헝가리 빅토르 오르반 총리는 유럽 내 '문화적 반혁명'을 주장하면서 유럽연합 난민정책을 반대하는 국민투표를 유럽연합 내 다른 회원국에서도 시행해야 한다고 주장했다. 이번 투표가 투표율 50%를 넘겨 성사됐다면 헝가리와 함께 비셰그라드 그룹에 속한 체코, 폴란드, 슬로바키아 등 동유럽 국가에서도 난민할당제를 국민투표에 부칠

가능성이 컸기 때문에 유럽이 분열에 빠질 가능성이 컸다. 헝가리 정부는 막대한 예산과 인력을 난민정책 국민투표에 쏟아 부었지만 여론을 얻는 데에 실패했다. 유럽연합과 갈등이 커지면 경제적으로 더 어려워질 수 있다는 점을 우려한 젊은 층이 투표 참여를 거부한 것으로 보인다. 젊은 층 인구가 많은 수도 부다페스트의 투표율은 전국에서 제일 낮은 38.39%를 기록했다. 9월 초까지 난민 16만 명 중 재정착한 난민은 불과 4천519명으로 목표의 10%도 안 되며, 오스트리아(1,953명), 헝가리(1,294명), 폴란드(6천182명) 등은 단 한 명도 받아들이지 않은 상황이다.

4차(9월 말~10월 말)

김진주

유럽의회 본회의는 10월 3일부터 6일까지, 24일부터 27일까지 스트라스부르에서 진행되었다. 앞서 이달 첫 번째 본회의에서는 파리협약의 비준안이 승인되었으며, 시리아에서 발생된 사건들에 유럽연합이 평화를 위한 개입을 해야 한다는 결의안이 채택되는 등의 논의가 이루어졌다(European Parliament Press Releases 2016. 10. 07). 이후 10월 24일부터 개최된 본회의에서는 유럽연합 집행위원장인 장클로드 융커와 도날드 투스크(Donald Tusk)가 유럽연합 정상회의(European Council) 결과에 대해 토론하고, 2017년 유럽연합 예산 배정에서 더 많은 젊은 층을 위한 사업에 대한 자금이 필요하다는 토론 등이 이어졌다(European Parliament Press Releases 2016. 10. 20).

유럽의회 내 중도우파이자 다수당인 유럽국민당그룹은 10월에 진행되고 있는 그리스 정부의 경제 조정 프로젝트의 속도가 더뎌지면서 실효성이 낮아지는 것에 대해 비판했으며, 유럽국민당그룹 대표인 만프레드 베버는 10월 20일 유럽정상회의에 앞서 러시아가 행한 시리아 민간인 폭격에 대한 대응으로서 러시아에게 새로운 제재를 부과할 것인지에 대해서 유럽연합이 하나의 분명한 목소리를 낼 필요가 있다고 말했다(EPP Group Press Releases 2016. 10. 04; 2016. 10. 19). 유럽의회의 중도좌파인 유럽사회당그룹은 영국기업의 외국인 근로자 목록 작성과 관련하여 이는 외국인 혐오를 증가시킨다고 비판했으며, 유럽연합에 이주해 오는 난민 중 아동에 대해서 권리를 보장하고 후견제도를 도입하는 등 난민 아동 보호에 힘쓸 것을 촉구했다(S&D Press Releases 2016. 10. 05; 2016. 10. 26).

한편 영국 연방에 속하는 스코틀랜드가 영국으로부터 독립 여부를 묻는 제2차 국민투표를 위한 법안을 개정하였으며 스코틀랜드 의회 제1당인 스코틀랜드국민당 대표인 니콜라 스터전 스코틀랜드 자치정부 수반은 스콜틀랜드국민당 전당대회에서 영국이 유럽연합을 떠나기 전에 독립 주민투표를 다시 한 번 하겠다는 의사를 표명했다(BBC 2016. 10. 13; 연합뉴스 2016. 10. 13 재인용). 또한 이탈리아에서는 올해 난민 유입이 사상 최대로 늘어나면서 아드리아 해 소도시 고

리노 및 피렌체 등 도시에서 난민을 거부하는 시위와 불만이 속출했다(Corriere della Sera 2016. 10. 25; 연합뉴스 2016. 10. 25 재인용)

　11월의 유럽의회는 21일부터 24일까지 개최될 예정이다.

유럽의회 정당

10월 04일

• 유럽국민당그룹, 그리스 정부의 더딘 개혁과 이중거래 비판

(EPP Group Press Releases 10. 04)

– 유럽국민당그룹은 제3차 경제 조정 프로젝트에서 그리스 정부의 속도 저하에 대해 비판했다. 유럽국민당그룹의 대변인인 벌크하드 발즈(Burkhard Balz)는 알렉시스 치프라스(Alexis Tsipras) 정부가 비난받을 만한 일들을 하고 있으며 에너지 부문을 포함하여 실제로 진전된 여러 분야의 부분은 공개되어야 한다고 말했다. 또한 그는 노동시장 또한 구조 개혁이 필요하다고 강조했다. 조지스 키트소스(Georgios Kyrtsos) 의원은 현재 그리스 정부의 이중 거래를 비난하며 정부가 합의된 정책을 추구하지 않아 사회적 비용에서 정부 정책의 가시적인 경제적 효과가 없다고 말했다. 그는 그리스 재무장관의 민영화 프로그램은 동의하지만 국제 사회가 정치적 이중거래에 주의해야 한다고 덧붙였다.

10월 05일

• 피텔라: 영국의 외국인 근로자 차별정책 반대　　　(S&D Press Releases 10. 05)

– 유럽사회당그룹의 대표인 피텔라는 영국 기업들이 고용된 외국인 근로자들에 대한 목록을 작성하고자 하는 영국 내무장관의 아이디어가 차별과 외국인 혐오를 증가시킬 것이라고 주장했다. 지아니 피텔라는 이것은 모든 사회에 분열을 만들고 어떤 식으로든 국민의 삶을 개선시킬 수 없다며 파운드 평가 절하를 외국인 근로자들에게 피해를 돌린다면 이들은 떠날 것이라고 경고했다. 또한 그는 이러한 정책은 개방과 관용의 장소인 영국에게 경제적 재앙이 될 것이라고 충고했다.

10월 19일

• 유럽연합 시리아의 인도주의적 재앙에 눈감지 말아야

(EPP Group Press Releases 10. 19)

– 유럽국민당그룹 대표인 만프레드 베버는 10월 20일 유럽정상회의에 앞서 각 국가의 정부와 유럽연합 집행진들에게 유럽연합이 행동할 수 있다는 것을 보여 달라고 촉구했다. 그는 러시아의 시리아 민간인 폭격에 대해 더 이상 시리아에서 일어나고 있는 인도주의적 재앙을 외면하지 말고 러시아에 대해 새로운 제재의 가능성을 가지고 유럽연합이 하나의 분명한 목소리를 낼 필요가 있다고 말했다. 또한 그는 캐나다 같은 파트너와의 무역협정 비준 실패는 국제 사회에서 다른 국가들에게 부정적인 메시지가 될 것이며 따라서 모든 회원국가가 책임을 지고 유럽이 그 자체로 고립되지 않도록 노력해야 한다고 강조했다.

10월 20일

• 유럽사회당그룹 컨퍼런스: 창의 유럽 프로그램 구현 (S&D Press Releases 10. 20)

– 유럽사회당그룹의 페트라 캐머레버트(Petra Kammerevert)는 2017년 우리의 창의 유럽 프로그램이 채택될 것이며 이를 이행하기 위해 폭넓은 경험을 가진 이해 관계자와 전문가들이 필요하다고 말했다. 그는 이 프로그램은 예술가, 제작자, 생산자들의 목소리를 모두 듣고 모든 창조적인 분야의 목소리를 듣고 지원하여 유럽의 경제와 노동시장 분야의 잠재력을 확대하는 것이라고 말했다. 실비아 코스타(Silvia Costa) 의원은 창의 유럽 프로그램은 모든 프로젝트를 이행하기에 자원이 충분하지 않지만 유럽연합의 다양성을 강화하고 창의적인 문화산업을 유지하고 지원하기 위해서는 여러 분야로 확대하는 것이 필요하며 많은 자금을 요구한다고 말했다. 그는 특히 사회통합 및 교차부문과 혁신적인 교차프로그램을 확대하여 2020년에는 하나의 프로그램으로 창의 유럽이 지속되도록 하겠다고 말했다.

10월 26일

• 피텔라, 유럽연합은 동반이주 아동의 보호를 보장해야

(S&D Press Releases 10. 26)

− 유럽의회에서 유럽사회당그룹 지아니 피텔라는 유럽연합에 도착한 미성년자들의 권리를 보장하기 위해 유럽연합이 더 많은 일을 해야 한다고 말했다. 그는 동반아동들이 보호받지 못하는 것은 난민위기의 더 큰 비극이며 무엇보다 아이들을 보호하는 정책을 마련할 것을 촉구했다. 특히 그는 아이들의 임의 구금을 우선적으로 종료하고 효과적인 후견 제도를 도입하여 어린이들에게 법적 지위를 부여할 수 있는 방안을 유럽연합 집행위원회(European Commission)에 촉구하며 이는 공공의 책임이라고 덧붙였다.

유럽의회 선거·의회

10월 07일

• 총회 주요쟁점: 파리 협약, 고문, 18세에 무료 인터레일 패스 제공

(European Parliament Press Releases 10. 07)

− 의원들은 공식적으로 유엔 기후 협약을 비준하고 이행하기 위해 파리에서 2015년 12월에 합의된 내용을 10월 4일 승인하였다. 또한 유럽 내 제품 중 고문과 사형에 사용되는 것에 대해 무역을 금지하는 것에 대해 논의하였다. 이 뿐만 아니라 시리아에서 미국과 러시아의 긴장상태에 대해 수요일에 논의하였으며 평화에 대한 노력에 유럽연합이 개입할 것을 촉구하는 결의안이 목요일에 채택되었다. 그리고 수요일 토론에서 18세가 되는 유럽인들에 대해 무료 인터레일 패스를 제공하여 유럽을 발견하는 데 도움이 될 수 있도록 하는 프로그램을 논의하였다.

10월 13일

• 스코틀랜드 제2의 독립 주민투표 법안 내주 공개

(BBC 10. 13; 연합뉴스 10. 13 재인용)

− 영국 연방인 스코틀랜드 자치정부가 독립 찬반을 묻는 제2의 주민투표 법안을 다

음 주 공개하겠다고 밝혔다. 스코틀랜드 의회 제1당인 스코틀랜드국민당(SNP) 대표
인 니콜라 스터전 스코틀랜드 자치정부 수반이 13일(현지시간) 글래스고에서 열린 전
당대회에서 이같이 밝혔다고 BBC 등 영국 언론들이 보도했다. 스터전 수반은 개막
연설에서 "영국의 일원으로서 미래 전망이 불안정하다면 스코틀랜드는 더 나은 것
을 추구할 권리가 있다"면서 "국익을 보호하는 데 필요하다면 영국이 유럽연합을 떠
나기 전에 독립을 다시 물을 능력이 우리에게 있다는 게 나의 단호한 생각"이라고
말했다. "따라서 다음 주 입법예고를 위해 독립 주민투표 법안이 공개될 것임을 확
인한다"고 밝혔다. 법안 공개는 제2의 독립 주민투표 실시를 위한 첫 번째 단계다.
브렉시트 국민투표에서 스코틀랜드 주민들은 62%가 유럽연합 잔류에 표를 던졌다.
BBC는 독립 재투표가 실현되려면 넘어야 할 걸림돌이 많다면서 이중 최대 장애물
은 테레사 메이(Theresa May) 정부로부터 동의를 얻는 것이라고 지적했다. 중앙정부
동의 없이 실시된 주민투표 결과는 구속력이 없기 때문이다. 이와 관련, 영국의 테
레사 메이 총리는 스코틀랜드 입장을 충분히 듣고 브렉시트 협상에 임하겠다는 모
호한 태도를 유지해왔다.

10월 20일

• 유럽의회 10월 24~27일 본회의 뉴스레터 (European Parliament Newsletter 10. 20)
 - 10월 24일에서 27일 스트라스부르에서 개최된 유럽의회 본회의에서는 유럽연합
집행위원장 장클로드 융커와 유럽연합 상임의장인 도날드 투스크가 유럽연합 정상
회의(European Council) 결과에 대해 토론하고, 2017년에 대한 유럽연합의 우선순위
에 대해 논의했다. 또한 2017년 유럽연합 예산 배정에서 더 많은 젊은 층을 위한 사
업에 대한 자금이 필요하다는 토론이 이어졌다. 유럽연합의 장기예산에 대해서도
논의가 이어졌으며 그밖에 시민의 보안문제와 관련한 안보에 대한 것과 식품 산업
의 트랜스 지방에 대한 단속 등이 회의 안건으로 논의되었다.

10월 21일

• 유럽연합 정상회의, 브렉시트 '기싸움'·러시아 제재 목소리 커져   (연합뉴스 10. 21)
 - 유럽연합은 10월 20일 오후(현지시간)부터 브뤼셀에서 정상회의를 열고 영국의 유

럽연합 탈퇴 결정 후속조치를 비롯해 난민 문제, 시리아 사태와 관련한 러시아 제재 문제 등 유럽연합이 직면한 현안에 대해 논의에 들어갔다. 메이 총리는 이날 회의에 참석하면서 브렉시트 결정을 되돌릴 수 없다는 점을 분명히 했다. 또 영국은 유럽연합을 탈퇴하는 순간까지 회원국으로 역할을 충실히 이행할 것이라고 다짐했다. 이 자리에 메이 총리는 내년 3월 말까지는 영국의 탈퇴를 공식 통보해 2년간의 브렉시트 협상을 위한 리스본 조약 50조를 발동할 방침임을 밝힌 뒤 브렉시트 협상이 양쪽 모두에 피해가 되지 않는 협상이 되길 희망한다는 입장을 밝힌 것으로 알려졌다. 이날 회의에서 정상들은 시리아 사태와 관련해 러시아의 태도를 전쟁범죄 등으로 규정하며 한목소리로 강력히 비판했다. 또 러시아에 대한 추가제재도 검토돼야 한다는 목소리가 높았다. 이날 회의에서는 유럽의 최대 현안인 난민 문제에 대해서도 논의가 이뤄졌다. 정상들은 회의에서 망명 자격을 갖추지 않은 변칙 이주민을 자국으로 돌려보내기 위해 터키, 아프가니스탄에 이어 아프리카 국가들과도 협정을 추진하기로 했으며 연말까지 새로운 입출국 체크시스템을 구축하는 등 유럽연합 국경 통제를 강화하기로 한 것으로 알려졌다.

유럽의회 여론

10월 25일
- **이탈리아 올해 유입 난민 사상 최다 전망…곳곳서 불만 폭발**

(Corriere della Sera 10. 25; 연합뉴스 10. 25 재인용)
- 25일 일간지 코리에레 델라 세라(Corriere della Sera) 등 이탈리아 언론에 따르면 올들어 현재까지 이탈리아에 입국한 난민 수는 15만3천450명에 달한다. 이는 작년 같은 기간에 비해 9.83% 증가한 수치다. 최근 하루 1천 명 이상의 난민이 이탈리아에 오고 있는 것을 고려하면 이탈리아가 올해 받아들이는 난민 수는 2014년 기록을 뛰어넘을 것이 확실시된다. 유럽 다른 나라들이 난민 수용을 꺼리는 탓에 난민들의 유럽 분산 수용이 지연되며 이탈리아 일부 지역에는 수용 인원을 훨씬 초과한 난민들이 몰리며 이탈리아 국내 여론도 악화되고 있다. 10월 24일 밤, 아드리아 해에 위치한 이탈리아 북부 페라라 인근의 소도시 고리노에서는 급기야 난민들이 마을에 들

어오는 것을 막기 위한 방어벽까지 등장했다. 고리노 전체 인구의 약 절반에 해당하는 200여 명이 참여한 이날 시위에서 주민들은 "우리는 난민을 원치 않는다"는 구호를 외치며 마을 입구에 방어벽을 친 채 난민들의 출입을 봉쇄했다. 다리오 나르델라 (Dario Nardella) 피렌체 시장은 이날 피렌체가 속한 토스카니 주에 더 이상의 난민을 보내지 말 것을 내무부에 촉구했다. 이밖에 이탈리아 북부 롬바르디아 주의 경우 밀라노와 코모의 주요 도시의 중앙역에 난민들이 진을 치며 시민들이 불편을 호소하고 있고, 일부 도시에서는 난민들에게 현지 주민들과 같은 버스를 타지 말 것을 요구하는가 하면 난민 학생들에게 현지 학생과 다른 화장실을 이용하라고 이야기하는 등 난민 차별 논란도 불거지고 있다.

5차(10월 말~11월 말)

유럽의회 본회의는 11월 21일부터 24일까지 스트라스부르에서 진행되었다. 이달 본회의에서는 유럽연합과 터키의 유럽연합 가입 협상을 동결하라는 결의안, 국방과 관련해 유럽연합 국가 간 다국적군의 기반을 수립해야 한다는 결의안, 대기 오염과 관련해 2030년부터 대기 오염물질에 대한 배출 가스 제한을 엄격히 규제하는 방안 등이 채택되었다(European Parliament Press Releases 2016. 11. 25). 특히 25일에 채결된 터키-유럽연합 가입 협상 중단 결의안은 향후 유럽연합과 터키의 긴장관계 조성과 난민 협상에 어려움을 야기할 것이라는 우려의 목소리가 나오고 있다(YTN 2016. 11. 25).

하지만 유럽의회 내 중도우파이자 다수당인 유럽국민당그룹은 유럽연합-터키 가입 협상 동결에 찬성하고 있으며, 터키가 사형 제도를 다시 도입할 경우 유럽연합 회원국으로 받아들일 수 없다는 입장을 표명했다(EPP Group Press Releases 2016. 11. 22). 유럽의회의 중도좌파인 유럽사회당그룹도 민주주의와 법치주의의 결여로 유럽연합-터키의 가입 협상을 동결되어야 한다고 주장했으나 이번 동결은 터키를 유럽연합에 받아들이지 않는 것이 아니라 민주주의와 법치주의를 정착시키기 위한 것이기 때문에 향후 대화를 지속할 것이라고 밝혔다(S&D Press Releases 2016. 11. 24). 이 외에 11월 8일 치러진 미국 대선에 대해 유럽국민당 그룹은 미국 대선 결과는 또 다른 각성이며 급진주의자들을 대처할 수 있는 현실적인 방안이 모색되어야 한다는 입장을 보였다(EPP Group Press Releases 2016. 11. 09). 유럽사회당그룹 역시 미국 대선 결과에 대해 부정적인 입장을 보였으며, 도날드 트럼프(Donald Trump) 및 유럽 내 급진주의자들의 성공에 대해 무조건적으로 비판하는 것보다 소외와 사회적 불안에 귀를 기울여야 한다는 의견을 표명했다 (S&D Press Releases 2016. 11. 09).

한편 유럽의회 의장인 마르틴 슐츠가 내년 1월 임기를 마치고 독일 정계로 돌아가겠다는 입장을 밝힘에 따라(연합뉴스 2016. 11. 24) 독일의 내년 총리 선거가 주목받고 있다. 현재 총리인 앙겔라 메르켈은 중도우파인 기민당의 대표로 4연임에 도전할 계획이며 중도좌파인 독일사회민주당(Social Democratic Party of Germany, SPD, 사민당)은 내년 1월 말 후보를 결정할 계획이다(연합뉴스 2016. 11. 24). 이와 관련해 독일 내 여론조사 결과 메르켈 총리의 4연임을 지지하는 응답자가 64%, 슐츠 의장을 지지하는 응답자는 51%인 것으로 나타났다(Suddeutsche Zeitung 2016. 11. 25; dpa 2016. 11. 25; 연합뉴스 2016. 11. 26 재인용).

12월의 유럽의회는 12일부터 15일까지 개최될 예정이다.

유럽의회 정당

11월 09일

• 미국 선거: 이제 유럽에 달려 있다　　　　　(EPP Group Press Releases 11. 09)
– 유럽국민당그룹의 대표인 만프레드 베버는 미국 대통령선거에 대해 미국 대선의 메시지는 분명하고, 이제 유럽에 달려 있다고 말했다. 그는 이제 우리가 더 자신감을 갖고 더 많은 책임을 져야 한다면서 유럽의 정치 문화에서 이것은 또 다른 각성이라고 말했다. 또한 그는 앞으로 유럽의회 및 유럽연합은 국민의 우려와 두려움을 더 심각하게 생각하고 구체적이고 현실적인 답을 제시해야 한다고 강조했다. 그리고 전 세계의 급진주의자들에게 이 분야를 열어주어서는 안 되며, 이런 발전에서 승자가 되게 해서는 안 된다고 말했다.

11월 09일

• 피텔라: 트럼프, 미국과 유럽연합 전역에 퍼지는 바이러스 같은 존재

　　　　　　　　　　　　　　　　　　　(S&D Press Releases 11. 09)
– 미국 대선의 결과에 대해 유럽사회당그룹 대표 지아니 피텔라는 미국 국민의 투표를 존중하지만 도널드 트럼프는 미국뿐만 아니라 유럽에서도 우리 사회에 깊게 감염된 바이러스의 표현이라고 말했다. 그는 이제 우리는 유럽이 스스로 개혁을 추진하고 마침내 이 바이러스에 균형을 맞추고 싸울 수 있는지 답할 때라고 밝히며, 이전의 단계별 정책은 자멸할 것이므로 유럽에 세계적인 도전에 직면하기 위한 적절한 도구를 제공하기 위해 유럽연합을 변화시켜야 한다고 말했다. 또한 그는 트럼프

의 승리는 무서운 것이지만 트럼프나 프랑스의 마린 르 펜(Marine Le Pen), 영국의 나이젤 페라지(Nigel Farage), 헝가리의 빅터 오르반 등의 거짓말을 믿는 사람들을 무식하거나 야만적인 것으로 낙인찍는 것은 무서운 실수이며 어느 때보다 "세계화의 패자"들과 다시 소통하고 소외와 사회적 불안의 느낌에 귀를 기울여야 한다고 강조했다. 그리고 미국에게 기후 변화, 지속 가능한 개발 목표 등 미국과 공통으로 직면한 문제에 대해 미국이 버락 오바마(Burack Obama)의 유산을 존중해주기를 바란다고 말했다. 그는 마지막으로 트럼프의 극단주의에는 극단적인 개혁으로 대응해야 하기에 정부는 일자리와 성장을 창출하기 위해 더 많은 경제 개입을 해야 한다고 주장했다.

11월 16일

• 유럽국민당그룹, 2017~2019년 대표 및 10인의 부대표 선출

(EPP Group Press Releases 11. 16)

- 2017~2019년까지 유럽국민당그룹 대표직에 2014년부터 유럽국민당그룹의 의장을 지낸 만프레드 베버가 97.8%의 득표로 다시 선출되었다. 베버는 대표를 뽑는 이번 선거는 우리 그룹의 단합을 보여주는 것이며 향후 12개월은 유럽의 미래에 결정적일 것이라고 말했다. 그는 포퓰리즘의 부상에 대처하기 위해 유럽연합 국가들은 깨어나야 하고, 책임을 져야 하며, 유럽이 지속적인 해결책을 제공하고 가져올 수 있음을 보여줘야 한다고 말하며, 터키의 문제 역시 즉각 가입 협상을 중단해야 한다고 강조했다. 44세의 만프레드 베버는 2004년부터 유럽의회 의원으로 활동해 왔으며 이후 유럽국민당그룹 내의 여러 직책을 맡았고, 2014년 유럽국민당그룹의 대표로 선출되었다. 독일에서 베버는 기독교사회연합(Christlich-Soziale Union, CSU, 기사당)의 부의장이기도 하다.

11월 22일

• 유럽사회당그룹의 유럽의회 의원들, 탈세 및 돈세탁 방지를 위한 새로운 시도

(S&D Press Releases 11. 22)

- 오늘 유럽의회에서는 세무 당국 간의 돈세탁에 관한 민감한 정보의 교환을 허용하는 제안이 수용되었다. 유럽사회당그룹의 유럽의회 의원이자 유럽의회 조사위원

인 임마누엘 매누럴(Emmanuel Maurel)은 이번 새로운 제안을 통해 유럽은 조세 회피와 탈세 문제에 대해 더욱 진전될 것이며, 오랫동안 회원국들이 탈세에 눈이 멀어 막대한 돈의 흐름이 감지되지 못하게 되었기에 우리 세무 당국은 조사의 틀에서 모든 정보에 액세스할 수 있어야 한다고 말했다. 따라서 세무 당국 간에 돈세탁 방지 정보를 자동 및 의무적으로 교환하게 된 것을 매우 기쁘게 생각한다고 밝혔다. 파나마 페이퍼에 대한 조사위원회 내 유럽사회당그룹의 대변인인 피터 사이먼(Peter Simon)은 그들의 비즈니스 모델인 그림자 경제를 박탈할 수 있는 것은 오직 투명성의 극대화이기 때문에 유럽연합 회원국들이 우리의 요구를 따라야 하고, 그에 따라 세무 당국 간 정보 교환이 자동적으로 이루어져야 하며 조약 및 중립 감독 당국의 수호자인 유럽연합 집행위원회(European Commission)가 이 정보에 접근할 필요가 있다고 말했다.

11월 22일

• 민주주의와 법치의 결여로 유럽연합-터키 가입 과정 동결돼

(EPP Group Press Releases 11. 22)

- 유럽국민당그룹의 대표인 만프레드 베버는 유럽의회에서 유럽연합과 터키의 관계에 대해 유럽연합은 터키에 명확한 메시지를 보낼 필요가 있다고 말했다. 그는 유럽국민당그룹은 현재 협상을 계속할 수 없기 때문에 가입 협상은 동결되어야 한다는 입장이며, 터키가 사형 제도를 다시 도입해야 한다면 유럽연합 회원국이 될 수 없다는 점도 분명히 해야 한다고 덧붙였다. 그는 터키 국민이 7월 쿠데타 시도 당시 군대로부터 법치주의와 민주주의를 지켜냈다는 것에는 자부심을 느끼지만 오늘날 수천 명의 공무원이 해고되었고, 언론의 자유는 제한되어 있으며, 자유롭게 선출된 정치인들은 감옥에 갇혀있는 상황이 매우 우려스럽다고 말했다.

11월 24일

• 민주주의와 법치의 결여로 유럽연합-터키 가입 과정이 동결되었다

(S&D Press Releases 11. 24)

- 이번 유럽의회에서는 유럽사회당그룹의 주도하에 유럽연합 정상회의(European Council)와 유럽연합 집행위원회(European Commission)에 터키와의 가입 협상을 일시

적으로 중단할 것을 촉구하는 유럽연합–터키 가입 절차에 대한 강력한 결의안을 채택했다. 유럽의회는 이것은 터키 당국이 민주주의와 법의 지배를 게을리하고 훼손하는 한 유지되어야 하며, 사형이 재도입된다면 가입 절차의 공식 중단을 초래할 것이라고 터키 당국에 경고했다. 유럽사회당그룹 대표 지아니 피텔라는 터키 대통령인 레제프 타이이프 에르도안이 취한 불균형 억압 조치로 인한 분노와 터키의 법치와 인권 침해에 대해 더 이상 침묵하지 않을 수 없으므로 터키와의 가입 회담을 일시적으로 동결하도록 유럽연합 정상회의(European Council)와 유럽연합 집행위원회(European Commission)에 촉구해야 했다고 말했다. 그는 에르도안 대통령은 실패한 군사 쿠데타 이후 터키 시민들에 대해 과도하고도 부당한 억압을 사용하고 있으며, 이번 결의안은 터키의 가입을 반대하는 것이 아니라 터키에 민주주의와 법치주의를 정착시키기 위한 것이기 때문에 향후 터키의 상황이 회복될 때까지 대화를 계속할 것이라고 강조했다.

유럽의회 선거·의회

11월 24일

• **유럽의회 의장, 독일 정계로 복귀…사민당 총리후보 기대하나**　　　(연합뉴스 11. 24)
– 유럽의회 의장인 마르틴 슐츠가 내년 1월로 임기를 마치고 유럽의회 의장 연임에 도전하지 않을 것이라고 밝히면서 내년 9월 예상되는 독일 총선에서 노르트라인베스트팔렌 주(州) 정당명부 최고후보로 나서겠다고 밝혔다. 슐츠는 중도좌파인 사민당 소속이며, 사민당은 내년 1월 말까지, 총리직 4연임 도전에 나선 앙겔라 메르켈 총리 겸 중도우파인 기민당 당수의 상대를 결정할 예정이다.

11월 25일

• **총회 주요 쟁점: 터키, 럭스 상, 국방, 대기 오염**
　　　　　　　　　　　　　　　　(European Parliament Press Releases 11. 25)
– 본 회의의 화요일에는 국방과 관련하여 유럽연합 국가들은 테러, 사이버 전쟁, 세계적 불안정이 커지는 시대에 더욱 긴밀히 협력할 필요가 있기 때문에 다국적군의

기반이 수립되어야 한다는 결의안을 채택하고 국내 총생산(Gross Domestic Product, GDP)의 2%를 국방 예산에 투자하는 회원국들의 오랜 목표를 되풀이했다. 한편 탈세와 테러 위협에 대처하기 위해 의원들은 국가 당국이 은행 계좌 잔고, 이자 소득 및 배당금과 같은 용의자에 관한 정보를 자동으로 교환하도록 하는 새로운 규칙을 지지했다. 수요일에 의원들은 유럽연합 국가들에 의해 이슬람 국가와 러시아로부터 유포된 적대적인 선전이 강력하게 반대되어야 한다는 결의안을 채택하였다. 대기 오염과 관련해서는 대기 오염 물질에 대한 배출 제한을 엄격히 규제하는 방안을 2030년까지 점차적으로 효력을 발휘하기로 지난 수요일 승인했다. 마지막으로 이번 주 목요일에는 터키에서 실패한 7월 쿠데타에 뒤따른 엄중한 단속에 비추어 터키와의 가입 협상을 동결해야 한다는 결의안을 채택했다. 또한 유럽연합 집행위원회(European Commission)와 회원국들은 터키와의 유럽연합 가입 회담을 일시적으로 중단해야 하지만 완전히 포기하지 말아야 한다는 입장을 밝혔다.

11월 25일

• 유럽의회, '터키-유럽연합 가입 협상 중단' 가결   (YTN 11. 25)

– 유럽의회는 지난 7월 쿠데타 진압 이후 권위주의 정권으로 회귀하고 있는 터키 정부와 유럽연합 가입 협상을 중단하도록 유럽연합 집행위원회(European Commission)와 회원국에 촉구하는 안건을 가결했다. 유럽의회는 찬성 479표, 반대 37표, 기권 107표 등으로 이 안건을 처리했다. 의원들은 터키 군부의 쿠데타 시도 이후 터키 정부가 보였던 여러 억압적인 조치들을 강하게 비난한다고 밝혔다. 이에 따라 유럽연합과 에르도안 터키 대통령 간 긴장관계가 고조되고 난민 협상도 더 어려워질 것으로 보인다. 터키는 1987년 유럽연합 가입을 공식 신청했지만 2005년에서야 가입협상이 시작됐다.

11월 26일

• 독일인 64% "메르켈 4연임 도전 지지"…슐츠 지지율은 51%

(Suddeutsche Zeitung 11. 25; dpa 11. 25; 연합뉴스 11. 26 재인용)

- dpa 통신은 25일(현지시간) 독일 제2공영 ZDF 방송이 시행한 여론조사 결과, 메르켈 총리의 4연임을 지지하는 응답자가 64%이며, 지지하지 않는 응답자는 33%라고 보도했다. 메르켈이 당수로 있는 중도우파 기민당의 지지자들로만 한정해서 보면 4연임 도전 찬성 비율은 89%에 달했다. 이에 비해 기민당의 맞수인 중도좌파 사민당 당수로서 총리후보 1순위로 꼽히는 지그마어 가브리엘(Sigmar Gabriel) 부총리는 29% 지지를 받았다. 한편 유럽의회 의장 연임 도전을 접고 독일 총선 출마를 선언한 사민당 마르틴 슐츠 의장의 지지율은 51%인 것으로 나타나 이번 조사 결과만 놓고 보면, 내년 1월 말까지 메르켈의 대항마를 선정하기로 한 사민당에서 '슐츠 대안론'이 탄력을 받을 여지가 크다는 분석이 나온다. 이번 조사는 지난 22~24일 1천258명을 대상으로 전화로 이뤄졌다. 앞서 일간지 쥐트도이체 차이퉁(Suddeutsche Zeitung)은 25일 보도에서 슐츠 의장의 지지율이 가브리엘 부총리보다 7~11%포인트 앞설 뿐이라고 전했다.

6차(11월 말~12월 말)

김진주

유럽의회 본회의는 12월 12일부터 15일까지 스트라스부르에서 진행되었다. 12월 본회의에서는 이민, 유럽연합 내 보안, 러시아에 대한 제재, 브렉시트 진행과 관련하여 토론이 있었다(European Parliament Press Releases 2016. 12. 14). 또한 제3국가를 대상으로 ▷그 국가 국민 수의 실질적인 증가 ▷근거 없는 망명 신청의 상당한 증가 ▷재입국에 대한 협력의 감소(이민자의 귀환) 또는 관련 제3국의 국민에 관한 공공 정책이나 내부 보안에 대한 위험 또는 급박한 위협의 증가 등 해당 기준에 부합하지 못할 경우 비자를 재조정할 수 있다는 새로운 규칙이 통과되었으며, 이 규정 초안은 상임이사회의 승인을 앞두고 있다(European Parliament Press Releases 2016. 12. 15).

유럽의회 내 중도우파이자 다수당인 유럽국민당그룹은 새로운 유럽 망명 지원 사무실(European Asylum Support Office, EASO)을 대체하는 망명을 위한 새로운 유럽기관의 설립에 찬성한다는 입장을 보였으며, 안토니오 타자니(Antonio Tajani)를 유럽국민당그룹의 유럽의회 의장직 후보로 선출했다(EPP Group Press Releases 2016. 12. 13). 유럽의회의 중도좌파인 유럽사회당그룹은 유럽사회당그룹은 유럽연합 내 사회 보장 조정에 관한 법안을 개정하려는 유럽연합 집행위원회(European Commission)의 제안에 대해 유럽연합의 사회보장제도를 발전시키려는 위원회의 노력을 환영한다며 근로자의 동등한 대우와 차별 금지 보장을 요구했다(S&D Press Releases 2016. 12. 13). 또한 12월 15일 유럽사회당그룹은 유럽사회당그룹의 대표로 지아니 피텔라를 중심으로 9명의 부대표와 재무관이 포함되는 새로운 사무국을 구성하였다(S&D Press Releases 2016. 12. 15).

한편 12월 5일 오스트리아 대선에서 극우자유당(the Freedom Party) 후보 노르베르트 호퍼(Norbert Hofer)를 누르고(연합뉴스 2016. 11. 24) 중도좌파진영의 무소속 알렉산더 판데어벨렌(Alexander Van der Bellen)이 당선되었다(Der Standard; 경향신문 2016. 12. 05 재인용). 또한 이탈리아에서는 마테오 렌치 이탈리아 총리가 정치 생명을 걸고 추진한 헌법 개정 국민투표가 부결되어 사의를 표명했다. 향후 조기총선이 치러지면 포퓰리스트 정당 오성운동(Movimento 5 Stelle)이 집권할 가능성도 있어, 이탈리아의 유럽연합 탈퇴인 이탈리브(Italeave, 또는 이탈렉시트(Italexit))가 벌어지는 것 아니냐는 예상까지 나오고 있다(한겨레 2016. 12. 05).

1월의 유럽의회는 2017년 1월 16일부터 19일까지 개최될 예정이다.

유럽의회 정당

12월 08일
• **새로운 유럽 연합 망명기구, 이주에 대한 유럽연합의 대응 강화**
                            (EPP Group Press Releases 12. 08)
– 오늘 시민 자유, 정의 및 내무위원회(the Committee on Civil Liberties, Justice and Home Affairs)에 있는 유럽의회의 일원은 새로운 유럽 망명 지원 사무실(EASO)을 대체하는 망명을 위한 새로운 유럽 기관의 설립에 대해 투표할 예정이다. 이 새로운 기구는 유럽연합이 난민 위기를 해결하기 위해 회원국들에 대한 지지를 높이는 데에 도움을 줄 것이며, 유럽국민당그룹은 이 제안을 전적으로 지지한다. 유럽국민당그룹의 대변인인 칼로스 코엘호(Carlos Coelho)는 "이주의 위기는 여전히 심각하며 우리는 강력한 기관이 필요합니다. 이것이 우리가 투표에 올려놓은 이유입니다. 이 새로운 기구는 유럽 연대를 강화할 것입니다"고 말했다.

12월 13일
• **유럽사회당그룹, 사회보장 협조 강화의 영향력 강조**   (S&D Press Releases 12. 13)
– 유럽사회당그룹은 유럽연합 내 사회 보장 조정에 관한 법안을 개정하려는 유럽연합 집행위원회(European Commission)의 제안에 대해 성명서를 발표했다. 유럽사회당그룹 고용 및 사회 문제에 관한 대변인은 유럽사회당그룹은 유럽연합의 사회보장제도를 좀 더 잘 조정하기 위한 위원회의 노력을 환영하며, 동등한 대우와 근로자의 차별 금지가 보장되어야 한다고 말했다. 또한 근로자가 한 국가에서 다른 국가로 이동한다면, 그들이 자국의 일반 자격을 잃지 않아야 한다고 말했다.

12월 13일

• 안토니오 타자니, 유럽국민당그룹 유럽의회 의장 후보로 선출

(EPP Group Press Releases 12. 13)

– 유럽국민당그룹은 오늘 안토니오 타자니를 유럽의회 의장직 후보로 선출했다. 유럽국민당그룹의 대표인 만프레드 베버는 민주적이고 투명한 과정을 거쳐 의장직 후보를 지명했다는 것을 자랑스럽게 생각한다며, 유럽국민당그룹은 후보자 선출과 함께 단합되었다고 말했다. 또한 그는 안토니오 타자니가 의회의 정치세력과 외부의 강력한 목소리 사이의 교량이 될 것이라고 말했다. 유럽국민당그룹의 의장직 후보가 된 안토니오 타자니는 1994년부터 유럽의회 의원으로 재직 중이며, 2008년부터 2014년까지는 유럽연합 집행위원회(European Commission) 위원을 역임했다.

12월 15일

• 유럽사회당그룹, 새로운 사무국 선출　　　　　(S&D Press Releases 12. 15)

– 지난주 유럽사회당그룹의 대표로 지아니 피텔라가 재선된 후 유럽사회당그룹은 어제 저녁 스트라스부르에서 새로운 사무국을 선출했다. 유럽사회당그룹 사무국은 대표와 9명의 부대표 및 재무관으로 구성된다. 새로운 사무국에 대해 지아니 피텔라는 정치적으로 어려운 시대에 우리는 더욱 공정한 유럽을 위해 싸울 수 있는 강력하고 효율적인 팀을 가져야 하고 새롭게 선출된 사무국을 자랑스럽게 생각하며 이번 사무국은 여성들의 대표성, 동서양과 남반구의 지리적 균형, 크고 작은 회원국들의 공정한 대표성을 반영했다고 말했다.

유럽의회 선거·의회

12월 05일

• 오스트리아의 선택은 '극우 대통령'이 아닌 '난민의 아들'

(Der Standard 12. 05; 경향신문 12. 05 재인용)

– 중도좌파진영을 대표해 무소속 후보로 나선 알렉산더 판데어벨렌이 극우 자유당 후보 노르베르트 호퍼를 누르고 당선이 확실시되고 있다. 그는 이번 대선이 오스

트리아를 넘어, 유럽 전역 극우 포퓰리즘 바람에 일격을 가했음을 강조했다. 판데어벨렌은 지난 5월 대선 투표에서 이겼고, 이번 재투표에서도 53.3%를 얻어 호퍼를 6.6%포인트 앞선 것으로 나타났다. 호퍼는 나이젤 패라지 영국독립당(UK Independence Party, UKIP) 대표가 호퍼가 대통령이 되면 오스트리아도 유럽연합 탈퇴 국민투표를 할 것이라고 선전한 것이 선거를 망친 요인이 됐다며 패라지를 탓했다. 실제로 데어슈탄다르트(Der Standard) 등 현지 언론들도 오스트리아 국민들이 브렉시트 같은 결과를 용납할 수 없어 판데어벨렌을 선택한 것으로 풀이했다. 마르틴 슐츠 유럽의회 의장은 국수주의와 반(反)유럽, 포퓰리즘의 큰 패배라 평했다.

12월 14일

• 이민, 보안, 러시아, 브렉시트에 대한 토론

(European Parliament Press Releases 12. 14)

– 정치 지도자들은 알레포에서 인도주의적 비극을 완화하는 방법과 러시아에 대한 제재 및 유럽 정상 회담을 앞두고 유럽의 방어력을 증강시키는 방법에 대해 논의했다. 장클로드 융커 유럽연합 집행위원장은 이민자들을 다루기 위해 이탈리아에 더 많은 지원을 요청했고 회원국들에게 이민의 근본 원인을 퇴치하기 위해 440억 유로의 외부 투자 자금을 두 배로 늘릴 필요성이 있음을 상기시켰다. 유럽연합(EU) 시민을 더 잘 보호하기 위해 회원국들은 방위 연맹을 구성하고 장비를 모으고 표준화 시키며 유럽 방위 기금을 통해 연구 및 산업을 위한 공통 기반을 창출해야 한다고 말했다. 만프레드 베버 유럽국민당그룹 대표는 알레포는 지구상에서 지옥이며 우리는 인도주의적 원조를 제공하고 난민 구호에 관해 논의해야 한다며 러시아에 대한 제재를 연장하는 것이 올바른 신호라고 말했다. 베버는 또한 터키 정부와의 회담을 동결하자는 이사회 결의안을 채택했다. 유럽사회당그룹 대표인 지아니 피텔라는 보수 세력에 의해 주도되는 유럽연합은 더 이상 작동하지 않으며, 특히 브렉시트와 미국 선거의 여파로 새로운 단계가 필요하다고 말했다. 그는 민주주의에 풍부함을 부여하는 정치적 입장의 다양성이 필요하다고 말했다.

12월 15일

• 비자 재조정: 비상 브레이크 조치를 다시 받은 유럽의회 의원들

(European Parliament Press Releases 12. 15)

– 아구스틴(Agustín Díaz de Mera) 유럽국민당그룹 소속 의원의 제안에 대한 의회의 조사위원은 우리는 인권 존중과 유럽의회의 핵심 역할을 보장하면서 좀 더 유연하고 운영 가능한 도구를 만드는 데 성공했다고 말했다. 새로운 규칙에 따라 제3국의 유럽연합 비자 면제 협상은 중단될 수 있으며, 다음과 같은 경우에 시민들은 다시 유럽연합 비자를 받아야 한다. ▷소속 국가 국민 수의 실질적인 증가, ▷근거 없는 망명 신청의 상당한 증가, ▷재입국에 대한 협력의 감소(이민자의 귀환) 또는 관련 제3국의 국민에 관한 공공 정책이나 내부 보안에 대한 위험 또는 급박한 위협의 증가. 이 규정 초안은 상임이사회의 승인을 앞두고 있다.

12월 15일

• 유럽연합 올해 마지막 정상회담…브렉시트 · 난민 집중논의 　　(아시아경제 12. 15)

– 유럽연합 28개 회원국 정상들이 15일 브뤼셀에 모여 올해 마지막 정상회의를 연다. 정상들은 이번 회의에서 현재 유럽에 들어와 망명을 신청한 난민들의 재배치 문제를 비롯해 유럽연합이 공동운영하는 난민망명 시스템의 개혁 방안에 대해서도 협의한다. 특히 이번 회의는 미 대선 이후 첫 열리는 정상회의에서 향후 미국과 유럽연합과의 관계에 대해서도 의견교환이 있을 것으로 예상된다. 이번 회의에서는 회의 당일 만찬에 테레사 메이총리가 초청받지 않은 것이 화제다. 영국 총리실은 메이 총리가 시리아 등 다른 공식 의제와 관련한 대화에 적극적으로 참여할 계획이라면서 브렉시트 협상 대책을 위해 영국을 제외하고 만찬을 여는 것을 이해한다고 밝혔다. 메이 총리는 라트비아, 리투아니아 정상과 양자회담을 할 예정이며 마르틴 슐츠 유럽의회 의장과도 따로 만날 계획이다.

12월 05일

• 이탈리아 국민투표 부결, 총리 사퇴…브렉시트 이어 이탈리브? (한겨레 12. 05)

– 마테오 렌치 이탈리아 총리가 정치 생명을 걸고 추진한 헌법 개정 국민투표가 부결됐다. 중도좌파 정당인 민주당(Partito Democratico) 출신의 렌치 총리는 2014년 집권 뒤 이탈리아 경제가 살아나려면 상원과 지방에 과도한 권한을 부여한 헌법을 바꿔야 한다며, 헌법 개정안을 국민투표에 부쳤다. 렌치 정부가 제안한 헌법 개정안은 상원의원 수를 현행 315명에서 95명으로 대폭 줄이고 하원과 동등했던 권한도 자문기구 수준으로 격하하는 내용이다. 또한 치안과 사회간접자본, 교통 등 지방에 부여됐던 권한 상당 부분도 중앙정부가 가져가는 내용이다. 그런데 렌치 총리가 국민투표를 총리 사임과 연동시키면서 국민투표는 개헌안 찬반 투표라기보다는 렌치 총리에 대한 신임투표 성격으로 바뀌었다. 12월 4일 이탈리아 전역에서 치러진 개헌 국민투표 이후 공영방송 라이(RAI) 등이 발표한 출구조사 결과, 반대가 54~59%로, 찬성 41~46%에 앞섰다. 렌치 총리는 5일 기자회견을 열어 패배에 대한 책임을 지겠다며 세르지오 마타렐라(Sergio Mattarella) 대통령에게 사의를 표하고, 새 정부 구성을 요청했다. 조기총선이 실시되면 유로존(Eurozone·유로화 사용 19개국) 탈퇴를 주장하는 포퓰리스트 정당 오성운동이 집권할 가능성도 있으며, 이탈리아의 유럽연합 탈퇴인 이탈리브가 벌어지는 것 아니냐는 예상까지 나오고 있다.

7차(12월 말~2017년 1월 말)

김진주

2017년 1월 16일부터 19일까지 스트라스부르에서 진행된 유럽의회 본회의에서는 새로운 유럽의회 의장 선거가 치러졌으며, 겨울철 난민 지원 긴급 구호 물품 요청, 자금세탁 위험 국가 목록 재작성에 대한 논의가 이루어졌다(European Parliament Press Releases 2017. 01. 20). 유럽의회 내 중도우파인 유럽국민당그룹의 후보로 나온 이탈리아 안토니오 타자니는 재투표 끝에 351표로 유럽의회의 중도좌파인 유럽사회당그룹의 지아니 피텔라를 꺾고 유럽의회 새 의장으로 선출되었다(European Parliament Press Releases 2017. 01. 17).

유럽국민당그룹은 선거를 앞두고 자유민주당그룹(Alliance of Liberals and Democrats for Europe, ALDE)과 친(親) 유럽연합 연대를 결성하여 유럽의 개혁을 위해 힘을 모을 것이며, 이를 위한 정치적 합의의 일환으로 안토니오 타자니를 유럽의회 의장으로 지지하기로 합의하였다(EPP Group Press Releases 2017. 01. 17). 한편 대표인 지아니 피텔라를 유럽의회 의장직 후보로 내세웠으나 패한 유럽사회당그룹은 패배를 인정하고 투명하고 민주적이었던 선거과정에 대해 만족을 보이며, 보수진영에서 새로운 의장이 선출된 만큼 진보적인 세력을 규합하여 보수진영에 대해 건설적으로 반대할 것이라는 의견을 표명했다(S&D Press Releases 2017. 01. 17). 한편 자유민주당그룹(ALDE)과 유럽의회 내 새로운 교섭단체를 결성하려고 했던 포퓰리즘 성향의 이탈리아 제1야당 오성운동의 계획이 무산되었다(연합뉴스 2017. 01. 11). 또한 유럽의회 내 극우정당 모임인 '유럽의 민족·자유(Europe of Nations and Freedom, ENF)'가 독일 코블렌츠에서 유럽 극우·포퓰리즘정당 대표 회의를 열었다(AFP 2017. 01. 16; The Guardian 2017. 01. 21; 중앙일보 2017. 01. 23 재인용).

프랑스에서는 2017년 4월 대통령선거에서 프랑스 극우정당인 국민전선(National Front, FN)의 마린 르펜 대표가 1차 투표에서 선호도가 가장 높을 것이라는 조사가 나왔다(Le Figaro 2017. 01. 10; 연합뉴스 2017. 01. 11 재인용). 그러나 집권사회당(Parti Socialiste, PS)이 아직 후보를 정하지 않은 상태이며 결선투표에서까지 승리할지는 확실치 않다(Le Figaro 2017. 01. 10; 연합뉴스 2017. 01. 11 재인용). 독일에서는 9월 총선에 사민당 대표 후보로 거론되며 앙겔라 메르켈 독일 총리의 대항사로 여겨지던 전 유럽의회의장 마르틴 슐츠가 총리 후보로 나가는 것을 포기하였다(Der Spiegel 2017. 01. 01; 연합뉴스 2017. 01. 01 재인용). 다음 달 유럽의회 본회의는 2월 13일부터 16일까지 개최될 예정이다.

유럽의회 정당

12월 16일

• 만프레드 베버, 회원국 대표들에게 브렉시트 관련하여 최종합의에서 반대표 던지지 않을 것을 요청   (EPP Group Press Releases 12. 16)

- 유럽국민당그룹의 대표인 만프레드 베버는 2016년 12월 15일 유럽 정상회담에서 "민간인에 대한 인도주의적 지원이 우선되어야 한다. 유럽은 알레포의 여성과 어린이들을 돕기 위해 행동해야 한다"고 말했다. 또한 유럽의회는 브렉시트에 대한 유럽연합과 영국 간의 협상에 완전히 참여해야 하며, 협상의 최종단계에서 유럽의회가 유럽연합 지도자들 협상 결과에 대해 "반대"하는 위험이 없어야 하기 때문에 협상의 처음부터 참여해야 한다고 말했다.

12월 21일

• 조 리넨: 타자니, 기후 변화에 관한 유럽연합의 글로벌 리더십을 변호해 줄 것인가?
                                                  (S&D Press Releases 12. 21)

- 유럽의회 의장인 유럽국민당그룹 안토니오 타자니 후보는 선언문에서 에너지 연합과 기후 변화에 대한 대응이 매우 중요하다고 말했다. 그러나 지속 가능한 성장을 지원하기 위한 주요 사안에 대한 그의 투표 행태는 선언문 내용과는 다른 모습을 보여준다. 타자니는 국가적 재생 에너지 목표를 없애고 신재생 에너지 목표를 높이는 것에 반대하였고, 심지어 자신의 그룹 다수가 반대하는 것에 찬성하여 투표했다. 그는 또한 빈민층에 대한 에너지 효율 측정에 우선순위를 매기는 것에 반대표를 던졌다. 마라케시에서 열리는 제22차 유엔기후변화협약 당사국총회 유럽의회 대표단

공동 의장이었던 조 리넨(Jo Leinen) 의원은 타자니가 파리협정의 약속을 이행할 수 있는 유럽연합 기후 정책을 지지하는지 의문을 제기하고, 유럽연합이 에너지 효율과 재생 가능 에너지에 대한 노력을 강화해야 하며, 유엔기후변화협약 당사국회의에서의 약속을 이행하기 위해 강력한 유럽연합 지도부를 기대한다고 말했다. 또한 그는 기후변화에 대비한 세계동맹을 구축할 수 있는 지속가능한 유럽을 향해서 유럽의회가 강력한 역할을 해야 하는데 타자니 후보가 이에 동의하는지 반박했다.

01월 06일

• 유럽사회당그룹, 이스라엘과 팔레스타인 모두에 새로운 평화 회담 준비

(S&D Press Releases 01. 06)

– 유럽의회 외무위원회(Foreign Affairs Committee)가 이스라엘과 팔레스타인을 방문한 가운데 양측에게 전제 조건 없이 새로운 평화 협상을 시작할 의지를 확인했다. 대표단에 참여한 알네 리에츠(Arne Lietz)와 길레스 팔그네옥스(Gilles Pargneau) 유럽사회당그룹 의원들은 이러한 결과를 환영했으나 아직 양측이 협상을 시작할 준비가 되지 않았기 때문에 상대방을 비난하고 있다고 경고했다. 대표단은 또한 요르단을 방문하였고, 리에츠 의원은 "팔레스타인의 이스라엘 정착촌은 해결책과 평화 구축 과정의 가능성을 위협하고 있다. 방문 기간 동안 지난 12월 유엔 안전보장이사회(UN Security Council)는 불법적인 이스라엘 정착촌에 대해 여러 번 논의 한 바 있다. 우리는 이스라엘이 결의안에 대한 후속 조치를 취하도록 촉구하며, 유럽의회는 곧 이 문제에 대한 해결책을 채택해야 한다"고 말했다. 또한 팔그네옥스 의원은 "요르단 회의에서 우리는 우리가 시리아로부터 120만 명의 피난민을 받아들여 세계에서 가장 큰 난민 공동체 중 하나가 된 것에 대해 강조했으며, 시리아 난민들을 현지 취업 시장과 교육 시스템에 통합하는 데에 있어 요르단 당국의 어려움을 이해하고 이를 돕는 데에 유럽연합이 노력을 기울여야 한다"고 말했다.

01월 11일

• 이탈리아 야당 오성운동, 유럽의회 새 교섭단체 결성 시도 좌절　　(연합뉴스 01. 11)

– 유럽통합 회의론·포퓰리즘을 앞세우는 정파에서 탈퇴해 좀 더 진보적인 자유민

주당그룹(ALDE)과 새로운 교섭단체 결성을 꾀하던 포퓰리즘 성향의 이탈리아 제1야당 오성운동의 계획이 좌절됐다. 오성운동은 영국의 유럽연합 탈퇴로 영국독립당과 오성운동의 지향점이 달라진 것을 유럽자유직접민주주의연합(Europe of Freedom and Direct Democracy, EFDD) 탈퇴의 이유로 설명한 바 있다. 오성운동은 이탈리아의 유로존 잔류 여부를 국민투표에 부쳐 결정해야 한다고 주장하고 있으나, 영국독립당이 주도한 것과 같은 유럽연합 탈퇴에는 선을 긋고 있다. 유럽의회에서 17석을 보유하고 있는 오성운동은 영국독립당의 나이절 패러지가 공동 대표로 있는 유럽의회 교섭단체 유럽자유직접민주주의연합(EFDD)과 갈라서는 대신, 기 페어호프슈타트(Guy Verhofstadt) 전 벨기에 총리가 이끄는 68석의 유럽의회 4번째 교섭단체 자유민주당그룹(ALDE)과 새로운 교섭단체를 결성하는 방안을 타진해왔다. 하지만 페어호프슈타트 대표가 2017년 1월 9일 "우리와 오성운동 사이에는 유럽 관련 핵심 의제에서 근본적인 차이가 있다"며 "오성운동과의 연대 절차를 진행할 근거가 충분치 않다"고 밝혔다. 오성운동은 유럽자유직접민주주의연합(EFDD) 잔류의 조건으로 자유민주당그룹(ALDE)과 연대 협상을 이끈 다비드 보렐리(David Borrelli) 공동 대표를 사퇴시키기로 한 것으로 전해졌다.

01월 17일

• 유럽국민당그룹과 자유민주당그룹, 친 유럽연합 연대 결성

(EPP Group Press Releases 01. 17)

– 유럽국민당그룹과 자유민주당그룹은 유럽을 개혁하려는 친(親)유럽연합을 결성했다. 이 연합은 다른 그룹들이 가입하도록 초청한다. 유럽국민당그룹 대표인 베버는 "유럽국민당그룹은 항상 동반 관계에 기반을 둔 접근 방식을 추진해 왔다. 우리는 그 원칙에 충실하고 계속해서 제공할 것이다. 우리는 유럽 시민들에게 안정을 보장하기 위한 함께 행동을 함께하길 원한다. 우리의 동반 관계는 유럽에 대한 개혁을 기반으로 하며, 우리는 모든 친 유럽의 힘을 모아줄 것을 요청한다"고 말했다. 자유민주당그룹(ALDE)의 대표인 기 페어호프슈타트는 이 연합은 절대적으로 필요하며, 개혁과 강화를 위한 친(親)유럽연합의 건설에 중요한 첫 걸음이라고 말했다. 또한 그는 이 협정은 유럽 국경과 해안 경비대, 유로존에게서 위기에서 벗어나게 하는 새로

운 거버넌스, 그리고 유럽을 다시 안전하게 하는 유럽 방위군을 필요로 한다고 말했다. 이번 정치적 합의의 일환으로서 양 그룹은 안토니오 타자니를 지지하기로 했다.

01월 17일
• 안토니오 타자니 유럽의회 의장에 선출돼   (EPP Group Press Releases 01. 17)
– 유럽의회는 2017~2019 기간의 새 의장으로 안토니오 타자니 유럽국민당그룹 후보를 선출했다. 유럽국민당그룹 대표인 만프레드 베버는 "진정한 친(親)유럽가인 안토니오 타자니는 유럽에서 정치 경력을 바쳤다. 그가 의회 전체의 견고하고 신뢰할 수 있는 파트너가 될 것에 감사드리며, 안토니오 타자니를 축하해 주신 모든 의원들에게 감사드린다"고 말했다. 또한 그는 유럽국민당그룹은 유럽의회의 안정성을 보장할 것이라며, 유럽의회 내 다른 친(親)유럽세력과 더욱 협력하여 나은 유럽을 향해 나아갈 것을 기대한다고 말했다. 안토니오 타자니(63세)는 1994년부터 유럽의회 의원으로 재직 중이며, 2008년부터 2014년까지 유럽연합 집행위원을 역임했다(2008~2010). 그는 2014년에 유럽의회의 제1부의장이 되었고 2002년부터 유럽국민당그룹의 부대표로 재직했다.

01월 17일
• 피텔라, 새로운 유럽의회 의장 타자니의 선출을 축하함

(S&D Press Releases 01. 17)
– 유럽사회당그룹 대표인 지아니 피텔라는 안토니오 타자니가 유럽의회의 새 의장으로 선출된 이후, "새롭게 선출된 유럽의회 의장인 안토니오 타자니에게 축하의 인사를 전하고 싶다. 그는 모든 그룹과 유럽의회 의원들의 평등한 권리와 특권을 온전히 존중하면서 자신의 새로운 역할을 해석 할 것이라고 확신한다"고 말했다. 또한 그는 유럽사회당그룹의 열렬한 지지와 지원, 그리고 자신에게 투표한 다른 그룹의 모든 동료들에게 감사를 표했다. 피텔라는 유럽의회 의장 선거가 완전히 투명하고 공개된 경쟁으로 이루어지느라 오랜 시간이 걸렸으며 이러한 과정은 민주주의에 활력을 주는 강력한 신호라고 강조했다. 그는 "새로운 역사적인 페이지가 바뀌었다. 오늘날 유럽의회의 정치적 풍경은 새로운 보수적인 블록의 탄생과 함께 극적으

로 변화되었다. 우리는 이 진영을 다른 진보적인 세력과 함께 노력함으로써 건설적으로 반대할 것이다. 효율적이고 용감한 의회가 필요하며, 우리 앞에 놓여있는 도전에 직면할 준비가 되어 있다. 우리의 목표는 항상 유럽과 유럽시민의 이익이 될 것이다"라고 말했다.

유럽의회 선거·의회

12월 15일

• 투스크 의장 "유럽연합, 내달 중 터키와 정상회담 추진"   (뉴시스 12. 16)

— 15일(현지시간) 벨기에 브뤼셀에서 열린 28개 회원국 정상회담을 마친 뒤 도날드 투스크 의장은 자신이 2017년 1월에 열리는 유럽연합과 터키의 정상회담을 추진하기 위한 권한을 위임 받았다고 밝혔으며, 시간과 장소는 정하지 않았다고 말했다. 유럽연합과 터키는 터키가 유럽으로 유입되는 난민행렬을 막는 대신 수십억 유로의 비용을 제공받기로 협약을 맺었지만 지난 2016년 7월의 터키 쿠데타 이후 터키의 치안이 무너지면서 양자 간 분쟁이 계속되어 왔다. 이번 주 초 유럽연합 회원국들은 터키 사태에 대한 깊은 우려를 표하면서도 터키의 유럽연합 가입을 공식적으로 거부하지 않은 상태이다. 터키와의 난민협정을 끌어냈던 앙겔라 메르켈 독일 총리는 "일단 소통의 통로는 열어두어야 한다"고 강조하고 "가입문제로 상대를 협박하는 것은 옳은 해결책이 아니다"라고 말했다.

01월 03일

• 터키 국가비상사태 3개월 추가 연장

                    (DoĜan 01. 03; Anadolu 01. 03; 연합뉴스 01. 04 재인용)

— 터키 정부가 쿠데타 진압 후 2016년 7월 21일 선포한 3개월간의 국가비상사태는 이미 1차례 연장돼 2017년 1월 19일에 종료될 예정이었으나 3개월 추가 연장하는 정부안이 터키 의회에서 2017년 1월 3일(현지시간) 승인되었다. 국가비상사태에서는 국민의 각종 권리와 자유가 제한되고 대통령에게 강한 입법권이 주어진다. 레제프 타이이프 에르도안 대통령은 지난해 11월 터키와 유럽연합 가입 협상을 중단하도

록 지지한 유럽의회를 맹비난하면서 비상사태 연장 가능성을 시사했다. 터키 관영 Anadolu에 따르면 국가비상사태 선포 후 쿠데타 배후로 의심받는 재미 이슬람 학자 펫홀라흐 귈렌과 연루됐다는 의혹으로 4만 1천 명이 검거됐고, 10만 3천 명이 당국의 조사를 받았다. 터키 정부는 귈렌의 영향력을 제거하기 위해 비상사태가 필요하다고 주장하지만, 유럽연합은 에르도안 대통령 비판세력에 대한 광범위한 탄압수단으로 악용되고 있다고 비판하고 있다. 한편 비날리 이을드름(Binali Yildirim) 터키 총리는 대통령 권한을 확대하고 당수직 유지를 허용하는 헌법 개정안 논의가 다음 주 의회에서 시작된다고 밝혔으며, 이는 2017년 1월 9일 의회에 제출돼 이달 말까지 통과가 예상된다. 터키 정부는 헌법개정안이 의회 통과에 충분한 지지를 얻더라도 국민투표에 부치겠다는 입장이다.

01월 17일
• 안토니오 타자니, 유럽의회 새 의장으로 선출

(European Parliament Press Releases 01. 17)

- 유럽국민당그룹의 안토니오 타자니가 282표를 얻으면서 유럽사회당그룹의 지아니 피텔라 후보를 꺾고 351표를 얻어 유럽의회 새 의장으로 선출되었다. 투표 전 자유민주당그룹(ALDE)의 기 페어호프슈타트가 후보직을 사퇴해 화요일 치러진 선거에는 총 6명의 후보가 출마했다. 3번째 투표까지 유효투표수가 과반을 넘은 후보는 없으나 마지막 4번째 투표에서 유효투표수 633의 과반을 넘겨 타자니가 새로운 유럽의회 의장이 되었다. 네 번째 투표에서는 타자니 351표, 피텔라 282표, 기권 80표 총 투표수는 713표였다.

01월 20일
• 총회 주요 쟁점: 새로운 의장, 노동자 권리, 난민을 위한 긴급 구호

(European Parliament Press Releases 01. 20)

- 본 회의의 화요일에는 안토니오 타자니가 후반기에 의장으로 선출되었으며, 의원들은 14명의 부의장을 선출했다. 수요일에는 겨울을 맞이해 난민들을 지원할 수 있도록 긴급 구호 물품을 요청했다. 또한 유럽연합 회원국들에 대해 난민들이 정착하

는 속도가 느리고 유럽연합의 기금을 부적절하게 사용하는 것에 대해 강하게 비판했다. 목요일에는 유럽연합 집행위원회(European Commission)가 지정한 자금세탁 위험 국가 목록이 제한적이기에 세금범죄 위험국가 목록을 다시 작성할 것을 요청했다.

01월 21일

• 트럼프 취임 신난 유럽 극우들 "이젠 우리가 일어날 것"

(AFP 01. 16; The Guardian 01. 21; 중앙일보 01. 23 재인용)

- 2017년 1월 21일 프랑스 극우정당인 국민전선(FN)의 르펜 대표가 주도해 설립한 유럽의회 내 극우정당 모임인 '유럽의 민족·자유(ENF)'가 독일 코블렌츠에서 유럽 극우·포퓰리즘정당 대표 회의를 열었다. 회의는 도널드 트럼프 미 대통령의 취임식 바로 다음 날 열렸으며 영국과 미국의 앵글로색슨 민족이 브렉시트와 트럼프 당선을 낳았으니 유럽에서도 자신들을 중심으로 큰 변화가 있을 것이라고 주장했다. 르펜 대표는 회의에서 "영국의 브렉시트가 유럽에서 도미노 효과를 일으키는 출발점이 됐다"며 "국민들이 운명을 직접 결정하고 있다"고 강조했다. 오는 4~5월 치러질 프랑스 대선에서 국민전선(FN) 후보로 확정된 르펜 대표는 1차 투표를 통과하고 두 명이 겨루는 결선에 진출할 가능성이 크다. 그는 대선에서 이길 경우 유럽연합을 향해 프랑스에 주권을 돌려줄 것을 요구하고 이를 위한 국민투표를 실시할 것이라고 말해왔다. 만약 유럽연합이 거절하면 "프랑스인들에게 나가자고 제안할 것"이라고도 밝혔다. '유럽의 자유'라는 슬로건을 내건 이번 회의에는 극우정당인 네덜란드 자유당(Partij voor de Vrijheid, PVV)의 헤이르트 빌더르스(Geert Wilders) 대표도 참석했다. 또한 유럽연합 탈퇴를 주장하는 이탈리아 북부동맹(Lega Nord)의 마테오 살비니(Matteo Salvini) 대표도 회의에 참석했다.

01월 01일

• 메르켈, 콜 넘 본다…사민당 잠룡들 '나 떨고 있니'

(Der Spiegel 01. 01; 연합뉴스 01. 01 재인용)

– 마르틴 슐츠 유럽의회 의장이 올해 9월 독일 총선 때 기독민주당의 앙겔라 메르켈 총리에 맞선 사회민주당의 총리 후보로 나서는 것을 포기했다고 주간지 슈피겔이 보도했다. 이로써 사민당 당수인 지그마어 가브리엘 대연정 부총리가 스스로 도전 의지를 접지 않는 한 메르켈의 경쟁 상대가 될 가능성이 더 굳어졌다. 한 여론조사 결과에 따르면 집권 다수인 기민당–기독사회당 연합 지지자들은 누가 더 위협적이냐는 질문을 받고 슐츠 55%, 가브리엘 32%로 대답했으며, 차기 총리감으로 메르켈 총리는 64%의 지지를 받았고 슐츠 의장과 가브리엘 부총리는 각 51%, 29%를 얻었다는 여론조사 결과도 소개된 바 있다. 그러나 슐츠 의장의 이번 판단에 따르면 여론조사에 투영된 대중의 기대와 예측이 빗나간 것으로 보이며, 사민당 총리후보가 되는 건 '독이든 성배'를 드는 격이라는 촌평이 영향을 미친 것으로 보인다. 메르켈이 총리직 4연임에 성공해 임기를 채운다면 그의 정치적 스승이던 헬무트 콜(Helmut Kohl)의 최장 총리직 16년 재임 기록과 같게 된다. 한편, 슐츠 의장은 총리후보 도전을 접고 2017년 2월에 있을 대통령선거에서 대연정 단일후보로 당선이 예정돼 있는 프랑크 발터 슈타인마이어(Frank-Walter Steinmeier) 외교부 장관의 후임을 맡을 가능성이 거론된다.

01월 06일

• 잇따른 테러에도 독일 국민 대부분 "테러 걱정 안 해"

(ARD 01. 05; 연합뉴스 01. 06 재인용)

– 독일의 공영, ARD는 2017년 1월 2일부터 4일까지 조사한 여론조사 결과 지난해 각종 테러가 이어지다 연말엔 베를린 성탄 시장을 겨냥한 트럭테러까지 일어났음에도 독일이 안전하다고 여기는 사람이 73%에 달하고, 불안하다고 답한 사람은 27%에 불과한 것으로 나타났다고 1월 5일(현지시간) 보도했다. 특히 좌파 정당 지지

자는 96%가 안전한 것으로 느낀다고 답한 반면에 극우정당인 '독일을 위한 대안' 지지자는 66%가 불안하다고 답했다. 정당 지지도는 중도보수인 기민당·기사당연합이 37%, 중도좌파인 사회민주당은 20%였으며 극우정당인 독일을 위한 대안은 이전 달보다 2%포인트 오른 15%로 그 뒤를 추격했다. 공직자 직무수행 만족도에선 프랑크 발터 슈타인 마이어 외무장관이 '만족 또는 매우 만족'의 평가를 얻은 비율이 78%로 가장 높았으며, 다음은 기민당의 볼프강 쇼이블레(Wolfgang Schauble) 재무장관(63%), 사민당 소속인 마르틴 슐츠 유럽의회 의장과 기민당의 토마스 데메지에르 (Karl Ernst Thomas de Maizière) 내무장관이 57%로 같았다. 앙겔라 메르켈 총리는 56%로 4위에 그쳤다.

01월 11일

• 대선 앞둔 프랑스 극우 강풍…"르펜 1차 투표 선두 예상"

(Le Figaro 01. 10; 연합뉴스 01. 11 재인용)

- 2017년 1월 10일(현지시간) 일간 르피가로 등에 따르면 여론조사기관 Ifop와 피뒤시알(Fiducial)이 지난 1월 3~6일 유권자 1천806명을 상대로 한 설문조사에서 르펜의 1차 투표 선호도 26~26.5%로 1위에 올랐다. 가장 유력한 차기 대통령으로 꼽히는 공화당(The Republicans) 프랑수아 피용(Francois Fillon) 전 총리는 24~25%로 뒤를 이었다. 하지만 결선투표 선호도에서는 중도우파인 피용이 64%로, 36%인 르펜을 크게 앞섰다. 프랑스는 2017년 4월 23일 1차 대통령선거를 치른다. 과반 득표자가 없으면 1차 투표의 1·2위 득표자만으로 5월 7일 결선투표를 진행해 차기 대통령을 확정한다. 프랑스에서는 유럽의 극우 바람과 집권당인 사회당의 고전에 반사이익을 얻고 있는 르펜이 대선에서 무난히 결선에 진출하리라는 전망이 지배적이다. 르펜은 이주자 유입, 난민포용, 유럽통합, 유로화 사용 등을 반대하고 친 러시아, 보호무역주의 등을 지지하는 기치로 내걸고 유권자들을 파고들고 있다. 반면에 집권사회당(PS)은 아직 후보를 확정하지 않은 상태다.

8차(1월 말~2월 말)

김진주

2월에 열린 유럽의회는 2월 13일부터 16일까지 스트라스부르에서 진행되었다. 이번 회기에 앞서 유럽의회가 조지아에게 비자면제 프로그램을 주는 것을 승인했고(European Parliament Press Releases 2017. 02. 02), 유럽연합에 대한 반감을 노골적으로 드러낸 테드 맬럭(Ted Malloch)이 유럽연합 주재 미국대사 후보로 거론되자 유럽의회는 유럽연합 집행위원장과 유럽의회정상회의(European Council) 상임위원장에게 서한을 보내 맬럭의 임명을 거부할 것을 촉구했다(The Guardian 2017. 02. 02; 연합뉴스 2017. 02. 03 재인용). 이번 회기 동안에는 트럼프의 보호무역 강화 추세에 대한 반작용으로 캐나다와의 포괄적경제무역협정(Comprehensive Economic and Trade Agreement, CETA)가 승인되었고 테러와의 싸움을 위한 새로운 법률이 통과되었다(연합뉴스 2017. 02. 15; European Parliament Press Releases 2017. 02. 16).

유럽국민당그룹은 테러와의 싸움을 위한 새로운 법률에 대해서 이 법률은 시민들의 한 단계 높은 안전을 보장할 것이며 테러 공격으로 피해를 입은 시민들을 돕는데 적절한 조항이 될 것이라고 평가했다(EPP Group Press Releases 2017. 02. 15). 한편 유럽사회당그룹은 이번 법률이 국경을 보호하는 데 도움이 될 것이지만 제대로 시행되지 않을 경우에는 공항에서 혼란을 야기할 수 있다는 점을 지적했다(S&D Press Releases 2017. 02. 16). 또한 유럽사회당그룹은 2월 20일에 브뤼셀에서 있을 유로그룹의 회의에 앞서서 그리스의 조정 프로그램에 대한 두 번째 검토를 마칠 것을 요구했다(S&D Press Releases 2017. 02. 14).

독일에서는 2017년 9월 선거를 앞두고, 기민당과 기사당이 공동 총리 후보로 앙겔라 메르켈 총리를 선출했고 이는 사민당이 선전하자 위기감을 느끼고 기민당과 기사당이 힘을 합침으로써 지지율을 끌어올리기 위한 노력으로 보인다(Deutschland 2017. 02. 06; dpa 2017. 02. 06; 문화일보 2017. 02. 07 재인용). 2017년 4월과 5월에 거쳐 프랑스 또한 대통령선거를 앞두고 있는데 가장 높은 지지율을 보이고 있는 마린 르 펜 국민전선(FN) 대표마저 허위고용 의혹으로 프랑스 경찰로부터 당사를 압수수색 당했고 유럽의회의 허위고용 의혹에도 르펜은 이번 수사가 자신의 경선을 방해하기 위한 표적 수사라는 주장을 굽히지 않고 있다(The Guardian 2017. 02. 20; 연합뉴스 2017. 02. 21 재인용).

다음 달 유럽의회 본회의는 3월 13일부터 16일까지 개최될 예정이다.

유럽의회 정당

02월 14일

• 그리스 조정 프로그램에 대한 두 번째 검토를 마칠 때 (S&D Press Releases 02. 14)

– 다음 주 월요일에 브뤼셀에서 있을 유로그룹의 중요한 회의에 앞서서 유럽사회당그룹은 유로존의 경제 장관들에게 그리스의 조정 프로그램에 대한 두 번째 검토를 마칠 것을 요구했다. 유럽사회당그룹의 부대표인 우도 불만(Udo Bullmann)은 "국제통화기금(International Monetary Fund, IMF)와 유럽연합이 다른 목소리를 내는 것은 이번이 처음은 아니다. 하지만 국제통화기금과 유럽연합이 다른 목소리를 낼 이유는 없으며 유로그룹이 현재의 교착상태를 깨기를 바란다. 또한 그리스는 더 이상의 긴축재정이 필요한 것이 아니라 지속가능한 성장과 질 좋은 직장을 만들어낼 근간을 만들어내야 한다"라며 말했다.

02월 15일

• 유럽연합 테러와의 전쟁, 10가지 중 6가지 우선순위 달성

(EPP Group Press Releases 02. 15)

– 2016년에 있었던 파리 테러 공격 이후 유럽국민당그룹은 테러와의 싸움, 그리고 유럽을 더 안전하게 만들기 위해서 10가지 목표를 세웠다. 유럽의회는 내일 국경을 더 안전하게 보호하기 위한 법률을 표결에 부친다. 이번에 표결에 부쳐지는 법을 통해서 테러시도를 범죄로 다루고 테러 시도로부터 유럽을 안전하게 보호하는 매커니즘을 도입하게 될 것이다. 이번 법률을 통해서 이전에 유럽국민당그룹이 세운 10가지 목표 중 6가지가 달성될 예정이다. 유럽의회의 조사위원인 모니카 홀메이어에 따르면 "테러와의 싸움을 위한 이번 법률안은 시민들의 한 단계 높은 안전을 보장할

뿐만 아니라 테러 공격을 다루기 위해 국제연합(United Nations, UN)이 정한 국제적 의무와 기준을 따르게 될 것이다"고 말했다. 또한 유럽국민당그룹의 대변인인 바바라 쿠드리카(Barbara Kudrycka)는 "이번 법률이 시민들의 안전에 도움이 될 뿐만 아니라 향후 테러 공격으로 피해를 입은 시민들을 돕는데 적절한 조항이 될 것이다. 또한 회원국들은 쉥겐 지역으로, 쉥겐 지역으로부터 오는 여행객들의 모든 정보를 체계적으로 검사할 의무를 가지게 되고 이들이 공공의 질서와 국내안전을 해하지 않을 것을 확인하게 될 것이다"라고 전했다.

02월 16일

• 안전한 국경이 중요하지만 공항에서의 혼란이 우려됨 (S&D Press Releases 02. 16)
- 유럽의회는 오늘 유럽연합의 국경을 안전하게 보호하기 위해서 사람들이 쉥겐지역에 들어오고 나갈 때 남는 관련 기록들을 확실하게 다루는 방책에 대해 승인했다. 유럽사회당그룹의 부대표인 타냐 파욘(Tanja Fajon)은 "유럽연합의 시민을 안전하게 지키는 것은 물론 우리의 첫 번째 과제이다. 하지만 우리는 좀 더 실용적이고 증거를 기반으로 한 접근 방법이 필요하다. 만약 이번 방책이 잘 관리되지 않는다면 이것은 그저 공항에서 긴 줄과 혼란만을 야기하게 된다. 이번 방책이 잘 실행되도록 하기 위해서는 조심스럽고도 자세히 회원국들이 이번 방책을 실행하는 방법에 대해서 모니터링하면서 공항에서의 혼란이 야기되지 않도록 노력해야 한다"라고 주장했다.

유럽의회 선거·의회

02월 02일

• 조지아 비자면제 프로그램, 의회에서 승인

(European Parliament Press Releases 02. 02)
- 유럽의회는 조지아에게 비자면제 프로그램을 주는 것을 승인했다. 하지만 비자면제 프로그램의 실행을 위해서는 우선 유럽연합 정상회의(European Council)의 승인이 필요하다. 또한 비자면제 프로그램으로 인해 이주가 급증하거나 공공 안전이 위험에 처하는 경우에 일시적으로 비자를 재도입하는 메커니즘을 제대로 갖출 필요가

있다. 의회의 조사위원인 마리아 가브리엘(Mariya Gabriel)은 "조지아가 비자면제 프로그램을 받기 위해서 광범위하고 복잡한 개혁을 시행하면서 인내심을 가지고 지속적으로 기다려준 조지아 정부와 시민들에게 감사를 전한다"라고 말했다. 이번 비자면제 프로그램이 실제로 실행되게 된다면 아일랜드, 영국을 제외한 유럽연합 국가와 아일랜드, 리히텐슈타인, 노르웨이, 스위스를 비자 없이 방문할 수 있다.

02월 02일

• "트럼프 임명 유럽연합 주재대사 거부한다" 유럽의회, 노골적 반감

(The Guardian 02. 02; 연합뉴스 02. 03 재인용)

– 유럽의회가 유럽연합에 대한 반감을 노골적으로 드러낸 유력 유럽연합 주재 미국 대사 후보에 대한 거부 움직임을 보이고 있다. 현지시간 2월 2일, 영국 일간지 가디언에 따르면 유럽의회 주요 정당 대표들은 트럼프 행정부의 유럽연합 주재 대사 후보로 유력하게 거론되는 테드 맬럭 영국 레딩대 교수가 유럽연합에 적대적이고 악의적이라며 일제히 반대하고 나섰다. 유럽국민당그룹과 유럽사회당그룹, 자유민주당그룹 대표는 유럽연합 집행위원장과 유럽의회정상회의(European Council) 상임의장에게 서한을 보내 맬럭의 임명을 거부할 것을 촉구했다. 맬럭은 브렉시트를 강력하게 지지했던 인물로 최근 BBC 방송 인터뷰에서 "유로화는 이미 사망 선고를 받았고 유로존은 사실상 1년 아니면 1년 반 내에 붕괴할 수 있다"라고 주장했다. 또한 그는 유럽연합 주재 대사직을 하고 싶은 이유에 대해서 "과거 소련 붕괴를 돕는 외교 직책을 맡은 적이 있다. 아마 길들일 필요가 있는 또 하나의 연합이 있을지도 모른다"라고 말하기도 했다. 만프레드 베버 유럽국민당그룹의 대표와 기 페어호프슈타트 자유민주당그룹 대표는 서한에서 "지난 몇 주간 맬럭은 공개적으로 유럽연합을 폄하하는 발언을 이어왔다. 이는 유럽연합을 규정하는 가치들에 대해 말도 안 되는 적의를 드러낸 것이다. 이에 유럽연합에 지장을 주고 해체하려는 목표를 가진 인물이 유럽연합에 공식적으로 파견되어서는 안 된다"라며 맬럭음 신임장을 승인하지 말아야 한다고 촉구했다. 또한 지아니 피텔라 유럽사회당그룹의 대표 또한 서한에서 "맬럭의 발언은 충격적이며 그를 외교상 기피인물로 선언해야 한다"고 말했다.

02월 07일

• 독일 메르켈, 기민당-기사당 공동 총리후보로 결정

(Deutschland 02. 06; dpa 02. 06; 문화일보 02. 07 재인용)

– 앙겔라 메르켈 총리가 자매당인 기사당의 공동 총리 후보로 공식 결정됐다. 10여 년 만에 지지율이 연정 소수당인 사민당에 추월당하며 기민당과 기사당은 메르켈 총리를 중심으로 전열을 정비하여 9월 총선을 준비하고 있다. 2월 6일 도이치벨레(Deutschland)와 dpa 통신 등에 따르며 기민당과 기사당은 뮌헨에서 지도부 회합을 갖고 메르켈 총리를 공동 총리 후보로 지명했다. 기사당의 대표, 호르스트 제호퍼(Horst Seehofer)는 "양당의 이번 결정은 만장일치였다"고 밝혔다. 물론 2016년에 기사당의 지역인 바이에른에서 난민 테러가 잇달아 벌어지며 기사당과 기민당의 갈등이 커졌지만 이번 결정은 사민당의 선전에 위기감을 느끼고 기민당과 기사당이 힘을 합친 것으로 풀이된다. 여론조사 기관 INSA에 따르면 사민당의 지지율은 31%로 기민-기사당 연합(30%)을 앞지른 것으로 나타나고 있다.

02월 15일

• 유럽의회, 캐나다와 CETA 비준동의, 오는 4월 잠정 발효   (연합뉴스 02. 15)

– 유럽의회는 현지시간 2월 15일에 유럽연합과 캐나다 간의 자유무역협정인 포괄적 경제 무역 협정(CETA)를 승인했다. CETA 비준동의안은 찬성 408표, 반대 254표, 기권 33표로 가결 처리되었다. 이에 따라 CETA는 이르면 2017년 4월부터 잠정 발효되게 되며, 완전 발효를 위해서는 전체 유럽연합 회원국 의회 및 지방의회에서 비준 동의를 받아야 한다. 예상과 다르게 유럽의회에서 CETA 비준 동의가 비교적 순탄하게 진행된 것은 트럼프 미국 대통령 취임 이후 미국이 북미자유무역협정(NAFTA)과 환태평양동반자협정(TPP) 무효화를 선언하는 등의 보호무역을 강화하는 데 따른 반작용도 작용했다는 분석이 제기되고 있다.

02월 16일

• 테러 방지: 외국인 전투원과 고독한 늑대(lone-wolf)에 대한 봉쇄

(European Parliament Press Releases 02. 16)

– 외국인 테러리스트들로부터 야기되는 공포가 증대되고 고독한 늑대들의 단독 공격이 늘어남에 따라서 의회는 목요일에 이 법률을 승인했다. 새로운 법률은 유럽연합의 테러 공격을 막는 프레임을 바꾸어줄 것이다. 의회의 조사위원인 모니칼 홀메이어는 표결과 토론에 앞서서 우리가 가해자로부터 공격을 당했다는 사실에 후회하기보다는 공격을 당하기 이전에 가해자를 중지시키려는 노력이 필요하다고 말했다. 또한 이번 법률이 안전을 보장하면서 우리의 기본적인 권리들을 잘 지지하고 있다는 점을 강조했다. 또한 이번 법률은 테러공격 이후에 피해자들과 유족들을 긴급하게 도울 수 있는 조항을 포함시켰다. 예를 들어 유족들에게 피해자가 치료를 받고 있는 병원을 찾도록 해주고 피해자가 자국으로 돌아갈 수 있도록 도움을 주는 내용이 포함되어 있다. 또한 법에 의한 도움은 의료적, 정신적 도움뿐만 아니라 법적이고 재정적인 문제까지를 포함한다.

02월 09일

• 유럽의 트럼프화, 반(反)이민 행정명령 지지하는 목소리 커져   (이투데이 02. 09)

– 2월 8일, CNN머니는 도널드 트럼프 미국 대통령의 반(反)이민 행정명령이 미국 내에서 큰 비난 여론에 휩싸인 가운데 유럽에서는 이에 동조하는 목소리가 나오고 있다고 보도했다. 특히 유럽의 극우화 현상을 잘 보여주는 국가는 프랑스다. 2017년 4월과 5월에 걸쳐 대통령선거를 앞둔 프랑스에서는 극우정당인 국민전선(FN)의 마린 르펜 대표가 지지율 1위를 지키고 있다. 이 뿐만 아니라 프랑스 보르도 지방의회의 데미안 오브라도 의원이 CNN과의 인터뷰에서 "프랑스에서도 현재 테러의 위협이 크기 때문에 트럼프의 행정명령과 비슷한 법률이 만들어져야 하며, 만약 르펜이 대통령이 된다면 이는 현실화될 것이라고 생각한다"라는 의견을 밝혔다. 3월 15일에 총선을 앞두고 있는 네덜란드의 상황 또한 그다지 다르지 않다. 네덜란드에서 현재

가장 지지율이 높은 정당은 극우 정당인 자유당이다. 네덜란드 자유당 또한 극우 포
퓰리즘 정책을 펴며 트럼프와 유사한 반(反)이민정책을 내놓고 이에 더 나아가 이슬
람 사원과 학교 폐쇄, 코란 금지 등을 공약으로 내세우고 있다. 2017년 9월에 총선을
앞두고 있는 독일은 우경화의 바람에서 비켜났다. 하지만 독일은 유럽연합 국가 중
난민 신청이 가장 많은 국가로서 난민에 대한 반발이 커질 우려가 높은 국가이다.

02월 21일

• 프랑스 대선, 르펜도 비리의혹 수사··· 경찰, 당사 압사수색

(The Guardian 02. 20; 연합뉴스 02. 21 재인용)

- 유럽의 반(反)난민 정서를 등에 업고 승승장구하던 마린 르펜 국민전선(FN) 대표
가 허위고용 의혹으로 대선 레이스에 발목이 잡혔다. 프랑수아 피용 전 총리에 이어
르펜 대표까지 비리 의혹이 제기되면서 두 달 앞으로 다가온 프랑스 대선 결과는 더
욱 예측하기 어려워졌다. 현지시간 2월 20일, 영국 일간지 가디언은 프랑스 경찰이
르펜 대표의 공금 유용 의혹과 관련해 국민전선(FN) 당사를 압수수색했다고 보도했
다. 프랑스 경찰의 갑작스러운 압수수색은 허위고용을 통해 공금을 유용했다는 의
혹에 따른 행동이었고 유럽의회 수사관들은 르펜이 자신의 보디가드들을 유럽의회
보좌관으로 허위고용하여 2011년 10월부터 12월까지 41,500유로를 부당 지급받았
다고 보고 있다. 이 뿐만 아니라 르펜 대표는 정당 보좌관을 유럽의회 보조관으로 등
록시켜 2010년 12월부터 2016년까지 월급으로 총 29만 8천 유로를 챙겨줬다는 의혹
도 받고 있다. 유럽의회 보좌관이라면 유럽연합 의회 사무실이 있는 브뤼셀, 스트라
스부르, 룩셈부르크 중 한 곳에 실질적으로 근무해야하는데 이 둘 모두 이 조건을 어
겼다는 것이 유럽의회의 주장이다. 하지만 르펜은 이번 수사가 자신의 경선을 방해
하기 위한 표적수사라는 주장을 굽히지 않고 있다. 국민전선(FN) 당사가 압사수색을
당한 날 발표된 설문조사에선 르펜 후보가 무소속인 마크롱 전 경제장관과 피용 후
보를 7%포인트 차이로 앞서고 있는 것으로 나타났다. 하지만 르펜이 결선에 진출
해 마크롱 후보와 맞붙는다면 16%포인트 차로 떨어지고 피용 후보와의 대결에서도
12%포인트 차로 지는 것으로 조사되었다.

9차(2월 말~3월 말)

이순영

　유럽의회 본회의는 2017년 3월 13일부터 16일까지 스트라스부르에서 진행되었다. 이달 본회의에서는 공동 방위의 문제, 총기지침 규제의 수위를 높이는 법안 등에 대한 논의가 진행되었다(European Parliament Press Releases 2017. 03. 17). 공동 방위 문제에 대해서 유럽의회는 유럽방위청(European Defence Agency, EDA)의 필요성과 상시 구조적인 협력계획(Permanent Structured Cooperation, PESCO)의 필요성에 대해서 강조했다. 그러나 영국이 유럽연합을 탈퇴한다는 점을 고려했을 때 영국은 이 군사적 연합에서 제외되어야 한다고 말했다(European Parliament Press Releases 2016. 03. 16).

　유럽의회 내 중도우파이자 다수당인 유럽국민당그룹은 과격한 테러와의 전쟁을 위해 이미 유럽연합 출입국 승객예약정보(The Passenger Name Records, PNR), 테러집단의 자금조달을 막기 위한 조치, 테러 피해자에 대한 지원 증대를 위해서 노력해왔지만 유럽연합 회원국 사이에 정보 교환을 위한 추가적인 협력이 필요함을 강조했다(EPP Group Press Releases 2017. 03. 15). 또한 유럽의회의 중도좌파인 유럽사회당그룹과 유럽국민당그룹은 총기 지침을 더 강력하게 규제하는 법안을 지지하면서 기존의 총기규제법의 법적인 허점을 메우는 동시에 법의 테두리 안에서 총을 소유하고 사냥을 즐기거나 스포츠로 사격을 즐기는 사람들의 권리 또한 보장하는 법안이라고 평가했다(EPP Group Press Releases 2017. 03. 14; S&D Press Releases 2017. 03. 14).

　한편 2017년 3월 15일에 치러진 네덜란드 총선에서 극우 네덜란드 자유당(PVV)이 제1당이 될 것으로 예상되었지만 기존 의석에 5석을 추가하는데 그쳤고 중도보수 성향의 자유민주당(Volkspartij voor Vrijheid en Democratie, VVD)이 제1당 자리를 지켰다(국민일보 2017. 03. 16). 이번 네덜란드 총선 결과로 인해 극우 포퓰리즘 세력의 돌풍을 우려했던 유럽이 안도의 한숨을 내쉬었다(조선일보 2017. 03. 17). 대선을 앞두고 있는 프랑스에서는 중도파 에마뉘엘 마크롱(Emmanuel Macron)후보가 극우파 마린 르펜 후보를 오차 범위 안에서 앞서고 있는 것으로 나타났다

(아시아경제 2017. 03. 21).

　지난 3월 22일에 영국 런던에서 테러사건이 발생하면서 많은 사람들을 충격에 빠트렸다. 이번 런던 테러의 동기에 대해서는 밝혀진 바가 없지만 런던 경찰은 단독 범행으로 결론을 내렸고 이번 테러로 3명의 사망자와 50명의 부상자가 발생했다(연합뉴스 2017. 03. 26). 다음 달 유럽의회 본회의는 4월 3일부터 6일까지 개최될 예정이다.

유럽의회 정당

03월 07일

• 유럽사회당그룹, 헝가리에서의 망명 신청자 구금은 비인간적일뿐만 아니라 부끄러운 일　　　　　　　　　　　　　　　　　　　　　(S&D Press Releases 03. 07)

－ 유럽사회당그룹은 헝가리 의회의 망명 신청자 구금 결정을 강력하게 비난했다. 헝가리 의회는 헝가리로 들어오는 모든 망명 신청자들과 망명 평가를 기다리는 이들을 헝가리 남쪽 국경에 있는 개조된 컨테이너에서 구금시키는 법을 통과시켰다. 이러한 헝가리 의회의 결정에 대해서 유럽사회당그룹은 헝가리 의회의 이러한 결정에 대해서 놀랐으며 유럽연합 법과 국제법에도 위반되는 것이라며 주장했다. 특히 유럽사회당그룹의 부의장인 타냐 파욘은 헝가리 의회의 이러한 결정은 인간의 존엄성과 유럽연합의 가치와도 상충하는 것이며 헝가리 의회의 이러한 조치는 아이와 여성 그리고 컨테이너에서 사는 남성들의 육체적 정신적 건강을 해칠 수 있다는 점을 강조했다.

03월 09일

• 피텔라와 비센티니, 브렉시트 수백만 사람들의 미래를 위험으로 몰아넣어

　　　　　　　　　　　　　　　　　　　　(S&D Press Releases 03. 09)

－ 영국 하원은 리스본조약 50조(Article50·유럽연합 탈퇴와 관련된 유럽연합의 법조항)가 효력을 발휘된 후에 영국에 거주하고 있는 3백만의 유럽연합 국적의 사람들의 권리를 보호하기 위한 투표를 할 것을 제안했다. 영국의 유럽연합 파트너들은 하원의 결정

과 리스본조약 50조이 향후 어떤 영향을 줄지에 대해서 깊은 관심을 보이고 있다. 특히 유럽사회당그룹의 피텔라와 비센티니(Visentini)는 브렉시트는 영국과 유럽연합의 수백만 시민들의 삶을 위험 속으로 몰아넣고 있다는 점을 강조하면서 영국 국민뿐만 아니라 유럽연합의 국민들의 삶이 협상 대상이 돼서는 안 된다는 점을 강조했다. 특히 영국 국민과 유럽연합 국민은 브렉시트 협상에서 상호 동일한 권리와 삶과 일을 보장 받아야 하고 브렉시트 이후에도 영국 국민과 유럽연합 국민이 동일한 권리와 삶의 수준을 보호 받기 위해서는 유럽 단일 시장법과 유럽연합의 규범이 잘 연결되는 수준에서 영국과 유럽연합 사이에 깊은 경제적, 사회적 협력을 발전시켜야 한다고 주장했다.

03월 14일

• 유럽국민당그룹, 총기규제에 관한 동의 지지해(EPP Group Press Releases 03. 14)
− 유럽국민당그룹은 균형 잡힌 총기규제법에 관한 동의를 지지한다고 밝혔다. 이번 총기지침법 개정은 법적으로 소유가 허용된 총기가 잘못된 사람들의 손에 들어가지 않도록 하기 위해서 개정되었다. 또한 총기 추적을 위해서 회원국과 경찰 간의 협력을 증진하여 총기와 관련된 지침의 법적인 허점을 고치고자 했다. 또한 유럽국민당그룹의 총기지침 협상자인 안나 마리아 코라차 빌트(Anna Maria Corazza Bildt)는 사냥꾼들과 스포츠로 사격을 즐기는 사람들을 제한하는 부분을 제거했다는 부분에서 자랑스러움을 느껴하며 새로운 총기지침이 기존의 효과적인 총기규제법을 유지하면서도 불완전한 시스템의 차이를 줄일 것이라는 기대를 보였다.

03월 15일

• 브뤼셀 공격 이후 1년, 유럽국민당그룹은 유럽을 더 안전하게 만들고 있다

(EPP Group Press Releases 03. 15)

− 유럽국민당그룹은 브뤼셀 테러 이후 1년이 지난 지금, 과격한 테러와 싸우기 위해서 얼마나 노력하고 있는지를 되돌아보았다. 특히 파리 테러 이후 테러에 대응하기 위한 10개의 우선순위를 선정한 것 중 6개는 이미 달성했다. 유럽연합으로 출입국하는 승객 정보 처리를 위한 법률(PNR)을 제정하고 테러집단의 자금조달을 막고 테

러 피해자들에 대한 지원을 늘리기 위해서 노력했다. 이 외에도 더 안전한 유럽을 위해서 유럽연합 회원국 사이의 정보 교환을 위한 협력이 필요하고 출입국을 관리하는 현대적인 지능형 기계를 사용할 필요성을 있음을 제기했다. 또 다른 해결책으로 유럽연합의 범죄기록 시스템의 활용과 불법 총기의 밀매를 막는 방법을 제시했다.

03월 16일
• 유럽국민당그룹, 유럽 국가들이 유럽 스스로 보호할 수 있도록 할 것을 요구해

(EPP Group Press Releases 03. 16)

– 유럽국민당그룹은 지금은 공동 방위 능력이 어느 때보다 중요하며 전략적인 자주권과 통합, 그리고 행동으로 옮기기 위한 각 국가의 정치적 의지가 중요함을 강조했다. 상시 구조적인 협력계획(PESCO)은 일정한 수준의 군사력을 갖춘 국가들에게 군인들을 같이 교육하고 군사 인프라를 서로 활용하는 등의 군사협력을 강화할 수 있는 기회를 줄 수 있다. 이 뿐만 아니라 군사적 능력을 최대화한다는 점에서 효율적이며 결과적으로 군비지출을 줄일 수 있다고 주장했다. 유럽연합의 공동 방위는 특별히 우리가 미래에 어떤 종류의 연합을 할 것인지를 결정하고 유럽연합이라는 제도를 더 발전시키는 좋은 기회가 될 수 있음을 말했다.

유럽의회 선거·의회

03월 02일
• 유럽의회, 트위터 사건에 대해 르펜의 면책특권 박탈   (연합뉴스 03. 02)
– 유럽의회는 3월 2일에 마린 르펜에 대한 면책특권을 박탈하기로 의결했다. 프랑스의 대권 후보이자 유럽의회 의원이기도 한 르펜은 2015년 그녀가 속한 국민전선(Front National, FN)을 이슬람국가(Islamic State, IS)에 비유한 프랑스 TV 기자에게 트위터를 통해 이슬람국가(IS)의 잔혹행위를 담은 사진을 보냈다. 이에 프랑스 경찰은 르펜 후보에게 폭력적인 사진을 전송한 혐의로 조사를 요구했으나 면책특권을 내세워 조사를 거부해왔다. 이번 면책특권 박탈 의결로 인해서 르펜은 트위터 사건에 대한 조사를 받아야할 상황에 놓였다. 그러나 이번 면책특권 해제 범위는 단순히 트위

터 사건에만 국한되며 르펜 후보가 의회 보좌진을 고용하면서 공공기금을 유용했다는 별도 조사에 대해서는 적용되지 않는다.

03월 15일

• 미풍 그친 네덜란드 트럼프, 유럽 극우 주춤 (국민일보 03. 16)

– 네덜란드 총선에서 중도보수 성향의 자유민주당(VVD)이 제1당 자리를 지켰다. 네덜란드의 트럼프라고 불리던 헤이르트 빌더르스의 네덜란드 자유당(PVV)은 기존 의석에 5석을 추가하는데 그쳤다. 오히려 진보 진영의 예시 클라버(Jesse Klaver)의 녹색좌파당(GroenLinks, GL)이 기존 의석에 10석을 추가하며 제5당으로 올라섰다. 유럽연합 탈퇴, 반(反)슬람, 반(反)난민 기조로 모스크 폐쇄, 난민 거부 등의 공약을 쏟아냈던 네덜란드 자유당(PVV)의 실패는 자국우선주의 정책이 유권자의 반발을 이끌어낸 것에서 기인한 것으로 분석된다. 잇따라 선거를 치르게 될 이웃 유럽 국가에서는 안도의 한숨이 새어나왔다. 장클로드 융커 유럽연합 집행위원장은 "유럽에 대한 찬성표이자 극단주의에 대한 반대표"라고 해석했다. 유럽을 지배하던 극우 정당의 기세가 한풀 꺾인 가운데 이번 선거의 결과가 2017년 4월과 9월 열리는 프랑스 대선과 독일 총선에도 영향을 줄 것으로 관측된다.

03월 16일

• 의원들은 회원국들에게 정치적 의지를 보여주고 군대에 참여하기를 촉구한다

(European Parliament Press Releases 03. 16)

– 공동방어 제안에 대해서 찬성하는 의원들은 유럽에서 더 긴밀한 공동방어는 법적인 고려사항보다는 정치적 의지가 더 중요해졌다고 주장했다. 유럽의회 의원들은 유럽방위청(EDA)와 상시 구조적인 협력계획(PESCO)은 특수한 기구로 다루어져야 하고 유럽연합으로부터 재정 지원을 받아야 한다고 주장했다. 또한 각료이사회(EU Council of Ministers)와 공동 방위에 대해서 협의할 수 있는 방어부서를 설립하고 유럽방위청(EDA)에 대한 정치적인 지지와 자원이 강화되어야 한다고 했다. 마지막으로 상시 구조적인 협력계획(PESCO)을 통한 공동방어가 군과 시민 사이의 협력을 증진시키고 유럽연합이 위기에 더 빠르게 반응할 수 있는 능력을 증진시킬 것이라고 내

다보면서 회원국들에게 가능하면 빨리 상시 구조적인 협력계획(PESCO)에 가입할 것을 종용했다. 또한 재정적인 측면에서는 전체 GDP의 2% 정도를 국가방어 비용으로 증가시키는 것이 중요하다고 주장했고 이 비용은 유럽연합의 공동 방위에 대한 조사와 발전, 전략적 협력 프로그램에 사용되어야 한다고 주장했다.

03월 17일

• 3월 회기: 안전한 음식, 점차 녹고 있는 만년설, 여성에 대한 편견

(European Parliament Press releases 03. 17)

− 2017년 3월 회기에서는 안전한 음식의 필요성에 대해서 논의되면서 극지방의 빙하가 녹는 것에 대한 논의가 같이 진행되었다. 동시에 여성들이 직장에서 겪고 있는 불평등의 문제가 강조되었고 여성에 대한 비하발언을 했던 의원에 대한 강력한 처벌이 이루어졌다. 또한 미국이 개발도상국에서 낙태 서비스를 제공하는 NGO(Non Governmental Organization, 비정부기구)에게 자금 지원을 축소하면서 대부분의 의원들은 유럽이 이러한 비정부기구(NGO)들에게 자금지원을 해줄 것에 대해 요구했다. 덧붙여 리스본 조약에서 유럽 공동 방위에 대한 법적인 근거가 이미 있음을 주장하면서 유럽 공동 방위를 위한 회원국의 정치적 의지를 세울 것을 요청했다. 공동 방위는 유럽 군대 간의 협력을 높일 뿐만 아니라 회원국가의 군용품 조달 파편화를 막을 수 있다고 주장했다. 유럽의회는 2016년 3월 22일에 일어난 브뤼셀 테러의 피해자를 추모하면서 유럽연합의 극단주의자의 명단과 범죄기록과 같은 데이터베이스가 서로 공유될 수 있도록 해야 한다는 주장이 제시했다. 마지막으로 2015년 파리 테러공격의 여파로 제기된 더 강도 높은 규제를 가하는 총기지침이 승인되었다.

03월 20일

• 프랑스 대선 TV전쟁 시작…정면충돌한 마크롱-르펜

(BBC 03. 20; Globe and Mail 03. 20; 아시아경제 03. 21 재인용)

− 현지시간 3월 20일에 치러진 프랑스 대선 후보 간 첫 TV토론에서 중도파 에마뉘엘 마크롱 후보와 극우파 마린 르펜 국민전선(FN) 후보가 정면충돌했다. 마크롱 후보는 르펜이 프랑스를 분열시키고 있다고 비판했고 르펜은 마크롱의 중도주의 정책

이 프랑스를 위험에 빠뜨리고 있다고 공격했다. 또한 공화당 후보인 프랑수아 피용 전 총리는 자신이 당선되면 프랑스의 국가 재건을 일구겠다고 밝혔지만 다른 후보들로부터 최근 스캔들과 부도덕성에 대한 집중 공격을 받았다. 영국 BBC방송은 이번 첫 토론회의 명확한 승자와 패자는 없지만 마크롱 후보가 가장 선방했고 이어서 르펜과 피용 후보 순으로 잘했다고 꼽았다. 이런 가운데 TV토론 직전 발표된 여론조사에서는 마크롱 후보가 오차범위 안에서 르펜을 앞서고 있는 것으로 나타났다. 현지 여론조사기관 엘라브(Elabe)가 예상한 1차 대선투표 득표율은 마크롱이 25.5%, 르펜은 25%, 피용은 17.5%로 나타났다. 프랑스 대선후보들은 다음달 4일과 20일에 두 번의 TV토론을 더 할 계획이다. 여전히 40%의 프랑스 유권자들이 마음을 정하지 못한 상황에서 TV토론이 여론의 향방을 결정하는데 중요한 역할을 할 것이라고 보인다고 캐나다 일간 글로브앤메일(Globe and Mail)은 분석했다.

유럽의회 여론

03월 23일

• 테러 이후 런던 시민 "우리는 두려워하지 않아"   (Telegraph 03. 23)

− 테러의 위협에 저항하는 런던 시민들은 테러가 그들의 정신을 망가뜨리거나 그들을 공포에 떨게 할 수 없다고 하며 평소와 다름없이 직장으로 돌아가고 있다. 런던 시민들은 트위터에서 "우리는 두려워하지 않는다"라는 글을 올리면서 테러에 의연한 모습을 보여주고 있다. 또한 런던 시민들은 테러 공격의 중심지가 된 런던 시내로 두려움 없이 일하러 돌아가고 있다.

03월 23일

• 런던 테러 다음 날 벨기에서 차량테러 시도, 피해 없어   (연합뉴스 03. 24)

− 벨기에 북부도시 안트워프의 쇼핑 거리에서 23일 오전에 차량을 이용한 테러 시도가 발생했다. 북아프리카계 인물로 프랑스 국적을 가진 한 남성이 쇼핑가에서 차량을 몰고 행인들에게 질주했지만 다행히 행인들이 모두 피해서 부상자는 발생하지 않았다. 하지만 현장에서 체포된 범인이 탔던 승용차에서 칼과 소총 등이 발견되었

다.

03월 26일

• 런던 테러에 단 82초 걸렸다, 단독 범행 결론, 동기는 미궁 　　　　(연합뉴스 03. 26)

- 2017년 3월 22일, 브뤼셀 테러 1주기에 런던에서 테러사건이 발생했다. 런던 테러 범인 칼리드 마수드(Khalid Masood)는 시속 60km로 다리 230m를 질주하여 3명을 목숨을 앗아가고 한국인 5명을 포함한 50명을 다치게 했다. 런던 테러 이후 이슬람국가(IS)는 우리 전사가 이번 공격을 했다며 배후를 자처했다. 게다가 마수드가 사우디아라비아에 자주 방문한 사실이 드러나면서 그가 극단주의 세력의 지령을 받고 이번 테러를 일으킨 것이 아니냐는 관측이 나왔다. 하지만 영국 경찰은 런던 테러의 동기를 파악하지 못한 채 이번 테러가 범인 칼리드 마수드의 단독 범행이라고 결론 내렸다.

10차(3월 말~4월 말)

이순영

2017년 4월 3일부터 6일까지 스트라스부르에서 진행된 유럽의회 본회의 브렉시트 협상에서의 우선순위가 논의하였고 다년간의 재정 프로그램(Multi-annual Financial Framework, MFF)에 유연성을 주는 개정안과 우크라이나인에게 90일 이내의 여행에 대한 비자를 면제해주는 프로그램을 승인했다(European Parliament Press Releases 2017. 04. 07). 의회는 브렉시트 협상에서 시민들의 권리 보호를 가장 우선순위에 두었고, 영국은 브렉시트 협상이 끝날 때까지 유럽연합의 회원국으로서의 권리와 의무를 다해야 하며 영국이 원하는 미래 관계 협상은 영국의 탈퇴 협상이 상당 수준 진행된 이후에 이루어질 것이라고 밝혔다(European Parliament Press Releases 2017. 04. 06).

유럽국민당그룹은 브렉시트 협상 원칙에 대해서 동의했고 이와 더불어서 브렉시트 협상 과정에서 스페인과 북아일랜드의 문제 또한 다루어져야 한다고 발표했다(EPP Group Press Releases 2017. 04. 05). 유럽사회당그룹은 가짜 뉴스 문제의 심각성과 이로 인해서 유발될 수 있는 문제들을 제기하면서 가짜 뉴스를 없애기 위한 매체와 유럽연합 집행위원회(European Commission), 소셜 미디어 채널의 노력을 촉구했다(S&D Press Releases 2017. 04. 05).

2017년 4월 7일, 스웨덴 스톡홀름의 번화가에서 테러가 발생하여 4명의 사망자와 15명의 부상자가 발생했고 체포된 테러 용의자와 이슬람국가(IS)의 연관성은 아직 밝혀지지 않았지만 그는 우즈베키스탄 출신의 39세 남성으로 스웨덴에서 불법 체류자로 분류되어있던 인물로 밝혀졌다(뉴스1 2017. 04. 10).

또한 영국에서 리스본조약 50조가 발동됨에 따라 브렉시트 협상이 현실로 다가오자 테레사 메이 총리는 브렉시트 협상을 위한 정부의 안정성과 강한 리더십을 강조하면서 6월 8일 조기총선이 필요하다고 발표했다(The Guardian 2017. 04. 18). 4월 23일에 프랑스에서 치러진 대선에서 앙 마르슈(En Marche)의 에마뉘엘 마크롱 후보가 23.9%, 국민전선(FN)의 마린 르펜 후보가 21.4%를 득표하여 마크롱과 르펜, 두 후보가 결선투표에 진출하였고 결선투표는 5월 7일에 치러질 예정이다(중앙일보 2017. 04. 24). 다음 유럽의회 본회의는 브뤼셀에서 4월 26일부터 27일까지 개최될 예정이다.

04월 05일

• 브렉시트: 유럽연합 밖에서 유럽연합 내에 있는 것보다 더 좋은 거래를 할 수 없을 것이다 (EPP Group Press Releases 04. 05)

− 유럽국민당그룹의 대표인 만프레드 베버는 "브렉시트에 대한 우리의 메시지는 명확하다. 우리는 영국의 유럽연합탈퇴 문제의 협상이 끝난 후에 미래 조약에 대해서 이야기할 것이다. 우리는 브렉시트와 관련된 시민들의 불안을 잠재울 필요가 있고 결국 북아일랜드의 문제가 중요하다"라고 언급했다. 또한 "우리는 영국이 유럽연합의 파트너로서 친구로서 남기를 원하지만 협상이 쉽지만은 않을 것이다. 안보 분야에서 영국은 유럽경찰조직(Europol)의 일원이 될 수 없으며 쉥겐 정보 시스템으로부터 이익을 볼 수도 없다. 연구 분야에서 영국은 유럽연합의 지원을 받는 대학 간의 협력 프로그램에도 참여할 수 없을 것이고 무역 분야에서도 영국은 단일 시장으로서 이익을 얻을 수 없을 것이다." 이후에 "아일랜드와 스페인은 유럽연합의 일원으로서 영국과의 문제를 다루는데 유럽연합의 도움을 받을 것이며 브렉시트 협상 이후에 우리가 연합되어있다는 것을 명확하게 할 수 있으면 좋겠다"고 마무리 지었다.

04월 05일

• 유럽사회당그룹, 유럽연합 가짜뉴스에 대해 엄격히 해야 해

(S&D Press Releases 04. 05)

− 최근 소셜 미디어 채널의 영향력이 커지면서 가짜 뉴스의 확산이 더 쉽게 일어나고 있다. 유럽 인구의 절반 이상이 소셜 미디어를 뉴스 정보원으로 활용한다는 사실을 고려한다면 가짜 뉴스의 문제는 심각하다. 이러한 이유 때문에 가짜 뉴스를 다루는 문제가 유럽연합 내에서 우선 과제가 되고 있다. 이에 유럽사회당그룹은 이러한 추세를 막기 위해서 더 나은 질의 뉴스, 더 투명한 보도정신이 필요함을 언급했고 특

히 청소년들에게 미디어를 평가할 수 있는 역량을 키우는데 노력을 기울여야 한다고 주장했다. 이와 더불어 유럽연합 집행위원회(European Commission)에게 온라인에서의 불법적인 뉴스를 제재할 수 있는 합법적인 방법을 강구할 것을 요구했고 소셜 미디어 채널들에게도 자체적으로도 가짜 뉴스와 증오성 발언을 제거할 방법을 찾을 것을 요구했다. 이러한 문제를 해결하지 않았을 때 가짜 뉴스나 선전이 두려움, 무관심, 사회 혼란을 야기하고 비합리적인 결정을 이끌어낼 수 있음을 제시하며 문제 해결의 중요성을 역설했다.

04월 06일
• 유럽사회당그룹은 유럽 요새화에 반대를 이끌고 있다

(S&D Press Releases 04. 06)

– 유럽사회당그룹은 이번 회기 동안에 난민과 이주민의 이동 문제를 다룬 결의안 채택은 자신들이 유럽에 만연한 외국인 혐오증과 포퓰리즘과 싸우고 있다는 증거이며 유럽국민당그룹의 반대는 유럽의 요새화를 원하는 극우세력에 동조하는 것이라며 비난했다. 포퓰리즘적인 방법을 택하는 것은 쉽지만 그에 따르는 책임을 간과한 것이며 위험한 행위임을 견지했다. 이에 유럽사회당그룹은 자신들의 가치와 원칙에 부합하는 행동을 고수하며 이주에 대한 부정적인 인식을 바꾸기 위한 노력을 계속할 것이고 유럽연합이 직면한 이주와 난민정책을 다루는 데 인권과 사람들의 존엄성을 다른 이익보다도 우선해야 할 것을 강조했다.

유럽의회 선거·의회

04월 05일
• 일자리, 성장, 이주문제 해결을 위한 예산 증액

(European Parliament Press Releases 04. 05)

– 4월 5일에 의회는 유럽연합의 다년간의 재정 프로그램(MFF) 내에서 예산을 유연하게 활용하여 유럽 내의 긴급한 도전들을 해결하려는 계획을 지지했다. 이번 결의안 투표 과정에서 의회는 유럽연합이 직면하고 있는 이주문제나 일자리 문제 등의

새로운 도전을 해결하기 위해서 다년간의 재정 프로그램(MFF)을 개정할 필요성이 있음을 역설했다. 의원들은 이번 개정에 대해서 원하는 만큼의 변화를 이끌어내지는 못했지만 새로운 도전에 대응하고 예상하지 못한 상황에 대비할 수 있는 여지를 남겼다는 점에서 만족감을 나타냈다. 이번 회기에서 승인된 개정안은 이후 유럽연합 정상회의(European Council)에서 만장일치 표결로 채택되어야 한다.

04월 05일

• 이주: 답은 세계적으로 볼 필요가 있다

(European Parliament Press Releases 04. 05)

– 많은 수의 난민을 다루기 위해서 유럽의회가 새로운 결의안을 통과시켰다. 이번 결의안은 △이주 문제의 해결을 위한 국제 사회의 협력과 시너지를 바탕으로 하는 다자간의 거버넌스 레짐을 형성할 것 △국제연합(UN)의 이주문제 특화기구, 개발은행, 지역 기구나 다른 행위자들과 더 많은 협력을 할 것 △회원국 사이의 연대원칙과 인권을 중심으로 하는 유럽 이주 정책을 수립할 것 △제 3국과 진행 중인 파트너십 프레임 워크 및 관련 이주협약의 수립 및 시행에 유럽의회가 참여할 것 △유럽연합의 제3국과의 도움과 협력을 국가별로 맞춤화하고 원조와 이민 문제를 연결하여 인센티브를 주지 말 것이라는 내용을 담았다. 또한 국제연합(UN)에서 난민과 이주민에 대한 부정적인 인식과 싸우기 위한 "Together" 캠페인에 대한 유럽의회의 지지를 표명했다.

04월 06일

• 브렉시트 협상에서의 레드라인   (European Parliament Press Releases 04. 06)

– 브렉시트 승인에 대한 의회의 핵심원칙과 조건이 찬성 516표, 반대 133표, 기권 50표로 채택되었다. 협상에서 가장 우선순위가 된 것은 브렉시트로 인해서 영국에 있는 유럽연합의 시민, 유럽연합 내에 있는 영국 시민이 차별받지 않도록 한 것이었다. 이 원칙에 대해서 의원들의 범정당적인 지지가 있었다. 그 이외의 협상 조건으로는 상호 신뢰를 바탕으로 한 투명한 협상이 진행될 것, 안보 문제와 유럽연합과 영국 사이의 미래 경제관계가 교환 조건이 되어서는 안 된다는 것이 있었다. 이와 더불

어 영국과의 미래관계 협상은 영국의 유럽연합 탈퇴협상이 상당한 수준으로 이루어진 이후에 진행될 것이다. 또한 브렉시트 협상 중에도 영국은 여전히 유럽연합의 회원국으로서의 권리를 누릴 것이며 재정적인 부분을 포함한 의무를 지니고 있음을 강조했다.

04월 06일

- **유럽의회, 우크라이나인 비자면제 여행 승인**   (Deutsche Welle 04. 06)
- 4월 회기동안 유럽의회는 우크라이나에게 영국과 아일랜드를 제외한 유럽연합국가에 비자 없이 여행할 수 있도록 승인했다. 이번 비자면제 승인은 유럽연합과 우크라이나의 가까운 관계를 보여주는 것이라고 할 수 있다. 우크라이나의 유럽지역 부(副)영사관 이바나 클림푸스-신사데즈(Ivanna Klympush-Tsintsadze)는 이번 투표가 우크라이나가 유럽이라는 가족 공동체로 돌아가는 중임을 보여주는 강력한 시그널이라고 말했다. 하지만 우크라이나의 약한 경제력과 계속되는 부패 문제를 고려한다면 지금 당장 유럽연합으로의 가입은 쉽지 않을 것으로 보인다. 또한 몇몇 국가들은 우크라이나를 유럽연합의 일원으로 받아들이는 것은 러시아에게 유럽연합이 러시아에 적대적이라는 인식을 줄 수 있으므로 우크라이나의 유럽연합 가입은 어려울 것이라고 내다봤다.

04월 18일

- **테레사 메이, 6월 8일 조기총선 제안**   (The Guardian 04. 18)
- 지난 4월 18일, 테레사 메이 총리는 개인적으로 반대하지만 6월 8일에 조기 총선을 치르기를 원한다고 발표했다. 메이 총리의 이러한 갑작스러운 발표는 브렉시트에 대한 힘을 모으기 위한 것으로 보인다. 이번 발표에서 메이 총리는 정부가 영국이 유럽연합을 떠나야 한다는 국민투표의 결과를 충실히 이행하기 위해서 노력하고 있으며 제대로 된 브렉시트 협상을 위해서 영국 국내에서의 확실성과 안정성, 그리고 강한 리더십이 필요함을 강조했다. 영국의 의회 고정 임기법(Fixed-term Parliaments Act)에 따라서 총리가 직접적으로 선거를 요구할 수 없으므로 하원의원 3분의 2 이상의 지지로 조기총선 여부가 정해질 예정이다.

04월 23일

• 프랑스 대선   (중앙일보 04. 24)

– 23일 프랑스에서 실시된 대선 1차 투표에서 에마뉘엘 마크롱과 마린 르펜이 1, 2 위를 차지하며 다음 달 7일 실시되는 결선투표에 진출했다. 24일 프랑스 내무부가 내놓은 공식집계에 따르면 앙 마르슈 정당의 마크롱 후보가 23.9%, 국민전선(FN)의 르펜 후보가 21.4%를 득표하였다. 그 이외에 프랑수아 피용 후보는 19.9%, 장 뤼크 멜랑숑(Jean-Luc Melenchon) 후보는 19.6%, 브누아 아몽(Benoit Hamon) 후보가 6.3%를 득표한 것으로 기록되었다. 이번 선거는 그동안 누적된 기성 정치권에 대한 불신과 혐오로 인한 결과로 해석되며 기존의 프랑스 엘리트 정치인에게는 굴욕을 안겨주 었다. 1차 투표 직후 실시된 각종 여론조사에서 마크롱이 62~64%의 지지를 받아서 르펜(36~38%)을 큰 차이로 이길 것으로 예상되었다. 만약 여론조사의 예측대로 마크 롱이 결선에서 승리한다면 프랑스의 유럽연합 탈퇴인 프렉시트(Frexit)의 가능성은 해소된다는 점에서 유럽연합 국가들은 일단 안도의 한숨을 쉬고 있다. 하지만 두 후 보 중 누가 당선된다고 하더라도 프랑스 정계의 대대적인 개편이 있을 것으로 보인 다.

유럽의회 여론

04월 07일

• 스웨덴 트럭 테러 희생자 추모식…1분간 묵념의 시간   (뉴스1 04. 10)

– 지난 7일 스톡홀름 최대 번화가인 드로트닝가탄에서 맥주트럭이 시민을 향해 돌 진해 4명이 죽고 15명이 다쳤다. 차량은 인도를 덮친 뒤 인근 백화점 건물 외벽을 들 이받고 멈춰 섰다. 체포된 용의자는 우즈베키스탄 출신의 39세 남성이고 그가 이슬 람국가(IS)와 직접적인 연관이 있는지 이슬람국가(IS)의 추종자인지는 확인되지 않았 다. 체포 용의자는 2014년에 스웨덴에 입국했고 2016년에 체류 허가를 신청했지만 거절되어 불법 체류자로 분류되어 추방 대상이었다. 테러 공격 3일 후인 10일, 스톡 홀름 시청 앞에서 열린 테러 희생자 추모식에서 스톡홀름 시장인 카린 반가르(Karin Wanngard)는 우리는 폭력에 굴복하지 않을 것이며 테러가 만연하도록 두지 않을 것

이라고 말했다.

04월 07일

• 유럽의회, 시리아 장관의 유럽의회 방문 금지해   (Politico 04. 07)

– 유럽의회 의장인 안토니오 타자니는 외무부 차관인 아이만 수산(Ayman Soussan)의 4월 10일 유럽의회 방문을 금지하겠다는 결정을 내렸다. 이번 수산차관의 유럽의회 방문은 시리아 평화 프로세스지지 그룹(Syria Peace Process Support Group)의 초대로 이루어질 예정이었다. 이번 방문이 발표 되었을 때 유럽의회 의원들과 온라인 사회운동가들은 매우 격렬한 반응을 보였다. 특히 마릿테 샤커(Marietje Schaake)의원은 수산차관이 유럽 내에서 아사드(Assad) 정권을 대표하는 가장 높은 직위의 인물이라는 점을 이유로 그의 유럽의회 방문을 막아줄 것을 타자니에 의장에게 요청했다. 또한 라미 자라(Rami Jarrah)라는 언론인이 수산의 유럽의회 방문을 반대하는 탄원서 서명을 온라인에 게재했고 밤새 수천 명이 탄원서에 서명했다.

11차(4월 말~5월 말)

이순영

2017년 5월 15일부터 18일까지 스트라스부르에서 진행된 유럽의회 본회의에서는 브렉시트협상에서의 가이드라인이 재논의되었고 난민의 재배치 문제와 헝가리, 시리아 문제가 의제로 설정되었다(European Parliament Press Releases 2017. 05. 12). 의회는 이번 회기 동안 난민의 재배치 문제를 다루었는데 의원들은 회원국들이 난민 재배치 목표치의 11%만을 달성했고 특정 국가의 국적을 가진 지원자를 제외하는 등의 제한적이고 선별적인 선호도를 보인 것에 대해서 비난의 목소리를 높이면서 보호자가 없는 어린이들을 우선적으로 재배치할 것을 장려했다(European Parliament Press Releases 2017. 05. 17).

유럽국민당그룹은 빅토르 오르반 헝가리 총리가 지속적으로 유럽연합의 가치를 어기는 것에 대해서 분노하면서 빅토르 오르반 총리와 그의 정당, 청년민주동맹이 유럽국민당그룹에서 나가줄 것을 요구했다(Politico 2017. 04. 27). 유럽사회당그룹(Socialists & Democrats, S&D)은 유럽연합이 그리스에게 새로운 긴축 재정안을 승인하도록 요구한 것에 대해서 유럽연합이 그리스가 지금까지 해 온 노력에 대해서 인정하면서 좀 더 건설적인 방법으로 그리스 경제위기 문제를 다루어야 한다고 주장했다(S&D Press Releases 2017. 05. 22).

5월 22일, 영국 맨체스터 아레나에서 공연 중에 폭탄테러가 발생하여 22명의 사망자와 59명의 중상자가 발생했는데 이번 폭탄테러는 2005년 런던 테러 이후 사상 최악의 공격으로 평가되고 있으며, 폭탄테러범은 현장에서 즉사하였고 영국정부는 테러가 외로운 늑대라고 평가받는 테러범의 단독 소행인지 배후 조직에 의해서 조직된 범행인지에 대해서 아직 발표하지 않았다(The Times 2017. 05. 23).

5월 7일 실시된 프랑스 대선 결선투표에서 앙 마르슈정당의 에마뉘엘 마크롱 후보가 약 65%의 득표율로 국민전선(FN)의 마린 르펜 후보를 제치고 제25대 대통령에 당선되었다(AFP 2017. 05. 07; 뉴스1 2017. 05. 08 재인용). 또한 메르켈 총리가 속한 기민당이 자를란트 주 의회 선거에 이어 북부 슐레스비히홀슈타인 주 선거에서 사민당을 이기면서 9월 총선 승리에 점차 탄력을 받고 있는 것으로 평가받고 있다(Duetsche Welle 2017. 05. 14). 다음 유럽의회 본회의는 브뤼셀에서 5월 31일부터 6월 1일까지 개최될 예정이다.

04월 27일

• 의원들이 점차 빅토르 오르반을 유럽국민당그룹에서 내쫓는 것을 지지하고 있다

(Politico 04. 27)

– 중도우파 의원들이 빅토르 오르반이 유럽연합의 규칙과 가치를 계속해서 어기는 것에 대해 분노하여 그를 유럽국민당그룹에서 쫓아내자는 목소리를 높이고 있다. 지금까지는 헝가리 총리인 빅토르 오르반과 그의 청년민주동맹을 포함하고 있는 유럽국민당그룹은 오르반이 유럽의 규범과 가치를 어길 때마다 고개를 숙여왔다. 하지만 많은 유럽국민당그룹의 의원들은 오르반의 중앙유럽대학에 대한 탄압을 유럽연합의 정신에 어긋나는 일련의 행동 중에서 더 이상 받아들일 수 없는 일이라고 보았다. 프랭크 엥겔(Frank Engel) 의원은 "우리는 우리가 해왔던 것과 다른 길을 가는 자매 정당인 청년민주동맹에게 동정심을 느끼고 있으며 그들이 할 수 있는 가장 좋은 선택은 유럽국민당그룹을 떠나는 것이다"라며 말했다. 또한 엥겔 의원은 유럽연합 정상회의(European Council)에게 흔히 핵 옵션이라고 불리는 리스본 조약의 7조를 발동할 것까지 요구했다. 오르반이 어떤 제재를 받을지의 여부는 유럽국민당그룹의 수장인 만프레드 베버의 입장에 달려있는 것으로 보인다.

05월 04일

• 유럽국민당그룹, 아일랜드에서 브렉시트 관련 회의 개최

(EPP Group Press Releases 05. 04)

– 아일랜드의 대표인 파인 게일(Fine Gael)의 대표단과 센 켈리(Sean Kelly) 의원의 초대로 이루어진 아일랜드에서의 양일간의 회의에서의 유럽국민당그룹의 아젠다는 브렉시트 협상 목표였다. 켈리 의원은 아일랜드의 특수한 위치나 브렉시트의 상황

에서 아일랜드가 직면한 도전을 고려했을 때 유럽연합의 회원국들에게 이번 회의는 중요하다고 말했다. 또한 그는 이번 회의는 아일랜드 정부 대표와 토론하고 의견을 교환할 수 있는 좋은 기회가 될 것이며 우리의 미래 협상의 목표에 대해서 설정할 수 있는 자리가 될 것이라고 평가했다. 우리의 협상에서의 접근은 시민들과 브렉시트 이후에 유럽연합에 남는 국가들의 이해관계를 반영해야 하고 더 강력한 유럽연합을 달성해야 한다는 점을 강조했다. 유럽국민당그룹의 수장인 만프레드 베버는 아일랜드의 수상이 11일 목요일 오전에 연설을 하는 것에 대한 환영의 의사를 표현했다. 이번 회의 중 패널 토론에 영국의 전임 수상인 토니 블레어(Tony Blair)과 유럽연합의 브렉시트 협상 리더인 미셸 바니어(Michel Barnier)가 참석할 예정이다.

05월 22일

• 유럽사회당그룹, 쇼이블레는 그리스를 위한 건설적인 해결책을 막는 것을 그만해야
한다   (S&D Press Releases 05. 22)

– 유럽사회당그룹은 유럽연합이 그리스와 개혁과 재건설을 위한 협상을 해야 한다고 주장했다. 최근의 그리스에 대한 원조와 관련된 유럽 경제 장관 회의의 상황을 보았을 때 유럽사회당그룹의 부(副)수장인 우도 불만은 유럽연합이 그리스 문제 해결에서 독단적인 봉쇄 대신에 건설적인 해결책을 내놓을 것을 주장했다. 또한 우도는 "그리스가 최근에 급작스럽게 시행해 온 재정 감축 노력에 따라 유럽경제장관은 그들의 이행에 대해서 존중할 필요가 있고 긴급구제자금을 풀어주고 오랫동안 약속해온 빚 상환을 할 필요가 있다. 이것이 공정하면서도 건강한 경제이며 남부 유럽에서 지속가능한 성장이 가능할 때에만 유로존의 위기를 벗어날 수 있다. 또한 경제장관인 볼프강 쇼이블레는 위기를 맞은 국가에게 건설적인 해결책을 주도록 노력해야 한다"고 말했다.

05월 07일

• 프랑스 대통령 최연소 마크롱 당선…극우 르펜 참패

(AFP 05. 07; 뉴스1 05. 08 재인용)

– 7일 실시된 프랑스 대선 결선투표에서 앙 마르슈 정당의 에마뉘엘 마크롱 후보가 65.5~66.1%의 득표율로 제25대 대통령에 당선될 것으로 예측되었다. AFP은 프랑스 여론조사기관의 출구조사 결과를 인용하여 마크롱 후보가 국민전선의 마린 르펜 후보를 압도적 표차로 누르고 승리했다고 보도했다. 마크롱 후보는 1977년생, 만 39세로 프랑스 역사상 가장 젊은 대통령이 되었다. 프랑스에서 거대 양당인 사회당과 공화당 소속이 아닌 대통령이 선출된 것은 1958년 제 5공화국이 출범된 이후 이번이 처음이다. 마크롱 후보는 과거 사회당 소속으로 현 프랑수아 올랑드 정부에서 경제장관을 지냈지만 사회당의 좌경화에 반대하여 앙 마르슈 정당을 발족하여 올 대선에 출마하였다.

05월 11일

• 브렉시트 덕분에 유럽의회 수십 년 '유랑극단 신세' 벗어나나?

(ARD 05. 11; 연합뉴스 05. 11 재인용)

– 영국의 브렉시트 덕분에 유럽의회가 수십 년간의 유랑극단 신세에서 벗어날 수 있을 것이라는 기대감이 커지고 있다. 11일 독일 공영 ARD 방송 등에 따르면 유럽의회는 현재 프랑스 스트라스부르와 벨기에 브뤼셀로 나뉘어 있는 의회 기능을 브뤼셀로 단일화하는 방안을 추진 중이다. 유럽의회는 매달 1회씩 스트라스부르에서 본회의를 열고 나머지 기간에는 브뤼셀에서 상임위원회를 진행하는 등의 방식을 활용하고 있다. 이는 유럽연합 집행위원회(European Commission)를 비롯한 주요기관을 브뤼셀에 두되 다른 주요 회원국에도 유럽연합의 기관들을 분산 배치하여 이익의 균형을 잡으려는 타협 정책의 산물이었다. 하지만 관련 인력이 매달 두 도시를 왕복하고 체류하는데 드는 막대한 비용과 시간, 행정력이 낭비되는 것이 문제였다. 그동안 의회 기능을 브뤼셀로 통합하려는 움직임이 있었음에도 프랑스 정부의 반대

때문에 그 시도가 좌절되었지만 이번 영국의 유럽연합 탈퇴로 인해서 영국 런던에서 이전해야 하는 유럽연합의 기관 가운데 유럽의약품청(European Medicines Agency, EMA)을 스트라스부르에 주는 교환방향이면 프랑스를 설득할 수 있을 것으로 보인다. 이러한 계획은 프랑스의 동의를 비롯한 자국에 유럽의약품청을 배치하고자 하는 다른 회원국을 설득해야 하지만 유럽의회는 이번 기회를 놓치지 않고자 발 빠르게 움직이고 있다.

05월 14일

• 메르켈의 기독민주당이 여당인 사회민주당을 중요한 선거에서 몰아냈다

(Deutsche Welle 05. 14)

– 독일 총리의 정당, 기민당이 사민당의 힘이 강했던 북부 슐레스비히홀슈타인주에서 치러진 선거에서 승리했다. 이번 선거는 9월에 있을 독일 총선의 전초전으로 여겨지는 선거였다. 기민당이 33%의 득표를 했고 사민당이 31.2%, 자유민주정당(Free Democratic Party, FDP)이 12.6%, 독일대안당이 7.4%를 득표했다. 이번 주 선거에서는 독일 총선의 전초전으로 여겨졌던 만큼 65.2%로 5년 전 선거보다 높은 투표율을 보였다. 이번 선거 결과에 대해서 마르틴 슐츠 사민당 총리 후보자는 9월 총선에서 메르켈 총리를 이길 수 있는 방법을 고민해야할 것이며 그의 정당의 패배에 대해서 심사숙고할 것이라고 말했다. 이에 반해 선거에서 승리한 메르켈의 기민당에게는 지난 3월 자를란트 주 의회 선거에 이어 2연승을 거둔 것이어서 9월 총선 승리에 탄력을 줄 것으로 예상된다.

05월 17일

• 헝가리에서의 기본권: 의원들의 리스본 조약 7조 1항 발동 요구

(European Parliament Press Releases 05. 17)

– 지난 회기에서 논의했던 것을 종합하여 의원들은 헝가리의 기본권 침해와 관련된 상황을 유럽연합의 가치를 심각하게 저해하는 회원국들의 논의에 대해 조치를 취해야 한다고 주장했다. 이번 결의안은 크게 세 가지를 요구하고 있다. 첫 번째로 시민 자유, 정의 및 내무위원회에게 리스본 조약 7조 1항을 발동시키는 것에 관한 공식

결의안을 작성할 것을 요구했다. 두 번째 요구는 헝가리 정부가 망명자와 비정부기구를 강력하게 제한하는 법률을 철폐하도록 하고 미국 정부와의 합의에 도달하도록 함으로서 중앙유럽대학이 부다페스트에서 자유로운 기구로서 남을 수 있도록 해야 한다는 것이었다. 마지막 요구사항은 유럽연합 집행위원회(European Commission)가 헝가리 정부가 유럽연합의 기금을 사용하는 것에 대해서 엄격하게 모니터해야 한다는 것이었다. 헝가리의 최근의 행보는 유럽연합의 규칙과 민주주의, 그리고 기본권에 대한 심각한 악화였으며 헝가리에 대한 유럽연합의 대응은 유럽연합의 기초가 되는 가치들을 지킬 수 있는가에 대한 시험이기도 했다.

05월 18일

• 유럽의회, 유럽연합의 회원국들에게 난민 재배치에 대해 속도 올릴 것을 요구

(European Parliament Press Releases 05. 18)

– 유럽의회는 유럽연합의 회원국들이 그리스, 이탈리아에서 오는 망명자들을 받아 들여야할 의무가 있으며 특히 보호자를 대동하지 않은 소수자들에게 우선순위를 주어야 한다고 주장했다. 의원들은 회원국들이 그리스와 이탈리아에서 나온 16만 명의 난민들을 2017년 9월까지는 이동시켜야 한다는 사실에 동의하면서 5월 16일을 기준으로 그들의 할당량 중에서의 11%만을 재배치했다는 점에 대해서 비난의 목소리를 높였다. 또한 회원국들이 공유하고 있는 책임에 대해서 제대로 이행하지 않고, 싱글맘만을 받아들이거나 특정 국가의 국적을 가진 지원자를 제외하는 등의 매우 제한적이고 선별적인 선호도에 대해서 실망감을 표했다. 또한 의회는 9월까지 16만 명의 난민을 재배치한다는 목표에 도달하지 못하더라도 난민 자격이 있는 난민 지원자들을 계속해서 받아들이고 이동시키고, 망명자에 대한 더블린 규제가 채택될 때까지 확장된 난민할당제를 운용할 것을 제안했다.

05월 05일

• 유럽시민들이 유럽연합에게 원하는 것

(European Parliament Press Releases 05. 05)

- 지난 3월 유로바로미터의 설문조사를 통해서 유럽연합의 시민들이 원하는 바를 알아보았다. 우선 설문조사의 핵심적인 결과는 유럽시민들은 점차 긴급해지는 문제들에 대한 공동의 해결책이 필요하다는 인식이 커지고 있었다. 작년에 비해 더 적은 사람이 유럽이 현재 핵심 분야, 테러, 안보, 이주, 실업 등의 문제에 대해서 잘 다루고 있지 못하다고 평가했다. 또한 응답자 중 57%가 유럽연합에 대한 긍정적인 인식을 가지고 있었고 이는 2016년 9월에 비해 4%포인트가 증가한 수치였다. 유럽연합에 대한 인식은 국가별로 차이가 있었는데 체코, 그리스, 이탈리아, 크로아티아에서는 1. 3의 응답자만이 유럽연합을 긍정적으로 평가하고 있었다. '유럽연합 내에서 자신의 목소리가 얼마나 반영되는 것 같은가?'라는 질문에 43%가 그렇다고 대답했고 이는 작년 9월보다 6%포인트 상승한 수치였다. 하지만 응답자의 53%가 유럽연합의 수준에서 자신들의 목소리가 잘 반영되지 않으며 63%는 국가 수준에서 자신들의 목소리가 더 잘 반영된다고 인식하고 있었다. 또한 유럽시민들은 사회의 불평등 문제에 대한 우려를 표했고 절반의 응답자는 유럽연합이 잘못된 방향으로 향하고 있다는 의견을 내놓았다.

05월 22일

• 맨체스터에서 열린 아리아나 그란데 콘서트에서 자살폭탄으로 죽은 22명의 어린 아이들

(The Times 05. 23)

- 메이 총리는 맨체스터에서 어린이를 포함해서 22명을 죽이고 최소 59명의 중상자를 발생시킨 테러를 일으킨 범인을 향해 겁쟁이라며 비난했다. 또한 메이 총리는 이번 공격은 2005년 알카에다(Al-Qaeda)가 일으킨 런던에서의 테러 이후에 일어난 사상 최악의 공격이지만 이로 인해 맨체스터와 영국의 정신이 절대 망가지지 않을 것이라고 말했다. 은둔자로 알려진 테러범은 공연의 막바지에 개조된 폭발물을 사용

한 것으로 밝혀졌고 테러범은 그 자리에서 사망했다. 대테러 경찰과 조사기관은 이번 자살폭탄테러가 폭발범의 단독범행인지 배후 조직에 의해서 조직된 범행인지에 대해서 조사하고 있고 있다. 또한 가해자의 신원이 밝혀지기는 했지만 아직 발표하지 않을 것이라고 메이 총리가 밝혔다. 뾰족한 것에 찔린 것 같은 상처들이 많았다는 구급의료대원의 말이나 금속 너트와 볼트가 공격 장소가 된 콘서트 홀 입구에 흩어져 있었다는 목격자들의 증언을 고려했을 때 네일 폭탄(nail bomb·긴 못이 내장된 폭탄)이 사용되었을 가능성이 높은 것으로 추정된다.

12차(5월 말~6월 말)

이순영

2017년 5월 31일부터 6월 1일까지 브뤼셀에서 진행된 유럽의회 본회의에서 의원들이 최근 유럽 내에서 반(反)유대주의가 팽배하는 것에 대해 걱정의 목소리를 내며 회원국들에게 이를 막을 수 있는 강력한 행동을 요구했다(European Parliament Press Releases 2017. 06. 01). 또한 안토니오 타자니 의장은 도널드 트럼프 미국 대통령의 파리협정 탈퇴 결정에 대해 비난하며 미국의 탈퇴와는 무관하게 파리협정은 계속될 것이라고 말했다(European Parliament Press Releases 2017. 06. 01). 6월 12일부터 15일까지 스트라스부르에서 진행된 유럽의회 본회의에서는 여성이 남성에 비해 최대 40%정도 낮은 연금을 받는다는 사실에 대한 문제제기가 있었고 에너지 라벨링과 이산화탄소 배출 감축을 위한 논의가 진행되었다(European Parliament Press Releases 2017. 06. 16).

유럽국민당그룹과 자유민주당그룹은 유럽의 반테러 협력을 증진시키기 위해서 필요한 것을 평가해줄 특별위원회를 설치할 것을 요구했다(EPP Group Press Releases 2017. 06. 07). 하지만 유럽사회당그룹은 반테러 전략을 위한 협력이 필요하다는 점에 대해서는 전적으로 동의하지만 유럽국민당그룹과 자유민주당그룹이 제시한 특별위원회는 필요하지 않다고 주장했다(S&D Press Releases 2017. 06. 07).

6월 8일, 영국 총선에서 보수당이 제 1당을 차지했으나 과반의석을 차지하지 못하며 국정을 안정적으로 운영하기 어려운 형 의회(Hung Parliament)를 열게 되었고 이번 선거 결과로 인해서 테레사 메이총리는 위기를 맞이하며 하드 브렉시트를 계속해서 추구할 수 있을 것인가는 불투명해졌다(연합뉴스 2017. 06. 08). 이와는 상반되게 프랑스 총선에서는 마크롱 대통령의 정당이 의회의 다수당을 차지하였고 이번 선거 결과는 유권자가 마크롱 대통령에게 친(親)유럽연합, 기업친화적인 개혁을 추구할 수 있는 권한을 준 것으로 해석되고 있다(BBC 2017. 06. 19).

6월 3일, 영국 런던브리지에서 차량 테러가 발생하고 인근 버로우 마켓에서 흉기 공격이 일어나 최소 2명이 숨지고 수십 명이 다쳤다(연합뉴스 2017. 06. 04). 19일에는 런던 핀스버리 파크 모스트 인근에서 반(反)이슬람 차량공격이 일어났고 파리에서는 승용차 한 대가 경찰 벤 차량을 향해 돌진하였다(연합뉴스 2017. 06. 20). 다음 달 유럽의회 본회의는 스트라스부르에서 7월 3일에 개최될 예정이다.

06월 07일

• 유럽국민당그룹과 자유민주당그룹, 반테러 싸움의 실패를 평가할 특별위원회 원해

(EPP Group Press Releases 06. 07)

– 유럽국민당그룹과 자유민주당그룹의 수장들은 최대한 빠른 시일 내에 유럽의회 내에 유럽의 반테러 협력을 증진시키기 위해서 필요한 것을 평가해줄 특별위원회를 설치하기를 원했다. 유럽국민당그룹의 수장 만프레드 베버는 "우리는 반테러 분야에서의 실패를 경험해왔다. 특히 이미 데이터베이스에 등록된 사람들이 공격을 감행했음에도 회원국 간의 데이터가 교환되고 있지 않다. 유럽 국가들 사이의 데이터 교환과 협력만이 시민들을 위한 안전을 확보할 수 있다." 자유민주당그룹의 수장 기 페어호프슈타트는 "과거에는 첩보기관 간의 정보는 공유되지 않았다. 하지만 런던 테러의 경우에는 이탈리아 정부가 영국 정보부에게 이미 런던 테러 공격자가 위험 인물임을 알렸으나 영국은 이에 대한 적절한 행동을 하지 않았다. 이것은 정부 간의 정보 교환 시스템에 많은 결함이 있다는 것을 드러내는 것이며 의회는 이것을 진지하게 받아들이고 유럽연합의 FBI(Federal Bureau of Investigation)가 선택할 수 있는 것이 무엇인지에 대해서 살펴보아야 한다"고 말했다. 이에 베버는 "이것이 우리가 유럽연합 내에 반테러와 관련된 특별한 위원회를 설치하자고 주장하는 이유이다. 우리는 왜 협력이 이루어지지 않는지에 대해서 완벽하게 알아야하고 우리가 협력한다면 안전을 보장할 수 있다는 것을 명확하게 해야 한다"라고 결론지었다.

06월 07일

• 피텔라: 정보 교환을 증진시키는 것은 현명하지만 새로운 위원회를 만들 필요성은
없다 (S&D Press Releases 06. 07)

– 유럽국민당그룹과 자유민주당그룹이 공동으로 유럽의회 내에 테러와 관련된 특
별위원회를 만들어야 한다고 주장한 이후에 유럽사회당그룹의 수장 지아니 피텔라
는 이렇게 말했다. 회원국들 사이의 테러를 막기 위해서 협력과 정보 교환을 증진시
키고자하는 목표는 전적으로 지지하지만 새로운 특별위원회가 이러한 목표를 달성
하는데 도움이 될 것이라는 근거가 없다. 우리는 이미 이러한 이슈를 다루고 있는 시
민 자유, 정의 및 내무위원회를 가지고 있는데 완전히 새로운 위원회를 만드는 것은
전혀 말이 되지 않는다. 이는 그저 위원회 간의 업무를 중복시키는 것이며 시간과 돈
을 낭비하는 것이다. 기 페어호프슈타트와 만프레드 베버는 전혀 새롭지 않은 것을
이야기하며 값싼 정치적 이득을 보기 위해 현재의 심각한 상황을 부당하게 이용하
는 것뿐이다. 그들은 자신들의 행동에 대해서 부끄러워해야 한다.

유럽의회 선거·의회

06월 01일

• 반(反)유대주의의 확산에 대해 의원들 더 강력한 행동 요구

(European Parliament Press Releases 06. 01)

– 최근 유럽 내에서 반(反)유대주의가 확산됨에 따라서 더 강력한 행동이 필요하다
는 목소리가 커지고 있고 의원들은 목요일에 그에 관련된 결의안을 승인했다. 특히
의원들은 유대인에 대한 증오발언이나 폭력은 유럽연합의 가치와 어긋나는 것이며
회원국들은 유대인을 보호하기 위한 조치를 취해야 할 필요가 있음을 역설했다. 특
히 인종차별적인 동기는 형사상 범죄에서 가중처벌이 되는 요소로서 여겨져야할 것
이며 인터넷상에서의 반(反)유대주의적인 행동 또한 기소될 것이다. 특히 검색엔진
이나 소셜 미디어 등의 온라인 매체들에게 반(反)유대주의에 대한 증오발언에 대해
서 더 강력한 행동을 취하고 학교에서는 홀로코스트의 역사를 가르치도록 요구했
다. 또한 역사와 관련된 책들은 유대인의 역사나 삶에 대해서 정확하게 서술해야하

고 모든 형태의 반(反)유대주의는 피해야 한다.

06월 01일

• 타자니 유럽의회 의장: 미국의 탈퇴 결정에도 불구하고 파리협정은 계속될 것

(European Parliament Press Releases 06. 01)

‐ 유럽의회 의장인 안토니오 타자니는 트럼프 대통령의 파리협정 탈퇴 발표에 대해 "계약은 유지되어야 한다(Pacta sunt servanda)"는 말을 인용하며 파리협정은 존중되어야하며 트럼프의 이러한 결정은 신뢰와 리더십의 문제라고 언급했다. 이에 덧붙여서 미국의 참여와는 무관하게 파리협정은 계속될 것이며 진보할 것임을 강조했다. 또한 파리협정에 가입하지 않은 국가들은 시민, 지구, 경제를 위한 역사적인 기회를 놓치는 것이고 유럽연합은 기후변화에 대응하는 노력을 계속하면서 투자, 혁신, 기술, 일자리 창출, 경쟁력 향상을 이끄는 역할을 해내겠다고 말했다. 또한 기후위원회의 의장인 아디나 로아나 바리안(Adina‐Loana Valean)은 "트럼프의 파리협정 탈퇴 결정에 대해서 유감스럽게 생각하며 미국은 여전히 지구를 공유하고 있는 친구로서 다시 파리협정으로 돌아올 것을 희망한다"는 의견을 표했다.

06월 08일

• 영국 총선 집권 보수당 과반의석 상실… 헝 의회 출현 예상　　　　　(연합뉴스 06. 09)

‐ 6월 8일에 치러진 영국 조기총선에서 보수당이 제 1당을 차지했음에도 과반의석을 상실했다. 이로 인해 과반의석 확대를 위해서 조기총선이라는 도박을 한 메이 총리는 위기를 맞이했다. 영국 BBC 방송에 따르면 650개의 선거구 중에서 634개 선거구의 개표가 완료되었고 보수당이 309석, 노동당이 258석, 스코틀랜드국민당(SNP)이 34석, 자유민주당(Liberal Democrats)이 12석을 차지했다. 보수당이 남은 16석을 차지한다고 하더라도 국정을 안정적으로 운영하기 어려운 헝 의회(Hung Parliament)가 열리게 된다. 이러한 가운데 메이 총리는 다른 정당과의 연립정부 구성을 시도하여 보수당 정부를 출범시킬 것임을 강력하게 시사했다. 이와 관련하여 10석을 얻을 것으로 예상되는 민주통합통일당(Democratic Unionist Party, DUP)은 보수당과의 새 정부 출범 협상의사를 밝혔다. 노동당 또한 다른 정당들의 노동당 정책 지지를 바탕으로

하는 노동당 소수정부 출범 시도 의사를 밝혔으나 제1당인 보수당이 새 정부 구성 우선권을 쥘 것으로 보인다. 메이의 총리직이 흔들리면서 하드 브렉시트를 계속해서 추구할 수 있을 것인가는 불투명한 상황이다.

06월 16일

• 총회 쟁점: 에너지 라벨링, 에라스무스(Erasmus), 파리협정

(European Parliament Press Releases 06. 16)

– 이번 회기는 에너지 라벨링, 이산화탄소 배출을 줄이기 위한 계획, 에라스무스 프로그램 등을 다루었다. 수요일에는 트럼프 미국 대통령의 파리협정 탈퇴 결정에 대한 토론을 했고 이에 타자니 의장은 "말할 것도 없이 이번 결정은 미국의 실수이며 전 세계의 국가들이 협력해야 더 깨끗하고 안전한 지구를 우리 시민들에게 전해줄 수 있다"는 의견을 밝혔다. 같은 날에 의원들은 파리협정에 따라 유럽연합 탄소시장에서 다루지 않는 부문에 대해 국가별로 구속력 있는 목표를 설정하는 법안을 채택했다. ESR(Effort Sharing Regulation)이라고도 불리는 이 법안에 따라 회원국들은 2030년까지 2005년 탄소 배출량의 30%만큼을 줄여야 한다. 이 외에도 의원들은 여성이 남성에 비해서 최대 40%정도 낮은 연금을 받는다는 사실에 대해서 문제를 제기했다. 이러한 격차를 줄이기 위해서 고용시장과 임금에서의 성차별 문제가 더 잘 다루어질 필요가 있다고 주장했다.

06월 18일

• 프랑스 선거 결과, 마크롱의 정당이 의회 다수당 차지 (BBC 06. 19)

– 이번 총선 투표율은 2012년보다 감소했지만 마크롱의 정당, 전진하는 공화국(La Republique en Marche)이 577석 중 300석 이상을 차지하면서 의회 다수당을 차지했다. 이번 승리 마진은 당초 예상한 것보다 낮았지만 정당이 겨우 1년 전에 만들어졌고 절반 이상의 후보자가 정치 경험이 거의 없거나 전혀 없다는 점을 고려한다면 이는 선거승리라고 볼 수 있다. 또한 이번 선거 결과는 주류 정치세력을 몰아내고 새로운 대통령에게 친(親)유럽연합, 기업 친화적인 개혁을 추구할 수 있는 권한을 준 것으로 해석할 수 있다. 프랑스 총리 에두아르 필리프(Edouard Philippe)는 이번 선거에서의

낮은 투표율은 고려하면서 프랑스 전체를 위해서 행동할 것임을 약속했다. 전진하는 공화국(La Republique en Marche)과 민주운동당(MoDem)이 안정적인 정국을 운영할 수 있는 289석을 넘기며 전통적인 좌파, 우파 정당들에게는 큰 바람이 되었다. 공화당과 그들의 연합은 137석으로 야당세력을 형성했고 지난 5년 동안 정권을 잡아온 사회당은 급진좌파당 연합과 합쳐 41~49석만을 차지하게 되었다. 극우정당인 국민전선(FN)은 8석을 확보하는데 그쳤다.

유럽의회 여론

06월 03일

• 영국 런던브리지서 또 차량 테러…2명 사망·20여 명 부상   (연합뉴스 06. 04)

– 6월 3일 BBC 방송 등 영국 언론들은 영국 런던 시내 중심부인 런던 브리지에서 승합차 한 대가 인도로 돌진한 후 인근 버로우 마켓에서 흉기 공격이 일어나 최소 2명이 숨지고 수십 명이 다쳤다고 보도했다. 또한 런던 브리지에서 멀지 않은 곳에서 아직 정확히 알려지지 않은 범죄 사건이 일어나면서 테러 공포는 더 커지고 있다. 이번 테러에 대해 런던경찰청은 테러 공격 가능성에 대비해 대규모 무장경찰을 현장에 투입하여 런던브리지 통행을 차단하고 일대 지하철역과 버스정류장 또한 폐쇄했으며 무장 가능성이 있는 용의자 3명을 추적하고 있다고 밝혔다. 메이 총리는 테러를 보고 받은 뒤 긴급안보회의를 소집했으며 미 국무부도 런던 사건을 주시하고 있다고 밝혔다.

06월 19일

• 혼돈의 유럽…테러에 떨고 재난에 운다   (연합뉴스 06. 20)

– 유럽이 잇따른 테러와 재난재해로 혼돈에 휩싸인 모습이다. 무방비의 일상을 노린 테러가 계속되며 시민들의 불안은 커지고 이슬람 극단주의자에 의한 테러가 다시 이슬람 혐오 공격을 낳는 등 시민들의 불안이 확대 재생산되면서 사회적 갈등과 분열이 증폭되고 있다. 6월 19일 새벽 런던 북부 핀스버리 파크 모스크 인근 무슬람 복지 센터에서 차량 돌진 공격이 발생하여 1명이 사망하고 10명이 부상을 당했다.

이번 테러는 이슬람교도를 노린 증오범죄라는 점에서 영국인을 비롯한 많은 이들에게 충격을 주었다. 이 뿐만 아니라 같은 날 오후 파리 샹젤리제 거리에서 승용차 한 대가 경찰 벤 차량을 향해 돌진하고 충돌한 뒤 폭발하는 사건이 일어나며 프랑스 내에서도 테러에 대한 공포가 점차 커지고 있다. 테러사건뿐만 아니라 런던 그렌펠 타워 화재, 포르투갈 산불 등의 재해가 발생하면서 사회적, 정치적 불안으로 이어지고 있다.

06월 20일

• 런던·파리 테러 하루만에…브뤼셀서 폭탄 터져   (조선일보 06. 22)

– 현지시간 6월 20일 오후 벨기에 수도 브뤼셀의 중앙역에서 이슬람 극단주의자로 보이는 괴한 한 명이 가방에 든 폭발물을 터뜨렸다. 다행히 대형폭발로는 이어지지 않아 인명 피해는 없었지만 검찰 조사 결과 가방에서 대형 살상을 위한 못과 작은 가스통이 발견되었다. 벨기에 국영방송 RTBF(Radio Television Belge de la Communaute Francaise)는 "괴한이 폭발물을 터뜨리기 직전, 알라는 위대하다며 소리쳤다"고 전했다. 범인은 모로코 국적의 36세 남성으로 확인되었고 폭탄을 터뜨린 후 역사를 지키던 무장 군인에게 총을 맞고 현장에서 사망했다.

제2장

유럽의회의 쟁점

스코틀랜드의 유럽연합 잔류 의사를 통해 바라본 민주주의

김진주

2016년 6월 23일 영국의 유럽연합 탈퇴를 묻는 브렉시트 국민투표가 치러졌다. 그 결과 유럽연합 탈퇴에 응답한 비율이 52%로 나타나면서 영국의 유럽연합 탈퇴가 결정되었다(BBC 2016. 06. 24). 유럽연합 탈퇴라는 결과가 나오자 데이비드 카메론(David Cameron)은 총리직에서 사퇴하였고, 이후 7월 13일 테레사 메이가 새로운 보수당 당수이자 총리로 취임하였다(BBC 2016. 07. 11; CNN 2016. 07. 11; 뉴시스 2016. 07. 12 재인용). 취임 후 메이 총리는 자신의 최우선 과제를 유럽연합으로부터 영국의 탈퇴를 원만하게 이끌어내는 일이라고 말하며 영국의 유럽연합 탈퇴에 대한 강한 의지를 보였다(BBC 2016. 07. 11; CNN 2016. 07. 11; 뉴시스 2016. 07. 12 재인용).

그러나 영국은 스코틀랜드라는 또 다른 국면에 접어들게 되었다. 영국의 공식명칭은 그레이트브리튼 북아일랜드 연합왕국(United Kingdom of Great Britain and Northern Ireland)이며(한미경·노영희 2009), 영국에 속해있는 행정구역 중 특히 스코틀랜드의 경우 켈트족의 후손들이 주류를 이루어 여전히 토속어인 게일어를 사용하면서 전통문화와 관습, 민족적 정체성을 유지하고 있다(연합뉴스 2014. 09. 19). 2년 전 2014년 9월 18일 스코틀랜드는 실제로 분리 독립 주민투표를 시행했으나 당시 경제 불안에 대한 강한 우려가 원인으로 작용하여 찬성 44%, 반대 55%로 부결된 바 있다(연합뉴스 2014. 09. 19).

하지만 이번 영국의 유럽연합 탈퇴 국민투표로 인해 스코틀랜드의 독자적인 움직임이 다시 나타나고 있다. 6월 23일 브렉시트 국민투표에서 스코틀랜드는 유럽연합 탈퇴 반대여론이 62%로 높은 수준이었다(BBC 2016. 06. 24). 이에 스터전 스코틀랜드국민당(SNP) 대표는 6월 29일 벨기에 브뤼셀을 찾아 스코틀랜드의 유럽연합 잔류의사를 밝혔다(동아일보 2016. 06. 30). 더욱이 그녀는 전날 스코틀랜드 의회 연설에서 유럽연합에 잔류할 것이며 잔류하기 위해서는 영국에서 독립할 가능성도 있음을 시사했다(동아일보 2016. 06. 30).

이러한 스코틀랜드의 움직임은 스코틀랜드인들의 염원을 반영한 민주적인 행보라 할 수 있다. 브렉시트 투표 이후 다수의 스코틀랜드인들은 다시 독립투표를 하면 독립에 지지하겠다는 입장을 보이며, 영국에 속하는 것보다는 유럽연합에 속하는 것에 대한 이점이 높다고 평가했다(경향신문 2016. 06. 29). 물론 스코틀랜드의 독립에 대한 의지와 유럽연합 잔류 입장 표명 등은 국가의 분열과 사회적 분열을 초래할 수 있다. 그러나 스코틀랜드 내부적으로 보았을 때 이는 무엇보다 민주주의에 부합하는 행위이며 시민의 의사를 반영하고 있다고 볼 수 있다. 향후 스코틀랜드가 분열과 민주주의라는 두 기로에서 어떠한 선택을 할지 귀추가 주목된다.

참고문헌

경향신문. 2016.06.29.
뉴시스. 2016.07.12.
동아일보. 2016.06.30.
연합뉴스. 2014.09.19.
_____. 2014.09.19.
한미경·노영희. 2009. 『국가기록관 지식정보원(기록 기록관리 지식정보원 시리즈 3)』. 경

기: 한국학술정보

BBC. 2016.06.24.

____. 2016.06.24.

____. 2016.07.11.

CNN. 2016.07.11.

|||||||||||||||||||||||||||||||||||||||||||||||||||||||||||||||||||||||||||||||||||||||||||||||||||||||||||||||||

프랑스의 반(反)이민 정서와 정당의 역할

김진주

최근 유럽 사회에서 이민자가 급증하고 그들로 인한 테러가 지속됨에 따라 이민자의 대부분인 무슬림에 대한 혐오가 증가하고 있다. 특히 7월 중순 이후 프랑스 몇몇 지방에서는 무슬림 여성이 입는 수영복인 '부르키니(부르카+비키니)'가 잇달아 금지됨에 따라 또 다른 이슬람 혐오의 모습이 나타나는 것이 아니냐는 우려가 높아지고 있다(조선일보 2016. 08. 16). 이에 대해 8월 26일 프랑스 최종심 행정재판 기관인 콩세이데타(Conseil d'Etat, 국가평의회)는 수영복 부르키니 착용을 금지한 조치에 대해 개인의 양심의 자유와 이동의 자유 등 기본적인 권리를 명백하게 침범했다며 금지 조치를 중단하라고 판결했다(경향신문 2016. 08. 26).

하지만 프랑스 사회적 분위기는 다른 것으로 보인다. 프랑스 일간지 르피가로가 여론조사기관 IFOP에 의뢰해 8월 22~24일 조사한 결과, 프랑스인의 64%가 부르키니 착용에 반대한다고 응답한 것이다(중앙일보 2016. 08. 27). 이미 프랑스의 사회적인 분위기는 잇단 테러와 이민에 대한 반감으로 보수적으로 변화하고 있으며 무슬림 혐오 분위기가 확산되고 있는 중이다. 이렇듯 공공질서 유지와 생존에 대한 위협, 사회적인 불안은 프랑스 사회의 관용을 사라지게 만들고 있다(경향신문 2016. 08. 26). 그러나 이러한 상황에서 각 국가의 반(反) 이슬람 성향의 정당들은 사회적 분위기를 이용하여 이슬람에 대한 반감을 두드러지게 표출하고 있으며 국민들의 지지를 확대시켜가고 있다(조선일보 2016. 08. 16). 특히 이번에 부르키니 논란이 되고 있는 프랑스의 반(反)이슬람 정당인 국민전선(FN)의 전 대표는 이슬람 신도들을 나치에 비유하여 그들이 프랑스를 점령하고 있다고 표현한 바 있다(조선일보 2016. 08. 16).

정권 창출과 국민의 이익을 집약하는 정당의 입장에서 보았을 때, 반(反)이슬람 성향을 가진 정당들에게는 이와 같이 고조되는 국민들의 반(反)이민, 반(反)이슬람 정서가 기회로 여겨질 수 있다. 그러나 정치적인 이익을 위해 사회의 분열을 고조시키고 국민들의 불안감을 조장하는 것은 갈등해소와 사회통합이라는 정당 본연의 역할(정진민 2008)에 위배되는 행위이다. 따라서 프랑스뿐만 아니라 각 국가의 반(反)이슬람 성향을 정당들은 이러한 사회적 분위기를 감정적, 정치적으로 이용하기보다는 자신들의 주장과 논지를 명확히 제시하여 국민들의 이익과 의견을 반영하여 정당의 역할을 다해야 할 것이다.

참고문헌

경향신문. 2016.08.26.

조선일보. 2016.08.26.

정진민. 2008. "생산적 국회운영을 위한 대통령-국회 관계와 정당." 『한국정당학회보』 7집 1호, 77-102.

중앙일보. 2016.08.27.

통합을 위해 포퓰리즘에 빠진 유럽연합

김진주

　영국이 2016년 6월 23일 유럽연합 탈퇴를 결정한 이후 다른 유럽연합 회원국
들의 탈퇴 또한 움직임이 가시화되면서 유럽연합이 분열이라는 두려움이 고조
되고 있는 상황이다(dpa 2016. 06. 26; 연합뉴스 2016. 06. 26 재인용).

　하지만 유럽연합과 유럽의회는 이러한 분열의 두려움에서 벗어나고 유럽연
합을 다시 통합하고자 여러 가지 노력을 시도해왔다. 탈퇴결정이 난 직후 혹시
다른 국가들의 도미노식 영향을 우려하여 도날드 투스크 유럽연합 정상회의
(European Council) 의장과 융커 집행위원장, 마르틴 슐츠 의장, 유럽연합 의장국
인 네덜란드의 마르크 뤼터(Mark Rutte) 총리는 2016년 6월 24일 브뤼셀에서 공동
성명을 통해 영국 정부가 조속히 탈퇴할 것을 촉구하였다(연합뉴스 2016. 06. 25). 또
한 영국을 제외한 유럽연합 27개 회원국과 지도부가 2016년 9월 15일 슬로바키
아에서 만나 유럽연합의 미래에 대해 논의하였고, 지난 14일에는 유럽의회 시정
연설에서 융커 집행위원장이 통합된 유럽 군 창설을 위해 '유럽 군 지휘부' 설립
을 제안한 바 있다(연합뉴스 2016. 09. 16).

　이러한 노력들은 유럽연합 및 유럽의회 차원에서 회원국을 하나로 묶고 통합
시키려는 행위로 이해될 수 있다. 그러나 이 과정에서 포퓰리즘의 양상을 띄는
새로운 정책이 제시돼 유럽 내에 문제가 되고 있다. 포퓰리즘은 대중의 의사가
중심이 되는 정치노선으로 대중의 정치적 지지를 얻기 위해 하는 일련의 행위
들을 일컫는다(김인영 2007). 장클로드 융커 유럽연합 집행위원장은 9월 14일 유
럽의회 연설에서 통합된 군 창설 방안뿐만 아니라 젊은이들에게 유럽연합 소속
감을 높이겠다는 목적으로 18세 생일을 맞은 회원국 국민에게 한 달간 회원 30
개국을 철도로 여행할 수 있는 인터레일 패스를 제공하는 제안을 했다(The In-
dependent 2016. 09. 30). 이에 대해 유럽국민당그룹 대표, 이탈리아 총리, 독일정부
등은 찬성하는 입장을 보였으나 영국 데일리메일은 유럽연합이 10대들을 뇌물
을 통해 브뤼셀로 돌아오게 만든다고 비판했다(Daily Mail 2016. 09. 29). 유럽사회당

그룹의 대표 역시 이러한 정책이 오히려 청년 실업률 문제를 겪고 있는 국가들의 젊은이들에게는 사용될 수 없으며 일자리 마련에 더욱 주력해야 한다고 말했다(The Independent 2016. 10. 01; 연합뉴스 2016. 10. 01 재인용).

분열의 위기에 놓여 있는 유럽연합의 입장에서는 근간이 흔들릴 수 있기에 유럽연합 내 회원국과 국민들을 통합하기 위해 다양한 방안을 모색해야 할 필요가 있다. 그러나 이번 인터레일 패스 제공과 같은 정책이 진정으로 유럽연합의 통합을 위해서 필요한 것인지 한 일간지가 지적했듯 인기를 얻기 위한 포퓰리즘적인 정책인지 반드시 생각해 보아야 할 것이다.

참고문헌

김인영. 2013. "정치용어의 정명과 한국정치의 정치실패 극복을 위한 모색." 『한국경제연구원 세미나자료』 13, 14-42.

연합뉴스. 2016.06.25.

_____. 2016.06.26.

_____. 2016.09.16.

_____. 2016.10.01.

Daily Mail. 2016.09.29.

dpa. 2016.06.26.

The Independent. 2016.09.30.

_____. 2016.10.01.

난민할당제의 실효성과 유럽연합의 과제

김진주

10월 2일 헝가리 빅토르 오르반 총리가 난민할당제를 국민투표에 부쳤으나 투표율이 50%를 넘기지 못함에 따라 난민할당제 국민투표가 무효 처리되었다(연합뉴스 2016. 10. 03). 헝가리 정부는 많은 예산과 인력을 활용해 난민할당제를 국민투표에 부치기 위해 노력했으나 유럽연합과의 갈등이 커지면 경제적인 손실이 생길 수 있다는 것을 우려한 젊은 층 인구가 투표참여를 거부하면서 결국 실패로 돌아갔다(연합뉴스 2016. 10. 03). 하지만 이번 국민투표 시도는 유럽연합의 난민할당제의 시행 및 실효성과 관련하여 문제를 제기한 것으로 볼 수 있다.

유럽연합은 2015년 9월 그리스와 이탈리아에 난민이 대규모로 몰리면서 더블린 조약으로는 해결할 수 없게 되자 난민 16만 명을 유럽연합 회원국에 각각 분산 배치하고, 이를 어기는 국가에게는 벌금을 부과하기로 결정하였다(주간동아 2016. 10. 19). 그러나 유럽연합의 난민할당제는 시행에 있어 난항을 겪고 있다. 최근 헝가리에서 난민할당제의 시행을 묻는 국민투표가 있었을 뿐만 아니라 난민 1,953명이 배정된 오스트리아, 1,294명이 배정된 헝가리, 6,182명이 배정된 폴란드 등은 단 한명의 난민도 들이고 있지 않는 실정이다(연합뉴스 2016. 10. 03). 그뿐만 아니라 올해 유럽연합이 할당해 재정착한 난민은 2016년 9월 초까지 전체 16만 명에 10%도 되지 않는 4,519명에 불과하여 그 제대로 이루어지지 않고 있다(아시아경제 2016. 10. 03). 더욱이 이번 국민투표에 실패한 헝가리가 헌법을 개정하여 개헌안을 통해 외국인들이 헝가리에 재정착할 수 없도록 난민할당제에 대한 거부의사를 명확히 하고 있는 상황이다(연합뉴스 2016. 10. 11).

난민수용에 대해 공동의 책임을 가지는 것은 유럽연합 회원국으로서 지켜야 할 책무라 할 수 있다. 그러나 최근 난민 증가로 인해 난민과 관련된 각종 범죄와 테러가 늘어나 각 국의 난민에 대한 반감이 고조되고 있으며, 특히 난민이 유입되는 이탈리아에서는 각 소도시에서 난민에 반대하는 시위도 잇따르고 있다(Corriere della Sera 2016. 10. 25; 연합뉴스 2016. 10. 25 재인용). 난민할당제는 유럽연합 회원국으로써 지켜야할 의무이기도 하지만 자국 국민들의 치안과 여론에 따라 회원국들이 이를 제대로 시행할 수 있을지 미지수이다. 따라서 유럽연합은 난민할당제의 실효성에 대해 고민해야 하며, 인도적인 측면 외에도 유럽시민들의 의견을 고려하여 난민위기를 대처하기 위한 방안을 모색해야 할 것이다.

참고문헌

아시아경제. 2016.10.03.
연합뉴스. 2016.10.03.
_____. 2016.10.03.
_____. 2016.10.11.
_____. 2016.10.25.
주간동아. 2016.10.19.
Corriere della Sera. 2016.10.25.

유럽 내 미국 대통령선거 결과의 의미

김진주

2016년 11월 8일 미국의 제45대 대통령선거가 치러졌다. 미국은 중국, 미국, 영국의 조사기관이 공동으로 주요 20개국 국민을 대상으로 조사한 결과에서 가장 영향력 있는 국가로 선정된 바 있다(연합뉴스 2016. 08. 30). 그렇기에 미국의 정책을 결정하는 대통령선거는 전 세계적인 관심의 대상이었다. 이번 미국 대선은 역대 대선 중에서 가장 정치적으로 첨예하고 인종적으로 분열됐다는 평가를 받고 있다(Pew Resaerch Center 2016. 11. 07; 헤럴드경제 2016. 11. 08). 특히 미국의 제45대 대통령으로 선출된 도널드 트럼프는 선거과정에서 급진적인 태도를 보여 국제 사회의 많은 우려를 야기하고 있으며, 선거가 끝난 이후에도 여전히 트럼프에 대한 시위가 이어지고 있다(중앙 SUNDAY 2016. 11. 20).

이번 선거 결과에 대해 유럽 내에서도 우려의 목소리가 높다. 유럽국민당그룹의 대표인 만프레드 베버는 유럽의 정치 문화에서 미국의 대선 결과는 또 다른 각성이며 전 세계의 급진주의자들에게 문을 열어주어서는 안된다며, 향후 유럽의회와 유럽연합도 국민들의 두려움 우려에 더욱 귀를 기울여야 한다는 입장을 보였다(EPP Group Press Releases 2016. 11. 09). 유럽사회당그룹의 대표인 지아니 피텔라 역시 트럼프의 승리를 미국과 유럽전역에 깊게 감염된 '바이러스'라고 표현하며 트럼프나 프랑스의 마린 르펜, 영국의 나이젤 페라지, 헝가리의 빅터 오르반 등의 급진주의자들의 행보에 개혁적으로 대응할 방안을 모색해야 한다고 밝혔다(S&D Press Releases 2016. 11. 09). 프랑스의 일간지 르몽드는 이번 선거에 영향을 받는 국가에선 심지어 극단주의 정당이 집권하는 현상이 발생할 수도 있다고 보도했다(Financial Times 2016. 11. 09; Le Monde 2016. 11. 09; AFP 2016. 11. 09; 연합뉴스 2016. 11. 09 재인용). 이렇듯 이번 미국 대선에서 트럼프의 승리는 포퓰리즘, 극우주의, 급진주의 정치인들의 행보가 꾸준히 증가하고 있는 유럽의 입장에서 유럽에 미칠 영향력에 대한 두려움이 크다고 할 수 있다.

오늘날 전 세계는 긴밀하게 연결되어 있기에 한 국가의 선거 결과는 국제 사회에 전역에 영향을 미칠 수 있으며, 미국이라는 국제 사회의 주요 국가의 대선은 그 의미가 더욱 크다고 할 수 있다. 포퓰리즘, 극우주의 정당과 정치인의 영향력이 급증하고 있는 유럽의 경우 이번 미국 대선 결과가 유럽 내 미칠 영향에 대해 우려하는 목소리가 높다. 하지만 유럽사회당그룹 대표가 언급했듯이 이러한 급진주의자들의 행보를 단지 두려움과 우려로만 바라보지 말고 그들을 지지하는 국민들의 실제적인 의견과 소통하고 소외와 사회적 불안의 귀를 기울일 필요가 있다(S&D Press Releases 2016. 11. 09). 이를 통해 정치적 안정과 사회통합을 추구하는 실제적인 방안을 모색해야 할 것이다.

참고문헌

연합뉴스. 2016.08.30.

_____. 2016.11.09.

중앙SUNDAY. 2016.11.20.

헤럴드경제. 2016.11.08.

AFP. 2016.11.09.

EPP Group Press Releases. 2016.11.09.

Financial Times. 2016.11.09.

Le Monde. 2016.11.09.

Pew Research Center. 2016.11.07.

S&D Press Releases. 2016.11.09.

||||||||||||||||||||||||||||||||||||||||||||||||||||||||||||||||||||||||||||||||||||||||||||||||||||||||||||||||||||||

유럽 정치권과 국민의 의견 차이를 통해 바라본 대의민주주의

김진주

2016년 12월 4일 마테오 렌치 이탈리아 총리가 정치 생명을 걸고 추진한 헌법 개정 국민투표가 부결됐다. 렌치 총리는 집권 뒤 이탈리아 경제가 살아나려면 상원과 지방에 과도한 권한을 부여한 헌법을 바꿔야 한다는 입장을 보였으며, 상원의원 수를 현행 315명에서 95명으로 대폭 줄이고 치안과 사회간접자본, 교통 등 지방에 부여됐던 권한 상당 부분도 중앙정부가 가져가는 내용의 국민투표를 시행하였으나 부결되었다(한겨레 2016. 12. 05). 이는 이탈리아 정치권과 이탈리아 국민들 사이의 의견 차이가 존재한다는 것을 단적으로 보여주는 예이며 최근 유럽 내에 이러한 상황이 다수 발생하고 있다.

특히 가장 대표적인 정치권과 국민의 의견 차이는 지난 영국의 유럽연합 탈퇴 국민투표일 것이다. 지난 2016년 6월 23일 영국에서 유럽연합 탈퇴를 묻는 국민투표가 시행되었고, 결과적으로 영국은 유럽연합을 탈퇴하게 되었다. 그러나 이 과정에서 영국의 데이비드 카메론 총리는 지속적으로 유럽연합의 탈퇴를 주장해 오다가 선거 막바지에 이르러 유럽연합과 유럽연합 내 개혁안에 대해 논의가 승인되자 유럽연합 반대 선거운동을 진행했다(Telegraph 2016. 02. 22; 중앙일보 2016. 02. 22 재인용). 카메론 총리는 자신의 의사가 반영되자 유럽연합 탈퇴에 대한 의견을 변경한 것이다. 그러나 결과적으로 국민들은 유럽연합 탈퇴에 손을 들었고 정치권과 국민의 의견의 차이가 극명하게 드러났으며 이로 인해 영국은 유럽연합을 탈퇴하게 되었다.

대의민주주의에서 정치권이 국민의 의견을 반영하지 못한다는 것은 대표성의 측면에서 큰 우려를 낳을 수 있다. 결과적으로 국민의 의견을 반영하지 못한다면 이탈리아와 영국의 사례에서 보았듯 정치권은 그 역할을 더 이상 할 수 없게 되며, 자국 내의 혼란을 가져올 뿐만 아니라 영국의 유럽연합 탈퇴와 같은 사항에서는 국제적인 혼란을 가중시킬 수 있다. 이러한 상황을 막기 위해서는 정치권 특히 정당에서 중요한 역할을 해야 한다. 유럽 내에는 국내 정당뿐만 아니라 각국의 정당들의 함께 그룹을 형성하는 유럽의회 내 정당그룹들이 존재한다. 이러한 정당그룹은 여러 국가 간의 공조를 가능하게 하고 나아가 유럽시민들의 많은 의견을 수용하는 데에 도움이 될 것이다. 따라서 이러한 정당 그룹의 활동을 활용하여 정치권이 국민을 제대로 대변할 수 있도록 하는 방안이 모색되어야 할 것이다.

참고문헌

중앙일보. 2016.02.22.
한겨레. 2016.12.05.
Telegraph. 2016.02.22.

유럽 내 극우주의 세력의 부상과 실질적 민주주의

김진주

2017년 1월 20일 많은 사람들의 우려와 반대 속에 미국의 제45대 대통령으로 도널드 트럼프가 취임하였다. 특히 20일 취임연설이 있은 직후 미국과 해외 주요 언론들은 일제히 트럼프의 화합보다는 분열이 강조된 민족주의적 연설을 규탄하며 앞으로 트럼프 집권에 대한 우려를 표명했다(The Washington Post 2017. 01. 20; The New York Times 2017. 01. 20; LA Times 2017. 01. 20; The Guardian 2017. 01. 20; Financial Times 2017. 01. 20; 연합뉴스 2017. 01. 21 재인용). 그러나 유럽의 극우주의 세력은 트럼프의 취임을 누구보다 환영하고 있다.

1월 21일 프랑스 극우정당 국민전선(FN)의 마린 르펜 대표가 주도해 설립한 유럽의회 내 극우정당 모임인 '유럽의 민족·자유(ENF)'는 유럽 극우·포퓰리즘정당 대표 회의를 독일 코블렌츠에서 개최하였다(AFP 2017. 01. 16; The Guardian 2017. 01. 21; 중앙일보 2017. 01. 23 재인용). 그들은 앵글로색슨 민족이 영국에서는 브렉시트를 미국에서는 트럼프 당선을 가능하게 했으나 향후 유럽에서 자신들을 중심으로 하는 변화가 있을 것이라고 주장하며 유럽 내 극우주의 세력의 부상을 축하했다(AFP 2017. 01. 16; The Guardian 2017. 01. 21; 중앙일보 2017. 01. 23 재인용). 특히 이번 회의에는 네덜란드 극우정당인 네덜란드 자유당(PVV)의 헤이르트 빌더스 대표와 유럽연합 탈퇴를 주장하는 이탈리아 북부동맹의 마테오 살비니 대표도 회의에 참석했다.

유럽 내 극우주의 세력인 이들은 올 한 해 유럽의 큰 변화를 가져올 수 있는 상황에 놓이게 된다. 올해 유럽 내 첫 번째 선거로 3월에 치러질 네덜란드 총선에서는 AFP에 따르면 빌더스 대표가 이끄는 네덜란드 극우정당인 자유당(PVV)이 하원의원 150석 중 가장 많은 31~37석을 차지해 제1당에 오를 가능성이 있다(AFP 2017. 01. 16; The Guardian 2017. 01. 21; 중앙일보 2017. 01. 23 재인용). 더욱이 네덜란드의 총선 결과는 이후 프랑스 대선과 9~10월 개최될 독일 총선에 영향을 미칠 수 있을 것으로 보이며, 오는 4월 대통령선거를 앞두고 있는 프랑스에서는 이미 극우주의정당 국민전선(FN)의 르펜 대표가 1차 투표에서 승리할 수 있다는 여론조사가 나오고 있다(Le Figaro 2017. 01. 10; 연합뉴스 2017. 01. 11 재인용).

이렇듯 2017년 역시 유럽 내 극우주의 세력의 부상의 예상된다. 그러나 이러한 상황은 실질적 민주주의의 위협으로 다가올 수 있다. 민주주의는 민주적 제도와 정치과정의 절차를 중요시하는 절차적 민주주의와 제도와 절차를 넘어 사회적 평등 등의 민주적 가치를 목표로 하는 실질적 민주주의가 존재한다(박경미·장승진 2014). 극우주의 정당과 그 세력을 절차적인 측면에서는 민주주의에 위협이 되지 않을 수 있으나 그들이 이슬람, 이주민, 난민, 유럽통합 등에 반대하는 주장을 펼치고 있는 만큼 사회적 평등과 민주적 가치의 수호에서는 실질적 민주주의를 침해할 우려가 있다. 유럽 모든 시민들의 안정과 민주적 가치의 수호를 위해 올해 더욱 현저히 나타날 수 있는 극우정당 세력의 부상을 견제하고, 더 나아가 민주주의를 확립하기 위해 노력할 방안을 유럽 내에서 끊임없이 모색해야 할 것이다.

참고문헌

박경미·장승진. 2014. "신생민주주의 국가 시민들의 민주주의에 대한 태도와 시민-정당 연계의 형성." 『국제지역연구』 23호, 65-94.

연합뉴스. 2017.01.11.

_____. 2017.01.21.

중앙일보 2017.01.23.

AFP. 2017.01.16.

Financial Times. 2017.01.20.

Le Figaro. 2017.01.10.

Los Angeles Times. 2017.01.20.

The Guardian. 2017.01.20.

_____. 2017.01.21.

The New York Times. 2017.01.20.

The Washington Post. 2017.01.20.

테러 위협과 국경 보호 방안의 실효성

김진주

유럽 전역에서 지속적인 테러의 위협으로 인해 공포가 증대되고 있다. 특히 유럽시민이 아닌 테러리스트 집단과 '고독한 늑대(lone-wolf)'라 지칭되는 단독 테러리스트들의 공격이 계속되면서 유럽의회는 현재 테러리스트 범죄에 대해 마련되어 있는 규칙을 새롭게 개정하는 방안을 2월 16일 통과시켰다(European Parliament Press Releases 2017. 02. 16).

해당 규칙은 범죄로 간주되는 범위를 테러집단에 합류하기 위해 해외로 여행 가거나 테러의 목적을 가지고 유럽연합으로 돌아오는 것, 테러행위를 위한 테러리스트를 모집하거나 훈련을 받고, 공격을 돕거나, 테러를 찬사하며, 테러 단체에 자금을 지원하는 것까지 확대하는 내용을 담고 있다(European Parliament Press Releases 2017. 02. 16). 덧붙여 테러로 인한 희생자들에게 즉각적으로 희생자가 본국으로 돌아갈 수 있는 지원 서비스와 더불어 의료·심리적 지원은 물론 법적 청구를 위한 절차 및 재정 문제에 대한 자문을 지원하는 것을 포함하고 있다(European Parliament Press Releases 2017. 02. 16).

이번 규칙과 관련하여 유럽국민당그룹은 시민들의 안전과 향후 테러 공격으로 피해를 입을 수 있는 시민들을 돕는 조항이며, 회원국들은 쉥겐 지역으로 들어오는 모든 여행객들의 정보를 체계적으로 검사할 의무를 가지게 된다고 긍정적인 입장을 밝혔다(EPP Froup Press Releases 2017. 02. 15). 하지만 유럽사회당그룹은 본 규칙의 실행과정에서 혼란이 생길 수 있다며 우려를 표명하고 나섰다. 유럽사회당그룹의 부대표는 유럽연합 시민을 안전하게 지키는 것이 중요하지만 이번 규칙이 제대로 이루어지지 않는다면 공항 내 혼란만을 야기하게 될 것이기에 조심스럽게 회원국들과 실행방법에 대해 논의해야 한다고 밝혔다(S&D Press Releases 2017. 02. 16).

유럽연합은 단일 국가가 아닌 초국가적 연합체이기에 각 국가마다의 사회적 특성이 다르고, 가지고 있는 체제나 제도, 규칙이 다르다. 따라서 테러의 위협으로부터 시민들을 보호하기 위해 유럽연합 내에서 다양한 방안이 모색되고 있으나, 여전히 그 방안들의 실행가능성과 실효성에 대해서는 우려의 목소리가 높다. 유럽시민의 안전이라는 공통의 가치를 위해서는 다양한 의견을 수용하고 여러 변수를 고려하여 실질적이고 효과적인 대안을 찾기 위해 노력해야 할 것이다.

참고문헌

EPP Group Press Release. 2017.02.15.

European Parliament Press Releases. 2017.02.16.

S&D Press Releases. 2017.02.16.

‖‖

총기 규제 법안에 대한 논쟁과 유럽의회의 사회통합을 위한 노력

이순영

2017년 3월 14일 유럽의회는 총기지침을 더 강력하게 규제하는 법안을 승인했다. 이 법안은 기존의 법 테두리 밖에 있는 종류의 총에 대한 규제를 강화하는 동시에 총기를 국가시스템에 등록하도록 하고, 필요한 경우에 총기 관련 정보를 유럽연합 국가 내에서 교환하도록 하는 내용을 담고 있다(European Parliament Press Releases 2017. 03. 14). 총기지침에 대한 규제를 강화하려는 유럽의회의 활동은 최근 3년 내에 유럽에서 일어난 일련의 테러사건, 특히 2015년 프랑스 파리 테러사건과 관련이 있다(European Parliament Press Releases 2017. 03. 14; Euobserver

2017. 03. 15).

2015년 11월 18일, 처음 유럽연합 집행위원회(European Commission)가 이 법안을 의제화하였고 법안을 계속 수정하는 과정에서 공청회를 열어서 전문가와 이해관계자들의 의견을 받아왔다. 특히 의회는 집행위원회 초안의 문제점을 지적하면서 의회 주최의 공청회와 유럽 사회 총기 수집가 재단(The Foundation for European Societies of Arms Collectors, FESAC)과 유럽국민당그룹, 유럽보수개혁(European Conservatives and Reformists Group, ECR), 자유민주당그룹이 함께 개최한 공청회를 통해서 총기지침 규제에 대한 의견을 나누어왔다. 두 번째로 열린 공청회에서 유럽의회 의원들은 유럽 사회 총기수집가재단 의장 스테판 페트로니(Stephen A. Petroni)를 통해 "유럽연합이 테러를 명분삼아 무기 수집가들이 총기규제의 범위 안에 있도록 하고 있으며 총기규제가 테러를 막는데 실효가 있는지가 의문이다"라는 의견을 들었다(Euobserver 2017. 03. 15).

이번 법안이 표결되기 직전까지도 자유민주당그룹은 이번 법안이 문제가 되고 있는 온라인 총기 판매를 허용하면서 총기 소유에 대한 규제를 강화하는 것이 아니라 오히려 총기 소유자들의 권리만 침해하고 있다는 목소리를 냈다(ALDE Group News 2017. 03. 08). 하지만 법안은 통과되었고 이후 유럽국민당그룹과 유럽사회당그룹은 이번 법안이 기존의 총기규제법의 허점을 바로잡는 동시에 사냥꾼들과 스포츠로 사격을 즐기는 사람들의 권리를 제한하지 않는다는 점에서 균형 잡힌 법이 만들어졌다며 법안의 승인을 환영했다(EPP Group Press Releases 2017. 03. 14; S&D Press Releases 2017. 03. 14).

지난 3년간 유럽에서 일어난 테러 사건들을 고려해본다면 총기지침에 관한 규제는 환영받을 만하다. 또한 난민으로 위장해서 유럽 내 입국한 이슬람국가(IS)요원들로 인한 잠재적 테러에 대한 공포가 유럽인들에게 난민은 곧 테러를 일으킬 수 있는 사람들이라는 편견을 확산시킨다(김춘식 2016)는 점을 고려한다면 이번 법안은 만장일치로 통과될 만하다. 하지만 법안에 대한 다양한 의견이 존재했고 이를 조정하기 위해서 유럽의회는 공청회 등을 통해서 다양한 이해관계자들의 의견을 수용하고 3월 14일에 그 결과물을 통과시켰다. 물론, 이번 법안의 통과가 모든 사람을 만족시키는 법안의 탄생을 의미하는 것은 아니다. 하

지만 총기 규제라는 논쟁적인 사안을 합의에 이르게 했다는 점에서 사회통합을
실현하기 위한 유럽의회의 노력을 엿볼 수 있다.

참고문헌

김춘식. 2016. "유럽 난민문제와 독일 극우주의의 부활." 『독일연구』 33호, 153-186.
ALDE Group News. 2017.03.08.
EPP Group Press Release. 2017.03.14.
Euobserver. 2017.03.15.
European Parliament Press Releases. 2017.03.14
S&D Press Releases. 2017.03.14.

수산 차관의 유럽의회 방문 금지와 타자니 의장의 소통

이순영

2017년 4월 4일, 시리아의 북부지역에 최악의 생화학 공습이 발생했다. 이번
공습에 대해서 서방국가의 지도자들은 단시간 내에 100명 이상의 사람을 죽음
으로 몰아넣고 많은 사람에게 피해를 입힌 아사드 정권의 무력 사용을 비난했
다(The Times 2017. 04. 06). 이와 더불어 유엔 안전보장이사회에서도 이번 생화학
공습에 대한 책임 소재가 불분명하지만 시리아 정부의 전쟁 범죄라는 비판이
일었다(YTN 2017. 04. 06).

시리아 전쟁 속에서 계속된 인권유린의 상황이나 시리아에서의 생화학 공격
을 고려했을 때 4월 10일으로 예정된 수산 차관의 유럽의회 방문은 비난의 대상
이 될 가능성이 높았다. 수산 외교부 차관의 방문은 이번 공격과는 무관하게 유
럽의회 내의 비공식 조직인 시리아 평화 프로세스 지지 그룹의 초대로 이미 계

획되어 있었다(Politico 2017. 04. 06). 하지만 마릿테 샤커 의원은 수산 차관이 유럽 내에서 아사드 정권을 대표하는 가장 높은 지위에 있는 인물인 점이나 유럽연합 회원국들이 아사드 정권을 대표하는 이들에게 제재를 가해온 것, 그리고 아사드 정권의 최근 행보를 고려했을 때 수산 장관의 유럽의회 방문을 막아야 한다는 의견을 내놓았다(Marietje Schaake Open letter 2017. 04. 06). 마릿테 샤커의 요구뿐만 아니라 라미 자라라는 언론인 또한 수산 차관의 방문을 막고자 하는 탄원서를 온라인에 게재했고 이는 하룻밤 사이에 수천 명의 서명을 받았다(Politico 2017. 04. 06).

이에 타자니 의장은 최근 아사드 정권의 행보를 고려했을 때 유럽의회 내에서 이러한 행사를 여는 것은 정치적으로 부적절하며 안전상의 문제 또한 있으므로 수산 차관의 유럽의회 방문은 금지되는 것이 옳다는 입장을 표명했다(Rappler 2017. 04. 07; AFP 2017. 04. 07 재인용). 이번 타자니 의장의 개입은 소셜 미디어 채널을 통해서 잘 모아진 시민의 의견을 유럽의회 의장이 받아들여 실행에 옮긴 좋은 사례라고 볼 수 있다. 물론 타자니 의장의 행동이 시리아 문제를 해결하는데 큰 영향을 미쳤다고는 할 수 없다. 하지만 타자니 의장의 이번 결정은 시민들의 적극적인 참여로 표출된 시민들의 의견을 잘 반영하여 유럽의회의 대표, 그리고 시민의 대표로서의 기능을 잘 수행했다고 볼 수 있을 것이다. 이번 사건은 시민들의 적극적인 참여와 정치인의 소통을 잘 보여주는 예시로서 앞으로 유럽연합 내에서 이와 비슷한 문제가 발생했을 때 좋은 선례로 활용될 수 있을 것으로 보인다.

참고문헌

AFP. 2017.04.07

Marietje Schaake Open letter. 2017.04.06.

Politico. 2017.04.06.

Rappler. 2017.04.07.

The times. 2017.04.06.

YTN. 2017.04.06.

풀뿌리 선거운동으로 이루어낸 마크롱의 선거 승리

이순영

2017년 4월 23일, 1차 대통령선거에서 마크롱과 르펜이 각각 23.9%, 21.4%를 득표하면서 결선 투표에 진출했고 5월 7일 열린 결선투표에서 마크롱이 큰 이변 없이 대통령으로 선출되었다. 이번 프랑스 대선의 결과는 향후 유럽에서 있을 독일 총선과 이탈리아 선거에까지 영향을 미친다는 점에서 중요성이 있다(중앙일보 2017. 05. 07). 하지만 프랑스 대선의 결과가 더 중요한 것은 오랜 시간동안 유권자로부터 지지를 받아오던 사회당과 공화당이 결선투표에 진출하지 못하면서 프랑스 정치지형에 대변혁을 일으켰다는 점이다(중앙일보 2017. 04. 24). 물론 마크롱의 당선은 마린 르 펜이라는 최악을 피하고자 차악을 선택한 유권자의 선택이라고 볼 수도 있다. 하지만 프랑스 유권자에게 마크롱이 39살이라는 어린 나이의 후보자라는 사실과 풀뿌리 조직을 통해서 자신의 생각을 전달하려고 한 노력이 선거 승리에 큰 도움이 된 것으로 보인다(Daily Mail 2017. 05. 11).

앙 마르슈 정당은 젊은 중도 성향을 부각시키려고 기존의 정당과 달리 정당 가입비를 받지 않고 다른 정당에 대한지지 포기를 요구하지도 않았으며 온라인을 통해서 정당에 가입할 수 있도록 하였고(이투데이 2017. 05. 08), 기존 정당과는 차별화되는 이러한 행태를 통해서 창당한 지 채 1년도 되지 않아 2017년 4월 기준으로 23만 명의 당원을 확보하였다(The Guardian 2017. 04. 03; 헤럴드경제 2017. 04. 05 재인용). 또한 이번 대선에서 마크롱은 새로운 선거운동을 펼쳤는데 미국 대선에서 버락 오바마가 시도했던 풀뿌리 운동을 벤치마킹하여 에너지는 가득하지만 경험이 없는 앙 마르슈 운동가들을 조직하기 위해서 위대한 행진 캠페인을 시작했다(BBC 2017. 05. 07). 위대한 행진 운동은 자원봉사자들이 유권자들을 빵집에서, 기차에서, 심지어는 저녁식사에 초대해서 그들을 설득하는 방식을 활용하였고 이는 자원봉사자와 유권자 모두에게 새로운 방식이었고 새로운 정치,

그리고 자유롭고 수평적인 선거운동이라는 이미지를 준 것으로 평가된다(The Guardian 2017. 04. 03).

　마크롱의 앙 마르슈라는 캠페인 슬로건은 프랑스가 직면한 문제들에 대해 나아갈 길을 제시하면서 낙관적인 전망을 전달하고 있는데(Forbes 2017. 05. 05), 이러한 마크롱의 낙관적인 메세지와 유권자에게 다가가는 새로운 방식은 프랑스 유권자들에게 새로운 정치가 무언가를 해낼 수 있다는 희망을 주었고 더 나아가 사회를 통합할 수 있다는 이미지를 준 것으로 보인다. 이번 마크롱의 선출은 마크롱이 채택한 풀뿌리 선거운동이 향후 프랑스를 더 통합된 사회로 이끌어나가는데 얼마나 도움이 될지 기대감을 높이는 대목이다.

참고문헌

이투데이. 2017.05.08.
중앙일보. 2017.04.24.
_____. 2017.05.07.
헤럴드경제. 2017.04.05.
BBC. 2017.05.07.
Daily Mail. 2017.05.11.
Forbes. 2017.05.05.
The Gaurdian. 2017.04.03.

테러로 인한 사회 분열, 그리고 이를 극복하기 위한
유럽연합의 노력

이순영

테러란 흔히 한 사회에 두려움을 조장시켜 공동체의 결속력을 저해하고자 하는 목적을 가지고 불특정 다수를 향해서 폭력을 가하는 것을 의미한다(Amstutz 2013). 최근 연이어 일어나는 테러로 인해서 유럽은 공포를 느끼고 있다. 2017년 6월, 한 달만 해도 영국에서 3차례, 프랑스에서 2차례, 벨기에서 1차례의 테러가 발생했다. 하지만 그 중 가장 충격적이었던 사건은 6월 19일, 영국 핀즈버리 공원 근처에서 일어난 테러였다. 핀즈버리 공원 테러 용의자가 밝혔듯, 이번 공격은 무슬림에게 런던브리지 테러에 대한 대가를 물은 동시에 무슬림을 향한 공격이었다(Telegraph 2017. 06. 20). 그리고 계속된 테러로 인해서 영국 내에서 반(反)이슬람단체들이 무슬림 추방을 외치고 있고 무슬림을 향한 증오범죄 또한 급증하고 있다(MBC 2017. 06. 19).

하지만 더 큰 문제는 영국 정부가 테러를 효과적으로 막아내지 못하고 있다는 점이다. 런던브리지 테러범 쿠람 버트(Khuram Butt)는 극단주의자로 이미 경찰과 MI5(Military Intelligence Section5)로부터 조사를 받았고 영국 정보부의 감시 리스트에 올라있던 인물이었다. 또 다른 테러범인 유세프 자바(Yousseff Zaghba)는 이탈리아가 이미 2년 전에 위험인물이라고 영국에게 알렸음에도 영국 정보 당국은 그를 감시하지 않았다(BBC 2017. 06. 07). 정부가 테러를 효과적으로 막아내지 못한다는 문제는 이번 회기에서 유럽국민당그룹과 유럽사회당그룹 사이에서 있었던 테러특별위원회 설치에 대한 논쟁으로 이어졌고 두 그룹은 특별위원회 설치의 필요성을 놓고 대립의 각을 세웠다(Politico 2017. 06. 07).

하지만 현재의 상황에서 특별위원회의 설치 여부는 그다지 중요한 문제가 아니다. 오히려 두 그룹이 공통적으로 가진 생각, 각 국가가 지니고 있는 위험인물들에 대한 정보를 공유하여 각자의 국가를, 그리고 유럽연합을 테러로부터 지켜내자는 생각이 중요하다. 물론 국가 정보기관에게 기밀을 공개하도록 강요하는 것은 쉽지 않다(EU Observer 2017. 06. 07). 또한 영국 런던브리지 테러공격을 고려했을 때 국가 간의 정보 공유가 반드시 테러를 방지하는 결과로 이어지지도 않는다. 그럼에도 불구하고 국가 간의 정보의 교환이 필요한 이유는 테러를 미연에 방지하고 계속된 테러로 인해 발생할 수 있는 극단적 반(反)이슬람주의, 반(反)유대주의와 같은 극단주의로부터 좀 더 안전한 사회를 구축하기 위함이다. 테러를 미연에 방지함으로써 국민을 좀 더 안전하게 보호할 수 있을 것이며 극단주의자들을 등장시킬 만한 배경을 축소함으로써 사회를 분열로부터 벗어날 수 있도록 할 것이다. 또한 유럽연합 내에서의 정보 교환은 테러라는 두려움에 무릎 꿇지 않고 국가와 유럽연합 내의 결속력을 다지고 사회를 통합시키는 좋은 수단이 될 것이다.

참고문헌

Amstutz, M. R. 2013. INTERNATIONAL ETHICS: CONCEPTS, THEORIES, and CASE in GLOBAL POLITICS. Lanham. Rowman & Littlefield Publishers.

BBC. 2017.06.07.

EU Observer. 2017.06.07.

MBC. 2017.06.19.

Politico. 2017.06.07.

Telegraph. 2017.06.20.

미국의 동향 및 쟁점

트럼프의 당선과 미국의 분열

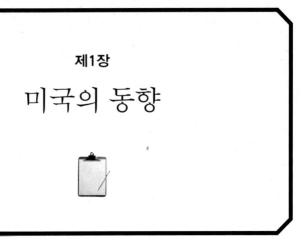

제1장
미국의 동향

1차(2016년 6월 말~7월 말)

조현희

힐러리 클린턴(Hillary Clinton)이 7월 26일 미국 민주당의 대선후보로 공식 선출됐다. 클린턴은 압도적인 지지에 힘입어 대의원 투표 시작 1시간 15분 만에 후보지명 기준인 대의원 과반 2,383명을 무난히 확보했다(조선일보 2016. 07. 27). 도널드 트럼프(Donald Trump)도 1,237명 대의원 수를 넘겨 비교적 무난하게 공식적으로 공화당 후보로 임명됐다(Politico 2016. 07. 19).

또한 힐러리 클린턴은 7월 22일 트위터와 지지자들에게 보낸 이메일 등을 통해 "팀 케인(Tim Kaine)을 러닝메이트(running mate, 부통령 후보)로 결정했다"고 밝혔다. 한 팀이 된 클린턴과 케인은 곧바로 23일 플로리다 주 마이애미에서 열린 공동유세에 함께 나섰다(경향신문 2016. 07. 24). 공화당의 트럼프는 뉴욕의 유세 행사에서 마이크 펜스(Mike Pence) 인디애나 주지사를 자신의 부통령 러닝메이트로 지명했다(연합뉴스 2016. 07. 17). 부통령 후보 임명을 마친 트럼프와 클린턴은 본격적인 대선 대결에 착수했다.

하지만 힐러리 클린턴 전 국무장관을 민주당 대선후보로 선출하는 전당대회를 하루 앞두고 지명대회에서 데비 와서먼 슐츠(Debbie Wasserman Schultz) 민주당 전국위원회(Democratic National Committee, DNC) 의장이 힐러리에게 유리하게 전략을 구사하는 이메일이 위키리크스(Wikileaks)에 의해 공개됐다(The Washington Post 2016. 07. 25). 결국 편파 관리 논란에 휩싸인 민주당은 전국위원회(DNC) 의장이 사퇴하기로 했다고 밝혔다(The Washington Post 2016. 07. 25). 또한 민주당 전국위원회(DNC) 이메일 폭로 배후로 러시아 해커가 지목되면서 연방수사국(Federal Bureau of Investigation, FBI)이 7월 25일 전격 수사에 착수했다. 전문가들은 "러시아 정부가 도널드 트럼프를 돕기 위해 이런 짓을 저질렀다는 지적이 나오고 있다"고 말했다(위키리크스 2016. 07. 22; 연합뉴스 2016. 07. 25 재인용). 이런 논란은 전당 대회 이후 양당 후보의 지지율에 이변을 가져오게 만들었다. 양자대결 구도에서 트럼프 지지율은 전당대회 이전에 비해 무려 6%포인트나 올라 클린턴의 지지율을 역전한 것이다. 7월 25일 발표된 CNN과 여론 조사 기관 ORC의 조사 결과에 따르면 양자 대결구도에서 트럼프 지지율은 48%, 클린턴의 지지율은 45%를 기록하면서 전당대회 효과가 드러난 것으로 보인다(CNN 2016. 07. 25; 동아일보 2016. 07. 26 재인용).

미국 정당

07월 07일

• 미국 공화당 내 트럼프 세력, 전당대회서 '반란' 노린다

(The Wall Street Journal 07. 07; 연합뉴스 07. 08 재인용)

– 월스트리트저널은 7월 18일부터 오하이오 주 클리블랜드에서 열리는 공화당 전당대회에 참가하는 일단의 대의원들이 전당대회 규정을 변경하려고 마지막 시도를 하고 있다고 7월 7일 보도했다. 전당대회에 참가하는 대의원들은 소속 주(州)의 예비선거 결과에 따라 특정 후보에게 '의무적으로' 투표해야 하지만 '의무' 규정을 삭제해 대의원이 자유의사에 따라 투표하도록 바꾸자는 것이다. 월스트리트저널이 자체 조사한 결과에 따르면 20명의 위원이 고려할 수 있다는 입장을 나타냈고 59명은 반대했다. 나머지 33명은 연락이 되지 않거나 응답하지 않았다고 이 신문은 덧붙였다. 공화당과 민주당 양 측에서는 규정위원회 위원을 자기편으로 끌어들이기 위해 치열

한 물밑작업을 진행 중인 것으로 알려졌다.

07월 12일

• 공화 라이언 의장 "트럼프가 힐러리 막을 유일한 대안"

(CNN 07. 12; 연합뉴스 07. 13 재인용)

– 미국 공화당의 1인자인 폴 라이언(Paul Ryan) 하원의장은 7월 12일 같은 당의 사실상 대선 후보 도널드 트럼프가 민주당 힐러리 클린턴의 백악관 입성을 막을 유일한 대안이라고 주장했다. 라이언 의장은 이날 CNN방송 주최로 열린 타운홀미팅(town hall meeting)에서 "도널드 트럼프 아니면 힐러리 클린턴이다. 제3의 인물이란 없다"고 강조했다. 라이언 의장은 트럼프 후보가 당선돼야 보수 세력이 우선시하는 법안 추진이 용이하다고 설명했다. 또 트럼프를 통해 공석으로 남아 있는 연방 대법관 자리를 보수주의자로 채울 수 있다고 했다.

07월 22일

• 트럼프, 나토(NATO) 방위 포기 발언에 당 안팎 역풍

(The New York Times 07. 02; 한겨레 07. 22 재인용)

– 도널드 트럼프 미국 공화당 대통령 후보가 '미국은 북대서양조약기구(North Atlantic Treaty Organization, NATO·나토) 회원국의 방위에 자동 개입하지 않겠다'는 발언으로 당 안팎에서 거센 반발을 사고 있다. 트럼프 캠프 선대위원장인 폴 매나포트(Paul Manafort)는 "미친 생각"이라고 비난했다. 또한 옌스 스톨텐버그(Jens Stoltenberg) 나토(NATO) 사무총장은 7월 21일 "연대는 나토(NATO)의 핵심가치"라며 트럼프를 비판했다. 나토(NATO) 조약 5항은 한 회원국에 대한 공격은 모든 회원국에 대한 공격을 의미하며, 이 경우 나토(NATO) 회원국은 방위에 나서도록 규정하고 있다.

07월 24일

• 전국위 의장, 데비 와서먼 슐츠 편파논란에 사퇴   (The Washington Post 07. 25)

– 민주당은 지명대회에서 편파 관리 논란에 휩싸인 데비 와서먼 슐츠 민주당 전국위원회(DNC) 의장이 사퇴하기로 했다고 밝혔다. 슐츠 의장은 클린턴을 지지하고 버

니 샌더스(Bernie Sanders) 상원의원을 방해하기 위해 공모했다는 의혹이 담긴 이메일이 공개되자 전당 대회 전날 클린턴과 상원의원들을 사적으로 호텔에서 만난 후 사퇴를 발표했다.

미국 선거·의회

07월 02일

• '이메일 스캔들' 힐러리, 연방수사국서 3시간 반 조사 받아   (동아일보 07. 04)

– 미국 민주당 대선후보인 힐러리 클린턴 전 국무장관이 장관 재직 당시 규정을 어기고 중요 기밀을 개인 이메일로 처리한 혐의로 7월 2일 연방수사국(FBI)의 조사를 받았다. 클린턴 선거캠프는 "클린턴 전 장관이 오늘 오전 자발적으로 FBI 조사를 받았다"며 "다만 조사 과정에 대한 존중 차원에서 상세 내용은 언급하지 않을 것"이라고 밝혔다. 클린턴 전 장관이 자발적으로 조사를 받은 것은 당 대선 후보를 확정하는 전당대회(7월 25~28일)가 3주 앞으로 다가온 상황에서 자신의 발목을 잡는 이메일 논란을 정면 돌파하기 위한 것으로 읽힌다.

07월 13일

• "기밀 누설" 트럼프, 선거캠프 옛 보좌관 상대로 115억 소송 제기

(AP 07. 13; 동아일보 07. 14 재인용)

– 7월 13일 AP에 따르면 트럼프 후보는 자신의 선거캠프에서 컨설턴트로 일했던 샘 넌버그(San Numberg)를 상대로 1000만 달러 소송을 걸었다. 넌버그는 트럼프 후보의 대선 출마 때부터 선거 캠프에 함께 했지만 페이스북에 인종차별 게시물을 올린 사실이 드러나 2016년 8월 해고됐다. 트럼프 캠프는 지난 5월 뉴욕포스트가 보도한 호프 힉스(Hope Hicks) 대변인과 코리 르완도스키(Corey Lewandowski) 전 선대본부장의 불화 기사의 배후에 넌버그가 있다고 보고 있으며, 르완도스키는 지난달 해고된 바 있다. 넌버그는 트럼프 후보의 소송 제기와 관련해 신문에 정보를 제공한 적이 없다고 반박했다. 한발 더 나아가 넌버그는 공화당 경선 주자이던 테드 크루즈(Ted Cruz)를 지지했다고 캠프에서 침묵을 강요받았다고 했다.

07월 19일

• 공화당, 당 후보로 도널드 트럼프 공식적으로 지명   (Politico 07. 19)

– 공화당은 비교적 무난하게 공개투표인 '롤 콜'에서 공식적으로 트럼프를 지명했다. 트럼프는 1,237명 대의원 수를 넘겼고 그의 트위터에도 공화당 대통령 후보가 돼서 영광이며 열심히 일해서 나라를 실망시키지 않겠다고 올렸다. 하지만 트럼프의 투표결과의 표명에 대해 엇갈린 반응이 더러 나왔다. 트럼프를 향해 열정적으로 구호를 외치고 지지하는 대의원들이 있는 반면 소리 지르며 항의하는 대의원들의 모습이 보이기도 했다.

07월 20일

• "미셸 연설 문구 받아 적었다"…트럼프 부인 연설 작성자 표절 인정(중앙일보 07. 21)

– 미국 공화당 대선후보 도널드 트럼프의 부인 멜라니아 트럼프(Melania Trump)의 연설문 표절 논란과 관련, 작성자가 사과 성명을 발표했다. 7월 20일 연설문 작성자인 메레디스 매카이버(Meredith Melver)는 성명을 통해 "멜라니아 여사와 전화로 논의하던 도중 예로 미셸 오바마(Michelle Obama) 여사의 연설 문구를 몇 가지 이야기했다"면서 "그 내용을 받아 적었고, 연설문에 포함됐다"고 말했다. 그는 "최종적으로 오바마 부인의 연설문을 점검하지 않은 것이 실수"라면서 "오바마 부인뿐 아니라 멜라니아 여사를 비롯한 트럼프 가족들에게 혼란을 불러일으켜 비참한 심정"이라고 밝혔다.

07월 22일

• 트럼프, 클린턴-샌더스 지지층 분열 부채질   (한겨레 07. 24)

– 도널드 트럼프 미국 공화당 대선 후보가 클린턴과 겨뤘던 버니 샌더스 상원의원 지지층의 분열을 부채질하는 전략을 구사하고 있다. 트럼프는 지난 7월 22일 공화당 전당대회 마지막 날 대통령 후보 수락 연설 과정에서 보호무역을 지지하면서, 샌더스 지지층에 구애를 보냈다. 샌더스가 민주당 경선 과정에서 자유무역을 강하게 반대했던 점을 활용한 것이다. 그는 또 이날 연설에서 클린턴 전 장관의 최대 약점 중 하나인 2012년 리비아 벵가지 미 영사관 테러 사건을 언급하며 "버니 샌더스가 지적

했듯이 힐러리의 나쁜 본성과 나쁜 판단이 오늘날 펼쳐지고 있는 재앙을 일으켰다"고 말하기도 했다. 클린턴이 민주당의 대선 후보가 된 점에 실망하는 샌더스 지지층을 파고드는, '적의 적은 동지'라는 전술을 들고 나온 것이다.

07월 23일

• 부통령 후보 지명, 팀 케인(민주당) VS 마이크 펜스(공화당)　　　　　(한겨레 07. 24)

– 미국 민주당의 사실상 대통령 후보인 힐러리 클린턴 전 국무장관이 팀 케인 상원의원을 부통령 후보로 지명하고 7월 23일 첫 공동유세에 나섰다. 도널드 트럼프 공화당 후보는 지난 7월 16일 마이크 펜스 인디애나 주지사를 부통령 후보로 확정하고 기자회견을 통해 공식 소개했다. 부통령 후보들끼리의 경쟁은 또 하나의 관전 포인트라고 할 수 있다. 민주당의 케인은 노출된 스캔들도 아직 없다. 게다가 초선의 상원의원이 전국적인 독자적 정치기반이 있을 턱이 없고, 자기 목소리도 강하지 않다. '밋밋한' 점이 되레 클린턴의 선택을 받은 배경으로 꼽히는 이유이다. 펜스도 공화당 주류의 입장에 충실한 정통 정치인이다. 그는 자유무역을 지지해왔지만, 부통령 후보로 간택된 뒤엔 트럼프의 입맛에 맞게 보호무역으로 입장을 바꿨다.

07월 25일

• 샌더스, 힐러리 지지 호소…샌더스 지지자 "우리는 버니를 원해" 반발

(조선일보 07. 26)

– 샌더스 의원은 7월 25일 미국 펜실베이니아 주 필라델피아에서 개막되는 민주당 전당대회를 앞두고 자신의 지지자들에게 한 연설에서 힐러리가 대통령으로 당선될 수 있도록 힘을 모아 달라고 당부했다. 이에 샌더스 의원의 열성 지지자들은 큰 소리로 야유를 보내며 강력히 반발했다. 샌더스 의원의 당부에도 불구하고 그의 지지자들은 "우리는 버니를 원한다"는 구호를 쉴 새 없이 외쳤다. 민주당 전국위원회(DNC)가 클린턴 전 장관을 대선 후보로 만들기 위해 샌더스 의원에게 불리한 방식으로 경선을 관리한 정황을 담은 이메일 파문에도 불구하고 당사자인 샌더스 의원은 클린턴에 대한 지지 철회 의사가 없음을 밝혔다.

07월 26일

• 힐러리, 민주당 대선후보 공식 확정　　　　　　　　　　　　　　(조선일보 07. 27)

– 힐러리 클린턴이 7월 26일 미국 민주당의 대선후보로 공식 선출됐다. 클린턴 후보는 이날 오후 펜실베이니아 주에서 진행된 전당대회 이틀째 행사에서 대의원 공개투표 '롤 콜'을 통해 후보지명 기준인 대의원 과반 2383명을 무난히 확보하고 당의 대선 후보로 지명됐다. 클린턴 후보는 각 주(州) 대의원들의 압도적인 지지에 힘입어 '롤 콜' 시작 1시간 15분 만에 대선후보 경쟁에서 승리했다.

미국 여론

07월 20일

• 트럼프 '전대 흥행효과?'…여론조사서 잇따라 힐러리 역전

　　　　　　　　　　　　　　　　　　　　(NBC 07. 20; 연합뉴스 07. 20 재인용)

– 7월 20일 NBC에 따르면 여론조사업체 서베이몽키(SurveyMonkey)와 전날 공동 발표한 여론조사에서 트럼프의 지지율이 40%로 클린턴의 39%를 앞섰다. 같은 날 로스앤젤레스타임스(Los Angeles Times)와 서던캘리포니아(Southern California) 대학이 발표한 여론조사에서도 트럼프는 43%의 지지율로 42%의 클린턴을 앞섰다. 클린턴 역시 지난 7월 18일에 미국 최대 흑인단체 전국유색인지위향상협회(National Association for the Advancement of Colored People, NAACP)에서 연설한 데 이어 전날에도 전미지방공무원노조연맹(American Federation of State, County and Municipal Employees, AFSCME) 연단에 올라 트럼프를 비판했지만, 전당대회만큼의 주목을 받지는 못했다는 게 미국 언론들의 평가다.

07월 20일

• 공화당 흑인 대의원 2%뿐 "역대 전당대회중 가장 백인중심적"

　　　　　　　　　　　　　　　(The Huffingtonpost 07. 20; 조선일보 07. 22 재인용)

– 7월 20일 공화당 전당대회장 1층을 가득 메운 대의원은 백인 일색이었다. 흑인 대의원 비율은 전체 2472명 중 49명(2%)에 불과했다. 1964년 공화당 전당대회 당시 흑

인 대의원 비율(1%)에 이어 둘째로 낮은 수치다. 히스패닉 대의원 역시 플로리다와 미국령 사모아 등 몇 주(州)에만 드물게 포함됐다. 김동석 미국시민참여센터 상임이 사는 "공화당 전당대회에 참석한 지 세 번째인데, 이번처럼 유색인종이 적은 적은 없었다"고 했다. 지난 7월 18일엔 미 공화당 하원의장인 폴 라이언이 백인 인턴 100 여 명과 찍은 셀카를 자신의 인스타그램에 올렸다가 "너무 하얘서 눈이 멀 정도", "선글라스가 필요하겠다" 등의 조롱을 받았다.

2차(7월 말~8월 말)

공화당 대통령 후보 도널드 트럼프 캠프의 선대위원장 폴 매너포트(Paul Manafort)가 사퇴했다고 8월 19일 트럼프가 성명을 통해 밝혔다(CNN 2016. 08. 19). 월스트리트저널은 이번 캠프 인사에 대해 "무슬림 미군 전사자 가족 비하 발언 등으로 지지율이 급락하고, 매너포트가 친 러시아 성향의 빅토르 야누코비치(Viktor Yanukovych) 전 대통령이 이끌던 정당에서 거액을 받았다는 의혹이 제기된 데 따른 조치"라고 보도했다(The Wall Street Journal 2016. 08. 17; 조선일보 2016. 08. 19 재인용). 이러한 트럼프 캠프의 구조조정에도 불구하고 트럼프 지지율은 여전히 힐러리에 뒤처지고 있다. 그 원인은 최근 트럼프가 무슬림계 전사자 부모를 비하한 사건에 대한 논란이 수그러들지 않고 있는 데 있으며, 이 여파는 지지율에까지 영향을 미치고 있다.

미국 폭스 뉴스(FOX News)의 대선 지지율 조사 결과, 민주당 대선 후보 힐러리 클린턴이 49%로 트럼프(39%)를 10%포인트 차이로 앞서고 있다(FOX News 2016. 08. 03; 중앙일보 2016. 08. 05 재인용). 더군다나, 트럼프 지지 세력의 핵심축인 백인 남성들의 지지율이 정체되면서 트럼프의 대권 가도가 위험해졌다고 뉴욕타임스는 평가했다(The New York Times 2016. 08. 18). 위기감을 느낀 트럼프는 "믿을지 모르겠지만 나는 개인적 아픔을 준 말을 한 것을 후회한다"는 뒤늦은 사과와 함께 태도 변화를 꾀하고 있다(경향신문 2016. 08. 19). 더힐(The Hill)에 따르면 트럼프가 흑인 유권자들을 향해 자신을 지지해 달라고 호소했다고 밝혔다(The Hill 2016. 08. 16; 동아일보 2016. 08. 19 재인용). 또한 트럼프는 불법 이민자들을 미국에 거주하도록 예외적으로 허락하겠다고 제안하는 등의 완화 노선을 취하고 있다(CNN 2016. 08. 25). 그럼에도 불구하고 폴리티코(Politico)는 지지율 변동 가능성에 부정적으로 전망했으며 전문가들도 트럼프의 한계가 분명하다고 지적했다(Politico 2016. 08. 28).

한편, 힐러리 클린턴이 국무장관 시절 동안 사용한 서버에 추가적인 이메일이 발견됐다. 연방수사국(FBI)은 힐러리에게 9월 13일까지 연방 조사자들에 의해 발견된 추가적인 이메일 수천 개 중에서 2012년 벵가지, 리비아 공격 이후의 한주 간 힐러리 클린턴과 백악관 사이의 이메일을 제출하라고 지시했다(The New York Times 2016. 08. 25). 이에 대해 힐러리는 국무장관 시절 개인 이메일 사용으로 FBI에서 조사를 받았을 당시, 콜린 파월(Colin Powell) 전 국무장관이 자신에게 개인 이메일을 사용하도록 권유했다고 주장한 것으로 알려졌다(The New York Times 2016. 08. 18; 동아일보 2016. 08. 19 재인용).

미국 정당

08월 01일

• "차라리 클린턴 찍겠다" 공화 인사들, 줄줄이 트럼프에 등 돌려   (연합뉴스 08. 03)
− 미 공화당 대선후보인 도널드 트럼프가 잇따른 막말로 당 안팎의 비난을 받고 있는 가운데 공화당 인사들이 "차라리 힐러리 클린턴 민주당 후보를 찍겠다"며 줄줄이 트럼프에 등을 돌리고 있다. 트럼프에 등 돌린 인사 중에는 공화당의 거물급 후원자도 포함돼 있어 가뜩이나 선거자금 모금액이 클린턴에 크게 뒤지는 트럼프 캠프가 사면초가에 빠졌다. 공화당 경선 주자였던 젭 부시(Jeb Bush) 전 플로리다 주지사의 핵심 참모였던 샐리 브래드쇼(Sally Bradshaw)도 지난 8월 1일 "트럼프는 여성혐오자이며 편견에 사로잡힌 자아도취자"라며 공화당을 탈당하겠다고 선언했다.

08월 07일

• 미 공화 의원들 '대통령은 힐러리가 되니, 의원은 우리 뽑아달라'   (한겨레 08. 07)
− 일부 공화당 전략가들을 비롯해 오는 11월 대선일에 의원 선거를 함께 치러야 하는 현역 연방의원들은 트럼프와 거리두기를 본격화하고 있다. 이미지가 추락한 트럼프에 기대는 것보다는, '대통령은 힐러리, 의원은 공화당'이라는 독자적 선거 전략이 당 및 의원 선거에 유리하다고 보기 때문이다. 대통령 후보가 자신의 지역구에서 유세를 하는데도 현역의원이 참석하지 않는 진풍경도 벌어지고 있다. 트럼프는 지지율 추락과 공화당 주류들의 이반 등 분위기가 심상치 않게 돌아가자 8월 5일 위스콘신 그린베이 유세에서 폴 라이언 의장에 대한 비판을 접고 공식적인 지지 의사를

밝혔다.

08월 19일

• 폴 매너포트, 도널드 트럼프 캠프 선대위원장 사퇴 (CNN 08. 19)

– 도널드 트럼프 캠프 선대위원장 폴 매너포트가 사퇴했다고 공화당 대통령 후보가 금요일 성명을 통해 밝혔다. "오늘 아침 선거위원회를 통해 폴 매너포트가 사직서를 냈고 받았다"고 트럼프가 말했다. 공화당 지명선거 전까지 3달 동안의 매너포트 사태는 트럼프 캠프에서 중심 권력 변화를 반영한 것이다. 이전에는 영향력을 공고화하기 위해 트럼프는 캠프 매니저 코리 루언다우스키(Corey Lewandowski)를 버렸고, 매너포트는 트럼프가 상원의원 지위의 두 보좌관을 뽑은 후에 그와의 사이가 뒤틀렸던 것이다. 트럼프는 보수성향 인터넷매체 브레이트바트 뉴스(Breitbart News)의 대표인 스티븐 배넌(Stephen Bannon)을 임명하고 켈리앤 콘웨이(Kellyanne Conway)를 캠프 매니저로 교체했다.

08월 23일

• "15~20년 된 사람 추방 힘든 일"…트럼프 공약 완화에 내부 반발 (연합뉴스 08. 25)

– 미국 공화당 대선후보 도널드 트럼프가 자신의 이민공약 완화 방침을 점점 구체화하고 있다. 이번 대선의 캐스팅보트(casting vote)를 쥔 히스패닉계 유권자를 껴안기 위해 1천 100만 명에 달하는 불법 이민자를 추방하고 멕시코와 맞댄 국경에 거대한 장벽을 쌓겠다는 기존의 강경 공약에서 한발짝 물러서는 것이다. 트럼프의 이 같은 입장 선회에 대해 주류 진영에서는 긍정적으로 평가하고 있지만, 그의 일부 강경지 지지자들은 비판의 목소리를 내고 있다.

08월 27일

• 반(反)트럼프 공화당원들의 경합주 광고 시작 (Politico 08. 27)

– 공화당 반(反)트럼프 당원들이 당이 선거할 만한 후보자로 바꿀 수 있도록 트럼프가 대통령선거 경합을 그만두는 것을 주장하는 TV방송 광고를 다수의 스윙 스테이트(정치적 성향이 뚜렷하지 않아 표심이 고정되지 않은 경합주, Swing-state)에 내보내는 것을 준

비하고 있다. 광고의 타이틀인 "약속을 지켜라(Keep Your Word)"는 공화당 전당대회에서 트럼프가 만일 투표수가 떨어진다면 그만두겠다고 제안하는 장면을 담은 것이다.

미국 선거·의회

07월 31일

• 애국주의 건드린 트럼프…"인종 차별 이어 중대 고비"　　　　　(중앙일보 08. 02)

– 도널드 트럼프 미국 공화당 대선 후보가 여론의 집중 포화를 받고 있다. 7월 28일 민주당 전당대회에 연사로 나선 이라크전 전사자의 부친 키즈르 칸(Khizr Khan)이 자신을 비판한 데 대해 막말 반박을 하면서 초래된 사태다. 키즈르 칸은 전당대회 연설에서 트럼프의 무슬림 입국 금지 공약을 비판하며, '미국은 나의 아들이 희생한 조국'이라며 미국 헌법 책자를 꺼내 들고 '법 앞의 평등한 보호'라고 쓰인 부분을 찾아보라고도 했다. 이에 트럼프는 "힐러리 캠프가 써준 내용이냐"며 비꼬았고, 칸 옆에 서 있던 부인을 겨냥해 "아무 말도 못했다. 어쩌면 말하도록 허락받지 못했을 수 있다"고 했다. 미국인의 기본 가치인 애국주의를 무시하고, 무슬림 여성을 비하했다는 비판론이 바로 터져 나왔고 공화당 인사들까지도 비판에 가세했다.

08월 16일

• 살라자르(Ken Salazar), 클린턴 인수위원회 이끈다　　　　　　　(CNN 08. 16)

– 클린턴 캠프는 버락 오바마 정권에서 내무장관을 지낸 켄 살라자르 전 콜로라도 상원의원을 민주당 후보의 인수위원회의 위원장으로 임명한다고 8월 16일 발표했다. 니라 탠던(Neera Tanden)과 매기 윌리엄스(Maggie Williams)가 공동위원장으로 임명될 것이고, 나란히 전 백악관 국가안보 보좌관을 지낸 토머스 도닐런(Tom Donilon)이 임명될 것이다. 클린턴의 새로운 인수위원회는 클린턴이 가장 신뢰하는 인사들로 운영될 것이다. 또한 클린턴이 만약 대선에서 승리하게 된다면 클린턴 행정부를 꾸려 나갈 책임을 지게 될 것이다.

08월 25일

• 연방수사국, 새 이메일 발견된 힐러리 클린턴에게 공개 명령

(The New York Times 08. 25)

– 미국 판사는 연방 조사자들에 의해 발견된 추가적인 이메일 수천 개 중에서 2012년 벵가지, 리비아 공격 이후 1주간 힐러리 클린턴과 백악관 사이에서 발견된 이메일을 9월 13일까지 제출하라고 지시했다. 연방수사국(FBI)이 이달 초 국무부에게 14만 9천 개의 이메일을 넘겨줬다. 클린턴과 다른 부서들은 클린턴이 정부에 제출하지 않았던 것이 발견됐다고 밝혔다. 클린턴은 국무장관 시절 동안 그녀의 집 베이스먼트(지하실)에 있는 서버를 권한이 없는 사적인 이메일 시스템 관리에 사용한 것에 대해 비난 받은 적이 있다. 이 사건은 유권자들에게 그녀의 신뢰성에 대한 의문을 던져주었다.

08월 25일

• 트럼프, 불법 이민자들에 대한 국외추방 공약 재검토   (CNN 08. 25)

– 도널드 트럼프가 불법 이민자들을 미국에 거주하도록 예외적으로 허락하겠다고 제안했지만 시민권은 주지 않겠다고 말했다. 1100만 명의 불법 이민자들을 국외 추방하는 것을 재검토하겠다는 선거공약이다. 트럼프는 "이 나라를 떠나지 않고 합법화할 방법은 없다. 다시 돌아오면 세금을 내야 한다. 사면은 없지만 그들은 우리와 함께 일할 수 있다"고 밝혔다. 또한 멕시코 국경에 장벽을 세울 것이라는 이민 정책의 완화 가능성에 대해 지적 했다.

08월 26일

• 미국 대선판에서 '인종주의'가 뜨거운 쟁점으로 급부상하고 있다   (연합뉴스 08. 26)

– 클린턴은 네바다 주 리노 유세에서 "트럼프는 증오 그룹을 주류로 끌어들이고, 변방에 머물던 인종차별주의가 미국 주요 2개 정당의 하나(공화당)를 장악하게 돕고 있다"고 주장했다. 클린턴 캠프는 이날 트럼프를 극우로 모는 1분 11초 분량의 새 동영상을 공개하며 '트럼프=극우' 이미지 확산에 본격적으로 나섰다. 이에 대해 트럼프는 클린턴이 인종주의를 선거에 악용하고 있다며 강력히 반발했다. 트럼프는 클린

턴 연설 직전 뉴햄프셔 주 맨체스터 유세에서 "클린턴이 거짓말을 일삼고 멀쩡한 미국인을 인종차별주의자로 묘사하고 있다"고 비판했다.

미국 여론

08월 01일

• 힐러리·트럼프 비호감에 대선서 "제3후보 찍자" 열풍　　　　　　　(연합뉴스 08. 01)
– 미국 대선에서 자유당 게리 존슨(Gary Johnson), 녹색당 질 스타인(Jill Stein) 등 제3의 후보가 변수로 급부상하고 있다. 리얼클리어폴리틱스(realclearpolitics)가 지난 6주간 실시된 각종 여론조사기관의 대선후보 지지율을 평균한 결과, 존슨은 5.5%에서 7.2%로, 스타인은 2.5%에서 3.5%로 각각 상승한 것으로 나타났다. 퀴니피액대학(Quinnipiac University) 조사를 보면 존슨은 3대 승부처로 꼽히는 오하이오, 펜실베이니아, 플로리다 등 경합 주(州)에서 한 자리 지지율을 보였지만, 역시 대선 승부를 가를 수 있는 경합 주인 뉴햄프셔 주에서는 지지율이 10%에 달했다.

08월 03일

• 트럼프 잇단 헛발질로 추락…클린턴, 다시 두자릿수 우세
　　　　　　　　　　　　　　　　(FOX News 08. 03; 중앙일보 08. 05 재인용)
– 미국 공화당 대선 후보 도널드 트럼프가 잇단 헛발질로 지지율이 곤두박질치고 있다. 8월 3일 미국 폭스 뉴스의 대선 지지율 조사 결과, 민주당 대선 후보 힐러리 클린턴이 49%로 트럼프(39%)를 10%포인트 차이로 앞섰다. 7월 31일부터 8월 2일까지 미국 등록 유권자 1022명을 상대로 한 조사에서다. 클린턴이 트럼프를 두 자릿수 차이로 따돌린 건 지난 6월 말 이후 한 달반 만이다. 클린턴·트럼프 간 지지율 격차는 지난달(7월) 민주당 전당대회 직후 두드러진다. 트럼프의 '무슬림 전사자 부모 비하'가 그의 대통령 자질에 대한 의구심으로 번지며 지지율을 떨어뜨린 것으로 분석됐다.

08월 15일

• "트럼프 득세, 젊은층 민주주의 불신 탓"

(The Washington Post 08. 15; 중앙일보 08. 17 재인용)

– 미국 공화당 대선 후보 도널드 트럼프가 득세할 수 있었던 데는 미국인들, 특히 젊은 세대의 민주주의에 대한 불신이 뒷받침됐다는 분석이 제기됐다. 상당수 젊은 이들이 빈부 격차 확대와 기성 정치권에 대한 실망으로 권위주의 성향의 트럼프를 지지하고 있다는 설명이다. 젊은 층의 민주주의 불신은 여론 조사로 확인된다. 스웨덴의 비영리 조사기구인 세계가치조사(World Value Survey, WVS)가 세계 주요 100개국 국민을 대상으로 실시하는 조사 결과, 올해 미국의 16~24세 젊은이 4명 중 1명이 '민주주의가 국가 운영에 도움이 되느냐'는 질문에 '그렇지 않다'고 답했다. 1995년만 해도 '그렇지 않다'는 응답은 6명 중 1명에 그쳤다. 같은 질문에 대해 '그렇지 않다'고 답한 전체 미국인 응답자가 올해 17%였다는 걸 고려하면 젊은 층 사이에 민주주의에 대한 불신이 커지고 있음을 알 수 있다.

08월 28일

• "트럼프, 판세 뒤집을 시간이 없다"…유권자 90% '결정 안 바꿔'

(Politico 08. 28; 연합뉴스 08. 29 재인용)

– 정치전문매체 폴리티코는 8월 28일 '트럼프는 이미 시간이 다 됐다'는 제목의 기사에서 "부정적 인식이 굳어진 탓에 정책과 발언에 뒤늦게 변화를 주더라도 유권자의 마음을 거의 움직이지 못할 것"이라고 전망했다. 또한 트럼프의 '변신'은 한계가 뚜렷하다는 게 전문가들의 지적이다. 먼저 판세를 뒤집을 시간이 물리적으로 부족하다는 것이다. 한 여론조사를 보면 트럼프나 클린턴에 대한 '비호감도'는 각각 60%, 54%에 달한다. 클린턴에 대한 예기치 못한 폭로가 나오지 않는 한 유권자들이 이런 생각을 바꿀 가능성은 적다. 실제 퀴니피액대학이 지난 24일 내놓은 여론조사에 따르면 유권자의 90% 이상이 지지후보를 결정했으며 앞으로 바꾸지 않을 것 같다고 답했다.

3차(8월 말~9월 말)

정하연

대선이 얼마 남지 않은 9월, 도널드 트럼프의 진영은 여전히 분열 중이다. 공화당 내에 트럼프의 집권에 반대하는 지도부 인사는 약 110명으로 추산된다. 그 중 일부는 민주당 후보인 힐러리를 찍겠다고 밝혔다(The New York Times 2016. 09. 04; 연합뉴스 2016. 09. 05 재인용). 트럼프는 반(反) 이민 공약으로 하루 동안 선거 자금 500만 달러를 모으기도 하였지만(The Wall Street Journal 2016. 09. 01; The Washington Post 2016. 09. 01; 중앙일보 2016. 09. 03 재인용), 여전히 힐러리 클린턴과 5천만 달러 이상의 자금력 차이가 나고 있다(The Wall Street Journal 2016. 09. 01). 이 가운데 대선 실패를 우려한 공화당의 라인스 프리버스(Reince Priebus) 전국위원회(Republican National Committee, RNC) 위원장은 트럼프를 지지하지 않는 당원은 징계할 수 있다고 선언하며 당의 결속에 힘을 쓰고 있다(연합뉴스 2016. 09. 09).

민주당 대선주자 힐러리 클린턴은 지난 7월 공무에 개인 이메일 서버를 사용한 것에 대해 연방수사국(FBI)의 조사를 받았다. 최근 여러 기관의 정보 공개 요구로 연방수사국(FBI) 수사 보고서가 공개되면서 힐러리의 진술이 거짓인 것으로 드러났다(중앙일보 2016. 09. 04). 이후 힐러리는 9·11 테러 추모 행사에서 건강이 악화되면서 그제야 폐렴 진단을 받은 사실을 공개했다(연합뉴스 2016. 09. 16). 이러한 이유들 때문에 9월 내내 힐러리의 지지도가 하락했다. 한편 버락 오바마는 미 연방의회 흑인의원 모임인 '블랙 코커스(Congressional Black Caucus, CBC)'에서 힐러리를 강력하게 지지하는 발언을 하며 힘을 실어주고 있다(연합뉴스 2016. 09. 18). 또한, 젊은 층을 사로잡기 위해 오바마의 부인인 미셸 오바마가 힐러리의 선거 유세 연설에 참여했다. 미셸 오바마는 백악관에는 성인이 필요하다면서 트럼프를 비판하고 힐러리에 대한 지지를 표했다(The Huffington Post 2016. 09. 28).

한편 9월 26일, 2016년 미국 대선 1차 TV 토론회가 열렸다. 자유당 게리존슨(Gary Johnson)과 녹색당 질 스타인 후보는 지지율이 평균 15%를 기록하지 못해 TV 토론회에 참가하지 못했고 힐러리와 트럼프만 참가하게 되었다. 두 후보는 크게 경제, 사회, 군사 문제에 관한 두 후보자의 의견을 나누었다. 주요 언론들은 후보 발언의 진위 여부를 실시간으로 검증한 후 온라인에 게시했다. 한 언론에 따르면 트럼프는 16차례나 잘못된 진술을 했다고 한다(The Washington Post 2016. 09. 26; The Huffington Post 2016. 09. 26; 연합뉴스 2016. 09. 27 재인용).

미국 정당

09월 02일

• 연방수사국 수사보고서 공개로 '거짓말' 논란에 휩싸인 힐러리   (중앙일보 09. 04)
– 힐러리 클린턴은 지난 4년간 공무 집행에 국무부의 관용 이메일 계정 대신에 뉴욕 자택에 설치한 개인 이메일 서버를 사용했다. 애초 연방수사국(FBI) 보고서는 비공개 방침이었지만 여러 기관의 정보 공개 청구가 잇따르며 공개되었고 이에 힐러리는 위기에 놓였다. 보고서에 따르면 힐러리는 블랙베리를 비롯한 13개의 모바일 기기를 이용해 개인 이메일을 송수신했다. 또 힐러리는 "콜린 파월 전 국무장관이 개인 이메일을 사용해도 된다고 했다"고 주장해왔지만, 파월 전 장관이 힐러리에게 "공무에 블랙베리를 사용하는 건 매우 조심해야 한다"고 조언했던 사실이 양자 간 이메일 기록을 통해 밝혀졌다.

09월 04일

• '반(反) 트럼프' 선언한 공화당 지도자급 인사는 최소 110명

(The New York Times 09. 04; 연합뉴스 09. 05 재인용)
– 뉴욕타임스는 자체 분석한 결과 전·현직 주지사 또는 상·하원 의원, 그리고 공화당 집권 행정부에서 고위 관료를 지낸 공화당 지도자급 중 도널드 트럼프에게 투표하지 않을 것이라고 밝힌 인사가 최소 110명에 이른다고 보도했다. 110명 중에 루이스 구티에레스(Luis Gutierrez) 전 상공장관과 칼라 힐스(Carla Hills) 미국무역대표부(Office of the United States Trade Representative, USTR) 전 대표, 헨리 폴슨 주니어(Henry Paulson, Jr.) 전 재무장관 등은 트럼프에 반대하는 데서 나아가 민주당 후보인 힐러리를 찍겠다고 밝혔다. 이는 '아웃사이더(outsider)'인 트럼프가 공화당의 정통성과 어울리지 않는데다가 막말과 잦은 돌출 행동으로 논란을 계속 일으키기 때문으로 분석

된다.

09월 07일

· 국방 매파(hawk)가 된 트럼프…"국방력 증강"　　　　　　　　　(Politico 09. 07)

– 몇 달 동안 도널드 트럼프는 과도한 국방비 소비를 한 의회를 비난했다. 그러나 그는 펜실베이니아 주 필라델피아 유세에서 자신의 이전 진술과는 다른 진술을 했다. 그의 연설에서 "내가 집권한다면 곧 연방 정부의 시퀘스터(sequester·예산자동삭감 장치) 폐지를 요구하고 미국의 국방력을 증강할 새로운 예산안을 만들겠다"라고 밝혔다. 또한 "우리는 확실한 방어력을 갖춘 사회를 만들 것이고 새로운 국방부 장관에게 방어력에 대한 새 계획안을 만들도록 할 것이다"라고 덧붙였다. 이 연설에 대한 질문에 상원 공화당 원내대표인 미치 맥코널(Mitch McConnell)은 "거의 모든 사람이 국방 자금이 충분하지 않다고 느끼며 우리는 이 문제를 해결할 것이다"라고 답했다. 이는 로널드 레이건(Ronald Reagan) 대통령의 1980년대 국방력 증강 계획에 토대를 두었다는 분석과 공화당 주류의 평가를 긍정적으로 돌렸다는 분석이 있다.

09월 18일

· 미국 공화 '내부 결속' 안간힘…"트럼프 지지 안하는 당원 징계"　　(연합뉴스 09. 19)

– 라인스 프리버스 공화당 전국위원회(Republican National Committee, RNC) 위원장은 CBS의 시사프로그램 '페이스 더 네이션(Face the Nation)'에 출연해 "탈락한 당내 대선 주자 중 언젠가 다시 대선후보에 도전하는 사람이 있다면 우리는 경선 절차의 변경을 고려할 수 있고, 그런 사람들에게 경선 절차는 그렇게 쉽지 않을 것"이라고 밝혔다. 이는 트럼프를 지지하지 않는 당원에게 징계 가능성을 언급한 것이다. 프리버스 위원장은 "공화당의 경선 절차에 참여하고 공화당 전국위원회(RNC)에서 마련한 절차를 따른 사람들은 대선후보를 지지하기로 이미 합의했다"며 공화당 대선후보의 대선 승리가 급선무라고 강조했다. 트럼프가 민주당 대선후보 힐러리 클린턴과의 지지율 격차를 다시 좁히고는 있지만, 당내 이견을 봉합하지 못하면 확실하게 힐러리를 앞지를 동력을 얻기 어렵다는 상황을 고려한 때문으로 해석했다.

09월 01일

• 트럼프 '반(反) 이민' 공약 통했나…하루 최고 56억 원 모금

(Wall Street Journal 09. 01; The Washington Post 09. 01; 중앙일보 09. 03 재인용)

– 반(反) 이민정책을 발표한 8월 31일 밤부터 하루 동안 트럼프 진영에는 소액 기부금만으로 500만 달러의 선거자금이 몰렸다. 월스트리트저널은 "하루 모금액으로는 최고 기록"이라고 보도했다. 여기에 우편이나 전화를 통한 모금액을 합하면 액수는 더 늘어난다. '숨어 있는 보수 백인'들이 집중적으로 후원했다는 분석이다. 워싱턴포스트는 "트럼프는 '그동안 다른 정치인들이 건드리지 않았던 이민 문제를 힐러리와 더욱 확실하게 차이가 나는 말로 밀고 나가지 않으면 차별화가 안 된다'는 조언을 한 그룹의 손을 들어줬다"고 보도했다. 트럼프 편으로 돌아서지 않을 히스패닉계 유권자를 의식하기보다는 백인 부동층을 끌어들이는 쪽이 전략적으로 필요하다는 판단을 했다는 것이다.

09월 08일

• 클린턴-트럼프, 지지율은 박빙이지만 '보유 실탄'은 큰 차

(The Wall Street Journal 09. 08; 연합뉴스 09. 08 재인용)

– 미국 대통령선거 민주당 후보인 힐러리 클린턴 전 국무장관과 공화당 후보인 도널드 트럼프가 여론조사에서 초박빙의 지지율을 보이지만, 남은 2개월 동안 가동할 수 있는 자금력에서는 큰 차이가 나는 것으로 나타났다. 월스트리트저널에 따르면 8월 말 기준으로 힐러리 캠프의 금고에 쌓여 있는 선거자금은 1억5천200만 달러인데 비해 트럼프 캠프에는 9천700만 달러의 가용 자금만 남아 있다고 보도했다. 선거자금에서의 우열은 막판으로 치달으면서 지지율이 박빙인 상황에 변화를 줄 수 있다. 자금력이 지대한 영향을 미치는 미국 선거에서 각 캠프의 자금력은 TV 광고, 캠프 직원 증원 등과 직결된다. 월스트리트저널은 "자금력이 우위인 힐러리는 선거일까지 광고와 현장 직원 동원 등에서 트럼프를 압도할 것"이라고 전망했다.

09월 17일

- 오바마 "흑인 투표율 낮으면 내 개인적 모욕"…힐러리 지지 촉구 (연합뉴스 09. 18)

– 오바마 대통령은 9월 17일 밤 워싱턴 DC에서 열린 미 연방의회 흑인의원 모임인 '블랙 코커스(CBC)' 재단 만찬 연설에서 이같이 밝혔다. "우리는 2008년과 2012년에 역사적 투표율, 특히 흑인 커뮤니티의 높은 투표율을 기록했다"면서 "만약 흑인 커뮤니티가 방심해 이번 선거에서 동력을 이어가지 못한다면 나는 이를 개인적 모욕, 그리고 나의 업적에 대한 모욕으로 받아들일 것"이라고 말했다. 또 "비록 투표용지에 내 이름은 없지만, 우리가 함께 이룬 진전, 즉 관용과 민주주의, 정의, 좋은 학교, 대량투옥 금지 등 이런 것들이 바로 그 투표용지에 새겨져 있다"면서 "이런 것들을 계속 진전시켜 나갈 후보 한 명(힐러리 클린턴)이 있다"고 강조했다. 이는 오바마 대통령이 지금까지 흑인 사회에 던진 힐러리 지지 당부 메시지 중 가장 노골적이고 강력한 메시지로 보인다.

09월 26일

- 미국 대선 TV 토론…경제부터 핵 비(非)확산까지 곳곳서 '불꽃' (연합뉴스 09. 27)

– 미국 뉴욕 주 헴프스테드 호스스트라 대학에서 민주당 힐러리 클린턴과 공화당 도널드 트럼프가 참가한 1차 대선 TV 토론이 열렸다. 경제 문제에서는 "모두를 위한 경제"를 바탕으로 최저임금 인상, 남녀 균등임금 등을 클린턴이 주장한 데 대해 트럼프는 무역협정 재협상을 통해 "도둑맞고 있는 일자리"를 찾아오겠다고 공언했다. 또한, 클린턴은 트럼프의 감세 정책을 비난하자 트럼프는 감세와 규제 완화 정책을 통해 자금을 만들겠다고 맞섰다. 납세기록의 비공개로 논란을 빚었던 트럼프는 "클린턴 장관이 삭제된 3만3천 건의 이메일을 공개한다면, 나는 내 납세기록을 공개하겠다"고 말했다. 인종 등 사회문제에 관해서 클린턴이 "형사사법 체계 속에 있는 체계적인 인종차별주의를 없애야 한다"고 주장하자 트럼프는 "흑인 사회가 그동안 학대받았고, 민주당과 정치인들이 표를 얻게 하도록 이용당했다"는 논리로 대응했다. 클린턴이 주로 포용이나 미래의 모습에 대해 화제를 집중하려 했지만 트럼프는 강한 지도자로서의 인상을 주려고 시도했다는 평가를 받았다.

09월 06일

• 워싱턴포스트 "힐러리, 플로리다만 이기면 대선 승리"

(The Washington Post 09. 06; 중앙일보 09. 07 재인용)

– 플로리다 주 한 곳만 이기면 미국 민주당의 대선후보인 힐러리 클린턴의 11월 대선 승리가 무난하다는 워싱턴포스트의 전국 판세 조사가 나왔다. 워싱턴포스트는 여론조사기관인 서베이몽키와 공동으로 8월 9일~9월 1일 전국 50개 주(州) 유권자 7만4000여 명을 상대로 한 대선 판세 조사 결과를 발표했다. 조사 결과에 따르면 50개 주(州) 가운데 힐러리와 트럼프는 각각 20개 주(州)에서 4% 이상 우세를 차지하는 등 외견상 팽팽하다. 10개 주(州)는 경합이다. 하지만 선거인단 확보 경쟁에서는 힐러리가 단연 앞섰다. 한 표라도 더 많이 얻은 후보가 그 주(州)의 선거인단을 모조리 차지하는 승자독식제를 취하는 미국 대선전에서 힐러리는 이른바 '대형 주(州)'에서 확실한 승기를 잡아 현재 과반에 육박하는 244명의 선거인단을 확보한 것으로 추정되고 있다.

09월 08일

• 미국 '애리조나의 반란'…유권자 과반, 트럼프 이민정책 반대

(Arizona Republic 09. 07; 연합뉴스 09. 08 재인용)

– 멕시코와 접경한 미국 남부 지역 국경에 거대한 장벽을 설치하고 미국 내 불법체류자를 추방하겠다던 미국 공화당 대통령선거 후보 도널드 트럼프의 이민정책이 거센 반대에 직면했다. 애리조나 주 최대일간지인 애리조나 리퍼블릭(Arizona Republic)이 애리조나주립대 모리슨 재단(Morrison Institute for Public Policy), 애리조나주립대 월터 크롱카이트 저널리즘스쿨(Cronkite News at ASU's Walter Cronkite School of Journalism and Mass Communication)과 공동으로 시행한 여론조사의 결과를 보면, 미국이 국경에 장벽을 세우지 않거나, 절대 세우지 말아야 한다고 답한 응답자가 55%에 달했고 응답자의 68%는 불법 이민자를 추방해야 한다는 트럼프의 주장을 지지하느냐는 물음에 동의하지 않거나 강하게 반대한다고 답해 25%에 그친 찬성 의견을 압도했다.

09월 12일

• 민주당 대선후보 힐러리 클린턴의 '대선승리 가능성', 58%로 하락   (CNN 09. 12)

– CNN의 '정치 예측 시장' 프로그램에 따르면 민주당 대선 후보 힐러리 클린턴의 대선 승리 확률이 72%에서 58%까지 14% 떨어졌다. 이 하락세의 이유는 힐러리의 '트럼프 지지자 절반은 개탄스러운 집단' 발언 때문이다. 그러나 더 큰 이유가 있었다. 맨해튼의 '그라운드 제로(ground zero)'에서 열린 9.11 추모 행사 도중 힐러리가 휘청거렸고 그 이유가 폐렴 때문임이 밝혀지자 힐러리의 지지율이 58%까지 떨어진 것이다. 한편, 트럼프의 대선 승리 확률은 28%에서 42%로 급등했다.

09월 16일

• 젊은 층 외면 받는 클린턴, 35세 이하 지지율 급락…미셸 출격

(The Wall Street Journal 09. 16; 연합뉴스 09. 17 재인용)

– 미국 대통령선거 민주당 후보인 힐러리 클린턴이 젊은 층의 지지를 급속히 잃어가는 것으로 나타났다. 월스트리트저널은 퀴니피액대학이 이번 달에 조사한 여론 조사 결과 힐러리와 공화당 후보인 도널드 트럼프 간 35세 이하 유권자 지지율 차이가 5%로 좁혀졌다고 보도했다. 8월 말 같은 조사에서 힐러리가 24% 차이로 앞섰던 것을 고려하면 1개월 사이에 젊은 층의 지지가 급속히 식은 것이다. 이 젊은 층은 자유당 게리 존슨에게 넘어간다고 월스트리트저널은 설명했다. 힐러리 캠프는 이런 분위기를 뒤집기 위해 버락 오바마 대통령의 부인인 미셸 오바마 여사를 내세웠다. 오바마 여사는 이날 버지니아 주 페어팩스에서 열린 청년들을 대상으로 한 유세에서 "선거에서 누가 투표하는가의 문제만큼 누가 투표하지 않는가도 중요하다. 여러분 같은 젊은이들이 특히 그렇다"며 투표 참여와 힐러리 지지를 호소했다.

09월 30일

• 미국 유력 일간지 '시카고 트리뷴'의 게리 존슨 지지 선언

(Chicago Tribune 09. 30; Politico 09. 30 재인용)

– 미국 일간지인 '시카고 트리뷴(Chicago Tribune)'은 공화당과 민주당의 대선 후보를 거부하고 자유당 게리 존슨 후보를 지지하기로 선언했다. 이 일간지는 2012년 버락

오바마를 지지한 것을 제외하고는 전통적으로 공화당의 인물을 지지한 것으로 알려졌다. 시카고 트리뷴에 따르면 "우리는 힐러리 클린턴의 연방정부 조세, 지출 계획에 동의하지 않는다. 또한, 그녀에게는 정직과 신뢰에 심각한 문제가 있다. 하물며 트럼프는 대통령 자체에 적합하지 않다"라고 밝혔다. 그리고 "우리는 민주당과 공화당, 두 거대 정당의 후보에 실망했으며, 제3당에 투표하는 것이 낭비라고 생각하는 낡은 생각을 거부한다. 유권자들이 자신들의 선택에 편안함을 얻기를 바라며 그들이 원하는 투표를 하길 바란다"고 부연했다. 이로써 시카고 트리뷴은 게리 존슨을 지지하는 5번째 신문사가 되었다.

4차(9월 말~10월 말)

정하연

대선이 코앞으로 다가오며 공화당과 민주당 내에는 묘한 기류가 흐르고 있다. 워싱턴포스트가 10월 7일 도널드 트럼프의 음담패설 녹음파일을 공개하자 미국 전역에 큰 논란이 가중되었다. 평소 여성비하 발언들을 해온 트럼프는 다음 날인 8일 '개인적인 농담이었다'며 사과했다(연합뉴스 2016. 10. 08). 이에 대해 공화당 내에서 일부는 트럼프 후보가 사퇴해야 한다는 주장을 했고 일부는 대선 후보를 교체해야 한다고 주장했다(The New York Times 2016. 10. 08). 며칠 뒤 2차 대선 TV 토론이 미주리 주에서 열렸다. 트럼프는 음담패설 파문에 대해 사과했고 여성을 존중한다고 덧붙였다. 토론에서 그는 민심을 보듬으려 애썼지만 여러 언론에서 2차 TV 토론의 승자는 힐러리 클린턴이라고 평가했다(연합뉴스 2016. 10. 10).

트럼프에게 과거 성추행을 당했다는 여성들이 연이어 등장하자 공화당의 폴 라이언(Paul Ryan) 하원의장은 앞으로 "트럼프의 행동을 방어할 생각이 없다"고 하며 "대선 기간까지 하원 선거에 매진하겠다"고 밝혔다(AP 2016. 10. 10). 심지어 공화당의 큰 후원자들마저 트럼프가 공화당의 이미지를 더욱 나쁘게 할 것을 걱정하면서 공화당 전국위원회(RNC) 위원장인 라인스 프리버스(Reince priebus)에게 트럼프와의 관계를 끊으라고 압박했다(연합뉴스 2016. 10. 14). 힐러리는 트럼프의 추락에 어부지리(漁父之利)로 지지도를 올리고 있다. 버락 오바마와 미셸 오바마도 힐러리의 지원사격에 힘을 쏟고 있다. 특히 미셸 오바마는 뉴햄프셔 주에서의 지원유세 도중 트럼프의 과거 음담패설 녹음파일과 성추행 의혹 사건을 언급하며 크게 일갈했다(연합뉴스 2016. 10. 14).

10월 19일에는 미국 네바다 주에서 3차 대선 TV 토론이자 마지막 대통령 후보 토론회가 열렸다. 힐러리와 트럼프는 각각 자신들이 펼쳐왔던 주장을 반복해서 드러냈다. 결과적으로 토론 직후 CNN과 여론 조사 기관 ORC가 공동 조사한 여론 조사에서 응답자의 52%는 힐러리가 우세했다고 답했고, 39%의 응답자는 트럼프가 우세했다고 답하여 힐러리가 토론의 최후 승자가 된 것으로 보인

제3부.. 미국의 동향 및 쟁점 **261**

다(CNN 2016. 10. 20). 이날 트럼프는 대선 결과가 자신에게 불리하게 나온다면 불복할 수도 있다는 의사를 내비쳤고 다음 날 오하이오 주 유세에서는 차후에 대통령선거 결과에 법적으로 소송을 제기할 권리가 있다면서 견해를 밝혔다(연합뉴스 2016. 10. 24).

미국 정당

10월 07일

• 트럼프 음담패설 일파만파, 공화당서도 비판…"개인적 농담"

(The Washington Post 10. 07; 연합뉴스 10. 08 재인용)

– 미국 공화당 대선후보 도널드 트럼프의 음담패설이 담긴 녹음파일이 10월 7일 폭로돼 파문이 일고 있다. 워싱턴포스트는 트럼프가 연예매체 '액세스 할리우드(Access Hollywood)'의 빌리 부시(Billy Bush)와 과거 외설적인 대화를 나눈 녹음파일을 입수해 공개했다. 이번 음담패설 녹음파일은 여성차별 등 막말을 일삼아 온 트럼프의 대선 가도에 악재로 작용할 것으로 보인다. 반발은 공화당 내부에서도 이어졌다. 트럼프 지지 선언을 하지 않았던 콜로라도 주의 마이크 코프먼(Mike Coffman) 하원의원과 일리노이 주의 마크 커크(Mark Kirk) 상원의원은 트럼프의 사퇴를 촉구했고, 유타 주의 제이슨 샤페츠(Jason Chaffetz) 하원의원과 게리 허버트(Gary Herbert) 주지사는 트럼프에 대한 지지를 철회했다. 과거 트럼프의 어떤 망언에도 그의 편에 섰던 라인스 프리버스 공화당 전국위원회(RNC) 위원장마저 "어떤 여성에 대해서도 이런 표현, 이런 방식으로 말해서는 안 된다"고 비판했다.

10월 10일

• 공화당 1인자, 트럼프 버리는 까닭은?

(NBC 10. 10; The Wall Street Journal 10. 10; 연합뉴스 10. 11 재인용)

– 미국 공화당 수뇌부가 자기 당 대선 후보 도널드 트럼프를 버렸다. 사실상의 대선 포기다. 대선을 불과 29일 남기고서다. 이는 트럼프의 음담패설 녹음 파일이 폭로된 이후 분노한 여론을 되돌리기 힘들어졌다는 판단에서다. 10월 10일 발표된 NBC·월

스트리트저널 여론조사 결과 지지율은 클린턴 46%, 트럼프 35%로 11% 차로 벌어졌다. 한 달 전 격차는 6%였다. 워싱턴포스트와 뉴욕타임스 등 미국 언론은 이날 공화당의 폴 라이언 하원의장이 공화당 동료 의원들에 "트럼프를 더는 방어할 생각이 없다. 유세도 같이 하지 않겠다. 남은 기간 하원의 다수당 지위를 지키는 데 매진할 것"이라 선언했다고 전했다. 대선 패배가 불 보듯 뻔한 상황에서 여성 비하와 막말을 일삼는 트럼프와 '한통속'이 되어 움직이는 게 자신의 차기 대선 행보에 결코 도움이 되지 않는다고 판단한 것으로 보인다.

미국 선거·의회

10월 09일

• 클린턴·트럼프 2차 TV 토론, 미국 정치가 벌거벗은 날

(CNN 10. 10; The Washington Post 10. 10; The New York Times 10. 10;
Politico 10. 10; 조선일보 10. 11 재인용)

– 10월 9일, 미국 미주리 주에 위치한 세인트루이스의 워싱턴대학에서 열린 대선 2차 TV토론은 인신공격이 난무하는 진흙탕 싸움이었다. 두 후보는 성 추문과 이메일 스캔들, 세금 의혹 등에 얽힌 서로의 약점을 집요하게 파고들었다. 토론 형식은 유권자 질문을 직접 듣는다는 '타운홀 미팅(town hall meeting)'인데, 두 후보는 서로 싸우느라 '더 나은 미국'에 대해 고민할 겨를이 없어 보였다. CNN은 "미국 정치가 일요일 밤을 기해 바뀌었다"고 했고, 워싱턴포스트는 "대선 토론 역사상 유례없는 어둡고 쓸쓸한 대결"이라고 전했다. 뉴욕타임스는 "가장 지저분한 대결", 정치 전문 매체 폴리티코는 "미 대선 역사상 가장 추잡한 싸움"이라고 보도했다.

10월 19일

• 미국 대선 3차 TV토론…동맹·총기·이민·경제 곳곳에서 대립·충돌

(연합뉴스 10. 20)

– 마지막 미국 대통령 후보 TV토론에서 민주당의 힐러리 클린턴과 공화당 도널드 트럼프가 화제마다 시종일관 팽팽한 대립을 이어갔다. 두 후보는 지금까지 제기했

던 주장을 대체로 되풀이하며 설전을 이어갔다. 특히 총기규제에서 클린턴은 "수정헌법 제2조와 사람들의 생명을 구하는 일은 상충하지 않는다"며 "수정헌법과 상충하지 않게 총기소지 제도를 개혁할 수 있다"고 주장했다. 화제가 총기규제 문제로 이어지기 전에 어떤 대법관이 임명돼야 하는지에 대한 사회자의 질문이 나왔을 때 클린턴은 "대법원은 힘 있는 기업이나 부자가 아닌 미국인의 편에 있어야 한다고 생각한다"고 말했다. 그러자 트럼프는 "수정헌법 제2조를 지지하는 대법원이 돼야 한다"며 "보수적이고, 생명을 존중하는" 대법관을 임명하겠다는 의사를 보였다.

10월 19일

• 미국 등록유권자 사상 최초 2억 명 돌파 (Politico 10. 19)

- 2016년 대선 과정에 유권자들은 낙담했지만, 미국 대선에 투표할 등록유권자는 미국 정치사상 최초로 2억 명을 돌파했다. 정치 데이터 업체인 타깃스마트(Tar-getSmart)의 조사에 따르면 현재 미국의 전국 등록유권자는 2억8만1천377명이다. 최근 8년 사이에 투표하겠다고 등록한 새로운 유권자가 5천만 명 이상이라는 것이다. 이러한 기록은 민주당에 이익을 가져오기를 기대하는 유권자가 빠르게 증가하고 있다는 현상으로 보인다. 클린턴 후보 캠프 측은 이번 선거에서 기록적인 투표율을 예상하고 이에 철저하게 준비하고 있다고 전했다. 또한 퓨리서치센터(Pew Research Center)는 이번 대선에서 소수 인종 유권자 비율을 31%로 예상하며 지난번 대선보다 2% 상승하리라 예측했다.

10월 21일

• 오바마 "선거 불복 웃어넘길 일 아냐…민주주의 훼손-이적 행위" (연합뉴스 10. 21)

- 오바마 대통령은 플로리다 주에서 열린 힐러리 클린턴 지원 유세에서 이같이 밝혔다. "트럼프의 선거조작 주장은 일반적인 거짓말을 넘어서는 것"이라면서 "지난밤 TV토론에서 어떤 증거도 없이 선거조작과 사기를 시사했는데 트럼프는 패배 시 선거 결과를 인정하지 않을 것을 내비친 첫 주요 정당의 대선후보"라고 일갈했다. 이어 "이런 것은 매우 위험한 것"이라면서 "우리 선거제도의 합법성에 대해 사람들의 마음에 의심의 씨앗을 뿌리려는 것은 민주주의를 훼손하는 것이다. 민주주의는

자신들의 표가 중요하다고 믿는 사람들, 또 국민에 의해 선출된 인사들이 권좌를 차지하는 제도를 믿는 것에 뿌리를 두고 있다"고 말했다. 오바마 대통령은 참석자들에게 어떤 시빗거리나 의심도 남지 않게 클린턴이 대승을 거둘 수 있도록 전폭적으로 지지해 달라고 촉구했다.

10월 22일

• 힐러리 '굳히기'…트럼프의 불복카드 통할까   (연합뉴스 10. 22)

– 10월 22일 현재 미국 대선의 판세를 보면 민주당의 힐러리 클린턴이 확연하게 우세를 보인다. 막판 최대 쟁점은 트럼프의 선거조작 주장과 선거 결과 불복 시사 발언이다. 트럼프는 그동안 미디어 등에 의한 광범위한 선거조작이 일어나고 있다고 주장해 왔으며, 급기야 지난 10월 19일 3차 대통령 후보 TV 토론에서 대선 결과 승복 여부를 묻는 말에 "그때 가서 말하겠다"며 불복 가능성을 강하게 시사했다. 다음 날인 20일 오하이오 주 델라웨어 유세에서는 작심한 듯 한발짝 더 나아가 패배시 소송 제기 가능성까지 내비쳤다. 트럼프의 이런 전략은 막판 지지층을 결집하고 부동층을 흡수해 불리한 판세를 뒤집어보겠다는 치밀한 계산에 따른 것으로 보인다.

10월 24일

• 여유만만 클린턴 "트럼프 상대 안 해"…상하원 선거에 화력 지원

          (The New York Times 10. 23; AP 10. 23; 연합뉴스 10. 24 재인용)

– 미국 대선을 2주가량 앞둔 시점에서 민주당의 힐러리 클린턴이 승세를 굳혀가면서 한결 여유 있는 유세 활동을 펼치고 있다. 클린턴은 공화당 대선주자인 도널드 트럼프의 공격에 일일이 신경 쓰지 않는 대신 상·하원 선거에 나선 민주당 후보들을 돕는 데 집중할 조짐을 보였다. 10월 23일 뉴욕타임스와 AP 등에 따르면 클린턴은 전날 자신의 선거용 전용기에서 기자들에게 트럼프의 공격을 더는 걱정하지 않는다고 말했다. 클린턴은 그러면서 "나는 트럼프와 4시간 30분 동안 TV토론 논쟁을 했다"며 "더는 그에게 대응할 생각조차 없다"고 강조했다. 트럼프와의 싸움은 과거사로 돌리고 남은 기간 미래 지향적인 유세 활동을 펼치겠다는 클린턴의 의지가 담긴 발언이었다. 클린턴의 자신감은 지지율이 10% 넘게 벌어지고 주요 경합 주(州)에서

도 우위를 점한 데서 나온 것으로 보인다.

미국 여론

10월 06일

• 오바마 지지율 고공행진…두 번째 임기 최고치 55% 기록

(CNN 10. 06; 연합뉴스 10. 07 재인용)

– 임기 종료를 몇 개월 앞둔 버락 오바마 미국 대통령의 지지율이 고공행진을 이어 가고 있다. 미국 CNN 방송이 여론 조사 기관 ORC와 9월 28일부터 10월 2일까지 성 인 1천501명을 대상으로 여론조사를 시행했다. 오바마에 대한 지지율은 55%를 기 록했다. 오바마 대통령이 두 번째 임기를 시작한 이후 가장 높은 수준으로, 이전 최 고치였던 지난 7월 민주당 전당대회 직후의 지지율보다 1% 높아졌다. 또한, 오바마 대통령의 지지율은 지난해보다 10%가량 높아졌고 모든 연령과 성별, 지역에서 골 고루 지지율이 상승했다. 레임덕(lame duck)을 무색하게 하는 오바마 대통령의 이같 이 높은 인기에는 올해 대선 후보인 힐러리 클린턴과 도널드 트럼프가 모두 호감도 가 낮은 후보라는 점도 영향이 있는 것으로 분석된다.

10월 10일

• CNN "2차 TV토론 승자 힐러리"…힐러리 57%–트럼프 34%

(CNN 10. 09; 연합뉴스 10. 10 재인용)

– 10월 9일 미주리 주 세인트루이스의 워싱턴대학에서 2차 TV토론이 열렸다. 민주 당 대선후보 힐러리 클린턴은 공화당 대선후보인 트럼프의 음담패설 녹음파일과 관 련해 맹렬히 비판했다. CNN 방송은 2차 TV토론의 승자로 민주당 대선후보인 힐러 리 클린턴을 꼽았다. 또한, CNN은 여론 조사 기관인 ORC와 공동으로 TV토론 시청 자를 상대로 실시간 여론조사를 한 결과 클린턴 후보가 잘했다는 응답이 57%를 기 록했다고 전했다. 반면에 공화당 도널드 트럼프 후보가 잘했다는 답변은 34%에 머 물렀다.

10월 13일

• 구글에 '기명투표 제도' 검색 증가 (CNN 10. 13)

– 미국 유권자들은 이번 대통령선거의 과정을 통해 도널드 트럼프 후보와 힐러리 클린턴 후보 모두에 대한 깊은 의구심을 표명했다. 이번 주, 그들의 의구심은 구글 검색어에서 여실히 드러났다. 구글 트렌드 데이터에 따르면 정식 후보자 명단에 없는 사람의 이름을 기입해서 투표하는 '기명투표(wirte-in)'에 대한 온라인 검색은 지난주에 대비하여 2천8백 퍼센트 증가했다. 이 수치는 구글에서 통계 데이터가 생긴 2004년 이후 최고치를 기록했다. 전통적으로 민주당이 강세인 버몬트와 델라웨어, 뉴저지 주에서 기명투표 관련 검색이 제일 많았으며 공화당이 강세인 유타와 인디애나 주가 그 뒤를 따랐다. 또한, 버몬트 상원의원인 버니 샌더스와 인디애나 주지사 마이크 펜스가 기명투표 관련 검색어에 올랐다.

10월 20일

• 마지막 TV 토론 승자도 힐러리 클린턴 (CNN 10. 20)

– 미국 대통령선거 3차 TV 토론의 승자는 힐러리 클린턴으로 보인다. CNN과 여론조사 기관 ORC가 TV 토론 시청자를 대상으로 한 여론조사에 따르면 응답자의 52%는 클린턴이 우세했다고 답했고, 트럼프가 우세했다고 하는 반응은 39%로 13% 차이를 보였다. 1차 토론 후 여론조사에서 클린턴은 62%를, 트럼프는 27% 지지를 받았고 2차 토론에서 클린턴은 57%, 트럼프는 34%의 지지를 받았다. 앞선 1, 2차 토론 여론조사보다 3차 토론에서 그 차이가 줄었다. 그런데도 대부분은 3차 토론이 자신의 투표에 영향을 주지 않을 것이라고 밝혔다.

10월 23일

• 힐러리 지지율 50%로 최고 찍어…트럼프 38% 바닥

(ABC 10. 23; The Washington Post 10. 23; 연합뉴스 10. 23 재인용)

– 힐러리 클린턴의 지지율이 최고로 치솟았지만 도널드 트럼프는 바닥을 쳤다는 여론조사 결과가 나왔다. 대선을 불과 16일 앞두고 클린턴이 완전히 승기를 굳힌 모양새다. ABC방송이 지난 20~22일 유권자 874명을 상대로 한 여론조사 결과, 클린턴

의 지지율은 50%에 달해 38%에 그친 트럼프를 12% 앞섰다. 자유당 게리 존슨 후보는 5%, 녹색당 질 스타인 후보는 2%를 차지했다. 지금까지 시행된 ABC방송과 워싱턴포스트의 공동 여론조사를 포함해서도 클린턴은 최고의 지지율을, 트럼프는 최저의 지지율을 기록한 결과이다.

5차(10월 말~11월 말)

정하연

대통령선거를 앞두고 당선의 승세는 힐러리 클린턴에게 기운 것으로 보였다. 힐러리는 민주당의 상하원 선거를 돕기도 하면서 여유를 보여주었다. 그래서인지 많은 언론은 힐러리의 우승을 예상했으나 의외의 결과로 도널드 트럼프가 선거인단 과반수를 차지하여 미국의 제45대 대통령으로 당선되었다.

트럼프는 11월 10일 백악관을 방문해 버락 오바마 대통령과 정권 인수를 협의했다. 그간 트럼프는 오바마의 업적과는 반대되는 주장을 해왔기에 이날 오바마케어(Obama Care·의료보험 시스템 개혁 법안)를 비롯한 이민 관련 현안과 이란 핵협정 등의 민감한 현안들이 논의되었는지 주목되었다(연합뉴스 2016. 11. 11). 14일 오바마는 백악관 브리핑실에서 대선 이후 처음으로 기자회견을 했으며, 트럼프와의 정권 인수 협의에서 북대서양조약기구(NATO) 회원국의 규정을 준수하겠다는 확답을 받아냈다고 밝혔다. 이로써 일부 미국 언론들은 트럼프가 대선 운동을 할 당시에 NATO 무용론(無用論)을 주장했던 바와는 다르게 노선을 변경할 가능성이 있음을 시사했다(Politico 2016. 11. 15).

11월 14일, 트럼프는 라인스 프리버스 공화당 전국위원회(RNC) 위원장을 비서실장에, 스티브 배넌(Steve Bannon)을 백악관 수석전략가 겸 수석 고문으로 임명했다(CNN 2016. 11. 14). 스티브 배넌은 극우익 매체인 '브레이트바트 뉴스(Breitbart News)'의 대표 출신으로 성·인종 차별 논란에 휩싸인 전력이 있다. 이에 이틀 뒤인 16일, 민주당 하원의원 169명은 스티븐 배넌을 임명한 것은 인종주의 논란을 빚을 수 있다고 반발하며 트럼프 당선인에게 연명 서한을 보내 배넌의 임명을 재고해달라는 뜻을 전달했다(연합뉴스 2016. 11. 17).

민주당은 트럼프 당선에 맞춰 발 빠르게 변화를 준비하고 있다. 한 언론에 따르면 민주당은 교통 시설 구축 사업, 세금 감면, 유급 출산 휴가 등 경제 및 사회 전반적인 정책을 트럼프의 기조를 따라 제시할 예정이다(The New York Times 2016. 11. 16). 한편, 미국 하원의 공화당 소속 의원들이 폴 라이언 현 하원의장을 차기 의장 후보로 만장일치 결정하여 라이언 의장의 재선이 사실상 확실시되었다. 일부 공화당 의원은 라이언 하원의장이 역할을 잘 소화하지 못했다는 의견을 제시하여 왔지만, 공화당 소속의 트럼프가 대통령으로 당선되면서 그런 불평이 수그러든 것으로 보인다(연합뉴스 2016. 11. 16 재인용).

미국 정당

11월 13일

• 트럼프 첫 인선 아웃사이더 아닌 주류…충성심-공화당 동시 고려

(The New York Times 11. 14; 연합뉴스 11. 14 재인용)

– 도널드 트럼프 미국 대통령 당선인이 당선 후 처음으로 한 인사의 특징은 '아웃사이더가 아닌 공화당 주류'이다. 트럼프 당선인은 11월 13일 성명을 통해 초대 백악관 비서실장에 라인스 프리버스 공화당 전국위원회(RNC) 위원장을 낙점했다고 밝혔다. 트럼프 당선인이 '프리버스 비서실장 카드'를 선택한 것은 후보군 개개인에 대한 평가와 더불어 향후의 정국 구상까지 복합적으로 고려한 치밀한 선택의 결과로 보인다. 한편, 프리버스와 비서실장 자리를 놓고 막판까지 다툰 스티브 배넌 트럼프캠프 최고경영자는 백악관 수석 전략가 겸 수석 고문으로 발탁되었다. 배넌은 강경 보수 성향 인터넷매체인 '브레이트바트 뉴스'의 공동창업자 출신으로, 뉴욕타임스는 만약 배넌을 비서실장으로 선택했다면 공화당 주류 진영의 거센 반발을 샀을 것이라고 분석했다.

11월 15일

• 공화, 만장일치 후보추대…라이언 미국 하원의장 사실상 재임 (연합뉴스 11. 16)

– 미국 하원의 공화당 소속 의원들이 11월 15일 폴 라이언 현 하원의장을 의장 후보로 추대하기로 만장일치로 결정했다. 하원의장 선거는 내년 1월에 실시되지만 공화당이 다음 회기에도 하원 다수당이고 이번 결정이 만장일치인 만큼, 라이언 의장은 사실상 재임된 셈이다. NBC를 비롯한 미국 언론들은 대선 전에 몇몇 공화당 하원의원들 사이에서 라이언 의장이 제대로 일을 하지 않는다는 불만이 공공연하게 제기돼 왔지만, 공화당 도널드 트럼프가 대통령에 당선되면서 그런 불평들이 수그러든

것으로 보인다고 풀이했다.

11월 16일

• '미묘한 협업' 미국 민주당, 트럼프식 정책준비…트럼프팀, 민주당 접촉
(The New York Times 11. 16; The Wall Street Journal 11. 16; 연합뉴스 11. 17 재인용)
– 도널드 트럼프가 미국 대통령으로 당선된 후 민주당과 트럼프 측 사이에 '미묘한 협업'이 이뤄지고 있다. 뉴욕타임스에 따르면 민주당은 다음 주에 트럼프의 색채가 묻어나는 대중영합주의(Populism)적인 경제 및 보건 윤리 정책을 내놓을 예정이다. 인프라 사업 투자와 자녀 세액 공제, 유급 출산 휴가, 자유무역협정(Free Trade Agreement, FTA) 거리 두기 등 민주당이 내놓을 정책은 트럼프의 공약에 맞춰 조정된다고 보도했다. 민주당은 올해 선거 실패의 원인으로 백인 노동자와 중산층의 표심을 제대로 읽지 못했다는 자성론이 나오면서 정책 재조정에 나선 것으로 풀이된다.

11월 16일

• 민주당 "배넌 백악관 행 철회하라"…샌더스도 "인종주의자 안돼" (연합뉴스 11. 17)
– 극우 인터넷 매체인 '브레이트바트 뉴스' 대표 출신으로 인종주의 논란을 빚고 있는 스티브 배넌이 백악관 수석 전략가 겸 고문으로 임명되었다. 이에 반발한 미국 민주당 하원 의원들이 도널드 트럼프 대통령 당선인에게 배넌 임명을 철회하기를 공식적으로 요구했다. 민주당 하원 의원들이 트럼프에게 보낸 연명 서한에서 "배넌의 임명은 트럼프 당선인의 국가통합 능력을 저해한다"며 브레이트바트 뉴스가 그간 게재한 반(反)유대·무슬림 기사들을 지적했다. 이와 함께 버니 샌더스 상원의원도 이날 성명을 내 배넌을 "인종차별주의자"라고 비난하며 임명 철회를 촉구했다. 샌더스 의원은 "우리는 그간 덜 차별적이고 더욱 관용적인 사회를 만드는 데 있어 진전을 이뤄왔다"며 "민주적 사회에서 인종주의와 편견이 어떤 공공 정책의 일부도 되어서는 안 된다"고 강조했다.

11월 19일

• 트럼프, 세션스 법무 장관·플린 국가안보보좌관·폼페오 중앙 정보국 국장 발탁

(연합뉴스 11. 19)

– 도널드 트럼프 미국 대통령 당선인은 최측근인 제프 세션스(Jefferson Sessions) 상원 의원을 초대 법무장관, 마이클 플린(Michael Flynn) 전 국방정보국(Defense Intelligence Agency, DIA) 국장을 백악관 국가안보보좌관, 마이크 폼페이오(Mike Pompeo) 하원의원을 중앙정보국(Central Intelligence Agency, CIA) 국장에 각각 발탁했다. 이번 2차 인선은 안보직책에 초점이 맞춰져 있다. 공화당 내에서도 극우파로 분류되는 세션스 의원이 국내 안보와 치안을 맡게 되었고, 대선 당시 트럼프 당선인에게 외교·안보 정책을 조언한 핵심 인물인 플린 국가 안보 보좌관이 대외 안보를 책임지는 구조이다. 마지막으로 올해 3선인 폼페이오 내정자는 당내 강경 성향의 '티파티(Tea Party)'와 하원 정보위 소속으로 오바마 행정부의 최대 외교 실패 사례인 2012년 리비아 벵가지 미국 영사관 테러사건 진상규명을 위한 '벵가지 특위'에서 활동했다.

미국 선거·의회

11월 09일

• 득표율은 클린턴이 앞섰지만…대권은 트럼프 품으로　　　　　(중앙일보 11. 10)

– 도널드 트럼프 공화당 대선 후보가 제45대 미국 대통령에 당선됐지만, 전체 득표에서는 민주당의 힐러리 클린턴에게 밀렸던 것으로 나타났다. 미국 전국 개표율이 92%로 집계되었을 때 트럼프의 득표수는 5,949만여 표(47.5%)로 클린턴이 확보한 5,967만 표(47.7%)보다 21만 표 적었다. 하지만 트럼프는 290명의 선거인단을 확보해 절반(270명)을 넘어서며 백악관행을 결정지었다. 이처럼 미국의 선거인단 간선제는 전체 민의를 왜곡할 수 있어 전국 득표 기준으로 대통령을 뽑자는 주장도 꾸준히 제기되고 있다. 그러나 현행제도 유지론자들은 현 체계가 각 주(州)의 독립성을 강조하는 미국 헌법 취지에 맞다고 반박하고 있다.

11월 10일

• 트럼프, 오바마와 '정권인수' 첫 협의…"몇몇 어려운 일 논의"   (연합뉴스 11. 11)

– 도널드 트럼프 미국 제45대 대통령 당선인이 백악관을 처음 방문해 버락 오바마 대통령과 회담하고 '정권 인수'를 협의했다. 오랜 시간 '정적'이었던 두 사람은 항간의 우려를 의식한 듯 '화합'의 모습을 연출했으나, 트럼프가 오바마 대통령의 업적인 '오바마 레거시(Obama's Legacy)'의 폐기를 공약해왔던 터라 이들 사안에 대해 어떤 생각을 주고받았는지 주목된다. 트럼프는 "오바마 대통령과의 회동이 대단한 영광이었으며 앞으로 더 많이 대통령을 만날 것을 고대한다"고 말했다. 이에 오바마 대통령은 "현 정부는 트럼프 당선인의 성공을 위해 할 수 있는 모든 것을 다하겠다"며 "당선인이 성공해야 미국이 성공한다"고 말했다. 또한, "정당이나 정치적 성향에 상관없이 함께 협력해 우리가 직면한 많은 도전을 다루는 게 우리 모두에게 중요하다고 믿는다"고 강조했다.

11월 14일

• "트럼프, 나토 공약 준수"…대선 때 무용론 외치더니   (중앙일보 11. 15)

– 도널드 트럼프 대통령 당선인이 북대서양조약기구(NATO)와의 방위 공약을 지키겠다는 뜻을 밝혔다고 버락 오바마 대통령이 11월 14일 전했다. 오바마 대통령은 이날 대선 이후 첫 기자회견에서 "트럼프 당선인은 미국의 핵심적인 전략 관계에 지대한 관심을 표명했다"면서 "강력하고 튼튼한 NATO와의 관계를 유지하는 미국의 책무에 관한 한 그 의지는 전혀 약화되지 않는다"고 말했다. 오바마 대통령은 지난 11월 10일 백악관에서 트럼프 당선인과 만났다. 오바마 대통령이 트럼프 당선인과의 대화 내용을 직접 소개한 것은 자신의 유럽 순방에 앞서 트럼프 당선인이 대선 기간 중 밝힌 NATO 등 동맹 무용론에 대한 국제 사회의 우려를 씻어주려는 시도로 해석된다. 한편, 오바마 대통령은 트럼프 당선에 대한 불복 움직임과 관련하여 "트럼프 당선인은 차기 대통령이 될 것"이라고 못을 박았다.

11월 23일

• 녹색당 질 스타인, 3개주 대통령선거 재검표 신청   (The Hill 11. 23)

– 전 녹색당 대통령 후보였던 질 스타인(Jill Stein)은 3개 주(州)의 대통령선거 재검표를 신청했다. 해당 주(州)는 위스콘신, 미시건, 펜실베니아 주인데 이 주들은 이번 대선의 승패를 가른 경합주로 도널드 트럼프가 승리한 곳이다. 질 스타인이 재검표를 추진하기 위해 낸 성명에서 "3개 주(州)의 데이터에서 투표 총계가 불일치하는 현상이 발생했다"며 "이 3개 주의 재검표를 위해 11월 25일까지 모금을 진행한다"고 밝혔다. 또한, 다른 선거전문가의 집단도 검표기계가 변경되었다는 주장을 하며 위와 같은 3개 주에서 재검표를 주장하고 있다.

미국 여론

11월 12일

• "미국을 다시 하얗게"…트럼프 당선 후 백인 우월주의 기승

(USA Today 11. 11; 연합뉴스 11. 12 재인용)

– 도널드 트럼프를 차기 대통령으로 선택한 미국이 극심한 분열에 빠져들었다. '트럼프는 우리의 대통령이 아니다'라며 미국 주요 도시에서 트럼프 대통령 당선인을 반대하는 시위가 번지며 봉인 해제된 백인 우월주의가 곳곳에서 기승을 떨치고 있다. 미국 일간지 USA 투데이에 따르면, 여러 학교에서 '미국을 다시 하얗게(Make America White Again)'라는 낙서와 나치 문양이 동시에 발견됐다. '미국을 다시 하얗게'는 '미국을 다시 위대하게'라는 트럼프 당선인의 선거 구호를 '미국을 다시 백인의 세상으로 만들자'는 내용으로 바꾼 것이다. 전문가와 교육자들은 대선 후 벌어진 연쇄 인종 차별적인 행동, 낙서, 범죄가 트럼프의 당선과 연계된 것으로 분석하면서 트럼프 당선인이 불안을 조장하는 이런 행동을 억제하는 데 주요한 역할을 할 수 있다고 전망했다.

11월 13일

• 미국 LA·뉴욕 37개 도시서 나흘째 반(反)트럼프 시위…확산일로

(NBC 11. 13; 조선일보 11. 15 재인용)

– 도널드 트럼프 당선 이후 5일째 계속되고 있는 '반(反)트럼프' 시위가 대도시에서 소도시·농촌 지역까지 번지고 있다고 NBC가 11월 13일 보도했다. NBC는 "시위 주최 측이 코네티컷 주 뉴헤이븐, 펜실베이니아 주 이리, 플로리다 주 포트로더데일 등 소도시·농촌을 중심으로 시위를 계획하고 있다"고 했다. 실제 페이스북 등 소셜 미디어에는 이 지역들에서 수천 명이 시위에 참석하겠다는 글을 올렸다. 전날 뉴욕에서는 총 2만5000명(경찰 추산)이 시위에 참석해 영어와 스페인어로 된 트럼프 반대 피켓을 들고 행진했다. 캘리포니아 주 로스앤젤레스에선 시위대가 CNN 빌딩 앞을 행진했고, 매사추세츠의 소도시 스프링필드에서도 시위가 열렸다. 한편, 흑인과 소수 인종을 겨냥한 증오 범죄도 계속되고 있다.

11월 21일

• 미국인 77% '국가 분열돼'…최근 23년간 가장 심각 　　　　　　　(연합뉴스 11. 22)

– 미국 여론조사기관 갤럽(Gall up)이 '국가가 분열됐다'고 느끼는 미국인의 비율이 최근 23년간 최고치를 기록했다고 발표했다. 갤럽은 대통령선거 직후인 지난 9일부터 16일 사이에 실시한 이번 조사에서 '가장 중요한 가치에 대해 미국이 분열돼 있는가'라는 질문에 '그렇다'고 답한 응답자가 전체의 77%였으며, 이는 같은 내용의 설문조사가 시행된 1993년 이후 가장 높았다고 밝혔다. 갤럽은 최근 20여년 동안 양극화된 미국 정치 상황과 그로 인해 서로 다른 정당 사이에서 정치 의제에 대해 공감대를 형성하기가 점점 어려워진 점 때문에 국가 분열에 대한 미국인들의 우려가 점점 커지는 것으로 보인다고 풀이했다.

11월 21일

• 트럼프 호감도 대선 이후 상승…"9%포인트 올라 46%, 허니문 효과"

(Politico 11. 21; 연합뉴스 11. 22 재인용)

– 미국의 도널드 트럼프 대통령 당선인을 향한 호감도가 대선 이후 상승했다. 미국

정치전문매체 폴리티코가 여론조사기관 모닝컨설트(Morning Consult)와 공동으로 조사하고 발표한 여론조사에서 트럼프의 호감도는 46%로 나타났다. 대선 이전 모닝컨설트의 조사에서 트럼프의 호감도는 37%였다. 비호감도는 이전 조사에서는 61%였으나 15% 감소했다. 모닝컨설트의 한 조사관은 "트럼프의 호감도는 대통령으로 당선되고 나서 최고 수준까지 올랐다"며 새로운 대통령을 맞이하기 전 허니문(honeymoon) 단계에서 호감도가 높아지는 게 일반적인 현상이라고 설명했다.

6차(11월 말~12월 말)

정하연

2003년부터 하원 민주당을 이끌고 있는 낸시 펠로시(Nancy Pelosi) 현 원내대표가 12월 1일 다시 한 번 하원 민주당 원내대표 연임에 성공했다. 팀 라이언(Tim Ryan) 의원이 원내대표 경선에 참여했는데 낸시 펠로시는 134표, 팀 라이언은 63표를 얻었다(The Hill 2016. 11. 30; 연합뉴스 2016. 12. 01 재인용).

도널드 트럼프 대통령 당선인은 행정부 15개 부처 가운데 12개 부처의 장관을 지명했고, 나머지 3개 부처도 곧 인선을 마무리할 예정이다. 장관 지명이 확정된 부처는 법무부, 국방부, 주택도시개발부, 보건복지부, 국토안보부, 재무부, 상무부, 교육부, 교통부, 노동부, 내무부, 국무부이다. 이번에 트럼프가 인선한 장관들의 출신을 보면 3명은 현역의원, 2명은 예비역, 3명은 월가(Wall Street) 출신이며 나머지는 대권후보, 교육전문가, 관료 출신이다(연합뉴스 2016. 12. 08). 12월 13일, 그간 주목을 끌던 국무장관 자리에 렉스 틸러슨(Rex Tillerson)이 낙점되면서 내각의 외교, 안보 라인도 윤곽을 갖추게 되었다(연합뉴스 2016. 12. 13).

지난 11월 질 스타인은 이번 대선에서 투표 총계의 불일치와 해킹의 의혹을 근거로 미시간, 위스콘신, 펜실베이니아 주의 재검표를 요구하는 운동을 개시했다. 이에 대해 펜실베이니아와 미시간 주 법원은 트럼프 당선인과 공화당의 요청을 받아들여 재검표 요청을 기각한 반면에 위스콘신 주는 재검표를 실시했다. 하지만 재검표 결과 트럼프가 힐러리 클린턴보다 22,000표 이상 득표한 것으로 확인됨으로써 위스콘신 주에서의 트럼프의 승리가 확정됐다(AP 2016. 12. 02).

또한 공식적으로 대통령을 선출하는 선거인단 선거를 앞두고 공화당 선거인단들에게 트럼프 후보에게 투표하지 말자는 '배신 투표'를 독려하는 움직임이 있다. 만일 선거인단 투표에서 공화당 선거인단 37명 이상이 배신투표를 하면 당선이 뒤집힐 수 있다. 그러나 선거인단 투표에서 결과가 뒤바뀔 가능성은 거의 없다는 것이 일반적인 예측이다(The New York Times 2016. 12. 05; 연합뉴스 2016. 12. 06 재인용).

한편 워싱턴포스트는 미국 중앙정보국(CIA)이 러시아가 해킹을 통해 지난 대선에서 개입했다는 결론을 내렸다고 보도했다(The Washington Post 2016. 12. 09). 이 기사는 또한 CIA가 러시아가 트럼프 당선을 위해 불법 행위 고발 사이트인 위키리크스와 협력한 정황도 입수했다고 밝혔다. 이처럼 CIA가 러시아를 배후로 지목한 것은 버락 오바마 대통령이 러시아의 개입 여부를 조사하라고 정보당국에 지시한 것과 관련이 있다(연합뉴스 2016. 12. 10).

미국 정당

11월 30일

• 낸시 펠로시, 미국 하원 민주당 원내대표 연임

(The Hill 11. 30; 연합뉴스 12. 01 재인용)

– 미국 민주당의 하원 원내대표에 낸시 펠로시 현 원내대표가 연임됐다. 펠로시 원내대표는 30일 팀 라이언 의원과 표결한 끝에 134대 63으로 연임에 성공했다. 민주당이 이달 11월 8일 치러진 대선과 상·하원 선거에서 전패한 후 변화가 필요하다는 당내 목소리가 커지면서 라이언 의원이 기존의 펠로시 원내대표에게 도전장을 냈다. 의회 전문 매체 더힐은 경선 결과에 대해 "민주당의 변화에 대한 바람이 펠로시 원내대표의 장악력을 약화하지는 못했다"고 보도했다.

12월 01일

• 아웃사이더 트럼프 공화당 접수완료 "롬니 항복, 매케인 침묵"

(The Washington Post 12. 01; 연합뉴스 12. 02 재인용)

– 트럼프가 지난달 대선에서 승리한 지 약 3주 만에 '반(反)트럼프' 인사의 대명사였던 밋 롬니(Mitt Romney) 전 매사추세츠 주지사가 사실상 백기를 들면서 공화당 접수작업에 마침표가 찍혔다. 2012년 공화당 대선후보였던 롬니는 대선 기간 트럼프를 비판하며 끝까지 지지 선언을 하지 않았다. 그러나 '네버(never) 트럼프' 운동을 주도했던 롬니의 태도는 트럼프 당선 이후 180도 달라졌다. 워싱턴포스트는 11월 29일 트럼프 당선인과 롬니의 2차 회동 후 롬니는 "트럼프에게 항복했다"고 보도했다. 트

럼프 정부의 국무장관을 꿈꾸는 롬니는 회동 후 기자들에게 "아주 멋진 저녁 시간"을 보냈다면서 "세계 전역의 일에 대해 의견을 나눴으며, 깨달음을 주고 흥미로운 대화였다"고 말했다. 그리고 워싱턴포스트는 "롬니의 태도 변화를 통해 트럼프가 공화당 내 반대파들을 완전히 주눅이 들게 했다"고 전했다.

12월 03일

• 트럼프, 민주당 의원 입각시킬까?…접촉 3명 후보 물망에

(The Hill 12. 03; 연합뉴스 12. 04 재인용)

– 미국 공화당 소속 도널드 트럼프 대통령 당선인이 민주당 의원들을 잇따라 접촉하면서 그가 실제로 민주당 인사를 내각에 발탁할지 주목된다. 의회전문지 더힐은 12월 3일 트럼프 당선인이 민주당 의원들의 입각을 검토하고 있다고 전했다. 트럼프 당선인과 직접 만났거나 입각 대상 물망에 올라 있는 민주당 의원은 하이디 하잇캠프(Heidi Heitkamp) 상원의원과 조 맨친(Joe Manchin) 상원의원, 툴시 가바드(Tulsi Gabbard) 하원의원 등 3명이다. 하잇캠프와 맨친 의원은 트럼프 당선 이후 당적을 초월해 새 정부와 협력할 수 있음을 공개적으로 언급해 왔다. 더힐에 따르면 하잇캠프 의원은 에너지장관 또는 내무장관, 맨친 의원은 에너지장관 후보에 각각 오르내리고 있다. 가바드 의원은 한때 유엔주재 미국 대사와 국무장관 후보군에 포함됐었다.

12월 13일

• 트럼프, 국무장관에 친러 석유거물 틸러슨…공화 내부서도 반발   (연합뉴스 12. 13)

– 도널드 트럼프 미국 당선인이 초대 국무장관으로 친(親) 러시아 성향의 석유 거물인 렉스 틸러슨(Rex Tillerson) 엑손모빌(ExxonMobil) 최고경영자(CEO)를 낙점했다. 그는 엑손모빌을 경영하면서 외국 정상을 비롯한 고위 인사들과 광범위한 인적 네트워크를 형성했고 대표적인 친 러시아 인사로 알려져 있다. 이 때문에 민주당은 물론 공화당의 일부에서까지 틸러슨의 배경과 전력을 문제 삼고 있다. 민주당 전국위원회(DNC)는 앞서 공식 성명을 통해 "공직 경험이 전혀 없는 틸러슨을 선택하는 것은 터무니없는 일"이라면서 비판했다. 또한 공화당 내에서도 상원 군사위원장인 존 매케인(John McCain) 의원과 린지 그레이엄(Lindsey Graham) 의원, 마코 루비오(Marco

Rubio) 의원 등이 이미 틸러슨에 대한 반대 목소리를 냈다.

12월 04일

• **질 스타인, 펜실베이니아는 재검표 포기…연방법원에 제소**   (연합뉴스 12. 04)

– 미국 대선 재검표 운동에 나서고 있는 질 스타인 전 녹색당 대선후보가 펜실베이니아 주에 대해서는 재검표 신청을 포기하는 대신 연방법원에 제소하기로 했다고 밝혔다. 이는 펜실베이니아 법원이 재검표를 하려면 100만 달러(약 11억7천만 원)의 공탁금을 내라고 명령한데 따른 것이다. 앞서 스타인은 전자개표 기기 조작과 해킹 의혹 등을 들어 미시간(선거인단 16명), 위스콘신(10명), 펜실베이니아(20명) 3개 주(州)의 대선 결과에 대해 재검표 운동을 시작했고, 이를 위한 성금을 모았다. 트럼프가 승리한 이들 3개 주(총 선거인단 46명)의 승부가 뒤집히면 트럼프 당선인은 선거인단 260명, 클린턴은 278명을 차지하게 돼 당락이 바뀌게 된다. 한편 이 같은 재검표 운동에도 대부분 미국언론과 심지어 민주당 관계자들도 재검표 후 당락이 바뀌어 차기 백악관 주인이 달라지는 일이 없을 것으로 전망하고 있다.

12월 05일

• **미국 대선 '선거인단 배신 투표'에 촉각…트럼프 불복 선언 잇따라**

(The New York Times 12. 05; Politico 12. 05; 연합뉴스 12. 06 재인용)

– 미국 대선에서 공화당의 도널드 트럼프가 승리했지만 불복 선언이 잇따르면서 '선거인단 배신 투표'에 촉각이 쏠리고 있다. 공화당 선거인단 중 한명은 12월 5일 뉴욕타임스 기고문에서 오는 12월 19일 치러지는 선거인단 투표에서 트럼프 당선인을 찍지 않을 것이라고 밝혔다. 38명의 선거인단이 걸린 텍사스에서는 지난달 대선에서 트럼프가 승리했다. 앞서 텍사스 주의 다른 공화당 선거인단은 트럼프에게 투표하는 것을 포기하고 선거인단 자리에서 물러난 바 있다. 정치전문매체 폴리티코도 이날 선거인단 반란표 운동을 소개하면서 트럼프 반대 진영의 대안으로 존 케이식(John Kasich) 주지사가 떠오르고 있다고 보도했다.

12월 12일

• 미국 위스콘신 재검표에서도 트럼프 승리…131표 더 얻어 　　　　(연합뉴스 12. 13)

– 12월 12일 완료된 미국 위스콘신 주의 대통령선거 재검표에서 도널드 트럼프의 승리가 재확인됐다. 위스콘신에서는 300만 표 가량의 투표용지를 재검표한 결과 트럼프가 기존 득표수보다 추가로 131표를 얻은 것으로 나타났다. 이 주(州)에서 트럼프는 힐러리 클린턴 민주당 대선후보와 총 2만2천748표 차이로 승리한 것으로 최종 집계됐다. 위스콘신 선거관리위원회는 투표 시스템에 대한 해킹의 증거도 발견되지 않았다고 밝혔다. 펜실베이니아 주에선 이날 미국 녹색당의 재검표 요구를 연방법원이 기각한 직후 투표결과가 확정했다. 이 주(州)에서 트럼프는 총 600만 표 가운데 4만4천여 표 차이로 힐러리 클린턴 민주당 후보를 눌렀다.

미국 여론

12월 08일

• 트럼프 각료 인선 지지율 불과 '40%' 　　　　(연합뉴스 12. 09)

– 도널드 트럼프 미국 대통령 당선인의 각료 인선이 미국민 다수의 지지를 받지 못하는 것으로 나타났다. 여론조사연구 기관인 퓨리서치센터(Pew Research Center)가 12월 8일 발표한 내용을 보면, 트럼프 당선인의 부처 장관 인선과 고위 공직자 임명을 지지한다는 답변은 절반을 밑도는 40%에 그쳤다. 조사에 참가한 미국민은 또 트럼프 당선인이 정책과 계획을 아우르는 집권 청사진을 명확하게 설명하지 못했다고 봤다. 트럼프 당선인의 집권 청사진 지지율도 41%에 그쳐 버락 오바마(72%) 때보다 낮았다. 부정적인 답변도 있지만, 트럼프가 훌륭한 대통령이 될 것이라는 긍정 답변율도 서서히 상승하고 있다. 이번 조사에서 트럼프가 '좋은' 또는 '위대한' 대통령이 될 것이라고 본 미국민은 35%에 달했다. 이는 대통령선거운동 기간이던 10월 조사 당시 25%에 비해 10% 오른 것이다.

7차(12월 말~2017년 1월 말)

정하연

도널드 트럼프는 대통령으로 취임하기 전, 정치와 경제의 이해 상충을 방지하기 위해 자선재단인 도널드 J. 트럼프 재단(Donald J. Trump Foundation)을 해산하겠다고 밝혔다(연합뉴스 2016. 12. 25). 그러나 검찰은 트럼프 재단을 조사하는 중이며, 조사를 완료할 때까지 트럼프 재단의 법적 해산은 불가능하다고 밝혔다(연합뉴스 2016. 12. 25). 앞선 2016년 9월, 재단 자금 일부가 트럼프의 사업 관련 소송비용으로 쓰였다는 워싱턴포스트 등의 언론 보도 이후 트럼프 재단은 강도 높은 검찰 조사를 받아왔다(The Washington Post 2016. 09. 12).

트럼프의 초기 내각은 내부 충돌이 클 것으로 예상된다. 트럼프는 여러 의제 중 버락 오바마 정부가 추진한 환태평양경제동반자협정(Trans-Pacific Partnership, TPP)에 반대해왔으며, 대통령 취임 즉시 이 협정에서 탈퇴하겠다는 입장을 보였다. 그러나 상무장관에 지명된 윌버 로스(Wilbur Ross)와 주중(駐中)대사 내정자 테리 브랜스테드(Terry Branstad)는 환태평양경제동반자협정(TPP)에 찬성하는 입장이다(연합뉴스 2016. 12. 28). 이외에도 트럼프는 국방력 증대와 사회간접자본 확충에 예산을 편성하겠다고 한 반면, 백악관 예산관리국 국장 내정자인 믹 멀버니(Mick Mulvaney)는 재정적자 해소에 집중하고 있다(The Wall Street Journal 2016. 12. 27; 중앙일보 2016. 12. 29 재인용). 이처럼 트럼프와 다른 의견을 가진 내정자들이 여럿이기 때문에 이들의 의견을 조율하는 것이 트럼프 행정부의 초기 과제가 될 것으로 보인다(The Wall Street Journal 2016. 12. 27).

2017년 1월 20일, 워싱턴 DC에서 제45대 미국 대통령 취임식이 거행되었다. 트럼프는 첫 연설에서 '미국 우선주의'(America First), '미국을 다시 위대하게(Make America Great Again)', '변화와 개혁', '권력을 국민에게로'라는 핵심 단어를 제창했다(연합뉴스 2017. 01. 21). 취임식장 근처와 각지에서는 트럼프에게 불만이 있는 반대 시위자 일부가 폭력 시위를 벌였고 트럼프 지지자와 반대자 사이에 몸싸움도 발생했다(연합뉴스 2017. 01. 21).

한편 민주당은 트럼프 내각 검증에 심혈을 기울이겠다고 밝혔다. 특히 20여

명의 각료 지명자 중 8명을 부적합한 인물로 평가하고 인준을 늦추기로 했다 (YTN 2017. 01. 03). 부적합하다고 지목된 인사에는 친(親)러시아 성향의 렉스 틸러 슨과 인종차별 논란이 있었던 제프 세션스, 오바마케어(ObamaCare)를 반대하는 톰 프라이스(Tom Price) 등이 포함된다. 따라서 자연스럽게 트럼프 당선인은 반 쪽 내각으로 임기를 시작할 가능성이 커졌다(연합뉴스 2017. 01. 03).

미국 정당

01월 01일

• 미국 민주당, 트럼프내각 송곳검증 예고…틸러슨·세션스 등 8명 지목

(연합뉴스 01. 03)

– 미국 민주당이 도널드 트럼프 미국 대통령 당선인의 초대 내각 인선에 대한 '송곳 검증'을 예고하고 나섰다. 민주당은 특히 20여 명인 각료 지명자 중 8명을 '부적격' 인사로 꼽고, 최대한 인준을 지연시키기로 했다. 민주당의 차기 상원 원내대표인 척 슈머(Chuck Schumer) 의원은 1월 1일 발표한 성명에서 "공화당이 의회와 대중이 지명 자에 대한 충분한 정보를 얻기도 전에 취임식에 맞춰 급하게 인준을 마치려 한다면 민주당의 거센 저항에 직면할 것"이라고 경고했다. 그는 청문회 일정과 관련해 1주 에 2명씩, 1명에 대해 최소 이틀간 실시할 것을 주장했다. 각료급 인사를 포함해 20 명이 넘는 내각 인준에 십여 주를 소요하겠다는 것이다. 이주일 앞으로 다가온 취임 식 이전에 인준 절차를 완료하길 기대하는 공화당이 수용할 가능성은 크지 않지만, 청문회 일정 조율에서부터 난항이 예상된다.

01월 03일

• 트럼프, 의회 개원 첫날부터 공화당 비판 　　(CNN 01. 03; 중앙일보 01. 04 재인용)

– 도널드 트럼프 미국 대통령 당선인이 미국 제115대 의회의 개원 첫날 공화당을 비판하고 나섰다. 공화당 하원의원들이 의회윤리국(The Office of Congressional Ethics, OCE)의 독립성과 기능을 제한하는 결정을 내린 것에 대해 공개적으로 쓴 소리를 한 것이다. 트럼프 당선인은 1월 3일 "이 같은 결정은 불공정하다"며 "의회에 있는 사람

들은 이런 결정을 내리기보다 조세 개혁과 헬스케어 문제를 우선순위에 놓고 일을 해야 한다"고 꼬집었다. 공화당 하원은 앞서 의회윤리국(OCE)의 기능과 독립성을 제한하는 방안에 대해 비공개 회의를 갖고 가결한 바 있다. 공화당의 투표 결과에 따라 의회윤리국(OCE)은 익명의 제보자로부터는 제보를 접수할 수 없게 되고, 모든 조사는 하원 윤리위의 직접적인 감독을 받게 된다. 결국, 기존의 독립성을 잃고 의원들의 통제 하에 놓이게 되는 것이다. 민주당과 외부의 윤리기구들은 즉각 비난했다. 낸시 펠로시 민주당 하원 원내대표는 "공화당 주도의 새 의회의 첫 희생양은 윤리"라고 비판했다.

01월 16일

• 트럼프, 수입에 과세를 강화하는 공화당의 세제개편안 "너무 복잡"

(The Wall Street Journal 01. 16; 연합뉴스 01. 17 재인용)

– 도널드 트럼프 미국 대통령 당선인이 공화당 하원의원들 주도로 마련되고 있는 법인세 개편안을 처음으로 비판했다고 월스트리트저널이 1월 16일 보도했다. 트럼프 당선인은 월스트리트저널 인터뷰에서 모든 수입품에 세금을 부과하는 대신 수출품은 제외하는 이른바 '국경조정안'은 "지나치게 복잡하다"고 말했다. 트럼프 당선인은 국경조정안의 개념에 의하면 미국 기업이 비행기를 국내에서 생산할 경우에 가산점을 얻게 되지만 기업 쪽에서는 감세와 그 밖의 혜택 외에 이를 추가로 바라지는 않는 입장이라고 주장했다. 공화당 하원의원들은 해외로 일자리를 옮기는 미국 기업들이 제품을 국내로 수입할 경우, 35%의 고율 관세를 부과하겠다는 도널드 트럼프의 '국경세'의 대안으로 이를 추진해왔다. 트럼프의 부정적 논평은 차기 대통령과 의회를 주도하는 공화당 사이에 세제개편을 둘러싸고 분명한 이견이 있으며 그가 감세를 포함한 선거 공약을 이행하는 과정에서 마주칠 도전을 상기시켜주는 것이다.

12월 21일

• "연방수사국, 클린턴 이메일 재수사할 증거 없었다"···대선개입 논란 재점화

(중앙일보 12. 21)

－연방수사국(FBI)이 대선 직전 민주당 대선후보 힐러리 클린턴의 이메일 스캔들을 증거 불충분 상태에서 재수사했다는 논란이 제기됐다. 이메일 스캔들은 클린턴이 국무장관 시절 개인용 이메일을 사용해 공문서 등 비밀정보를 주고받았다는 의혹을 말한다. FBI는 불기소로 결론이 났던 클린턴의 이메일 스캔들을 대선을 11일 앞두고 재수사하겠다고 밝혔고 대선 판세는 크게 요동쳤다. 로스엔젤레스를 기반으로 활동하는 한 변호사는 "이메일 스캔들 재수사가 대선에 미친 영향을 고려할 때 관련 수색영장을 투명하게 공개해야 한다"며 소송을 제기했다. 이에 맨해튼 지방법원은 12월 19일 FBI의 수색영장 신청서 등 관련 법정 자료를 일반 대중이 볼 권리가 있다고 판결했다.

01월 04일

• 척 슈머 민주당 원내대표···"공화당은 '미국을 다시 아프게' 하고 있다"

(Politico 01. 04)

－ 미국의 건강보험회사가 보험비를 계속해서 올리고 있는 실정에 미국인들은 피해를 입고 있으며 그에 따른 질병은 국가를 망가트린다. 트럼프와 공화당이 오바마케어(ObamaCare)를 폐기하려는 계획에 미국 상원 민주당 신임 원내대표 척 슈머는 트럼프의 '미국을 다시 위대하게(Make America great again)'라는 슬로건을 비꼬며 도리어 트럼프와 공화당이 '미국을 다시 아프게(Make America sick again)' 만들고 있다며 비판했다. 슈머 원내대표는 "오바마케어 폐기에 대해 공화당이 혼란을 만들고 있다"며 "그들은 오바마케어를 대안할 만한 어떤 계획도 가지고 있지 않다"고 강하게 주장했다. 또한 슈머 원내대표는 공화당이 오바마케어를 대체할 만한 계획을 갖고 있다면 민주당이 초당적으로 협력할 의사가 있는지 물었을 때 "그들이 일을 그르쳤는데 우리(민주당)가 나서서 그들을 도와주겠는가? 대답은 '아니다'"라고 밝혔다.

01월 05일

• 미국 의회, 내일 트럼프 대통령 당선 공식 천명 (연합뉴스 01. 06)

– 미국 의회는 1월 6일 상·하원 합동회의를 열어 미국 제45대 대통령선거에서 도널드 트럼프 당선인의 승리를 공식 천명한다. 미국 언론들에 따르면 미 의회는 12월 19일 50개 주(州)와 워싱턴 DC에서 시행된 선거인단 538명의 투표 결과를 발표할 예정이다. 투표 결과 트럼프 당선인이 과반인 304표를, 민주당 힐러리 클린턴 후보가 227표를 각각 얻었다고 언론들은 전했다. 트럼프 당선인은 1월 20일 제45대 미 대통령에 공식 취임한다. 앞서 12월 8일 대선에서 트럼프 당선인은 306명의 선거인을 확보, 232명에 그친 클린턴 후보를 누른 바 있다. 실제로 선거인단 투표에서 '반란 투표'는 모두 7표가 나온 것으로 최종 집계됐다. 힐러리 진영에서 5표, 트럼프 진영에서 2표로 힐러리 진영에서 이탈표가 훨씬 더 많이 나왔다.

01월 06일

• 미국 상원 국방위 이어 정보위도 '러시아 대선개입 해킹 청문회' 열어

(The New York Times 01. 06; The Hill 01. 06; 중앙일보 01. 07 재인용)

– 미국 제115대 의회가 개원한지 사흘째 되는 날인 1월 5일, 상원 국방위원회가 러시아의 대선개입 해킹 논란과 관련해 청문회를 연 가운데 상원 정보위원회도 다음 주 중 '러시아 해킹 청문회'를 열기로 했다. 미국 뉴욕타임스와 의회 전문매체 더힐은 1월 6일 이같이 보도하며 청문회는 러시아 총정보국(Гла́вное разве́дывательное управле́ние, ГРУ, GRU)과 연방보안국(Федера́льная слу́жба безопа́сности Росси́йской Федера́ции, ФСБ, FSB) 등 정보기관의 활동을 중점적으로 들여다 볼 것이라고 내다봤다. 이번 청문회엔 앞서 국방위 청문회에 증인으로 출석했던 제임스 클래퍼(James Clapper) 미 국가정보국 국장과 마이클 로저스(Michael Rogers) 국가안보국 국장, 존 브레넌(John Brennan) 중앙정보국(CIA) 국장 등 3명을 비롯해 앞서 힐러리 클린턴 당시 민주당 대선후보의 이메일 스캔들을 수사했던 제임스 코미(James Comey) 연방수사국(FBI) 국장도 출석할 예정이다. 앞서 한 차례 청문회에 출석했던 정보수장 3인은 한 목소리로 러시아가 민주당 전국위원회(DNC) 간부와 클린턴 캠프 인사들의 이메일을 해킹했다고 밝힌 바 있다.

01월 18일

• 전방위 충돌 트럼프 역대 최저 지지율로 취임…'오바마의 절반'

(CNN 01. 15; The Washington Post 01. 16; 연합뉴스 01. 18 재인용)

– 정권인수 과정에서 전방위 충돌을 빚는 도널드 트럼프 미국 대통령 당선인이 결국 역대 최저 수준의 지지율로 새 정권 출범을 앞두게 됐다. 1월 17일 공개된 각종 여론조사에서 트럼프 당선인의 지지율과 호감도, 정권 인수위의 활동 등에 대해 우호적인 여론은 40% 수준에 불과한 것으로 나타났다. 이는 8년 전 버락 오바마 대통령이 받았던 지지율의 반 토막 수준에 불과하며 적어도 최근 40년간 가장 낮은 수준이다. 먼저 CNN과 여론 조사 기관 ORC가 1월 12~15일 실시한 여론조사에 따르면 트럼프 당선인의 지지율은 40%에 그쳤다. 역대 최저 수준이다. 다만 트럼프 당선인이 경제 문제를 잘 다룰 것이라는 미국인의 기대는 컸다. 워싱턴포스트는 "트럼프 당선인이 최소한 지난 40년간 가장 인기가 낮은 대통령으로서 취임한다"며 "그럼에도 국민의 다수는 그가 경제를 살리고 테러 위협에 대처하겠다는 대선 공약을 잘 수행할 것으로 낙관했다"고 분석했다.

01월 20일

• 취임식장 주변 곳곳에서 트럼프 반대 시위…90명 체포

(AP 01. 20; CNN 01. 20; 중앙일보 01. 21 재인용)

– 도널드 트럼프 미국 대통령의 취임일인 1월 20일 워싱턴 DC 곳곳에서 일어난 반대 시위가 폭력적인 양상을 보이자 경찰이 강경 대응에 나선 것으로 전해졌다. AP은 이날 다수 지역의 시위는 평화적으로 열렸지만 일부 지역에서 일부 시위자가 폭력 시위를 벌이면서 가게 유리창이 깨고 차량과 공공자산이 훼손되는 사태가 발생했다고 전했다. 약 500명의 검은색 마스크를 쓴 시위대가 도시를 통과하는 가운데 일부 시위자는 자본주의 체제 상징을 없앤다면서 망치 등으로 가게 유리창을 깼다. CNN은 이 과정에서 약 90명이 경찰에 체포됐고 이 과정에서 경찰관 2명이 경미한 부상을 입었다고 전했다. 취임식장에서 약 200m 떨어진 언론박물관 '뉴지엄(Newseum)' 옆의 입장 통로에서도 '흑인 생명도 소중하다'(Black Lives Matter)라는 구호를 내건 흑인 시위대가 입장 통로를 막아다. 시위 참가자들은 쇠사슬로 자신의 몸을 묶은 뒤 차단용 철망에 쇠사슬을 묶는 방법을 사용해 차단 막을 만들기도 했다.

8차(1월 말~2월 말)

정하연

    도널드 트럼프(Donald Trump) 미국 대통령이 멕시코 국경장벽 건설, 오바마케어(ObamaCare) 폐지, 반(反)이민정책을 강력히 고수하고 있다. 이러한 정책 움직임에 대해 의회가 반발하기 시작했다. 지난 1월 29일, 미국 16개 주(州)의 법무장관들은 공동성명을 통해 반이민 행정명령이 민주적이지 못할뿐더러 헌법을 위반하는 처사라고 비판했다(NBC 2017. 01. 29). 하지만 이튿날 30일, 트럼프는 자신의 반이민 행정명령에 반대한 샐리 에이츠(Sally Yates) 법무장관 권한대행을 경질하면서 더욱 강력한 태도를 보여주었다(연합뉴스 2017. 02. 01). 결국 2월 3일, 워싱턴 주 연방법원은 반(反)이민 행정명령을 잠정 중단하라고 권고했으며 해당 결정은 미국 전역에 적용되었다(Politico 2017. 02. 14).

    그러나 트럼프 행정부는 더욱더 강화한 반(反)이민 행정명령을 내놓을 것으로 알려졌다(Politico 2017. 02. 21). 생계지원 대상자로 선정될 외국인의 이민 신청을 거부하는 정책과 불법 이민자 추방 정책까지 기존 대비 넓게 확대하고 있다(연합뉴스 2017. 02. 19). 이와 더불어 2월 8일에는 공화당 톰 코튼(Tom Cotton)과 데이비드 퍼듀(David Perdue) 상원의원이 합법적 이민자 인원도 절반으로 줄이자고 주장하며 이민 규제 법안을 발의해 큰 파문을 일으켰다(연합뉴스 2017. 02. 09).

    오바마케어(Obamacare) 역시 존폐의 갈림길에 섰다. 미국 상원은 그동안 오바마케어를 반대하던 톰 프라이스 의원의 보건부장관 인준안을 통과시켰다(AP 2017. 02. 10; The Wall Street Journal 2017. 02. 10; 연합뉴스 2017. 02. 10 재인용). 공화당 하원 지도자들은 2월 16일 비공개회의에서 오바마케어 대체 법안을 대략적으로 공개하기도 했다. 해당 회의에서 공화당 주요 인사 중 한 명은 건강보험 가입 국민을 위한 세액 공제, 의료저축계좌(Health Saving Account, HSA), 메디케이드(Medicaid·빈곤층 의료보장제) 개혁 등을 논의했다고 밝혔다(중앙일보 2017. 02. 16). 그러나 공화당 일각에서는 대안 없이 오바마케어를 폐지한다면 혜택을 잃은 국민의 반발을 피할 수 없다며 다른 방법을 찾아야 한다는 의견을 제시하고 있다(연합뉴스 2017. 01. 26).

미국인들의 민심은 분열적 정책을 표방하는 트럼프에게 냉정하다. 미국의 여론조사기관인 퓨리서치센터(Pew Research Center)가 2월 16일 발표한 여론조사에 따르면 트럼프 국정 지지도는 29%에 그쳐 역대 최저 수치를 보였다. 마이클 플린 전 국가안보보좌관이 '러시아 내통 의혹'으로 자진해서 사퇴한 이후부터 트럼프의 국정 지지도는 더욱 떨어질 수밖에 없다는 예측이 나오고 있다(연합뉴스 2017. 02. 17).

미국 정당

01월 29일

• 존 매케인 "테러리즘 돕는 자해행위"…공화당에서도 비판   (중앙일보 01. 31)
— 트럼프 행정부의 '반 이민' 행정명령에 대해 집권 여당인 공화당 의원들도 등을 돌리기 시작했다. 뉴욕타임스 등 언론들은 29일 "미국의 근간을 흔드는 트럼프의 행정명령에 반대를 표명한 공화당 의원이 12명을 넘어섰다"며 "공화당이 트럼프와 결별하기 시작했다"고 보도했다. 12명 안에는 미치 맥코널 상원 원내대표와 롭 포트먼(Rob Portman) 상원의원 등 공화당 실력자들도 다수 포함됐다. 맥코널 의원은 트럼프 대통령이 이슬람 등 특정 종교를 겨냥한 것에 대해 "미국은 종교적 시험을 감행해서는 안 된다"고 우려했다. 포트먼 의원도 CNN 방송에 출연해 "미국은 난민과 이민자들을 환영한 나라였다"며 미국의 정체성을 강조했다. 공화당 중진인 존 매케인 상원의원과 린지 그레이엄 상원의원은 공동 성명을 내고 "이번 조치는 안보를 개선하기보다 테러리스트 모집을 돕게 될 것"이라며 "테러리즘과의 싸움에서 자해행위가 될 것"이라고 지적했다.

02월 15일

• 공화당, '오바마케어' 대체법안 주요 내용 16일 공개   (The Washington Post 02. 15)
— 미국 공화당 하원 지도자들은 기존의 오바마케어(Obamacare)를 대체할 법안의 주요내용을 16일 의회에서 공개할 예정이다. 15일 케빈 매카시(Kevin McCarthy) 공화당 하원 원내대표는 기자회견에서 "법안에 포함될 폐지 및 교체 계획의 구체적인 내용

을 발표할 것"이라고 말했고 케빈 브레디(Kevin Brady) 공화당 하원 세입세출 위원장은 "16일 열리는 회의에서 "각 주(州)가 보건 의료 결정을 자율적으로 할 수 있도록 보장하는 문제를 논의할 것"이고 "관할 지역에 방문할 예정"이라고 밝혔다. 마크 샌포드(Mark Sanford) 하원의원와 랜드 폴(Rand Paul) 상원의원이 공개한 법안은 메디케이드의 확장을 중단하고 의료저축계좌(HSA)를 통해 의료 보조금 지원과 세금 공제를 확대하는 방향의 법안이다.

02월 16일

• 탄핵 여론 확산 속 내각 조직마저 삐걱…'사면초가' 트럼프   (연합뉴스 02. 16)

– 도널드 트럼프 미국 대통령이 임기 초반부터 심대한 정치적 위기를 맞고 있다. 대선 핵심 공약이었던 '반이민' 행정 명령은 법원에 의해 제동이 걸렸고, 야당인 민주당은 러시아와의 커넥션 의혹을 정국의 핵심 쟁점으로 띄워 올리면서 대여(對與) 투쟁에 당력을 집중하고 나섰다. 트럼프 대통령 탄핵을 목표로 온라인 서명을 받는 '트럼프 탄핵(impeachdonaldtrumpnow.org)' 웹사이트에는 16일 오전 1시 현재 87만여 명이 탄핵 찬성에 서명, 조만간 100만 명을 넘길 전망이다. 문제는 러시아 내통 논란 같은 트럼프 정부의 결정적 실기에 대해서는 여당인 공화당 내에서조차 싸늘한 기류가 감지된다는 점이다. 일부 공화당 의원은 러시아 커넥션 의혹과 관련해서는 민주당의 청문회 요구 등 의회 차원의 조사에 응해야 한다는 입장인 것으로 알려졌다.

미국 선거·의회

01월 30일

• 트럼프 '반이민 행정명령' 강행…미국 법무장관·의회 "헌법 위반" 반발

(중앙일보 01. 30)

– 도널드 트럼프 미국 대통령의 초강력 반(反) 이민 행정명령에 대한 법무장관·의회의 거센 반발이 이어지고 있다. NBC 방송 등 미 언론에 따르면 29일 캘리포니아와 뉴욕 등 미국 16개 주(州) 법무장관들은 공동성명을 통해 "트럼프의 행정명령이 비(非)미국적이고 헌법을 위반했다"고 강하게 비판했다. 이어 "행정명령은 법원에 의

해 결국 폐기될 것"이라며 "그간 이 행정명령이 초래한 혼란스러운 상황으로 고통받는 이들을 최소화하도록 노력할 것"이라고 덧붙였다. 의회 역시 강한 반대 목소리를 냈다. 척 슈머 상원 민주당 원내대표도 같은 날 뉴욕에서 기자회견을 하고 민주당은 트럼프 대통령의 행정명령을 뒤집는 입법을 고려 중이라고 밝혔다.

02월 09일

• 미국 공화당, 이민규제법안 발의…합법 이민 10년간 50% 삭감   (연합뉴스 02. 09)
– 도널드 트럼프 미국 대통령의 이민규제 행정명령이 미국은 물론 전 세계에서 커다란 파문을 불러일으킨 가운데, 여당인 공화당에서는 합법적인 이민자 수마저도 현재의 절반 수준으로 줄이자는 더 강한 이민규제 법안을 발의했다. 8일 CNBC 등 미국 언론들에 따르면 공화당의 톰 코튼, 데이비드 퍼듀 상원의원은 전날 발의한 '고용 강화를 위한 미국이민 개혁법안'(Reforming American Immigration for Strong Employment Act, RAISE)을 통해 영주권 취득자 수를 지난 13년간의 연간 평균인 5만 명으로 제한하는 방안을 제시했다. 또한 법안에 따르면, 최근 5년간 5만 명 미만의 미국 이민자 수를 기록한 국가를 대상으로 실시해 온 '추첨 영주권' 제도를 없앤다.

02월 10일

• '오바마케어 반대' 프라이스 미국 보건장관 인준안 상원 통과
                (AP 02. 10; The Wall Street Journal 02. 10; 연합뉴스 02. 10 재인용)
– 미국 오바마케어(Obamacare) 반대론자인 톰 프라이스 의원이 '트럼프 행정부'의 보건장관 자리에 올랐다. 10일 AP과 월스트리트저널에 따르면 미국 상원은 본회의 투표를 통해 프라이스 보건장관 인준안을 통과시켰다. 인준안은 호명 투표에서 찬성 52명, 반대 47명으로 힘겹게 통과됐다. 프라이스 보건장관은 조지아 주의 6선 의원으로 의원 시절 오바마케어가 의사와 환자의 의료 결정 능력을 제한한다며 강하게 비판한 인물이다. 프라이스 장관은 2009년 이래 매년 포괄적인 오바마케어 대체 법안을 내놨다. 프라이스 보건장관은 앞으로 도널드 트럼프 대통령이 밀어붙이는 오바마케어 폐기·대체 작업을 공화당과 보조를 맞춰 해 나갈 것으로 보인다.

02월 16일

• 미국 공화당-민주당, 옐런 청문회서 금융규제법 놓고 열띤 공방　(연합뉴스 02. 16)

– 재닛 옐런(Janet Yellen) 미국 연방준비제도 의장이 출석한 가운데 열린 미 하원 청문회가 2010년 시행된 '도드-프랭크'(Dodd-Frank Rule·금융개혁법안) 금융규제법을 놓고 공화당과 민주당 소속 의원들 간의 상호 공방전으로 뒤바뀌었다. 하원 금융서비스위원회의 젭 헨살링(Jeb Hensarling) 위원장이 옐런 의장에게 금융규제의 부작용에 대해 동의하느냐고 질문한 것을 시작으로 다른 공화당 의원들이 자신들의 발언 시간 중 상당 부분을 금융규제 해제 주장에 할애했다. '금융규제하에서 일부 채권의 유동성 문제가 있다'는 내용의 연준 내부 보고서를 근거로 금융규제가 불필요하다고 주장한 헨살링 의원의 질의에 대해 옐런 의장은 "그 문제에 대한 증거들은 현재 상충되고 있다"고 답했다. 규제 해제의 필요성에 동의하느냐는 다른 공화당의원들의 질문에 옐런 의장은 "일반적으로 동의하지 않는다"거나 "상황에 따라 다르다"고 말해 직접적인 입장 표명은 삼갔다.

미국 여론

01월 30일

• 보스턴서 로스앤젤레스까지…트럼프 '반이민 행정명령' 반발 시위 확산

(연합뉴스 01. 30)

– 도널드 트럼프 미국 대통령의 '반이민 행정명령'에 반발하는 시위가 이틀째 진행되고 있는 가운데 미국 전역으로 확산하고 있다. 이란과 이라크, 시리아, 예맨, 리비아, 수단, 소말리아 등 7개 무슬림 국가 출신자를 90일 동안 입국하지 못하도록 한 조치가 전국적인 시위를 불러일으킨 것이다. 지난 29일 뉴욕 맨해튼 남쪽 배터리 파크에서는 수천 명의 '반이민 행정명령'을 철폐하라는 목소리가 울려 퍼졌다. 미국의 수도 워싱턴DC에서도 수천명이 참가한 시위가 열렸다. 트럼프 대통령이 머무는 백악관 주위에 집결한 시위자들은 '우리는 모두 이민자들이다'라는 글을 적은 피켓을 흔들었다. 이 밖에 텍사스 주 댈러스와 매사추세츠 주 보스턴, 조지아 주 애틀랜타, 펜실베이니아 주 필라델피아, 캘리포니아 주 로스앤젤레스, 워싱턴 주 시애틀 등에

서도 자발적인 시위가 열려 불과 이틀만에 전국적인 시위로 확산하고 있다.

02월 15일

• 미국 '백인국수주의' 부활…무슬림 증오단체 지난해 3배 급증

(CNN 02. 15; 연합뉴스 02. 16 재인용)

- 도널드 트럼프의 대통령 당선으로 미국에서 백인 국수주의가 부활하면서 증오범죄가 증가하는 추세라고 미국 인권단체가 15일 발표했다. 특히 지난해 무슬림을 겨냥한 증오범죄는 전년보다 3배나 급증했다. 미국 CNN 방송이 인권단체 남부빈민법센터(Southern Poverty Law Center, SPLC)의 연례보고서를 인용해 소개한 내용을 보면, 미국 내 증오단체는 2015년 892개에서 2016년 917개로 소폭 증가했다. 이 중 무슬림을 향한 증오단체는 2015년 34개에서 2016년 101개로 3배 가까이 늘었다. 남부빈민법센터(SPLC)는 보고서에서 증오집단의 확산을 주도한 장본인으로 트럼프 대통령을 지목했다. 행정명령으로 구체화한 무슬림 미국 입국 불허 공약, 멕시코 출신 이민자를 향한 거친 발언, 대선 기간 백인 우월주의자들의 성원을 유도하는 등 백인 국수주의자와의 유착 등 일련의 행보가 증오를 부추겼다는 설명이다.

02월 17일

• '위기의 트럼프' 국정 지지도 39%…역대 최저 (연합뉴스 02. 17)

- 도널드 트럼프 미국 대통령의 국정 지지도가 40%도 채 안 되는 것으로 나타났다. 미국 퓨리서치센터가 지난 7~12일 전국의 성인남녀 1천503명을 대상으로 여론조사를 해 16일 공개한 결과에 따르면 트럼프 대통령이 국정 지지도는 39%에 그쳤다. 트럼프 대통령의 국정 지지도가 50%에 크게 못 미치는 것은 테러 우려 이슬람권 7개국 국적자의 미국 입국 일시 금지 등에 관한 '반이민 행정명령'을 비롯해 그의 각종 분열적 정책에 대한 싸늘한 여론과 무관치 않은 것으로 보인다. 특히 이번 조사에는 트럼프 정부를 위기로 몰아넣은 마이클 플린 전 국가안보좌관의 '러시아 내통' 논란과 그에 따른 낙마 사건은 포함되지 않아 앞으로 트럼프 대통령의 국정 지지도는 더 떨어질 공산이 크다는 관측이 나오고 있다.

9차(2월 말~3월 말)

정현영

트럼프 대통령의 '친정'인 공화당 내에서 의견 분열 양상이 나타나고 있다(연합뉴스 2017. 03. 26). 트럼프 행정부의 보호무역정책이 본격적으로 추진되면서 전통적으로 자유무역을 지지해 왔던 공화당 내부에서 반발 기류가 확산되고 있고(The Wall Street Journal 2017. 03. 12; 연합뉴스 2017. 03. 13 재인용), 프리덤 코커스(Freedom Caucus) 등 공화당 내 반대파 설득에 실패하면서 '트럼프케어(AHCA)'의 의회 통과가 무산되었다(연합뉴스 2017. 03. 25).

민주당 내에서는 트럼프 대통령에 대한 반발 기류가 형성되고 있다. 민주당 소속 맥신 워터스(Maxine Waters) 하원의원이 트위터에 "탄핵 준비 태세"라는 글을 올렸는가 하면 다이앤 파인스타인(Dianne Feinstein) 민주당 상원의원은 불명예 퇴진 가능성을 거론하기도 하였다(연합뉴스 2017. 03. 21).

임기초반부터 난항을 겪고 있는 트럼프 대통령의 정치 생활은 앞으로도 순탄치 않을 예정이다. 우선 반(反)이민 행정명령 관련 법정싸움이 계속되고 있다. 하와이 주 연방지방법원과 메릴랜드 주 연방지방법원은 지난 3월 15일과 16일 반(反)이민 수정 행정명령 효력 발동을 임시 중지한다고 차례로 판결을 내린 바 있는데, 이에 대해 트럼프 행정부는 "필요하다면 대법원까지 대응을 이어갈 계획"이라고 밝혔다(동아일보 2017. 03. 18). 또한 백악관이 제출한 2018 회계연도(2017년 10월~2018년 9월) 예산안이 의회에서 초안대로 살아남을지 의문인데다(경향신문 2017. 03. 17), 공화당 상원 내부에서 '세제 개혁안(tax reform bill)' 속 일부 조항의 부작용을 우려하는 목소리가 확산되고 있어 상원 통과가 힘들 것이라는 전망도 나오고 있다(연합뉴스 2017. 03. 26).

한편 트럼프 대통령의 핵심 지지층인 공화당 지지자, 남성, 백인의 이탈현상이 일어나고 있는 것으로 조사됐다(경향신문 2017. 03. 23). 또한 갤럽 여론조사에 따르면, 트럼프 대통령의 국정운영에 대한 부정적 평가가 58%로 역대 최고 수준을 기록했다(연합뉴스 2017. 03. 20). 제임스 코미(James Comey) 연방수사국(FBI) 국장이 오바마 도청 주장을 정면 반박하고, 러시아 스캔들에 대해서는 혐의를 갖고 조사하고 있다고 발표하면서 이러한 여론은 더욱 악화되고 있다(경향신문 2017. 03. 23).

03월 12일

• 미국 공화당서 '보호무역정책' 반발 기류 확산

(The Wall Street Journal 03. 12; 연합뉴스 03. 13 재인용)

– 트럼프 행정부의 보호무역정책이 본격적으로 추진되면서, 전통적으로 자유무역을 지지해 왔던 공화당 내부에서 반발 기류가 확산되고 있다. 특히 짐 인호프(Jim Inhofe) 공화당 상원의원을 비롯하여 농업이 주력 산업인 지역구 의원들은 트럼프 대통령의 환태평양경제동반자협정(TPP) 탈퇴 방침에 불만스런 모습이다. 지역구의 수출 감소를 우려하는 것이다. 더불어 트럼프 행정부의 수입 과세 정책이 수출품에 대한 보복 조치로 이어질 것이라는 부정적인 전망도 존재한다.

03월 21일

• 미국 민주 의원 "탄핵 준비 태세"…'트럼프 탄핵론' 다시 고개 드나 (연합뉴스 03. 21)

– 지난 2월 호아킨 카스트로(Joaquin Castro) 민주당 상원의원이 트럼프 대통령의 반(反)이민 행정명령을 문제 삼아 불신임과 탄핵 절차를 밟을 필요성을 제기한 바 있는데, 민주당 일각에서 '트럼프 탄핵론'이 다시 고개를 들 조짐을 보이고 있다. 민주당 소속 맥신 워터스 하원의원은 트위터에 "탄핵 준비 태세"라는 짧은 글을 올렸다. 워터스 의원의 이번 발언은 트럼프 대통령의 오바마 도청 주장이 사실상 근거 없음으로 결론 나고, 또 연방수사국(FBI)이 트럼프 대통령 측근들과 러시아 당국 간의 내통 의혹에 대한 수사를 진행하고 있다고 공식으로 밝힌 데 따른 반응이다. 일부 민주당 상·하원 원내대표는 역풍을 우려해 탄핵과는 거리를 둔 채 일단 트럼프 대통령의 공개 사과만 압박하고 있는 가운데 다이앤 파인스타인 민주당 상원의원은 최근 탄핵 대신 불명예 퇴진 가능성을 거론했다.

03월 24일

• '트럼프케어' 표결철회로 사실상 폐기…트럼프 리더십에 큰 타격　(연합뉴스 03. 25)

– 트럼프 대통령은 집권 여당인 공화당 내 반대파 설득에 실패하면서 '트럼프케어 (AHCA)' 처리에 필요한 과반 216석을 확보하지 못하자, 하원의 표결이 시작되기 직전 이를 전격으로 철회했다. 그간 프리덤 코커스를 비롯한 공화당 내 강경파들은 "무늬만 폐지"라는 비판을 해 왔고, 중도 성향의 의원들은 무보험자 증가를 우려하며 부정적인 입장을 취해 왔는데, 이들이 끝까지 반대하면서 과반이 넘는 237석을 확보하고도 자력으로 '트럼프케어'를 처리하지 못하게 된 것이다. 이에 따라 이번 '트럼프케어' 법안은 사실상 폐기 수순을 밟게 되었고, 트럼프 대통령은 임기 초반부터 리더십에 큰 타격을 받게 됐다.

03월 26일

• '위기의 트럼프' 다음 시험대 세제개혁안도 험로…여권 자중지란　(연합뉴스 03. 26)

– 이제 취임 두 달을 갓 넘긴 트럼프 대통령이 임기 초반부터 크게 휘청거리고 있다. 자신의 반(反)이민 행정명령과 후속 수정명령이 법원에서 잇따라 제동이 걸린 데 이어 '트럼프케어(AHCA)'가 미국 하원에서, 그것도 공화당 내부의 반발로 좌초되면서 큰 정치적 타격을 입은 데 따른 것이다. 문제는 앞으로도 트럼프 대통령의 발목을 잡을 사안들이 즐비하다는 데 있다. 당장 '세제 개혁안'의 의회 처리부터도 적신호가 켜진 상태다. '세제 개혁안'의 핵심이자 최대 쟁점은 수입품에는 관세를 물리고 수출품에 대해서는 면세 혜택을 주는 이른바 '국경세'를 신설하는 것인데, 공화당 상원 내부에서 이 조항의 부작용을 우려하는 목소리가 확산되고 있어 일각에선 상원 통과가 힘들 것이라는 전망이 나오고 있다. 공화당 상원의원 가운데 린지 그레이엄 의원은 최근 언론 인터뷰에서 '세제 개혁안'이 하원을 통과하더라도 상원에서는 10명의 지지도 받지 못할 것이라고 단언했고, 데이비드 퍼듀 의원 역시 퇴행적인 '국경세'는 소비자들에게 타격이 되고 경제성장세도 끌어내린다고 일갈했다.

03월 05일

· '도청 주장' 트럼프에게 자충수 될까…"러 스캔들 오히려 부각"

(The Washington Post 03. 05; 경향신문 03. 06 재인용)

– 트럼프 대통령이 트위터에서 오바마 전 대통령의 '도청 의혹'을 제기했다. 정권 초기 '러시아 스캔들'로 홍역을 치르고 있는 트럼프 대통령이 전임 정권을 끌어들이며 '반격'에 나선 모양새다. 지난 2월 마이클 플린이 러시아 내통 의혹 속에 백악관 국가안전보장회의(National Security Council, NSC) 보좌관 자리에서 낙마한 데 이어 제프 세션스 법무장관도 '러시아 인사 접촉' 위증 논란으로 곤혹스러운 처지에 내몰렸다. 트럼프 대통령이 국면 타개용으로 '도청 카드'를 내밀었지만 도청 주장이 오히려 자승자박이 될 것이란 분석도 있다. 워싱턴포스트는 이날 트럼프 대통령의 도청 주장이 '물 타기' 성격이 짙다면서 결과적으로 러시아 개입 논쟁과 관련해 더 정밀한 조사를 촉구할 수 있다고 전했다. 법원의 감청 승인을 받는 게 엄청나게 어려운 일인 만큼 트럼프 대통령의 주장대로 도청이 이뤄졌다면 미국 사법당국이 트럼프 대통령 측의 '러시아 내통' 사건에서 중요한 단서를 잡고 감청까지 동원한 수사를 벌였을 가능성이 있기 때문이다.

03월 16일

· 군대, 장벽 선택하고 '소프트파워' 희생…트럼프식 '볼드모트 예산안'

(경향신문 03. 17)

– 백악관이 2018 회계연도 예산안을 의회에 제출했다. 전체 정부예산 중 행정부에 재량권이 있는 1조2090억 달러를 대상으로 짠 것이다. 트럼프가 외치던 위대한 미국의 해법은 군사력이었다. 외교, 환경, 교육, 복지 등 '소프트파워' 예산을 30%까지 깎고 국방, 국토안보 예산을 크게 늘려 '하드 파워'에 무게를 실었다. 트럼프는 국방 예산을 10% 늘린 5740억 달러로 편성하고, 멕시코와 국경에 장벽을 건설하고 불법 이민자 단속·추방을 위한 인력을 늘리는 데 사용될 국토안보부 예산도 2016년보다 28억 달러(6.8%) 늘렸다. 반면 국무부 예산은 28.7%나 감소한 271억 달러로 편성되

었고, 노동부, 농업부는 20.7%, 보건복지부는 16.2%, 교육부는 13.5%가 삭감됐다. 이러한 예산안이 의회에서 초안대로 살아남을지는 의문이다. 지난 3월 13일, 예산안에 멕시코 장벽 예산이 포함되면 연방정부 '셧다운'도 감수해야 할 거라고 경고했던 척 슈머 민주당 상원 원내대표는 이날 "트럼프의 예산 삭감에 단호히 반대한다"고 밝혔고, 공화당 내에서도 반대 목소리가 나오고 있다. 할 로저스(Hal Rogers) 공화당 하원의원은 성명에서 "예산의 삭감내용이 지나치게 가혹하고 비생산적"이라고 비판했다.

03월 17일

• 트럼프 행정부, 반(反)이민 수정명령 효력정지에 또 항소　　　　(동아일보 03. 18)

– 트럼프 행정부가 메릴랜드 주 연방지방법원의 판결에 항소하겠다며 "필요하다면 대법원까지 대응을 이어갈 계획"이라고 밝혔다. 트럼프의 반(反)이민 수정 행정명령은 이란, 리비아, 시리아, 예멘, 수단, 소말리아 등 이라크를 제외한 이슬람권 6개 국가 국민의 미국 입국을 90일간 금지하고 난민 프로그램을 중단하는 내용을 골자로 한다. 하와이 주 연방지방법원과 메릴랜드 주 연방지방법원은 지난 3월 15일과 16일 반(反)이민 수정 행정명령 효력 발동을 임시 중지한다고 차례로 판결을 내린 바 있다.

미국 여론

03월 19일

• '끝없는 추락'…트럼프 지지율 37% 최저치 또 경신　　　　(연합뉴스 03. 20)

– 갤럽 여론조사에 따르면, 트럼프 대통령의 국정운영에 대한 긍정적인 평가가 37%로 역대 최저치를 기록했다. 이와 같은 연장선상에서 트럼프 대통령에 대한 부정적인 평가는 취임 직후에는 45%로 긍정평가와 동일한 수준에서 출발했지만 이번 조사에서 58%로 역대 최고 수준을 기록했다. 이러한 지지율 변화의 배경에는 오바마케어(ObamaCare)를 폐지·대체하는 공화당 법안, 이른바 '트럼프케어(AHCA)'에 대한 반대여론과 계속된 반(反)이민 행정명령 관련 법정싸움이 있는 것으로 분석된다.

03월 22일

• 트럼프 핵심 지지층도 이탈 시작⋯WSJ, '가짜 대통령' 판정 경고   (경향신문 03. 23)

– 트럼프 당선의 기반이 됐던 핵심 지지층 이탈현상이 일어나고 있는 것으로 조사됐다. 한 여론조사 결과에 따르면 공화당 응답자의 경우 지지율이 91%에서 81%로 10%포인트, 남성 응답자는 49%에서 43%로 6%포인트, 백인 응답자는 49%에서 44%로 5%포인트 각각 떨어졌다. 이러한 이탈 현상의 주요 원인은 트럼프에 대한 신뢰 추락으로 평가된다. 이번 조사에서 응답자의 60%는 트럼프가 정직하지 않다고 답했고, 55%는 리더십이 부족하다고 평가했다. '트럼프와 트럼프 정부가 얼마나 자주 근거 없이 발언한다고 생각하느냐'는 질문에 52%는 매우 자주, 21%는 다소 자주 그런다고 답했다. 제임스 코미 연방수사국(FBI) 국장이 오바마 도청 주장을 정면 반박하고, 러시아 스캔들에 대해서는 혐의를 갖고 조사하고 있다고 발표하면서 여론은 더욱 악화되고 있다.

10차(3월 말~4월 말)

정현영

 공화당은 지난 6일 민주당의 필리버스터(filibuster)를 중단시키고 닐 고서치(Neil Gorsuch) 연방대법관 후보자를 인준하기 위해 '핵 옵션'을 사용했고, 이에 대해 뉴욕타임스는 토론과 합의라는 의회의 전통이 실종되고 일방주의 및 가파른 대치만 남을 수 있다며 우려를 표했다(The New York Times 2017. 04. 06; 한겨레 2017. 04. 07 재인용). 한편 민주당 하원 지도자들 간에는 오바마케어(Obamacare) 보조금 문제를 둘러싸고 의견 차이가 나타났는데, 낸시 펠로시와 척 슈머는 트럼프의 위협을 완화시키기 위해 보조금과 관련된 영구적인 수정안을 예산안에 포함시켜야 한다고 말했으나 스테니 호이어(Steny Hoyer)는 수정안이 정치적 교섭을 위한 도구로 쓰여서는 안 된다며 이러한 제안을 공개적으로 일축했다(Politico 2017. 04. 25).

 트럼프 대통령과 민주당은 11월 중간선거의 바로미터로 여겨지는 조지아 주 6지역 하원의원 보궐선거를 놓고 대결에 돌입했다(연합뉴스 2017. 04. 20). 조지아 6지역은 공화당 '텃밭'임에도 불구하고 민주당의 존 오소프(Jon Ossoff) 후보가 확실한 우세를 보여 왔으나 4월 18일 진행된 첫 투표에서 과반 득표자가 나오지 않아 오는 6월 20일, 공화당의 캐런 핸들(Karen Handel) 후보와의 결선 투표가 진행될 예정이다(연합뉴스 2017. 04. 20).

 불법 이민자 차단을 목적으로 트럼프 대통령이 추진하는 멕시코 국경지대 장벽건설에 대해 텍사스, 뉴멕시코, 애리조나, 캘리포니아 등 4개 주(州)를 대표하는 상원의원 8명과 하원의원 9명에게 질의한 결과, 정부의 국경장벽 예산안을 지지하는 의원이 단 한 명도 없었다(The Wall Street Journal 2017. 04. 22; 연합뉴스 2017. 04. 23 재인용). 트럼프 대통령은 예산법에 멕시코 장벽 건설비란 명목이 꼭 들어가야 하고 국방비 증액도 이뤄져야 한다고 주장하는 반면 민주당은 장벽 건설비가 공식 예산에 들어오는 것을 결사반대하고 있는데, 이대로라면 트럼프 취임 100일 째인 4월 29일부터 연방 정부가 '셧다운'될 가능성이 있다(중앙일보 2017. 04. 25).

트럼프 대통령의 취임 100일이 다가오는 가운데 폴리티코와 모닝컨설트의 공동 여론조사에 따르면, 트럼프 대통령의 3개월간의 업적에 대해 16%가 A, 23%가 B, 13%가 D, 24%가 F를 주었고, 트럼프 대통령의 향후 국정운영에 대해서는 긍정적으로 전망하는 의견이 44%, 부정적으로 전망하는 의견이 30%로 집계됐다(Politico 2017. 04. 20). 이에 더하여 트럼프 대통령의 지지율이 역대 대통령 중 최저 수준(42%)을 기록한 가운데 응답자의 67%가 민주당이 "감을 잃었다."고 응답했고, 공화당에 대해서도 62%의 응답자들이 부정적으로 평가했다(CNN 2017. 04. 23; 경향신문 2017. 04. 24 재인용).

미국 정당

04월 06일

• 공화당이 터뜨린 '핵옵션'에 워싱턴 정가 발칵

(The New York Times 04. 06; 한겨레 04. 07 재인용)

– 미국 공화당이 상원에서 닐 고서치 연방대법관 후보자 인준을 위해 '핵 옵션'을 쓰면서 워싱턴 정가에 파문이 일고 있다. 상원 다수당인 공화당은 6일 민주당의 필리버스터 중단을 위해 '핵 옵션'을 사용했다. '핵 옵션'이란 100명 중 60명 이상이 찬성해야 한다는 의사규칙을 단순 과반 찬성으로 조정하는 조치다. 소수당과의 협의를 중시하고 필리버스터를 절차의 하나로 인정하는 상원의 전통을 부인하는 핵폭탄급 조치라고 해서 이런 이름이 붙었다. 공화당 상원의원 52명이 연방대법관 인준 절차에서 핵 옵션을 사용하는 것에 찬성했고, 민주당과 무소속 의원 48명이 반대했다. 앞서 필리버스터 중단 여부를 결정하는 표결이 55 대 45로 부결되자 공화당이 극단적 선택을 한 것이다. 고서치 후보자는 공화당 쪽의 찬성만으로도 인준 문턱을 넘게 됐다. 뉴욕타임스는 공화당이 일반 법안 처리에도 핵 옵션을 쓰면 토론과 합의라는 의회의 전통은 실종되고 일방주의와 가파른 대치만 남을 것이라고 걱정하는 사람이 많다고 전했다.

04월 25일

• 펠로시와 호이어, 예산 협상에서 의견이 상충되다 (Politico 04. 25)

– 오바마케어(Obamacare) 보조금 문제를 둘러싸고 민주당 하원 지도자들 간에 의견 차이가 드러났다. 도널드 트럼프 행정부는 민주당을 의료보험 협상 테이블로 끌어들이기 위해 보조금을 탕감하겠다고 위협한 바 있다. 이에 대해 낸시 펠로시와 척 슈머는 예산안에 보조금과 관련된 영구적인 수정안을 포함시켜야 한다고 말하면서 성공할 경우 트럼프의 위협을 완화시키고 보험 회사들에게 장기적인 보험료를 지불할 수 있을 것이라고 내다보았다. 그러나 스테니 호이어는 수정안이 예산안에 포함되는 것은 좋지만 그것이 정치적 교섭을 위한 도구로 쓰여서는 안 된다며 이러한 제안을 공개적으로 일축했다. 후일 성명서를 통해 그는 "보조금이 끊어지면 수백만 명의 미국인들이 불리해질 것"이라며 보조금의 중요성에 대해 인식하면서도 "공화당이 장벽에 들어가는 비용 등을 얻는 대가로 우리에게 주는 선물이 되어서는 안 된다"고 강조했다.

미국 선거·의회

04월 06일

• 미국 의회, 시리아 공습에 "잘했다, 하지만 의회 승인 받았어야" (연합뉴스 04. 07)

– 트럼프 대통령의 시리아 공습 결정을 놓고 의회에서 승인 논란이 불거졌다. 트럼프 대통령은 2001년 9·11 테러 이후 알카에다 같은 테러단체 응징을 위해 대통령에게 부여된 '무력사용권(Authorization for Use of Military Force Against Terrorists, AUMF)'을 썼다는 입장이지만, 이 권한이 아사드 정권에는 적용되지 않는다는 게 의회의 판단이다. 아사드 정권이 '이슬람국가(IS)' 등 테러단체와 연계됐다는 증거는 없다는 이유에서다. 폴 라이언 공화당 하원의장은 시리아 공격이 "적절하고 정당했다"고 말하면서도 "나는 행정부가 이 노력에 의회를 더 적극적으로 끌어들이기를 기대한다"며 추후 군사행동을 할 때는 의회 협의를 거쳐야 한다는 점을 분명히 했다. 척 슈머 민주당 상원 원내대표 또한 이번 시리아 공격을 옳은 일이라고 평가하면서도 "그것을 실행하기 전에 의회와 협의하는 것이 트럼프 행정부의 의무"라고 강조했다.

04월 20일

• 트럼프-민주, 조지아 보궐선거 총력전…내년 중간선거 바로미터   (연합뉴스 04. 20)
– 트럼프 대통령과 민주당이 조지아 주 6지역 하원의원 보궐선거를 놓고 대결에 돌입했다. 이 보궐선거는 형식상 보건복지부 장관으로 임명된 톰 프라이스 의원의 후임을 선출하기 위한 것이지만 트럼프 정부 국정운영에 대한 첫 평가가 될 내년 11월 중간선거의 바로미터로 여겨지고 있어 정치적으로 상징성이 큰 선거이다. 4월 18일 진행된 첫 투표에서 과반 득표자가 나오지 않아 오는 6월 20일, 득표율 48.1%를 기록한 민주당의 존 오소프 후보와 19.8%를 얻은 공화당의 캐런 핸들 후보 간의 양파전이 진행될 전망이다. 조지아 6지역은 1979년부터 공화당 후보가 하원의원에 당선된 공화당 '텃밭'임에도 불구하고 오소프 후보가 확실한 우세를 보여 왔으나, 결선투표에서는 지금의 우세를 유지하기 힘들다는 관측이 지배적이다. 다자구도로 치러진 1차 투표 때와 달리 결선 투표가 양자구도로 치러지면서 핸들 후보가 나머지 공화당 성향 후보들의 표를 그대로 흡수할 가능성이 크기 때문이다.

04월 20일

• 트럼프 취임 100일전 '트럼프케어' 입법 재시도…내주 표결 추진   (연합뉴스 04. 21)
– 트럼프 대통령이 자신의 대표 공약인 '트럼프케어(AHCA)' 입법을 재추진한다. 3월 24일 당내 대표적 반대파인 프리덤 코커스 설득에 끝내 실패하면서 표결 시도가 좌절된 지 약 한 달 만으로, 취임 100일째가 되는 오는 29일 이전에 통과시키겠다는 게 그의 전략이다. 현재 과반이 넘는 237석을 확보한 공화당은 지난번 1차 표결 시도 때처럼 야당인 민주당의 도움 없이 단독으로 법안을 처리하는 방안을 검토하고 있고 이를 위해서 프리덤 코커스는 물론 온건파인 화요모임(Tuesday Group)도 설득해야 하지만, 아직은 이를 낙관할 수 없는 처지다. 트럼프 대통령이 이번 '트럼프케어' 처리에 성공하면 국정 장악력이 강화되겠지만, 만약 지난번처럼 실패를 거듭할 경우 정치적 타격은 이전보다 더 클 것으로 예상된다.

04월 22일

• 멕시코 국경장벽 미국 4개주 상·하원의원들 예산안에 '싸늘'

(The Wall Street Journal 04. 22; 연합뉴스 04. 23 재인용)

– 불법 이민자 차단을 목적으로 트럼프 대통령이 추진하는 멕시코 국경지대 장벽 건설에 해당 주(州)의 연방 상·하원의원들이 전원 부정적인 반응을 보였다. 텍사스, 뉴멕시코, 애리조나, 캘리포니아 등 4개 주(州)를 대표하는 상원의원 8명과 하원의원 9명에게 질의한 결과, 정부의 국경장벽 예산안을 지지하는 의원이 단 한 명도 없었다. 민주당 하원 원내대표인 낸시 펠로시 의원의 대변인은 멕시코 정부의 돈으로 장벽을 건설토록 한다는 게 트럼프 대통령의 공약이었다면서 "미국 납세자들이 수십억 달러의 비용을 부담토록 하겠다는 백악관의 요구에 반대한다"고 말했다. 그런가 하면 공화당 의원들도 트럼프 대통령이 물리적 장벽건설에 집착하고, 폭넓은 국경안전 문제로 접근하지 않았다는 이유로 거부 반응을 보였다. 공화당의 한 하원의원은 "대책이 더 역동적이고 다면적이어야 한다"며 포괄적인 대응을 요구했고, 테드 크루즈 공화당 상원의원과 존 매케인 공화당 상원의원 역시 국경장벽 예산안에 회의적인 반응을 보였다.

04월 25일

• 미국 트럼프 정부, 28일까지 올 3차 임시예산 통과 안 되면 셧다운 (중앙일보 04. 25)

– 트럼프 정부가 4월 28일까지 올 회계년도 임시 예산에 관한 법안을 통과시키지 못하면 다음 날부터 연방 정부는 일시 휴업 및 폐쇄, 이른바 '셧다운'에 들어가게 된다. 문제의 예산은 '회계년도 2017'에 속한 것으로 2016년 10월 1일부터 2017년 9월 30일까지 연방 정부가 움직이는 데 필요한 재정 중 일부이다. 정상적이라면 이 2017년 예산은 2016년 9월 30일까지 통과되었어야만 하지만 대선 과정과 얽혀 그러지 못했고, 의회는 대선 직후 임시방편으로 올 4월 28일까지의 예산을 허락한 바 있다. 따라서 정부는 '셧다운'을 막기 위해서 야당인 민주당과 타협하여 재량성 예산 1조 7000억 달러에 관한 세 번째 예산법을 4월 28일까지 통과시켜야 한다. 그러나 트럼프 대통령은 예산법에 멕시코 장벽 건설비란 명목이 꼭 들어가야 하고 국방비 증액도 이뤄져야 한다고 주장하는 반면 민주당은 장벽 건설비가 공식 예산에 들어오는

것을 결사반대하고 있다. 이대로라면 트럼프 취임 100일 째인 4월 29일부터 연방 정부가 '셧다운'될 수 있다. 따라서 우선 1주일 정도 연방 정부를 움직일 3차 임시 예산법을 가결한 뒤 다시 여야가 본격적으로 싸울 것으로 전망된다.

미국 여론

04월 20일

• 도널드 트럼프, 취임 100일 성적표 받았다   (Politico 04. 20)
 – 트럼프 대통령의 취임 100일이 다가오는 가운데 폴리티코와 모닝컨설트의 공동 여론조사에 따르면, 트럼프 대통령의 3개월간의 업적에 대해 16%가 A, 23%가 B, 13%가 D, 24%가 F를 주었다. 10개 분야에서의 국정운영에 대한 평가에서 트럼프 대통령이 가장 높은 점수를 받은 분야는 테러리즘과의 전쟁인 것으로 드러났는데, 유권자의 49%가 트럼프 대통령에게 A 혹은 B를 주었다. 트럼프가 중시하는 경제 분야에서의 국정운영은 다른 분야에 비해 덜 저평가되었으나, 그럼에도 불구하고 F 학점을 부여한 응답자가 21%에 달했다. 가장 부정적인 평가를 받은 분야는 건강보험정책으로, A학점을 준 응답자는 9%에 불과했다. 한편 트럼프 대통령의 향후 국정 운영에 대해서는 긍정적으로 전망하는 의견이 44%, 부정적으로 전망하는 의견이 30%로 집계됐다.

04월 23일

• "아무도 못 믿겠다"…최악 지지율 트럼프보다 못한 민주·공화당

(CNN 04. 23; 경향신문 04. 24 재인용)
 – 트럼프 대통령의 지지율이 역대 대통령 중 최저 수준(42%)을 기록한 가운데 여당 공화당과 야당 민주당에 대한 신뢰도 역시 바닥을 치고 있는 것으로 드러났다. 4월 23일 워싱턴포스트가 ABC방송과 함께 트럼프 취임 100일을 앞두고 시행한 여론조사 결과에 따르면, 민주당과 공화당에 대한 미국 국민의 지지율은 모두 50%를 넘기지 못했다. 응답자들 가운데 약 67%가 민주당이 "감을 잃었다"고 응답했고, 공화당에 대해서도 62%의 응답자들이 부정적으로 평가했다. 양당 가운데 하나라도 "감이

있다"고 응답한 국민은 3분의 1에도 미치지 못한 것으로 나타났다. 이번 결과는 미국 국민이 얼마나 현 정치인들을 신뢰하지 못하고 있는지를 시사한다. CNN은 미국 국민이 트럼프 대통령에 대해 전반적으로 부정적으로 평가하고 있지만, 이번 설문 조사 결과에 비춰보면 오히려 민주당이나 공화당에 비하면 트럼프에 대한 지지율이 높다고 설명했다.

11차(4월 말~5월 말)

정현영

트럼프 대통령이 2016년 대선 당시 힐러리 클린턴의 사적인 이메일 서버 사용에 대한 조사를 언급하면서 연방수사국(FBI) 국장인 제임스 코미를 해고했다 (The New York Times 2017. 05. 09). 이러한 대통령의 결정에 대해 존 매케인을 비롯한 몇몇 공화당 의원은 연방수사국(FBI)이 러시아 스캔들을 조사하는 가운데 내려진 코미 해임 결정에 대한 우려를 제기했으나, 일부는 트럼프의 결정에 대한 지지를 표명했다(The Hill 2017. 05. 10). 이 가운데 로드 로젠스타인(Rod Rosenstein) 법무 부(副)장관은 로버트 뮬러(Robert Mueller) 전 연방수사국(FBI) 국장을 특검에 임명했다(경향신문 2017. 05. 18). 특검 임명은 궁극적으로 트럼프 대통령의 탄핵을 전제로 한 것으로, 도널드 트럼프 대선캠프와 러시아 측의 내통 의혹을 독립적으로 수사할 특권을 갖는다(경향신문 2017. 05. 18). NBC와 서베이몽키의 여론조사에 따르면, 응답자의 54%가 트럼프 대통령의 코미 국장 해임에 대해 부적절한 행동이었다고 평가 내렸다(The Hill 2017. 05. 11). 또한 응답자의 46%는 트럼프 대통령이 코미를 해임한 것이 트럼프 대선캠프 및 러시아의 내통 의혹에 관한 조사 방식 때문일 것이라고 보았다(The Hill 2017. 05. 11).

트럼프 행정부가 사회안전망 예산을 줄이고 그 절감한 예산을 국방과 인프라 분야에 투자하는 것을 골자로 한 2018 회계연도(2017년 10월 1일~2018년 9월 30일) 예산안을 공개했다(연합뉴스 2017. 05. 24). 이에 대해 존 매케인은 국방예산을 6천30억 달러로 편성한 것을 문제 삼으면서, 최소 6천400억 달러는 돼야 한다는 입장을 보였다(연합뉴스 2017. 05. 24).

트럼프케어(AHCA)가 지난 5월 4일 미국 하원 본회의에서 찬성 217표, 반대 213표로 의결됐다(한겨레 2017. 05. 05). 민주당 의원은 전원이 반대했고, 20명의 공화당 의원도 반대에 동참했다(한겨레 2017. 05. 05). 트럼프케어가 하원을 통과한 가장 큰 이유는 오바마케어(Obamacare)의 핵심 조항에서 원용해온 △환자에 대한 더 높은 보험료율 부과 금지 △최소보험 보장 요건 의무화 조항을 주정부 차원에서 결정할 수 있도록 법안을 수정했기 때문으로 평가 받고 있다(한겨레 2017. 05.

05).

트럼프 대통령의 반(反)이민 수정 행정명령에 제동이 걸렸다(경향신문 2017. 05. 26). 미국 버지니아 주 리치먼드의 제4연방상소법원은 찬성 10명, 반대 3명의 압도적 표차로 트럼프 대통령의 수정명령에 대한 하급심의 효력중단 판결을 그대로 유지하는 결정을 내렸다(경향신문 2017. 05. 26).

미국 정당

05월 10일

• 코미 해임에 관한 공화당 상원의원들의 분열   (The Hill 05. 10)

– 제임스 코미 연방수사국(FBI) 국장을 해임한 트럼프 대통령의 결정이 공화당 상원의원들을 분열시키고 있다. 몇몇 공화당 의원은 연방수사국(FBI)이 러시아 스캔들을 조사하는 가운데 내려진 코미 해임 결정에 대한 우려를 제기했으나, 또 몇몇은 트럼프의 결정에 대한 지지를 표명했다. 존 매케인은 대통령이 연방수사국(FBI) 국장을 해임할 법적 권한을 가지고 있다고 하더라도 코미 국장을 해임한 대통령의 결정에 대해서는 실망했다고 말했고, 존 부즈만(John Boozman)은 "미국인들은 코미를 해임한 상황에 대해 충분한 설명을 들을 자격이 있다. 우리나라의 국민들은 기관들에 대한 신념을 잃었고 코미 해임 결정에 대한 더 나은 설명은 그 깨진 신뢰의 일부를 복원하는 데 도움이 될 수 있다"고 말했다. 그런가 하면 수잔 콜린스(Susan Collins)는 코미 국장이 법무부의 의례적인 절차를 무시하고 힐러리 클린턴의 행동에 관한 개인적인 견해를 공공연하게 발표한 것에 대한 필수불가결한 결과였다고 평가 내렸다. 또 테드 크루즈는 코미가 이미 공화당과 민주당, 그리고 국민들에게 신뢰를 잃었다고 말했고, 트럼프 대통령에 대해 자주 비판의 목소리를 내는 린지 그레이엄은 이번 코미 해임에 대해서만큼은, 연방수사국(FBI)과 국가가 새로이 좋은 방향으로 나아갈 수 있게 도와줄 것이라고 긍정적으로 평가했다.

05월 10일

• 민주당, 러시아 스캔들 조사 관련 새로운 요구를 하다   (The Hill 05. 10)

- 척 슈머는 민주당이 여전히 특검을 원한다면서, 스캇 스쿨스(Scott Schools) 법무부 장관에게 그 책임을 맡겨야 한다고 말했다. 한편 민주당 상원 의원들은 로드 로젠스타인 법무 부장관과 제프 세션스 법무장관에게 코미의 갑작스런 해임 사정에 대해 별도의 브리핑을 요구하고 있으며 로젠스타인은 코미 국장 해임건의 메모를 공개하라는 민주당의 요구에 직면했다. 로젠스타인은 2016년 대선 당시 힐러리 클린턴 후보의 이메일 사건에 대한 코미의 처리 방식을 비판하며 코미 국장의 해임을 권유하였지만, 많은 민주당원들은 러시아 스캔들 조사와 갑작스런 해고 사이에 연관성이 있을 것으로 보고 있다.

05월 23일

• 공화당 중진 매케인 "트럼프 예산안, 의회 도착 즉시 사망"   (연합뉴스 05. 24)

- 미국 공화당 존 매케인 상원 군사위원장은 23일 도널드 트럼프 행정부의 2018 회계연도(2017년 10월 1일~2018년 9월 30일) 예산안에 대해 '의회 도착 즉시 사망'이라며 강력히 비판했다. 매케인 위원장은 트럼프 정부가 국방예산을 6천30억 달러(약 677조4천705억 원)로 편성한 것을 문제 삼았다. 비(非) 국방예산 중 540억 달러를 국방 분야로 돌려 직전 버락 오바마 정부 때보다 국방예산을 190억 달러 늘렸지만, 여전히 이는 턱없이 부족하다는 게 매케인 위원장의 지적이다. 그는 예산안이 군사 대응태세 회복, 군사력 재건 등에 필요한 적절한 자원을 제공하지 못하고 있다고 비판하면서, 최소 6천400억 달러는 돼야 한다는 입장을 보였다. 트럼프 정부는 이날 사회안전망 예산을 줄이고, 그 절감한 예산을 국방과 인프라 분야에 투자하는 것을 골자로 한 4조1천억 달러(약 4천600조 원) 규모의 2018 회계연도(2017년 10월 1일~2018년 9월 30일) 예산안을 공개했다.

05월 04일

· 트럼프케어, 간신히 하원 통과 (한겨레 05. 05)

– 트럼프케어(AHCA)가 지난 5월 4일 미국 하원 본회의에서 찬성 217표, 반대 213표로 의결됐다. 통과에 필요한 216표에서 1표가 더해져 간신히 통과된 것이다. 민주당 의원은 전원이 반대했고, 20명의 공화당 의원도 반대에 동참했다. 트럼프케어는 지난 4월 24일 공화당 내의 반대로 표결이 무산됐다가 이번에 일부 내용을 수정해 하원에 회부됐다. 트럼프케어가 하원을 통과한 가장 큰 이유는 당내 보수 강경파 의원 모임인 프리덤 코커스의 요구에 타협했기 때문이다. 프리덤 코커스는 기존의 트럼프케어가 제2의 오바마케어(Obamacare)라며 반대했고, 이에 트럼프 대통령은 오바마케어의 핵심 조항에서 원용해온 △환자에 대한 더 높은 보험료율 부과 금지 △최소보험 보장 요건 의무화 조항을 주정부 차원에서 결정할 수 있도록 법안을 수정했다. 트럼프로서는 임기 석 달 만에 자신의 최우선 국정 과제인 트럼프케어를 도입할 기회를 잡게 됐으나, 상원 통과는 여전히 불투명하다. 현재 100석 중 52석을 차지한 공화당 의원들 중 3명만 이탈하면 부결되기 때문이다. 만일 트럼프케어가 상원에서 수정되면 하원에서 다시 의결돼야 한다.

05월 09일

· 제임스 코미, 트럼프 대통령에 의해 해고 (The New York Times 05. 09)

– 트럼프 대통령이 연방수사국(FBI) 국장인 제임스 코미를 해고하면서, 2016년 대통령선거에서 트럼프 고문이 러시아 정부와 공모했는지의 여부에 대한 수사가 갑자기 중단됐다. 트럼프 대통령은 코미를 해고한 이유로 힐러리 클린턴의 사적인 이메일 서버 사용에 대한 코미의 조사를 언급하였고, 백악관은 로드 로젠스타인 법무 부장관과 제프 세션스 법무장관이 코미의 해임을 권유했다고 말했다. 제임스 코미는 2016년 대선에서 클린턴 후보가 기밀 정보를 부주의하게 취급한 것에 대해 공개적으로 비판한 바 있는데, 이는 연방수사국(FBI)의 오랜 관습을 무너뜨리는 행동이었다. 당시 트럼프 대통령과 그의 법무부 총회에서는 그러한 코미의 행동을 높이 샀으

나, 이번에는 해임의 원인이 되었다.

05월 17일

• '트럼프 게이트' 첩첩산중…그래도 목적지는 '탄핵' (경향신문 05. 18)

– 로드 로젠스타인 법무 부장관은 5월 17일 로버트 뮬러 전 연방수사국(FBI) 국장을
특검에 임명했다. 특검 임명은 궁극적으로 트럼프 대통령의 탄핵을 전제로 한 것이
다. 특검은 도널드 트럼프 대선캠프와 러시아 측의 내통 의혹을 독립적으로 수사할
특권을 갖는다. 그러나 특검 조사가 끝나도 상·하원 본회의 탄핵안 가결은 쉽지 않
다. 미국 헌법 2조는 탄핵 사유를 '반역과 뇌물수수 또는 다른 중죄와 비행'이라고 적
시했다. 정족수는 하원 과반수, 상원 3분의 2 이상 찬성이다. 다른 것은 법적으로 입
증돼야 하지만 '비행'은 의회가 해석하기 나름이고, 의회는 탄핵 사유를 입증하지 않
아도 되는 권한을 갖고 있다. 문제는 공화당이 상·하원을 모두 장악하고 있다는 데
있다. 공화당이 상원(52명. 100명)과 하원(238명. 435명)에서 모두 다수당인 상황에서 민
주당 의원들이 전원 찬성할 경우 공화당 하원의원 최소 24명, 상원의원 최소 19명이
찬성해야 탄핵안이 가결된다. 유일하게 가능성이 높은 시나리오는, 특검이 코미 전
국장의 메모와 같은 결정적인 증거를 입증하여 여론을 움직임으로써 공화당 주류가
거부할 수 없는 상황이 되는 것이다.

05월 25일

• 트럼프 '반(反)이민 수정명령' 항소법원도 제동…법무부 "상고할 것"

(경향신문 05. 26)

– 도널드 트럼프 미국 대통령의 반(反)이민 수정 행정명령에 제동이 걸렸다. 미국 버
지니아 주 리치먼드의 제4 연방상소법원은 5월 25일 트럼프 대통령의 수정명령에
대한 하급심의 효력중단 판결을 그대로 유지하는 결정을 내렸다. 이번 결정은 찬성
10명, 반대 3명의 압도적 표차로 내려졌다. 제4연방상소법원은 "트럼프 대통령의 수
정명령은 모호한 말로 국가안보를 내세우고 있지만, 내용은 종교적 무관용, 반감,
차별로 가득 차 있다"고 결정 사유를 밝혔다. 무슬림 입국금지를 골자로 하는 반(反)
이민 행정명령은 트럼프 대통령의 핵심 공약으로, 이 사안이 끝내 좌초될 경우 트럼

프 대통령의 국정 리더십은 급속히 약화될 수밖에 없어 주목된다. 트럼프 대통령은 앞서 지난 1월 27일 이라크와 이란, 리비아, 소말리아, 수단, 시리아, 예멘 등 이슬람 권 7개국 국적자와 난민의 입국을 90일간 금지하는 행정명령에 서명했으나, 시애 틀 연방지방법원과 샌프란시스코 제9연방항소법원에서 잇따라 저지돼 시행이 중단 됐다. 그러자 트럼프 대통령은 지난 3월 6일 입국금지 대상 7개국 중 이라크를 제외 한 6개국 국적자에 한해 기존 비자 발급자와 영주권자에 대한 입국은 허용하고 신규 신청자에 대해서는 90일간 입국을 금지하는 내용의 2차 수정 행정명령을 발동했다. 하지만 메릴랜드와 하와이 등의 연방지방법원은 이 수정 행정명령에 대해서도 효력 중단 판결을 내렸다.

미국 여론

05월 11일
• 여론조사: 과반수 응답자 트럼프의 코미 해임이 적절하지 못했다고 생각하다

(The Hill 05. 11)

– NBC와 서베이몽키(Survey Monkey)의 여론조사에 따르면, 응답자의 54%가 트럼 프 대통령의 코미 국장 해임에 대해 부적절한 행동이었다고 평가 내렸다. 또한 응답 자의 46%는 트럼프 대통령이 코미를 해임한 것이 트럼프 대선캠프 및 러시아의 내 통 의혹에 관한 조사 방식 때문일 것이라고 보았다. 한편 코미가 클린턴의 이메일과 관련된 수사를 진행한 방식에 대해서는 57%가 부정적으로 평가했다.

12차(5월 말~6월 말)

정현영

6월 1일 파리협정에서 탈퇴하겠다는 트럼프 대통령의 결정이 있은 후 미국 187개 지역 단체장들이 트럼프의 결정에 상관없이 파리협정을 준수하겠다고 선언했다(경향신문 2017. 06. 04). 특히 뉴욕, 캘리포니아, 워싱턴 주지사는 협정을 지키기 위해 '기후 동맹(U.S. Climate Alliance, CA)'을 만들었다(경향신문 2017. 06. 04).

6월 8일 상원 청문회에서 제임스 코미 전 연방수사국(FBI) 국장의 증언이 있었다(한겨레 2017. 06. 09). 코미는 러시아 수사가 진행되는 방식을 바꾸려는 노력 때문에 자신이 해임된 것이라고 강조했고, 로레타 린치(Loretta Lynch) 전 법무장관이 러시아 스캔들 수사에 개입했다는 의혹을 제기했다(한겨레 2017. 06. 09). 또한 그는 트럼프가 측근들이 연관된 특정 수사를 놓고 자신에게 압력을 가했으며 개인적인 만남이나 전화통화에서 계속해서 "내가 수사 대상이 아니라는 것을 공개적으로 말해달라"고 요구했다고 밝혔다(한겨레 2017. 06. 09).

한편 6월 14일 200여 명의 민주당 의원들이 트럼프 대통령을 상대로 제소를 준비하고 있는 것으로 드러났다(The New York Times 2017. 06. 14). 같은 날 제임스 호지킨슨(James Hodgkinson)이 야구 연습 중이던 공화당 의원들에게 총격을 가하는 사건이 벌어지면서, 스티브 스칼리스(Steve Scalise) 하원의원이 중태에 빠지게 되었다(The Hill 2017. 06. 14). 이 사건 이후 공화당의 배리 루더밀크(Barry Loudermilk) 하원의원에 의해서 의회가 총기 상호주의를 고려해야 한다는 주장이 제기되었다(The Hill 2017. 06. 14). 또한 6월 19일에는 북한에 장기간 억류됐다가 의식불명 상태로 송환된 오토 웜비어(Otto Warmbier)가 끝내 사망했다(연합뉴스 2017. 06. 28).

6월 22일 공화당 상원이 트럼프케어(AHCA) 법안을 공개했다(동아일보 2017. 06. 23). 핵심은 노인 및 빈곤층에 대한 혜택이 줄어든 것이며 이번 법안에 따르면 메디케이드 확대 조치가 2021년까지 폐지될 예정이다(동아일보 2017. 06. 23). 이와 관련하여 최근 한 여론 조사에서 국민의 29%만이 트럼프케어를 지지하는 것으로 드러났다(The New York Times 2017. 06. 14). 특히 공화당에 높은 지지를 표명하는 오클라호마 주에서도 투표자의 약 38%만이 법률을 지지했으며, 트럼프 대통령의 당선에 큰 영향을 주었던 대다수의 주(州)에서도 찬성 비율이 35%를 넘지 않는 것으로 나타났다(The New York Times 2017. 06. 14).

06월 12일

• 펠로시 민주 원내대표 "트럼프, '셀프 탄핵'될 것"

(Politico 06. 13; 중앙일보 06. 13 재인용)

– 민주당 일각에서 대통령 탄핵 요구 결의안 초안까지 만들어 공개하자 트럼프 탄핵론이 구체성을 띠는 듯 보인다. 하지만 현실적으로 탄핵안의 의회 통과는 불가능에 가깝다. 상원에서 3분의 2 이상 찬성표를 얻어야 하는데 현재 집권당인 공화당이 상원 의석 100석 가운데 52석을 차지하고 있기 때문이다. 이런 가운데 낸시 펠로시 하원 원내대표가 '트럼프 셀프 탄핵론'을 거론했다. 폴리티코에 따르면 펠로시는 6월 12일 비공개 회동에서 대통령 탄핵을 공론화하자는 일부 하원의원을 설득하며 트럼프 스스로 모종의 '독한 행동'을 해서 의회가 나서게 만들 것이라고 말했다. 트럼프가 로버트 뮬러 특별검사 해임 등과 같은 '독한 행동'을 보이면 반발여론이 빗발칠 것이고 민주당은 이를 발판으로 2018년 11월 중간 선거 때 다수당을 꿰찰 수 있을 것이라는 논리였다. 이 같은 발언은 같은 날 브래드 셔먼(Brad Sherman) 민주당 하원의원이 탄핵 결의안 초안을 공개한 상황에서 나왔다.

06월 14일

• 공화당, 알렉산드리아에서의 총격 사건 이후 총기 상호주의를 주장하다

(The Hill 06. 14)

– 제임스 호지킨슨이 야구 연습 중이던 공화당 의원들에게 총격을 가하는 사건이 벌어지면서, 스티브 스칼리스 하원의원이 중태에 빠지게 되었다. 이 사건 이후 공화당의 배리 루더밀크 하원의원에 의해서 의회가 총기 상호주의를 고려해야 한다는 주장이 제기되었다. 현재 버지니아 주는 '컨실드 캐리(Concealed Carry·무기를 보이지 않

게 소지할 수 있게 하는 것)'를 허용하고, 허가증 없이 공개적으로 총기를 휴대할 수 있도록 하고 있다. 하지만 엄격한 총기법을 두고 있는 워싱턴의 경우 의원들이 총기를 소지하는 것이 어렵다. 배리 루더밀크가 주장하는 상호주의 정책은 워싱턴 내 국회의원들의 총기 소유를 허가하도록 하는 것을 골자로 하고 있다.

06월 14일

• 민주당 의원들, 트럼프 상대로 제소를 추진하다　　　(The New York Times 06. 14)
– 트럼프 대통령이 트럼프그룹의 수익으로부터 재정적인 이득을 취해 왔다는 것이 밝혀진 가운데, 트럼프그룹이 외국정부로부터 얻은 수익들 또한 대통령이 받은 혜택의 범위에 포함되었다는 것이 드러났다. 이에 200여 명의 민주당 의원들이 트럼프 대통령을 상대로 제소를 준비하고 있다. 트럼프가 소위 '반(反)부패 조항'을 위반했다는 이유에서이다. '반(反)부패 조항'에 따르면, 외국 정부로부터 선물 및 혜택을 받을 경우 의회의 승인이 반드시 필요하다. 존 콘어스(John Conyers) 민주당 하원 의원은 자신과 리처드 블루맨탈(Richard Blumenthal) 상원의원이 대통령에 대한 그 어떤 소송에서보다 많은 의원 원고들을 모았다고 말했다. 아직까지 민주당 출신 의원들만이 서명을 요구 받았지만, 블루맨탈과 콘어스는 향후 공화당 당원들에게까지 협조를 구할 것임을 밝혔다. 한편 트럼프와 법무부는 이번 소송을 근거 없는 소송으로 평가하고 있다. '반(反)부패 조항'이 호텔 대금 지불 및 부동산 거래와 같은 일상적인 업무를 방해할 목적을 띠고 있지는 않다는 것이다.

미국 선거·의회

06월 01일

• 미 187개 시장들 "파리협정 지킬 것" 기업들도 "잘못된 결정"　　　(경향신문 06. 04)
– 파리협정에서 빠지겠다는 트럼프의 결정이 미국 안팎에서 거센 후폭풍을 불러오고 있다. 트럼프는 "파리가 아닌 피츠버그"를 위해 파리협정에서 빠지겠다고 했지만, 쇠락한 공업지대를 대표하는 피츠버그를 비롯해 미국 187개 도시의 시장들은 트럼프의 결정에 상관없이 파리협정을 준수하고 선언했다. 또 뉴욕, 캘리포니아, 워

싱턴 주지사는 협정을 지키기 위해 '기후 동맹'을 만들었고, 이외에도 파리협정을 지키겠다고 약속한 주지사가 10명에 이른다. 재계의 반발도 큰데, 실리콘밸리가 그 반란을 주도하고 있다. 애플의 팀 쿡(Team Cook)은 물론 구글, 페이스북, 마이크로소프트의 경영자들이 비판 대열에 합류했고, 제너럴일렉트릭, 엑손모빌, 포드 CEO들도 자발적으로 파리협정을 지키겠다고 선언했다.

06월 08일

• "러시아 수사 때문에 해임됐다"…코미의 청문회 주요 발언　　　　　(한겨레 06. 09)

– 6월 8일 제임스 코미 전 연방수사국(FBI) 국장이 상원 청문회에서 증언했다. 먼저 코미는 연방수사국 직원들이 그의 지도력에 대해 불평했다는 백악관 측의 성명을 반박하면서, 러시아 수사가 진행되는 방식을 바꾸려는 노력 때문에 해임된 것이라고 강조했다. 또 힐러리 클린턴 이메일 스캔들 수사 도중 '수사'가 아니라 '사안'으로 표현하라는 로레타 린치 전 법무장관의 요구가 있었다며 린치도 러시아 스캔들 수사에 개입했다는 의혹을 제기했다. 이날 증언에서 코미는 트럼프가 저녁식사 자리에서 "충성심이 필요하며 충성심을 기대한다"고 말했으며 측근들이 연관된 특정 수사를 놓고 자신에게 압력을 가했다고 밝혔다. 그러면서 개인적인 만남이나 전화통화에서 계속해서 "내가 수사 대상이 아니라는 것을 공개적으로 말해달라"고 요구했는데 이는 자신이 원하지 않았던 것이었다고 덧붙였다. 그러나 코미는 트럼프 탄핵 여부의 핵심인 그의 사법 방해 혐의 여부에 대해서는 직접적인 판단과 언급을 피했다. 대신 자신과 대통령의 상호 관계에 대한 모든 메모들을 로버트 뮬러 특별검사에게 줬다며 뮬러 특별검사가 트럼프의 사법방해 가능성을 조사할 것으로 믿는다고 말했다.

06월 22일

• 미국 상원 '트럼프케어' 법안 공개…저소득·노인혜택 줄였다　　　　(동아일보 06. 23)

– 미국 공화당 상원이 6월 22일 트럼프케어(AHCA) 법안을 공개했다. 이번 법안은 시민들의 보험 가입을 증진시키기 위해 세액 공제를 도입한 한편 오바마케어(Obamacare)에 포함됐던 산모 관리·비상 의료서비스·정신과 치료 등 다양한 혜택 옵션을

각 주별로 없앨 수 있게 만들었다. 핵심은 노인 및 빈곤층에 대한 혜택이 줄어든 것이다. 우선 고령자에 대한 보험료 할증 한도를 하원 법안과 마찬가지로 5배 이상으로 상향 조정했다. 또, '소득이 연방빈곤선의 400%가 안 되는 사람'이었던 보조금 지급 기준을 '소득이 연방빈곤선의 350%가 안 되는 사람'으로 낮췄다. 하원이 연방정부가 보조금을 지급하는 기준을 소득에서 연령으로 변경했다면 상원은 소득 기준을 유지하는 대신 보조금을 지급하는 빈곤층의 기준을 높여서 혜택 대상의 범위를 줄인 것이다. 한편 이번 법안에 따르면 메디케이드 확대 조치는 2021년까지 폐지될 예정이다. 법안을 공개한 미치 맥코널 의원이 다음 주까지 표결하겠단 입장을 보인 가운데 랜드 폴 상원의원, 테드 크루즈 상원의원 등은 상원 법안이 충분한 오바마케어 폐기를 담지 못한다면서 반대를 표명하고 있다.

06월 28일

• 웜비어 사망에 화난 미국 의회 '북한 여행금지 법안' 본격 심사　　　(연합뉴스 06. 28)
- 미국 의회가 북한 여행금지 법안 처리에 속도를 낼 것으로 전망된다. 북한에 장기간 억류됐다가 의식불명 상태로 송환된 오토 웜비어가 끝내 사망하면서 미국인들의 북한 여행을 금지해야 한다는 목소리가 커지는 데 따른 것이다. 하원 외교위가 다룰 법안은 민주당 중진 애덤 쉬프(Adam Schiff) 하원의원과 공화당의 조 윌슨(Joe Wilson) 하원의원이 5월 25일 공동 발의한 것으로, 일명 '북한여행통제법'으로 불린다. 관광 목적의 북한여행을 전면으로 금지하고 그 이외의 방문객에 대해서는 재무부의 사전 허가를 받도록 한 것이 이 법안의 골자다. '그 이외의 방문객'이란 이산가족 상봉 또는 인도적 목적의 방문자 등을 의미한다.

미국 여론

06월 07일

• 여론조사 결과, 과반수 응답자가 트럼프의 코미 해임 적절하지 못하다고 답변
(Politico 06. 07)
- 퀴니피액대학에서 실시한 여론조사 결과 트럼프의 국정운영지지도는 34%에 불

과했고, 지지하지 않는다는 비율이 57%에 달했다. 퀴니피액대학의 또 다른 여론 조사에서는 68%의 응답자가 대통령이 "상식적이지 않다"고 답했으며 심지어 공화당 지지자들 중 64%가 이 같은 의견을 보이는 것으로 드러났다. 한편 대다수의 응답자가 트럼프를 정직하지 못한 사람으로 평가하고 있었다. 응답자의 31%는 트럼프가 러시아와 불법 행위를 벌였을 것으로 보고 있었으며 29%는 불법적이지는 않지만 비윤리적인 행동을 했을 것으로 보고 있었다.

06월 14일

• 트럼프 케어에 대한 낮은 지지율　　　　　　　　　　　(The New York Times 06. 14)

– 트럼프케어(AHCA)가 인기가 없다는 것은 공공연한 사실이다. 최근 한 여론 조사에서 국민의 29%만이 법안을 지지하는 것으로 드러났다. 특히 공화당의 트럼프케어 추진은 레드스테이트(Red State)와 블루스테이트(Blue State) 사이에서 아주 드물게, 단일성을 창출했음이 발견되었다. 공화당에 대해 높은 지지를 표명하는 오클라호마 주에서도 투표자의 약 38%만이 법률을 지지하고, 트럼프 대통령의 당선에 큰 영향을 주었던 모든 주(州)에서 트럼프케어에 대한 찬성 비율이 35%를 넘지 않는 것으로 나타났다. 이러한 결과는 공화당 하원의원들의 법안 수정이 트럼프케어에 대한 대중의 반대를 약화시키지 못했음을 보여준다.

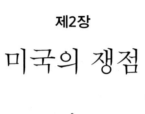

제2장
미국의 쟁점

'승복의 민주주의'를 보여준 샌더스

조현희

민주당의 힐러리 클린턴과 공화당의 도널드 트럼프가 각 당의 대선 후보로 공식 선출됐다. 이로써 같은 당의 대선 후보들은 경선결과에 승복하며 전당대회의 지지연설대에 올랐다. 공화당의 테드 크루즈(Ted Cruz)는 "당신의 양심으로 투표하라. 신뢰하는 후보에게 투표하라"고 목소리를 높였다. 그러자 트럼프 지지자들은 욕설과 야유를 퍼부었고 공화당 관계자는 "끔찍하고 이기적인 연설"이라 비난했다. 그의 갑작스런 발언으로 인해 찬조연설이 당 내부의 충돌로 뒤바뀐 상황이 된 것이다(중앙일보 2016. 07. 22). 공화당의 크루즈는 이후 대의원들과 만난 자리에서 자신이 트럼프 지지선언을 하지 않은 이유를 "경선에 승복하겠다는 약속은 '내 와이프와 아버지를 비난해서 고마워'라고 말하겠다는 무조건적인 약속은 아니었습니다"라고 설명했다(The Huffington Post 2016. 07. 22).

민주당은 전당대회를 앞두고 당 지도부가 대통령 후보 경선 과정을 힐러리에게 유리하게 편파적으로 관리했다는 의혹이 불거져 당내 분열이 일고 있다. 민주당 지도부의 사태가 결정 났지만 힐러리를 비방하는 피켓을 들고 시위하는 샌더스 지지자들의 분노는 경선당일에도 사그라지지 않았다(조선일보 2016. 07. 26). 하지만 버니 샌더스는 힐러리의 지지선언을 철회하지 않겠다는 입장을 고수했다. 오히려 힐러리 클린턴을 적대하는 지지자들에게 따로 자중하라는 메시지를 보내며 힐러리에 대한 지지를 호소했다. 이에 대해 미국 언론들은 "갈라서려던 전당대회를 샌더스가 하나로 만들었다"고 보도하기도 했다(조선일보 2016. 07. 27).

　적과 동지를 가려내는 것이 정치라 할 수 있다. 하지만 개인적인 감정을 바탕으로 상대방을 배척하거나 힐난한다면 그것은 당의 이미지보다는 사익을 우선시한 것이라 볼 수 있다. 샌더스가 보여준 '승복의 민주주의'는 사적인 감정을 앞세우지 않고 패배를 깔끔하게 인정하는 것만이 아니다. 대선후보 개인의 승리는 대통령 당선이겠지만 정당의 승리는 곧 정권획득이다. 샌더스 개인의 목표 달성에는 실패했을지라도 그에게는 당의 일원으로서 정권획득을 위해 당익을 우선시하여야 하는 책무가 아직 남아있다. 초기부터 당의 정체성에 의문을 받았던 샌더스가 분노하여 힐러리의 지지 선언을 철회한다면 이것은 클린턴에게 큰 위기였을 것이다. 그의 위기는 곧 민주당의 패배를 뜻하는 것이다. 하지만 당의 승리를 위해 샌더스는 자신의 지지자들이 자신의 적이었던 클린턴을 지지하도록 진정성 있는 설득을 보여줌으로써 분열위기에 놓인 당을 화합하는데 일조했다. 그런 의미에서 경선 과정에서 샌더스가 보여준 '승복의 민주주의'의 자세는 당내화합과 사회통합을 실현하는데 이정표 역할을 했다고 평가할 수 있다.

참고문헌

조선일보. 2016.07.26.

_____. 2016.07.27.

중앙일보. 2016.07.22.

The Huffington Post. 2016.07.22.

애국주의를 건드린 '미국을 위대하게(American First)' 주창자 트럼프

조현희

지난 7월 28일 민주당 전당대회에서 이라크 전쟁 전사자의 부친 키즈르 칸 (Khizr Khan)이 트럼프의 무슬림 입국 금지 공약을 비판하는 연설을 했다. 이에 대해 트럼프는 "힐러리 캠프가 써준 내용이냐"며 비꼬았고 칸 옆에 서 있던 부인을 겨냥해 "아무 말도 못했다(중앙일보 2016. 08. 02). 어쩌면 말하도록 허락받지 못했을 수 있다"라고 했다. 그러자 미국인의 기본 가치인 애국주의를 무시하고, 무슬림 여성을 비하했다는 비판론이 바로 터져 나왔다(중앙일보 2016. 08. 02). 폴 라이언 하원의장은 "많은 무슬림 미국인들이 우리 군에서 용감하게 싸우고 희생했다. 캡틴 칸과 그 부모의 희생은 언제나 존경받아야 한다"고 말하며 트럼프의 발언을 우회적으로 비판했다(중앙일보 2016. 08. 02). 또한 이에 대해 공화당 지도부는 트럼프에게 경고한 바 있지만 트럼프는 이를 무시하고 버지니아 방송에서 칸과의 충돌에 대해 후회하지 않았다고 말했다(The New York Times 2016. 08. 02).

하지만 최근 힐러리 클린턴이 여론조사에서 10%포인트 차이로 앞서자 다급해진 트럼프는 캐스팅보트를 쥔 히스패닉과 흑인 표심을 붙잡기 위해 지지를 호소하고 있다(FOX News 2016. 08. 03; 중앙일보 2016. 08. 05 재인용). 이에 대해 폴리티코는 "부정적 인식이 굳어져 정책과 발언에 뒤늦게 변화를 주더라도 유권자의 마음을 움직이지 못할 것"이라고 전망했으며 전문가들도 트럼프의 한계가 분명하다고 지적했다(Politico 2016. 08. 28).

이러한 트럼프의 노선 변화에도 불구하고 악화되는 여론은 트럼프에 대한 불신에서 기인한 것이다. 정책과 언행의 불일치는 결국 "트럼프가 변하지 않을 것 같다"는 인식을 유권자에게 강하게 남겨준 것이다. 이번 무슬림 비하 발언은 그동안 트럼프의 소수계에 대한 비하 발언과는 다른 양상의 문제점을 내포하고 있다. 뉴욕타임스가 "트럼프가 전사자 가족의 희생, 타종교 존중 문제를 중요시하는 미국인의 규범을 저버린 격"이라고 보도한 것처럼 트럼프는 미국의 애국주의를 건드린 것이다(The New York Times 2016. 08. 02). 미국은 전사자의 희생을 기리는 것을 국가 존립의 근간으로 생각한다. 특히나 공화당 텃밭인 남부는 애국주의가 강한 지역으로 꼽히는데 트럼프가 전사자 가족을 모욕한 셈이다(중앙일보 2016. 08. 02).

미국의 민주주의는 헌법 애국주의에서부터 탄생했다. 정치인들이 이를 계승하여 민주주의를 실천해나가기 위해서는 사회공동체 내의 다양한 집단을 아우르는 사회규범을 인지하는 것이 바탕이 되어야 한다. 트럼프의 민주주의를 역행하는 행위가 가져온 소수 집단들의 분노와 당내 분열, 국민들의 신뢰성 하락을 해결하기 위해서는 이들에 대한 치유와 공감이 충분히 이행되어야 한다. 또한 이를 위해 정당은 사태가 사회분열로 붉어지지 않도록 책임 있는 자세를 취하고 집단 간의 통합으로 나아가도록 힘써야 할 것이다.

참고문헌

중앙일보. 2016.08.02.
_____. 2016.08.05.
FOX News. 2016.08.03.
Politico. 2016.08.28.
The New York Times. 2016.08.02.

1차 TV 토론을 통해 본 힐러리의 강점과 한계

정하연

지난 9월 26일 미국 뉴욕주 헴프스테드 호프스트라 대학에서 미국 대선후보 1차 TV 토론이 있었다. 힐러리 클린턴과 도널드 트럼프의 지지율만이 평균 15%

를 기록하여 대선 후보로서 토론회에 참가하게 되었다. 유세 일정 중 계속해서 보여주었던 바와 같이 토론에서도 클린턴은 사회 통합을, 트럼프는 미국 우선 주의를 주장하며 남은 부동층 유권자(swing voter)의 민심을 잡으려 애썼다(한겨레 2016. 09. 27). 특히 토론 중에 힐러리는 "세계 인구의 5%를 차지하는 미국은 나머 지 95%와 교역해야 한다. 스마트하고 공정하게 무역에 나서자"고 밝혔고, 트럼 프는 "잘못된 무역협정으로 다른 나라로 일자리가 가고 있다"라고 주장했다(연 합뉴스 2016. 09. 27).

토론에 대한 여러 언론의 평가도 뒤따랐는데 워싱턴포스트는 힐러리의 토론 준비가 완벽하지 않았지만 모든 면에서는 트럼프보다 나았기 때문에 힐러리를 승자라고 평가했다(The Washington Post 2016. 09. 26). 또한 뉴욕타임스는 TV 토론 에서 트럼프가 그의 표를 힐러리에게 준 것 같았다고 보도하였다(The New York Times 2016. 09. 30). 반면 더힐은 트럼프가 토론에서 이기지 못했으나 힐러리 또한 승자가 아니라고 하며 둘의 토론에서 가난에 대한 언급이 거의 없었다는 아쉬 움을 표했다(The Hill 2016. 09. 27).

9월은 힐러리에게 고달픈 시간들이었다. 이메일 스캔들에 대한 연방수사국 (FBI)의 수사보고서 공개와 트럼프 지지자들에 대한 잘못된 언행, 폐렴 진단 등 으로 지지도가 많이 내려갔기 때문이다. 하지만 1차 토론 직후 언론들은 대부 분 힐러리의 승리를 예감했다. 주요 언론들이 후보자들의 발언 내용에 대한 사 실을 실시간으로 검증한 결과 힐러리가 트럼프보다 더 신뢰를 얻을 수 있었다 (CNN 2016. 09. 26; The New York Times 2016. 09. 26; 조선일보 2016. 09. 28 재인용). 유권자 들 대신 후보자들을 섬세하게 검증한 언론의 순기능이 힐러리에게 유리하게 작 용한 것이라 볼 수 있다(경향신문 2016. 09. 27). 힐러리는 토론 직전에 유세 활동을 중지하면서 토론 준비에 몰두했고 그 결과 자신의 일관된 정책적 비전을 보여 주며 현안에 대한 이해도가 높다는 것을 유권자들이 느끼게 해주었다. 힐러리 가 준비된 대통령이라는 인식이 그녀에 대한 유권자들의 지지요인이라 할 수 있다(CNN 2016. 09. 27; 조선일보 2016. 09. 29 재인용). 하지만 힐러리는 개혁적인 정치 비전을 보여주는 새로운 대통령 후보는 아니라는 점에서 한계도 있다. 트럼프 와의 지지도 차이가 얼마 나지 않기에 TV 토론 이후 곳곳에서 흘러나오는 피드

백(feedback)에 힐러리는 조금 더 귀를 기울여 유권자들이 원하는 게 무엇인지 헤아려볼 필요가 있다.

참고문헌

경향신문. 2016.09.27.
연합뉴스. 2016.09.27.
조선일보. 2016.09.28.
_____. 2016.09.29.
한겨레. 2016.09.27.
The Hill. 2016.09.27.
The New York Times. 2016.09.30.
The Washington Post. 2016.09.26.

트럼프의 선거 조작 주장과 그릇된 민주주의

정하연

미국인 다수는 오는 11월 8일 치러지는 대통령선거에서 힐러리 클린턴의 승리를 예측하고 있다. 그러나 트럼프는 계속해서 선거조작을 주장한다. 그에 따르면 콜로라도, 노스 캐롤라이나, 펜실베이니아, 버지니아 주에서 사망한 사람들도 여전히 유권자로 등록이 되어 투표를 하고 있다는 것이다(중앙일보 2016. 10. 23). 또한, 2008년 대선에서 버락 오바마가 노스 캐롤라이나 주에서 대승을 거둘 수 있었던 이유도 불법 투표 덕분일 수 있다고 주장하고 있다(중앙일보 2016. 10. 23).

한편 더힐은 지난 10월 21일 트럼프 캠프의 한 문건을 입수했다고 보도했다.

이 문건의 제목은 '조작된 시스템으로 판을 뒤집자(Must make points on rigged system)'이었는데 선거 조작이라는 키워드로 기존 트럼프의 지지층을 확실히 결집하여 막판 뒤집기 전략을 사용하겠다는 것이다(The Hill 2016. 10. 21). 특히 트럼프의 굳건한 지지층으로 불리는 미국 중서부의 저소득 백인층을 최대한 투표장에 나오게 한다는 전략으로 보인다(중앙일보 2016. 10. 23).

힐러리 클린턴은 트럼프를 '패배를 인정할 줄 모르는 사람(sore loser)'이라고 칭하며 그의 선거 조작 관련 발언은 독재자나 할 수 있는 말이라고 비판했다. 또한, 평화적 권력 이양은 미국을 만든 중요한 요소 중 하나라고 강조했다(Reuters 2016. 10. 24). 오바마는 선거하기도 전에 선거 시스템에 의혹을 제기하는 대선 후보가 나타난 것은 전례 없는 일이며 선거제도의 합법성에 대해서 의심하는 것은 민주주의를 망가트리는 것과 같다고 트럼프를 크게 비판했다(연합뉴스 2016. 10. 19; 2016. 10. 21). 공화당 소속 오하이오 주 국무장관인 존 허스테드(Jon Husted)는 자신이 오하이오 주 선거를 책임지고 있다며 선거 조작이 절대로 일어나지 않을 것임을 보장한다고 전했고 트럼프에게 선거 조작에 관해 의심을 갖지 말라는 충고를 덧붙였다(CNN 2016. 10. 18).

트럼프는 막상 선거 조작이나 부정 선거의 증거를 내놓지 못하고 있다(국민일보 2016. 10. 24). 트럼프가 공정하게 치러지는 선거의 과정을 의심하고 대선 결과에 불복하겠다는 것은 결국 정치권에 대한 유권자의 불신을 증폭시키며 국정에 혼란을 일으킬 수 있다. 250년 역사를 가진 미국 민주주의의 근간을 뒤흔들고 있는 트럼프는 자신의 행동이 어떤 결과를 가져올 것인지 재고해보아야 한다. 그리고 양당도 트럼프의 근거 없는 주장에 대한 제재를 취해 유권자들에게 선거 과정에 대한 신뢰를 주어야 하겠다. 합리적인 의심은 필요하지만 동시에 유권자들은 선거의 승리를 위한 네거티브 전략에 놀아나지 않아야 한다. 그래야만 미국인들이 그토록 소중하게 여기고 있는 그들의 민주주의를 지킬 수 있을 것이다.

참고문헌

국민일보. 2016.10.24.

연합뉴스. 2016.10.19.

_____. 2016.10.21.

중앙일보. 2016.10.23.

CNN. 2016.10.18.

Reuters. 2016.10.24.

The Hill. 2016.10.21.

‖‖

트럼프의 승리 요인과 앞으로의 과제

정하연

미국 대통령으로 당선된 도널드 트럼프는 유세 기간 동안 무수한 논란을 만들어내었다. 트럼프의 여성 비하 빌언이 녹음된 테이프가 공개되는가 하면 멕시코 국경에 장벽을 건설하겠다고 발언하는 등 트럼프와 관련된 모든 사건이 논란이 되었다. 대부분의 언론은 힐러리 클린턴의 승리를 예상했다. 대선 직전인 11월 7일, 워싱턴 포스트는 힐러리 클린턴의 지지도가 4% 앞서고 있다고 보도했고 8일에는 힐러리의 선거인단 수가 절반을 넘는 275명 이상일 것이라고 예측하였다(The Washington Post 2016. 11. 07). 또한, CNN은 힐러리의 당선을 91%로 예측하였다(CNN 2016. 11. 08). 그러나 개표 결과, 트럼프는 과반수의 선거인단을 확보하며 제45대 미국의 대통령 당선인이 되었다.

트럼프가 선거운동 기간에 무더기로 쏟아낸 막말들로 논란을 빚은 것을 고려하면 당선 결과는 의외였다. CNN 방송의 출구조사 결과에 따르면 백인 여성의 52%가 트럼프에게 투표했고 특히 대졸 미만의 백인 여성은 클린턴을 지지한 유권자보다 트럼프를 지지한 유권자가 2배나 많았다(연합뉴스 2016. 11. 11). 성 차별과 인종 차별에 개의치 않는 백인 여성이 트럼프를 지지했다는 평가가 주를 이뤘다(The Washington Post 2016. 11. 09). 또 하나의 승리 요인은 전통적으로 민주당을 지지하던 러스트 벨트(Rust Belt) 지역의 표다. 공화당은 1992년부터 2012년까지 이 북동부 공업 지대의 지지를 얻을 수 없었지만, 자유 무역으로 피해를 본 제조업의 백인 노동자들이 '미국 우선주의 무역으로 일자리를 되돌려주겠다'는 트럼프의 손을 들어준 것이다(중앙일보 2016. 11. 23).

이번 제45대 미국 대통령을 선출하는 과정은 미국이 뼛속 깊이 분열되어 있다는 것을 느끼게 해준다. 미국의 기존 집권세력인 민주당과 오바마 행정부가 사회 불평등과 소득 양극화를 제대로 해결하지 못하고 있다고 인식한 미국인들은 힐러리에게 투표하지 않음으로써 자신들의 의견을 분출했다(국민일보 2016. 11. 10). 대통령 당선인 트럼프는 지금부터 시작이다. 대선 유세 기간 중에 트럼프는 공화당에서조차 지지를 얻지 못했다. 그러나 앞으로 행정부 수반으로서의 트럼프는 미국 정치에서 떠나간 민심을 잡기위해 공화당과 민주당, 양 당의 협조를 받아 국정 운영을 말끔히 해나가야 할 것이다. 트럼프가 짊어진 미국 통합의 책임이 무겁다.

참고문헌

국민일보. 2016.11.10.
연합뉴스. 2016.11.11.
중앙일보. 2016.11.23.
CNN. 2016.11.08.
The Washington Post. 2016.11.07.
_____. 2016.11.09.

트럼프에 대한 기대와 우려

정하연

 트럼프는 이번 미국 대선에서 민주당의 전통적 지지기반이었던 러스트 벨트(Rust Belt·쇠락한 북동부 공업시대)에서 승리했다(중앙일보 2016. 11. 10). 이뿐만 아니라 최근 각료 인선 과정에서도 트럼프는 탈(脫) 이념적 성향을 보여줬는데, 이는 그의 정치적 행보를 더욱 예측하기 어렵게 하고 있다.

 오랜 기간 동안 민주당과 협력한 월가 출신의 스티븐 므누신(Steven Mnuchin)을 재무장관에 임명한 것은 이념을 초월한 선택으로 분석된다. 한편 마이크 펜스 부통령 당선인과 보건복지부 장관 내정자인 톰 프라이스는 정통 보수주의자로 자유 경제를 고수하지만, 상무부 장관 내정자인 윌버 로스는 보호주의적 무역을 옹호하며 산업을 보호하는 것을 최우선으로 두고 있다(국민일보 2016. 12. 07). 무역 방식에서 생각에 차이가 나는 각료들을 인선한 것이다. 이에 월스트리트저널은 "트럼프의 인선이나 정책이 평범하지 않다"면서 "트럼프의 이데올로기가 있다면 중국이든 기업경영자든 간에 힘을 보여주는 것"이라고 보도했다(The Wall Street Journal 2016. 12. 05; 연합뉴스 2016. 12. 06 재인용).

 반면, 트럼프의 인선에 다양성이 상실되었다는 우려의 목소리를 내는 이들도 적지 않다. 몇몇 언론은 장관으로 임명된 13명 중 11명이 백인으로, 앞으로의 미국 내 인종 간 대립의 극복이 어려워질 수 있다고 예측했다(중앙일보 2016. 12. 15). 또한, 월스트리트의 억만장자들이 경제·산업 분야를 대거 장악한 것도 다양성이 상실되었다고 볼 수 있다. 특히 스티브 므누신 재무장관, 윌버 로스 상무장관, 게리 콘(Gary Cohn) 국가경제위원회(National Economic Council, NEC) 위원장은 대표적인 골드만삭스(Goldman Sachs·투자은행과 증권회사를 겸하는 미국의 대표적 금융기업) 출신이다. 월가를 규제하겠다는 트럼프 당선인의 공약과 내정자들의 이해관계가 충돌할 수 있다는 가능성이 제기된다(국민일보 2016. 12. 09; 연합뉴스 2016. 12. 14).

 트럼프는 사업가 출신답게 각 분야에 전문가들을 인선하는 점에서는 실용적

인 면을 추구한다고 볼 수 있다(중앙일보 2016. 12. 13). 그러나 다양성을 상실했다는 지적에서는 트럼프가 더 큰 다양성과 포용성을 보여주어야 할 때이다. 선거 과정에서 갈등을 조장하고 부추기던 트럼프였지만 당선 직후에는 미국의 갈등을 봉합하겠다고 말한 바 있다(Politico 2016. 11. 09). 앞으로 트럼프는 부의 편중과 인종 간의 대립을 비롯한 불평등한 사회 문제를 극복해나가기 위해 노력해야 할 것이다.

참고문헌

국민일보. 2016.12.07.
_____. 2016.12.09.
연합뉴스. 2016.12.06.
_____. 2016.12.14.
중앙일보. 2016.11.10.
_____. 2016.12.13.
_____. 2016.12.15.
Politico. 2016.11.09.

국민과 소통한 오바마의 민주주의

정하연

2009년 버락 오바마는 미국의 제44대 대통령으로 취임했다. 당시 그는 변화와 희망을 내걸고 미국사에 힘찬 첫걸음을 내디뎠다. 그는 8년간의 대통령 임기를 마치고 2017년 1월 20일을 마지막으로 백악관을 떠났다. 1월 18일 CNN과 여론 조사 기관 ORC가 실시한 여론조사에 따르면 오바마의 집권 말기 지지율은 취임 첫해인 2009년 6월에 65%의 최고 지지율을 기록한 이래로 가장 높은 수치인 60%에 달했다(CNN 2017. 01. 18). 또한 오바마 대통령의 대통령직 수행이 성공적이었다고 답한 비율은 65%로 그의 8년간의 행보를 긍정적으로 평가한 사람들이 많았다(CNN 2017. 01. 15; 연합뉴스 2017. 01. 18 재인용).

오바마의 업적 중 가장 큰 성취로 꼽히는 것은 경제 회복과 의료보험 시스템 개혁(Patient Protection and Affordable Care Act, ACA)이다. 미국은 2007년 서브프라임 모기지 사태(Subprime mortgage crisis)를 겪고 이듬해에 글로벌 금융위기를 맞았다(연합뉴스 2008. 12. 16). 갓 취임한 오바마에게 닥친 과제는 금융위기의 후유증을 극복하는 것으로, 2009년 7.8%에 이르렀던 미국의 실업률을 재임 기간에 매월 평균 10만여 개의 일자리를 창출해내어 2012년 실업률을 4.7%로 대폭 감소시켜 경제 회복을 꾀했다(중앙일보 2017. 01. 13). 또한 오바마케어(ObamaCare)라고 불리는 미국의 의료보험 시스템 개혁(ACA)도 큰 성취라 할 수 있다. 오바마케어는 신규 가입이 시작된 2013년 10월부터 현재까지 약 2천만 명이 가입했다(연합뉴스 2017. 01. 22). 보험료가 비싸 의료보험에 가입하지 못했던 저소득층이 오바마케어의 도입으로 최소한의 의료 혜택을 보장받게 된 것이다. 최근 실시한 여론조사에서 응답자의 45%는 의료보험 개혁을 긍정적으로 평가했다(NBC 2017. 01. 15).

오바마 대통령의 성과에 대해 부정적인 평가도 있다. 외교·안보 분야에서 오바마의 대선 공약이었던 이라크와 아프가니스탄에서의 완전 철군을 이루지 못했으며(연합뉴스 2015. 10. 16), 북한과의 협상에서 전략적 인내를 앞세워 북한 핵실험 도발을 막지 못했다는 것이다(중앙일보 2017. 01. 13). 오바마는 대통령직을 수행하며 여러 실패를 겪었지만, 분명히 강점이 있다. 국민과 소통하기 위해 끊임없이 노력하고 계층을 아울러 공감하는 정치를 보여주었다. 또한 서로 다른 가치관을 가진 사람들을 포용했고 관용을 보여준 덕에 임기 말 레임덕마저 그를 비켜나갔다(연합뉴스 2017. 01. 21). 향후 차기 정부는 오바마의 지도자적 장점을 차용하여 미국이 이어나가려 하는 민주주의를 수호하려 해야 할 것이다.

참고문헌

연합뉴스. 2008.12.16.

_____. 2015.10.16.

_____. 2017.01.18.

_____. 2017.01.21.

_____. 2017.01.22.

중앙일보. 2017.01.13.

_____. 2017.01.13.

CNN. 2017.01.18.

NBC. 2017.01.15.

트럼프 정부의 이민 규제 정책

정하연

미국 역사상 이민 규제 정책은 비단 트럼프만 실시한 게 아니다. 2차 세계대전 당시 유대인의 입국을 제한했던 역사, 냉전 시기에 공산주의자의 입국을 금지한 역사 등 다양하다. 이러한 이민 규제의 역사에는 미국 사회가 적으로 규정한 대상이 명확히 나타난다(경향신문 2017. 01. 31). 그렇기에 도널드 트럼프의 새로운 이민 규제 정책에 전 세계의 비상한 관심이 쏠리는 것이다.

트럼프는 세계 곳곳에서 나타나고 있는 무슬림 테러에 위협을 느껴 반(反)이민 정책을 펼치고 있다고 설명한다. 2001년 9·11테러 이후 14년 만에 2015년 터키 앙카라와 프랑스 파리에서 일어난 이슬람국가(Islamic State, IS) 자살폭탄테러로 전 세계에 위협이 된 것을 고려해 본다면 트럼프의 안보 정신을 조금이나마 이해할 수 있다(연합뉴스 2015. 11. 15). 그에 따라 트럼프의 반이민 정책의 골자는 무슬림 7개 국가 출신자들의 미국 입국 금지, 불법체류자의 체포·추방 강화, 생계지원 대상자 이민 신청 거부, 불법 이민자 보호 지방자치단체의 재정지원 중단이다(Politico 2017. 02. 14).

그러나 트럼프의 이러한 정책에 대해 미국 내에 반발하는 목소리가 적지 않다. 트럼프 행정명령 중단 소송을 주도한 밥 퍼거슨(Bob Ferguson) 워싱턴 주 법무장관은 "그 누구도 법 위에 있을 수는 없으며 대통령이라 해도 마찬가지"라고 밝혔다(연합뉴스 2017. 02. 04). 존 매케인과 린지 그레이엄 상원의원은 "이번 행정명령 조치는 안보를 개선하기보다는 테러리스트를 만들어내는 결과를 낼 것"이라고 공동 성명을 통해 반대의 입장을 표했다(중앙일보 2017. 01. 31). 뉴욕타임스는 트럼프의 행정명령에 반대 입장을 낸 공화당 의원이 12명을 넘어섰고 트럼프에게 등을 돌리는 공화당 의원까지 생기고 있다고 보도했다(The New York Times 2017. 01. 29).

한편 미국 전역의 이민자들은 2월 16일, 이민자들이 미국 경제에 큰 기여 중인 사실을 방증하려 이민자 없는 날(Day Without Immigrants)을 선포했으며, 휴업과 휴교를 하면서 트럼프의 반이민 행정명령에 항의했다(조선일보 2017. 02. 17). 또한 2월 20일에는 대통령의 날(President's Day)을 맞아 뉴욕, 시카고 등지의 20여 개 주요 도시에서 트럼프를 규탄하는 수천 명이 시위에 나섰다(CNN 2017. 02. 20).

상황을 종합해볼 때, 트럼프의 반이민 정책은 반대 입장을 가진 이들에게도 귀를 기울이고 소통하여 방향을 재정립할 필요가 있다. 그리고 혼란스러운 미국인들을 안정시키는데 일조하도록 의회에서 공화당과 민주당은 여론 수립의 역할을 제대로 해내어야 할 것이다. 미국은 이민자들의 나라에서 출발했고 이민 문화를 기조로 번영을 이룩한 국가다. 따라서 이민을 통한 손익계산은 지양하고 지난날의 자유민주주의 정신을 바탕으로 미국의 색깔을 지켜내야 할 것이다.

참고문헌

경향신문. 2017.01.31.
연합뉴스. 2015.11.15.

_____. 2017.02.04.

조선일보. 2017.02.17.

중앙일보. 2017.01.31.

CNN. 2017.02.20.

Politico. 2017.02.14.

The New York Times. 2017.01.29.

||||||||||||||||||||||||||||||||||||||||||||||||||||||||||||||||||||||||||||||||||||||||||||||||||||||||||||||||||||||||

'탄핵론'과 트럼프 대통령의 정치적 위기

정현영

'반(反)이민 행정명령'에 대한 반발로서 등장했던 탄핵의 목소리가 트럼프 대통령의 오바마 도청 허위 주장 논란과 연방수사국(FBI)의 러시아 내통 의혹 수사를 계기로 민주당 일각에서 힘을 얻고 있다(연합뉴스 2017. 03. 21). 문제는 트럼프 대통령의 친정인 공화당에서조차 "오바마 전 대통령이 트럼프타워를 도청했다는 트럼프의 주장엔 증거가 전혀 없다"는 지적이 있었다(동아일보 2017. 03. 17)는 것이다. 더욱이 제임스 코미 연방수사국(FBI) 국장이 연방수사국의 러시아 대선 개입 인정 사실을 부인하고 오바마가 트럼프를 도청했다는 주장을 뒷받침하는 정보를 찾지 못했다고 증언함에 따라, 트럼프 정부의 정통성 및 신뢰성(경향신문 2017. 03. 21)은 크게 흔들리게 되었다.

이러한 정치적인 위기뿐만 아니라 트럼프 대통령에 대한 여론 역시 좋지 못하다. 우선 트럼프 대통령은 민주주의 공고화의 성공 여부를 가늠 짓는 잣대 중 하나인 신뢰성(박성진 2003)을 갖추지 못하고 있다는 비판을 받고 있다. 실제로 유권자의 60%가 트럼프를 정직하지 못한 사람으로 인식하고 있으며(Politico 2017. 03. 22), 56%가 트럼프 선거캠프 인사와 러시아 정부의 유착 관계에 대한 특별 조사에 동의하고 있는 것으로 드러났다(Politico 2017. 03. 08). 또한 트럼프 대통령으로 인해 국민들의 통합이 저해되고 있음이 여실히 드러나고 있는데, 퀴니피액 대학의 여론조사 결과 응답자의 63%는 지난해 11월 대선 이후 미국 내 증오와 편견이 확산됐다고 답했다(동아일보 2017. 03. 10). 트럼프 대통령의 대통령 직 자체가 정당성이 부족하다고 보는 의견도 존재한다. 여론조사기관인 젠포워드(Gen-Forward)의 조사 결과에 따르면 젊은 층의 57%가 트럼프 대통령을 "정당성이 부족한 대통령"으로 인식하는 것으로 드러났다(The Hill 2017. 03. 18).

민주당 소속 맥신 워터스 하원의원이 트위터에 "탄핵 준비 태세"라는 짧은 글을 올리는 등 '트럼프 탄핵론'이 대두되고 있다(연합뉴스 2017. 03. 21). 현 시점에서 트럼프 대통령이 대통령 직을 유지하고 대의민주주의를 실현하고자 한다면, 확산되고 있는 미국 내 증오와 편견을 해소하기 위해 국민 통합 정책 구상에 힘써야 하고 또한 무엇보다도 오바마 도청과 같은 자극적이고 근거 없는 발언을 자제함으로써 국민들의 신뢰를 확보하는 데에 주력해야 할 것이다.

참고문헌

경향신문. 2017.03.21.
동아일보. 2017.03.10.
_____. 2017.03.17.
박성진. 2003. "한국 사회 신뢰의 악순환과 민주주의의 공고화." 『동향과전망』 통권 58호, 7-40.
연합뉴스. 2017.03.20.
_____. 2017.03.21.
Politico. 2017.03.08.
_____. 2017.03.22.
The Hill. 2017.03.18.

대의민주주의에서의 언론과 정당의 역할

정현영

4월 23일 워싱턴포스트가 ABC방송과 함께 트럼프 취임 100일을 앞두고 시행한 여론조사 결과에 따르면, 응답자들 가운데 약 67%가 민주당이 "감을 잃었다"고 응답했고, 공화당에 대해서도 62%의 응답자들이 부정적으로 평가했다(The Washington Post 2017. 04. 23). 트럼프 대통령의 현 지지율(42%)과 함께 놓고 봤을 때 이러한 여론 조사 결과는 미국 국민들이 현 정치인들과 정당을 신뢰하지 못하고 있다는 사실을 시사한다.

우선 지난 달 있었던 트럼프 대통령의 오바마 도청 허위 주장 논란과 연방수사국(FBI)의 러시아 내통 의혹 수사, 그로 인한 탄핵의 목소리(연합뉴스 2017. 03. 21)는 트럼프 대통령의 대통령으로서의 자질 부족을 일부 증명했으며, 젊은 층의 57%가 트럼프 대통령을 정당성이 부족한 대통령으로 인식한다(The Hill 2017. 03. 18)는 여론조사 결과를 통해서 이러한 일련의 사건들이 정치에 대한 불신의 한 요인으로서 작용했음을 알 수 있다.

또한 미국 유권자를 대상으로 한 몇몇 연구들에서 정치권에 대한 비판적이고 부정적인 TV 보도의 증가가 정치 불신 증대에 기여한다는 사실이 드러났는데(서현진 2016), 실제로 4월 20일 미국 미디어리서치센터(Media Research Center)가 트럼프 대통령의 지난 1월 20일 취임 이후 3개월간의 ABC방송, CBS, NBC 등 주요 방송 3사의 저녁 뉴스를 분석한 결과, 트럼프 대통령과 새 정부에 관한 미국 주요 방송 3사 보도의 89%가 부정적이었음이 밝혀졌다(중앙일보 2017. 04. 21). 폴리티코와 모닝컨설트의 공동 여론조사에 따르면 10개 분야에서의 국정운영에 대한 평가에서 트럼프 대통령이 가장 높은 점수를 받은 분야는 테러리즘과의 전쟁인데(Politico 2017. 04. 20), 흥미롭게도 방송 3사는 트럼프 정부에 긍정적일 수 있는 이슬람국가(IS)와의 싸움에서 일부 승리한 사실 등은 거의 무시했다(중앙일보 2017. 04. 21). 또한 가장 부정적인 평가를 받은 분야는 건강보험정책으로 A학점을 준 응답자는 9%에 불과했는데(Politico 2017. 04. 20), 여당인 공화당이 '오바마케어(Obamacare)'를 폐기하고 '트럼프케어(AHCA)'를 만들려고 한 움직임에 관해서도 보도 내용의 84%가 부정적이었음이 드러났다(중앙일보 2017. 04. 21).

공공정책과 관련된 논제는 정치지도자들과 정당에 의해 독점되어 왔으나, 현재에 와서는 논제를 설정하는 데 있어 언론의 역할이 상당히 커졌다(이홍종 2003). 따라서 언론은 대의민주주의의 강화를 위해서 편파적인 보도를 자제해야 할 것이다. 그러나 무엇보다노 성당이 제 기능을 수행하지 못하면 우리 사회의 갈등이 종잡을 수 없을 정도로 커지고 확산될 수 있다는 점에서(윤종빈 2016), 올바른 대의민주주의의 실천을 위해서는 정당이 핵심적인 역할을 해야 할 것이다.

참고문헌

서현진. 2016. "국회 갈등과 신뢰도에 관한 연구." 『분쟁해결연구』 14권 2호, 159-184.

연합뉴스. 2017.03.21.

윤종빈. 2016. "정당정치와 대의민주주의에 대한 소고(小考)." 『미래정치연구』 6권 1호, 141-156.

이홍종. 2003. "미국의 미니어, 정당, 그리고 민주주의: 정당민주주의, 미디어민주주의, 그리고 뉴미디어민주주의를 중심으로." 『세계지역연구논총』 20권, 5-19.

중앙일보. 2017.04.21.

Politico. 2017.04.20.

The Hill. 2017.03.18.

The Washington Post. 2017.04.23.

제임스 코미 해임 사건의 후폭풍

정현영

제임스 코미 해임 사건의 후폭풍이 거세다. 우선 트럼프 대통령이 제임스 코미 전 연방수사국(FBI) 국장에게 자신의 보좌관들과 러시아의 내통 의혹 수사 중단을 요구했다는 일각의 보도가 사실이라면, 이는 충분히 사법방해죄가 적용될 수 있는 사안이고, 나아가 미 헌법이 규정한 탄핵 요건에 해당한다(연합뉴스 2017. 05. 17). 그런가 하면 연방수사국(FBI) 내에서 트럼프 대통령의 코미 국장 해임에 대한 '분노 지수'가 높아지고 있어, '러시아 스캔들' 수사를 더욱 강화하거나 언론 및 의회에 관련 의혹들을 유출시키기는 시나리오가 충분히 가능하다는 전망도 등장했다(한겨레 2017. 05. 12).

트럼프 대통령은 코미를 해임한 다음 날 러시아 정부 관료들에게 조사 압력으로부터 벗어나게 되었다고 말했다(The New York Times 2017. 05. 19). 그러나 관련 수사는 오히려 탄력을 받는 모양새고(연합뉴스 2017. 05. 11), 설상가상으로 트럼프 대통령의 사위인 제러드 쿠슈너(Jared Kushner)가 시리아에서의 전략 및 여타 정치적 이슈에 관한 논의를 위해 트럼프 대통령직 인수 팀과 러시아의 접촉을 꾀했다는 언론 보도도 등장했다(The New York Times 2017. 05. 26). 그런가 하면 상·하원 정보위는 대선 기간 러시아 정보당국이 힐러리 클린턴 후보를 낙선시키려고 민주당 전국위원회(DNC)를 해킹하고 트럼프 캠프와 내통했다는 의혹 전반을 조사하고 있는데, 그 과정에서 러시아 내통 의혹으로 경질된 마이클 플린 전 국가안보회의(National Security Council, NSC) 보좌관에게 소환장이 발부되었다(연합뉴스 2017. 05. 11). 이에 더하여 로드 로젠스타인 법무 부장관이 트럼프 대선캠프와 러시아 측의 내통 의혹을 독립적으로 수사할 특검을 임명한 가운데, 특검이 코미 전 국장의 메모와 같은 결정적인 증거를 입증할 수 있을지 그 귀추가 주목된다(경향신문 2017. 05. 18).

과거 닉슨 행정부는 탄핵될 당시 야당인 민주당이 상·하원 다수를 차지하고 있었고 연방의회 내 양당 또는 초당파 정치가 작동하고 있었던 반면(경향신문 2017. 05. 22) 현재는 공화당이 양원의 다수를 차지하고 있기 때문에, 탄핵은 사실상 불가능해 보인다(한겨레 2017. 05. 12). 그러나 중요한 것은, '반(反)이민 행정명령'에 대한 반발, 트럼프 대통령의 오바마 도청 허위 주장 논란, 러시아 내통 의혹 등으로 인해 탄핵의 목소리가 지속되면서 트럼프 대통령에 대한 국민들의 신뢰도가 점점 감소하고 있다는 점이다. 한 여론조사 결과에 따르면 트럼프 대통령의 국정 운영을 지지한다고 답한 비율이 40%에 그쳤고, 이는 지난달 초 같은 조사에서 기록된 트럼프 대통령의 국정 지지도(45%)보다 떨어진 수치다(연합뉴스 2017. 05. 25). 정치적 불신은 민주주의의 위기를 초래할 수 있기 때문에(서현진 2006), 트럼프 대통령은 국민들의 신뢰를 다시금 확보하고 안정적인 대의민주주의를 구현하기 위해서 우선적으로 코미 해임 결정에 더 나은 설명을 통해 미국인들의 대통령을 포함한 정부 기관에 대한 깨진 신뢰의 일부를 복원시킬 필요가 있다(The Hill 2017. 05. 10).

참고문헌

경향신문. 2017.05.18.

＿＿＿＿. 2017.05.22.

서현진. 2006. "한국 유권자의 정치적 신뢰와 정당 정치−정당 지지에 미치는 영향력을 중심으로." 『신아세아』 13권 3호, 68−92.

연합뉴스. 2017.05.11.

＿＿＿＿. 2017.05.17.

＿＿＿＿. 2017.05.25.

한겨레. 2017.05.12.

The Hill. 2017.05.10.

The New York Times. 2017.05.19.

＿＿＿＿＿＿＿＿＿. 2017.05.26.

총기 난사 사건, 미국 민주주의에 경종을 울리다

6월 14일 알렉산드리아의 한 야구장에서 총기 난사 사건이 벌어졌다(The Hill 2017. 06. 16). 스칼리스 의원을 비롯하여 다섯 명의 희생자를 낳은 이 사건의 주동자는 제임스 호지킨슨이다(The Hill 2017. 06. 16). 그는 버니 샌더스의 선거 캠프에서 자원봉사자로 활동한 경험이 있고 반(反)트럼프 성향을 보여온 것으로 알려졌으며(The Hill 2017. 06. 16), 페이스북에 "트럼프는 반역자. 트럼프가 우리 민주주의를 파괴했다"는 글을 올렸다는 사실이 확인되기도 했다(중앙일보 2017. 06. 15). 이 사건 이후 미국 내 정치적 양극화를 극복해야 한다는 목소리들이 광범위하게 퍼져나가고 있다(The Hill 2017. 06. 16).

정치 양극화의 심화를 극복하기 위해서는 대통령 개인의 뛰어난 리더십이 요구된다(임성호 2004). 하지만 민주주의 수호자로서의 역할을 해야 할 트럼프 대통령은 오히려 정보기관, 언론, 사법부와의 전쟁을 벌여 왔다(동아일보 2017. 05. 31). 더군다나 이미 의회에서 러시아 스캔들과 관련해 5개 상임위의 조사가 진행되고 있는데, 민주당 의원들이 '반(反)부패 조항'을 어겼다는 이유로 트럼프 대통령을 상대로 소송을 제기하면서 백악관과 의회의 갈등이 더욱 붉어질 것으로 보인다(동아일보 2017. 06. 14).

심지어 해를 넘길 수 있는 특별검사의 수사와 이후 상·하원 본회의 탄핵안 가결까지는 머나먼 여정이 남아 있다(경향신문 2017. 05. 21). 더군다나 6월 22일 트럼프 대통령이 제임스 코미 전 연방수사국(FBI) 국장과의 대화를 녹음한 '테이프'가 없다고 밝힘에 따라 '사법방해' 혐의를 특검이 입증하기가 매우 어려워질 수 있다는 관측이 나온다(경향신문 2017. 06. 23). 녹음테이프는 대통령이 러시아 스캔들 관련 수사의 중단을 요청했다는 코미 전 연방수사국(FBI) 국장의 증언과 이를 전면 부인하는 트럼프 대통령 간 진실공방의 진위를 가릴 '스모킹건(결정적 증거)'이었기 때문이다(경향신문 2017. 06. 23).

정당 양극화는 오늘날의 미국 의회를 단적으로 표현하는 정치 현상 중 하나

340　지역 다양성과 사회 통합 (Ⅳ)

이다(정동준 2016). 더군다나 앱라모비츠와 선더스(2008)는 "미국 사회의 양극화는 이제 정당 엘리트나 소수의 활동가 영역을 넘어 광범위한 유권자 수준에서 일상화 되었다"고 주장했는데(이소영 2016), 이번 알렉산드리아 총격 사건은 이를 단적으로 보여주는 하나의 사례라고 할 수 있다. 이러한 양극화 현상을 극복하기 위해서는 우선적으로 미국 정치권 내에서 정치적 합의 및 조정이 제대로 이루어져야 한다. 그리고 그러기 위해서는 트럼프 대통령이 모두와의 전쟁을 빠른 시일 내에 마무리 지을 필요가 있다.

참고문헌

경향신문. 2017.05.21.

_____. 2017.06.23.

동아일보. 2017.05.31.

_____. 2017.06.14.

이소영. 2016. "2016 미국 대선과 미국사회의 균열." 『의정연구』 49권 0호, 39-81.

임성호. 2004. "특집: 미국의 민주주의: 어제와 오늘 ; 미국 정치의 양극화, 미국 민주주의의 위기-확대경으로서의 2004년 선거." 『기억과 전망』 9권 0호, 108-128.

정동준. 2016. "미국 의회의 위기: 정당 양극화의 근원과 대처." 『의정연구』 48권 0호, 223-232.

중앙일보. 2017.06.15.

The Hill. 2017.06.16.

일본의 동향 및 쟁점

자민당의 장기집권과 변화의 움직임

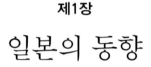

제1장

일본의 동향

1차(2016년 6월 말~7월 말)

김민석

　7월 10일 제24회 참의원 선거가 치러졌다. 선거 결과 연립여당인 자민당(自由民主党)과 공명당(公明党)을 필두로 한 '개헌 세력'이 개헌 발의선인 전체 의석수의 '3분의 2'를 확보했다(연합뉴스 2016. 07. 11). 자민당, 공명당, 오사카유신회(大阪維新の会), 일본의 마음을 소중히 하는 당(日本のこころを大切にする党) 등 개헌파 4개 정당은 참의원 선거(선거대상 121석)에서 합계 77석을 확보했다(연합뉴스 2016. 07. 11). 이번에 선거를 치르지 않은 기존 의석과 합치면 165석을 차지한 것이다(교도통신 2016. 07. 11). 개별 정당별로는 자민당이 56석, 공명당 14석, 민진당(民進党) 32석, 공산당(日本共産党) 6석, 오사카유신회 7석, 생활의당(生活の党) 1석, 사민당(社会民主党) 1석, 무소속 4석을 차지했다. 이번 참의원 선거 투표율은 54.70%로 2013년 7월 참의원 선거 투표율 52.61%보다 약간 높지만 1947년 첫 참의원 선거 이래 4번째로 낮은 수치다(연합뉴스 2016. 07. 11). 선거구 225명(개선 수 73), 비례 대표 164명(개선 수 48)의 총 389명이 입후보한 이번 선거는 '18세 선거권'이 국정 선거에서 처음으로 적용됐고, 인구가 적은 인접선거구를 통합하는 '합구'가 도입됐다.

정치자금 의혹으로 불명예 퇴진한 마스조에 요이치(舛添要一) 전 일본 도쿄도 지사의 후임을 뽑기 위한 선거가 7월 14일 후보등록과 함께 공식 시작됐다(연합뉴스 2016. 07. 14). 이번 선거는 언론인 출신인 도리고에 순타로(鳥越俊太郎) 후보, 총무상 출신의 마스다 히로야(曾田寬也) 후보, 방위상 출신의 고이케 유리코(小池百合子) 후보 간 3파전으로 전개될 것으로 보인다(연합뉴스 2016. 07. 14). 이번 선거전에서는 2020년 도쿄 올림픽·패럴림픽의 준비와 수도직하지진 등의 방재, 대기오염의 해소와 고령자 복지의 대처 등 도정 운영의 과제가 논의되고 있다(교도통신 2016. 07. 14). 도쿄도지사 선거는 7월 31일 치러진다.

헌법 개정과 관련한 여론조사 결과는 조사기관마다 다르게 나왔다. 교도통신은 일본 국민의 48.9%가 아베 신조(安倍晋三) 총리 정권하에서 헌법을 개정하는 데 반대한다는 여론조사 결과를 발표했다(교도통신 2016. 07. 12; 연합뉴스 2016. 07. 12 재인용). 반면 요미우리신문은 일본 유권자의 70%가 개헌 논의 활성화를 기대한다고 전했다(요미우리신문 2016. 07. 12; 연합뉴스 2016. 07. 13 재인용). 한편, 마이니치신문이 참의원 선거 투표일인 7월 10일 전국 유권자 150명을 대상으로 실시한 가두(街頭) 설문조사에서 60% 가까운 83명이 이번 선거의 핵심 키워드라고 할 수 있는 개헌안 발의선인 '3분의 2'이상의 의석수에 대해 "모른다"고 답했다(마이니치신문 2016. 07. 10; 연합뉴스 2016. 07. 11 재인용).

일본 정당

07월 10일

• '개헌발판 확보' 아베 "국회서 개헌논의 심화시킬 것"

(후지TV 07. 10; 연합뉴스 07. 10 재인용)

– 아베 신조 일본 총리는 10일 참의원 선거 결과에 입각해 개헌을 추진하겠다는 뜻을 분명히 했다. 아베 총리는 중간개표 결과 개헌과 정당들이 개헌안 발의 가능 의석수를 차지할 것이 확실시되는 상황에서 후지TV와 가진 인터뷰에서 "헌법심사회에서 논의를 심화시켜 어떤 조문을 어떻게 바꿀지가 결정된다"며 "논의가 수렴된 뒤 국민투표에서 개정을(개정에 대한 찬반을) 물을 것"이라고 말했다. 아베 총리는 9월 임

시국회 개원 시 중·참 양원에서 헌법심사회를 가동할 것임을 밝혀왔다. 다만 아베 총리는 인터뷰에서 자위대를 '국방군'으로 바꾸는 등 내용의 집권 자민당 개헌안 초안 그대로 헌법을 개정하는 것은 "어렵다"며 야당과의 논의를 거쳐 개헌안을 마련할 것임을 시사했다.

07월 14일

• "아베에 밀렸나"…일본 제1야당 대표, 조건부 개헌논의 참여 시사

(교도통신 07. 14; 연합뉴스 07. 14 재인용)

- 일본 제1야당인 민진당의 오카다 가쓰야(岡田克也) 대표가 14일 개헌논의에 조건부로 응할 수 있다고 밝혔다. 교도통신에 따르면 오카다 대표는 기자들과 만나 "나는 (헌법) 9조를 개정할 필요가 없다고 분명하게 말했으나 그 이외에 관해서는 말하지 않았다"며 "'정말 그렇구나'라고 생각되는 것이 제시되면 논의할 수도 있다"고 말했다. 그는 아베 신조 일본 총리가 현행 헌법이 연합국총사령부(General Headquarters, GHQ)에 의해 강요된 헌법이라는 견해를 철회하고 입헌주의를 준수하는 것이 개헌 논의를 위한 대전제라고 강조했다. 아베 총리는 현행 헌법이 연합국총사령부(GHQ)의 초안을 토대로 제정된 것을 염두에 두고 '헌법 자체가 점령군의 손에 의해 만들어진 것은 명확한 사실'이라고 하는 등 헌법이 강요된 것이라는 인상을 풍기는 발언을 반복한 바 있다. 오카다 대표의 이번 발언은 '아베 정권 하에서의 개헌논의에는 응하지 않는다'라는 종전 입장에서 변화한 것으로 받아들여진다. 이는 집권당 자민당과 연립여당인 공명당을 비롯해 개헌에 찬성하는 '개헌 세력'이 개헌안 발의 요건인 중·참의원의 3분의 2를 넘게 차지해 민진당이 거부하더라도 개헌안이 발의될 수 있는 현실을 고려한 것으로 보인다.

07월 19일

• 선거 연승에 장악력 세진 아베…'9년 장기집권론' 부상

(NHK 07. 19; 연합뉴스 07. 19 재인용)

- 참의원 선거 대승으로 아베 신조 일본 총리의 정치적 기반이 공고해진 가운데 그가 최대 9년간 집권할 길을 열어주자는 의견이 집권 당내에서 이어지고 있다. 자민

당은 총재를 연속해 세 번 맡을 수 없게 하고 있는데 이런 규정을 손질해 아베 총리가 더 오래 집권할 수 있게 하자는 구상이다. NHK에 따르면 니카이 도시히로(二階俊博) 자민당 총무회장은 19일 기자회견에서 2018년 9월까지인 아베 총리의 당 총재 임기에 대해 "아베 총재의 내외에서의 활약에 지금 당내에서 이론(異論)을 내는 사람은 없다"며 "상황이 이런 때는 총재의 임기에 대해 당내의 적당한 기관에서 검토해보는 것도 한 방법"이라고 말했다. 집권 자민당의 당칙을 보면 3년 임기인 총재는 한 사람이 2기에 걸쳐 연달아 6년간 할 수 있다. 현재의 자민당 당칙대로라면 2012년 9월 당 총재로 당선된 아베는 작년 9월 재선에 성공한 만큼 2018년 9월 총재 임기 종료와 함께 총리 자리에서도 물러나야 한다. 하지만 당칙을 개정해 아베가 총재 3선을 한다면 그 중간에 정권 교체 등 변수가 없는 한 2021년 9월까지 총리를 할 수 있게 된다. 그렇게 되면 아베 총리가 2020년 도쿄 올림픽 개최를 진두지휘할 뿐만 아니라 개헌을 위한 시간을 벌 수 있다.

07월 20일

• **일본 자민당 간사장, 자전거 타다 넘어져 입원…당 인사 영향 우려 (교도통신 07. 21)**
– 일본 자민당 관계자는 20일, 사이클링(Cycling) 중에 넘어져 입원한 다니가키 사다카즈(谷垣禎一) 간사장(당 대표의 직무 수행을 보좌하거나 당 운영, 국회 대책, 선거 대책을 담당하는 직책)에 대해 등 부근의 수술을 성공적으로 마쳤다고 밝혔다. 아베 신조 수상은 8월 3일 실시하는 내각 개편과 당 임원 인사에서 다니가키 간사장의 유임을 시야에 두고 검토하고 있다. 단지 사고를 이유로 다니가키 간사장 자신이 유임에 신중한 자세라는 견해도 나오고 있어, 불투명감이 커지고 있다. 간사장을 교체한다면 내각 개편을 포함해 인사 전체에 큰 영향이 미칠 것으로 우려되고 있다. 후임 간사장으로 기시다 후미오(岸田文雄) 외무대신과 스가 요시히데(菅義偉) 관방장관 등의 기용도 언급되고 있다.

07월 04일

• **일본 참의원 선거, 사라져 가는 '매니페스토'…공약 검증 "우려"**   (교도통신 07. 04)
– 검증 가능한 선거 공약을 의미하는 '매니페스토(Manifesto)' 호칭이 사라지고 있다.
옛 민주당 시절에 이를 활용해온 민진당은 이번 참의원 선거에서 사용을 그만두고
다른 당도 거의 사용하지 않았다. 추상적인 공약으로 인해 유권자가 정책을 점검하
기 어려워질 우려가 있다. 이번 참의원에서 매니페스토 호칭은 공명당과 오사카유
신회가 공약집에 작게 기재할 뿐이었다. 공약 내용에 대해서 자민당은 "국민의 합의
형성에 노력해 헌법개정을 목표로 하겠다", 민진당은 "행정개혁과 살을 베는 개혁을
철저히 하겠다"며 구체적인 내용이 빠진 항목이 눈에 띈다. 공약에 수치와 기한이
설정되지 않아 유권자의 체크 기능을 저하시킬 우려가 있다.

07월 11일

• **참의원 선거, 개헌세력 3분의 2 의석 초과…여당, 개선 과반수 확보** (교도통신 07. 11)
– 제24회 참의원 선거의 121석이 11일 오전 모두 확정됐다. 아베 신조 수상(자민당 총
재)이 목표하는 헌법 개정에 찬동하는 개헌 세력은 총 77석을 얻었다. 비개선(非改選)
의석과 합치면 165석을 기록해 국회 발의에 필요한 전 의석의 3분의 2를 넘어섰다.
자민당은 56석, 공명당은 14석으로 의석을 늘려 여당만으로 개선 과반수의 61석을
웃돌며 승리했다. 민진당은 32석, 공산당 6석, 사민당 1석, 생활당 1석을 차지했다.
야당들은 후보를 단일화하며 연립여당이 전체 의석의 3분의 2의석을 차지하는 것
을 저지하기 위해 공동 투쟁했으나 성공하지 못했다. 수상의 정권 기반이 굳건해지
는 것은 확실하다. 가을 임시국회 이후 여야당의 개헌 논의가 본격화할 것으로 보인
다. 개헌에 관해 수상은 "(중·참의원) 헌법심사회로 논의의 장을 옮겨 어느 조문을 어
떻게 바꿀지 집약하게 될 것"이라고 말하며 논의의 가속화에 기대감을 내비쳤다. 민
진당의 오카다 가쓰야 대표는 당분간 대표직을 유지할 생각을 표명했으나 9월 대표
선거 대응은 백지화했다. 선거구 투표율은 교도통신사 집계에 따르면 54.70%로, 지
난 2013년을 2.09포인트 웃돌았다.

07월 11일

• 일본 참의원선거 '여풍(女風)'…당선자 중 여성 23%로 사상 최다

(아사히신문 07. 11; 연합뉴스 07. 11 재인용)

– 일본 7·10 참의원 선거에서 여성 당선자가 사상 최다를 기록했다. 11일자 아사히신문에 의하면, 24회째를 맞은 이번 참의원 선거(정원의 절반인 121명 선출)에서 당선된 여성 의원은 28명으로 2013년의 직전 참의원 선거때에 비해 6명 증가한 사상 최다였다. 당선자 중 여성의 비율로도 3년전에 비해 5%포인트 증가한 23%를 기록하며 종전 최고인 2007년(26명 당선·21%) 참의원 선거 때의 비율을 2%포인트 상회했다. 여성 당선자의 소속 정당별로는 집권 자민당이 10명으로 가장 많았고, 제1야당인 민진당(7명), 연립여당인 공명당(3명), 공산당(2명), 오사카유신회(2명) 등이 뒤를 이었다. '여성이 활약하는 사회'를 표방하는 아베 정권은 2020년까지 지도적 지위의 여성 비율을 30%로까지 늘린다는 목표를 세워두고 있다.

07월 12일

• 일본 중의원선거 시뮬레이션도 여당 압승…"여당 277·야4당 27"   (교도통신 07. 12)

– 7월 10일 참의원선거의 각 당 비례대표 득표를 중의원선거에 대비해 보면, 정수 295의석의 소선거구에서 여당 후보가 야당 측을 압도한다는 사실이 교도통신사의 시산(試算)으로 12일 밝혀졌다. 참의원선거와 마찬가지로 자민, 공명 양당과 민진, 공산, 사민, 생활의 야당 4당이 각각 후보자를 단일화했다고 상정했을 경우, 여당은 266의석을 차지하고 4당 측은 27의석에 그친다. 남은 2의석은 오사카유신회가 획득했다. 정수 180의석의 비례대표는 자민 76, 민진 43, 공명 27, 공산 19, 오사카유신회 14, 사민 1의석으로 나타났다. 소선거구와 합치면 자민당과 공명당은 369의석으로 중의원 의석 점유율이 77.7%가 된다. 자민당의 이러한 기세가 계속된다면 중의원 선거에서도 자민당은 무너질 가능성이 크다.

07월 14일

• 일본 도쿄지사 선거전 공식 개막…21명 후보 등록   (연합뉴스 07. 14)

– 정치자금 유용 등의 의혹으로 불명예 퇴진한 마스조에 요이치 전 일본 도쿄도 지

사의 후임을 뽑기 위한 선거가 14일 후보등록과 함께 공식 시작됐다. 도쿄도선관위에 따르면 후보등록 마감 시한인 이날 오후 5시까지 총 21명이 입후보를 했다. 투개표는 오는 31일 실시된다. 이번 선거는 언론인 출신인 도리고에 순타로 후보, 총무상 출신의 마스다 히로야 후보, 방위상 출신의 고이케 유리코 후보 간 3파전으로 전개될 것으로 보인다. 도리고에 후보는 민진당과 공산당, 생활당, 사회당 등의 추천을 받은 사실상 야권 단일 후보라는 점이 강점이다. 마스다 후보는 자민당과 공명당, 일본의 마음을 소중히하는 당의 추천을 받았으나, 역시 자민당 출신인 고이케 후보와 여권 성향의 표를 놓고 경합할 것으로 보여 추이가 주목된다. 후보들은 2020년 도쿄올림픽 준비, 도쿄 등 수도권에서 발생하는 지진에 대한 대비책, 고령자 복지 등 도정 과제를 놓고 공방을 벌일 것으로 예상된다.

07월 23일

• 일본 자민, 27년 만에 참의원 단독 과반수 회복…개헌 주도 기반 강화

(교도통신 07. 24)

– 일본 자민당은 23일, 부흥대신 출신인 무소속 히라노 다쓰오(平野達男) 참의원 의원의 입당을 결정했다. 참의원에서 122의석에 달해 27년 만에 단독 과반수를 회복했다. 자민, 공명, 오사카유신회, 일본의 마음' 등 개헌에 찬성하는 4당은 참의원에서 162의석을 차지해 헌법 개정하는 데 국회 발의에 필요한 3분의 2의석을 중의원·참의원 양원에서 확보했다. 단독 과반수 회복으로 아베 신조 수상은 법안 심의와 개헌 논의를 주도하는 정치적인 기반을 강화시킨 셈이다. 자민당 이와테현 연합회가 23일 상임 원내총무회를 열고 히라노 의원의 입당을 만장일치로 승인하고 절차를 마쳤다. 히라노 의원의 입당은 다니가키 사다카즈 당 간사장이 요청했다. 다니가키 간사장과 회동 시에 히라노 의원이 입당 제출서에 서명하고 다니가키 간사장은 추천인이 됐다.

07월 10일

• 일본판 브렉시트?… 국민 60% "개헌안 발의 의석수가 뭐지?"

(마이니치신문 07. 10; 연합뉴스 07. 11 재인용)

– 10일 실시된 일본 참의원 선거에서 집권 연립여당을 비롯한 '개헌 지지세력'이 개헌안 발의에 필요한 의석을 넘기는 압승을 거둔 가운데 유권자의 60% 가까이가 3분의 2 의석의 의미를 몰랐다는 조사 결과가 나왔다. 마이니치신문이 투표일인 10일 전국 유권자 150명을 대상으로 실시한 가두 설문조사에서 60% 가까운 83명이 이번 선거의 핵심 키워드라고 할 수 있는 개헌안 발의선인 '3분의 2'에 대해 "모른다"고 답했다. 투표에서 무엇을 중시했느냐는 질문에 경제와 사회보장정책 등 생활과 밀접한 주제를 선택한 사람이 대부분이었다. '헌법개정'을 든 사람은 10%에 불과했다.

07월 12일

• "일본 국민 절반, 아베 정권하에서 개헌 반대"

(교도통신 07. 12; 연합뉴스 07. 12 재인용)

– 일본 국민의 48.9%가 아베 신조 총리 정권하에서 헌법을 개정하는데 반대한다는 여론조사 결과가 나왔다. 12일 교도통신이 7·10 참의원 선거 이후인 지난 11일부터 이틀간 실시한 여론조사 결과 '아베 총리 정권 하에서 개헌에 반대한다'는 응답이 이같이 나타나 찬성한다는 답변(35.8%)을 크게 웃돌았다. 또 이번 참의원 선거에서 자민당과 공명당 등 연립 여당과 오사카유신회·무소속 등 개헌 찬성 세력이 참의원 개헌안 발의 의석(162석)을 확보한데 대해서는 '잘못됐다'는 답변이 28.4%로 '잘됐다'(24.2%)는 답변보다 조금 많았다.

07월 12일

• "일본인 70%, 개헌 논의 활성화 기대" (요미우리신문 07. 12; 연합뉴스 07. 13 재인용)

– 일본의 참의원 선거 결과 개헌 찬성 세력이 의회의 3분의 2를 넘긴 가운데 일본 유권자의 70%는 개헌 논의 활성화를 기대하는 것으로 조사됐다. 요미우리신문이

11~12일 벌인 유권자 상대 전화 여론조사에서 참의원 선거로 개헌 세력이 참의원의 3분의 2 이상 차지하게 된 것이 잘된 일이라는 응답이 48%, 좋은 일이 아니라는 답변이 41%를 기록했다. 앞으로 국회에서 헌법 개정을 향한 논의가 활발하게 이뤄질 것을 기대한다는 응답은 70%였고 기대하지 않는다는 답변은 25%였다. 집권 자민당이 선거에서 승리한 가장 큰 이유로는 '다른 정당보다 낫다'는 의견이 63%로 가장 많았다.

07월 15일

- 일본 18~19세 유권자 82%, "앞으로도 투표할 것"　　　　　　　　(교도통신 07. 15)

– 교도통신사는 참의원 선거에 관한 18, 19세를 대상으로 한 인터넷 의식조사(제4회)를 선거 후 실시, 15일 결과를 정리했다. 향후 국정과 지방 선거 투표에 갈 것인지를 묻자 "반드시 간다", "갈 생각이다"라는 응답이 총 82.6%에 달했다. "가지 않을 생각이다", "가지 않겠다"는 총 17.5%였다. 이번 참의원 선거에서 '18세 선거권'이 국정 선거에 처음으로 적용된 것과 관련해 유권자로서의 의식이 고조되고 있는 모습이 엿보였다. 투표할 때 무엇을 가장 중시했는가에 대해서는 '정책, 주의·주장'이 가장 많은 53.5%를 차지했고, 선거에 관한 정보는 어디에서 입수한 것이 신뢰할 수 있었는지 복수 응답으로 묻자 '라디오·TV'가 50.9%, '인터넷'이 37.8%, '신문'이 30.1%, '가족과 대화'가 13.2%였다. 제4회 조사는 12~14일에 실시해 1,297명이 회답했다.

2차(7월 말~8월 말)

김민석

 7월 31일 실시된 일본 수도 도쿄도지사 선거에서 유리 천장을 깨고 여성후보가 처음으로 당선됐다. NHK와 교도통신에 따르면 도쿄 지사 개표를 완료한 결과 무소속 고이케 유리코 후보가 291만 2천 628표(득표율 44.5%)를 얻어 당선됐고, 집권 자민당과 연립여당인 공명당의 지지를 받아 출마한 마스다 히로야 전 총무상은 179만 3천 453표(27.4%), 민진·공산·사민·생활당 등 4개 야당의 단일 후보로 출마한 도리고에 슌타로는 134만 6천 103표(20.6%)를 얻는 데 그쳤다(NHK 2016. 08. 01; 교도통신 2016. 08. 01; 연합뉴스 2016. 08. 01 재인용). 고이케 당선인은 아랍어 통역사, TV 진행자, 특명대신, 환경대신, 중·참의원 등 화려한 경력을 갖고 있다(연합뉴스 2016. 07. 31). 아베 신조 총리의 1차 집권 당시인 2007년 7월 방위상을 맡아 승승장구하던 고이케는 2012년 아베 총리와 경쟁하던 이시바 시게루(石破茂) 지방창생담당상(지역경제부 장관)을 지지하며 비주류의 길을 가다가 이날 승리로 정치 전면에 화려하게 복귀하였다(연합뉴스 2016. 07. 31).

 8월 3일 아베 신조 총리가 제3차 아베 내각 재개편을 실시했다. 우선 각료 19명(아베 총리 제외) 중 10명을 새 인물로 바꾼 중폭 규모의 이번 개각에서 재무상, 관방장관, 경제재생담당상, 외무상 등 내각의 중추 각료들을 유임시킨 것은 안정적 정권 운영을 통해 당분간 '경제 살리기'에 역점을 둘 것임을 시사한 것으로 보인다(연합뉴스 2016. 08. 03). 최근 엔고(円高) 흐름 속에 비틀거리는 아베노믹스(Abe-nomics)를 정상 궤도로 복귀시키는 것은 초장기 집권에 필요조건이기 때문이다(연합뉴스 2016. 08. 03). 그리고 새로운 내각 각료 19명 가운데 13명(68%)이 아베가 회장인 초당과 모임 '창생일본'(創生日本)에 소속돼 있다(교도통신 2016. 08. 04; 연합뉴스 2016. 08. 04 재인용). 교도통신은 이에 대해 개헌 논의 본격화 등 자신이 목표로 하는 정책 실현을 위해 내각이 일치단결하게끔 하려는 목적이 엿보인다고 전했다(교도통신 2016. 08. 04; 연합뉴스 2016. 08. 04 재인용).

 한편 아베 신조 일본 총리가 2018년 9월 이후에도 집권할 수 있도록 하는 구상에 찬성보다 반대가 많은 것으로 조사됐다(니혼게이자이신문 2016. 08. 11; TV도쿄

2016. 08. 11; 연합뉴스 2016. 08. 12 재인용). 니혼게이자이신문과 TV도쿄가 8월 9~11일 일본 유권자를 상대로 벌인 여론조사에서 2018년 9월까지로 되어 있는 아베 총리의 자민당 총재 임기를 연장하는 것에 응답자의 45%가 반대하고 41%가 찬성한 것으로 나타났다(니혼게이자이신문 2016. 08. 11; TV도쿄 2016. 08. 11; 연합뉴스 2016. 08. 12 재인용).

08월 01일

• "일본 여당 '넘버2'에 아베 초장기집권 지지자 니카이"

(NHK 08. 01; 교도통신 08. 01; 연합뉴스 08. 01 재인용)

- 일본 집권 자민당의 2인자인 간사장에 아베 신조 총리의 초장기 집권을 지지해온 니카이 도시히로 자민당 총무회장이 기용될 것이라고 NHK와 교도통신이 1일 보도했다. NHK에 의하면, 아베 총리는 8월 3일 단행할 개각과 자민당 간부 인사에서 척추 부상으로 입원 중인 다니가키 사다카즈 간사장의 후임자로 니카이 총무회장(중의원 11선)을 기용할 방침을 굳혔다고 전했다. 니카이는 자민당 총재(임기 3년) 3연임 불가 규정을 개정함으로써 아베 총리가 최장 9년에 이르는 '초장기 집권'을 할 수 있도록 길을 터 줘야 한다는 견해를 피력해왔다. 아베 총리가 당의 인사와 자금 운용을 실무적으로 책임지는 '살림꾼'인 간사장에 니카이를 기용하는 것은 초장기 집권을 향한 당내 환경 정비를 염두에 둔 것 아니냐는 분석이 나올 전망이다. 2018년 9월 당 총재 임기가 끝나는 아베가 총재 3선을 한다면 그 중간에 정권 교체 등 변수가 없는 한 2021년 9월까지 총리를 할 수 있게 된다. 그렇게 되면 아베 총리가 2020년 도쿄 올림픽 개최를 진두지휘할 뿐만 아니라 숙원인 개헌을 위한 시간을 벌 수 있다.

08월 03일

• 아베의 '동지내각'…3분의 2가 보수의원연맹 '창생일본' 소속

(교도통신 08. 04; 연합뉴스 08. 04 재인용)

- 3일 개각을 거쳐 새롭게 구성된 일본의 아베 신조 내각에 아베 총리가 회장을 맡

고 있는 보수 성향의 초당파 의원연맹 소속 정치인이 약 70%에 달하는 것으로 나타났다. 4일 교도통신에 의하면, 새 내각의 각료 19명(아베 총리 제외) 가운데 13명(68%)이 아베가 회장인 초당파 모임 '창생일본'에 소속돼 있다. 창생일본은 고(故) 나카가와 쇼이치(中川昭一) 전 재무상이 2007년에 만든 '진정한 보수정책연구회'가 전신으로, 일본의 역사와 전통, 공공 질서를 중시하는 것을 활동 목적으로 삼고 있다. 아베 총리는 작년 11월 열린 창생일본 모임때 "헌법 개정을 비롯해 (연합군) 점령시대에 만들어진 여러 구조를 바꿔 나가는 것이 (자민당) 창당의 원점"이라며 개헌에 대한 강한 의지를 표명한 바 있다. 교도통신은 개헌 논의 본격화 등 자신이 목표로 하는 정책 실현을 위해 내각이 일치단결하게끔 하려는 목적이 엿보인다고 전했다.

08월 04일

• '아베 경쟁자' 이시바 "총리 임기연장 논의할 때 아니다"

(지지통신 08. 04; 연합뉴스 08. 04 재인용)

– 아베 신조 일본 총리의 잠재적 경쟁자로 꼽히는 이시바 시게루 전 지방창생담당상이 '차기 총리'를 목표로 한 '독자 행보'를 시작했다. 4일 지지통신에 의하면 이시바는 이날 기자들과 만난 자리에서 니카이 도시히로 자민당 간사장이 아베 총리의 당 총재 임기(2018년 9월까지) 연장에 적극성을 보이는데 대해 "아직 3년 임기의 1년도 지나지 않았다"며 "지금 해야 할 일의 우선순위가 틀려선 안 된다"고 말했다. 8월 3일 개각 직전까지 지방창생담당상을 맡았던 이시바는 농림수산상으로 자리를 옮기라는 아베의 제안을 뿌리치고 '아베호'에서 하선했다. 그런 만큼 이시바의 이날 발언은 아베 경쟁자로서의 행보를 본격화하겠다는 선언으로 풀이된다.

08월 19일

• 일본 기시다 외상, 재임 기간 역대 3위…'포스트 아베' 행보 주목   (교도통신 08. 19)

– 기시다 후미오 외상의 재임 일수가 1334일을 기록해 아베 신조 수상의 부친이자 전후 역대 3위인 아베 신타로(安倍晋太郎) 전 외상과 어깨를 나란히 했다. 푸틴 러시아 대통령의 연내 일본 방문 등 산적해 있는 외교 현안에서 성과를 올려 '포스트 아베'를 향한 존재감을 발휘할 지 여부가 시험대에 오른다. 기시다 대신은 2012년 12

월 제2차 아베 정권 출범 당시에 외무대신에 취임한 이래, 수상을 보필해 왔다. 이 달 내각 개편·자민당 당원인사에서는 자신이 기대하던 당 간사장 자리를 얻지 못하고 외무대신에 유임됐다. 측근에게는 "주어진 입장에서 마땅히 해야 할 일을 한다"고 태연한 자세를 유지했다. 한편, 이시바 시게루 전직 지방창생담당대신에 차기 수상 후보 대항마에서 밀릴 수 있을 것이라는 우려도 있다. 젊은층 의원은 "각료 밖에서 자유롭게 발언을 할 수 있는 이시바 대신의 독보적인 행보에 눈길을 주지 않도록 총력을 다하길 기대한다"고 당부했다.

08월 21일

• 2020 도쿄 올림픽 때도 총리 욕심…리우폐막식 '슈퍼마리오' 아베 (연합뉴스 08. 23)
– 아베 신조 일본 총리가 말보다 행동으로 장기 집권 의욕을 드러냈다. 아베 총리는 자민당 총재 임기를 연장하는 논의에 명확한 의견 표명을 피하는 대신 자신이 유치한 2020년 도쿄올림픽 때도 총리를 맡으면서 대회를 성공적으로 개최하겠다는 의지를 강조하는 전략을 택한 것으로 보인다. 아베 총리는 21일(현지시간) 브라질 리우 데자네이루 올림픽 폐막식에 슈퍼마리오 캐릭터 분장을 하고 무대에 '깜짝' 등장했다. 차기 올림픽 준비가 이미 시작됐음을 소개하는 동영상에서 슈퍼마리오는 애니메이션 캐릭터 도라에몽의 도움을 받아 지구 반대편으로 이동하는 순간이동 통로를 타고 이동했는데 아베 총리가 이 장면을 이어받아 폐회식장의 단상에 슈퍼마리오 분장을 하고 갑자기 등장한 것이다. 차기 올림픽을 주제로 한 동영상을 후광 삼아 출연함으로써 대회의 성공적 개최를 위해서는 아베 총리가 필요하다는 메시지를 던진 것이다. 아베 총리가 리우 올림픽 폐막식에 가서 '주연'을 맡은 것에는 올림픽 유치 실적과 차기 올림픽의 성공적 개최 등을 명분으로 삼아 임기연장을 대세로 만들겠다는 정치적 계산이 깔린 것으로 보인다.

07월 30일

• 민진당 오카다 대표, 차기 대표 선거 '불출마'   (교도통신 07. 31)

- 오카다 가쓰야 민진당 대표는 30일 밤 당 본부에서 기자회견을 갖고, 9월에 실시 예정인 대표 선거에 출마하지 않고 퇴임할 의향을 표명했다. 참의원 선거를 언급하며 "일단락을 짓고 새로운 인물이 이끌어 나가는 것이 당에 있어서도, 정권 교체가 가능한 정치를 만들기 위해서도 바람직하다고 판단했다"는 이유를 밝혔다. 대표 선거 출마자는 높은 지명도를 자랑하는 렌호(蓮舫) 대표 대행과 출마에 강한 의욕을 나타낸 마에하라 세이지(前原誠司) 전 외무대신이 주축이 될 전망이며, 나가쓰마 아키라(長妻昭) 대표 대행과 호소노 고지(細野豪志) 전 환경대신도 출마를 모색 중이다. 대표 선거는 오카다 대표의 임기 만료에 동반해 실시되며 9월 2일 고시, 15일 투개표가 실시될 예정이다. 대표 선거는 차기 중의원 선거를 주시하면서 공산당 등과의 야권 연대와 개헌 문제에 대한 대응이 쟁점이 될 전망이다.

07월 31일

• 도쿄지사 유리천장 69년만에 깼다…'여걸(女傑)' 고이케 당선

        (NHK 08. 01; 교도통신 08. 01; 연합뉴스 08. 01 재인용)

- 7월 31일 실시된 일본 수도 도쿄도지사 선거에서 유리 천장을 깨고 여성후보가 처음으로 당선됐다. NHK와 교도통신에 따르면 도쿄 지사 개표를 완료한 결과 무소속 고이케 유리코 후보가 291만 2천 628표(득표율 44.5%)를 얻어 당선됐다. 집권 자민당과 연립여당인 공명당의 지지를 받아 출마한 마스다 히로야 전 총무상은 179만 3천 453표(27.4%), 민진·공산·사민·생활당 등 4개 야당의 단일 후보로 출마한 도리고에 순타로는 134만 6천 103표(20.6%)를 얻는 데 그쳤다. 고이케는 지방자치법 시행에 따라 1947년 도쿄 지사를 선거로 뽑기 시작한 이후 9번째 지사이며 여성으로는 첫 도쿄 지사가 된다. 고이케 당선자는 오랜 기간 몸담았던 자민당의 지지를 요청했다가 거절당한 뒤 무소속 출마해 여권의 전폭적 지지를 받은 후보를 누르고 도쿄지사에 오르게 됐다. 고이케 당선자는 31일 당선이 확실시된다는 보도 직후 기자회견에서

"여성 지사로서 여성 정책도 확실하게 추진하는 것이 결실이 있고 행복한 도교 실현으로 이어진다"고 첫 여성 지사로서의 포부를 밝혔다.

08월 01일

• 임시국회 소집… 참의원 의장에 자민당 다테 의원 선출　　　　　(교도통신 08. 01)

– 7월 참의원 선거에 따른 제191회 임시국회가 8월 1일 소집됐다. 참의원 본회의에서 의장 선거를 치러, 의장에는 자민당의 다테 주이치(伊達忠一) 전 참의원 간사장이 선출됐다. 부의장에는 민진당의 군지 아키라(郡司彰) 전 참의원 의원회장이 선출됐다. 임시국회의 회기는 3일간이며, 법안 심의는 하지 않는다. 여·야당의 본격적 논쟁은 정부가 9월에 다시 소집하는 임시국회로 넘겨지게 된다. 선출 후 본회의에서 다테 의원은 "책임의 중대함에 긴장이 된다. 이원제에서 참의원의 사명과 역할을 제대로 해내도록 모든 힘을 기울이겠다"고 강조했다. 군지 의원은 "매우 영광이다. 중립과 공평함을 중심으로 의장을 보좌해 원만한 운영을 위해 노력하겠다"고 말했다.

08월 15일

• 선거연령 이어 민법 성인연령도 18세로 낮춘다

(산케이신문 08. 15; 연합뉴스 08. 15 재인용)

– 일본 정부가 민법상 성인 연령을 현행 20세에서 18세로 낮추기로 하고 내년 통상(정기)국회에 민법개정안을 제출하기로 했다고 산케이신문이 15일 전했다. 이는 올해 6월부터 선거권 연령을 18세로 낮춘 만큼 선거법과 민법 간의 차이를 해소하기 위한 것이다. 민법 개정안이 국회에서 가결돼도 공포에서 시행까지는 3년은 걸리는 만큼 2020년께야 민법상 성인연령의 18세 하향조정이 실행될 것으로 보인다. 일본에서는 성인연령을 하향 조정함에 따라 음주, 흡연 가능 연령이나 소년법 적용 연령도 함께 20세에서 18세로 내리는 데 대해서는 반대론이 적지 않다. 이에 따라 내년 민법개정안을 국회에 제출하면서도 소년법은 손대지 않을 방침이어서 음주, 흡연 허용 여부와 함께 논란이 예상된다.

08월 01일

• 첫 여성 지사에 도쿄도민들, '기대 반·우려 반'   (교도통신 08. 01)

– 도쿄도지사 선거에서 전 방위대신인 고이케 유리코 후보가 당선되면서 처음으로 여성 리더가 일본의 수도를 이끌게 됐다. '여성의 시선에서 큰 개혁을 실시한다'는 기대감이 고조되는 한편으로 고이케 당선인이 공약으로 제시한 보육원의 규제 완화와 안전보장 관련 법안에 찬성하는 정치 노선을 우려하는 여성들도 있다. 여성으로서 세계에서 처음으로 에베레스트를 등반한 등산가 다베이 준코(田部井淳子) 씨는 자신의 등산 경험을 회상하며 "여성은 끈기 있고 포기하지 않는 면이 있으며, 금전 문제에 대해서도 섬세하다. 도쿄 도민이 납부한 세금을 소중하게 사용할 것"이라고 밝혔다. 고이케 당선인은 선거전에서 '도쿄 대개혁'을 슬로건으로 제시, 보육원 입소 대기 아동 해소를 위해 보육원의 넓이 제한 등을 재검토한다고 밝혔다. 1살 된 딸을 둔 스기나미구(杉並区)의 한 여성 공무원은 "보육의 질이 보장될 수 있겠는가. 규제를 완화하지 말고 보육 시설을 증설했으면 좋겠다"며 불안감을 밝혔다. "역시 자민당 출신이므로 결국 크게 변하지 않을 것"이라고 생각해 다른 후보에게 투표했다.

08월 04일

• 일본 국민 52%, 아베 임기연장 부정적…   (교도통신 08. 04; 연합뉴스 08. 04 재인용)

– 일본 국민 과반이 아베 신조 일본 총리의 임기 연장에 부정적이라는 여론조사 결과가 나왔다. 교도통신이 지난 3일과 4일 실시한 여론조사 결과 아베 총리의 임기 연장에 대해 어떻게 생각하느냐는 질문에 응답자의 52.5%가 '연장하지 않는 것이 좋다'고 부정적으로 답했다. '연장하는게 좋다'는 응답은 37.8%에 불과했다. 아베 내각 지지율은 52.9%로 지난 7월 조사 당시의 53.0%에서 별 변화가 없었다.

08월 14일

• 일본 안보법 반대 주도 학생단체 '실즈(SEALDs)' 15일 해체

(교도통신 08. 14; 연합뉴스 08. 14 재인용)

– 일본에서 지난해 2015년 안보관련법 반대를 주도한 대학생 중심의 단체 '실즈' (Students Emergency Action for Liberal Democracy-s, SEALDs)가 종전기념일(패전일)인 8월 15일 해체한다고 교도통신이 보도했다. 실즈는 집단자위권을 행사할 수 있도록 관련 법률을 제·개정하는 게 전쟁으로 이어질 수 있다며 아베 신조 정권을 비판해 왔다. 일본 헌법기념일인 지난해 5월 3일 출범한 실즈는 6월부터 매주 금요일 저녁 안보법에 반대하는 집회를 국회의사당 앞에서 개최했다. 타악기를 이용하고 리듬감 있는 구호를 외치는 이들의 현장 집회 형태는 새로운 바람을 불러일으켜 간사이(關西), 도호쿠(東北) 지방에 비슷한 단체가 생겨나도록 영향을 주기도 했다. 해체 결정과 관련, 실즈의 한 멤버는 단체명에 있듯 '긴급행동'으로 발족한 만큼 7·10 참의원 선거 이후 해체할 계획이었고, 회원들은 각각 대학원 진학이나 취직할 예정이라고 말했다.

3차(8월 말~9월 말)

9월 15일 일본 민진당의 대표로 렌호 의원이 선출됐다. 구 민주당(民主党)과 구 유신당(維新の党) 시대를 통틀어 여성 당 대표가 선출된 것은 이번이 처음이다(교도통신 2016. 09. 15). 렌호 의원은 대표 선거에서 "인재에 투자해 불안을 제거하고 소비를 회복시켜 경제 선순환으로 연결시키겠다"고 주장했고 "비판보다는 제안"을 내세우며 대안을 중시하겠다는 방침도 밝혔다(교도통신 2016. 09. 15). 침체된 당세 회복을 위해 렌호 의원의 타고난 발언 능력은 높은 평가를 받았다(교도통신 2016. 09. 15). 그리고 렌호 신임 대표는 16일 새로운 간사장에 노다 요시히코(野田佳彦)전 수상을 기용하는 이례적인 인사를 단행했다(교도통신 2016. 09. 16). 그녀의 당 대표 임기는 2019년 9월까지이다(교도통신 2016. 09. 15).

9월 20일 일본 집권당인 자민당이 아베 신조 총리의 장기집권으로 이어질 수 있는 당 총재 임기 연장 문제를 당 기구인 '당·정치제도개혁실행본부' 회의에서 처음으로 공식 논의했다(연합뉴스 2016. 09. 20). 자민당은 이날 첫 회의를 열고 현재 3년씩 2회 연속으로 한정된 당 총재직 규정을 3년씩 3회 연속으로 바꾸는 방안과 아예 총재 연임 횟수 제한을 없애는 방안을 놓고 향후 검토해 가기로 의견을 모았다(연합뉴스 2016. 09. 20). '포스트 아베'를 꿈꾸는 인사들은 아베 총리의 임기 연장 문제를 반대하고 있다. 이시바 시게루 전 지방창생담당상은 지난 개각때 내각을 떠나 최근에는 독자적인 세력 확산을 도모하면서 "언제까지 이어지는 정권은 없다"며 "정권을 담당하는 그 날부터 확실하게 정책을 실현할 수 있도록 해야 한다"고 말해 차기 총재 선거 출마를 시사했다(연합뉴스 2016. 09. 05). 아베 정권의 외교 사령탑인 기시다 후미오 외무상도 총재 임기 연장 구상이 "시기상조"라며 반대의 뜻을 밝혔다(연합뉴스 2016. 09. 05).

니혼게이자이신문과 TV도쿄가 8월 26~28일 실시한 여론조사에서 아베 총리가 2020년 도쿄올림픽까지 총리직을 계속하기를 바라느냐는 질문에 59%가 '그렇다'고 답했다(니혼게이자이신문 2016. 08. 28; TV도쿄 2016. 08. 28; 연합뉴스 2016. 08. 29 재인용). 약 60%에 달하는 아베 총리의 높은 지지율은 아베 총리의 장기 집권

제4부.. 일본의 동향 및 쟁점 **361**

구상에 힘을 실어줄 것으로 보인다(니혼게이자이신문 2016. 08. 28; TV도쿄 2016. 08. 28; 연합뉴스 2016. 08. 29 재인용). 한편, 한 여론조사 결과에 따르면 개헌에 찬성하는 유권자가 42%로 반대하는 유권자(25%)보다 많은 비중을 차지하는 것으로 나타났다(아사히신문 2016. 09. 07; 연합뉴스 2016. 09. 07 재인용).

일본 정당

09월 05일

• "아베 또 아베" vs "영원한 정권없다"…일본 '차기 총리' 신경전 　　 (연합뉴스 09. 05)
– 2년 후 임기가 만료되는 아베 신조 일본 총리의 후임을 둘러싸고 정치권의 샅바 싸움이 본격화하는 양상이다. 당의 2인자인 니카이 도시히로 간사장은 아베 총리가 총재 임기를 3년 연장해 2021년 9월까지 총리직을 수행하게 하자는 주장을 노골적으로 펴고 있다. 그는 "아베 총리 다음은 아베 총리라는 목소리가 많다"며 세 번 연속 총재가 될 수 없도록 한 당규를 고칠 필요가 있다고 강조했다. 고무라 마사히코(高村正彦) 부총재도 '연속해서 3번, 9년까지' 당 총재를 할 수 있도록 당규를 개정해야 한다는 주장을 하고 있다. 아베 총리의 측근 그룹인 이들은 연내에 총재 임기에 관한 결론을 내고 내년 1월 당 대회에서 아베 총리의 임기 연장을 위한 당규 개정을 관철할 계획이다. 이런 움직임에 대해 '포스트 아베'를 꿈꾸는 인사들은 반대를 하고 있다. 누구보다 주목되는 인사는 이시바 시게루 전 지방창생담당상이다. 지난 개각 때 내각을 떠난 그는 최근에는 독자적인 세력 확산을 도모하는 모습이다. 이시바 전 담당상은 "언제까지 이어지는 정권은 없다"며 "정권을 담당하는 그 날부터 확실하게 정책을 실현할 수 있도록 해야 한다"며 차기 총재 선거 출마를 시사했다. 아베 정권의 외교 사령탑인 기시다 후미오 외무상도 차기 경쟁 구도의 한 축을 차지하고 있다. 그는 현직 관료라는 신분을 고려해 전면에는 나서지 않고 있으나 총재 임기 연장 구상이 "시기상조"라며 우회적으로 반대의 뜻을 밝히고 있다.

09월 15일

• 일본 민진당, 새 당대표에 렌호 의원... 첫 여성 대표 (교도통신 09. 15)
- 일본 민진당은 15일 오후 임시 당 대회에서 렌호 대표대행을 새 대표로 선출했다. 구 민주당과 구 유신당 시대를 통틀어 여성 당 대표가 선출된 것은 이번이 처음이다. 침체된 당세 회복을 위해 렌호 의원의 타고난 발언 능력이 높은 평가를 받았다. 임기는 2019년 9월까지이다. 차기 중의원 선거를 앞두고 아베 정권에 어떻게 대항할 것인가라는 중책을 맡게 된다. 당 대회 직전에 타이완 국적에서 아직 이탈하지 않은 사실이 판명되자 발언을 번복해 비판이 일어났고, 향후 당 운영에 우려를 남겼다. 렌호 의원은 마에하라 세이지 전 외무대신과 다마키 유이치로(玉木雄一郎) 국회대책 부위원장을 눌렀다. 렌호 의원은 곧바로 당 임원 인사 검토에 착수해 새 집행부를 출범시킬 예정이다. 26일에 소집되는 임시국회에서의 논전과 10월의 중의원 도쿄 10구, 후쿠오카 6구의 양 보궐선거를 반전 공세의 계기로 만들겠다는 방침이다. 렌호 의원은 대표 선거에서 "인재에 투자해 불안을 제거하고 소비를 회복시켜 경제 선순환으로 연결시키겠다"고 주장했다. "비판보다는 제안"을 내세우며 대안을 중시하겠다는 방침도 밝혔다.

09월 16일

• 일본 렌호 민진당대표, 새 간사장에 노다 전(前) 수상 '파격 기용' (교도통신 09. 16)
- 일본의 야당 민진당 렌호 신임 대표는 16일, 새 간사장에 노다 요시히코 전 수상을 기용하는 인사를 제안, 승인을 받았다. 수상 경험자를 당의 실무를 도맡아 하는 간사장에 기용하는 것은 이례적인 일이다. 노다 신임 간사장은 인사말에서 "대표를 지원하고 당세 회복에 전력을 다하겠다"고 말했다. 노다 간사장은 총회에서 "처음에는 간사장 취임을 거부했지만 정치 인생을 책임 질 생각으로 결심했다"고 강조했다. 렌호 대표의 이름에 빗대어 "연꽃을 밑에서 받치는 연근이 된 기분으로 철저하게 지원하겠다"며 전면적으로 협력하겠다는 결의를 표명했다. 렌호 대표는 노다 전 수상의 기용에 대해 "중의원에서 아베 정권과 맞설 수 있는 경험을 갖고 있다"며 이유를 밝혔다.

09월 20일

• 아베 장기집권 시도 본격화…일본 여당, '총재임기' 연장 공식논의

(연합뉴스 09. 20)

– 일본 집권당인 자민당이 아베 신조 총리의 장기집권으로 이어질 수 있는 당 총재 임기 연장 문제를 20일 당 기구에서 처음으로 공식 논의했다. 자민당 '당·정치제도 개혁실행본부'는 이날 첫 회의를 열고 현재 3년씩 2회 연속(6년)으로 한정된 당 총재 직 규정을 3년씩 3회 연속(9년)으로 바꾸는 방안과 아예 총재 연임 횟수 제한을 없애는 방안을 놓고 향후 검토해 가기로 의견을 모았다. 회의에선 총재 임기 연장 자체에 대한 반대 의견은 나오지 않았다. 당·정치제도개혁실행본부장 대리인 모테기 도시미쓰(茂木敏充) 정조회장은 영국과 독일 등 선진 7개국(Group of 7, G7)의 의원내각제 국가 내 주요정당에선 당수의 임기 제한이 없다며 당위성을 주장했다. 자민당은 내년 개최할 당 대회에서 총재 임기 규정을 수정하기 위해 앞으로 관련 논의를 가속할 것으로 보인다.

일본 선거·의회

09월 01일

• 일본 "성인 연령 18세" 개정안 내년 국회 제출　　　　　(교도통신 09. 01)

– 일본 정부는 1일 성인 연령을 현행의 20세에서 18세로 내리는 민법개정안을 이르면 내년 통상(정기)국회에 제출할 방침을 굳혔다. 18세 선거권의 실현이 뒤를 밀어준 격으로, 성립되면 민법이 제정된 메이지 시대 이래 계속된 '어른'의 정의가 바뀐다. 18, 19세라도 부모의 동의 없이 계약을 맺을 수 있게 돼, 젊은 층의 소비자 피해 확대가 우려된다. 현행 민법으로는 미성년자가 상품 구입과 금전 대차 등으로 부당한 계약을 맺어도, 부모 등이 나서서 조건 없이 취소할 수 있다. 성인 연령을 내리는 것으로 18, 19세가 자신의 의사로 계약이 가능해지며 악질업자의 새로운 표적이 될 우려가 있다고 지적됐다. 선거권 연령을 '18세 이상'으로 내린 올해 6월 시행의 개정공선법은 부칙에 "소년법과 민법에 관해 필요한 법제상의 조치를 강구한다"라고 명기. 소년법의 적용 연령을 20세 미만에서 18세 미만으로 내리는 것에 대한 찬반도 논의

가 추진되고 있다.

09월 17일

• 일본 지방의회 의정비 빼돌리기…의원 도미노 사임 파문

(마이니치신문 09. 17; 연합뉴스 09. 17 재인용)

－ 일본의 한 지방의회 의원늘이 정무활동비를 빼돌린 사실이 발각돼 줄줄이 사임하는 등 파문이 일고 있다. 17일 일본 도야마(富山)현 도야마 시의회에서 의원들이 영수증 등 서류를 조작해 정무활동비를 부정하게 받은 것이 최근 드러나 의원 8명이 사의를 표명하거나 사직했다. 이들은 영수증 금액란에 숫자를 추가로 기재하거나 백지 영수증을 입수해 경비를 지출한 것처럼 거짓 서류를 만드는 등의 방식으로 정무활동비를 부정하게 받아냈다. 도야마 시의회는 정무활동비 부정 사태로 전체 정원 40명 가운데 6분의 1이 넘는 의원이 사직하게 돼 보궐선거가 불가피한 상황이다. 마이니치신문에 따르면 보궐선거에는 약 1억 엔(약 11억 원) 이상의 비용이 소요될 전망이며 지방 의원의 정무활동비 부정 사태에 비판이 쇄도하고 있다.

09월 26일

• "헌법 정하는 건 정부 아닌 국민"…아베, 낮은 자세로 개헌 시동 (연합뉴스 09. 26)

－ 아베 신조 일본 총리는 헌법 개정에 찬성하는 세력이 국회의 3분의 2를 차지했음에도 몸을 바짝 낮추고 개헌 논의를 제의했다. 개헌 항목에 대한 각 당의 의견이 엇갈리고 있고 그가 지향하는 개헌의 핵심인 헌법 9조 개정에 비판 여론이 강한 현실을 염두에 둔 대응으로 보인다. 아베 총리는 26일 임시 국회 개원을 계기로 소신을 밝히는 연설에서 "여·야당의 입장을 넘어 헌법심사회에서 논의가 깊어지도록 해보지 않겠느냐"며 개헌 논의를 본격적으로 시작하자고 제의했다. 아베 총리는 헌법에 관해 "그것을 결정하는 것은 정부가 아니다. 국민이다. 그리고 그 안(案)을 국민에게 제시하는 것은 우리 국회의원의 책임"이라고 전제하고서 "결코 '사고 정지'에 빠져서는 안 된다"며 개헌을 금기시하는 태도를 에둘러 비판했다. 현행 헌법이 생긴 후 처음으로 개헌 세력이 3분의 2를 차지해 어느 때보다도 개헌에 가까이 다가섰지만, 헌법 9조 개정 등 자신이 지향하는 바는 철저히 감추고 이제부터 논의해보자며 원론

을 강조한 발언을 한 셈이다. 아베 총리의 조심스러운 발언은 개헌 절차와도 관련이 있다. 중·참의원 정원의 3분의 2 찬성으로 개헌안을 발의하더라도 국민 투표에서 과반의 찬성을 얻지 못하면 개헌할 수 없기 때문이다.

09월 28일

• 일본 렌호, 취임 후 국회서 아베와 첫 '아베노믹스' 격돌 (연합뉴스 09. 28)

– 일본 제1야당인 민진당의 렌호 대표가 28일 국회에서 아베 신조 총리와 격돌했다. 지난 15일 대표 경선에서 승리해 취임한 이후 처음이다. 렌호 대표는 참의원 대표 질문에서 아베 총리의 경제정책인 아베노믹스가 실패했다고 추궁했고, 아베 총리는 "경제의 선순환이 이뤄지기 시작했다"고 반박했다. 렌호 대표는 "아베노믹스에도 불구하고 디플레에서 벗어나지도 못했고, 경기 선순환도 아직 이뤄지지 않았다"며 "금융완화 및 엔저 정책에 의한 임금인상, 소비확대, 기업실적 회복은 언제나 되느냐"라고 추궁했다. 이에 대해 아베 총리는 "20년 이상 디플레가 계속되며 임금도 오르지 않고 세금 징수액도 줄면서 불안이 국민을 덮쳤었다"며 "(2012년 말 자민당의) 정권교체 후 아베노믹스로 경제 선순환이 확실하게 이뤄지지 시작했다"고 반박했다. 렌호 대표는 질문을 마친 뒤 기자들에게 "아베 총리는 재정정책 및 금융완화에 대해 자화자찬만 했다"며 "대안제시형 질문에도 소화불량 느낌이 남은 답변이 돌아와 유감"이라고 비판했다.

일본 여론

08월 28일

• '2021년까지 아베 정권' 일본 여론이 뒷받침…지지율 60% 돌파

(니혼게이자이신문 08. 28; TV도쿄 08. 28; 연합뉴스 08. 29 재인용)

– 아베 신조 일본 총리가 임기를 연장해 2021년까지 장기집권 할 수 있도록 하는 구상에 일본 여론이 힘을 싣고 있다. 아베 총리의 지지율이 2년 만에 60%를 돌파했고 아베 총리가 2020년 도쿄 올림픽 때도 계속 총리직을 맡기를 바란다는 응답도 60%에 근접했다. 니혼게이자이신문과 TV도쿄가 이달 26~28일 전국 18세 이상 남녀 1

천55명을 대상으로 벌인 전화 여론조사에서 아베 총리가 2020년 도쿄올림픽까지 총리직을 계속하기를 바라느냐는 질문에 59%가 '그렇다'고 답했다. 반대는 29%였다. 닛케이는 "단순 비교는 불가능하다"면서도 "도쿄올림픽에 대한 기대가 이번 올림픽 폐막식에서 도쿄올림픽의 성공을 강조한 총리에 대한 지지로 이어졌을 가능성이 있다"고 분석했다. 집권 자민당이 이르면 다음 달부터 아베 총리의 임기 연장에 관한 논의를 시작할 계획인 가운데 지지율 상승은 아베 총리가 2021년까지 초장기 집권하는 구상에 힘을 실을 것으로 보인다.

09월 07일

• "일본 유권자 개헌 찬성 42%, 반대 25%…헌법9조에 관심"

(아사히신문 09. 07; 연합뉴스 09. 07 재인용)

− 일본 국회의 3분의 2 이상을 개헌 찬성 세력이 차지한 가운데 유권자도 개헌 찬성파가 반대파보다 훨씬 많다는 조사 결과가 7일 공개됐다. 아사히신문과 도쿄대 다니구치 마사키(谷口将紀) 교수 연구실이 올해 7월 참의원 선거의 유권자를 상대로 실시한 우편 설문조사에서 개헌 찬성이 42%로 반대(25%)보다 많았다. 찬성이나 반대 어느 한쪽을 택할 수 없다는 답변은 33%였다. 이는 올해 7월 10일 참의원 선거 당일 NHK가 벌인 투표소 출구조사에서 헌법개정이 필요하다는 응답이 33%, 필요없다는 답변은 32%를 기록한 것과는 상당한 차이가 있다. 아사히의 이번 조사에서 개헌에 찬성하는 이들에게 개헌이 필요한 항목을 복수로 선택하게 했더니 자위대 또는 국방군 보유를 명시해야 한다는 의견이 57%로 가장 많았고 집단자위권 보유를 명시하자는 의견이 49%로 뒤를 이었다. 이들 항목을 헌법에 반영하려면 군대 보유와 무력행사를 금지한 9조를 개정해야 한다. 개헌에 반대하는 유권자들이 절대 개헌해서는 안 될 항목으로 꼽은 것은 집단자위권 보유가 42%로 가장 많았고 자위대 및 국방군 보유 명시가 38%로 뒤를 이었다.

09월 18일

• 일본 여론, 렌호 민진당 새 대표에 기대 "56%" (교도통신 09. 18)

− 교도통신사가 17, 18일의 이틀간에 걸쳐 실시한 전국 전화여론조사에 따르면, 15

일에 민진당 임시당대회에서 선출된 렌호 신임 대표에 관해 "기대한다"는 응답은 56.9%로 나타났다. "기대하지 않는다"는 38.4%였다. 구 민주당 시대를 통해서 여성 당수는 처음으로, 기대감이 급격하게 확산된 셈이다. 민진당과 관련해서 렌호 새 대표가 자신의 일본과 타이완의 '이중국적' 문제로 설명이 변한 것에 대해서는 약 3분의 2가 "문제 없다"(66.5%)고 대답했다.

09월 20일

• "도쿄지사 잘한다 86%"…고이케 '개혁' 내세워 인기몰이

(산케이신문 09. 20; 후지뉴스네트워크 09. 20; 연합뉴스 09. 20 재인용)

– 여성 최초로 일본 수도 도쿄도 지사가 된 고이케 유리코가 개혁을 표방한 정책으로 인기몰이하고 있다. 고이케 지사는 정치자금 유용 의혹이나 관용차 사적 사용 등의 논란에 물러난 마스조에 요이치 전임 지사와의 차별성을 부각하듯 자신의 급여를 반으로 깎는 조례를 제출하겠다는 의사를 밝히기도 했다. 20일 산케이신문과 후지뉴스네트워크가 17~18일 실시한 전화 여론조사 결과에 따르면 고이케 지사의 취임 후 활동을 긍정적으로 평가한다는 답변은 86.3%를 기록했고 8.0%만 부정적으로 평가했다.

4차(9월 말~10월 말)

김민석

10월 26일 자민당의 '당·정치제도 개혁실행본부'는 당 본부에서 회의를 갖고, 당칙으로 '2기 6년'까지로 제한된 총재 임기에 대해 '3기 9년'으로 개정하기로 결정했다(교도통신 2016. 10. 26). 내년 3월 당대회에서 당칙 개정이 정식으로 인정되면 2018년 9월에 총재 임기가 만료되는 아베 신조 수상이 3선을 목표로 출마할 수 있게 된다(교도통신 2016. 10. 26). 내년 1월 중의원 해산이 예상되는 가운데, 만약 자민당이 다음 총선에서 현재의 290석보다 더 많은 의석을 차지할 경우에는 아베 신조 수상의 임기 연장론이 더욱 힘을 받게 될 것이다.

10월 23일 실시된 일본 중의원 도쿄(東京) 10구, 후쿠오카(福岡) 6구 보궐선거에서 자민당과 공명당 등 여권계 후보가 모두 승리했다(연합뉴스 2016. 10. 23). 개표 결과 도쿄 10구에서는 연립여당인 공명당이 추천한 와카사 마사루(若狹勝) 전 자민당 중의원이, 후쿠오카 6구에는 무소속 신인 하토야마 지로(鳩山二郎) 후보가 당선됐다(연합뉴스 2016. 10. 23). 자민당은 하토야마 당선인을 당 공천자로 추가 인정했는데, 이는 자민당과 공명당 등 여권이 이번 2곳의 보궐선거에서 전승했음을 강조하기 위한 것이다(연합뉴스 2016. 10. 23). 한편, 10월 26일 히로시마(広島) 고등재판소(고등법원) 마쓰에(松江)지부는 돗토리현 유권자가 청구한 소송 판결에서 '1표의 격차'가 최대 3.08배로 실시된 7월 참의원 선거는 선거권의 평등에 위반돼 위헌이라고 판단했으나, 합구(合区)가 된 '돗토리(鳥取)·시마네(島根)'선거구 선거 무효 청구는 기각했다(교도통신 2016. 10. 26).

2년 만에 60%대를 넘어섰던 아베 신조 내각의 지지율이 한 달여 만에 50%대로 하락했다(요미우리신문 2016. 10. 10; 연합뉴스 2016. 10. 10 재인용). 또한, 아베 총리가 개헌과 장기집권을 위해 이르면 내년 1월 중의원을 해산하고 총선거를 실시할 것이라는 관측이 확산하고 있지만 일본 국민 67%는 이에 부정적인 것으로 조사됐다(요미우리신문 2016. 10. 10; 연합뉴스 2016. 10. 10 재인용). 여성 최초로 일본 수도 도쿄도의 민선 수장이 된 고이케 유리코 지사의 정치적 인기가 식을 줄 모른다. 18일 아사히신문의 여론조사 결과에 따르면 2020년 도쿄올림픽 개최 비용을 줄이기 위해 고이케 지사가 일부 경기장 계획 변경을 검토하는 것에 대해 응답자의 78%가 찬성했다(아사히신문 2016. 10. 18; 산케이신문 2016. 10. 18; 후지뉴스네트워크 2016. 10. 18; 연합뉴스 2016. 10. 18 재인용). 산케이신문과 후지뉴스네트워크(FNN)가 같은 기간 벌인 조사에서는 고이케 지사가 업무 수행을 잘하고 있다는 평가가 91.4%로 지난달 조사 때보다 5.1% 포인트 상승했다(아사히신문 2016. 10. 18; 산케이신문 2016. 10. 18; 후지뉴스네트워크 2016. 10. 18; 연합뉴스 2016. 10. 18 재인용).

일본 정당

10월 05일

• 집권당 참의원도 이중국적 논란   (연합뉴스 10. 05)

– 일본의 제1야당인 민진당 렌호 대표의 이중국적 논란에 이어 집권 자민당 의원이 이중국적을 보유한 것으로 5일 파악됐다. 자민당 오노다 미키(小野田紀美) 참의원은 최근 렌호 대표의 이중국적 문제를 계기로 자신의 국적에 관해 상세히 파악한 결과 미국 법에 따른 미국 국적이 포기가 이뤄지지 않은 것으로 확인됐다며 전날 페이스북에 이중국적 보유를 인정하는 글을 올렸다. 오노다 의원은 참의원 선거에 출마하기 전인 작년 10월 일본 관공서에서 일본 국적을 선택하고 미국 국적을 포기하는 절차를 밟았으나 미국 법에 따른 절차는 이뤄지지 않은 것이 최근 확인됐다고 해명했다. 그는 미국인 아버지와 일본인 어머니 사이에서 미국에서 태어났다. 오노다 의원은 현재 미국 법에 따른 미국 국적 포기절차를 진행 중이며 관련 지식이 부족 때문에 미국 국적 포기절차를 밟지 않아 걱정을 끼친 것이 죄송하다고 사과했다. 일본의 국적법은 외국 국적을 지닌 자가 일본 국적을 선택한 경우 외국 국적을 포기하도록 노력할 의무가 있다고 규정하고 있다.

10월 06일

• 이중국적자 고위직 배제 움직임…국회의원 국적논란 후폭풍

                                    (교도통신 10. 06; 연합뉴스 10. 06 재인용)

– 일부 국회의원의 이중국적 보유가 드러난 것을 계기로 일본 정부가 이중국적자의

주요직위 취임 제한에 나설 것으로 예상된다. 교도통신 등에 따르면 아베 신조 일본 총리는 이중국적자가 외무상이나 방위상 등 각료를 포함해 정무 3역(대신·부대신·정무관, 장·차관에 해당)에 임명될 수 있는지에 대해 "문제점을 정리해야 한다. 연구해 보겠다"고 6일 말했다. 아베 총리는 이날 참의원 예산위원회에서 자민당 아리무라 하루코(有村治子) 참의원이 "최고기밀이 집중된 (총리) 관저에서 전에 이중국적인 분이 총리 보좌관을 했다"고 렌호 민신낭 대표가 최근까지 대만 국적을 보유해 이중국적이었던 것을 거론하며 문제를 제기하자 이같이 답했다. 렌호 대표는 민주당(민진당의 전신) 정권 때 총리 보좌관을 지냈으며 최근 당 대표 선거 과정에서 대만 국적 보유 사실이 드러나 국적 포기 절차를 밟았다. 아베 총리는 "국가 기밀·외교교섭에 관여하는 사람으로 적절한 인물을 당연히 골라야 한지만, 그렇게 운영되지 않을 가능성도 있다"며 대응책을 마련을 시사했다. 렌호 대표의 이중국적 논란에 이어 자민당 오노다 미키 참의원이 미국 국적을 아직 보유하고 있다며 이달 4일 이중국적을 인정했으며 이에 따라 일본 정계에서 이중국적에 대한 논란이 확산하고 있다.

10월 12일

• 생활당, '자유당'으로 당명 또 변경키로…지지층 확대 노려   (교도통신 10. 13)
– 생활당은 12일의 양원 의원총회에서 자유당(自由党)으로 당명을 변경하기로 결정했다. 오자와 이치로(小沢一郎) 공동대표는 기자회견에서 "연초에 중의원 선거의 가능성이 높은 상황에서 당 태세를 일신해서 새롭게 임하고 싶다. 보수층에도 지지를 확대하겠다"고 말했다. 자유당은 신진당을 해체한 오자와 공동대표가 1998년에 결성한 정당과 동일 명칭이다. 오자와 공동대표는 "자유당 때가 정치 이념과 정책이 가장 뚜렷해서 당 정책에 걸맞은 활동을 할 수 있었다. 국민들의 지지도 있었다. 원점 복귀는 아니지만 모두의 마음이 일치했다"며 변경 사유를 설명했다. 우송에 의한 설문조사로 당원의 의향을 확인했고, 응답자 가운데 80%가 자유당의 '부활'에 찬성했다고 한다.

10월 26일

• 자민당, 총재 임기 '3기 9년'으로 개정 결정…아베 수상, '3선' 가능 (교도통신 10. 26)

– 자민당의 '당·정치제도 개혁실행본부'는 26일, 당 본부에서 회의를 갖고, 당칙으로 '2기 6년'까지로 제한된 총재 임기에 대해 '3기 9년'으로 개정하기로 결정했다. 내년 3월 당대회에서 당칙 개정이 정식으로 인정되면 2018년 9월에 총재 임기가 만료되는 아베 신조 수상이 3선을 목표로 출마할 수 있다. 당선되면 20년 도쿄 올림픽·패럴림픽을 현직 수상으로 맞이할 가능성이 있다. 개혁실행본부장인 고무라 마사히코 부총재는 임원회에서 "다선 제한 철폐"가 아니라 "3기 9년"을 선택한 이유에 대해 과거 총재 임기 재검토가 단계적으로 이뤄져 왔던 경위에 대해 언급한 뒤 "당원과 국민들이 어느 쪽을 수용하기 쉽겠느냐는 정치적 배려 때문"이라고 강조했다. 임원회에서는 다선 제한 철폐도 시야에 넣기로 합의했다.

일본 선거·의회

10월 02일

• 자민간부 조기총선 불지피기…"1월 중의원해산 있을 수도"

(후지TV 10. 02; 교도통신 10. 02 재인용)

– 일본 여권에서 내년 1월 중의원 해산에 이은 조기총선론이 속속 제기되고 있다. 시모무라 하쿠분(下村博文) 자민당 간사장대행은 2일 후지TV에 출연한 자리에서 아베 신조 총리가 내년 1월 정기국회 개회 직후 중의원을 해산할 가능성이 있느냐는 질문에 "그런 일이 있을지도 모르겠다"고 말했다. 자민당 고위 관계자가 직접 1월 중의원 해산 가능성을 언급한 것은 이례적이다. 그동안은 익명의 여당 고위관계자라는 표현으로 언론에 1월 해산설이 제기되는 수준이었다. 시모무라 대행은 방송 출연 이후 기자들과 만난 자리에서는 "중의원 선거를 한 지 벌써 2년이 지났으므로, 언제 해산을 해도 이상하지 않다"고 강조했다. 그러면서 "여야를 떠나서 항상 전장(선거를 의미)에 대응하도록 (각당 의원들에게) 촉구하는 것도 사실이다"라고 덧붙였다. 여야를 떠나 1월 중의원 해산 가능성에 대비하고 있음을 시사하는 발언이다. 당내 일각에서는 중의원 선거 결과를 장담할 수 없다는 신중론도 있다. 그러나 현재 자민당의 중의

원 의석수(290석)와 연립여당인 공명당(35석), 개헌에 호의적인 일본유신회(日本維新の) (15석)를 합치면 개헌추진세력의 의석은 340석에 달한다. 중의원(총 475명)의 개헌안 발의 의석인 3분의 2는 317명인만큼 개헌추진세력이 중의원 선거에서 최대 23석을 잃어도 개헌안 발의는 가능하다. 다만, 중의원을 해산하고 총선을 치러 얻은 의석수가 현재 여권의 의석보다 적을 경우엔 개헌의 동력이 약해질 수 있다는 점이 변수가 될 것으로 보인다.

10월 09일
• 민진당, 차기 중의원 선거서도 야(野) 후보 단일화 검토

(교도통신 10. 09; 연합뉴스 10. 09 재인용)

- 일본 제1야당인 민진당이 이르면 내년 1월 치러질 것으로 관측되는 차기 중의원 선거에서도 지난 참의원 선거에서처럼 공산당, 생활당, 사민당 등과 후보 단일화에 나서는 것을 검토하는 것으로 알려졌다. 9일 교도통신 등에 따르면 렌호 대표는 전날 당 본부에서 열린 당 지방조직 대표자들의 모임인 '전국간사회'에서 "소선거구에서 야당 후보가 난립하면 승리하기 어려운 것으로 예상된다"고 말했다. 그는 "(중의원) 해산 바람이 불기 시작했다"며 "선거가 없으면 우리 동료 수도 증가하지 않는다. 언제 무슨 일이 있어도 이상하지 않도록 태세를 갖춰주기 바란다"고 당부했다. 민진당은 현재 295개 중의원 선거구 가운데 210곳에는 현역 의원이나 후보 내정자가 있다. 그러나 마부치 스미오(馬淵澄夫) 선거대책위원장은 나머지 85곳에 대해서도 당 후보 내정자를 신속히 확정해 나가겠다고 밝히는 등 당내에서도 후보 단일화에 부정적인 의견이 적지 않아 논란이 예상된다.

10월 11일
• 일본 정치권 "남녀 선거 후보자 동수로"…법제화 추진

(NHK 10. 11; 연합뉴스 10. 11 재인용)

- 일본 정치권에서 선출직 의원 선거 시 남녀 후보자 수를 가능한 한 균등하게 할 수 있도록 노력해야 한다는 내용의 법안이 추진된다. 11일 NHK 보도에 따르면 집권 자민당과 연립여당인 공명당, 야당인 일본유신회 의원들은 국회 및 지방의회 의원 선

거에서 국민의 다양한 의견을 반영하는 데 필요하다며 이 같은 내용의 법안을 마련, 이번 임시국회에 제출하기로 했다. 이들 3당에서 뜻을 함께하는 의원들은 정치의 장에서도 남녀의 공동 참여가 중요하다며 남녀의 선거 후보자 수를 가능한 범위에서 균등하게 하는 것을 목표로 삼아야 한다는 법안을 제출할 방침이다. 이미 제1야당인 민진당을 비롯해 공산당, 생활당, 사민당 등 야 4당도 같은 취지의 법안을 제출한 상태여서 이번에 자민당과 공명당, 일본유신회 의원들의 법안이 제출되면 여야 간 논의가 진행될 것으로 보인다고 NHK는 전했다.

10월 23일

• 일본 중의원 보궐선거 여당 승리…아베 정국 장악력 강화될 듯　　(연합뉴스 10. 23)

– 23일 실시된 일본 중의원 도쿄 10구, 후쿠오카 6구 보궐선거에서 자민당과 공명당 등 여권계 후보가 모두 승리했다. 이날 개표 결과 도쿄 10구에서는 연립여당인 공명당이 추천한 와카사 마사루 전 자민당 중의원이, 후쿠오카 6구에는 무소속 신인 하토야마 지로 후보가 당선됐다. 자민당은 하토야마 당선인을 당 공천자로 추가 인정했다. 이는 자민당과 공명당 등 여권이 이번 2곳의 보궐선거에서 전승했음을 강조하기 위한 것이다. 여권의 전승으로 아베 신조 총리는 개헌 추진, 환태평양경제동반자협정(TPP) 국회 처리 등 향후 정국 운영에 더욱 탄력을 받을 것으로 관측된다. 정치권에서는 아베 총리가 내년 1월 중의원 해산 및 총선 실시 카드를 검토하는 것으로 알려진 만큼 선택 가능한 카드도 많아질 것으로 전망하고 있다. 반면 지난 9월 중순 취임 후 한 달여 만에 보궐선거를 치른 민진당 렌호 대표는 야권 후보 단일화 승부수까지 던졌음에도 전패함에 따라 당내 입지도 다소 약화할 가능성이 있다.

10월 26일

• 일본 법원, 참의원 선거 '1표의 격차' 위헌 상태…6번째 위헌 판결　　(교도통신 10. 26)

– '1표의 격차'가 최대 3.08배로 실시된 7월 참의원 선거는 선거권의 평등에 위반돼 위헌이라며, 합구가 된 '돗토리·시마네'선거구 선거 무효를 돗토리현 유권자가 청구한 소송 판결에서, 히로시마 고등재판소(고등법원) 마쓰에지부는 26일, 격차를 위헌상태로 판단, 무효 청구는 기각했다. 원고측은 곧바로 상고했다. 2개의 변호사 그룹이

전국 14개 고등재판소·고등재판소 지부에 제기한 총 16건의 소송에서 10번째 판결이다. 위헌 상태의 판단은 6건째이며, 나머지 4건은 모두 합헌으로 결론이 2개로 분열됐다. 쓰가무라 아키요시(栩村明剛) 재판장은 판결 이유에서, 격차가 현저한 불평등 상태에 있다면서 "일부에 합구를 도입했다고는 하지만 도도부현(都道府県) 단위 선거구를 기본으로 하는 것으로, 투표 가치의 평등을 희생시키는 것은 이제 헌법상 허용할 수 없다"고 지적했다. 또한 나머지 약 3배의 격차에 대해서는 "합구 도입 과정에서 더 줄이는 방안도 있었는데 왜 허용하게 됐는지 합리적 근거가 있다고는 할 수 없다"고 했다. 한편, 격차 시정을 위한 국회 대처에 대해서는 "과거의 최고재판소(대법원) 판결이 청구한 취지에 결과적으로 응하지 않고 있지만 일정한 성과는 낳고 있으며 장래에 근본적으로 재검토할 자세도 보이고 있다"며 이해를 나타냈다. 공직선거법은 선거 효력에 관한 소송의 1심을 고등재판소로 규정했고 고등재판소의 판결은 11월 8일에 모두 내린다.

일본 여론

10월 10일

• **아베 지지율 하락…내년 1월 국회해산·총선에 67%가 부정적**

(요미우리신문 10. 10; 연합뉴스 10. 10 재인용)

– 최근 2년 만에 60%대를 넘어섰던 아베 신조 일본 내각 지지율이 한 달여 만에 하락한 것으로 나타났다. 또한, 아베 총리가 개헌과 장기집권을 위해 이르면 내년 1월 중의원을 해산하고 총선거를 실시할 것이라는 관측이 확산하고 있지만 일본 국민 67%는 이에 부정적인 것으로 조사됐다. 10일 요미우리신문 보도에 따르면 지난 7~9일 18세 이상 남녀 1천48명을 대상으로 전화 여론조사를 벌인 결과 아베 내각에 대한 지지율은 한 달 전 62%에서 5%포인트 떨어진 57%였다. 이는 북한이 다섯 번째 핵실험을 강행한 직후인 지난 9월 9~11일 여론조사보다는 낮지만 8월 지지율(54%)보다는 높은 수준이라고 신문은 전했다. 일본 정치권 안팎에선 아베 총리가 개헌을 위한 토대를 구축하고자 내년 1월에 중의원을 해산하고 총선거를 실시할 것이라는 관측이 꾸준히 제기돼 왔다. 아베 총리가 내년 1월 중의원 선거를 승리로 이끌

면 정국 장악력이 한층 강화돼 3연임(9년)에 더욱 탄력을 받을 것이라는 관측이 지배적인 상황에서 이번 조사 결과는 중의원 해산과 총선거 실시 시기에 대해 부정적 의견이 훨씬 많은 것으로 분석된다.

10월 18일
• '아베 인기 능가하나'…고이케 일본 도쿄지사 정책에 여론 우호적
(아사히신문 10. 18; 산케이신문 10. 18; 후지뉴스네트워크 10. 18; 연합뉴스 10. 18 재인용)

– 여성으로는 처음으로 일본 수도 도쿄도의 민선 수장이 된 고이케 유리코 지사가 정치적 인기를 이어가고 있다. 18일 아사히신문의 전화 여론조사 결과에 따르면 2020년 도쿄올림픽 개최 비용을 줄이기 위해 고이케 지사가 일부 경기장 계획 변경을 검토하는 것에 대해 응답자의 78%가 찬성하고 12%가 반대했다. 응답자들의 79%는 도쿄올림픽 비용이 기존에 알려진 것보다 훨씬 많은 약 3조 엔(약 32조7천513억 원)을 넘을 수 있다고 추산된 것에 대해 '개최 비용 증가에 수긍할 수 없다'며 올림픽 비용절감에 나선 고이케 지사의 행보에 힘을 실었다. 산케이신문과 후지뉴스네트워크(FNN)가 같은 기간 벌인 조사에서는 고이케 지사가 업무 수행을 잘하고 있다는 평가가 91.4%로 지난달 조사 때보다 5.1% 포인트 상승했다. 고이케 지사는 도쿄 제10선거구에서 10월 23일 실시되는 중의원 보궐선거에도 적지 않은 영향력을 지닌 것으로 파악되고 있다. 교도통신이 15~16일 벌인 여론조사에서는 올해 7월 도쿄지사 선거 때 고이케 지사에게 표를 던진 유권자의 약 60%가 자민당이 지지하고 있는 와카사 마사루 후보에게 투표하겠다고 답했다.

5차(10월 말~11월 말)

김민석

10월 30일 고이케 유리코 일본 도쿄도지사가 설립한 정치인 양성소 '희망의 주쿠(希望の塾·사설정치학교)' 개강식이 열렸다. 고이케 지사의 '희망의 주쿠' 개강식이 큰 관심을 모으면서 신당 창당설이 나오고 있다(동아일보 2016. 11. 01). 고이케 지사는 개원식에서 "멋진 정치를 만들기 위해 여러분 한 명 한 명이 비평가가 아니라 플레이어로 참가하는 방향을 추구하고 싶다"라고 말했다(동아일보 2016. 11. 01). 요미우리신문이 11월 4~6일 실시한 여론조사에서는 고이케 지사가 정치인 양성소 '희망의 주쿠'를 설립한 것을 두고 61%가 기대한다고 답하는 등 긍정적인 평가가 다수를 차지하였다(마이니치신문 2016. 11. 07; 요미우리신문 2016. 11. 07; 연합뉴스 2016. 11. 07 재인용).

정권 획득을 위한 여야 인물들의 노력이 계속되고 있다. 아베 신조 일본 총리의 뒤를 이어 집권 자민당 총재 자리를 노리는 기시다 후미오 일본 외무상이 지방을 순회하며 민심잡기에 나섰다(요미우리신문 2016. 11. 06; 연합뉴스 2016. 11. 06 재인용). 그는 그간 외무상으로서 아베 정권에 협력해 아베 총리의 자민당 총재 임기가 끝나는 2018년 9월 후계자의 자리를 넘겨받을 것을 기대했지만, 아베 총리가 2021년 9월까지 3년 더 총재를 할 수 있도록 하는 논의가 진행되면서 후계자의 꿈이 물거품이 될 수 있다는 판단 하에 지방민심을 잡으려는 것으로 보인다(요미우리신문 2016. 11. 06; 연합뉴스 2016. 11. 06 재인용). 11월 7일 일본 민진당의 렌호 대표도 차기 중의원 선거에 관해 "일 대 일, 여당 대 야당이라는 심플한 단일 형태가 유권자에게 있어서 선택하기 쉽고, 알기 쉽다"고 말해, 민진·공산·자유·사민 4당에 의한 후보 단일화 조율을 서두를 방침을 밝혔다(교도통신 2016. 11. 07).

11월 22일 아사히신문에 따르면 지난 11월 19~20일 실시한 여론조사 결과 아베 내각의 지지율이 51%로, 지난달 48%에서 3%포인트 높아졌다(아사히신문 2016. 11. 22; 연합뉴스 2016. 11. 22 재인용). 그리고 아베 신조 일본 총리가 최근 발 빠르게 도널드 트럼프 미국 대통령 당선인과 회담한데 대해 일본인 70% 이상이 긍정적으로 평가하는 것으로 나타났다(아사히신문 2016. 11. 22; 연합뉴스 2016. 11. 22 재인용). 그러나 집권 자민당이 최근 총재 임기를 '2기 6년'에서 '3기 9년'으로 개정하기로 방침을 정한 것에 대해선 긍정적으로 평가하지 않는다는 대답(47%)이 긍정적으로 평가한다는 응답(34%)보다 많았다(아사히신문 2016. 11. 22; 연합뉴스 2016. 11. 22 재인용).

일본 정당

10월 30일

• 고이케 '정치학원' 인기몰이… 일본 정계, 신당 추진 촉각   (동아일보 11. 01)

– 개혁정책으로 인기를 끌어 온 고이케 유리코 일본 도쿄도지사가 설립한 정치인 양성소 '희망의 주쿠' 개강식이 관심을 모으면서 신당 창당설이 나오고 있다. 10월 30일에 열린 개강식에는 일본 전역의 응모자 4800여 명 중 서류 심사를 통과한 2900여 명이 참석했다. 고이케 지사는 개원식에서 "멋진 정치를 만들기 위해 여러분 한 명 한 명이 비평가가 아니라 플레이어로 참가하는 방향을 추구하고 싶다"라고 말했다. 내년 도의회 의원 선거를 겨냥해 정치 신인들을 키우겠다는 의지를 나타낸 것이다. 일본 정계는 이 학원이 '고이케 신당'의 전초 기지가 될 것을 경계하는 분위기다. 희망의 주쿠는 내년 3월까지 5차례 강좌를 열어 전문가 강연과 정책 토론 등을 하기로 했다. 수강자 중 40%가 여성이다.

11월 06일

• 포스트 아베 노리는 일본 외무상, 지방 민심잡기…비둘기파 부각

(요미우리신문 11. 06; 연합뉴스 11. 06 재인용)

– 아베 신조 일본 총리의 뒤를 이어 집권 자민당 총재 자리를 노리는 기시다 후미오 일본 외무상이 지방을 순회하며 민심잡기에 나섰다. 6일 요미우리신문의 보도에 따르면 기시다 외무상은 자신이 이끄는 기시다파 연수의 첫 행사로 오키나와를 찾아가 2차 대전 말기 벌어진 오키나와 전투 희생자 묘원에 헌화했다. 기시다 외무상은 "현지의 분위기와 접촉하고 목소리를 직접 듣는 것은 매우 중요하다"고 언급했다. 2007년 제1차 아베 정권 때 오키나와 담당상으로 처음 입각한 기시다 외무상은 안

보 정책 등을 두고 일본 정부와 갈등 관계에 있는 오키나와에서 전몰자에게 예를 표함으로써 자민당 내 비둘기파 주자로서의 존재감을 부각하려고 했다는 분석이 나온다. 그는 그간 외무상으로서 아베 정권에 협력해 아베 총리의 자민당 총재 임기가 끝나는 2018년 9월 후계자의 자리를 넘겨받을 것을 기대했다. 하지만 아베 총리가 2021년 9월까지 3년 더 총재를 할 수 있도록 하는 논의가 진행되면서 후계자의 꿈이 물거품이 될 수 있다는 시적이 나오고 있다. 기시다 외무상은 차기 자민당 총재 선거 출마에 대비해 지방에서 존재감을 키울 필요가 있다는 판단을 한 것으로 보인다.

11월 16일

• 헌법 개정, 연립 여당 내부서도 '온도차' 드러나 　　　　　　　　(연합뉴스 11. 17)

– 중의원과 참의원에서 개헌 발의선이 확보된 뒤 처음으로 일본 국회에서 '평화헌법'의 개정을 둘러싼 논의가 본격적으로 시작됐다. 같은 여당 중에서도 자민당은 전쟁과 무력행사를 포기한다는 내용의 헌법 9조를 고쳐야 한다는 기존 입장을 반복했지만, 공명당은 필요하면 새로운 조항을 추가하는 방식의 '가헌(加憲)'을 해야 한다는 신중론을 펴며 연립 여당 내에서도 온도 차가 드러났다. 17일 일본 언론에 따르면 참의원 헌법심사회는 지난 2월 이후 중단했던 심의를 16일 오후 재개했다. 이날 심의는 지난 7월 선거로 개헌에 찬성하는 '개헌세력'이 개헌안 발의 요건인 전체 의석의 3분의 2 이상을 차지한 뒤 처음 열렸다. 자민당은 그동안 평화헌법 9조의 개정을 통해 '전쟁 가능한 보통국가'를 목표로 개헌을 추진해왔다. 헌법 9조는 일본이 전쟁과 무력행사를 포기하며 육해공군과 여타 전력을 보유하지 않는다고 규정하고 있다. 긴급사태 조항은 대규모 재해 발생 등 비상시에 총리에게 권력을 집중시키는 내용이다. 이에 반해 연립 여당에 참여하는 공명당은 개헌이 아닌 필요한 부분만 추가하는 '가헌'을 하자는 입장을 밝히며 자민당과의 의견 차이를 드러냈다. 한편 이날 심의회에서 야권의 민진당, 사민당, 공산당은 개헌에 반대한다는 기존의 입장을 재차 반복했다.

11월 26일

· 일본 '정경유착' 심화…재계 후원금 90%가 아베의 자민당에 집중 (연합뉴스 11. 26)
– 일본 재계가 정치권에 내는 후원금의 90%는 집권 자민당에 집중된 것으로 나타났다. 아베 신조 총리가 총재인 자민당과 기업들 사이의 유착이 심해지고 있다는 비판이 나온다. 일본 총무성이 25일 발표한 '2015년 정치자금 수지보고서'에 따르면 자민당이 작년 받은 기업·단체 후원금은 22억9천만 엔(239억 원)으로 작년보다 4% 늘었다고 26일 일본 언론들이 보도했다. 이는 기업·단체가 낸 후원금의 90%에 해당한다. 자민당에 대한 기업·단체 후원금은 2007년 30억엔 (약 313억 원)으로 최고를 기록했지만 야당 시절인 2010~2011년에는 절반 이하인 13억 엔(약 135억 원)까지 떨어졌고 재집권 후에는 작년까지 다시 4년 연속 증가했다. 이에 대해 자민당의 한 간부는 "아베노믹스에 대한 기대를 표현한 것"이라고 분석했지만, 야권은 "(기업 후원금의 자민당 쏠림 현상이) 특정 기업에 편의를 도모하는 영향력 행사로 이어지고 있다"고 비판했다. 야당인 일본유신회는 "사회 평등과 정의를 왜곡한다는 의심을 산다"고 지적했으며, 제1야당인 민진당은 당 본부 차원에서 기업과 단체의 후원금을 받지 않고 있다.

일본 선거·의회

11월 07일

· 렌호 일본 민진당 대표, 차기 중의원 선거 '야당후보 단일화' 추진 (교도통신 11. 07)
– 일본 민진당의 렌호 대표는 7일, 교도통신사의 민간방송계약사 보도책임자 회의에서 차기 중의원 선거에 관해 "일 대 일, 여당 대 야당이라는 심플한 단일 형태가 유권자에게 있어서 선택하기 쉽고, 알기 쉽다"고 말해, 민진·공산·자유·사민 4당에 의한 후보 단일화 조율을 서두를 방침을 밝혔다. 구체적인 후보자 조율 방침에 관해서는 "우선순위로서는 먼저 공백 선거구에 민진당 공인 후보를 세우는 것이다. 현직을 포함해 어떻게든 과반수를 입후보시킬 수 있도록 선거대책위원장에게 지시하고 있다"고 설명했다. 이와 동시에 "중의원 해산·총선거가 없으면 동지가 늘어나지 않는다. 지금까지 4번의 선거에서 계속 패배했으나, 더 이상 패배하고 있을 때가 아니라는 각오를 다져 임하겠다"고 말했다.

11월 10일

• 일본 TPP 승인안 중의원 통과…트럼프 반대로 발효여부 불투명   (연합뉴스 11. 10)

– 아베 신조 일본 총리가 공을 들이는 환태평양경제동반자협정(TPP) 승인안이 10일 중의원 본회의에서 연립 여당과 일본유신회 소속 의원들에 의해 강행 처리됐다. 환태평양경제동반자협정(TPP) 승인안 처리에 반대해 온 민진당 등 야당은 표결 전에 본회의장에서 퇴장했다. 사민당과 공명당 등 연립 여당은 참의원에서 심의할 시간을 확보하기 위해 오는 30일 끝나는 임시국회 회기를 연장해 연내에 국회 승인 절차를 마무리할 계획이다. 이에 앞서 민진당과 공산당, 자유당, 사민당은 "국회에서 환태평양경제동반자협정(TPP)를 강행처리해야 한다"는 발언을 한 야마모토 유지(山本有二) 농림상의 불신임결의안을 국회에 제출했으나 중·참의원 과반을 확보한 여당의 반대로 부결됐다. 또 도널드 트럼프 미국 대통령 당선인도 환태평양경제동반자협정(TPP)에 반대 입장을 분명히 하고 있어 현 단계에서 환태평양경제동반자협정(TPP) 발효 여부는 불투명하다.

11월 14일

• 정치 화두 '청년 참여'…야당, '20세면 중의원 출마자격' 추진

(NHK 11. 14; 연합뉴스 11. 14 재인용)

– 일본의 제1야당인 민진당이 젊은층의 정치참여를 유도하기 위해 20세 이상이면 중의원 선거에 출마할 수 있도록 하는 방안을 추진하기로 했다고 NHK가 14일 보도했다. 민진당은 선거에 입후보할 수 있는 연령을 중의원 의원·각 지자체 의회 의원·기초자치단체장은 20세 이상으로, 참의원 의원·광역자치단체장은 25세 이상으로 각각 5세 낮추는 방안을 담은 관련 법안들을 조만간 국회에 제출하기로 방침을 정했다. 일본은 마찬가지로 젊은층을 정치에 끌어들이기 위해 당초 20세 이상이던 투표 가능 연령을 18세 이상으로 낮춰 이번 6월 참의원 선거부터 적용하고 있다. 일본 정부는 이와 함께 민법상의 성인 기준 연령도 20세에서 18세로 조정하는 방안도 추진하고 있어서 정치권을 중심으로 전반적인 성인 연령 기준에 대한 하향 조정 논의가 무르익고 있다.

11월 16일

• 참의원, 헌법심사회 9개월 만에 재개…여야, 기본인식 논의　　　　(교도통신 11. 16)

- 참의원 헌법심사회는 16일 오후, 약 9개월 만에 실질적인 논의를 재개했다. 각 당은 '헌법에 대한 생각'을 주제로 자유 토의했다. 7월 참의원 선거 결과 중의원과 참의원 아베 신조 수상 체제에서의 개헌에 찬동하는 세력이 발의에 필요한 3분의 2 이상의 의석을 차지한 이후, 국회 헌법심사회에서 구체적인 논의가 벌어진 것은 이번이 처음이다. 자민당은 개헌 실현을 위해 논의를 본격화할 계획이나 민진당 등의 야당은 신중한 자세를 굽히지 않고 있어, 그 격차는 크다. 수상은 올해 3월 참의원 예산위원회에서 재임 중에 개헌 실현을 목표할 의향을 내비쳤다. 하지만 이번 국회에서는 자유 토의에 그치고 항목을 선별하는 논의는 내년 정기국회 이후로 연기될 전망이다. 참의원 헌법심사회에서는 자민당의 마루야마 가즈야(丸山和也) 참의원 의원이 올해 2월에 참고인 질의에서 오바마 미국 대통령에 관해 인종차별로 볼 수 있는 발언을 한 이래 실질적인 헌법 논의가 중단된 바 있다. 중의원 헌법심사회도 11월 17일, 약 1년 5개월 만에 실질 논의를 재개할 예정이다.

일본 여론

10월 28일

• 아베 정권의 개헌, "반대 55%"　　　　(교도통신 10. 29)

- 교도통신사는 28일, 헌법 공포 70년에 즈음해 우송 방식으로 실시한 여론조사 결과를 취합했다. 아베 신조 수상 정권에서의 개헌에 55%가 반대해 찬성 42%를 웃돌았다. 개헌파에 이유를 물으니 "헌법 조문과 내용이 시대에 맞지 않게 됐기 때문"이 66%로 1위. "새로운 권리와 의무 등을 포함시킬 필요가 있기 때문"이 22%로 잇따랐다. 논의해야 할 대상(복수 회답)은 '9조와 자위대'(56%), '덴노(天皇·일왕)제'(30%), '긴급사태조항 신설'(21%)의 순서였다. 호헌파의 이유로는 "전쟁 포기를 내세워 평화가 유지되고 있기 때문"이 48%, "개정하면 '군비확장'으로 이어질 우려가 있기 때문"이 29%였다.

11월 07일

• 첫 여성 도쿄지사 고이케 지지율 70%…아베 내각 웃도는 인기

(마이니치신문 11. 07; 요미우리신문 11. 07; 연합뉴스 11. 07 재인용)

- 고이케 유리코 일본 도쿄도지사의 인기가 치솟고 있다. 여론조사 지지율이 70%에 달해 아베 신조 내각 지지율을 웃도는가 하면, 그가 내놓은 도쿄올림픽 일부 시설 변경 검토 정책, 독자적 정치세력화가 전망되는 정치인 양성소 개설도 긍정적 평가를 받고 있다. 마이니치신문이 지난 5~6일 18세 이상 949명을 대상으로 실시해 7일 공개한 전국 여론조사 결과에 따르면 고이케 지사 지지율은 70%였다. 지지하지 않는다는 비율은 7%였다. 요미우리신문이 지난 4~6일 1천100명에게 벌인 여론조사에서는 고이케 지사가 지난달 말 정치인 양성소 '희망의 주쿠'(사설교육기관)를 설립한 것을 두고 61%가 기대한다고 답했다. 도쿄올림픽 일부 경기장 계획 변경을 검토하는 것도 78%가 찬성한다고 응답했다. 고이케는 지난 7월 말 도쿄도지사 선거를 앞두고 오랜 기간 몸담았던 자민당의 지지를 요청했다가 거절당한 뒤 무소속 출마, 당선된 인물이다. 지사 자리에 오른 지 4개월이 채 되지 않았지만 쓰키지 시장 이전 연기에 이어 올림픽 일부 시설변경을 검토하는 등 전임자가 행한 사업을 되돌리는 과감한 행보가 긍정적인 평가를 받고 있는 것이다.

11월 22일

• 일본인 72%, 트럼프에 달려간 아베 "잘했다"…내각 지지율 51%

(아사히신문 11. 22; 연합뉴스 11. 22 재인용)

- 아베 신조 일본 총리가 최근 발 빠르게 도널드 트럼프 미국 대통령 당선인과 회담한 데 대해 일본인 70% 이상이 긍정적으로 평가하는 것으로 나타났다. 22일 아사히신문에 따르면 지난 19~20일 1천973명을 대상으로 한 전화 여론조사 결과 아베 총리와 트럼프 당선인의 뉴욕회담을 긍정적으로 평가한다는 비율이 72%에 달했다. 긍정적으로 평가하지 않는다는 의견은 16%였다. 아베 총리는 트럼프 당선인의 선거 승리 하루 만에 그와 통화를 하면서 만남을 즉석 제안했고 이것이 성사돼 지난 17일 외국 정상으로는 처음으로 뉴욕 맨해튼의 트럼프 타워를 방문, 회담했다. 이번 조사에선 아베 내각의 지지율이 51%로, 지난달 48%에서 3%포인트 높아졌다. 그러

나 집권 자민당이 최근 총재 임기를 '2기 6년'에서 '3기 9년'으로 개정하기로 방침을 정한 것에 대해선 긍정적으로 평가하지 않는다는 대답(47%)이 평가한다는 응답(34%) 보다 많았다.

11월 23일

• 일본인 4천500명 "안보법, 평화적 생존권 침해"…위헌소송 동참

(교도통신 11. 23; 마이니치신문 11. 23; 연합뉴스 11. 23 재인용)

— 일본에서 지난 3월 안보법이 시행됐지만 이에 반대하는 위헌소송이 잇따르면서 현재까지 4천500여 명이 소송에 동참한 것으로 나타났다. 23일 교도통신과 마이니치신문에 따르면 전날까지 도쿄, 오사카, 후쿠오카, 요코하마 등지 11개 지방재판소에 안보법 위헌소송이 제기돼 원고 수가 총 4천500명을 넘어섰다. 일본에선 지난 4월부터 변호사들로 구성된 '안보법 위헌소송 모임'이 주도해 안보법 시행으로 평화롭게 살 권리를 침해당했다며 주민 1인당 10만 엔(약 105만 원)의 손해배상을 국가에 청구하는 집단소송이 이어지고 있다. 소송 참가자들은 집단자위권(타국이 공격당했을 때도 일본 스스로가 공격당한 것으로 간주해 반격할 권한)을 인정한 안보법이 일본의 교전권을 부정한 헌법 9조를 위반함으로써 평화적 생존권과 인격권을 침해, 정신적 고통을 받았다고 주장했다. 도쿄 소송의 원고 측 변호사는 기자회견에서 "안보법에 의해 새로운 출동경호 임무를 부여받은 자위대 부대가 아프리카 남수단에 파견돼 실제로 위험에 처할 가능성이 커졌다"고 지적하기도 했다.

6차(11월 말~12월 말)

정승희

11월 29일에 열린 중의원 본회의에서 연금제도개혁 관련 법안이 통과되었다. 노후에 받는 국민연금의 납부액을 증가시키고 수급액은 감소키는 연금개혁안은 야권 의원들이 퇴장한 가운데 강행 처리되었다(연합뉴스 2016. 11. 29). 또한 12월 2일 중의원 내각위원회에서 카지노를 중심으로 하는 통합형 리조트시설(Inte- grated Resort, IR) 정비추진법안이 표결돼 가결되었다. 공명당은 상임위원에서 자율투표를 하기로 결정해 표결을 허용했고 민진당은 '심의 불충분'이라 반발하며 표결에 참가하지 않았다(교도통신 2016. 12. 02). 이어 6일 중의원 본회의에서 통합형 리조트시설(IR) 정비추진법안은 자민당 등 다수의 찬성으로 가결돼 중의원을 통과했으나 민진, 공산, 자유, 사민 4개의 야당은 계속적으로 반발하였다(교도통신 2016. 12. 06). 이후 8일 참의원 내각위원회는 통합형 리조트시설(IR) 정비추진법안과 관련해 실질 심의에 도입했고(교도통신 2016. 12. 08), 14일 참의원 본회의에서 해당 법안과 연금제도개혁 관련 법안이 가결되었다(교도통신 2016. 12. 14).

카지노 허용, 연금개혁 정책 등의 강행으로 인해 아베 내각 및 자민당에 대한 야당의 반발과 여론의 반응 또한 두드러지고 있다. 아베 신조 수상과 렌호 민진당 대표 등 야당 3당 당수는 12월 7일 토론에서 통합형 리조트시설(IR) 정비추진법안 등을 놓고 격렬히 공방을 펼쳤다(교도통신 2016. 12. 07). 또한 14일 4개의 야당은 카지노 법 등의 법안 성립을 저지하기 위해 아베 내각에 대한 불신임 결의안을 제출했지만 자민당이 참의원 다수 의석을 확보했기 때문에 내각 불신임안은 부결되었다(NHK 2016. 12. 14; 헤럴드 경제 2016. 12. 14 재인용). 한편 12일 발표된 한 여론조사 결과에 따르면 통합형 리조트시설(IR) 정비추진법안에 대한 찬성은 12%, 반대는 44%였으며, 연금개혁안에 대한 찬성은 15%, 반대는 37%로 나타났다(NHK 2016. 12. 12; 연합뉴스 2016. 12. 12 재인용). 또한 아베 내각 지지율은 지난달에 비해 5% 떨어진 50%로 집계되었으며, 이는 카지노 허용, 연금개혁 정책을 강행한데 따른 부작용이 반영된 것으로 보인다(NHK 2016. 12. 12; 연합뉴스 2016. 12. 12 재인용).

도쿄도 지사인 고이케 유리코는 12월 1일 도쿄도의회 소신표명 연설에서 정당부활예산제도 폐지 추진을 선언했다. 고이케 유리코 지사가 사실상 자민당을 겨냥해 '정당부활예산'을 폐지하자 자민당은 도의회 대표질문에서 질문내용을 사전에 알려주던 관례와 달리 질문내용을 알려주지 않은 채 지사를 몰아붙이는 '보복 역공'을 행했다(연합뉴스 2016. 12. 08). 이와 같이 최근 인기를 끌고 있는 고이케 지사와 자민당의 대립은 점점 깊어지는 추세다(연합뉴스 2016. 12. 08).

일본 정당

12월 01일

• "대학 교육비까지 공짜"…일본 제1야당 무상교육 공약 논란

(NHK 12. 01; 연합뉴스 12. 01 재인용)

– 일본 제1야당인 민진당이 차기 중의원 선거 공약으로 대학 입학금과 수업료 등 '교육 무상화'를 제시하기로 해 논란이 예상된다. 1일 NHK에 따르면 민진당은 이르면 내년 치러질 것으로 보이는 차기 중의원 선거 핵심공약을 어린이와 청년, 여성에 중점을 두는 '사람에 대한 투자'로 잡았다. 구체적인 방안으로 유치원 등 취학 전 교육비, 초·중학교 급식비, 대학 입학금 및 수업료 등을 무료로 제공하는 교육 무상화를 내걸기로 했다. 대학 입학금 및 수업료 무상화는 집권 자민당도 손대지 못하는 내용이다. 자민당은 대신 유무상 장학금 확충 등 현실적 정책에 집중하고 있다. 문제는 민진당의 이런 공약을 실천하기 위해서는 막대한 규모의 예산이 필요하다는 점이다. 민진당은 이날 오후 당 회의에서 구체적인 논의를 할 예정이지만, 재원확보 대책들은 국민의 세부담 증가로 이어지게 되는 만큼 논란이 불가피해 보인다.

12월 07일

• 아베 수상–렌호 대표, 첫 당수 토론…카지노 법안 놓고 공방 (교도통신 12. 07)

– 아베 신조 수상과 렌호 민진당 대표 등 야당 3당 당수는 7일, 이번 국회에서 첫 당수 토론을 실시, 카지노를 중심으로 한 통합형 리조트시설(IR) 정비추진법안 등을 둘러싸고 격렬한 공방을 전개했다. 아베 수상은 "통합형 리조트시설(IR)은 투자, 고용

으로 이어 진다"고 의의를 강조했다. 대표로 취임한 뒤 첫 당수 토론에 임한 렌호 대표는 "카지노는 도박이다. 졸속한 심의로 해금하는 것에는 반대다. 국가의 품격이 떨어진다"며 성립을 서두르는 자민당을 비판했다. 법안 중의원 심의에 관해 렌호 대표는 "어째서 겨우 5시간 33분의 심의로 강행 표결을 단행했는가"하고 추궁했다. 아베 수상은 민진당 내에 추진파가 있다고 견제하면서 "(민진당이 표결에서) 퇴장한 것은 매우 유감이다. 건설적인 논의를 기대한다"며 회피했다.

12월 07일

• "쪽지예산폐지 vs 도의회 기습질의"…도쿄도지사 · 자민당 대립격화

(연합뉴스 12. 08)

- 일본 자민당과 고이케 유리코 도쿄도 지사의 대립이 심화되고 있다. 고이케 지사가 사실상 자민당을 겨냥해 '정당부활예산'을 폐지하자 자민당은 도의회 대표질문에서 질문내용을 미리 알려주던 관례를 깨고 무슨 질문이 나올지 모르는 상태에서 지사를 몰아붙이는 '보복 역공'에 나섰다. 도쿄도 의회에서는 본회의 전에 각 정당이 사전에 지사에게 질문할 내용을 자세히 알려주고 내용도 협의를 통해 조정하는 게 관례로 돼 있다. 이날 본회의에도 다른 정당들은 관례에 따라 질문내용을 미리 알려줬다. 그러나 도의회에서 최대 의석을 갖고 있는 자민당은 지난번 도의회 정례회의에서 고이케 지사가 '짬짜미나 사전정지작업'이라며 질문 사전조정 관례를 부정적으로 언급한 것을 이유로 이번에는 질문내용을 전혀 알려주지 않았다.

일본 선거 · 의회

11월 29일

• 일본 중의원, '더 내고 덜 받는' 연금개혁안 야권 퇴장 속 강행 통과 (연합뉴스 11. 29)

- 일본 중의원이 노후에 받는 국민연금의 납부액을 늘리고 수급액은 줄이는 연금개혁안을 야권 의원들의 퇴장 속에 강행 처리했다. 일본 중의원은 29일 본회의를 열고 민진당, 자유당, 사민당이 표결에 참여하지 않은 가운데 연금제도개혁 관련 법안을 통과시켰다. 이 법안은 연금 납부액을 결정할 때 고려하는 임금과 물가 중 임금의 반

영 정도를 높여 실제로 가입자들의 납부액을 늘리는 한편, 수령액을 결정하는 계산식을 수정해 노후에 받는 지급액의 수준을 지금보다 낮추는 내용을 담고 있다. 자민당과 공명당 연립여당은 지속가능한 연금 재정 확보를 위해 연금제도 개혁 관련 법안을 강력하게 추진해 왔다. 저출산 고령화가 급속하게 진행될수록 연금 재정의 수입이 줄어드는 반면 지출은 늘어나게 되는 만큼 후세대를 위해 개혁이 필요하다는 판단에서다. 가입자가 더 많이 내도록 하고 수급자가 덜 받게 하는 방식으로 제도를 바꿔 연금 고갈 시점을 늦추겠다는 것이다. 반면 야권은 '장래 연금의 30%를 삭감하는 법안'이라며 사활을 걸고 반대를 해왔다. 받게 되는 연금액이 줄어들면 그만큼 노후 생활에 대한 국민연금의 기여가 줄어든다는 주장이다. 연립여당은 지난 25일 상위위원회인 중의원 후생노동위원회 회의에서도 야당의 반대를 무릅쓰고 표결을 진행해 관련 법안을 통과시킨 바 있다.

12월 06일

• **일본 자민당, '카지노법안' 중의원 통과… 야당 "심의 불충분" 퇴석 (교도통신 12. 06)**
– 카지노를 중심으로 하는 통합형 리조트시설(IR) 정비추진법안은 6일 오후 중의원 본회의에서 자민당 등의 찬성 다수로 가결돼, 중의원을 통과했다. 자민당과 일본유신회(日本維新会)는 국회 회기 말인 14일까지 성립을 기한다. 도박의존증 증가 등 악영향에 대한 우려와, 카지노에 의한 경제 효과를 주장하는 추진과 자세에 의문이 쏟아지는 가운데, 중의원 내각위원회의 약 6시간에 걸친 심의만으로 표결을 강행한 데에 대한 비판도 불사한 형태다. 민진, 공산, 자유, 사민 야당 4당은 거세게 반발하고 있다. 공명당은 이례적인 자율 투표에 임해 찬반으로 갈라졌다. 4야당은 내각위에서의 심의가 불충분해 표결은 무효라고 주장했다. 민진, 자유, 사민 3당은 중의원 본회의에서 표결 당시에 퇴석하고 공산당은 반대했다. 법안을 둘러싼 내각위 질의 등에서 의존증 증가 외에 카지노 해금과 도박을 금한 형법 규정과의 정합성 문제와, 폭력단에 의한 '머니론더링(Money Laundering·불법자금세탁)'에 이용될 우려를 지적하는 목소리가 잇따랐다. 이에 대해 추진파인 자민당과 일본유신회는 외국인 관광객 증가 및 지방경제 진흥에 이어 나갈 것이라는 입장이다.

12월 14일

- 일본 야 4당, '아베 독주' 막기 위해 내각불신임안 제출했지만…'헛수고'

(NHK 12. 14; 헤럴드경제 12. 14 재인용)

− 민진당과 일본 공산당, 자유당, 사민당 등 야 4당은 14일 카지노 금지를 풀고 통합형 리조트시설(IR) 정비추진을 허용하는 이른바 '카지노 법안'과 연금 지급액 규칙을 개정하는 '연금개혁법안'이 사민낭과 일본 유신회의 다수 표결로 통과되는 것에 불만을 품고 법안 성립을 저지하기 위해 내각불신임안을 제출했다. 하지만 자민당은 참의원 다수석을 확보한 상태이기 때문에 내각 불신임안은 결국 부결됐다. 자민당과 일본 유신회의 표가 일본 참·중의원 다수를 확보하고 있기 때문에 민진당 등 야당이 카지노법과 연금개혁법을 부결시키기는 사실상 어려운 상황이다. 때문에 야 4당은 내각 불신임안을 제출, 아베 내각에 대한 불만을 표출했다. 야 4당은 이날 불신임안을 제출하며 아베 내각이 "무리한 국정운영"을 시도하고 있다고 비난했다. 지난해 9월 자민당과 연립여당인 공명당이 안보 관련 법안을 성립시킬 때도 야당은 내각불신임안을 제출해 반발했었다.

12월 14일

- 일본 참의원, '카지노 법안' 가결…여야 대립 격화 (교도통신 12. 14)

− 참의원은 14일 본회의에서 카지노를 중심으로 한 통합형 리조트시설(IR) 정비추진법안 수정안에 대해, 자민당 등의 찬성 다수로 가결했다. 이어 중의원에 회부돼 본회의에서 가결, 성립될 전망이다. 연금지급액의 억제를 중심으로 한 연금제도 개혁법도 참의원 본회의에서 성립됐다. 민진당은 아베 신조 수상의 문책결의안을 참의원에 제출했지만, 참의원 의원운영위원회에서 본회에서는 다루지 않기로 결정했다. 민진당이 제출한 다테 주이치 참의원 의장의 불신임 결정안은 참의원 본회의에서 부결됐다. 여야당의 국회 회기 말 공격은 절정을 맞이했다.

11월 27일

• 일본, 아베 내각 지지율 60. 7% 고공행진…"트럼프 회담 효과"

(교도통신 11. 27; 연합뉴스 11. 27 재인용)

– 아베 신조 일본 내각 지지율이 60%를 넘어섰다. 27일 교도통신에 따르면 지난 26일부터 2일간 전국 유권자를 대상으로 전화 여론조사를 한 결과, 아베 내각 지지율은 60.7%로 지난 10월 53.9%보다 6.8%포인트 올라갔다. 아베 내각을 지지하지 않는다는 비율은 30.4%였다. 교도통신 여론조사에서 아베 내각 지지율이 60%를 넘어선 것은 2013년 10월(60.7%) 이후 3년 만이다. 아베 총리가 지난 17일 뉴욕에서 도널드 트럼프 미국 대통령 당선인과 외국 정상으로는 처음으로 만나고 19일에는 아시아태평양경제협력체(Asia Pacific Economic Cooperation, APEC) 정상회의 개최지인 페루 수도 리마에서 블라디미르 푸틴 러시아 대통령과 회담하는 등 정상 외교를 전개한 것이 지지율 상승 요인으로 보인다고 통신은 분석했다. 교도통신 조사에서 정당 지지율은 집권 자민당이 44.9%인 반면 제1야당인 민진당은 8%였다. 지지정당이 없다는 응답은 31.9%였다.

12월 07일

• 일본 카지노 허용 입법 현실화에 국민여론 둘로 찢겼다

(아사히신문 12. 07; 마이니치신문 12. 07; 연합뉴스 12. 07 재인용)

– 일본에서 사상 처음으로 카지노를 허용하는 통합형 리조트(IR) 정비추진 법안이 중의원을 통과, 참의원 심의에 들어가며 국민 여론이 찢어진 형국이다. 7일 아사히·마이니치 신문 등에 따르면 카지노가 현실화되자 기대가 커지는 한편으로 도박중독증이나 범죄 등을 걱정하는 소리도 높아졌다. 일본 사행산업에서 기득권세력인 파친코 업자들의 반발도 있다. 카지노 시설 유치를 목표로 하는 지방자치단체에서도 찬반양론이 소용돌이친다. 인구감소가 현저한 자치단체들은 매출과 수익성이 큰 카지노에 기대감이 높다. 도쿄 등지서 접근이 불편하고 인구감소로 고전하는 홋카이도 지자체들은 관광객 유치에 기대감이 높다. 관련법이 14일 이전에 일본 국회를 통

과해 카지노와 함께 국제회의장, 극장, 의료시설 등이 들어서면 지역경제 활성화로 연결될 것으로 본다. 지자체나 경제단체는 기대감이 크지만, 주민들 사이에는 찬반 양론이 엇갈린다. 찬성자들은 지역경제 활성화를 기대하지만, 반대자들은 외지인들이 몰려들며 범죄가 늘어날 것을 우려한다. 외부의 돈이 유입될 경우 물가가 오르고 경제격차가 확대될 것도 걱정한다.

12월 12일

• 아베 지지율 한달 새 5%포인트 하락…카지노법·연금개혁 강행이 원인?

(NHK 12. 12; 연합뉴스 12. 12 재인용)

– 아베 신조 일본 총리의 지지율이 한달 사이 5%포인트 떨어진 50%인 것으로 집계됐다. 지지율이 여전히 높은 편이기는 하지만 미국, 러시아 등과의 대외 외교에서 곤란을 겪은 데다 카지노 허용, 연금 개혁 등의 정책을 무리하게 밀어붙인 데 따른 부작용이 반영된 것으로 보인다. 12일 NHK가 9~11일 18세 이상 전국 남녀 9천569명을 대상으로 벌인 여론조사 결과 '아베 내각을 지지한다'는 응답률은 50%로 지난달 14일 발표 때에 비해 5%포인트 하락했다. 아베 내각을 지지하지 않는다는 응답은 이전 조사에 비해 6%포인트 상승한 32%였다. 아베 내각은 그동안 금지됐던 카지노를 허용하는 내용의 '카지노를 중심으로 하는 통합형 리조트 시설(IR) 정비추진 법안'의 입법을 야당의 반대에도 불구하고 강행하고 있다. 이에 대해 여론조사 응답자 중 찬성하는 사람은 12% 뿐이었으며 반대는 44%나 됐다. 여당 자민당은 노후에 받는 국민연금의 납부액을 늘리고 수급액은 줄이는 연금개혁안을 야권 의원들의 퇴장 속에 강행 처리했지만, 응답자들은 이에 대해서도 부정적인 입장을 보였다. 찬성은 15%뿐인 반면 반대는 이보다 2배 이상 많은 37%였다.

7차(12월 말~2017년 1월 말)

정승희

12월 15일 쟁점이 되었던 카지노를 중심으로 한 통합형 리조트시설(IR) 정비 추진법이 가결되면서 제192회 임시국회는 사실상 폐막했다(교도통신 2016. 12. 15). 법안 성립률은 94.7%로 높은 수준이었으나, 자민당의 법안 추진에 대해 야당이 반발하는 상황도 있었다(교도통신 2016. 12. 15).

2017년 신년에 들어 아베 신조 총리는 개헌 추진의사를 밝혔고 자민당의 니카이 도시히로 간사장도 헌법 개정 추진을 올해의 과제로 강조하였다(아사히신문 2017. 01. 07; 연합뉴스 2017. 01. 07 재인용). 또한 새해 일본 정치권은 아베 총리가 언제 중의원을 해산하고 총선을 치를지에 주목하고 있다(연합뉴스 2017. 01. 01). 이에 아키히토(明仁) 일왕의 생전퇴위를 위한 입법 등의 현안이 우선 처리된 뒤 올 가을 해산 논의를 하지 않겠냐는 관측이 나오고 있다(연합뉴스 2017. 01. 01).

12월 20일 국회에서 열린 정부·여당협의회에서 공명당이 자민당의 국회연기를 비판하고, 도쿄도의회에서 공명당이 제안한 의원 보수 삭감에 대해 자민당이 반발하는 등 연립정부를 구성하고 있는 자민당과 공명당의 균열이 표면화되고 있다(마이니치신문 2016. 12. 21; 연합뉴스 2016. 12. 21 재인용). 또한 공명당은 고이케 유리코 도쿄 도지사에게 지지를 보내는 모습을 보였고 지난 12월 15일 도의회에서 이례적으로 민진당 등의 야당과 힘을 합치기도 했다(마이니치신문 2016. 12. 21; 연합뉴스 2016. 12. 21 재인용). 한편, 자민당과 공명당 사이에 금이 가고 있는 상황 속에서 야당 간부들은 1월 15일 열린 공산당 당대회에서 선거협력의 결의를 밝혔다(교도통신 2017. 01. 16).

고이케 도쿄 도지사는 자민당과의 사이가 틀어졌지만, 공명당과 민진당으로부터 높은 평가를 받고 있다(도쿄신문 2016. 12. 16; 연합뉴스 2016. 12. 16 재인용). 이들 정당은 도의회에서 자민당에 반대하며 고이케 도쿄 도지사의 정책을 지지하는 모습을 보였고, 사실상 '반(反)자민 연대'를 형성했다(도쿄신문 2016. 12. 16; 연합뉴스 2016. 12. 16 재인용). 또한 고이케 도쿄 도지사는 여름에 있을 도의회 의원선거에 자신이 만든 정치인양성소인 '희망의 주쿠' 출신을 중심으로 후보를 대거 출마시킬 계획을 밝혔다(아사히신문 2017. 01. 03; 연합뉴스 2017. 01. 03 재인용). 이는 도의회 의원 정수가 127명이기 때문에 후보 전원이 당선하더라도 과반의석을 차지하지는 못하지만, 자민당의 의석을 최대한 많이 가져와 도의회의 주도권을 확보하고자 하는 계획으로 보인다(아사히신문 2017. 01. 03; 연합뉴스 2017. 01. 03 재인용).

일본 정당

12월 21일

• 집권 자민당·연립 공명당 균열…공조 틀어져

(마이니치신문 12. 21; 연합뉴스 12. 21 재인용)

- 밀월관계였던 일본 집권 자민당과 연립 여당인 공명당 간 균열이 표면화하고 있다. 21일 마이니치신문에 따르면 이노우에 요시히사(井上義久) 공명당 간사장은 전날 국회에서 열린 정부·여당협의회에서 자민당이 최근 카지노 허용법안 처리를 위해 국회 회기를 연장한 것과 관련해 "문제가 있다"고 비판했다. 이에 자민당은 촉각을 곤두세우고 있다. 니카이 도시히로 자민당 간사장은 협의회에서 "생각이 다른 것도 좋다. 연립관계를 유지하기 위해 앞으로도 노력하겠다"고 말하며 어색한 분위기를 해소하려고 노력했다. 의원의 보수를 삭감하자는 공명당의 제안에 자민당이 반발하면서 이미 공조에 균열이 생겼다. 공명당은 요즘 여론의 높은 지지를 받고 있는 고이케 도쿄도 지사에 러브콜을 보내고 있다. 지난 15일 도의회에선 이례적으로 민진당 등 야당과 힘을 합치기도 했다. 그 결과 자민당이 반대하는 안(지요다구 도로 별채)은 통과됐고, 찬성하는 안(쓰키지 어시장 결산)은 부결됐다.

01월 15일

• 공산당 당대회에 야당 간부도 참석…"후보 단일화 등 협력 추진" (교도통신 01. 16)

- 일본 공산당 제27회 당대회가 15일 시즈오카현 아타미시에서 열렸다. 시이 가즈오(志位和夫) 위원장은 차기 중의원 선거를 겨냥한 야당 공동투쟁에 대해 "후퇴하는 일은 결코 없을 것"이라며 소선거구 후보 단일화 등 협력 추진을 어필했다. 민진당의 아즈미 준(安住淳) 대표대행과 자유당의 오자와 이치로 공동대표, 사민당의 요시

다 다다토모(吉田忠智) 당수 등 3당 간부가 내빈으로 처음 참석해, 각각 선거 협력에 대한 결의를 밝혔다. 공산당에 따르면 당대회에 타당 간부가 참가한 것은 이번이 처음이다. 시이 위원장은 "매우 기쁘다. 역사적인 의의를 지닌 대회가 됐다"고 강조했다. 공산당 대회는 3년 만에 열렸으며, 회기는 4일 간이다.

01월 22일

• 여야 당수, 내일 질의 시작…낙하산·공모죄 등 논쟁 　　　　　(교도통신 01. 22)

– 아베 신조 일본 수상의 시정 방침 연설에 대한 각 당 대표 질문이 23일부터 중·참의원 양원에서 시작된다. 야당은 문부과학성 전 간부의 낙하산 알선 문제를 정권에 물을 방침이다. '공모죄'의 구성 요건을 엄격화한 '테러 등 준비죄'를 신설하는 조직 범죄 처벌법 개정안과 덴노의 생전 퇴위 법 정비에도 초점이 모인다. 여름으로 예정된 도쿄 도의원 선거와 빠르면 올가을 치러질 것으로 보이는 차기 중의원 선거를 의식하면서 여야가 논쟁을 벌인다. 대표 질문은 23일과 24일 이틀간 중의원 본회의에서, 24일과 25일 이틀간 참의원 본회의에서 각각 열릴 예정이다.

01월 22일

• 여당, '전쟁 가능 국가' 변신 개헌안 상반기 발의 시사

　　　　　　　　　　　(아사히신문 01. 23; 연합뉴스 01. 23 재인용)

– 아베 신조 일본 총리가 헌법 개정에 대해 강한 드라이브를 걸고 있는 가운데, 여당 자민당 간부에서 상반기 정기국회에서 개헌 발의를 할 수 있음을 시사하는 발언이 나왔다. 자민당 내 2인자로 불리는 니카이 도시히로 자민당 간사장은 22일 NHK 일요토론에 출연, 개헌안 발의와 관련해 "가능한 한 빨리 일정한 방향을 당의 의견으로 정리하고 싶다"고 말했다고 아사히신문이 23일 보도했다. 그는 지난 20일 개원해 6월 18일까지 열리는 정기국회에서 발의를 하는 방안에 대해서는 "상황을 보고 판단하겠다"고 말했다가, 방송 종료 후 기자들이 이번 국회에서의 발의 가능성을 부인하지 않느냐는 질문에 그렇다고 답했다. 그러나 니카이 간사장의 이날 발언에 대해 야당은 물론 연립 여당인 공명당도 반발했다. 자민당 내부에서도 상반기 개헌안 발의는 무리라는 지적이 나왔다. 자민당의 한 간부도 "서둘렀다가는 기반이 무너져

오히려 더 오래 걸릴 수 있다"고 경계했다.

일본 선거·의회

12월 15일

• **국회, 법 성립률 94% 높은 수준…임시국회 사실상 폐막**　　　　（교도통신 12. 15)

– 제192회 임시국회는 임시국회의 초점이었던 카지노를 중심으로 한 통합형 리조트시설(IR) 정비추진법이 15일 성립되면서 사실상 폐막했다. 정부가 이번 국회에 제출한 신규 법안 총 19개 가운데 통과된 법안은 소비세 증세를 연기하는 개정 소비세법 등 18개, 상법·국제해상물품운송법 개정안만 중의원에서 심의를 계속하기로 했다. 성립율은 94.7%라는 높은 수준이었으나 "표결 강행"이라며 야당이 반발하는 장면도 있었다. 중의원과 참의원은 15일까지 폐회 중 심사 절차를 마쳤다.

01월 01일

• **"가을, 내년 초?"…일본 정치권 새해 화두는 중의원 해산**　　　　（연합뉴스 01. 01)

– 새해 일본 정치권의 최대 관심사는 아베 총리가 언제 중의원을 해산하고 총선을 치를 지로 모아진다. 1일 일본 정치권에 따르면 아베 총리는 당초 거론됐던 이달 중 의원 해산 카드는 폐기했다. 이에 따라 부각되는 것이 올가을 해산 가능성이다. 이는 아키히토 일왕이 정치권에 요청한 생전퇴위를 위한 입법 등 현안을 우선 처리한 뒤 해산 카드를 꺼내지 않겠냐는 관측이다. 특별법을 처리한 뒤 가을에 중의원을 해산할 경우 아베 총리는 이에 앞서 개각 및 당 지도부 인사를 단행할 것으로 보인다. 인적 개편을 통해 당정의 분위기를 쇄신해 지지율을 극대화하기 위한 것이다. 아베 총리의 중의원 해산 카드는 그가 2012년 12월 취임 당시부터 제기해 온 현행 평화헌법 개정을 위한 동력 확보가 가장 큰 목적이다. 그는 지난해 7월 참의원 선거 승리로 중·참의원 모두에서 개헌안 발의선(의석의 3분의 2 이상)을 확보했지만, 자위대의 전쟁 참가를 금지한 헌법9조에 대해서는 찬반론이 맞서면서 여론 추이를 살펴오고 있다. 사실상 차기 중의원 선거는 개헌 찬반론이 최대 이슈가 될 수 있는 만큼 아베 총리로서도 지지율 제고가 급선무다.

01월 03일

• 고이케 지사, 도의회 선거에 자파 후보 40명 낸다

(아사히신문 01. 03; 연합뉴스 01. 03 재인용)

– 잇단 개혁정책으로 일본 정계에 새바람을 일으키고 있는 고이케 유리코도쿄 도
지사가 여름에 실시될 도의회 의원선거에 독자적으로 40명 정도의 자파 후보를 내
세울 계획인 것으로 알려졌다. 42개인 도의회 선거구의 거의 전 선거구에 독자 후보
를 내는 셈이다. 1월 3일 아사히신문에 따르면 고이케 지사는 자신이 설립한 정치인
양성소 '희망의 주쿠' 출신을 중심으로 독자 후보를 대거 출마시킬 계획이다. 도의회
의원 정수는 127명이어서 전원이 당선하더라도 과반에는 미치지 못하지만, 자민당
의석을 최대한 많이 가져와 도의회 최대 파벌의 지위를 확보, 주도권 확보를 노린다
는 계획이다. 고이케 지사 측은 빠르면 이달 하순 1차 공천후보를 발표한다는 방침
이다. 관계자들에 따르면 고이케 지사 측은 '희망의 주쿠' 참가자와 고이케 지사 지
지를 표명하며 자민당 탈당 의사를 밝힌 현역 도의원 등을 대상으로 7일 필기시험과
면접 등을 거쳐 공천자를 결정할 계획이다.

01월 20일

• '전쟁가능 일본' 꿈꾸는 아베 "헌법70년, 개헌은 국회의원 책임"　　(연합뉴스 01. 20)

– 아베 신조 총리는 20일 올해로 일본 헌법이 시행된 지 70년이 된다면서 새로운 나
라, 새로운 70년을 위한 헌법 개정안을 국회가 마련해 달라고 요구했다. 그는 이날
국회 새해 시정연설에서 올해 헌법시행 70년을 맞이해 국회 헌법심사회에서 구체적
인 (개헌) 논의를 심화해야 할 필요가 있다고 말했다. 또한 "우리 아들, 손자, 미래를
살아갈 세대를 위해 다음의 70년을 위해, 일본을 어떤 나라로 만들어야 할지에 대한
안을 국민에 보여 달라"며 "미래를 여는 것이 모든 국회의원의 책임"이라고 강조했
다. 이는 헌법 개정에 긍정적인 집권 자민당은 물론 연립 공명당, 민진당 등 야당에
대해 앞으로 헌법 개정을 위한 논의에 적극적으로 나설 것을 촉구한 것이다.

12월 18일

• 일본 내각 지지율, 54%로 하락…카지노 해금(解禁)'반대' 69%   (교도통신 12. 18)

– 교도통신사가 17, 18 이틀 동안 실시한 전국 전화여론 조사에 따르면, 카지노를 중심으로 한 통합형 리조트 시설(IR) 정비 추진법의 성립과 관련, 카지노 해금의 찬반을 묻자 찬성이 24.6%, 반대가 69.6%에 달했다. 지난 일·러 정상회담을 "평가한다"는 38.7%, "평가하지 않는다"는 54.3%였다. 내각 지지율은 지난 11월 보다 5.9포인트 하락한 54.8%였고 비지지율은 34.1%였다. 자민당 등이 지난 임시국회에서 카지노 법 성립을 서두른 것과 15, 16일 이틀 동안 일·러 정상회담에서 북방영토 문제가 진전되지 않았던 것이 지지율 하락으로 이어진 것으로 보인다. 정당 지지율은 자민당이 지난 조사 대비 3.7포인트 줄어든 41.2%였다. 이하, 민진당 9.6%, 공명당 5.1%, 공산당 4.1%, 일본유신회 3.4%, 자유당 0.4%, 사민당 0.8%, 일본의 마음을 소중히 여기는 당 0.8%, "지지하는 정당이 없다"고 응답한 무당파층은 33.9%였다.

12월 27일

• 오키나와 시민들 "정부, 들으려 하지 않는다"…이전 공사 재개에 반발

(교도통신 12. 27)

– 오키나와 시민들의 목소리를 무시하듯 정부가 다시 강경책에 나섰다. 항의를 위해 모인 시민들은 "정부는 들으려 하지 않는다" "반드시 공사를 중지시키겠다"고 강력하게 반발하며 분노의 목소리를 높였다. 매립 예정지에 근접한 미군 캠프 슈와브 게이트 앞에서는 아침 일찍부터 이설 반대파의 시민들이 몰려들어 한때 약 250명에 달했다. 공사 재개의 정보가 전해지자 "매립은 용서하지 않겠다" "오키나와현 시민은 지지 않는다"고 기지를 향해 몇 번이나 주먹을 불끈 쥐었다.

12월 30일

• 일본 아베 '진주만 퍼포먼스' 먹혔나…내각 지지율 반등

(요미우리신문 12. 30; 니혼게이자이신문 12. 30; NHK 12. 30; 연합뉴스 12. 30 재인용)

– 잠시 주춤하던 아베 총리의 지지율이 하와이 진주만 방문 직후 반등한 것으로 나타났다. 버락 오바마 미국 대통령과 함께 진주만을 찾아 떠들썩하게 '반전' 퍼포먼스를 펼친 것이 지지율 상승에 긍정적인 영향을 미쳤다는 분석이 나온다. 30일 요미우리신문이 28~29일 일본 전국에서 실시한 여론조사 결과 아베 내각의 지지율은 63%로 지난 2~4일 진행된 이전 조사 때의 59%에서 4%포인트 상승했다. 2014년 9월(64%) 이후 이 신문의 조사에서 가장 높은 수치다. 아베 내각의 지지율은 니혼게이자이신문이 같은 기간 실시한 여론조사에서도 크게 상승한 것으로 나타났다. 이전 조사(11월 말) 때의 58%보다 6%포인트 상승한 64%로, 2013년 10월 이후 3년2개월 만에 가장 높은 수준이었다. 아베 내각의 지지율은 이달 초중순만 해도 카지노 해금법 제정과 연금개혁의 무리한 추진 등으로 인해 다소 주춤했었다. NHK의 9~11일 조사에서는 지지율이 전달보다 5%포인트 하락한 50%였었다. 그랬던 것이 다시 반등한 것은 내정에 대한 불만을 활발한 외교 활동이 덮었기 때문인 것으로 보인다.

01월 04일

• 일본, 10대 유권자 72% "개헌 찬성"…일본 평화헌법 위기

(시즈오카신문 01. 04; 뉴시스 01. 04 재인용)

– 올해로 시행 70년을 맞이하는 일본 평화헌법이 위기에 봉착했다. 선거권을 가진 18~19세 일본 청년 70% 가량이 평화헌법 개정에 찬성하는 것으로 나타났기 때문이다. 일본은 지난해 6월 선거 연령을 만 20세에서 18세로 낮췄기 때문에, 평화헌법을 뜯어고쳐 일본을 '전쟁할 수 있는 보통국가'로 변모시키려는 아베 정권에 있어서 이들의 의견은 상당히 중요하다. 4일 일본 시즈오카현 지역 신문인 시즈오카신문은 오는 3월 말 시점에서 18~19세가 되는 시즈오카현 내 255명을 대상으로 설문조사를 한 결과, 응답자의 72.6%가 개헌에 찬성하는 것으로 나타났다고 보도했다. 시즈오카신문이 최근 3년간 20세 이상을 대상으로 실시한 같은 조사에서 개헌에 찬성하는 응답률이 70%를 넘기는 이번이 처음이다. 평화헌법 9조와 관련해서는 응답자의

54.9%가 "해석 변경과 운용으로 대응해야 한다"라거나 "9조를 엄격히 지켜야 한다"라고 답해 반수 이상이 헌법 9조 개정에는 다소 소극적인 경향을 보였지만, 30.2%는 헌법 9조 개정에 찬성했다.

8차(1월 말~2월 말)

정승희

일본 문부과학성 전 간부의 '낙하산 인사' 문제가 붉어짐에 따라, 야당과 정부는 저마다의 의견을 표하고 있다. 1월 24일 참의원 본회의에서 열린 대표 질의에서 아베 신조 수상은 '낙하산 인사'에 대해 철저히 조사하고 재취직 알선의 근절이 이루어지도록 대처할 것이라 주장했다(교도통신 2017. 01. 24). 또한 렌호 민진당 대표는 '낙하산 인사'에 대한 정부의 태도를 추궁하고 감시위원회의 감시를 강화해야 한다고 말했다(교도통신 2017. 01. 24). 2월 7일 열린 중의원 예산위원회 집중심의에서 마쓰노 히로카즈(松野博一) 문부과학대신이 재취직 알선을 문과성이 주도했음을 시인하자, 야당 측에서는 과거에 감시위원회가 소비자청과 국토교통성에서도 위법한 사례를 들며, 형사처벌 도입과 같은 규제 강화를 주장했다(교도통신 2017. 02. 08). 그러나 정부 측은 신중한 자세를 보이는 상태이다(교도통신 2017. 02. 08).

아베 수상은 1월 24일 양원 정·부의장과 국회 내에서의 회담 뒤 덴노의 퇴위를 둘러싼 여당과 야당의 논의를 요청했다(교도통신 2017. 01. 24). 이는 4월 하순에 제출하는 법안의 지지기반을 다지기위해 여당과 야당의 협력을 얻을 목적인 것으로 보인다(교도통신 2017. 01. 24). 그러나 덴노 퇴위 법에 대한 일본 정당들의 법형식에 대한 견해의 격차가 뚜렷하게 나타나고 있다. 공명당은 국회 내에서 개최 된 양원 의원 간담회에서 당대로 제한한 특별법을 지지한다는 입장을 밝혔고 자민당과 일본유신회 또한 이와 같은 입장을 보였다(교도통신 2017. 02. 14). 반면, 민진당과 공산당은 항구제도화를 위한 황실전범(皇室典範)의 개정을 주장하고 있다(교도통신 2017. 02. 14). 법안 성립을 위해 자민당, 민진당, 공명당 3당의 의견 조율이 가까운 시일에 시작될 전망이나, 의견 차이를 좁힐 수 있을 지가 관건이다(교도통신 2017. 02. 14). 자민당과 공명당은 민진당과의 협의를 위해 황실전범 부칙에 퇴위 규정을 명시하는 방안을 검토하고 있지만, 민진당은 부칙에 있어 부정적이기에 협의의 난항이 지속되고 있는 상황이다(교도통신 2017. 02. 21).

한편, 일본 정부는 과거 야당과 시민사회의 반발로 무산 된 테러 처벌 법규 일부를 수정하고 추진할 것으로 보인다(연합뉴스 2017. 02. 03). 이와 관련해 법무성이 법안 제출 뒤 법무 위원회에서 논의해야 한다는 주장의 문서를 발표하자, 민진당은 이를 질문봉쇄의 의도로 여기며 강하게 반발했다(KBS 2017. 02. 16). 또한, 민진당, 공산당, 자유당, 사민당의 4개의 야당은 가네다 가쓰토시(金田勝年) 법무대신에게 사임을 요구했다(교도통신 2017. 02. 08). 2월 13일 교도통신사가 밝힌 여론조사에 따르면 여론의 69.5%가 이러한 가네다 법부대신의 언동에 대해 "문제이다"고 대답했다(교도통신 2017. 02. 13).

일본 정당

02월 02일

• 고이케 도쿄도 지사, 자민당 총재 노리나(아사히신문 02. 02; 연합뉴스 02. 02 재인용)
– 잇단 개혁 정책으로 아베 신조 일본 총리의 인기를 위협하고 있는 고이케 유리코 도쿄도 지사가 장차 자민당 총재, 곧 일본 총리 자리를 노린다는 관측이 일본 언론에 의해 제기됐다. 고이케 지사는 취임 6개월(2월 2일)을 앞두고 한 아사히신문 회견에서 장차 자민당 총재를 목표로 삼을 것이냐는 질문에 "무슨 말씀. 총재가 되기 위해서는 의원 20명의 추천이 필요하다는 사실을 잘 알고 있고 총리가 엄청나게 힘든 자리라는 걸 절감하고 있다"고만 밝혔다. 명확한 답변을 하지 않는 것으로 여지를 남겨둔 것으로 풀이되고 있다. 고이케 지사는 도의회 다수당인 자민당과는 대립 관계지만, 연립여당인 공명당, 제1야당인 민진당으로부터 높은 평가를 받고 있다. 일반 국민 사이에서도 인기가 높아 각종 여론조사의 지지율 순위에서 아베 총리 다음으로 2위권에 올라 있다.

02월 08일

• 야당들, 법무대신 사임 요구…'공모죄' 대응 "자질 결여"　　　　(교도통신 02. 08)
– 민진당, 공산당, 자유당, 사민당의 4개 야당은 8일 진행된 국회대책위원장 회담에서 가네다 가쓰토시 법무대신에 사임을 요구한다는 방침에 합의했다. 4개의 야당은 법무대신의 '공모' 구성 요건을 엄격화한 '테러 등 준비죄'를 신설하는 조직범죄처벌

법 개정안을 둘러싼 대응이 "각료의 자질 부족"이라고 판단했다. 아베 정권은 계속 유임시킬 태세이다. 4개 야당은 남수단 유엔 평화유지활동(Peace Keeping Operation, PKO) 부대 일지가 현지 정세를 '전투'라고 표현한 것과 관련, 이나다 도모미(稲田朋美) 방위대신을 추궁한다는 방침도 확인했다. 회담 후 민진당의 야마이 가즈노리(山井和則) 국회대책위원장은 자민당의 다케시타 와타루(竹下亘) 국회대책위원장에 전화를 걸어, 가네다 대신의 사임을 요구했다. 한편 아베 신조 수상은 8일 공명당의 야마구치 나쓰오(山口那津男) 대표와 관저에서 회담했다. 민진당은 8일 예산위원회에서 이데 요세이(井出庸生), 시나 다케시(階猛), 오사카 세이지(逢坂誠二)의 각 의원이 가네다 대신을 추궁했다.

02월 20일
• 중참 정·부의장, 덴노 퇴위 여야 의견 이례적 청취…협의 난항 예상

(교도통신 02. 20)

– 중·참 양 의원의 정·부의장은 20일 오전 덴노의 퇴위를 둘러싸고 각 당파로부터의 개별 의견 청취를 중원 의장 공저에서 실시했다. 자민당은 '덴노 1대 한정'의 특별법이 바람직하다는 견해를 설명하며 민진당은 황실전범 개정의 퇴위에 대한 항구 제도화를 주장했다. 정·부의장이 법안책정 전에 여·야당의 의견을 조정하는 것은 이례적으로, 자민, 민진 양 당의 격차가 재차 부상했다. 양 당의 협의는 난항이 예상된다. 공명당은 자민당과 같은 입장을 표명하며 황족 감소에 대응하기 위해 '여성 궁가(宮家)' 창설 등 황실제도의 방식을 검토 문제로 내세우는 생각도 설명했다. 정·부의장은 20일 오전에 3당 이외 공산당에서도 청취하였고 공산당은 전범 개정으로 대응해야 한다고 주장하고 있다. 정부는 국회 견해를 바탕으로 1대 한정의 특별법을 4월 하순에서 5월 상순 사이에 국회에 제출하려는 의향이다.

02월 21일
• 여당 "개헌 협의 본격 추진"…내달 5일 '활동전략' 확정

(아사히신문 02. 21; 연합뉴스 02. 21 재인용)

– 아베 신조 일본 총리가 최근 헌법 개정 의지를 분명히 밝힌 데 이어 집권 자민당도

올해 개헌 논의를 본격 추진할 방침임을 천명했다. 21일 아사히신문에 따르면 자민당은 이날 총무회를 열고 "개헌의 길을 국민에게 제안한다"고 명기한 '2017년도 활동방침'(주요 활동전략)을 승인했다. 활동방침은 내달 5일 열릴 당 대회에서 최종 확정된다. 이날 승인된 활동방침에는 구체적으로 올해가 헌법 시행 70년을 맞았다는 점에서 "다음 70년을 향한 새로운 헌법의 틀을 만들어 국회에서 논의를 가속한다"는 내용이 포함됐다. 지난해 여름 열린 참의원 선거 결과, 개헌에 필요한 의원 수가 중의원과 참의원 양원의 3분의 2를 차지하면서 올해는 해당 표현이 한층 강해진 것으로 분석된다.

일본 선거·의회

01월 24일

• 아베 "낙하산 인사 근절할 것"…민진대표, 대표질의서 집중 추궁　(교도통신 01. 24)
– 아베 신조 수상은 24일 참의원 본회의에서 열린 대표 질의에서, 문부과학성 전 간부의 재취직 알선(낙하산 인사) 문제에 관해 "철저하게 조사하고 재취직 알선 근절에 확실히 대처할 것이다. 필요한 것은 뭐든지 강구하겠다는 생각으로 국민의 신뢰를 확보할 것"이라고 말해, 재발 방지에 전력을 추구할 방침을 밝혔다. 렌호 민진당 대표는 재취직 알선 문제에 대한 정권의 자세를 추궁하고 내각부의 재취직 등 감시위원회의 감시기능 강화를 촉구했다. 수상은 렌호 대표의 재취직 알선 문제 질문에 대해 "부정은 절대로 허용할 수 없다는 방침은 앞으로도 변함이 없다"라고 강조했다. 또한 관계부처인 모든 성청(省庁)에 실태 조사를 지시하고 준비가 착수되는 대로 조사 결과를 밝히겠다고 거듭 설명했다. 렌호 대표는 수상이 시정방침 연설에서 재취직 알선 문제에 언급하지 않았던 것을 "불편한 현실 문제를 언급하지 않고 설명도 하지 않고 교육을 논한다 할지라도 그 말에 무게가 없다"고 비난했다.

01월 24일

• 아베 수상, '덴노 퇴위' 국회 논의 요청…조기 법 정비에 이례적 대응

(교도통신 01. 24)

- 아베 신조 수상은 24일 오후 중·참의원 양원 정·부의장과 국회 내에서 회담하고, 덴노의 퇴위를 둘러싼 전문가회의가 공표한 논점정리를 보고한 뒤 여·야당 논의 촉진을 요청했다. 수상이 입법부 수장을 직접 방문해 논의를 요청한 것은 지극히 이례적인 대응이다. 4월 하순에 제출하는 퇴위를 실현하는 법안의 지반 다지기에 주력해 조기의 법 정비 마련에 여야당의 협력을 얻을 목적으로 보인다. 양원 정·부의장은 수상과의 회담에 이어, 자민당, 민진당 등 8개의 당과 참의원 2개 회파의 대표자와 국회 내에서 회의를 열고 각 당 각 회파에 논의를 요청했다. 당내 논의 등을 거쳐 정·부의장은 2월 중순 이후 개별적으로 의견을 청취하고, 3월 상순 혹은 중순을 목표로 국회의 견해를 정리하는 수순이다. 정부의 전문가회의는 국회 견해를 수렴하고 3월 말을 시점으로 최종 제언을 낼 예정이다. 법 형식에 관해서, 정부는 당대 한정인 특별법으로 대응할 방침이다.

02월 03일

• '테러준비만해도 처벌' 법 개정 재추진…"도청 확대 우려"　　　(연합뉴스 02. 03)

- 일본 정부가 과거 야당과 시민사회의 반발로 무산됐던 테러 처벌 법규를 일부 수정, 재추진하기로 했다고 일본 언론이 3일 보도했다. 일본 정부는 개원 중인 정기국회에서 종전의 '공모죄' 명칭을 테러 등 준비죄로 바꾼 조직범죄처벌법 개정안을 제출하기로 했다고 이들 매체는 전했다. 그간 3차례나 공모죄를 신설하는 법안이 발의됐지만 국회에서 통과되지 못했다. 야당과 시민사회는 '중대범죄'의 범위가 너무 넓은데다가 실제로 범죄를 저지르지도 않았는데도 처벌하는 것이 일본 형법 체계에 어긋난다는 점을 줄곧 지적했다. 일본 정부는 죄명을 바꾸면서 범죄에 대한 합의가 있어도 범죄 실행을 준비하지 않으면 체포할 수 없도록 하는 등 범죄 구성 요건을 엄격하게 적용하도록 내용을 일부 수정하기로 했다. 이처럼 죄명을 바꿨음에도 불구하고 여전히 법 개정이 일본 정부에 대한 비판 목소리를 막을 수 있다는 비판은 사그라지지 않고 있다.

01월 29일

- 교도통신 여론조사, 미일 관계 "나빠질 것" 54%... 내각 지지율, 59%

(교도통신 01. 29)

– 덴노의 퇴위를 둘러싼 법 정비에 대해서는 정부가 검토하고 있는 낭대 한성 특별법에 대한 지지는 26.9%인 것에 반해 항구 제도화를 위한 황실전범 개정에 대한 지지는 63.3%를 차지했다. 내각 지지율은 59.6%로, 지난 조사인 작년 12월 보다 4.8포인트 상승했다. 퇴위에 관해 법 정비 후에 정부와 국회가 "여성 여성계 덴노"와, 여성 덴노 일족이 결혼 후에도 황실에 머무르는 '여성 궁가' 창설 논의는 "하는 게 좋다"가 73.8%로 "할 필요 없다" 21.1%보다 훨씬 많았다. '공모죄' 구성요건을 엄격화한 '테러 등 준비죄'를 신설하는 법 개정은 찬성 42.6%, 반대 40.7%, 아베 신조 수상의 정권 하에서 헌법 개정은 찬성 43.7%, 반대 45.0%로, 모두 찬반이 팽팽하게 맞섰다. 문부과학성의 조직적 낙하산 인사 문제에 대해, 아베 정권에 책임이 "있다"가 48.3%, "없다"가 43.9%였다. 정당 지지율은 자민당이 지난 조사 대비 1.3포인트 상승한 42.5%, 민진당은 2.3포인트 줄어든 7.3%, 공명당 3.6%, 공산당 4.2%, 일본유신회 4.2%, 자유당 0.1%, 사민당 1.3%, 일본의 마음을 소중히 여기는 당 0.5%, "지지하는 정당이 없다"고 대답한 무당파층은 35.0%였다.

01월 31일

- 소녀상 때리기에 신난 일본 아베, 지지율 5. 1%포인트 오른 60. 7%

(산케이신문 01. 31; 니혼게이자이신문 01. 31; 요미우리신문 01. 31;

연합뉴스 01. 31 재인용)

– 아베 신조 내각 지지율은 60.7%로, 이전 조사보다 5.1%포인트 상승했다. 산케이신문은 내각 지지율이 60%를 넘은 것은 2013년 9월(65.2%) 이후 3년 4개월 만이라고 설명했다. 앞서 니혼게이자이 조사에선 아베 내각 지지율이 66%, 요미우리신문 조사에선 61%로 고공행진을 이어가 새해 들어 부산소녀상 설치를 명분으로 일본 정부가 초강수를 둔 것이 지지율 상승에 영향을 미치는 현상이 계속 이어지는 것으로 분

석된다.

02월 13일

• 여론, 미일 정상회담 "좋다고 평가한다" 70%…입국제한 "이해 못해" 75%

(교도통신 02. 13)

– 교도통신사가 12,13일 양일에 걸쳐 실시한 전국 전화여론조사에 따르면, 아베 신
조 수상과 도널드 트럼프 미국 대통령에 의한 첫 정상회담 결과에 대해 "좋았다"고
평가한 응답자가 70.2%, "좋지 않았다"는 19.5%였다. 내각 지지율은 지난 번 조사 1
월에 비해 2.1포인트 증가해 61.7%를 기록했다. 비지지율은 27.2%였다. '공모죄'의
구성요건을 엄격화한 '테러 등 준비죄'를 신설하는 조직범죄처벌법 개정안을 둘러
싼 가네다 가쓰토시 법무대신의 언동은 69.5%가 "문제이다"고 대답했다. 남수단 유
엔평화유지활동(PKO)부대의 일지를 둘러싸고 이나다 도모미 방위대신이 헌법 9조
와의 관계로 문제가 되기 때문에 국회에서는 '전투'라는 말을 사용하지 않고 있다는
답변도 66.4%가 "납득할 수 없다"고 나타났다. 정당 지지율은 자민당이 지난 번 조
사에 비해 2.1포인트 증가한 44.6%로, 민진당은 지난 번7.3%부터 변동이 없었다. 공
명당 4.0%, 공산당 4.5%, 일본유신회 3.3%, 자유당 0.4%, 사민당 1.5%, 일본의 마음
0.2%, "지지 정당은 없다"고 한 무당파층은 33.7%였다.

9차(2월 말~3월 말)

정승희

　일본의 여당과 야당은 아키히토 일왕의 중도 퇴위를 두고 의견을 조율한 끝에 특별법을 제정하기로 입장을 정리했다(연합뉴스 2017. 03. 17). 일본 양원의 의장과 부의장은 3월 17일 아베 신조 총리에게 아카히토 일왕에 한해 중도 퇴위를 인정하는 특별법을 제정하는 것이 바람직하다는 국회의 견해를 전했으며, 특별법은 6월까지 진행되는 정기국회에서 통과될 가능성이 크다(연합뉴스 2017. 03. 17). 또한 일본 정부는 3월 21일 공모죄 구성요건을 변경한 조직범죄처벌법 개정안을 국무회의에서 의결했으며, 여당은 정기국회 회기 내에 이를 처리 할 계획이다(연합뉴스 2017. 03. 21). 그러나 야당과 시민단체들은 조직범죄처벌법 개정안을 아베 신조 정권의 폭주라고 비난하며 저지 방침을 밝혔고, 시민단체들은 총리관저 앞에서 시위를 벌이고 있어 논란을 부르고 있다(연합뉴스 2017. 03. 21).

　한편 일본 집권당인 자민당은 총재의 임기를 연속 '2기 6년'에서 '3기 9년'으로 늘리는 당칙 개정을 정식으로 결정하였다(교도통신 2017. 03. 05; 연합뉴스 2017. 03. 05 재인용). 만약 아베 총리의 총재 임기인 2018년 9월까지 아베 총리에 대적할 경쟁가가 없다면 아베 총리는 3년 더 총리를 할 가능성이 큰 것으로 보인다(교도통신 2017. 03. 05; 연합뉴스 2017. 03. 05 재인용).

　이처럼 아베 총리는 최장기 집권을 할 수 있는 발판을 마련했지만, '아키에 스캔들'로 3연속 재임에 비상이 걸렸다. 아베 총리의 부인 아베 아키에(安倍昭)가 명예교장을 맡았던 오사카의 '모리토모 학원'이 부지를 헐값에 매입했다는 논란이 증폭되고 있다(교도통신 2017. 03. 20; 연합뉴스 2017. 03. 10 재인용). 또한 모리토모 학원의 가고이케 야스노리(籠池泰典) 이사장이 "아키에 여사로부터 아베 총리가 보낸 100만엔을 받았다"라는 주장을 하면서 논란은 더욱 증폭되고 있다(연합뉴스 2017. 03. 23). 이러한 논란과 증언에 대해 아베 총리와 아키에 여사는 결백을 주장하고 있다. 민진당의 렌호 대표는 3월 16일 기자회견에서 수상의 기부가 사실이라면 수상은 사임을 결정 할 만하다고 주장하였고 야당은 가고이케 이사장과 아키에 수상부인의 국회 소환을 재차 요구하고 있다(교도통신 2017. 03. 16).

'아키에 스캔들'에 휘말린 아베 신조 총리의 지지율은 지난 2월 조사에 비해 10%포인트 가량 낮아진 56%로 집계되었다(요미우리신문 2017. 03. 20; 연합뉴스 2017. 03. 20 재인용). 또한 교도통신사의 여론조사에 따르면 아베 신조 수상이 모리토모학원의 국유지 매각 문제에 관여한 사실을 부인하는 데에 '납득할 수 없다'라고 응답한 비율은 62.5%였으며 문제의 경위에 정부가 충분히 '설명하고 있다고 생각되지 않는다'라는 응답의 비율은 82.5%였다(교도통신 2017. 03. 26).

일본 정당

03월 05일

• 아베 최장기 집권 길 열렸다…일본 여당, 총재임기 연장 정식 결정

(교도통신 03. 05; 연합뉴스 03. 05 재인용)

– 일본 집권당인 자민당이 총재 임기를 현행 연속 '2기 6년'에서 '3기 9년'으로 연장하는 내용의 당칙 개정을 정식 결정했다. 이에 따라 아베 신조 총리는 당 총재 3선에 출마할 수 있게 됐으며 당선되면 2020년 도쿄올림픽을 치르고 2021년 9월까지 장기 집권을 실현할 수 있게 됐다. 아베 총리의 당 총재 임기는 2018년 9월까지지만 그에게 대적할 만한 경쟁자가 없는 가운데 현재 체제가 계속 유지되면 3년 더 총리를 할 가능성이 큰 것으로 전망됐다. 이럴 경우 2006~2007년 1차 집권 당시를 포함해 재임일이 3천일을 넘기면서 최장수 재임 총리로 기록될 수 있다.

03월 05일

• 야권, '아베 임기연장·개헌추진' 강력 비판 (연합뉴스 03. 05)

– 민진당 등 일본 야권은 5일 아베 신조 총리가 9년 장기집권의 기반을 마련한 당대회에서 개헌 추진에 속도를 내겠다고 밝힌 데 대해 "개헌보다 보육 문제 등 당면 과제 해결을 우선하라"고 비판했다. 민진당의 렌호 대표는 기자들과 만나 "예산위원회에서 자민당의 개헌초안에 대한 의원들의 질문에 아베 총리가 일절 답을 하지 않으며, 다른 장소에서는 개헌이 자기가 할 일이라고 말한다"고 비판했다. 공산당의 시이 가즈오 위원장은 "자민당 내에서는 (총재 임기 연장) 절차가 이뤄졌어도, 총선에서

국민의 심판을 면하기 어려울 것"이라며 "아베 정권에 타격을 주는 결과를 끌어낼 것"이라고 비판했다.

03월 06일

• 여당서 4월 국회 해산설…아베, '전쟁가능국' 변신 앞당기나

(산케이신문 03. 06; 연합뉴스 03. 06 재인용)

– 일본 여당인 자민당의 당 규정 개정으로 아베 신조 일본 총리의 장기집권 가능성이 높아진 가운데 자민당 내에서 올해 4월 중의원 해산설이 부각되고 있다고 일본 언론이 6일 보도했다. 산케이신문은 자민당의 니카이 도시히로 간사장이 지난달 중순 복수의 당 간부와 직원에게 중의원 조기 해산에 따른 준비를 하라고 지시했다고 전했다. 당초 하반기로 예상되던 총선거가 상반기에 실시된다면 개헌 추진 일정도 그만큼 앞당겨질 가능성이 크다. 자민당 내에서 이처럼 조기 중의원 해산설이 확산하는 것은 고이케 유리코 도쿄도지사의 인기 상승과 관계가 있어 보인다. 현재 여론은 아베 총리에게 우호적이다. 그러나 아베 총리 부인 아키에 여사가 관련돼 이른바 '아키에 스캔들'로 불리는 국유지 헐값 매각의혹에 대한 여론은 싸늘한 편이어서 아베 측을 긴장시키고 있다.

03월 16일

• 민진당 대표 "모리토모 기부 사실이면 수상 사임해야"　　　　　(교도통신 03. 16)

– 민진당의 렌호 대표는 16일 기자회견에서, 오사카시 학교법인 '모리토모 학원' 초등학교를 둘러싸고 이사장 퇴임 의향을 보이는 가고이케 야스노리 이사장이 아베 신조 수상으로부터 기부금이 있었다고 발언한 것에 대해, "만약 사실이라면 수상은 의원을 그만둔다고 답변했기 때문에 그러한 판단을 할 만하다"고 지적했다. 수상은 2월 17일 중의원 예산위원회에서 초등학교 인가와 국유지 가격 인하에 대한 관여를 부정해"나와 아내, 사무소가 관여돼 있다면 수상도 국회의원도 그만두겠다"고 단언한 바 있다. 렌호 대표는 회견에서 가고이케 이사장의 국회 초치를 재차 요청했다. "수상은 가고이케 이사장이 있는 앞에서 자신은 결백하다고 설명할 필요가 있다"고도 말했다.

03월 27일

• 야당, 아키에 수상부인 국회 소환 재차 요구　　　　　　　　　　(교도통신 03. 27)

– 일본 여·야당은 27일 오사카시의 학교법인 '모리토모 학원' 국유지를 평가액보다 저렴한 가격으로 취득한 문제를 둘러싸고 공방을 격화했다. 민진당 등 야당은 참의원 예산위원회 이사회에서 문제의 진상 해명을 위해 아베 아키에 수상 부인의 증인 소환을 요구했지만, 막 내리기를 서두르는 여당은 거부할 자세를 견지하고 있다. 예산위에서 자유당 모리 유코(森裕子) 의원은 "모리토모 문제는 아키에 부인도 관여됐다. 증인 소환에 응해야 한다"고 주장. 아베 수상은 "그럴 필요는 없다"고 거절했다. 민진당의 사쿠라이 미쓰루(桜井充) 의원은 "직원 본인의 탓으로 돌리는 것은 딱한 일이다. 해명하는 자리를 만드는 것이 좋다"고 지적해, 국회에서의 설명이 필요하다는 생각을 나타냈다.

일본 선거·의회

03월 10일

• 아베, '9년 집권' 길 텄지만⋯잇따른 악재에 '곤혹'

　　　　　　　　　　　　　　　(교도통신 03. 10; 연합뉴스 03. 10 재인용)

– '최장수 총리'의 길을 만들어 놓은 아베 신조일본 총리가 잇따라 터진 악재로 곤혹스러운 입장에 빠졌다. 부인 아키에 여사가 명예교장을 맡았던 오사카 한 학교법인의 초등학교 부지 헐값 매입 논란이 갈수록 증폭되는데 이어 내각 인사가 실언으로 낙마하는 일까지 발생했다. 지난 5일 열린 자민당 대회에서 내년 9월인 당총재 임기를 2021년 9월까지 늘릴 수 있도록 당 규정을 바꿨지만, 악재가 이어지면서 내년 당총재 선거에도 영향을 줄 수 있다는 지적이 나오고 있다.

03월 17일

• 국회 "특별법으로 일왕퇴위"⋯아베 "신속히 법안 제출"　　　　(연합뉴스 03. 17)

– 일본 국회가 아키히토 일왕의 중도 퇴위를 특별법 제정을 통해서 추진한다는 입장을 정리했다. 일본 국회 양원인 참의원과 중의원의 의장과 부의장은 17일 아키히

토 일왕에 한해 중도 퇴위를 인정하는 특별법을 제정하는 것이 바람직하다는 내용의 국회 '견해'를 아베 신조 총리에게 제출했다. 다만 '왕위 계승은 황실전범에 따른다'는 헌법 규정을 위반할 소지가 있는 만큼 황실전범의 부칙에 '특례법은 황실전범과 같다'는 내용을 넣어야 한다고 제안했다. 또 퇴위 후 일왕의 지위와 호칭 등을 포함해 특별법 제정을 통한 일왕의 중도 퇴위가 앞으로 선례가 되게 해야 한다는 입장을 표명했다. 한편 일본 국회는 이날 정리한 견해에서 퇴위와 관련한 법 정비 이후 '여성궁가'의 창설 문제를 검토하도록 정부에 요구했다. 특별법은 6월까지 열리는 정기국회에서 통과될 가능성이 크다. 이 경우 나루히토(德仁) 왕세자가 2019년 1월에 왕위에 오르게 될 것으로 보인다.

03월 20일
• 아키에 스캔들로 궁지 몰린 일본 아베 '내달 총선거' 카드 쓰나

(산케이신문 03. 20; 연합뉴스 03. 20 재인용)

– '아키에 스캔들'에 의한 내각 지지율 하락으로 궁지에 몰린 아베 신조일본 총리가 조만간 중의원 해산을 선언하고 다음달에 곧바로 총선거를 시행할 것이라는 관측이 높아지고 있다고 산게이신문이 20일 보도했다. 산케이신문이 4월 총선론을 거듭 제시한 것은 아베 내각의 정치적 상황이 좋지 않다는 것을 방증한다. 아키에 스캔들로 지지율이 떨어지고 있고, 한편으로는 고이케 유리코 도쿄지사의 돌풍이 커지며 7월로 예정된 도쿄도 의회 선거에서도 참패가 예상된다. 이 경우 우익들이 개헌을 실현시킬 유일한 정치인으로 꼽는 아베 총리의 입지는 더 좁아진다. 자민당 내에서는 회의론도 만만치 않다. 아키에 스캔들이 한창인 상황에서 의회를 해산하면 자칫 스캔들을 피해 도망쳤다는 인상을 국민들에게 줄 수 있기 때문이다. 이미 지지율 하락이 가파른 상황이어서 조기총선으로 선수를 치기에는 벌써 늦었다는 의견도 있다.

03월 21일
• 테러대책법 각의 의결…야당·시민단체 "아베 폭주" 반발   (연합뉴스 03. 21)

– 일본 정부는 21일 조직범죄를 사전에 모의해도 처벌할 수 있도록 공모죄 구성요건을 변경한 조직범죄처벌법 개정안을 각의(국무회의)에서 의결했다. 이에 여당은 현

재 소집된 통상국회(정기국회) 회기 내에 처리한다는 방침이나, 민진당 등 야권과 시민단체는 총력 저지 방침을 밝히며 총리 관저 앞에서 시위를 벌여 논란이 예상된다. 개정안은 공모죄의 적용 대상을 '조직적 범죄집단'으로 정했다. 조직적 범죄집단은 테러 조직이나 폭력단, 마약밀수조직 등을 예로 들고 있다. 그러나 일본변호사연맹 등은 "범죄 주체가 테러조직 등으로 한정됐다고 정부는 이야기하지만, 시민단체나 노조에도 적용될 여지가 있다"고 그동안 지적했다. 도쿄 총리 관저 앞에서는 시민단체 회원 등 300여 명이 집회를 열고 "공모죄는 위헌이다", "아베 신조 정권의 폭주를 막아라" 등의 구호를 외치며 개정안 저지를 다짐했다.

일본 여론

03월 14일

• 일본 아베 연임에도 빨간불…지지율·3연임 찬성론 동반하락

(마이니치신문 03. 14; 연합뉴스 03. 14 재인용)

- 아베 신조 일본 총리가 부인 아키에 여사가 연루된 비리 의혹으로 3연임에 비상이 걸렸다. 자민당은 지난 5일 당대회를 열고 내년 9월인 당총재 임기를 2021년 9월까지 늘릴 수 있도록 당 규정을 바꿨지만, 잇단 악재가 내년 당총재 선거에도 영향을 줄 수 있다는 지적이 나온다. 14일 마이니치신문이 지난 11~12일 전국 유권자 1천12명을 대상으로 실시한 전화 여론조사 결과 아베 총리의 3연임에 대해 찬성하는 의견은 45%, 반대하는 의견은 41%로 4%포인트 밖에 차이가 나지 않았다. 여론조사 전문가들은 최근 여론조사에서 아베 총리의 3연임에 대한 찬성 여론이 줄어든 것은 그의 부인 아키에 여사를 둘러싼 '아키에 스캔들'이 가장 큰 영향을 준 것으로 보고 있다.

03월 20일

• 일본, 아베 지지율, 아키에 스캔들에 10%포인트 급락…47%까지 떨어져

(요미우리신문 03. 20; 연합뉴스 03. 20 재인용)

- 부인 아키에 여사의 비리 사학 연루 스캔들에 휘말린 아베 신조 일본총리의 지지

율이 한달 사이 10%포인트나 급락했다. 지지율은 여전히 40~50%대의 높은 수준이긴 하지만 고공행진을 이어가다 단기간에 큰 폭으로 떨어진 것이어서 향후 추이가 주목된다. 20일 요미우리신문이 18~19일 실시한 전국 여론조사 결과에 따르면 아베 내각의 지지율은 지난달 17~19일 조사 때에 비해 10%포인트나 낮아진 56%로 집계됐다. 지지율 하락폭은 '아키에 스캔들' 이후 아베 총리의 지지율 하락을 보여준 최근 어론조사 결과 중 가장 크다. 이달 들이 이베 내각의 지지율은 여론조사를 주관한 언론사에 따라 5~8%포인트 하락했었다. 지지율이 떨어지면서 "지지하지 않는다"는 견해를 밝힌 사람의 비율은 9%포인트 늘어난 33%였다. 지지율 하락은 '지지하는 정당이 없다'는 무당파 사이에서 특히 컸다. 무당파의 아베 내각 지지율은 45%에서 33%까지 수직으로 하락했다.

03월 26일

• 여론, 수상 해명 "납득 못해" 62%…"부인 국회증인 유치" 52%　　　(교도통신 03. 26)
– 교도통신사가 25, 26일 이틀간 실시한 전국 전화여론조사에 따르면, 오사카시의 학교법인 '모리토모 학원' 국유지 매각 문제와 관련해 아베 신조 수상이 아베 아키에 수상 부인을 포함해 관여를 부인하고 있는 데 대해 '납득할 수 없다'고 하는 응답이 62.6%였다. '납득할 수 있다'의 28.7%를 크게 웃돌았다. 아키에 부인을 국회에 증인으로 유치해 설명을 촉구해야 한다는 응답은 52.0%. 국유지가 헐값에 매각된 문제의 경위에 대해 정부가 충분히 '설명하고 있다고 생각되지 않는다'라는 응답은 82.5%에 달해, '설명하고 있다고 생각한다'의 10.7%를 크게 웃돌았다. 학원 이사장직 퇴임을 표명한 가고이케 야스노리 씨가 국회에서 증언한 수상으로부터 100만 엔의 기부에 관해 사실 관계를 부인하고 있는 수상의 설명을 '이해할 수 없다'고 밝힌 응답은 58.7%였다. '이해할 수 있다'는 30.2%. 아키에 부인의 국회 증인 심문 유치는 필요하지 않다라는 응답은 42.8%였다.

10차(3월 말~4월 말)

정승희

　지난 3월 '아키에 스캔들'에 이어 일본 각료들의 무분별한 발언으로 인해 아베 신조 내각이 또 다시 곤혹을 치르고 있다. 이마무라 마사히로(今村雅弘) 부흥상이 지난 4일 기자회견에서 원전사고로 인해 타지에서 생활하고 있는 피난자를 대상으로 "(피난처에서 귀환을) 어떻게 할 것인가는 본인의 책임이자 판단"이라고 발언하자, 기자는 "국가의 책임은 없는 것이냐"고 질문하였고, 이에 "당신, 다시는 오지 말라"며 "시끄럽다"고 거세게 반응하여 야당의 비난과 사퇴 요구를 받았다(교도통신 2017. 04. 06; NHK 2017. 04. 06; 연합뉴스 2017. 04. 06 재인용). 또한 최근 자민당 후루야 케이지(古屋圭司) 선거대책위원장은 자신의 SNS에 야당 후보의 공약에 대해 "시민에 대한 사기행위라고 할 수 있는 오키나와 특유의 언제나 있는 전술"라고 적어, 야당과 자민당 내부로부터 비난을 받고 있다(도쿄신문 2017. 04. 19; 연합뉴스 2017. 04. 19 재인용). 이마무라 마사히로 부흥상이 25일 자민당 내 파벌 '니카이(二階)파'의 파티에서 동일본대지진이 수도권이 아닌 도호쿠 지역에서 일어나서 다행이었다는 취지의 이야기를 하여 비난을 받자, 아베 총리는 이례적으로 3시간 만에 각료를 경질했다(연합뉴스 2017. 04. 26 재인용). 이러한 각료들의 문제발언에 대해 야권뿐만 아니라 여론 또한 실망감을 보이고 있다. 23일 교도통신의 여론조사에 따르면, 응답자의 73.2%가 아베 내각 각료의 최근 문제발언에 대해 "해이함이 드러나 있다고 생각한다"고 답했다(교도통신 2017. 04. 23; 연합뉴스 2017. 04. 23 재인용).

　한편, 아베 정권은 '교육칙어' 교육방침 채택으로 인해서도 야당으로부터 거센 비난을 받고 있다. 3월 31일 열린 각의(국무회의)에서 일본 정부는 교육칙어와 관련하여 "헌법이나 교육기본법 등에 위반하지 않는 형태로 교재로 사용하는 것을 막을 수 없다"는 내용을 정부 공식 입장으로 밝혔다(아사히신문 2017. 04. 01; 연합뉴스 2017. 04. 01 재인용). 이러한 정부의 공식 입장에 대해 야당은 "패전 이전으로 회귀하는 움직임"이라며 거센 반발을 하고 나섰다(교도통신 2017. 04. 04; 연합뉴스 2017. 04. 04 재인용). 마이니치신문과 도쿄신문과 같은 일본 언론 또한 아베 정권의

'교육칙어' 방침에 대해 국가주의와 군국주의의 상징이라며 비난하고 있다(마이니치신문 2017. 04. 05; 도쿄신문 2017. 04. 05; 연합뉴스 2017. 04. 05 재인용).

최근 아베 정부는 '아키에 스캔들', '교육칙어', 내각 각료의 문제발언 등으로 야권과 언론으로부터 비난을 받고 있지만, 23일 교도통신의 여론조사에 따르면 아베 정부의 지지율은 지난달에 비해 6%포인트 상승한 것으로 나타났다(교도통신 2017. 04. 23; 연합뉴스 2017. 04. 23 재인용).

일본 정당

04월 04일

• 일본 야당, '교육칙어' 교육방침에 "패전이전 회귀 하는거냐" 반발

(교도통신 04. 04; 연합뉴스 04. 04 재인용)

– 일본 아베 신조 정권이 군국주의 상징으로 알려진 '교육칙어'를 학생들에게 가르칠 수 있다는 방침을 정하자 야당이 "패전 이전으로 회귀하는 움직임"이라며 반발하고 나섰다. 4일 교도통신에 따르면 일본 정부의 교육칙어 교재 사용 방침에 야권의 반대가 거세다. 제1야당인 민진당의 오구시 히로시(大串博志) 정조회장은 "아베 정권이 전전(戰前·1945년 패전 이전)으로 돌아가려는 움직임을 여실히 보여 준다"고 비판했고, 같은 당 이즈미 겐타(泉健太) 중의원 운영위원회 이사도 운영위에서 "과거 국회 결의와 크게 어긋난다"고 지적했다. 이는 일본 정부의 교육칙어 교육 가능 방침에 반발하는 것으로 보인다.

04월 04일

• 일본 장관, 원전피난자 대책에 '막말' 파문 확산…야당 '사퇴' 요구

(교도통신 04. 06; NHK 04. 06; 연합뉴스 04. 06 재인용)

– 재해 지역 재건을 책임진 일본 장관이 후쿠시마 원전 사고 피난자 대책과 관련한 기자의 질문에 반말을 하고 피난자의 귀환 여부는 본인의 책임이라며 '나 몰라라'는 식의 발언을 해 파문이 확산되고 있다. 6일 교도통신과 NHK에 따르면 이마무라 마사히로 부흥상은 지난 4일 기자회견에서 원전사고로 스스로 고향을 떠나 타지에서

생활하는 피난자에 대해 "(피난처에서 귀환을) 어떻게 할 것인가는 본인의 책임이자 판단"이라고 발언했다. 이에 기자가 "국가의 책임은 없는 것이냐"는 취지로 질문하자 "당신, 다시는 오지 말라"며 "시끄럽다"고 거세게 반응했다. 원전사고로 인해 거주지를 떠나야 했던 피난자 지원대책을 둘러싸고 이러한 상황이 벌어지자 이마무라 부흥상은 같은 날 저녁 "감정적으로 대응했다"고 사과했다. 그러나 야당 측은 6일 "원전사고 피해자들에게 마음의 상처를 주는 발언으로 각료로서 자질이 없다"며 사퇴를 요구하고 나섰다. 이날 중의원 동일본대지진부흥특별위원회에 출석한 이마무라 부흥상은 재차 사과한 뒤 "성심성의껏 직무에 임해 부흥에 전력을 다하겠다"며 사퇴 요구를 일축했다.

04월 09일

• 일본 고이케 신당, '태풍의 눈'…여야서 잇단 합류…아베 '긴장'

(아사히신문 04. 09; 연합뉴스 04. 09 재인용)

- 지난해 7월 말 일본 도쿄도 지사로 선출된 고이케 유리코가, 그로부터 1년 만에 열리는 도쿄도 의회선거를 앞두고 또 다시 주목 받고 있다. 아사히신문은 7월 2일 열릴 도쿄도 의회 선거전에 각 당이 치열한 경쟁을 하는 가운데 고이케 지사를 중심으로 한 지역정당인 '도민퍼스트회(都民ファーストの会)'가 태풍의 눈으로 부상했다고 9일 분석했다. 아사히는 "도민퍼스트회가 고이케의 압도적 인기를 배경으로 다른 정당 의원들을 잇달아 흡수해 단독 과반수를 내다보고 있다"고 전했다. 현재 제1야당인 민진당에선 도의원 선거 공천 예정자 36명 중 7명이 탈당계를 냈고 이 중 4명이 도민퍼스트회를 통해 출마하기로 했다. 일본 최대 수산물 시장인 도쿄 쓰키지 시장 이전 문제와 관련, 고이케 지사와 날을 세우는 자민당 쪽에서도 적지 않은 수가 합류했다. 여야 할 것 없이 이처럼 고이케 지사의 신당에 러브콜을 보내는 이유는 도쿄도 의회 선거가 다른 선거에도 영향을 미칠 것으로 예상해서다. 또한 아사히신문의 이달 여론조사에서 고이케 지사 지지율이 74%에 달한 것으로 나타났다.

04월 19일

• 기시다 일본 외무상, 차기 정권 의욕…아베 "조금만 참아라"

(아사히신문 04. 20; NHK 04. 20; 연합뉴스 04. 20 재인용)

– 아베 신조 일본 총리가 2021년까지 장기집권의 길을 터놓고 아베 1강(强) 체제를 유지하고 있는 가운데, 기시다 후미오 일본 외무상이 포스트 아베에 대한 의욕을 드러냈다. 20일 아사히신문, NHK에 의하면 기시다 외무상은 19일 도쿄의 한 호텔에서 열린 집권 자민당 파벌인 '고치(宏池)회' 창립 60주년 기념파티에 참가해 "아베 시대도 언젠가는 끝이 온다"면서 포스트 아베 시대에 대해 언급하며 차기 정권 주자로 나설 것임을 시사했다. 현재 기시다파 내에서는 내년 9월 열리는 자민당 총재 선거에서 기시다 외무상이 입후보해야 한다는 목소리도 있지만, 사실 당내에서는 아베 총리의 3선 전망이 유력하다. 기시다 외무상의 포스트 아베 시대 언급에, 이 자리에 참석한 아베 총리는 뼈있는 농담으로 견제하기도 했다.

일본 선거·의회

03월 31일

• 일본 각의, 군국주의 상징 '교육칙어' 교육가능 방침채택…반발 예상

(아사히신문 04. 01; 연합뉴스 04. 01 재인용)

– 일본 정부가 군국주의 상징의 하나인 교육칙어를 학교에서 학생들에게 가르칠 수 있다는 방침을 정해 논란이 예상된다. 1일 아사히신문 등에 따르면 일본 정부는 전날 열린 각의(국무회의)에서 "헌법이나 교육기본법 등에 위반하지 않는 형태로 교재로 사용하는 것을 막을 수 없다"는 내용을 정부 공식 입장으로 채택했다. 그러나 교육칙어는 군국주의나 침략전쟁을 미화했다는 점에서 일본 내 시민단체 등의 반발이 예상된다. 이번 정부의 입장은 제1야당인 민진당의 하쓰시카 아키히로(初鹿明博) 의원의 서면질의에 대한 답변이다. 답변에는 "칙어를 우리나라 교육의 유일한 근본으로 삼는 것은 부적절하다"면서도 "헌법이나 교육기본법에 반하지 않도록 배려하면 교재로 사용하는 것은 문제되지 않는다"고 적혀 있다.

04월 07일

• 시민단체·야당 반대 속 테러대책법 강행은 "아베 체면 때문"　　　(연합뉴스 04. 07)

– 일본 여당이 야권과 시민단체의 강한 반발에도 불구하고 테러대책법을 강행 처리하려는 것은 아베 신조 총리의 체면 때문이라는 관측이 나오고 있다. 테러대책법은 조직범죄를 사전에 모의해도 처벌할 수 있도록 공모죄 구성 요건을 변경한 조직범죄처벌법 개정안을 부르는 말이다. 개정안은 공모죄의 적용 대상을 '조직적 범죄 집단'으로 정했다. 조직적 범죄집단은 테러 조직이나 폭력단, 마약밀수조직 등을 예로 들고 있다. 그러나 야권과 시민단체는 "특정인이나 단체를 표적 수사할 수 있다", "시민 생활을 위협하는 법안이다"라며 반대 집회를 이어가고 있다.

04월 26일

• 아베 "새 시대 맞는 헌법 만들어야"…헌법기념일 '개헌드라이브'　　　(연합뉴스 04. 26)

– 아베 신조 일본 총리는 26일 "헌법은 국가의 이상적인 모습을 나타내는 것"이라며 "새로운 시대의 이상적인 모습을 그려나갈 필요가 있다"고 말했다. 그는 내달 3일 헌법기념일에 앞서 이날 국회 헌정기념관에 열린 '헌법 시행 70주년 기념식' 인사말에서 이같이 밝혀 개헌 의지를 재차 분명히 했다. 아베 총리의 개헌 행보는 2012년 12월 두 번째 총리 취임을 전후해 본격화한 군국주의 행보, 즉 일본을 전쟁 가능한 국가로 만들기 위한 최종 목적지다. 다만 민진당 등 야권이 "일본을 전쟁국가로 만들려는 시도"라며 강하게 반대하고 있어서, 아베 총리의 이런 시도가 성사되기는 쉽지 않아 보인다. 실제 아베 총리의 개헌 논의 드라이브에 따라 중의원과 참의원의 헌법 심사회가 올 들어 재차 가동에 들어갔지만 흐지부지한 상태다. 그러나 아베 총리가 최근 한반도 위기론 등을 적극 활용하며 한때 하락 추세를 보이던 지지율 제고에 성공함으로써 개헌 논의의 동력도 어느 정도 확보된 상황이어서 추이가 주목된다.

04월 05일

• 아베 "군국주의지향 · 국민주권역행"…일본 언론도 '교육칙어' 비판

(마이니치신문 04. 05; 도쿄신문 04. 05; 연합뉴스 04. 05 재인용)

– 극우 수구 성향의 아베 신조 일본 정권이 군국주의의 상징인 '교육칙어'를 학교 교육에 활용하려는데 대해 야권에 이어 언론도 강하게 비판하고 나섰다. 마이니치신문은 5일 사설을 통해 "전전의 교육규범이던 교육칙어는 국가주의를 지탱하고, 군국주의의 동력 역할을 해 전후(戰後) 국회 결의로 실효됐다"고 지적했다. 도쿄신문도 "개인보다 국가를 우선하는 사상을 담은 교육칙어를 부활시키면 그 말로는 위험하다"며 "국내외에서도 이런 자세에 대한 우려가 나온다"고 지적했다.

04월 15일

• 일본 국민 10명중 7명 "아키에스캔들 해명 납득못해"

(지지통신 04. 15; 연합뉴스 04. 15 재인용)

– 일본 오사카 사학의 '국유지 헐값 매입' 파문과 관련한 아베 신조 총리 측 설명을 납득하지 못한다는 일본인이 70%에 가까운 것으로 나타났다. 15일 지지통신에 따르면 최근 18세 이상 남녀를 대상으로 여론 조사를 한 결과 모리토모 학원 문제에 대한 아베 총리 측 설명을 '납득하지 못한다'는 대답이 68.3%로 집계됐다. 통신은 납득한다는 응답은 12.3%에 그쳐 아베 총리와 부인 아키에 여사 등의 대응에 국민의 불만이 큰 것으로 나타났다고 분석했다. 지지정당별로 보면 납득할 수 없다는 응답은 집권 자민당 지지층에서 55.3%, 연립 여당인 공명당 지지층에선 이보다 더 높은 61.5%로 전체적으로는 여당 지지층에서도 절반을 넘었다. 제1야당인 민진당 지지층에선 아베 총리 측 설명을 납득하지 못하겠다는 응답이 90%였으며 이외 공산당, 자유당 지지층에선 각각 100%로 나타났다.

04월 23일

• '북풍'에 시선 돌리기 성공 일본 아베, 지지율 6. 3%포인트 올라 60% 육박

(교도통신 04. 23; 연합뉴스 04. 23 재인용)

- 일본 아베 신조 내각의 잇따른 말실수에 일본 국민 4명 중 3명은 '나사가 풀렸다'고 비판적인 생각을 가지고 있는 것으로 나타났다. 그럼에도 북한의 6차 핵실험 가능성을 소재로 한 일본정부의 위기조장 노력인 이른바 '북풍(北風) 몰이' 덕에 아베내각 지지율은 전달보다 6%포인트 이상 상승했다. 23일 교도통신의 여론조사에 따르면, 우선 응답자의 73.2%는 최근 아베내각 각료의 문제발언과 불륜문제에 의한 정무관의 사임 등에 대해 "해이함이 드러나 있다고 생각한다"고 답했다. 이번 조사에서 4월 아베내각 지지율은 58.7%로 3월보다 6.3%포인트 올랐다. 아베 총리 부인이 국유지 헐값매각에 연루된 이른바 '아키에 스캔들' 직격탄으로 3월 아베내각 지지율은 2월보다 6%포인트 하락했지만 반등한 것이다. 교도통신은 각료들의 문제 발언이 계속 이어졌지만 북한의 정세가 긴박해진 것이 지지율 상승으로 이어졌다고 분석했다.

11차(4월 말~5월 말)

정승희

아베 신조 일본 총리가 개헌 추진을 가속화하고 있다. 헌법기념일인 5월 3일 아베 총리는 2020년 개정 헌법을 시행하겠다는 조기개헌 추진 의사를 밝혔으며, 논란이 적은 부분부터 개헌논의를 시작해 추후 평화헌법 조항을 수정하는 '2단계 전략'을 진행하고자 한다(연합뉴스 2017. 05. 03). 또한 여당인 자민당 내에서도 개헌 준비를 위한 움직임이 보이고 있다. 5월 14일 시모무라 하쿠분 자민당 간사장 대행은 당 헌법개정추진본부 산하에 기초위원회를 설치할 것이라고 밝혔다(요미우리신문 2017. 05. 15; 한국일보 2017. 05. 15 재인용). 그러나 여전히 아베 총리의 적극적인 개헌 드라이브에 대해 여론, 야권 등의 비난은 계속되고 있으며, 연립여당 내에서도 신중론이 제시되고 있다(NHK 2017. 05. 15; 연합뉴스 2017. 05. 15 재인용). 여론조사에 따르면 개헌에 찬성한다는 의견은 48%, 반대하는 의견은 33%로 찬성의 의견이 많았으나, 평화헌법 조항인 헌법 9조에 대해서는 찬성 의견 30%, 반대 의견 46%로 반대 의견이 높았다(마이니치신문 2017. 05. 03; 연합뉴스 2017. 05. 03 재인용).

또한 일본 정부와 여당이 추진하고 있는 '테러대책법'에 대한 여야의 대립이 계속 되고 있다. 일본의 제1야당인 민진당의 렌호 대표는 테러대책법을 비난하며 추후 개정안 폐기를 요구할 것이라 밝혔고(교도통신 2017. 05. 08; 연합뉴스 2017. 05. 08 재인용), 야 4당인 민진·공산·자유·사민 등은 가네다 가쓰토시 법무상의 불신임안을 국회에 제출하였다(아사히신문 2017. 05. 17, 연합뉴스 2017. 05. 17). 그러나 일본 정부와 자민당은 시민단체와 야당의 반발에도 23일 중의원 본회의에서 자민당과 공명당, 일본유신회 소속 의원의 다수 찬성으로 테러대책법안을 가결시켰다(연합뉴스 2017. 05. 23). 5월 23일 열린 중의원 본회의에서 자유당과 사민당 의원들이 여당의 법안 체결 강행에 반대하며 자리를 비운 채 표결이 진행되었다(연합뉴스 2017. 05. 23). 이러한 여당의 법안 강행 처리에 대해 여론의 60%가 테러대책법안에 대한 "국회의 심의가 부족하다"고 응답했다(아사히신문 2017. 05. 26; 연합뉴스 2017. 05. 26 재인용).

한편 고이케 유리코 도쿄도지사에 대한 인기가 계속 상승하고 있다. 요미우리신문이 22일 밝힌 여론조사에 따르면 일본 정계에 돌풍을 일으키고 있는 고이케 도쿄도지사의 지지율이 69%로 나타났으며, 정당별 투표의향을 묻는 질문에서 고이케 도쿄도지사가 이끄는 '도민퍼스트회'가 22%로 자민당의 뒤를 이었다(요미우리신문 2017. 05. 22; 연합뉴스 2017. 05. 22 재인용). 고이케 도쿄도지사의 인기가 70%대에 육박하자, 올 7월에 있을 도의회 선거에 지사의 인기가 어떤 영향을 미칠지 주목받고 있다(요미우리신문 2017. 05. 22; 연합뉴스 2017. 05. 22 재인용).

일본 정당

05월 04일

• "일본 헌법발의 이르면 내년 여름"…연립여당 공명 우호적 분위기

(아사히신문 05. 04; 연합뉴스 05. 04 재인용)

– 아베 신조 일본 총리가 헌법을 개정해 2020년 시행하겠다고 개헌 일정을 밝힌 가운데, 개헌안 발의가 이르면 내년 여름에 가능할 것이라는 전망이 나왔다. 아사히신문은 4일 개헌 추진의 세부 일정을 여러 시나리오로 소개하며 가장 빠른 경우 내년 여름 중의원 해산 전에 개헌안이 발의될 수 있다고 설명했다. 아베 총리가 전날 평화헌법 조항인 헌법 9조의 기존 조항을 건드리지 않겠다고 밝힌 것은 현재의 국회 멤버들을 통해 개헌을 추진하는 이 같은 시나리오를 염두에 둔 것일 가능성이 크다. 반대가 많은 헌법 9조를 논의에서 제외해 개헌에 우호적인 세력을 최대한 끌어들이겠다는 노림수다. 실제로 이 같은 제안은 개헌보다는 새로운 조항만 추가하는 '가헌'을 주장하는 연립여당 공명당으로부터 박수를 받고 있다. 개헌안이 국회를 통과해 발의되기 위해서는 연립여당 공명당의 협조가 필수적이다.

05월 08일

• 야당, 모의만 해도 처벌 테러대책법 '용납 못해'…대안입법 예정

(교도통신 05. 08; 연합뉴스 05. 08 재인용)

– 8일 교도통신에 따르면 제1야당 민진당의 렌호 대표는 전날 테러대책법에 대항할

법안을 국회에 제출할 방침이라고 기자들에게 밝혔다. 아베 신조 총리는 지난달 국회에서 "국제 조직범죄방지조약을 체결하지 않은 나라는 주요 7개국(G7) 가운데 일본뿐"이라며 개정이유를 설명한 뒤 개정안을 통해 범죄를 미연에 방지할 수 있다고 언급했다. 그러나 야당과 시민단체는 수사기관이 이를 악용할 소지가 있다며 줄곧 폐기를 주장해 왔다. 렌호 대표는 "조직적 사기와 인신매매에 예비죄를 신설하는 법안 등을 제출할 방침"이라며 징부가 개정 근거로 주장하는 국제 조직범죄방지조약에 가입하기 위해선 이러한 내용의 예비죄 도입으로도 충분하다고 강조했다. 또한 "(모의만 하는 것으로 처벌함으로써) 마음의 자유를 위협할 가능성이 있는 법률보다는 실질적인 내용으로 테러대책을 구성해야 한다"며 개정안 폐기를 향후에도 요구할 것이라고 덧붙였다. 일본 정부와 집권 자민당은 이번 국회 회기 내에 개정안을 처리한다는 방침이다.

05월 15일

• 개헌 '마이웨이' 질주 일본 아베…자민당 내 초안 조직 설치

(NHK 05. 15; 연합뉴스 05. 15 재인용)

– 민진당 등 야권의 반발에 연립여당인 자민·공명당 내에서도 신중론이 잇따라 제기됨에도 당내 개헌안 초안 작성 기구를 설치하는 등 개헌을 위한 절차에 속속 나서고 있다. 시모무라 하쿠분 자민당 간사장 대행은 지난 14일 NHK에 출연해 당 헌법개정추진본부 산하에 기초위원회를 설치하겠다고 밝혔다. 당 총재인 아베 총리가 밝힌 2020년 새 헌법 시행을 뒷받침하기 위한 조직이다. 그러나 아베 총리의 개헌 드라이브에도 불구하고 정치권에서는 여전히 논란이 이어지고 있다. '포스트 아베'로 불리는 이시바 시게루 전 자민당 간사장은 15일 TV아사히 프로그램에서 아베 총리의 개헌 구상은 헌법상 자위대가 군대인지 여부에 대해 여전히 의문을 남긴다며 2항과 애매한 관계가 될 수 있다고 지적했다. 공명당의 사이토 테쓰오(齊藤鐵夫) 간사장 대행은 "안보관련법 정비에 따라 자위대가 할 수 있는 자위 조치의 한계가 명확해졌다"며 "9조를 바꿀 필요가 없다"고 비판했다.

05월 16일

• '테러대책법' 충돌…여당 "강행처리" vs 야당 "법무상 불신임"   (연합뉴스 05. 16)

– 일본 정치권이 16일 테러대책법을 둘러싸고 충돌했다. 여당인 자민당은 아베 신조 총리가 오는 17일 중위원 법무위원회에 출석해 의원들의 질의에 답변을 한 뒤 법안을 의결하고 오는 18일 중의원 처리를 목표로 하고 있다. 그러나 민진당을 중심으로 한 야권은 "강행처리는 절대 용납할 수 없다"며 가네다 가쓰토시 법무상에 대한 불신임 결의안을 제출하겠다고 맞섰다. 일본 정부는 주요 7개국(G7) 가운데 이 조약을 체결하지 않은 나라는 일본뿐이라면서 개정안 처리가 시급하다는 입장을 고수하고 있다.

일본 선거·의회

05월 03일

• 헌법시행 70주년에 거세지는 일본 아베 '전쟁가능국' 개헌 야욕   (연합뉴스 05. 03)

– 헌법 시행 70주년을 맞아 일본정부가 전쟁 가능한 국가로의 변신을 꿈꾸며, 헌법 개정을 위한 드라이브를 걸고 있다. 헌법기념일인 3일 아베 신조 일본 총리는 개헌에 대한 야권과 시민단체들의 우려에도 2020년 개정 헌법을 시행하겠다며 조기 개헌 추진 의욕을 드러냈다. 아베 내각은 논란이 덜한 부분부터 개헌 논의를 시작하고, 추후 핵심인 평화헌법 조항(9조)를 바꾸려는 '2단계 전략'을 구상하고 있다. 다만 아키에 스캔들이나 정부 각료 망언 등으로 아베 정권에 대한 비판 여론이 만만치 않고, 7월 도쿄 도의회 선거 상황도 녹록지 않은 등 개헌 추진에 부정적인 상황이 적지 않다.

05월 17일

• '모의만 해도 처벌' 테러대책법 제동…법무상 불신임안 제출

(아사히신문 05. 17; 연합뉴스 05. 17)

– 일본 정부와 여당이 이번 국회회기에 처리하려던 테러대책법이 야당의 법무상 불신임안 제출로 일단 제동이 걸렸다. 17일 아사히신문에 따르면 여당은 이날 중의원

법무위원회에서 법안을 의결하고 이달 18일 중의원 통과를 노렸으나, 민진·공산·자유·사민 등 야 4당은 공동으로 가네다 가쓰토시 법무상 불신임 결의안을 국회에 제출했다. 이 때문에 중의원 법사위원회가 열리지 못해 집권 자민당과 연립 여당인 공명당은 금주 내 중의원 처리를 포기했다고 이 신문은 전했다. 자민당과 공명당은 가네다 법무상에 대한 불신임 결의안을 중의원 본회의에서 부결시킨다는 방침이다.

05월 23일

• 정부·여당, 시민 반발에도 테러대책법 중의원 강행 처리　　　　　　(연합뉴스 05. 23)

– 일본 정부와 여당인 자민당이 야당과 시민단체들의 반발에도 불구하고 테러대책법안(조직범죄처벌법 개정안)을 중의원에서 강행 처리했다. 중의원은 23일 본회의를 열고 자민당과 공명당 연립여당, 일본유신회 소속 의원들의 찬성 다수로 테러대책법안을 가결했다. 이날 중의원 본회의에서의 표결은 야당인 자유당과 사민당 의원들이 법안 체결 강행에 반대하며 자리를 떠난 가운데 진행됐다. 중의원을 통과한 이 법안은 상원 격인 참의원에서 심의를 거쳐 통과 여부에 대한 표결을 거치게 된다. 일본 정부와 자민당은 다음 달 중순까지인 정기국회 회기 내에 참의원에서 법안을 통과시키겠다는 방침을 세웠다.

일본 여론

05월 03일

• 아베 '북풍몰이'에 우경화하는 일본…'전쟁가능국' 개헌여론 확장

　　　　　　　　　　　　　　(마이니치신문 05. 03; 연합뉴스 05. 03 재인용)

– 북한의 핵실험·미사일 발사 도발로 한반도 주변의 긴장이 고조된 것을 활용한 아베 신조 일본 정권의 '북풍' 몰이가 일본 사회에서 개헌 찬성론을 가속하고 있다. 헌법 개정을 통해 일본을 전쟁 가능한 국가로 만들려는 아베의 구상에 탄력이 붙는 모양새다. 3일 마이니치신문이 지난달 22~23일 18세 이상 1천11명을 대상으로 실시한 전화 설문조사에서 개헌에 찬성한다는 의견은 48%으로 반대 의견 33%보다 15%포인트나 높았다. 반면 평화헌법 조항인 헌법 9조(일본이 전쟁과 무력 행사를 영구히 포기하며

군대를 보유하지 않고 교전권도 인정하지 않는다)에 대해서는 46%가 개정에 반대한다고 답해 찬성한다는 의견 30%보다 높았다.

05월 22일
• 일본 정계 '돌풍' 고이케 도쿄지사 지지율 69%…신당에 '기대' 53%

(요미우리신문 05. 22; 연합뉴스 05. 22 재인용)

− 일본 정계에 돌풍을 일으키며 아베 신조 총리의 대항마로 떠오른 고이케 유리코 도쿄도 지사의 인기가 70%대에 육박하면서 오는 7월 치러질 도의회 선거에 어떤 영향을 미칠지 관심이 집중되고 있다. 22일 요미우리신문에 따르면 지난 20~21일 도쿄도 유권자 1천478명을 대상으로 전화 여론조사를 한 결과 고이케 지사의 지지율은 69%로 나타났다. 정당별 투표 의향에 대해선 집권당인 자민당 후보에 투표하겠다는 응답이 25%로 가장 많았지만, 고이케 지사가 이끄는 지역정당 '도민퍼스트회'가 22%로 그 뒤를 이었다. 제1야당인 민진당을 선택하겠다는 대답은 5%에 그쳤다. 이번 조사에서 도의회 선거에 관심이 있다고 답한 비율은 83%에 달했으며, 신문은 "'태풍의 눈'인 도민퍼스트회는 자민당 지지층에서 23%, 무당파에서 22%의 지지를 얻었다"고 설명했다.

05월 26일
• 일본인 60% "'감시사회' 논란 테러대책법안 국회 심의 부족"

(아사히신문 05. 26; 연합뉴스 05. 26 재인용)

− 일본인 60%가 정부와 여당이 최근 '감시사회' 논란 속에서 테러대책법안(조직범죄처벌법 개정안)을 강행 처리한 것을 두고 국회 심의가 부족했다고 여긴다는 설문 결과가 나왔다. 26일 아사히신문이 지난 24~25일 테러대책법안 처리와 관련해 전국 18세 이상 남녀를 대상으로 긴급 여론조사를 벌인 결과 중의원에서 심의가 '충분하지 않았다'는 응답이 60%였다. 충분했다는 대답은 16%에 그쳤다. 이번 여론조사에서 법안에 반대한다는 응답은 35%로, 찬성한다는 비율 30%보다 높았다. 찬성자는 젊은층인 18세부터 40대 층에서 많았다.

05월 29일

• 잇따른 특혜시비 스캔들에 타격받은 일본 아베…지지율 4%포인트 하락

(니혼게이자이신문 05. 29; 연합뉴스 05. 29 재인용)

 – 아베 신조 내각의 지지율이 지난달보다 4%포인트나 하락한 것으로 나타났다. 사학법인 특혜 관여 의혹인 가케학원 스캔들과 관련한 의혹이 잇따라 제기되는데다 정부와 여당 자민당이 강행하는 테러대책법인(공모죄 법안)에 대한 반감이 작용한 것으로 보인다. 29일 니혼게이자이신문과 TV도쿄가 이달 25~28일 18세 이상 유권자 1천595명을 대상으로 실시한 전화 여론조사 결과에서 아베내각 지지 응답은 56%로 전달 조사 때보다 4%포인트 낮았다. 50%를 웃 돌지만, 지지율 56%는 작년 5월 이후 가장 낮다. 한편, 아베 총리의 개헌 드라이브에 대해서는 반대보다는 찬성 여론이 많았다. 헌법에 자위대를 명기하는 것에 대해서는 응답자의 51%가 찬성해 반대 36%보다 15%포인트 높았고, 2020년을 개헌 시행 시기로 하자는 제안에 대해서도 찬성(43%)하는 비율이 반대(39%)보다 소폭 높았다.

12차(5월 말~6월 말)

정승희

　6월 9일 일본의 참의원이 아키히토 일왕의 생전 퇴위를 허용하는 특례 법안을 통과시켰다(마이니치신문 2017. 06. 10; 연합뉴스 2017. 06. 10 재인용). 마이니치신문은 일왕의 생전 퇴위 특례 법안 통과를 바탕으로 아베 신조 총리가 개헌드라이브를 가속화 할 것으로 예측했다(마이니치신문 2017. 06. 10; 연합뉴스 2017. 06. 10 재인용). 실제로 아베 신조 총리는 6월 24일 한 강연에서 올 가을 임시국회가 끝나기 전 자민당이 개헌안을 중·참의원에 제출해야 한다고 언급하며, 개헌 논의 가속화에 대한 강한 의지를 보였다(도쿄신문 2017. 06. 27; 연합뉴스 2017. 06. 27 재인용). 자민당은 이러한 아베 신조 총리의 개헌의지에 부응하여, 당초 연내였던 당차원의 개헌안 확정시기를 올 11월 초로 앞당겼다(요미우리신문 2017. 06. 23; 연합뉴스 2017. 06. 23 재인용). 그러나 이러한 아베 총리의 개헌 논의 가속화에 대해 야권뿐만 아니라 여당 또한 비판하고 있다. 민진당의 노다 요시히코 간사장은 아베 총리의 개헌 드라이브가 '가케학원 스캔들 감추기'라며 비판했고, 후나다 하지메(船田元) 자민당 헌법개정추진본부장 대행은 무리한 발의로 국민투표가 뒤집힐 가능성이 있다는 우려를 표했다(도쿄신문 2017. 06. 27; 연합뉴스 2017. 06. 27 재인용).

　한편 아베 신조 총리는 친구가 이사장으로 있는 가케학원이 사학재단 산하 오키야마 이과대가 수의학부 신설 허가를 받는 과정에 영향을 주었다는 의혹을 받으며 곤혹을 치르고 있다(도쿄신문 2017. 06. 16; 연합뉴스 2017. 06. 16 재인용). 일본 야당들은 이러한 아베 총리의 사학 스캔들과 테러대책법 강행에 대한 책임을 물어 내각을 불신임하는 방안을 계획하고 있다(교도통신 2017. 06. 08; 연합뉴스 2017. 06. 08 재인용). 총리는 사학 스캔들과 관련하여 그간 강경한 태도를 취해왔지만, 논란이 계속되자 강경한 태도를 바꿔 관련 문제에 대해 사죄했다(아사히신문 2017. 06. 20; 연합뉴스 2017. 06. 20 재인용). 그러나 아베 신조 총리에 대한 여론의 반응 차갑기만 하다. 6월 20일 발표된 TV아사히 계열 ANN의 여론조사에 따르면 아베 내각 지지율은 지난달보다 8.5%포인트 낮은 37.9%로 나타났다(아사히신문 2017. 06. 20; 마이니치신문 2017. 06. 20; 산케이신문 2017. 06. 20; 연합뉴스 2017. 06. 20 재인용).

총리의 사학스캔들로 자민당은 도쿄도의회선거에서 고전하고 있지만, 고이케 유리코 도쿄도지사의 신당인 도민퍼스트회는 상승세를 유지하고 있다. 마이니치신문이 26일 발표한 설문조사에서 투표 대상을 정한 사람 중 27%가 도민퍼스트회에 투표의사를 밝혀, 26%인 자민당보다 다소 높은 지지율을 보였다(요미우리신문 2017. 06. 26; 마이니치신문 2017. 06. 26; 아사히신문 2017. 06. 26; 연합뉴스 2017. 06. 26 재인용).

06월 08일

• 야4당, 사학스캔들·공모죄 강행 아베내각 불신임 추진키로

(교토통신 06. 08; 연합뉴스 06. 08 재인용)

– 민진당, 공산당, 자유당, 사민당 등 일본의 야당 4곳이 테러대책법(공모죄법) 강행과 사학 스캔들 등에 대한 책임을 물어 아베 신조 내각을 불신임하는 방안을 추진하기로 했다. 교도통신은 야 4당이 8일 오전 국회에서 당대표 회동을 하고 국회에 내각 불신임안을 제출하기로 했다며 오는 10일을 전후해 불신임안을 국회에 제출하는 방안이 거론되고 있다고 보도했다. 야당은 아베 총리가 친구가 이사장인 사학재단 가케학원의 수의학부 신설에 영향력을 행사했다는 사학 스캔들과 관련해 의혹을 폭로한 마에카와 기헤이(前川喜平)의 증인 소환을 요청하고 있지만 다수당인 자민당은 이를 받아들이지 않고 있다. 야당이 불신임안 제출한다고 해도 여당 자민당이 참의원, 중의원의 과반을 점하는 만큼 통과될 가능성은 거의 없다. 그럼에도 불구하고 야당이 불신임안을 고려하기로 한 데에는 테러대책법안의 정기국회 통과를 무산시키려는 의도도 있다. 자민당은 정기국회 회기 종료를 늦추는 방안을 추진 중이지만 야당은 반대 의사를 명확하게 밝히고 있다.

06월 15일

• 아베 독주 무너지나, 자민당 내 탈(脫)아베노믹스 모임, 공모죄 강행처리 비판

(아사히신문 06. 18; 세계일보 06. 18 재인용)

– 일본 집권 여당인 자민당의 내부 분위기가 심상치 않다. '아베 1강'이 흔들리고 있다. 아베 신조 일본 총리의 경제정책인 '아베노믹스'에 반대하는 공부모임에 40명이 참석하는가 하면, 최근 '공모죄'법안을 국회에서 여당이 강행 처리한 것에 대해 비판하는 목소리도 나오고 있다. 아사히신문에 따르면 지난 15일 일본 국회에서는 '탈(脫)아베노믹스'를 생각하는 공부모임이 열렸다. 자민당 내에서 아베 총리와 거리를 두는 의원을 중심으로 결성된 모임이다. 이날 국회의원 40명이 출석했으며, 아베노믹스가 주장하는 '차원이 다른 금융완화'에 대한 우려에 대해 논의했다. 하지만 참석자 중에는 아베 총리의 출신 파벌인 호소다파 소속 의원들도 있어 이 모임이 '반(反) 아베' 일색은 아니었으며, 이에 따라 아베 총리에 대항하는 축이 될 것인지는 미지수라고 전했다.

06월 15일

• 제1야당 민진당의 위기…도쿄도의회 선거 목표도 제시 못해

(아사히신문 06. 16, 연합뉴스 06. 16 재인용)

– 일본의 제1야당 민진당이 다음달 2일 열리는 도쿄도의회 선거를 보름가량 앞두고 목표 의석수도 제시하지도 못할 정도로 위기를 겪고 있다. 16일 요미우리신문에 따르면 민진당의 렌호 대표는 15일 열린 기자회견에서 도쿄도의회 선거의 목표 의석수를 묻는 질문에 "전혀 생각하지 않고 있다. 후보자 전원이 승리하기 위해 최대한 노력하겠다"고만 말했다. 민진당은 2009년 선거에서는 54석을 차지하며 압승을 거뒀지만 정권을 잃은 뒤인 2013년 선거에서는 15석을 얻는 데 그치며 참패했다. 하지만 올해 선거는 2013년 선거 때보다 더 어려운 처지다. 당선자는 후보로 내는 24명 중 3분의 1 수준인 8명 안팎이 될 것이라는 전망이 많다. 민진당은 한때 도쿄도의회에서 자민당에 맞서 고이케 지사와 연대하기도 했지만, 선거에서는 결과적으로 고이케 열풍의 직격탄을 피하기 어려운 신세가 됐다. 공천 예정자 중 7명은 선거를 앞두고 탈당했고 이 중 일부는 도민우선회에 들어갔다. 이런 상황에서 다음달 도쿄도

의회 선거가 렌호 대표를 자리에서 물러나게 하는 계기가 될 것이라는 예측이 많다.

06월 25일

• 자민당, 개헌 논의 '가속'…"11월 초까지 개헌안 초안"

(산케이신문 06. 26; 연합뉴스 06. 26 재인용)

– 일본 여당 자민당이 당초 '연내'였던 당차원 개헌안 확정 시기를 올해 11월 초로 앞당기며 개헌논의에 한층 더 속도를 내기로 했다. 26일 산케이신문에 따르면 시모무라 하쿠분 자민당 간사장 대행은 25일 기자들에게 "개헌안을 11월초까지 정리할 필요가 있다"고 말했다. 자민당은 개헌안의 연내 국회 제출을 목표로 개헌 논의를 진행하고 있었다. 당 개헌안 확정시점을 앞당김에 따라 자민당의 개헌 조직인 개헌 개정추진본부는 논의에 더 속도를 낼 계획이다. 아베 총리는 이와 관련해 지난 24일 한 강연에서 가을 임시국회가 끝나기 전 중·참의원 헌법심사회에 자민당 개헌안을 제출할 것이라고 밝힌 바 있다. 일본의 가을 임시국회는 9월 시작해 12월 초까지 열린다.

일본 선거·의회

06월 10일

• 아베, 일왕퇴위 특례법 통과로 '전쟁가능국' 개헌 속도 내나

(마이니치신문 06. 10; 연합뉴스 06. 10 재인용)

– 일본 참의원이 아키히토 일왕의 생전 퇴위를 허용하는 특례법안을 통과시킨 가운데, 아베 신조 일본 정권의 개헌 드라이브가 더 거세질 것으로 예상된다. 10일 마이니치신문에 따르면 9일 참의원의 일왕퇴위 특례법 통과는 일본 정부의 헌법 개정 추진 등 향후 일본 정치 일정에도 영향을 미칠 것으로 보인다. 특례법의 참의원 통과로 아키히토 일왕의 퇴위 시점은 2018년 12월 말이 될 가능성이 크다. 이런 상황에서 아베 정권은 내년 9월 중의원을 해산한 후 일왕이 퇴위하기 전에 총선거와 개헌 국민투표를 동시에 실시하는 방안을 추진할 것으로 보인다.

06월 14일

• '정적' 아베-고이케 도쿄도의회선거에선 격전, 뒤에선 협력

(아사히신문 06. 14; 연합뉴스 06. 14 재인용)

– 일본 정국의 중대 분수령이 될 도쿄도의회 선거에서 고이케 유리코 도쿄도지사의 신당 도민우선(퍼스트)회 돌풍이 예상돼 집권 자민당과의 격전이 불가피한 가운데 고이케 지사가 향후 개헌문제와 관련해 아베 신조 총리와 연대할 것이라는 관측이 나온다. 고이케 지사는 아베 총리의 보좌관 출신으로 우익성향 인물이다. 따라서 고이케 지사가 의견이 일치하는 헌법 개정문제와 관련해선 아베 총리와 보조를 맞출 것이라는 전망이 나오고 있다. 14일 아사히신문에 따르면 다음달 2일 도쿄도의회 선거를 앞둔 상황에서 아베 총리와 고이케 지사는 서로 직접비판을 삼가하는 모습을 보인다. 이 신문은 아베 총리가 고이케 지사의 인기가 한동안 계속될 것이라고 분석하고 있다면서, 헌법 개정 문제 등에 대한 양측의 연대 가능성을 제기했다. 총리 주변에서는 아베 총리가 고이케 지사와의 협력관계를 염두에 두는 건 헌법 개정 공조를 생각하기 때문이라는 분석이 제기되고 있다.

06월 17일

• '학원 스캔들'에 궁지 몰린 아베, '8월 개각 카드' 만지작

(요미우리신문 06. 17; 뉴스1 06. 17 재인용)

– '학원 스캔들'로 궁지에 몰린 아베 신조 일본 총리가 8월 말에 개각을 단행할 것으로 보인다고 요미우리신문이 17일 보도했다. 요미우리신문은 다수의 정부·자민당 관계자를 인용, 아베 총리가 8월 말에 개각을 하고 오는 9월 말에 열리는 가을 정기국회에 대비할 예정이라고 전했다. 이에 따라 보통 9월에 열리는 자민당 간부 인사도 개각에 따라 8월 말로 앞당겨 진행한다는 계획이다. 신문은 개각을 해도 아베 정권의 주축인 스가 요시히데 관방장관, 아소 다로(麻生太郎) 부총리 겸 재무상, 니카이 도시히로 자민당 간사장은 유임할 가능성이 높다고 전망했다. 아베 총리의 8월 개각은 잇단 '학원스캔들'에 지지율이 4개월째 하락세를 보이고 있기 때문이다. 이에 일본 언론은 아베 총리가 국면 전환을 위해 '개각 카드'를 활용하고자 하는 것으로 전망했다.

06월 22일

• '지는' 아베 '뜨는' 고이케 누가 웃을까…도쿄의회선거 내일시작   (연합뉴스 06. 22)

– 오는 7월 2일 실시되는 일본 도쿄도의회 선거전이 23일 선거고시 및 후보 등록과
함께 공식적으로 시작된다. 이번 선거는 4년 임기 만료에 따른 것으로 42개의 선거
구에서 총 127명의 도의원을 선출하게 된다. 이번 선거의 최대 관심사는 고이케 유
리코 현 도쿄도지사가 대표로 있는 '도민퍼스트회'가 의석을 어느 정도 확보할 수 있
느냐다. 역으로 '사학스캔들'로 벼랑끝 위기에 처한 아베 신조 일본 총리가 국면을
전환할 동력을 확보할 수 있느냐도 관심사다. 아베 총리가 고이케 지사 측에 패할 경
우 정국 장악력이 더욱 약화되며 '임기 9년 총리' 가능 여부를 가를 차기 총리 선거전
에도 영향을 줄 수 있을 것으로 전망되기 때문이다. 고이케 지사는 지난해 8월 취임
후 70%대를 넘나드는 높은 지지율을 바탕으로 자민당을 탈당하고 독자세력화에 나
서며, '사학스캔들' 등으로 위기에 빠진 아베 총리를 위협하고 있다. 이번 선거에서
도 고이케 지사는 도민퍼스트회를 통해 측근들을 직접 선거전에 내세우는 것은 물
론 연립여당인 공명당과도 선거 제휴에 나서는 등 활동 반경을 넓히고 있다. 이에 따
라 자민당은 지방의회 선거임에도 당 지도부가 대거 지원에 나서는 등 총력 대응 체
제에 나설 방침이다.

일본 여론

06월 06일

• 고이케 신당, 집권당 누를까…여론조사서 투표의향 동률

(아사히신문 06. 06; 연합뉴스 06. 06 재인용)

– 한 달도 채 남지 않은 도쿄 도의회 선거를 앞두고 고이케 유리코 도쿄 도지사가 전
면에 나선 신당이 여론조사에서 집권당과 격차를 없앤 것으로 나타나 귀추가 주목
된다. 6일 아사히신문에 따르면 지난 3~4일 도쿄 유권자 957명을 대상으로 실시한
여론조사 결과, 7월 2일 치러질 도의회 선거에서 어느 정당 후보에게 투표할 것인가
를 질문하자 고이케 지사가 이끄는 도민퍼스트회가 집권 자민당과 나란히 27%를
얻었다. 지난 4월 조사에선 자민당이 31%로 선두를 달렸고 도민퍼스트회는 20%로

그 뒤를 따랐다. 또한 이번 조사에서 고이케 지사 지지세력이 과반수를 차지해도 좋다고 생각하느냐를 묻자 53%가 그렇다고 답했다. 고이케 지사 지지율은 70%로 집계돼 지난 4월(74%)보다는 낮았지만, 여전히 높았다. 도정을 개혁하는 모습이 긍정적 반응을 얻은 것으로 나타났다. 한편, 이번 조사에서 아베 신조 내각의 지지율은 52%로 나타났다.

06월 20일

• 아베 발목 잡는 사학 스캔들…사죄에도 여론은 냉랭 '자업자득'

 (아사히신문 06. 20; 마이니치신문 06. 20; 산케이신문 06. 20; 연합뉴스 06. 20 재인용)

– 아베 신조 일본 총리가 가케 학원의 학부 신설에 영향력을 행사했다는 의혹과 관련, 그간의 강경한 태도를 바꿔 사죄했지만 싸늘한 여론은 가시지 않고 있다. 내각 지지율은 이날 발표된 TV아사히 계열 ANN의 여론조사에서도 지난달보다 8.5%포인트 낮은 37.9%로 집계됐다. 지지하지 않는다는 비율은 41.6%였다. 이처럼 지지하지 않는다는 비율이 더 높아진 것은 2015년 9월 이후 1년 9개월 만이다. 극우 성향의 산케이신문이 후지뉴스네트워크(FNN)와 최근 벌인 조사에선 지지율이 47.6%로 지난달보다 8.5%포인트 떨어졌다. 가케학원 문제에 대한 정부 설명이 충분하지 않았다는 응답자는 84.8%에 달했다.

06월 25일

• 고이케에 '뒤처진' 아베…일본 도쿄도의회 선거 여론조사 '희비'

(교도통신 06. 25; 연합뉴스 06. 25 재인용)

– 향후 일본 정국에 중요 변수가 될 도쿄도의회 선거의 투표일(7월2일)을 1주일 앞두고 실시한 여론조사에서 고이케 유리코 도쿄도지사의 신당 도민퍼스트회가 여당 자민당을 앞선 것으로 나타났다. 25일 교도통신에 따르면 전날부터 이틀간 도쿄도 거주 18세 이상 유권자 1천명을 대상으로 한 전화 여론조사에서 도민우선회에 투표하겠다는 응답자는 26.7%로, 자민당에 투표하겠다는 응답자(25.9%)보다 소폭 많았다. 도민퍼스트회는 이번 선거에서 공명당과 공조로 전체 127석 중 과반을 목표로 하고 있다. 공명당 지지 응답자는 12.3%로 조사됐다. 따라서 공조하는 도민퍼스트회와

공명당의 지지율 합계(39.0%)는 자민당보다 13.1%포인트 높다. 다만 아직 지지후보를 결정하지 못했다는 응답이 57.2%나 돼 결과를 예단하긴 이르다.

제2장

일본의 쟁점

일본 자민당의 참의원 선거 승리 요인

김민석

7월 10일 치러진 제24회 참의원 선거에서 자민당이 승리를 거두었다. 이로써 자민당과 공명당을 필두로 한 '개헌 세력'이 개헌 발의선인 전체 의석수의 '3분의 2'를 확보했다(연합뉴스 2016. 07. 11). 참의원 선거 전 실시한 교도통신사의 여론조사에 따르면 아베 신조 정권하의 헌법 개정에 반대하는 유권자가 46.6%, 찬성하는 유권자가 34.6%로 반대 의견이 대다수를 차지했다(교도통신 2016. 06. 18). 뿐만 아니라 다른 여론조사에서도 아베 정권의 개헌에 반대한다는 답변이 주를 이루었다(닛케이신문 2016. 07. 24; 연합뉴스 2016. 07. 24 재인용). 그런데 자민당 정권이 이번 참의원 선거에서 개헌 발의선을 충족하는 의석수를 차지한 이유는 무엇일까?

첫째, 자민당에 맞설 대안정당이 없다는 것이다. 민진당, 공산당, 사민당과 같은 야당들은 자민당에 비해 지지 세력이 부족하다. 아사히신문이 7월 11~12일 실시한 여론조사에 따르면 이번 참의원 선거에서 자민당과 공명당이 과반수를 획득한 요인을 묻는 질문에 대해 '아베 총리의 정책이 긍정적인 평가를 받아서'

라는 응답은 15%에 불과한 반면 '야당이 매력이 없어서'라는 답변은 71%에 달했다(아사히신문 2016. 07. 14; 연합뉴스 2016. 07. 14 재인용). 민진당을 포함한 야당들은 유권자들의 평가를 냉정하게 받아들이고 당을 재정비할 필요성이 있다. 그래서 야당에 대한 유권자들의 정치 신뢰감을 회복하는게 급선무일 것이다.

둘째, 자민당이 이번 선거에서 개헌을 크게 내세우지 않았다는 점이다. 아베 신조 일본 총리가 총재로 있는 집권 자민당이 발표한 선거 공약은 개헌에 대해 원론적 언급에 그쳤다(연합뉴스 2016. 06. 03 재인용). 그리고 공약의 중요도가 다소 떨어지는 마지막 자리에 개헌 관련 내용을 배치하고, 아베노믹스 경제 공약을 전면에 내세웠다(연합뉴스 2016. 06. 03 재인용). 그렇다고 아베노믹스가 승승장구하고 있진 않다. 최근 아베노믹스도 불안한 상태이기 때문에 아베 정권이 앞으로 지속적인 정권 유지를 하기 위해서는 유권자들의 선택에 부응할만한 정책을 실행해 나아가야 할 것이다.

개헌에 부정적인 여론에도 불구하고 자민당이 선거에서 승리한 이유는 자민당의 공약과 정책 때문이라기보다는, 야당의 부진한 모습과 개헌에 대한 유권자들의 인식 부족 때문이라고 할 수 있다. 아베 정권과 자민당은 자신들이 추진하고자 하는 개헌을 공론화하여 국민들의 의견을 적극적으로 수렴하고 정당성을 부여받는 모습을 보였어야 한다. 그리고 야당은 유권자들이 진정으로 원하는 것이 무엇인지 소통을 통해 새롭게 알아가야 할 것이다.

참고문헌

교도통신. 2016.06.18.
닛케이신문. 2016.07.24.
아사히신문. 2016.07.14.
연합뉴스. 2016.06.03.
_____. 2016.07.11.
_____. 2016.07.14.
_____. 2016.07.24.

아베 신조 임기 연장 논란

김민석

　일본 아베 총리가 8월 3일 내각을 재·개편했다. 새롭게 구성된 아베 내각에는 아베 총리가 회장을 맡고 있는 보수 성향의 초당파 모임인 '창생일본' 소속 정치인이 약 70%(19명 중 13명)에 달하는 것으로 나타났다(교도통신 2016. 08. 04; 연합뉴스 2016. 08. 04 재인용). 아베 총리는 2015년 11월 열린 창생일본 모임 당시 "헌법 개정을 비롯해 연합군 점령시대에 만들어진 여러 구조를 바꿔 나가는 것이 자민당 창당의 원점"이라며 개헌에 대한 강한 의지를 표명한 바 있다(교도통신 2016. 08. 04; 연합뉴스 2016. 08. 04). 참의원 선거 이후 초장기 집권과 개헌에 대한 아베 총리의 의지가 점점 수면 위로 올라오고 있는 것이다.

　자민당은 아베 총리의 임기 연장을 위한 당규 개정을 논의하는 '당·정치제도개혁실행본부'의 주요 인사가 마무리되는 즉시 본격적인 당내 논의를 시작할 것이라고 전했다(마이니치신문 2016. 08. 26; 한겨레 2016. 08. 26 재인용). 당·정치제도개혁실행본부는 "연내에 결론을 낼 계획"이라고 덧붙였고, 자민당의 당권파도 2018년 9월까지인 아베 총리의 임기 연장을 기정사실화하고 있는 분위기이다(마이니치신문 2016. 08. 26; 한겨레 2016. 08. 26 재인용). 자민당의 2인자인 니카이 도시히로 간사장도 "아베 총리가 계속해 임기를 맡아주길 바라는 목소리가 국민들에게 있다"며 임기 연장을 용인하겠다는 뜻을 밝혔다(마이니치신문 2016. 08. 26; 한겨레 2016. 08. 26 재인용).

　아베신조 측근들로 이루어진 내각과 자민당 내부의 분위기로 미뤄보아 아베의 장기집권을 위한 초석은 다져진 것으로 보인다. 다만 견제 여론이 만만치 않다. '포스트 아베'를 노리는 이시바 시게루 전 지방창생담당상은 "아직 3년 임기의 1년도 지나지 않았다"며 "지금 해야 할 일의 우선순위가 틀려선 안 된다"고 말했다(지지통신 2016. 08. 04; 연합뉴스 2016. 08. 04 재인용). '향후 총리감'이란 평가를 받고 있는 고이즈미 신지로(小泉進次郎) 자민당 농림부회장도 25일 "솔직히 말해 왜 지금 그런 소리가 나오는지 모르겠다. 당내 논의의 장이 만들어지면 꼭 설명을 해줬으면 좋겠다"고 했다(마이니치신문 2016. 08. 26; 한겨레 2016. 08. 26 재인용).

아베 총리의 자민당 총재 임기를 연장하는 것에 대한 여론조사에서도 응답자의 과반이상인 52%가 반대하고 38%만이 찬성한 것으로 나타났다(교도통신 2016. 08. 04; 연합뉴스 2016. 08. 04 재인용). 아직까지 아베신조의 임기 연장에 대해 국민들도 호의적이지 않음을 의미한다. 부정적인 여론이 다소 우세한 상황에서 무작정 임기연장을 위해 나아가다가는 역효과가 날 수 있다. 정당성 있는 임기 연장을 위해서는 아베와 자민당이 나서서 공론의 장을 열어야 하며, 국민들과 소통하고 믿음을 심어줄 수 있는 노력을 더욱더 기울여야 할 것이다.

참고문헌

교도통신. 2016.08.04.
마이니치신문. 2016.08.26.
연합뉴스. 2016.08.04.
지지통신. 2016.08.04.
한겨레. 2016.08.26.

변화에 대한 유권자들의 기대와 여성 정치인들의 선전

김민석

일본에서 여성 정치인들의 인기가 높아지고 있다. 9월 15일 민진당 대표 경선에서 승리하여 여성으로는 처음으로 제1야당 대표로 선출된 렌호 민진당 신임 대표와 지난 7월 첫 여성 도쿄도지사로 선출된 고이케 유리코가 그 주인공이다.

최근 여론조사 결과들에 따르면, 이들에 대한 긍정적 평가가 매우 높은 것으로 나타났다. 니혼게이자이신문과 TV도쿄의 여론조사에 따르면 절반 이상(51%)의 유권자가 렌호 민진당 대표에 대해서 '기대한다'고 응답했고, 고이케 도쿄도지사의 취임 후 활동을 긍정적으로 평가하는 비율은 85%에 달하는 것으로 나타났다(니혼게이자이신문 2016. 09. 26; TV도쿄 2016. 09. 26; 연합뉴스 2016. 09. 26 재인용).

렌호 민진당 신임 대표에 대해 아사히신문은 "세계 각국에서 탄생하는 여성 리더에 대한 기대감이 렌호 신임 대표에게도 작용했다"고 전했다(아사히신문 2016. 09. 18; 동아일보 2016. 09. 18 재인용). 팔로어가 40만 명에 이르는 파워 트위터리안인 그녀의 당대표 선출에는 개인적 인기를 바탕으로 당을 살려달라는 민진당 구성원과 지지자들의 바람이 크게 작용했다는 평가를 받고 있다(아사히신문 2016. 09. 18; 동아일보 2016. 09. 18 재인용). 아직까지는 두각을 나타낼만한 행보를 보이지는 않고 있지만 일본 여론은 그녀의 말과 행동에 많은 관심을 보이고 있다.

고이케 도쿄도지사는 지지정당이나 연령과 관계없이 폭넓은 지지를 얻고 있는 것으로 나타났다(니혼게이자이신문 2016. 09. 26; TV도쿄 2016. 09. 26; 연합뉴스 2016. 09. 26 재인용). 그녀는 도쿄도의 행정과 재정을 개혁하기에 앞서 자신의 급여와 각종 수당의 50%를 삭감함으로써 개혁의 동력으로 삼겠다고 전했다(아사히신문 2016. 09. 08; 동아일보 2016. 09. 09 재인용). 그리고 한 여론조사에 따르면 일본 최대 수산물 시장인 도쿄 쓰키지 시장이 옮겨갈 도요스의 부지가 과거 화학 가스 공장이 있던 곳임에도 토양 유해물질 검사가 제대로 이뤄지지 않은 점을 문제 삼고 이전을 연기하자고 주장한 고이케 도지사의 대응이 타당하다는 의견이 88.2%에 달했다(산케이신문 2016. 09. 20; 후지뉴스네트워크 2016. 09. 20; 연합뉴스 2016. 09. 20 재인용).

이렇듯 일본 내에서는 최근 여성 정치인들에게 거는 기대가 높다. 여성 정치인들이 인기를 얻고 있는 현상은 유권자들이 기존 정치의 변화를 원하는 것이라 해석 할 수 있다. 또한 남성 정치인이 간과할 수 있는 여성 유권자들의 입장을 렌호 민진당 대표라든지 고이케 유리코 도쿄도지사가 대변해 줄 것이라는 기대감의 표현이라 볼 수 있다. 이러한 여성 정치인들이 유권자들의 변화에 대한 기대에 부응할 수 있을지는 앞으로 지켜봐야 할 것이다.

참고문헌

니혼게이자이신문. 2016.09.26.

동아일보. 2016.09.09.

_____. 2016.09.18.

산케이신문. 2016.09.20.

아사히신문. 2016.09.08.

_____. 2016.09.18.

연합뉴스. 2016.09.20.

_____. 2016.09.26.

후지뉴스네트워크. 2016.09.20.

TV도쿄. 2016.09.26.

중의원 해산에 이은 총선거 전망

김민석

일본 정치권에서 내년 1월 중의원 해산에 이은 총선거 실시론이 확산되고 있다. 자민당의 니카이 도시히로 간사장은 10월 10일 와카야마(和歌山)현 와카야마시에서 열린 당원 모임에서 "선거 바람이 불고 있느냐 아니냐를 말하라면, 이미 불기 시작했다고 하는 것이 적당하다"고 말했다(교도통신 2016. 10. 10; 연합뉴스 2016. 10. 10 재인용). 또한, 일본 정치권은 아베 총리가 오는 12월 블라디미르 푸틴 러시아 대통령과의 회담에서 러일평화조약 체결 및 북방영토(러시아명 쿠릴열도) 문제에서 진전을 끌어내 내년 1월께 중의원 해산 카드를 던질 것으로 관측하고 있다(연합뉴스 2016. 10. 12). 그리고 10월 26일 자민당의 '당·정치제도 개혁실행본부'는 당 본부에서 회의를 갖고, 당칙으로 '2기 6년'까지로 제한된 총재 임기를 '3기 9

년'으로 개정하기로 결정했다(교도통신 2016. 10. 26). 이로써 중의원 해산 후 총선 거가 아베 수상의 장기 집권 가능 여부를 확인할 수 있는 지표가 될 것으로 보인 다.

일본 여야는 10월 23일 2개 선거구에서 실시되는 중의원 보궐선거에 총력을 기울였다. 소규모 선거지만 7·10 참의원 선거 이후 처음으로 치러지는 선거라 는 점에서 향후 정국 운영을 가늠할 수 있는 데다 결과에 따라선 아베 신조 총리 의 내년 1월 '중의원 해산' 전략에도 영향을 줄 수 있기 때문이다(연합뉴스 2016. 10. 12). 민진당과 공산당, 생활당, 사민당 등 야4당은 이번 보궐선거에서 민진당 후 보로 후보를 단일화했다(연합뉴스 2016. 10. 12). 선거 결과 자민당과 공명당 등 여권 이 도쿄 10구, 후쿠오카 6구 선거구에서 모두 승기를 가져갔다. 자민당의 기세 가 야당보다 좀 더 우세하다고 볼 수 있다.

내년 1월 중의원 해산이 기정사실화되고 있는 가운데 자민당은 보궐선거를 통해 민심이 자민당 쪽으로 기울어져 있다는 것을 확인했다. 이에 따라 아베 수 상도 장기 집권 구상을 긍정적으로 검토할 것이다. 한편, 고이즈미 준이치로(小 泉純一郎) 전 일본 수상은 차기 중의원 선거에서 야당이 통일후보를 지명하여 '원 전 제로'를 쟁점화 할 경우 자민당이 패배할 것이라는 전망을 밝혔다(교도통신 2016. 10. 21). 하지만 현재 민진당은 렌호 체제로 전환하고 나서도 그렇다할 분위 기 반전을 꾀하지 못하고 있다. 이제 얼마 남지 않은 시간동안 민진당은 어떻게 유권자들의 마음을 얻을 수 있을지 고민해야 하며, 고이즈미가 제안한 원전 문 제를 비롯해 다방면으로 유권자와 소통하기 위해 노력할 필요성이 있다.

참고문헌

교도통신. 2016.10.10.
_____. 2016.10.21.
_____. 2016.10.26.
연합뉴스. 2016.10.10.
_____. 2016.10.12.

일본 정치권의 개헌 논의 본격화에 대한 여론

김민석

  아베 신조 일본 총리는 임기 내에 개헌하는 것을 자신의 정치적 숙원으로 삼고 있다. 지난 7월에 치러진 제24회 참의원 선거에서 자민당과 공명당을 필두로 한 개헌 세력이 승리한 이후 아베 정권은 개헌 의지를 점점 내비치고 있다. 9월 임시국회 개회를 맞아 국회에서 한 연설에서는 국회를 향해 헌법 개정 논의에 나서줄 것을 요청했었다(뉴스1 2016. 09. 26). 그리고 도널드 트럼프가 미국 대통령에 당선되고 나서 아시아지역의 정세가 위험해질 수 있다는 의견이 나오면서 개헌에 대한 논의가 본격화되고 있다(헤럴드경제 2016. 11. 17).

  아베를 포함한 개헌 찬성론자들은 1946년 11월 3일 공포된 현행 헌법이 70년이 지나면서 시대에 맞지 않는다는 점을 강조하며 개헌 필요성을 역설하고 있다(연합뉴스 2016. 11. 03). 또한 현행 헌법은 연합국총사령부(General Headquarters, GHQ)가 작성한 초안을 토대로 만든 것이며, 이는 강요된 헌법이므로 일본인의 손으로 헌법을 새로 써야 한다고 주장한다(연합뉴스 2016. 11. 03). 요미우리신문이 10월 초 중·참의원을 상대로 벌인 설문조사에서는 응답자의 73%가 현행 헌법을 개정하는 것이 좋다고 답했고 16%만 개정하지 않는 것이 좋다는 의견을 밝혔다(요미우리신문 2016. 11. 03; 연합뉴스 2016. 11. 03 재인용). 이렇듯 의원들은 개헌에 대해 대체적으로 긍정적인 입장을 취하고 있다.

  여론도 개헌에 대해 점차 긍정적으로 변하고 있지만 아직까지는 찬성비율이 과반을 넘지 못하고 있다. 니혼게이자이신문과 TV 도쿄가 실시한 여론조사에서 헌법을 개정해야 한다는 의견은 44%, 현재 그대로가 좋다는 의견은 42%를 기록했다(니혼게이자이신문 2016. 10. 30; TV도쿄 2016. 10. 30; 연합뉴스 2016. 11. 03 재인용). 5월 3일 헌법기념일을 앞두고 벌인 조사 결과와 비교하면 개헌하자는 의견이 4% 포인트 증가하고 그대로 두자는 견해가 8% 포인트 줄었다(니혼게이자이신문 2016. 10. 30; TV도쿄 2016. 10. 30; 연합뉴스 2016. 11. 03 재인용). 교도통신이 실시한 여론조사에서는 헌법 개정에 대해 49%가 "필요하지 않다"고 답했고, 개정이 필요하다는 답변은 45%였다(교도통신 2016. 10. 29; 연합뉴스 2016. 10. 29 재인용). 한편, 아베 총리 정권에서 개헌하는 것에 대해서는 55%가 반대했고, 42%가 찬성했다(교도통신 2016. 10. 29; 연합뉴스 2016. 10. 29 재인용).

정치권에서는 헌법 개정에 대한 논의가 본격적으로 시작됐지만 정작 유권자들의 의견은 통일되지 못하고 있다. 또한, 헌법 개정에 대한 여론이 긍정적으로 흘러가고 있다 하더라도 아직까지는 그 의견이 일본 전체 유권자를 대변하지 못하고 있기 때문에 정당과 소속 의원들은 유권자들과 더욱더 자주 소통해 나갈 필요가 있다. 일부 유권자들은 "전쟁 포기를 내세워서 평화가 유지되고 있다", "개정하면 '군비확장'으로 이어질 우려가 있다"며 개헌에 부정적인 의견을 보이고 있다(교도통신 2016. 10. 29). 개헌에 앞서 이들을 설득하는 과정이 선행돼야 할 것이다. 국민적 공감대가 충분히 형성되지 않은 상황에서 정치권이 개헌을 무리하게 추진하는 것은 대의민주주의의 원칙을 흔드는 것이기 때문이다.

참고문헌

교도통신. 2016.10.29.
뉴스1. 2016.09.26.
니혼게이자이신문. 2016.10.30.
연합뉴스. 2016.10.29.
_____. 2016.11.03.
_____. 2016.11.03.
_____. 2016.11.03.
요미우리신문. 2016.11.03.
헤럴드경제. 2016.11.17.
TV도쿄. 2016.10.30.

자민당의 카지노법안과 연금개혁안 추진의 허와 실

정승희

최근 여론조사 결과들을 보았을 때 아베 신조 내각과 자민당은 꾸준히 높은 지지율을 유지해왔다. 지난 11월 27일 교도통신의 여론조사 결과에 따르면 아베 내각에 대한 지지율은 60%를 넘어섰으며, 자민당에 대한 지지율은 44.9%인 데 반해 제1야당인 민진당은 8%에 그쳤다(교도통신 2016. 11. 27; 연합뉴스 2016. 11. 27 재인용). 교도통신은 아베 내각의 지지율 상승이 지난 11월 17일 뉴욕에서 도널드 트럼프 미국 대통령 당선인과 외국 정상으로서 처음으로 만난 것과 블라디미르 푸틴 러시아 대통령과의 정상외교를 전개한 것에 영향을 받았다고 분석했다(교도통신 2016. 11. 27; 연합뉴스 2016. 11. 27 재인용). 이는 자민당과 아베 신조 내각이 다수의 국민으로부터 지지를 받고 있다는 것을 보여준다.

이러한 지지율을 기반으로 최근 자민당은 연금개혁안과 통합형 리조트시설(IR) 정비추진법안을 야권의 퇴장 속에 강행했다. 11월 29일 일본 중의원은 본회의를 열어 민진당, 자유당, 사민당이 표결에 참여하지 않은 채 연금제도개혁 관련 법안을 가결시켰다(연합뉴스 2016. 11. 29). 또한 자민당은 12월 2일 중의원 내각위원회에서 카지노를 중심으로 하는 통합형 리조트시설(IR) 정비추진법안과 관련하여 약 6시간에 걸친 심의만으로 표결을 강행하였고, 6일 중의원 본회의에서 민진당, 자유당, 사민당의 퇴석과 공산당의 반대가 있었음에도 불구하고 법안을 통과시켰다(교도통신 2016. 12. 06). 민진당을 비롯한 야3당은 연금개혁안과 통합형 리조트시설(IR) 정비추진법안이 자민당 다수의 표결로 성립되는 것에 불만을 갖고 14일 내각 불신임안을 제출했으나 부결되었으며, 결국 두 법안은 참의원 본회의를 통과했다(NHK 2016. 12. 14; 헤럴드경제 2016. 12. 14 재인용). 이와 같이 자민당의 주도 하에 진행된 법안 강행에 대해서 야당은 거세게 반발하고 있다.

뿐만 아니라 최근 강행된 법안들에 대한 국민 여론은 다소 부정적이다. 12월

12일 NHK가 발표한 여론조사 결과에 따르면 카지노를 중심으로 하는 통합형 리조트시설(IR) 정비추진법안에 찬성하는 사람은 12%뿐이었지만 반대는 44%로 나타났고, 연금개혁안에 찬성은 15%뿐인 반면 반대는 이보다 2배 이상 많은 37%였다(NHK 2016. 12. 12; 연합뉴스 2016. 12. 12 재인용). 높은 지지율을 유지하고 있는 아베 내각과 자민당이 최근 여러 법안을 야당들의 거센 반발 속에 강행하고 있는데, 이러한 법안들에 대한 여론은 찬성보다 오히려 반대의 목소리가 크다는 점에 주목해야 한다. 이는 자민당이 야당의 의견을 무시하며 법안을 통과시킴으로써 국민 전체의 의견을 제대로 대변하지 못하여 사회갈등을 부추기고 통합을 저해하는 상황을 야기하고 있다고 볼 수 있기 때문이다.

참고문헌

교도통신. 2016.11.27.
_____. 2016.12.06.
연합뉴스. 2016.11.27.
_____. 2016.11.29.
_____. 2016.12.12.
헤럴드경제. 2016.12.14.
NHK. 2016.12.12.
_____. 2016.12.14.

자민당 중심 정치의 전환을 위한 반(反)자민 연대의 움직임

정승희

2017년 새해가 밝아오자, 일본 정치권은 올 한해 중점적으로 다룰 사안들을 계획·전망하고 있다. 아베 신조 총리는 1월 5일 당 본부에서 열린 '새해 업무 시작 회의' 인사말과 20일 '시정 방침 연설'에서 헌법 개정 논의에 대한 의지를 보였다(교도통신 2017. 01. 05). 이어 자민당 내 2인자이자 차기 총리 후보로도 꼽히는 니카이 도시히로 간사장도 헌법 개정을 올해 최대 과제 중 하나로 고려해야 한다고 밝혔다(아사히신문 2017. 01. 07; 연합뉴스 2017. 01. 07 재인용). 그러나 자민당이 중의원과 참의원에서 개헌 발의선을 확보하였다 하더라도, 야당과 시민단체로부터 헌법 9조 개헌에 대한 부정적인 견해가 있어왔기 때문에 아베 총리와 자민당이 원하는 대로 개헌 논의가 순탄히 흘러가기는 힘들 수 있다.

한편 자민당과의 대립이 커지고 있는 고이케 도쿄 도지사는 자민당의 의석을 최대한 많이 가져와 도의회 주도권을 확보하려는 움직임을 보이고 있다. 고이케 도쿄 도지사는 올해 여름에 있을 도의회 의원선거에서 자신이 설립한 정치인양성소 '희망의 주쿠' 출신을 중심으로 40명 정도의 후보를 내세울 계획을 밝혔다(아사히신문 2017. 01. 03, 연합뉴스 2017. 01. 03 재인용). 또한 민진당의 아즈미 준 대표대행, 자유당의 오자와 이치로 공동대표, 사민당의 요시다 다다토모 당수 등 야3당 간부는 1월 15일 시즈오카현 아타미시에서 열린 제27회 당대회에 내빈으로 참석해 선거 협력에 대한 결의를 다지기도 했다(교도통신 2017. 01. 16).

이처럼 고이케 도쿄 도지사와 야당 간부들이 자민당 중심으로 돌아가는 정치계에서 자신들의 목소리를 내기 위한 움직임을 지속하고 있다. 이로 인해 신년에 들어 아베 총리와 자민당이 밝힌 개헌 논의 추진과 올 한해 자민당이 주도하고자 하는 사안들이 자민당이 추진하는 대로만 나아가기는 어려울 것이라는 가능성이 전망된다. 또한 집권 자민당과 연립 여당인 공명당 간 균열이 표면화 되면서, 공명당의 야당 혹은 도쿄 도지사와의 협력 여부는 앞으로의 자민당의 행보에 변수가 될 것으로 보인다(마이니치신문 2016. 12. 21, 연합뉴스 2016. 12. 21 재인용). 이러한 야당과 도쿄 도지사의 행보는 다양한 국민의 의견을 정치계에 반영 할 기회를 제공 할 수 있다는 점에서 긍정적이다. 그렇기 때문에 다양한 의견을 바탕으로 각 정당들은 앞으로의 사안들을 민주주의에 맞는 소통과 협의를 통해 해결해 나가야 할 것이다.

참고문헌

교도통신. 2017.01.05.

_____. 2017.01.16.

마이니치신문. 2016.12.21.

아사히신문. 2017.01.03.

_____. 2017.01.07.

연합뉴스. 2016.12.21.

_____. 2017.01.03.

_____. 2017.01.07.

덴노(天皇) 퇴위를 둘러싼 여·야당의 견해 차이와 여론

정승희

지난해 7월 일본의 아키히토 일왕은 덴노의 자리를 후계자에게 물려주겠다는 생전 퇴위 의사를 밝혔다. 그러나 일본 황실의 왕위계승과 제반 사항을 담고 있는 황실전범에는 생전 퇴위에 대한 규정이 없어 조기 퇴위를 위한 입법이 필요한 상황이다(동아일보 2016. 08. 08). 이에 정치계는 황실전범에 대한 법 정비를 놓고 계속 된 논의하고 있다. 아베 신조 수상은 1월 24일 양원 정·부의장과의 회담에서 전문가회의가 발표한 덴노 퇴위에 관한 논점정리를 보고한 뒤 여·야당의 논의 촉진이 필요하다 밝혔다(교도통신 2017. 01. 24). 이는 아베 정부가 4월 하순에 제출할 법안의 기반을 다지기 위해 여·야당의 협력을 요청한 것으로 보인다(교도통신 2017. 01. 24). 그러나 덴노의 생전퇴위를 위한 법의 규정과 형식에 있어 정당들 간의 견해 차이가 두드러지고 있어, 빠른 시일 내에 정당들 간의 의견 합의가 이루어지긴 힘들 수 있다.

덴노 퇴위와 관련하여 자민당, 공명당, 일본유신회는 "1대에 제한한" 특별법을 지지한다는 뜻을 밝힌 반면에(교도통신 2017. 02. 20), 민진당과 공산당은 "항구제도화"를 위한 황실전범의 개정의 뜻을 표하고 있다(교도통신 2017. 02. 14). 자민당 내에서는 민진당과의 협의를 위해 근거 규정을 부칙에 명기하는 방안에 대해서 모색하였으나, 민진당은 부칙에 대해 부정적인 견해를 보이고 있다(교도통신 2017. 02. 14).

　　여·야당 간의 견해의 격차가 뚜렷해지고 있는 상황 속에서, 덴노 퇴위를 둘러싼 법 정비에 대한 여론은 정부와 여당의 견해보다 야당의 견해에 가깝다. 1월 30일 발표 된 여론조사에 따르면 "1대에 제한한" 특별법에 대한 지지는 29%이지만, "항구제도화"를 위한 황실전범 개정에 대한 지지는 59%였다(니혼게이자이신문·요미우리신문 2017. 01. 30; 연합뉴스 2017. 01. 30 재인용). 이처럼 여론이 정부와 자민당의 견해보다 야당의 견해를 지지하고 있지만, 아베 내각과 자민당이 여전히 높은 지지율을 유지하고 있기 때문에 향후 행보를 예측하기 어려운 상황이다. 지난해 자민당은 연금개혁안 및 통합형 리조트시설(IR) 정비추진법안과 관련해 야당과 충분한 협의 없이 표결을 강행하였다. 심지어 두 법안에 대한 여론은 반대의 목소리가 컸다. 이는 자민당이 국민의 다양한 의견을 대변하지 못하고 야당과 충분한 소통과 협의를 하지 않은 것이기에 대의민주주의와는 동떨어진 행보라고 볼 수 있다. 그렇기 때문에 이번 덴노 퇴위와 관련한 법 정비에 대해서는 여론의 의견을 반영하면서, 여·야가 충분한 논의를 통해 합의를 이루어야 할 것이다.

참고문헌

교도통신. 2017.01.24.

＿＿＿＿＿. 2017.02.14.

＿＿＿＿＿. 2017.02.20.

니혼게이자이신문. 2017.01.30.

동아일보. 2016.08.08.

연합뉴스. 2017.01.30.

요미우리신문. 2017.01.30.

<hr />

'아키에 스캔들'과 아베 내각 지지율 하락

정승희

　일본 집권당인 자민당이 당 총재의 임기를 연속 '2기 6년'에서 '3기 9년'으로 늘리는 당칙 개정을 정식적으로 결정하면서 아베 신조 총리는 당 총재 3선에 출마할 수 있게 되었다(교도통신 2017. 03. 05; 연합뉴스 2017. 03. 05 재인용). 따라서 아베 총리의 현재 당 총재 임기는 2018년 9월까지이나, 아베 총리에게 대적할 경쟁자가 없다면 3년 더 총리를 하여 최장수 재임 총리로 기록 될 수 있다(교도통신 2017. 03. 05; 연합뉴스 2017. 03. 05 재인용). 이처럼 아베 총리는 9년 집권이라는 최장수 총리의 길을 만들어 놓았지만, 잇따라 터진 '아키에 스캔들'로 곤란한 상황에 처하게 되었다.

　아베 총리의 부인인 아키에 여사가 명예교장을 맡았던 오사카의 모리토모 학원의 부지가 헐값에 매입되어 논란이 증폭되고 있으며, 모리토모 학원의 가고이케 야스노리 이사장이 3월 23일 참의원 예산위원회에서 아키에 여사로부터 100만엔을 기부 받았다고 주장하여 아베 총리 내각은 궁지에 몰린 상황이 되었다(마이니치신문 2017. 03. 23; 연합뉴스 2017. 03. 23 재인용). 이에 아베 총리와 아키에 여사는 부지 헐값 매입 의혹과 100만 엔 기부금 제공이 사실이 아니라고 주장하고 있다(연합뉴스 2017. 03. 24).

　그러나 증폭되고 있는 논란인 '아키에 스캔들'에 관하여 야당과 여론의 반응은 차갑기만 한 상황이다. 민진당의 렌호 대표는 3월 16일 기자회견에서 모리토모 학원의 기부금 문제에 대해 "만약 사실이라면 수상은 의원을 그만둔다고 답변했기 때문에 그러한 판단을 할 만하다"라고 지적하며 기부가 사실일 경우 수상이 책임을 져야 한다는 의견을 표하고 있다(교도통신 2017. 03. 16). 또한 민진당 등의 야당은 참의원 예산위원회 이사회에서 진상규명을 위해 아키에 수상 부인을 증인으로 소환할 것을 요구하고 있다(교도통신 2017. 03. 27). '아키에 스캔들'로 인해 최근 실시된 여론조사에서는 아베 총리의 3연임에 대한 찬성여론이 줄어들었다(마이니치신문 2017. 03. 14; 연합뉴스 2017. 03. 14 재인용). 또한 아베 총리의 지지율은 지난달 조사에 비해 10%포인트 낮아진 56%로 집계되었으며, 아베 내각을 "지지하지 않는다"라는 견해를 밝힌 비율이 늘어났다(요미우리신문 2017. 03. 20; 연합뉴스 2017. 03. 20 재인용). 여론의 62.6%가 아베 총리와 아키에 수상 부인의 해명에 '납득할 수 없다'라고 응답했다(교도통신 2017. 03. 26).

정치 불신은 국민들의 정치참여에 부정적인 영향을 미칠 수 있기 때문에 대의민주주의에서 정치인과 국민들 간의 신뢰는 중요한 요소이다(김윤실 외 2013). 현재 논란이 되고 있는 '아키에 스캔들'은 아베 총리에 대한 국민들의 신뢰 하락으로 이어지고 있다. 따라서 아베 내각과 국회는 정치 불신으로 인한 부정적인 영향을 방지하기 위해 투명한 진상규명으로 논란을 해소해야 할 것이다.

참고문헌

교도통신. 2017.03.05.

_____. 2017.03.16.

_____. 2017.03.26.

_____. 2017.03.27.

김윤실·박병훈·윤종빈. 2013. "어떤 유권자가 투표하는가?-제18대 및 제19대 총선분석." 『한국시민윤리학회보』 26권 1호, 143-171.

마이니치신문. 2017.03.14.

_____. 2017.03.23.

연합뉴스. 2017.03.05.

_____. 2017.03.14.

_____. 2017.03.20.

_____. 2017.03.23.

_____. 2017.03.24.

요미우리신문. 2017.03.20.

||||||||||||||||||||||||||||||||||||||||||||||||||||||||||||||||||||||||||||||||||||||||||||||||||||||||||

아베 내각을 향한 야권의 비난과 지지율 상승

정승희

지난 3월 아베 신조 총리는 자신의 부인과 연루된 스캔들로 인해 여론과 야권으로부터 받은 비난이 가시기도 전에 내각 각료들의 문제 발언과 '교육칙어' 방침으로 인해 다시 한 번 곤혹을 치르고 있다. 최근 자민당 후루야 케이지 선거대책위원장의 SNS 상에서의 오키나와현 우루마시 시장선거 야당후보 비난 발언 논란과 이마무라 마사히로 부흥상의 동일본대지진 관련 문제 발언으로 아베 총리는 야권으로부터 비난을 받았다(연합뉴스 2017. 04. 26). 이에 아베 총리는 이례적으로 3시간 만에 각료를 경질하는 등 비난의 꼬리를 자르려는 시도를 보였으나, 내각을 총 책임 지는 책임자로서 아베 총리는 비난을 피할 수 없게 되었다(연합뉴스 2017. 04. 26). 한편 3월 31일 열린 국무회의에서 일본 정부가 '교육칙어' 방침을 허용한다는 내용을 정부 공식 입장으로 밝히자(아사히신문 2017. 04. 01; 연합뉴스 2017. 04. 01 재인용), 아베 정권은 야권과 일본 언론들로부터 비난을 받고 있다.

이렇듯 최근 아베 총리는 '교육칙어', 각료들의 문제 발언 등으로 야권과 언론으로부터 비난을 받고 있을 뿐만 아니라, 고이케 도쿄 도지사의 지지 세력이 성장하고, 자민당 내 차기 정권을 노리는 인사들의 등장함에 따라 아베 총리가 자신이 추구하고자 하는 정책을 수행하기 위해 견제해야 할 사항들이 많아졌다. 그러나 지난 3월 '아키에 스캔들'로 하락세를 보이던 지지율이 다시 상승세를 타고 있다. 23일 교도통신이 발표한 여론조사에 따르면 이번 4월 아베 내각의 지지율은 58.7%로 지난 3월에 비해 6%포인트 가량 상승했다(교도통신 2017. 04. 23;

연합뉴스 2017. 04. 23. 재인용). 이는 북한의 6차 핵실험 가능성에 관한 '북풍 몰이'라는 일본 정부의 위기 조장 능력 덕에 지지율 하락세가 멈춘 것으로 보인다(교도통신 2017. 04. 23; 연합뉴스 2017. 04. 23 재인용).

비록 지난 3월 '아키에 스캔들' 문제로 아베 내각의 지지율이 하락하는 모습을 보였지만, 스캔들의 여파와 교육칙어, 각료들의 문제 발언에도 아베 내각의 지지율이 다시 상승하고 있는 모습은 주목할 만하다. 이베 내각과 자민당이 여론과 야권의 반대에도 '테러대책법', '연금개혁안' 등을 강행한 것과 최근 문제가 되고 있는 '아키에 스캔들'에 대해 명확한 해명을 하고 있지 않은 아베 내각의 행보는 단순히 높은 지지율로 정당화 될 수 없다. 정치적 소통을 통해 다양한 의견을 조율해 나가야 하는 것은 민주주의의 중요한 가치이다(김주환 2005). 그렇기 때문에 아베 내각은 자신의 정책을 강행하는 것이 아니라 야권과 언론의 비난을 수용하여 최근 일어난 문제들을 소통과 협력으로서 풀어나가야 할 것이다.

참고문헌

교도통신. 2017.04.23.

김주환. 2005. "민주주의에 있어서 내화의 중요성: 공론장에서의 의사소통행위로서
　　의 정치적 대화." 『언론과 사회』, 13권 1호, 75-99.

아사히신문. 2017.04.01.

연합뉴스. 2017.04.01.

_____. 2017.04.23.

_____. 2017.04.26.

아베 신조 총리의 개헌 추진 의욕

정승희

개헌에 대한 논란이 계속되는 가운데, 헌법 시행 70주년 헌법기념일인 지난 5월 3일 아베 신조 총리는 개헌 추진 의욕을 더욱 적극적으로 드러냈다. 3일 아베 총리는 2020년에 개정 헌법을 시행하겠다는 조기 개헌 추진 의사를 밝히고, 논란이 적은 부분부터 개헌 논의를 시작해 추후 평화헌법 조항인 헌법 9조를 수정하려는 '2단계 전략'을 구상하고 있다(연합뉴스 2017. 05. 03). 또한 아베 총리는 NHK 방송에서 "자민당이 연내에 확실히 논의안을 국민에게 제시하면 좋겠다"라고 이야기 하며 자민당의 개헌안 제시 일정을 언급하는 등 강한 개헌 추진 의사를 보였다(NHK 2017. 05. 21; 서울경제 2017. 05. 21 재인용). 이러한 아베 총리의 개헌 추진 의사에 대한 반응으로 개헌안 초안 작성을 위해 자민당의 헌법개정추진본부 산하에 기초의원이 설치될 것으로 보인다(요미우리신문 2017. 05. 15; 한국일보 2017. 05. 15 재인용).

그러나 아베 총리의 개헌 의사에 대해 여론과 야권들이 모두 동의하고 있지는 않다. 지난 5월 3일 도쿄 고토구에서는 현행 평화헌법을 수호하고자 하는 5만5000여명이 집회를 열면서 개헌에 대한 반대 의사를 표출 했으며(NHK 2017. 05. 03; 연합뉴스 2017. 05. 03 재인용), 야권에서도 아베 총리의 개헌 추진을 비난하고 있다. 제1야당인 민진당의 렌호 대표는 아베 총리의 개헌 추진에 대해 "총리가 자신의 정치적 유산을 만들기 위해 개헌을 하려고 한다"고 비판했다(NHK 2017. 05. 03; 연합뉴스 2017. 05. 03 재인용). 한편 마이니치신문이 실시한 여론조사에 따르면 개헌에 대한 찬성 의견은 48%이고, 반대 의견은 33%로 찬성의 의견이 더 높았으나, 평화헌법 조항인 헌법 9조와 관련해서는 반대 의견 46%, 찬성 의견 30%로 반대의 의견이 더 높았다(마이니치신문 2017. 05. 03; 연합뉴스 2017. 05. 03 재인용).

헌법 개정에서 가장 논란이 되는 부분은 평화헌법이라 불리는 헌법 9조에 대한 수정이다. 기존의 아베 총리의 목표는 전쟁 포기와 교전권을 인정하지 않는 헌법 9조를 개정하여 일본을 보통국가로 만드는 것이지만(아사히신문 2017. 05. 04; 연합뉴스 2017. 05. 04 재인용), 헌법 9조 개정에 대한 여론과 야권의 반발이 계속되자, 이에 대한 대안으로 최근 아베 총리는 헌법 9조의 1항과 2항은 유지한 채 3항을 추가하여 자위대의 존재를 명기하겠다고 밝혔다. 그러나 아베 총리의 최근 발언은 추후 헌법 9조를 개정하려는 '2단계 전략'으로 보이고 있어(연합뉴스 2017. 05. 03), 아베 총리의 개헌 추진의 행보는 조금 더 지켜볼 필요가 있다. 또한 개헌에 대한 여론과 야권의 의견이 각기 다르기 때문에, 아베 총리는 개헌에 대한 의욕만을 앞세울 것이 아니라 다양한 의견을 수렴하고 소통하여 합의를 이끌어내야 할 것이다.

참고문헌

마이니치신문. 2017.05.03.
서울경제. 2017.05.21.
아사히신문. 2017.05.04.
연합뉴스. 2017.05.03.
_____. 2017.05.03.
_____. 2017.05.04.
요미우리신문. 2017.05.15.
NHK. 2017.05.03.
_____. 2017.05.21.

아베 신조 총리와 '사학 스캔들'

정승희

아베 신조 총리가 부인 아베 아키에의 모리토모 학원 매입 스캔들의 여파가 가시지 않은 상황 속에서 '사학 스캔들'로 또다시 곤혹을 치르게 되었다. '사학 스캔들'은 아베 신조 총리가 자신의 친구가 이사장으로 있는 사학에 수의학부 신설이라는 특혜를 주었다는 의혹에서 시작되었으며, 총리 부부뿐만 아니라 측근 세력도 사학과 긴밀한 관계라는 사실이 드러나 의혹이 확산되고 있다(교도통신 2017. 06. 05; 연합뉴스 2017. 06. 05 재인용). 아베 신조 총리는 이러한 의혹을 부인하며 의혹문건을 외부로 빼돌린 공무원을 엄격히 처벌하겠다는 강경한 입장을 취해왔으나(도쿄신문 2017. 06. 14; 아사히신문 2017. 06. 14; 연합뉴스 2017. 06. 14 재인용), 스캔들로 인해 지지율 하락이 계속되자 강경한 태도를 바꿔 가케학원 문제에 대한 재조사 등 "정부 대응에 시간이 오래걸려 불신을 초래했음을 인정한다"며 반성의 뜻을 표했다(연합뉴스 2017. 06. 19).

그러나 7월 도쿄도의회 선거를 앞둔 상황에서 아베 신조 총리의 '사학 스캔들'에 대한 야당과 여론은 냉랭하기만 하다. 민진당, 공산당, 자유당, 사민당 등 일본의 야 4당은 6월 8일 국회에서 당대표 회동을 하며, 아베 신조 총리에게 책임을 묻기 위한 내각불신임안 제출 방안을 강구했다(교도통신 2017. 06. 08; 연합뉴스 2017. 06. 08 재인용). 6월 18일 마이니치신문이 발표한 여론조사 결과에 따르면 아베 총리 지지율은 36%로 하락한 반면, 지지하지 않는다는 응답은 지난 5월에 비해 9%포인트 상승한 44%로 나타났다(마이니치신문 2017. 06. 18; 교도통신 2017. 06. 18; 연합뉴스 2017. 06. 18 재인용). 또한 산케이 신문이 발표한 여론조사 결과에서 응답자의 84.8%가 가케학원 문제에 대한 정부 설명이 충분하지 않았다고 응답했다(아사히신문 2017. 06. 20; 마이니치신문 2017. 06. 20; 산케이신문 2017. 06. 20; 연합뉴스 2017. 06. 20 재인용).

'사학 스캔들'이 확산되고 비판의 목소리가 점점 커지는 상황은 아베 신조 총리의 개헌 드라이브 가속화와 자민당의 7월 도쿄도의회선거 결과에 불리하게 작용할 것으로 보인다. 일본 언론은 아베 신조 총리가 비판여론을 잠재우고자 개각 카드를 꺼낼 것이라고 예측하고 있지만(요미우리신문 2017. 06. 17; 연합뉴스 2017. 06. 17 재인용), '사학 스캔들'에 대한 명확한 해명을 하지 못한다면 국민들의 정부 신뢰 하락과 비난을 피하기는 어려울 것이다. 대의민주주의에서 정치 불신은 정치 참여에 부정적인 영향을 미칠 수 있다(김윤실 외 2013). 따라서 아베 신조 총리는 충분한 진상규명을 통해 논란을 해소해야 할 것이다.

참고문헌

교도통신. 2017.06.05.

_____. 2017.06.08.

_____. 2017.06.18.

김윤실·박병훈·윤종빈. 2013. "어떤 유권자가 투표하는가?-제 18대 및 제 19대 총선 분석."『한국시민윤리학회보』26권 1호, 143-171.

도쿄신문. 2017.06.14.

마이니치신문. 2017.06.18.

_____. 2017.06.20.

산케이신문. 2017.06.20.

아사히신문. 2017.06.14.

_____. 2017.06.20.

연합뉴스. 2017.06.05.

_____. 2017.06.08.

_____. 2017.06.14.

_____. 2017.06.17.

_____. 2017.06.18.

_____. 2017.06.19.

_____. 2017.06.20.

요미우리신문. 2017.06.17.

한국의 동향 및 쟁점

국정농단 사태와 촛불시위, 그리고 탄핵

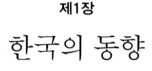

제1장
한국의 동향

1차(2016년 6월 말~7월 말)

김윤실

　20대 국회가 개원하자마자 선거비용 리베이트(rebate) 파문과 친인척 보좌진 채용 논란 등으로 시끄럽다. 국민의당은 리베이트 의혹이 불거지자 6월 29일 안철수·천정배 공동대표가 책임을 지고 동반 사퇴하면서 박지원 원내대표가 비상대책위원장으로 임명되었다. 이로써 20대 국회가 공식 출범한 지 한 달 만에 교섭단체를 구성한 원내 3당이 모두 임시 지도부 체제로 운영되는 이례적인 상황이 벌어졌다(연합뉴스 2016. 06. 29). 더불어민주당은 20대 총선을 앞둔 1월 문재인 전 대표가 사퇴하고 김종인 비대위원장을 영입하였으며, 새누리당도 김무성 전 대표가 총선 패배 직후 물러나 김희옥 혁신비대위원장이 비상 당권을 쥐고 있다. 새누리당은 8월 9일, 더불어민주당은 8월 27일, 그리고 국민의당은 내년(2017년) 2월 전에 각각 전당대회를 열어 정식 지도부를 선출할 예정이다(동아일보 2016. 06. 30).

　더불어민주당 서영교 의원이 자신의 딸을 의원실 인턴으로 채용하고 친오빠를 후원회 회계책임자로 등록한 뒤 인건비를 지급한 것이 드러나 '특권 남용' 논란이 일었다(연합뉴스 2016. 06. 27). 가족 채용 논란이 지속되자 더민주 지도부는 서

의원에게 탈당을 권유하기도 하였다. 당과 여론의 압박에도 불구하고 탈당 결정을 유보하던 서영교 의원은 징계를 위한 당 윤리심판원 전체회의를 하루 앞둔 7월 11일 자진 탈당했다(동아일보 2016. 07. 12).

새누리당은 6월 29일 소속 의원들의 8촌 이내 친인척 보좌진 채용을 일절 금지하기로 방침을 밝힌데 이어 다음 날인 30일에는 해당 내용을 법제화하겠다고 발표하였다(연합뉴스 2016. 06. 30). 또한 국회의원 불체포특권 포기와 국회 윤리위원회 권한 강화 등을 골자로 한 혁신안을 내놓으며 '특권 내려놓기'에 앞장서는 모습을 보였다. 하지만 서영교 의원 외에 더민주 추미애·안호영 의원뿐만 아니라 새누리당의 박인숙·김명연·이완영 의원 등도 친인척 보좌진 채용으로 구설수에 올랐다. 또한 새누리당도 총선 홍보 영상을 무상으로 제공받은 혐의로 조동원 전 홍보기획본부장이 중앙선거관리위원회로부터 고발당하면서 리베이트 의혹이 불거졌다. 국민의당은 중앙선관위가 국민의당 조사 당시에 비해 새누리당 수사 속도와 강도, 범위 등이 편파적이라며 비판하기도 하였다(연합뉴스 2016. 07. 01).

한편 정부가 7월 8일 한반도 사드(Terminal High Altitude Area Defense missile, THAAD·고고도미사일방어체계) 배치를 확정 발표한데 이어 13일 경북 성주로 배치 장소가 결정됐음을 발표하자 정치권과 여론이 들끓기 시작했다. 정부와 청와대는 국가안보를 위한 불가피한 선택이었다고 강조했지만, 야당 의원들은 충분한 협의와 소통 없이 결정이 내려졌다고 비판했다(연합뉴스 2016. 07. 13).

한국 정당

06월 29일

- 여야 3당 모두 비대위 체제…사상 초유 (동아일보 06. 30)
- 국민의당 안철수·천정배 공동대표가 29일 동반 사퇴하면서 원내 3당이 모두 '비상 체제'로 운영되는 초유의 사태가 발생했다. 새누리당은 김희옥 비상대책위원장이, 더불어민주당은 김종인 비대위 대표가 비상 당권을 쥐고 있다. 양당 모두 전당대회에서 각각 선출된 김무성, 문재인 전 대표가 임기를 채우지 못한 채 사퇴하면서

외부 인사를 영입해 당권을 맡겼다. 국민의당은 박지원 원내대표를 비대위원장으로 임명했지만 비대위가 구성되면 기존 지도부인 최고위원회가 해산되기 때문에 임시 지도체제라는 점은 마찬가지다. 새누리당은 8월 9일, 더민주당은 8월 27일, 국민의당은 내년 2월 전에 각각 전당대회를 열어 정식 지도부를 선출할 예정이다.

06월 30일

• 새누리당, 국회 개혁 '선제 조치'…특권 내려놓기 경쟁 시동   (연합뉴스 06. 30)

– 20대 국회 개원과 함께 잇따라 터져 나온 선거비용 리베이트 파문과 친인척 보좌진 채용 시비 등으로 정치권이 몸살을 앓고 있는 가운데 새누리당이 30일 고강도의 '국회의원 특권 내려놓기' 혁신안을 내놓으며 국회 개혁의 고삐를 당겼다. 당 혁신비상대책위원회는 이날 전체회의에서 국회의원 불체포특권 포기와 국회 윤리위원회 권한 강화 등을 골자로 한 개혁안을 의결했다. 비대위는 전날 소속 의원들이 8촌 이내의 친·인척을 보좌진에 채용하는 행위를 일절 금지하기로 한 방침을 밝힌데 이어 이날 '8촌 이내 친인척 보좌진 채용 금지법' 제정으로 법제화하겠다고 발표하면서 발 빠르게 움직였다. 더민주 출신 정세균 국회의장이 국회의원 특권 내려놓기를 위한 최우선 과제로 꼽은 '불체포 특권' 정상화 과제에 대해 '체포동의안 72시간 자동폐기' 조항을 삭제하고 '국회의원 회기 중 영장 실질심사 자진출석 의무화' 조항을 신설토록 하는 구체안까지 발표했다.

07월 03일

• 면책특권 폐지 논란…여 "전향적 검토" 야 "권력 견제 약화"   (연합뉴스 07. 03)

– 국회의원 '특권 내려놓기' 논의가 활발하게 이뤄지는 가운데 의원의 직무상 발언과 표결에 대해 국회 밖에서 책임을 묻지 않는 헌법상 권리인 면책특권의 유지 여부를 놓고 여야 의견이 엇갈리고 있다. 새누리당은 그간 제기된 국회의원의 막말 파문이나 무책임한 의혹 제기의 예방 차원에서 폐지를 검토할 수 있다는 입장이지만, 더민주와 국민의당은 권력을 비판하고 견제하는 국회의 기능이 약해질 우려가 있다며 반대 의사를 표하고 있다.

07월 06일

- 박지원 비대위, 안철수 색깔 지키며 탈(脫)지역…호남 '박(朴)견제' 기류

(연합뉴스 07. 06)

– 국민의당이 안철수 천정배 전 공동대표가 사퇴한 지 일주일만인 6일 비상대책위원회 1차 인선을 발표하며 '총선 홍보비 파동'으로 공백 상태가 된 당 정상화 작업에 본격 착수했다. 이번 인선은 지역·성별·연령·선수·원내외 등을 고루 배분하는 '탕평'에 방점이 찍혀있다는 게 당 관계자의 설명이다. 박지원 위원장은 "국민의당은 안철수 당이기 때문에 계속 안철수 이미지로 갈 것"이라는 자신의 말대로 친안(친안철수)계 인사들을 전진 배치했다. 반면, 호남 출신은 박 위원장을 포함해 4명에 그치는 등 호남색은 빼고 안철수 색은 유지한 모양새가 됐다. 박 위원장은 인선 과정에서 안 전 대표와 긴밀히 조율한 것으로 알려졌다. 하지만 사실상 당을 장악한 박 위원장에 대한 견제 기류는 이번 비대위 구성을 계기로 서서히 수면 위로 올라오는 양상이다. 특히 이러한 목소리는 호남을 중심으로 고개를 들고 있어 그동안 잠복돼 있던 갈등이 본격화될 수 있다는 관측도 제기된다.

07월 10일

- 국민의당, 박선숙·김수민 영장심사 앞두고 "선관위 편파조사" 반격 (연합뉴스 07. 10)

– 국민의당이 '총선 홍보비 파동'의 당사자인 박선숙·김수민 의원의 영장 실질심사를 하루 앞둔 10일 중앙선거관리위원회의 편파조사 의혹을 제기하며 대대적인 반격에 나섰다. 선관위가 최근 새누리당 조동원 전 홍보본부장 등을 정치자금법 위반 혐의로 검찰에 고발한 것을 국민의당의 홍보비 리베이트 조사 당시와 비교해 수사 속도와 강도, 범위 등이 편파적이라 주장하면서 위기 국면 전환에 총력을 기울였다. 국민의당은 새누리당이 업체로부터 무상으로 받은 39개 동영상의 제작비용을 선관위가 8천만 원으로 산정한 것에 대해 "도저히 상식적으로 납득할 수 없는 가격 수준"이라고 지적하며 이외에 다른 형태의 리베이트 존재 여부 및 제작 업체와의 특수관계 여부 등에 대해서도 추궁했다. 국민의당은 이처럼 각종 의혹을 제기하는 한편 선관위 압박에 더불어민주당을 끌어들이며 야당 공조를 추진하고 있다.

07월 11일

• 사드(THAAD) 공방…여당 "부작용 최소화" vs 야당 "졸속 결정"   (연합뉴스 07. 11)
- 여야는 11일 국회 국방위원회의 국방부 현안보고에서 정부의 사드(THAAD) 배치 결정을 놓고 치열한 공방을 벌였다. 새누리당은 사드(THAAD) 배치가 북한 미사일 위협을 방어하기 위한 불가피한 결정이었음을 강조하면서 정부가 중국·러시아와의 외교적 갈등은 물론 배치 비용, 레이더 전자파의 유해성 등을 둘러싼 각종 괴담에도 정교하게 대처해 부작용을 최소화하라고 주문했다. 또 야권 일각에서 요구하는 국회 비준 동의와 국민투표에 대해서도 "적절치 않다"고 차단막을 쳤다. 반면 더불어민주당과 국민의당은 주변 강대국과의 마찰과 지역 주민들의 반발을 고려하지 않은 '졸속 결정'이라고 비판하고 나섰다. 다만 국민의당은 국회 비준 동의를 요구하고 나선 반면 더민주는 부정적인 반응을 보이면서 일부 기류가 엇갈리기도 했다. 한편 정부의 사드(THAAD) 배치 발표 과정에서의 '비밀주의'에 대한 지적이 야당뿐 아니라 여당 일부에서도 나와 눈길을 끌었다.

07월 11일

• 더민주, 의원 보좌관에 친인척 채용 제한…위반하면 징계   (연합뉴스 07. 11)
- 더불어민주당은 11일 당 윤리규범에 국회의원의 친인척 보좌관 채용을 제한하는 조항 등을 신설하고, 이를 위반할 경우 징계할 수 있도록 당규도 개정하기로 했다. 박광온 대변인은 이날 국회 브리핑을 통해 이런 내용이 포함된 윤리규범 및 당규 개정안이 비상대책위원회에서 의결됐다고 밝혔다. 비대위는 우선 당 윤리규범에 소속 의원이 지역위원회·후원회 등 자신의 직무와 관련된 조직의 직원 등으로 본인이나 배우자의 친인척을 임용하지 않도록 제한하는 내용을 포함시켰다. 임용이 제한되는 친족의 범위는 민법 규정에 따라 8촌 이내의 혈족과 배우자 및 4촌 이내의 인척으로 적용하기로 했다. 또한 보좌진의 급여 일부를 되돌려 받거나 전용하는 행위를 금지하고, 후원금을 받지 못하도록 하는 내용도 규범에 포함했다.

07월 20일

• '공수처' 드라이브 거는 두 야당…"법조인·의원·차관급 포함" (연합뉴스 07. 20)

– 야권이 진경준 검사장 구속과 우병우 청와대 민정수석을 둘러싼 의혹을 고리로 '고위공직자비리수사처(공수처)'를 신설하기 위한 드라이브를 걸고 나섰다. 더불어민주당과 국민의당은 지난 19일 원내대표 간 협의를 통해 공수처 신설법 추진에 공조하기로 합의함에 따라 후속 입법화 작업에 박차를 가하고 있다. 두 야당은 특히 이달 안으로 관련 법안을 양당의 당론으로 공동발의해 다음달인 8월 임시국회에서 처리하겠다는 방침이어서 주목된다. 특히 더민주는 당 민주주의 회복 태스크포스(Task Force, TF)에서 입법 작업에 속도를 내고 있으며, 공수처 수사범위에 판검사, 국회의원, 차관급 이상 고위공직자가 포함될 것으로 알려졌다. 공수처 신설은 참여정부에서 추진한 이후 2012년 대선 때 야당 후보들이 공약으로 제시했을 만큼 야권에서 줄곧 주장해왔으나 여당(당시 한나라당)과 검찰의 반대로 여러 번 무산된 바 있다.

07월 22일

• 두 야당 "우병우 사퇴시키고 국정운영 방식 바꾸라" 맹공 (연합뉴스 07. 22)

– 더불어민주당과 국민의당은 22일 처가 부동산의 부적절한 거래 등 잇단 의혹을 받는 우병우 청와대 민정수석의 즉각 사퇴를 요구하며 총공세를 이어갔다. 특히 야권은 전날 박근혜 대통령이 국가안전보장회의(NSC)에서 "고난을 벗 삼아 당당히 소신을 지켜가기 바란다", "사드(THAAD) 문제에 불순세력이 가담치 않게 하는 게 중요하다"고 한 데 대해서도 정면 비판하며 공세수위를 높였다. 더민주 우상호 원내대표는 이날 비대위 회의에서 "우 수석에게 대통령 치마폭에 숨지 말라 했는데 오히려 대통령이 나서서 방어막을 쳐줬다. 대통령이 국민과 정면 대결을 선언한 것"이라고 목소리를 높였다. 그는 "대통령은 지금이라도 전면개각을 통해 국정운영 방식을 바꾸라"고 말했다.

06월 30일

• 여야 "불체포특권 포기"…의장직속 특권 내려놓기 자문기구 설치 (연합뉴스 06. 30)

– 정세균 국회의장과 새누리당 정진석·더불어민주당 우상호·국민의당 박지원 원내대표는 30일 의원 체포동의안이 국회 본회의에 보고된 지 72시간 동안 표결을 하지 못하면 자동 폐기되는 규정을 없애자는데 사실상 합의하는 등 국회의원의 회기 중 불체포특권을 포기하자는데 의견을 같이했다. 여야는 정세균 국회의장 직속 '국회의원 특권 내려놓기' 자문기구를 설치하여 국회법 개정 등 이러한 내용을 입법화하기 위한 방안을 논의키로 합의했다. 한편 국회 개헌특위 설치 문제에 대해서는 정의장이 제안했으나 합의가 이뤄지지는 못한 것으로 전해졌다. 이밖에 더민주와 국민의당은 세월호특별조사위원회 조사 활동 기간 연장을 강하게 주장했으나 새누리당이 노동개혁 4법과 서비스법 처리 요구로 맞서면서 서로 입장차만 확인했다.

07월 03일

• 새누리당 의원, 김영란법서 '언론·사학교사' 빼고 국회의원 포함 추진

(연합뉴스 07. 03)

– 언론인 출신인 새누리당 강효상 의원이 '부정청탁 및 금품수수 금지법(일명 김영란법)' 개정안의 적용 대상에서 언론인과 사립학교 교사를 제외하는 대신 국회의원을 포함하도록 재개정을 추진키로 해 주목된다. 이처럼 20대 국회 들어 김영란법 개정 움직임이 이어지면서 이른바 '예외조항'에 대한 논의가 본격화하는 형국이다. 최근 농·축·수산물을 법 적용 대상에서 제외하는 개정안의 국회 제출이 잇따른 데 이어, 국회의원 '로비'를 예외로 인정한 조항을 삭제하는 입법까지 추진되면서 시행을 석 달가량 앞둔 김영란법의 향배가 주목된다.

07월 19일

• 우상호, 새누리당 공천개입 논란에 "박 대통령 공천 직접 개입 증거"

(동아일보 07. 19)

– 더불어민주당 우상호 원내대표는 19일 새누리당 친박 핵심 최경환·윤상현 의원의 '공천 개입 녹취록' 파문에 대해 "결국 새누리당의 지난 공천은 친박(친박근혜)에 의한 협박·회유 공천이었다는 것이 드러났다"고 개탄했다. 우 원내대표는 "녹취록에서는 '대통령의 뜻'이 인용되고 있다. 대통령이 공천에 직접 개입했다는 명확한 증거"라며 "대통령이 국정에 전념하기는커녕 공천에 개입했다면 국민의 지탄을 받을 것이다. 이에 대해서도 대통령이 직접 설명해야 한다"고 압박했다.

한국 여론

06월 27일

• 호남서 국민의당과 안철수 대표 지지율 급락   (조선일보 06. 27)

– 지난 4·13 총선 홍보비 리베이트 의혹으로 국민의당과 안철수 공동대표의 지지율이 총선 공식 선거운동이 시작됐던 3월 5주차 이후 12주 만에 최저치를 기록했다는 여론조사 결과가 27일 나왔다. 국민의당은 6개월 만에 호남 지지율 1위 자리를 더불어민주당에게 내줬고, 여야 차기 대선 주자 지지율 조사에서도 안 대표는 호남에서 1위 자리를 더민주 문재인 전 대표에게 뺏겼다. 여론조사 업체 리얼미터가 지난 6월 20~24일 전화 여론조사를 벌인 결과, 정당 지지율은 새누리당이 29.8%, 더민주가 29.1%를 기록했다. 국민의당은 총선 홍보비 리베이트 의혹 관련 보도가 잇따르면서 전주 대비 0.5%포인트 하락한 15.5%를 기록, 4주 연속 하락했다. 국민의당 지지율 하락은 특히 호남지역에서 뚜렷했다. 광주·전라지역에서는 전주 대비 11.8%포인트 폭락한 24.9%를 기록했다.

06월 29일

• 농민단체들 "농어민 어려움 빌미로 김영란법 흔들지 말라"   (한겨레 06. 30)

– 농어촌의 어려움을 빌미로 '김영란법'(부정청탁과 금품 등 수수 금지법)을 유명무실하게

만들어서는 안 된다는 주장이 농민단체 쪽에서 나왔다. '농민의 길'은 29일 성명을 내고 "농어업·농어촌·농어민의 어려움을 방패막이 삼아 김영란법을 무력화하려는 행동을 중단하라"며 "농어업의 피해를 의도적으로 부풀려 이 법의 시행을 미루고, 기능을 못하게 한다면 농민들이 가만히 있지 않겠다"고 밝혔다. 반면, 전국 화훼농가와 소상공인연합회원 3000여 명은 이날 국회 앞에서 집회를 열고 "꽃 선물이 뇌물이냐"며 "농민의 현실을 반영하지 못한 김영란법을 개정하라"고 촉구했다. 김영란법은 공직자·언론인 등이 받을 수 있는 금품 허용 범위를 식사 3만 원, 선물 5만 원, 경조사비 10만 원으로 제한한 시행령을 확정짓는 대로 9월부터 시행에 들어간다.

07월 15일

• 갤럽 "사드(THAAD) 한반도 배치, 찬성 50% vs 반대 32%" (연합뉴스 07. 15)
– 사드(THAAD)의 한반도 배치를 찬성하는 여론이 반대하는 여론보다 우세한 것으로 나타났다고 여론조사 전문업체 한국갤럽이 15일 밝혔다. 갤럽이 지난 12~14일 실시한 여론조사 결과에 따르면 한반도 사드(THAAD) 배치에 찬성한 응답률은 50%로, 반대 응답률인 32%보다 높았다. 응답자의 19%는 답변을 유보했다. 지지정당별로 보면 새누리당 지지층에서 찬성 응답률이 74%에 달했고, 국민의당 지지층에서도 찬성 응답률(47%)이 반대 응답률(38%)보다 높았다. 반면 더불어민주당과 정의당 지지층에서는 반대 응답률이 각각 50%와 58%로 집계돼 새누리당과 국민의당에 비해 사드(THAAD) 배치에 반대하는 목소리가 상대적으로 높았다. '자신이 사는 지역 근처에 사드(THAAD)를 배치할 경우 이를 수용하겠느냐'는 질문에 대해서는 수용하겠다는 응답이 46%로, 수용하지 않겠다는 응답(39%)보다 높았다.

2차(7월 말~8월 말)

김윤실

더불어민주당·국민의당·정의당 등 세 야당의 원내대표가 8월 3일 회동을 갖고 '서별관 회의 청문회'라 불리는 조선·해운 구조조정 청문회를 추가경정예산안 처리와 연계하는 등 정국 현안에 대한 공동대응을 모색하였다. 새누리당은 야당들이 당장 시급한 추경예산안 심사에는 응하지 않은 채 전혀 무관한 사안들을 연계시키며 정부·여당의 양보를 압박하고 있다며 "협치를 포기한 구태"라고 강력 반발했다(연합뉴스 2016. 08. 03). 이후 여야는 8월 22일 국회 본회의를 열어 추경예산안을 처리하기로 합의하기도 했지만 구조조정 청문회의 증인 채택을 둘러싼 의견 차이를 좁히지 못하고 심의가 지연된 결과 결국 무산되었다(연합뉴스 2016. 08. 19; 연합뉴스 2016. 08. 22). 더불어민주당과 국민의당은 새누리당 최경환 의원, 안종범 청와대 정책조정수석비서관, 홍기택 전 산업은행장 등을 증인으로 채택하지 않으면 추경안을 처리할 수 없다는 입장이었고 새누리당은 이를 정치 공세라고 일축하며 거부하였다.

추경예산안 처리가 무산되자 더불어민주당과 국민의당 두 야당은 구조조정 청문회 증인 채택 문제를 둘러싸고 의견 충돌을 보이기 시작했다. 더민주는 핵심증인 채택에서 물러설 수 없다는 입장을 고수하였지만, 국민의당은 청문회 증인 협상에서 양보를 하더라도 추경안을 통과시키자는 입장으로 선회하였다(연합뉴스 2016. 08. 23). 정부가 7월 26일 제출한 추경안이 한 달 넘도록 국회를 통과하지 못하자 우려 섞인 여론에 부담을 느낀 더불어민주당이 결국 증인채택을 양보하는 방향으로 한 발 물러섰다(연합뉴스 2016. 08. 25). 여야 3당은 구조조정 청문회에서 최경환 의원과 안종범 청와대 정책조정수석비서관을 제외하는 대신 '백남기 농민 사건 청문회'를 개최하는 조건으로 8월 30일 국회 본회의에서 추경안을 처리하기로 합의하였다.

한편 사드(THAAD) 배치에 반대하는 더불어민주당 초선의원 6명이 8월 8일부터 10일까지 2박 3일 일정으로 중국 방문에 나서면서 정치권 내에 논란이 이어졌다. 새누리당이 이들의 방중(訪中)을 '매국 행위'라며 강하게 비판한데 이어 청와대까지 나서 방중 자제를 공식적으로 촉구하고 나서자 더불어민주당은 "간섭 말라"며 일축했지만, 당 내부적으로도 마찰음이 커지는 등 곤혹스러운 상황이 되었다(연합뉴스 2016. 08. 07). 이에 김종인 비상대책위 대표는 "가서 얻어올 것이 없다"며 사실상 방중을 만류하기도 하였지만, 김영호 의원 등 더민주 초선의원 6명은 예정대로 중국 방문을 강행하였다. 한편 새누리당 새 대표에 친박(친박근혜)계이자 호남 출신인 이정현 의원이 8월 9일 선출된데 이어 더불어민주당 새 대표에는 친문(친문재인)이자 대구 출신의 추미애 의원이 27일 선출되었다.

한국 정당

08월 05일

• 더민주 초선 '사드(THAAD) 방중' 논란…여 "사대외교"　　　　　　　(연합뉴스 08. 05)

– 더불어민주당 초선 의원 6명이 중국을 방문해 사드(THAAD) 배치 문제를 논의키로 한 일정을 놓고 5일 정치권 내에서 논란이 이어졌다. 새누리당은 국회의원이 국내 주권과 안보 문제를 인접국과 상의하러 가는 것 자체가 어불성설(語不成說)인데다, 특히 중국은 사드(THAAD) 배치를 반대하는 당사자라는 점에서 야당 의원들의 방중은 외교적으로 세계적인 조롱거리가 될 것이라고 비판했다. 더민주와 국민의당은 각각 지도부 내부에서 이에 대한 의견에 온도차를 보이거나 찬반이 엇갈리는 모습을 보였다. 더민주 우상호 원내대표는 이번 방중에 대해 처음부터 자신과 의논한 일이라면서 방중 계획에 힘을 실었다. 그러나 김종인 비상대책위 대표는 "괜히 갔다가 중국에 이용당하지 않았으면 좋겠다"며 부정적 입장을 밝혀 온도차를 드러냈다.

08월 09일

• 새누리 대표에 첫 호남 출신 이정현…친박, 8·9 전대 압승　　　　　(연합뉴스 08. 09)

– 새누리당 새 대표에 호남 출신의 '친박(친박근혜)계 주류' 이정현 의원이 9일 선출됐다. 최고위원에는 친박계인 조원진·이장우·최연혜 후보와 함께 청년 몫의 유창수 후보가 당선됐으며, 비박(비박근혜)계 가운데서는 강석호 의원이 유일하게 선출됐다. 이로써 내년 말 차기 대통령선거를 앞두고 후보선출 등의 과정을 관리하는 동시에

박근혜 정부의 마무리를 보조할 집권여당의 새 지도부는 사실상 친박계가 장악하게 됐다. 이 신임 대표는 이날 잠실 실내체육관에서 열린 차기 당 지도부 선출을 위한 제4차 전당대회에서 대의원 투표와 일반국민 여론조사를 합산한 결과 총 4만 4천 421표를 득표하여, 3만 1천 946표에 그친 대구·경북(TK) 출신의 비박계 주호영 의원을 따돌리고 1위에 올랐다.

08월 12일

• **정진석, 야당에 국회의원·공공부문 임금동결 제안**　　　　　　　(연합뉴스 08. 12)

- 새누리당 정진석 원내대표는 12일 국회의원 세비와 정부 등 공공부문 종사자의 임금을 동결하자고 더불어민주당과 국민의당에 공식 제안했다. 정 원내대표는 이날 정세균 국회의장 주재로 열린 여야 3당 원내대표 회동에서 이같이 제안했다고 민경욱 원내대변인이 전했다. 민 원내대변인은 "국회의원 세비를 현 수준에서 동결하는 안을 제안했다"며 "양극화 해소를 위해 상위 10% 이상의 임금을 받는 정부·공공부문에도 임금 동결을 요청하기로 했다"고 말했다. 정 원내대표는 지난 6월 29일 혁신비상대책위원회 회의에서도 "노동시장 양극화를 해소하고 '중향 평준화'를 이루려면 무엇보다 더 많이 가진 사람이 양보한다는 데서 (논의를) 출발해야 한다"며 의원 세비 동결을 주장했다.

08월 12일

• **전기료 인하에 여(與) "가계에 큰 도움", 야(野) "'찔끔 인하' 미봉책"** (연합뉴스 08. 12)

- 여야는 12일 당정이 올 7~9월 주택용 전기요금 일부를 경감하기로 발표한 데 대해 긍정적인 자평과 비판적인 지적을 내놓으며 엇갈린 반응을 보였다. 새누리당은 이번 누진제 조정이 한시 조치이지만 당장 가계부담 완화에 큰 도움이 될 것이라고 주장한 반면 더불어민주당과 국민의당은 경감 효과도 적을뿐더러 미봉책에 불과하다며 비판의 목소리를 높였다. 그러나 여야는 모두 중장기적으로 전기요금 누진제를 전면 개편할 필요성이 있다는 데 공감대를 나타내 향후 국회 차원의 논의가 가속화할 것임을 예고했다.

08월 15일

• 박 대통령 "건국 68주년" 언급에 여야 '1948년 건국' 논쟁   (연합뉴스 08. 15)

– 여야 정치권은 광복 71주년을 맞은 15일 보수 진영의 '1948년 8·15 건국' 주장을 놓고 날선 논쟁을 벌였다. 여권은 1948년 8월 15일 정부 수립을 공식적인 '대한민국 건국'으로 보고 정당성을 부여했지만 더불어민주당을 비롯한 야권은 대한민국 임시정부의 의미를 폄하하는 것이라고 반박했다. 박근혜 대통령은 이날 오전 광복절 기념식에서 공식 경축사를 통해 "오늘은 제71주년 광복절이자 건국 68주년을 맞이하는 역사적인 날"이라고 평가했다. 야권의 유력 대권주자인 더민주 문재인 전 대표는 페이스북에 글을 올려 "요즘 대한민국이 1948년 8월 15일 건립됐으므로 그날을 건국절로 기념해야 한다고 주장하는 사람들이 있다. 역사를 왜곡하고 헌법을 부정하는 반역사적, 반헌법적 주장"이라며 "대한민국의 정통성을 스스로 부정하는 얼빠진 주장"이라고 강력히 비판했다. 다만 문 전 대표는 이 글을 박 대통령의 경축사 발표 이전인 이날 새벽 작성한 것으로 알려졌다.

08월 21일

• 12년 만에 정당 지구당 부활 가시화…기대·우려 '교차'   (연합뉴스 08. 21)

– 정당의 지역 하부조직인 지구당 제도가 폐지 12년 만에 부활할 가능성이 커지고 있다. 21일 정치권에 따르면 국회 정치발전특별위원회 산하 선거제도개혁소위는 지난 17일 이런 내용을 담은 정당법, 정치자금법 등의 개정안을 공식 의제로 다루기로 결정했다. 중앙선거관리위원회도 8월 말 관련법 개정 의견을 제출할 예정이어서 지난 2004년 이른바 '오세훈 법'으로 불리는 정치관계법 통과와 함께 도입된 당원협의회 체제에 변화를 예고하고 있다. 지금까지는 지구당 부활에 부정적 시각이 팽배해 정치권이 선뜻 법 개정 착수에 나서지 못했으나 거의 모든 당협이 편법으로 사무실을 운영하는 법과 현실의 괴리를 해소하고, 현역의원과 원외 위원장의 기득권 차이로 인한 진입 장벽을 걷어내야 한다는 의견이 점차 힘을 얻고 있다. 그러나 전국 253개 지역선거구에 지구당 사무실이 생기면 현재보다는 법망의 감시가 어려워지고, 유력 정치인에게는 줄을 대기 위해 또다시 돈이 몰리면서 '사당화'의 빌미를 주는 게 아니냐는 우려도 있다.

08월 22일

• 국민의당 '전(全) 당원 1인 1표 직선제' 도입 논란 　　　　　　　(연합뉴스 08. 22)

– 국민의당이 당 대표를 뽑을 때 모든 당원이 1표씩 행사하는 제도의 도입을 추진
하고 있지만 당내 반발이 불거지며 논란으로 비화할 조짐을 보이고 있다. 22일 국민
의당 비상대책위원회 회의에서 당헌당규 제개정위원회는 선출직 당직을 뽑을 때 전
당원이 차별 없이 동등한 1표씩을 행사하도록 하는 내용을 골자로 하는 당헌·당규
개정안을 보고했다. 대의원이나 권리당원 등으로 선거인단을 구성하는 기존 정당의
간선제와는 달리 전 당원이 1표씩 던져 대표를 뽑는 직선제를 도입하자는 것으로,
이는 특정 계파나 세력의 줄 세우기 등 '동원 정치'의 폐해를 없앨 수 있는 장점이 있
다는 것이다. 그러나 조배숙, 이용호 등 일부 의원들은 당비를 내는 권리당원과 아
무나 가입할 수 있는 일반당원의 투표권을 동등하게 간주하는 것은 역차별의 소지
가 있다며 반대한 것으로 전해졌다.

08월 27일

• 더민주 새 대표 '친문' 추미애… 첫 대구·경북(TK) 출신 당수 　　　(연합뉴스 08. 27)

– 더불어민주당 새 대표에 대구 출신의 추미애 의원이 27일 과반의 득표로 선출됐
다. 60여년 민주당사(史)에서 대구·경북(TK) 출신 여성 당수가 탄생한 것은 이번이
처음이다. 추 신임 대표가 친노(친노무현)·친문(친문재인) 진영의 압도적 지지를 받은
것을 비롯해, '친문 지도부'가 출범함에 따라 친문 진영이 당을 완전 장악하는 쪽으
로 당내 세력재편이 이뤄졌다. 과도체제였던 '김종인 비대위'의 종료와 함께 출범한
임기 2년의 새 지도부는 내년 대선을 앞두고 공정한 대선관리를 통해 친문 독식 논
란을 불식하고 당내 통합을 이루면서 수권정당을 만들어야 하는 임무를 수행하게
된다. 추 신임 대표는 이날 잠실 올림픽 체조경기장에서 열린 차기 당 지도부 선출을
위한 전당대회에서 대의원 투표(45%)와 권리당원 투표(30%), 일반 여론조사(일반당원+
국민·25%)를 합산한 결과, 54.03%의 득표로 당선됐다.

08월 03일

• 야(野) 3당 "서별관 회의 청문회 안하면 추경 처리 거부"　　　　　(조선일보 08. 04)

– 더불어민주당·국민의당·정의당 등 야(野) 3당 원내대표는 3일 국회에서 회동을
갖고 검찰 개혁, 사드(THAAD) 대책 논의를 위한 특별위원회 구성을 포함한 8개 항목
에 대한 공조에 합의하고 이 중 일부를 추가경정예산안 통과에 연계할 수 있다는 입
장을 밝혔다. 특히 더민주 우상호, 국민의당 박지원, 정의당 노회찬 원내대표는 이
날 회동 뒤 이른바 '서별관 회의 청문회'로 통하는 조선·해운 구조조정 청문회를 소
관 상임위원회인 기획재정위원회와 정무위원회에서 2일씩 진행해야 추경예산안을
처리할 수 있다는 점을 분명히 했다. 3개 야당이 특정 정치적 사안에 대한 자신들 뜻
을 관철하기 위해 민생·경제와 관련한 추경 문제를 묶은 것이다. 새누리당은 "거야
(巨野)의 횡포가 시작됐다"고 했다.

08월 19일

• 여야 '추경 무산' 놓고 끝없는 네 탓 공방　　　　　　　　　　(연합뉴스 08. 19)

– 여야는 19일 추가경정예산안의 국회 심의 지연으로 당초 합의했던 22일 본회의
처리가 사실상 무산되자 서로 상대방에게 책임을 떠넘기며 결론 없는 공방을 이어
갔다. 새누리당은 더불어민주당과 국민의당이 추경과 무관한 조선·해운업 부실화
규명 청문회의 증인 채택을 문제 삼아 여야 합의를 파기했다고 비판했다. 반면 더민
주와 국민의당은 새누리당이 증인 채택 거부로 청문회를 무력화함에 따라 추경 심
의가 지연된 만큼 22일 추경안 처리 무산의 책임은 새누리당에 있다고 맞섰다.

08월 24일

• 선관위, 막판 후보단일화 방지법 추진　　　　　　　　　　　(중앙일보 08. 25)

– 중앙선거관리위원회가 대통령선거 등에서 후보자 등록 이후 사퇴를 금지하는 내
용의 선거법 개정 의견을 국회에 제출할 것이라고 24일 밝혔다. 중앙선관위는 이날
"현행 선거법상 공직후보자가 사퇴할 경우 서면으로 선관위에 신고만 하면 되는 조

항을 후보자등록 마감 이후 후보자 사퇴를 아예 금지하는 내용으로 고치자는 의견을 25일 국회에 제출한다"고 밝혔다. 선관위 관계자는 "선거일에 임박해 후보자가 사퇴할 경우 사전투표나 거소투표에서 무효표가 다수 발생해 사퇴를 제한할 필요가 있다"고 말했다. 현행 선거에선 후보자가 등록 이후 사퇴할 경우 투표용지 기표란에 '사퇴'라고 명시해 주거나 투표소 안내문으로 사퇴 사실을 공고해 왔다. 선관위는 선거 연령을 19세→18세 이상으로 낮추고 구·시·군 지구당과 정당후원회를 허용하는 내용의 개정 의견도 함께 내기로 했다.

08월 25일

• **최경환·안종범 지킨 새누리…'백남기 청문회' 얻은 더민주**   (중앙일보 08. 26)

– 새누리당 김도읍·더민주 박완주·국민의당 김관영 의원 등 여야 3당 원내수석부 대표는 25일 긴급회동에서 오는 30일 국회 본회의를 열어 11조원 규모의 추가경정 예산안을 처리하기로 전격 합의했다. 조선·해운 산업 구조조정 청문회(서별관 회의 청문회) 증인 명단에선 최경환 전 경제부총리와 안종범 청와대 정책조정수석을 사실상 제외하기로 했다. 대신 지난해 11월 시위 도중 물 대포에 맞고 쓰러져 의식을 회복하지 못하고 있는 농민 백남기씨 청문회를 연다. 서별관 회의 청문회는 다음달 8~9일 개최하기로 했다. 또 다음달 26일부터 10월 15일까지 20일간 20대 국회 첫 국정감사를 실시하기로 했다.

한국 여론

08월 10일

• **'논란 속 사드(THAAD) 방중' 더민주 초선들 귀국…보수단체 항의시위**

(연합뉴스 08. 10)

– 사드(THAAD) 배치에 반발하는 중국 측의 의견을 듣겠다며 논란 속에 중국을 방문한 김영호 의원 등 더불어민주당 초선의원 6명이 10일 오후 인천국제공항을 통해 귀국했다. 이들 의원이 탄 항공기는 오후 4시 35분께 도착했으나 의원들의 방중에 항의하려는 재향군인회 등 보수단체 회원들이 대거 몰려드는 바람에 곧바로 나오지

못하고 오후 5시 20분께 돼서야 입국장에 모습을 드러냈다. 이날 공항에는 대한민국고엽제전우회와 대한민국상이군경회 인천지부 등 12개 보수단체 소속 회원 900여명(경찰 추산)이 오후 4시부터 인천국제공항 청사 안과 밖에 모여들어 항의 시위를 벌였다. 이들은 '사드(THAAD) 배치에 반대하는 중국을 방문한 종북좌파 국회의원은 사퇴하라', '민생안정과 국가안보는 뒷전이고 매국 외교하는 국회의원은 자폭하라'는 등의 구호를 외쳤으나 물리적 충돌은 빚어지지 않았고 달걀이나 물병 투척도 없었다.

08월 12일

• 사드(THAAD) 찬성 56%·반대 31%⋯한 달 새 찬성 6%포인트 올라 (동아일보 08. 13)
– 사드(THAAD) 한국 배치에 대한 찬성 여론이 높아진 것으로 나타났다. 한국갤럽이 8월 9~11일 실시한 여론조사에 따르면 사드(THAAD) 배치와 관련해 찬성은 56%로 반대(31%)보다 높았다. 정부의 사드(THAAD) 배치 공식 발표 직후인 지난 7월 조사(찬성 50%, 반대 32%)에 비해 찬성이 6%포인트 오른 것이다. 정당 지지도는 새누리당이 4·13총선 이후 최고치인 34%였고 더민주당과 국민의당은 각각 24%, 11%였다.

08월 26일

• 우병우 논란에 박 대통령·새누리당 지지율 동반 하락　　　　(조선일보 08. 27)
– 우병우 청와대 민정수석비서관의 비위 의혹과 거취 논란으로 박근혜 대통령과 새누리당의 지지율이 동반 하락한 것으로 나타났다. 한국갤럽이 지난 23~25일 실시한 여론조사 결과 박근혜 대통령의 직무 수행에 대한 긍정 평가 응답률은 30%로 지난주보다 3%포인트 하락했고, 부정 평가 응답률은 3%포인트 올라 57%로 집계됐다. '긍정 평가 30%'는 지난 4월 총선 직후 29%를 잠시 기록했던 때에 이어 임기 중 최저 수준이다. 여권의 전통적 지지 기반인 대구·경북(TK)에서도 긍정 평가(37%)와 부정 평가(51%)의 격차가 커졌다. 박 대통령과 함께 새누리당 지지율도 떨어졌다. 새누리당 지지율은 지난주보다 4%포인트 하락한 29%를 기록했다. 박근혜 정부 들어 최저 수준이다. 더불어민주당 지지율은 26%, 국민의당 지지율은 12%로 지난주보다 2%포인트씩 올랐다.

3차(8월 말~9월 말)

정세균 국회의장이 9월 1일 20대 첫 정기국회 개회사에서 우병우 청와대 민정수석의 거취와 사드(THAAD) 배치 문제 등을 언급하자 새누리당이 국회 일정 전체를 거부하며 항의했다(연합뉴스 2016. 09. 02). 새누리당은 정 의장이 정치적 중립 의무와 의회 민주주의를 훼손했다며 사과와 사퇴를 요구하였고, 뿐만 아니라 밤늦게 의장실을 항의 방문하고 30~40명의 의원이 번갈아가며 의장실 앞에서 연좌 농성을 벌이는 등 집단행동에 나섰다(연합뉴스 2016. 09. 02). 결국 9월 2일 정 의장이 여야를 통틀어 현역 최다선인 새누리당 서청원 의원과 회동한 후, 새누리당 정진석 원내대표에게 전화를 걸어 국민의당 소속 박주선 부의장에게 사회권을 넘겨 추경을 처리하는 대신 국회를 정상화해 달라고 요청했고 정 원내대표는 이를 수용했다(중앙일보 2016. 09. 03). 이어 여야 3당 원내대표가 국회 정상화에 합의한 직후 열린 본회의에서 마침내 추가경정 예산안 등이 처리되었다.

9월 24일 새벽 김재수 농림축산식품부 장관 해임건의안이 야당 주도로 국회를 통과하자, 새누리당은 정세균 국회의장의 정치중립 위반을 문제 삼으며 사퇴를 촉구하는 동시에 국정감사를 거부하기 시작하였다. 전날인 23일부터 이어지던 대정부질문이 자정을 넘기자 정 의장은 본회의 차수를 변경한 후 김 장관 해임건의안 표결을 진행하였는데, 새누리당은 여야가 협의한 경우에 차수를 변경할 수 있다고 규정한 국회법 77조가 준수되지 않았다며 문제 삼은 것이다(연합뉴스 2016. 09. 24). 새누리당은 정 의장을 직권남용 등의 혐의로 검찰에 고발하고 헌법재판소에 권한쟁의심판을 청구하였으며, 의장의 정치적 중립 의무를 확보하기 위해 국회법을 개정하는 '정세균 방지법'을 주장하기도 하였다(연합뉴스 2016. 10. 01). 정 의장도 강경한 태도를 유지하며 국회 파행이 장기화되는 듯 했으나, 단식농성을 벌이던 새누리당 이정현 대표가 10월 2일 단식을 중단함과 동시에 새누리당이 국정감사에 복귀하기로 함에 따라 국회는 다시 정상화될 수 있었다.

박근혜 대통령과 여야 3당 대표들이 9월 12일 청와대에서 회동하였지만 양측의 이견만 확인하였고 공동 발표문 채택 시도조차 불발되었다. 박 대통령과 여야 3당 대표는 북한의 핵실험을 규탄하는데 있어서 한 목소리를 냈지만, 사드(THAAD) 배치와 대북 강경책 등 북핵 위협에 대응하기 위한 각론에서는 각자 기존의 입장을 내세우는데 그쳤다(연합뉴스 2016. 09. 12). 한 여론조사 결과에 따르면 박근혜 대통령의 지지율은 40%대를 유지하던 20대 총선 이전에 비해 하락하여 30%대에 머물러있으며 측근들의 각종 의혹 등으로 인해 더딘 지지율 회복을 보이는 것으로 분석된다(조선일보 2016. 09. 26).

한국 정당

09월 01일

• 정세균 의장 발언에 여(與) "의회독재 서막" 야(野) "최고의 개회사" (중앙일보 09. 01)
− 정기국회 첫날인 1일 정세균 국회의장의 개회사에 반발해 새누리당 의원들이 집단 퇴장한 데 대해 여야는 정반대의 반응을 보였다. 새누리당은 "납득할 만한 사과와 재발 방지 조치가 당장 있어야 할 것"이라고 주장했다. 새누리당은 이후 의원총회를 열고 정 의장 사퇴 촉구 결의안을 내기로 결정했다. 반면 더민주 추미애 대표는 "황당하다"는 반응을 보였다. 추 대표는 정기국회 개회식이 끝난 뒤 이같이 밝히며 "국회의장 개원사에 대해 논평으로 처리하면 될 것을 이렇게 국회를 파행으로 몰고 가면 책임 있는 집권당답지 않다"고 비판했다. 국민의당 박지원 비대위원장 겸 원내대표는 개회식 후 기자들과 만나 "최고의 개회사를 했다"며 정 의장을 추켜세웠다.

09월 11일

• 야권, 여권 '핵무장론'에 "용납 못해"…사드(THAAD) 대응은 내부 고심

(연합뉴스 09. 11)
− 야권은 11일 북한의 5차 핵실험 이후 북핵 사태에 대한 초당적 협력 방침을 거듭 강조하면서도 여권에서 '핵무장론'이 급부상하는데 대해서는 비판의 목소리를 높이며 경계감을 감추지 않았다. 더불어민주당 기동민 원내대변인은 국회 브리핑에서 "북한의 무모한 핵도발은 용납할 수 없다. 철부지 같은 김정은 정권의 행태는 용

서받을 수 없고, 좌시할 수 없다"면서도 "무책임하게 번지는 핵무장론에 대해선 우려를 금할 수 없다"고 지적했다. 하지만 내부적으로는 북핵 위기와 맞물려 사드 (THAAD) 배치 찬성 여론에 힘이 실릴 경우 사드(THAAD) 배치에 부정적 입장을 견지해온 야권으로서는 운신의 폭이 좁아질 수 있다는 게 고민이다.

09월 12일

• 박대통령·여야 3당 대표 회동…야당 제안 다 뿌리친 115분   (한겨레 09. 12)

– 북한의 5차 핵실험과 위기의 민생·경제 상황 속에 12일 청와대에서 박근혜 대통령과 여야 3당 대표가 마주 앉았다. 1시간 55분간의 회동에서 박 대통령은 야당 대표에게 "초당적 협력"을 당부하면서도, 야당의 요구는 단 하나도 수용하지 않았다. 박 대통령은 사드(THAAD)에 대해서 "북한의 위협에 대처하기 위한 자위권 차원"이라며 기존 태도를 유지했다. 박 대통령은 우병우 청와대 민정수석의 사퇴 요구에 대해서도 "(검찰) 특별수사팀에서 수사를 하고 있기 때문에 결과를 지켜보겠다"며 당장 우 수석을 교체할 뜻이 없음을 밝혔다. 박 대통령과 여야 3당 원내대표는 지난 5월 13일 회동 때는 '여야정 민생협의체 구성' 등 6개항의 합의문을 내놓았지만, 이날은 최소한의 공동발표문 조차 내놓지 못했다.

09월 26일

• 새누리당, 단식·1인 시위·국감 거부…"정 의장 사퇴" 비상체제   (연합뉴스 09. 26)

– 새누리당이 26일 정세균 국회의장 사퇴에 당력을 집중하는 '비상체제'로 전환했다. 당 대표의 무기한 단식농성, 의원들의 릴레이 1인 시위에 돌입한 데 이어 국정감사도 전면 거부했다. 새누리당은 이날 긴급 최고위원회의를 열어 정 의장이 사퇴할 때까지 한시적인 비상대책위원회 체제로 당을 운영한다고 밝혔다. 비대위 전환과 동시에 이정현 대표는 이날 저녁부터 단식농성에 돌입했다. 또한 새누리당은 이날부터 시작된 국감에 단체로 불참하는 대신 국회 본회의장 앞에서 릴레이 1인 시위를 시작했다. 이 같은 새누리당의 '초강경 투쟁'은 김재수 농림축산식품부 장관 해임건의안이 지난 24일 새벽 표결에 부쳐지는 과정에서 정 의장이 야당의 '날치기 처리'를 주도했다고 보기 때문이다.

09월 28일

• 이정현 국감 복귀 선언, 친박 강경파가 거부   (중앙일보 09. 29)

– 새누리당 이정현 대표가 28일 국회 보이콧(boycott) 방침을 철회하고 국정감사 복귀 입장을 밝혔지만 의원총회에서 거부당해 당내 혼란이 커지고 있다. 이 대표는 이날 국회 본청 앞에서 열린 '정세균 (국회의장) 사퇴 관철 당원 규탄 결의대회'에서 "새누리당 의원들은 내일부터 국감에 임해 달라. 어떤 상황에서도 국가와 나라를 위해 일해야 한다는 게 새누리당 의원들과 저의 소신"이라고 말했다. 이 대표는 국감 복귀와는 별도로 정세균 국회의장 사퇴를 요구하며 사흘째 해 온 단식은 계속 이어 가겠다고 밝혔다. 이에 따라 지난 26일부터 야당 단독으로 진행된 국정감사가 정상화될 것이라 전망이 나왔지만 곧이어 소집된 의원총회에서 친박계 강경파 의원들은 "얻은 것 없이 빈손으로 국감에 복귀할 수는 없다"고 강력하게 반발했다.

09월 29일

• '미르·최순실' 공방…야(野) "권력 특혜"·여(與) "카더라 식 의혹 제기"

        (연합뉴스 09. 29)

– 더불어민주당과 국민의당 등 두 야당은 29일 여당이 불참한 가운데 진행되는 국회 교문위 국감과 원내지도부 회의에서 미르 재단과 최순실 씨를 둘러싼 특혜의혹을 대여(對與) 공세의 소재로 삼으며 공격을 이어갔다. 새누리당은 국감에 불참하는 상황인지라 언론 인터뷰 등을 통해 외곽에서 야당의 의혹 제기를 "근거가 없다"며 반박에 주력했다.

한국 선거·의회

08월 30일

• 무상보육·개성공단에 추경 합의 또 파기…오늘 처리 무산   (연합뉴스 08. 30)

– 해묵은 쟁점인 무상보육 예산과 개성공단 입주업체 지원 문제를 놓고 여야가 충돌하면서 11조 원 규모의 추가경정 예산안을 30일 처리키로 한 합의가 결국 파기됐다. 애초 이달 22일 처리하기로 한 여야 원내지도부의 1차 합의가 조선·해운업 구조

조정 청문회 증인 채택을 둘러싼 대치로 무산된 데 이어 지난 25일 합의한 이날 처리도 불발로 끝난 것이다.

09월 02일

• 박주선 국회부의장에게 사회권 넘겨 국회 정상화…11조 추경 처리 (중앙일보 09. 03)

— 국회는 2일 박주선(국민의당) 국회부의장의 사회로 11조 원 대 추가경정 예산안을 처리했다. 전날 정세균 국회의장이 개회사에서 우병우 청와대 민정수석의 사퇴를 촉구하고, 사드(THAAD) 배치 결정을 비판하자 강하게 반발했던 새누리당은 정 의장이 원내 3당 소속인 박 부의장에게 국회 본회의 사회권을 넘기기로 하자 국회 일정을 정상화하는 데 합의했다. 이날 정세균 의장과 새누리당의 대치를 푸는 데는 국회 최다선(8선) 서청원 새누리당 의원이 막후에서 역할을 했다고 여야 관계자들이 전했다. 이날 새누리당은 정 의장이 의장으로서 정치적 중립 의무를 위반했다며 국회 의안과에 '의장사퇴 촉구 결의안'을 접수했다. 그러자 서 의원은 이날 오후 3시 정세균 의장과 따로 만나 담판을 벌였다고 한다.

09월 07일

• 국회 대표연설에 여(與) 전략적 '호평'…2야(野)는 서로 '혹평'   (연합뉴스 09. 07)

— 지난 5일부터 사흘간 진행되는 여야 3당 대표의 교섭단체 대표연설 직후 새누리당은 당의 공식 입장을 통해 두 야당 대표의 연설에 '칭찬일색'의 평가를 내놨다. 5일 새누리당 이정현 대표의 교섭단체 대표연설 직후 야당은 각각 대변인 논평을 통해 일제히 비난을 쏟아 냈다. 그러나 이틀째부터 시작된 야당 대표들의 연설에서 더민주 추미애 대표와 국민의당 박지원 비상대책위원장이 박근혜 대통령과 정부·여당을 강력히 비판했음에도 새누리당이 '혹평'으로 되갚지 않고 칭찬으로 갚은 것이다. 이정현 대표와 정진석 원내대표가 지난 6일 소속 의원들에게 문자메시지를 보내 "새누리당부터 상대 당을 존중하는 정치문화, 화합과 협치의 여건을 마련해 나가자"며 "연설 중 야유나 고함은 일절 자제해달라"고 요구한 것으로 알려졌다. 반면, 대여 공조전선을 펴온 더불어민주당과 국민의당은 여당은 물론 서로를 향해서도 비판의 날을 세우며 볼썽사나운 신경전을 펴는 모습이다.

09월 23일

• 결국 난장판 국회…"장관 밥 굶기나" vs "필리밥스터냐"   (연합뉴스 09. 23)

- 20대 국회의 첫 정기국회 본회의장이 끝내 고성과 삿대질에 가벼운 몸싸움까지 뒤섞인 난장판을 연출했다. 김재수 농림축산식품부 장관에 대해 더불어민주당과 정의당이 공동 제출한 해임건의안 표결이 가까워지자 신경이 날카로워진 여야가 감정적으로 충돌한 것이다. 해임안 표결을 앞두고 뒤늦게 시작된 대정부질문이 막바지로 치달은 오후 7시 50분께, 의원총회를 하고 있던 정진석 원내대표를 비롯한 새누리당 의원들이 본회의장에 들이닥쳤다. 이들은 사회를 보는 정 의장 단상 앞으로 몰려가 정 의장 쪽이나 야당 의석을 향해 삿대질을 섞어가며 목소리를 높였다. 이유는 크게 두 가지였다. 국무위원들에게 밥 먹을 시간을 주지 않는다는 것, 그리고 새누리당 의원들의 발언을 허용하지 않는다는 것이었다. 야당 의석에선 새누리당과 국무위원들이 저녁 식사 시간을 핑계로 필리버스터를 시도한다는 뜻의 "필리밥스터"라는 비아냥도 나왔다.

09월 24일

• 정의장-새누리당, '차수 변경' 국회법 준수 여부 놓고 공방   (연합뉴스 09. 24)

- 김재수 농림축산식품부 장관의 해임건의안이 처리된 24일 더불어민주당 출신 정세균 국회의장과 새누리당 지도부가 '국회법 77조'를 놓고 거친 설전을 벌였다. 전날부터 이어진 대정부질문이 자정을 넘김에 따라 김 장관의 해임건의안 표결을 위해 정 의장이 본회의 차수를 변경한 것과 관련, 차수 변경 절차를 규정한 국회법 77조가 준수됐는지가 도마 위에 오른 것이다. 문제가 된 부분은 국회법 77조 내에서도 '의장이 각 교섭단체 대표의원과 협의하여 필요하다고 인정할 때' 의장이 차수를 변경할 수 있다고 규정한 대목이다. 즉 여야 지도부가 차수 변경을 위한 '협의' 절차를 제대로 밟았느냐를 두고 정 의장과 새누리당 지도부가 거세게 부딪힌 것이다.

09월 29일

• 야당 간사들 사회권 접수로 여당 위원장 상임위 곳곳서 '가동'   (연합뉴스 09. 29)

- 국회 국정감사가 새누리당의 보이콧으로 29일 나흘째 파행 사태를 빚고 있지만

야당이 사회권 접수에 나서면서 국감이 실질적으로 가동되는 상임위가 늘어나고 있다. 법제사법위와 미래창조과학방송통신위는 각각 더불어민주당 박범계, 박홍근 간사가 사회권을 행사하겠다며 의사봉을 쥐었다. 새누리당이 농림축산식품부 김재수 장관의 해임건의안 본회의 통과에 반발하며 국감에 계속 불참하자 원내 다수세력인 야당이 실력행사에 나선 것이다. 법사위와 미방위 간사들은 모두 '위원장이 의사진행을 거부·기피하거나 규정에 의한 직무대리자를 지정하지 않으면 위원장이 소속하지 않은 교섭단체 소속의 간사가 그 직무를 대신한다'는 국회법(제50조)을 근거로 제시했다.

10월 03일

• 여야, 국감 19일까지 나흘 연장…'국회의장 중립법'은 이견   (연합뉴스 10. 03)

– 여야 3당은 농림축산식품부 김재수 장관 해임건의안 통과에 따른 여야 대치로 차질을 빚었던 국정감사를 오는 19일까지 연장키로 했다. 당초 국감은 15일 종료할 예정이었으나 첫 일주일 동안 새누리당의 불참으로 파행함에 따라 나흘간 일정을 추가했다. 다만 상임위원장의 소속 정당에 따라 국감진행 정도에 차이가 있는 만큼 상임위별로 간사간 협의를 통해 탄력적으로 진행한다는 입장을 정한 것으로 알려졌다. 이와 함께 새누리당은 국회의장의 정치적 중립 의무를 위반할 경우 처벌하는 국회법 개정안 처리를 요구했으나 더불어민주당이 이를 거부한 것으로 알려졌다.

한국 여론

09월 02일

• 갤럽 "정당지지도 새누리 상승, 더민주 하락"   (연합뉴스 09. 02)

– 더불어민주당의 전당대회 개최에 따른 '컨벤션 효과'가 1주일 이상 지속하지는 못한 것으로 여론조사 전문업체인 갤럽 조사 결과 나타났다. 갤럽이 8월 30일~9월 1일까지 실시한 휴대전화 설문조사에서 지지하는 정당에 대한 질문에 새누리당 32%, 더불어민주당 24%, 정의당 3% 등을 기록했다. 이 업체의 주간 조사와 비교하면 새누리당은 지난주 대비 3%포인트 상승했고, 더민주와 정의당은 각각 2%포인

트, 1%포인트 하락했다. 국민의당 지지율은 1주 전과 변함없었다. 이어 박근혜 대통령에 대한 직무 수행은 30%가 긍정, 55%는 부정적으로 평가했다. 박 대통령의 직무 긍정률은 지난주와 동일하며, 부정률만 2%포인트 하락한 것으로 집계됐다.

09월 03일

• 국민 43% "정치권, 국민통합 악영향"　　　　　　　　　　　　　　　(동아일보 09. 05)

– 국민대통합위원회가 20대 국회 출범 후 의원 188명, 일반 국민 1035명을 대상으로 실시한 '국민통합에 관한 국회의원 의식조사'에 따르면 정치권이 국민통합에 끼친 영향을 두고 일반국민의 42.7%는 '매우 부정적'이라고 답했다. 반면 의원들은 24.9%만이 '매우 부정적'이라는 데 동의했다. 정치권이 스스로의 잘못에 상대적으로 관대하다는 의미다. 일반 국민 25%는 '여야의 정쟁 격화'가 사회갈등을 악화시킨다고 꼽았다. 반면 국회의원은 15%가량만 동의했다. 국회의원의 53%는 '경제적 빈부격차 확대'가 사회갈등을 악화시킨다고 지목했지만 일반 국민이 해당 요인을 꼽은 비율은 29%였다. 국민은 경제적 양극화 못지않게 정치적 양극화를 우려한 반면 국회의원들은 자신의 책임보단 경제가 문제라는 인식을 갖고 있다는 얘기다.

09월 26일

• 박 대통령 지지도 38.1%…지난 3월보다 8.8%포인트 하락　　　　(조선일보 09. 26)

– 조선일보가 미디어리서치에 의뢰해 실시한 여론조사에서 박근혜 대통령의 국정 수행 지지도는 38.1%인 것으로 나타났다. 미디어리서치의 지난해 12월 조사에선 박 대통령 지지도가 48.1%, 지난 3월 조사에선 46.9%였었다. 20대 총선 패배와 이후 제기된 각종 의혹 등으로 지지율 회복이 더딘 것으로 보인다. 대선후보 지지별로 살펴보면 반기문 유엔 사무총장 지지자의 66.6%가 박 대통령의 국정 수행을 긍정적으로 평가했지만, 더불어민주당 문재인 전 대표의 지지자 가운데선 7%만이 '잘하고 있다'고 했다. 정당 지지율은 새누리당 34.5%, 더민주 24.7%, 국민의당 12.8%, 정의당 4.6% 순이었다. 지난 3월 미디어리서치 조사 결과(새누리당 33.3%, 더민주 22.2%, 국민의당 5.7%, 정의당 1.8%)와 비교하면 양대 정당의 지지율은 정체된 반면 국민의당과 정의당의 지지율은 2배 이상 올랐다.

4차(9월 말~10월 말)

김윤실

미르·K스포츠재단 문제 및 최순실 국정농단 의혹부터 우병우 청와대 민정수석 논란, 송민순 회고록 파문, 고(故) 백남기 농민 사태 등에 이르기까지 쟁점 사안이 쏟아지는 한 달이었다. 김재수 농림축산식품부 장관 해임건의안 처리로 인해 파행되었던 국정감사가 정상화되자마자 야권은 여권에 대한 각종 의혹을 제기하기 시작했다. 특히 야권은 국감 초반부터 미르·K스포츠재단의 기부금 모금 과정에 청와대와 비선 실세가 개입됐다는 의혹으로 여당인 새누리당을 강하게 압박했다. 야당은 논란의 중심에 있는 최순실 씨와 차은택 광고감독을 국감 증인으로 채택할 것을 요구하였으나, 여당은 의혹제기에 "근거 없다"면서 청와대를 엄호하고 나섰다(연합뉴스 2016. 10. 09).

더불어민주당 문재인 전 대표가 노무현 전 대통령의 비서실장 시절인 2007년 11월 유엔의 북한인권결의안 표결 전에 북한의 의견을 묻는 방안을 수용했다는 송민순 당시 외교부 장관의 회고록과 관련해 새누리당은 '국기문란'이라 비판하였고, 더불어민주당은 대선을 겨냥한 '색깔론' 공세라 일축했다(연합뉴스 2016. 10. 14; 2016. 10. 15). 지난해(2015년) 11월 민중총궐기 집회에서 경찰의 물대포를 맞고 병원에 실려 갔다가 결국 지난 9월 사망한 농민운동가 백남기 씨의 사인과 부검 문제를 두고도 여야는 충돌하였다(연합뉴스 2016. 10. 04). 한편 우병우 청와대 민정수석이 10월 21일 국감 기관증인으로 채택되었으나 불출석하자 두 야당은 "국회를 무시한 오만불손한 태도"라고 강력히 비판하였고, 26일 국회 운영위원회는 결국 우 수석을 검찰에 고발하기로 의결하였다(연합뉴스 2016. 10. 21; 2016. 10. 26).

그동안 개헌은 블랙홀과 같다며 논의 자체를 반대해오던 박근혜 대통령이 10월 24일 예산안 시정연설에서 갑자기 '임기 내 개헌'을 선언하고 나서자, 야권은 최순실 파문으로 위기에 몰린 박 대통령이 국면전환을 위해 제안한 것이라 비판하였다(경향신문 2016. 10. 24). 이날 최순실 씨가 박 대통령의 각종 발언 자료를 연설 전에 받아보고 개입한 것으로 보인다고 JTBC 방송이 보도하자 상황은 급격히 전개되었다. 다음 날인 25일 박근혜 대통령이 각종 연설 자료 등이 사전에 최 씨에게 전달되었다는 의혹을 인정하고 대국민 사과를 했으며, 박 대통령이 불붙인 개헌 논의는 하루 만에 그 동력이 약화되고 말았다(연합뉴스 2016. 10. 25). 야당은 특별검사 도입과 청와대 비서진 교체를 요구하였고, 일각에서는 대통령 탄핵·하야·내각총사퇴 등 급진적인 목소리를 내기도 하였다(연합뉴스 2016. 10. 26). 26일 더불어민주당에 이어 새누리당 조차 진상 규명을 위한 특검 도입을 당론으로 채택함에 따라 최순실 씨를 둘러싼 각종 의혹을 수사하기 위한 특검이 사실상 확정되었다(연합뉴스 2016. 10. 26).

한국 정당

10월 15일

• '송민순 회고록' 파문…여(與) "국기문란 충격" 야(野) "색깔론 그만"

(연합뉴스 10. 15)

– 지난 2007년 유엔의 북한 인권결의안 표결에서 노무현 정부가 북한에 사전 의견을 구하고 기권했다는 의혹과 관련해 여야는 주말인 15일 격렬한 공방을 벌였다. 여권은 당시 노 대통령 비서실장이던 더불어민주당 문재인 전 대표가 당시 표결과정에 깊숙이 개입한 '국기문란' 행위라며 날을 세웠고, 더민주는 여권이 내년 대선을 겨냥해 또 근거 없는 '색깔론' 공세를 편다고 일축했다. 논란의 중심에 선 문 전 대표는 북한에 사전 의견을 구한 사실이 있는지에 대해선 직접적인 언급을 피한 채 "치열한 내부 토론을 거쳐 노무현 대통령이 다수 의견에 따라 기권을 결정한 것"이라며 "박근혜 정부는 노무현 정부를 배우기 바란다"고 도리어 역공을 취해 양측의 공방은 한층 뜨거워졌다.

10월 21일

• 여야, 청와대 국감서 맞불 공세…"비선실세" vs "북한에 굴욕"   (연합뉴스 10. 21)

– 국회 운영위의 21일 청와대 국정감사에서 야당은 미르·K스포츠재단 의혹에 파상 공세를 펼치며 청문회를 방불케 했다. 야당의 의혹은 ▲재단 설립·모금 과정에 안종

범 정책조정수석을 포함한 청와대 개입 의혹 ▲재단에 최순실 씨의 역할 ▲재단 설립 경위 등에 집중됐다. 이원종 대통령 비서실장과 안종범 정책조정수석은 재단 모금에 청와대 개입설이나 비선 실세 존재 의혹을 전면 부인했다. 새누리당은 송민순 전 외교통상부 장관의 회고록을 근거로 더불어민주당 문재인 전 대표가 2007년 11월 노무현 정부가 북한인권결의안에 앞서 북한의 사전 결재를 구했다며 맞불을 놨다.

10월 23일

- 고(故) 백남기 부검영장 강제집행 시도…여야 엇갈린 반응　　　　　(조선일보 10. 23)

- 여야(與野)는 23일 경찰의 고(故) 백남기 씨 부검영장 강제집행 시도를 놓고 충돌했다. 새누리당은 "부검은 불가피하다"고 했고 더불어민주당은 "진상 규명이 먼저"라고 했다. 염동열 새누리당 수석대변인은 이날 서면브리핑을 통해 "백남기 농민에 대해 법원이 발부한 부검영장의 유효기간이 이틀 남은 상황에서 정당한 법 집행이 더 이상 미뤄져서는 안 된다"며 "정확한 사인규명을 위해 부검은 불가피한 가장 기본적 절차"라고 했다. 그러나 금태섭 더불어민주당 대변인은 "유족과 협의를 거치지 않은 영장의 강제집행은 포기해야 한다"며 "정부는 먼저 스스로 저지른 위법행위의 진상을 명백히 밝히고, 책임자를 엄중히 처벌하고 사과해야 한다"고 했다.

10월 23일

- 문재인, '색깔론 강경대응 선언'…새누리당 "궤변 일색의 변명"　　　(연합뉴스 10. 23)

- 더불어민주당 문재인 전 대표가 23일 '송민순 회고록'을 둘러싼 여권의 비난을 겨냥하여, "새누리당의 사악한 종북 공세에 끝까지 맞설 것"이라고 정면 돌파를 선언하며 이번 사태에 대한 정리된 입장을 표명했다. 문 전 대표는 페이스북 글을 통해 북한인권결의안을 둘러싼 대북 사전 문의 여부와 노무현 대통령의 기권 결정 시점 등에 대한 당시 회의 참석자들의 잇따른 증언에도 여권이 정략적 차원에서 종북 공세를 멈추지 않고 있다는 인식을 내보였다. 그러나 새누리당은 회고록을 통해 쟁점이 된 2007년 유엔 대북인권결의안의 정부 입장 결정 당시 '대북 사전문의' 여부에 대한 가타부타 자신의 입장은 내놓지 않은 채 여권의 문제제기를 '색깔론'으로만 치

부하는 "궤변 일색의 변명"이라고 즉각 반박했다.

10월 25일

• 야권 "개헌논의 물 건너가"…개헌파도 "최순실 우선"　　　　　　(연합뉴스 10. 25)

– 이른바 '최순실 게이트' 파문이 번지는 가운데 야권 내에서 박근혜 대통령의 개헌 제안에 대한 부정적 기류가 강해지고 있다. 이날 더불어민주당과 국민의당 등 두 야당은 박 대통령의 제안을 "권력형 비리를 덮기 위한 꼼수"라고 거듭 비판하며 "청와대 주도 개헌에 반대한다"고 입을 모았다. 개헌특위 구성에 대해서도 민주당의 경우 "최순실 게이트 진상규명이 우선"이라면서 논의참여를 미루려는 움직임이 감지된다. 국민의당은 "일단 논의에는 참여하겠다"는 입장이지만 내부적으로는 개헌 성사 가능성을 낮게 점치고 있어 적극적으로 논의에 나서지는 않으리라는 전망이 나온다. 개헌파 의원들도 "국기 문란 사태를 맞아 같은 야권 내에서 의견 충돌이 있어서는 안된다"는 원칙 아래 '선(先) 최순실, 후(後) 개헌' 쪽으로 가닥을 잡는 모양새다.

10월 26일

• '최순실 특검' 도입 사실상 확정…새누리·민주당 당론 채택　　　(연합뉴스 10. 26)

– 현 정부의 비선 실세로 지목된 최순실 씨의 각종 의혹을 수사하기 위한 특별검사가 도입될 전망이다. 원내 2당인 더불어민주당이 26일 오전 의원총회에서 특검 도입을 당론으로 확정한 가운데 원내 1당인 새누리당은 이날 오후 긴급 의원총회를 열어 특검 도입 방안을 만장일치로 의결했다. 새누리당과 민주당은 제3당인 국민의당이 특검 반대 당론을 정했지만 개의치 않고 협상을 진행한다는 방침이다. '최순실 특검' 실시는 사실상 기정사실화됐지만, 앞으로 형식과 수사 범위 등 구체적 방안을 둘러싼 여야 협상에서 진통을 겪을 것으로 예상된다.

10월 04일

• 국감 공 울리자 곳곳 난타전…미르·K스포츠·우병우·백남기 '충돌'

(연합뉴스 10. 04)

— 제20대 국회 첫 국정감사가 파행을 거듭한 지 일주일만인 4일 겨우 정상화됐지만, 사실상의 개막전부터 여야가 정면으로 맞부딪치면서 다시 전운이 고조되고 있다. 야권은 기다렸다는 듯 여권 핵심부를 겨냥한 각종 의혹을 제기했고, 여당인 새누리당은 "정치적 공세를 자제하고 민생 국감을 하자"며 방어에 총력을 기울였다. 특히 여야는 법사위와 교육문화체육관광위에서 정권 핵심 실세가 개입됐다는 대규모 모금 의혹이 제기된 미르와 K스포츠재단 문제와 우병우 청와대 민정수석의 각종 의혹 등을 놓고 공방을 벌였다. 법사위와 보건복지위 안전행정위에서는 경찰의 물대포를 맞고 병원에 실려 갔다가 결국 사망한 농민운동가 백남기 씨의 사인과 부검 문제가 쟁점이 됐다. 새누리당 의원들은 백씨 사망 이유를 명백하게 밝히도록 부검이 필요하다고 주장한 반면, 야당은 백씨 사망 원인이 명백한 만큼 부검이 필요 없다고 맞섰다.

10월 09일

• '미르'에 빠진 국감…"근거 없다" vs "실체 드러나"   (연합뉴스 10. 09)

— 집권여당의 보이콧으로 시작한 제20대 국회 첫 국정감사의 전반부에는 '정쟁'만 있었다는 평가가 지배적이다. 야당은 전국경제인연합회가 설립을 주도한 미르·K스포츠재단의 기부금 모금 과정에 정권 실세가 개입했다는 의혹을 캐내는 데 집중했지만 '결정타'는 없었다는 지적이다. 반면 여당은 야당의 의혹제기에 "근거 없다"고 방어막을 치고 청와대를 엄호하는데 급급했다는 인상을 줬다는 평가다. 야당 교문위원들은 미르·K스포츠재단 의혹의 열쇠를 쥔 최순실 씨와 차은택 광고감독을 증인으로 채택해야 한다고 요구하고 있고, 여당 교문위원들은 이에 반대하고 있다. 최씨의 딸의 대학입학 특혜 논란과 관련해 이화여대 최경희 총장을 증인으로 채택하는 문제를 놓고도 여야 교문위원 간 신경전이 펼쳐졌다. 야당이 단독으로 증인채택

의 건을 상정하겠다고 밝히자, 여당은 곧바로 안건조정위원회 회부를 신청하며 한 치의 양보도 하지 않고 있다.

10월 13일

• 선거사범 공소시효 만료…현역의원 33명 기소   (연합뉴스 10. 13)

– 20대 총선에서 당선된 국회의원 30여 명이 불법 선거운동 혐의로 재판에 넘겨졌다. 13일 대검찰청에 따르면 전국 일선 검찰청은 4·13 총선 사범 공소시효(6개월)가 만료되는 이날 자정 기준으로 현역 의원 33명을 공직선거법 위반 등 혐의로 기소했다. 정당별로 보면 더불어민주당 16명, 새누리당 11명, 국민의당 4명, 무소속 의원 2명 등이다. 이는 의원 본인이 기소된 것만 집계한 것으로 이미 19대(30명) 국회 기록을 넘어섰다. 일각에서는 기소 의원의 당적별 분포가 야당 의원이 상대적으로 많고, 여당 의원 중에서는 비박계 의원이 많다는 점을 지적하며 편파성 논란이 일기도 했다.

10월 14일

• '지각해놓고 조퇴' 사상최악 'F학점' 국감…정쟁에 꼴불견만   (연합뉴스 10. 14)

– 새 출발을 다짐하며 문을 연 제20대 국회의 첫 국정감사는 국민의 바람을 보란 듯이 외면한 채 사상 최악의 국감으로 막을 내리게 됐다. 법제사법위원회와 정무위원회를 제외한 11개 일반 상임위원회가 14일 종합감사를 하면서 '정기국회의 꽃'으로 불리는 올해 국감은 사실상 끝났다. 성적표는 참담하다. 시민단체 모임인 국정감사 NGO 모니터단이 매긴 이번 국감의 학점은 'F'다. 모니터단이 활동을 시작한 15대 국회 말 이래 18년 만에 준 최악의 점수다. '역대 최악'이라는 오명을 뒤집어쓴 19대 국회의 마지막 국감 학점(D)보다 낮다. 정권 수뇌부를 겨냥한 의혹 공세에 열을 올린 야당과, 이를 덮어놓고 방어하는 데 급급한 여당이 빚은 '합작품'이다.

10월 17일

• 4촌 보좌관 채용금지·선거운동 기간제한 폐지 가닥   (연합뉴스 10. 17)

– 국회 정치발전특별위원회(위원장 새누리당 김세연 의원) 제1소위는 17일 오전 회의를

열어 국회의원의 4촌 이내 친인척 보좌진 채용을 전면 금지하고 8촌 이내의 혈족은 채용 후 신고를 의무화하기로 결정했다. 이밖에 인턴 보좌진 두 명 중 한 명을 8급 정규직으로 전환하는 안은 논의 끝에 부결됐고, 국회의원 세비와 교섭단체 원내대표·상임위원장 활동비 관련 사안은 추후 논의키로 했다. 2소위는 오후에 열린 회의에서 선거 때마다 '기울어진 운동장' 논란을 불러왔던 선거운동 기간제한을 전격 폐지하기로 했다. 다만 구체적인 선거운동의 방법에 대해서는 '말은 풀고, 돈은 묶는다'는 대원칙 아래 추가 논의가 필요하다는 결론을 내렸다.

한국 여론

10월 06일

• **반기문 지지율 소폭 하락…여당 국감거부 투쟁 탓? 야당 공세 탓?** (중앙일보 10. 06)
– 새누리당의 지난주 1주일 간 국정감사 보이콧 투쟁이 여야 대선주자의 지지율에는 어떤 영향을 미쳤을까? 여론조사기관 리얼미터가 6일 공개한 10월 첫 주 주중 조사에 따르면 반기문 유엔사무총장 23.2%, 문재인 더불어민주당 전 대표 16.8%, 안철수 국민의당 전 대표 11.1% 순인 것으로 나타났다. 반기문 사무총장은 전주 조사(26.8%)에 비해 3.6%포인트, 문재인 전 대표도 전주(18.4%)대비 1.6%포인트 각각 하락한 반면 안철수 전 대표는 전주(9.7%)와 비교해 1.4%포인트 상승한 것으로 나타났다. 정당 지지도를 보면 새누리당(33.0→32.8%), 더민주(28.8→30.1%), 국민의당(13.9→12.7%)로 변화가 크지 않아 지난주 국정감사 보이콧 투쟁이 기존 지지층을 결집한 것 외에 큰 영향을 주지 않은 것으로 나타났다.

10월 07일

• **박 대통령 지지율 29%…메르스(MERS)·총선 직후 수준** (연합뉴스 10. 07)
– 박근혜 대통령의 국정지지도가 3주 연속 하락세를 이어가며 지난 4·13 총선 직후 수준까지 떨어진 것으로 나타났다고 여론조사 전문업체 한국갤럽이 7일 밝혔다. 갤럽이 지난 4~6일 실시한 여론조사 결과에 따르면 박 대통령의 국정 수행에 대해 긍정적으로 평가한 응답자는 전체의 29%였다. 이는 취임 이후 최저치로, 연말정산 및

증세 논란이 있었던 2015년 1월 넷째주와 2월 첫째주, 중동호흡기증후군(MERS·메르스) 사태 중이었던 같은 해 6월 첫째주, 20대 총선 직후인 올해 4월 첫째주와 같은 수치다. 정당 지지율은 새누리당이 30%로 선두자리를 지켰으나 전주보다 1%포인트 떨어진 반면, 더불어민주당은 25%로 1%포인트 상승하며 1위와의 격차를 좁혔다. 이밖에 국민의당은 2%포인트 떨어진 10%였고, 정의당은 1%포인트 오른 5%를 각각 기록했다. 특히 이번 조사에서는 지지정당이 없는 무당층 비율이 30%에 달해 지난 7월 넷째주 이후 최고치를 기록했다.

10월 21일

• 박근혜 대통령 지지율 25%…취임 후 최저치 경신　　　　　(경향신문 10. 21)

– 박근혜 대통령 국정 지지율이 취임 이후 최저치인 25%를 기록했다고 여론조사 전문기관 한국갤럽이 21일 밝혔다. 9월 둘째주 33%에서 5주 연속 하락한 것으로, 2013년 2월 취임 이후 가장 낮은 수치였던 지난주(26%)보다도 1%포인트 떨어졌다. 반면 대통령 직무 수행을 잘못하고 있다는 부정 평가는 지난주보다 5%포인트 상승한 64%로, 취임 후 가장 높았다. 부정 평가 이유로는 소통 미흡(17%), 경제 정책(12%), 인사 문제(7%) 등이 꼽혔고 '최순실과 K스포츠·미르 재단 의혹(4%)'이 새 이유로 등장했다. 한편 정당 지지도는 새누리당과 더불어민주당이 29%로 같았다. 정부 출범 이후 두 당이 같은 지지율을 기록한 것은 처음이다. 국민의당은 10%였다.

10월 26일

• "인적쇄신 등 조처 필요" 68. 2%…"특검·국정조사 필요" 76. 5%　　(한겨레 10. 26)

– 박근혜 대통령의 사과도, 검찰 수사도 최순실 씨의 국정농단 사건을 바라보는 국민들의 분노와 불신을 달래진 못했다. 〈한겨레〉와 여론조사기관 한국리서치가 지난 25~26일 실시한 여론조사 결과를 보면, 응답자 68.2%가 "박근혜 대통령의 사과뿐 아니라 청와대 참모나 내각 개편 등 추가 조처가 필요하다"고 답했다. 사과를 넘어 추가 조처가 필요하다는 의견은 박 대통령의 '정치적 뿌리'인 대구·경북지역에서도 61.8%를 기록해 전국 평균과 큰 차이를 보이지 않았다. 또 현재 진행 중인 검찰 수사 만으론 지금까지 보도된 의혹을 철저하게 밝힐 수 없다는 반응이 많았다. 최순실 씨

문제를 어떻게 다루는 것이 좋다고 생각하냐는 질문에 '검찰 수사 결과가 나올 때까지 기다릴 필요가 있다'는 응답은 16.6%에 그친 반면, 응답자 76.5%는 검찰 수사만으로는 의혹 해소가 충분치 않으니 '특검이나 국정조사 같은 별도 조처가 필요하다'고 답했다.

5차(10월 말~11월 말)

김윤실

비선실세 최순실 씨의 국정농단을 규탄하고 박근혜 대통령의 퇴진을 요구하는 국민들의 목소리가 점차 커져가고 있다. 10월 29일 서울 청계광장에서 시작된 첫 촛불집회 이후 매주 토요일마다 서울 광화문 광장을 비롯한 전국 곳곳에서 '박근혜 대통령 하야'를 외치는 촛불집회가 이어지고 있다. 주최 측 추산으로 11월 12일 3차 촛불집회에는 서울 100만 명, 전국 106만 명, 26일 5차에는 서울 150만 명, 전국 190만 명이 모였다(연합뉴스 2016. 11. 27; 한겨레 2016. 11. 27). 주말 촛불집회의 규모가 갈수록 커져가자 당초 장외투쟁에는 조심스러운 태도를 보이던 야당 지도부와 소속 의원, 차기 대선주자들까지 대거 거리로 나섰다(연합뉴스 2016. 11. 12).

박 대통령은 정국 수습을 위해 11월 2일 참여정부 정책실장을 지낸 김병준 교수를 신임 국무총리에 내정하는 등 개각을 전격 발표했지만, 야당과 새누리당 내 비주류 의원들은 사전 논의가 없었음을 지적하며 지명 철회 및 국회 추천 총리 수용 등을 강하게 요구했고 결국 엿새 만인 8일 총리 내정은 백지화됐다(연합뉴스 2016. 11. 08). 이후 박 대통령은 여야 합의로 추천받은 총리 후보자를 임명하고 내치(內治)를 맡겨 국정을 운영토록 하겠다는 구상을 밝혔지만, 야 3당은 "2선 후퇴 입장을 밝히지 않는 한 일고의 가치도 없다"며 일축했다(연합뉴스 2016. 11. 10).

촛불집회를 통해 민심을 확인한 야권은 국회 추천 총리에게로의 전권 이양과 박 대통령의 2선 후퇴를 국정 수습의 조건으로 내걸었던 기존 입장에서 더 나아가 하야와 탄핵 등 강경한 입장을 보이기 시작했다(연합뉴스 2016. 11. 13). 11월 15일 박 대통령과 더불어민주당 추미애 대표는 영수회담을 가질 예정이었으나, 전날인 14일 민주당 의원총회에서 다수 의원의 강력한 반대로 인해 회담은 백지화되었다(연합뉴스 2016. 11. 14). 이후 17일 '박근혜 정부의 최순실 등 민간인에 의한 국정농단 의혹 사건 규명을 위한 특별검사 임명법'(특검법)과 '국정조사계획서 승인' 안건이 국회 본회의를 통과하였다.

또한 11월 20일 검찰이 박 대통령을 최순실 게이트 '공모자'로 명시하고 같은 날 야권 대선주자 8인이 회동을 통해 탄핵 추진을 요청하자 다음 날인 21일 더불어민주당·국민의당·정의당 등 야 3당은 박 대통령 탄핵을 추진하기로 당론을 각각 확정하였다(연합뉴스 2016. 11. 21; 경향신문 2016. 11. 21). 야 3당은 탄핵 가결 정족수인 국회 재적의원 200명 이상을 확보하기 위해 새누리당 비박계와의 공조도 모색하고 나섰다(연합뉴스 2016. 11. 21). 박 대통령의 탄핵을 둘러싸고 새누리당 내 분열이 심화되고 있으며, 김무성 전 새누리당 대표는 11월 23일 차기 대선 불출마를 선언하며 박 대통령 탄핵안 발의에 앞장서겠다고 밝히기도 했다(중앙일보 2016. 11. 23).

한국 정당

10월 31일

• 야권 "진상규명 우선" 거국중립내각엔 '조건' 달아 거리두기　　　　　　(연합뉴스 10. 31)
- 야권이 '최순실 파문' 이후 표류하는 국정을 수습하는 방안으로 제기됐다 논란이 되고 있는 '거국중립내각' 방안에 전제조건을 달면서 당장은 일축하는 입장을 내놓고 있다. 대체로 첫째 '국정 농단' 파문사태에 대한 철저한 진상규명이 우선이며, 둘째 국정 권위를 사실상 잃은 박근혜 대통령이 국내 정치에서 손을 떼고 국정의 전권을 총리한테 위임한다는 입장을 밝히는 전제가 충족돼야 거국중립내각 논의에 응할 수 있다는 방향으로 가닥을 잡고 있다. 다만 더불어민주당이나 국민의당 지도부 모두 새누리당이 주도하는 '국면전환용 거국중립내각'에는 반대한다는 입장을 분명히 밝혔다. 당초 야권에서 처음 제기됐던 거국중립내각 요구를 새누리당이 전격 수용하자 야당은 우왕좌왕하는 모습을 보였다.

11월 02일

• 총리 지명 '충돌'…여 "정상화 의지" vs 야 "또 다른 국정농단"　　　　(연합뉴스 11. 02)
- 여야는 2일 박근혜 대통령이 신임 국무총리에 참여정부 정책실장을 지낸 김병준 교수를 내정하는 등 총리와 경제부총리 등의 교체를 전격 발표한데 대해 극명하게 엇갈린 반응을 내놨다. 특히 야당은 이번 개각을 절대 받아들일 수 없다고 밝히면서

총리 인준 청문회 자체가 성사되지 않을 것이라고 선언, 연말 '최순실 정국'이 악화일로를 이어갈 것임을 예고했다. 새누리당 염동열 수석대변인은 "위기에 처한 국정을 안정시키고 정상화하기 위한 강력한 의지의 표현"이라고 긍정 평가했다. 그러나 더불어민주당 윤관석 수석대변인은 "하야와 탄핵을 외치는 분노의 물결이 전국을 뒤덮는데, 국정농단을 해왔던 내각 인사들을 그대로 놔두고 '최순실 2차 내각'으로 또 다른 '국민농단 개각'을 했다"라며 강한 어조로 비판했다.

11월 09일

• 야 3당 "국회 추천 총리 제안 일고가치 없다"…12일 장외집회　　　　　(연합뉴스 11. 09)

– 더불어민주당·국민의당·정의당 등 야 3당은 9일 국회 추천 총리 수용이라는 박근혜 대통령의 전날 제안이 "일고의 가치가 없다"는 공통 입장을 밝히며 주말인 12일 '민중총궐기 집회'에 적극 참여하기로 했다. 민주당 추미애·국민의당 박지원·정의당 심상정 등 야 3당 대표는 이날 국회에서 회동, 이런 내용을 포함한 6개 사항에 합의했다고 3당 대변인이 밝혔다. 3당 합의 내용은 ▲ 이번 사태를 '박근혜·최순실 게이트'로 명명 ▲ 12일 집회에 당력 집중해 적극 참여 ▲ 강력한 검찰수사 촉구 및 별도특검과 국정조사 신속 추진 등이다.

11월 14일

• 박 대통령-추미애 회담 백지화…야3당 '퇴진' 당론 재장전　　　　　(연합뉴스 11. 14)

– 박근혜 대통령과 더불어민주당 추미애 대표의 단독 영수회담 개최 합의가 하루도 채 안 돼 백지화됐다. 민주당 추 대표는 14일 저녁 의원총회에서 다수 의원이 회담을 반대하자 15일 오후 청와대에서 열기로 했던 박 대통령과의 회담을 전격 철회했다. 청와대는 이날 아침 추 대표의 전격적인 회담 제안을 수용해 오전 10시25분 박 대통령과 추 대표의 회담 방침을 공식 발표했으나 추 대표가 접으면서 대략 10시간 만에 회담은 없던 일이 돼버렸다. 추 대표는 이날 국회에서 열린 당 의원총회에서 "현 시점에서 박 대통령과의 양자회담은 박 대통령 퇴진을 촉구하는 민심을 거스르는 것이며, 야권 공조를 깨트리는 만큼 참석하지 않는 것이 바람직하다"는 다수 의원의 강력한 반대에 부닥쳐 결국 영수회담을 백지화했다.

11월 20일

• 새누리당 비박 "회의 참석 35명 중 32명 탄핵 동의", 야권 이탈표 없다면 국회통과 가
능성 높아   (조선일보 11. 21)

– 검찰이 박근혜 대통령을 '피의자'로 규정하면서 정치권에서는 새누리당 친박을
제외한 비박계 상당수와 야당들이 모두 탄핵으로 입장을 정리하고 있다. 탄핵 추진
에 미온적이던 더불어민주당 지도부도 20일 퇴진 운동과 탄핵 추진을 병행키로 했
다. 새누리당 비박계도 탄핵에 적극 나서는 분위기다. 이들의 모임인 비상시국회의
는 이날 "회의에 참석한 의원 35명 가운데 32명이 탄핵 착수에 동의했다"고 했다. 검
찰의 공소장 내용 발표가 비박계 여론을 탄핵 쪽으로 더 기울게 만들었다.

11월 21일

• 야 3당, '박 대통령 탄핵' 당론 확정…"새누리당 비박계와 연대"   (연합뉴스 11. 21)

– 더불어민주당·국민의당·정의당 등 야 3당은 21일 '최순실 국정농단 사건'의 법적
책임을 물어 박근혜 대통령에 대한 탄핵을 추진하기로 당론을 각각 확정하고 탄핵
절차 돌입을 위한 준비 작업에 착수했다. 야권 대선후보 8인이 전날 박 대통령 탄핵
에 의견을 모은 데 이어 원내 소속 세 야당 모두 탄핵 추진을 공식화함으로써 탄핵
논의가 급물살을 탈 전망이다. 민주당은 이날 의총을 열어 야 3당 공조는 물론 시민
사회 및 박 대통령 탄핵에 긍정적인 새누리당 비박(비박근혜)계와도 연대하는 방안을
강구하기로 했다. 국민의당 역시 탄핵 추진 과정에서 가결 정족수인 국회 재적의원
200명 이상을 확보하기 위해 야권 공조는 물론 새누리당 비박계와 협의하기로 했
다. 일찌감치 박 대통령 탄핵을 당론화한 정의당은 이날 야권 논의를 위해 이른 시일
내에 야 3당 대표들이 회동할 것을 제안했다.

한국 선거·의회

11월 17일

• 국회, '최순실 특검·국조계획서' 의결…친박 일부 반대표   (연합뉴스 11. 17)

– 국회는 17일 오후 본회의를 열어 '박근혜 정부의 최순실 등 민간인에 의한 국정농

단 의혹 사건 규명을 위한 특별검사 임명법'(특검법)과 '국정조사계획서 승인' 안건을 심의·의결했다. 특검법 표결 결과 찬성 196명, 반대 10명, 기권 14명으로 집계됐다. 특검법안은 더불어민주당과 국민의당이 합의해 추천한 특검 후보자 2명 중 1명을 대통령이 임명하도록 했다. 특검은 파견 검사 20명, 파견 검사를 제외한 파견 공무원 40명 이내로 구성한다. 국정조사특위는 60일간 비선 실세 의혹에 대한 진상규명과 책임소재를 규명하고 재발방지 대책을 논의한다. 국조계획서는 찬성 210명, 반대 4명, 기권 11명으로 가결됐다.

11월 18일

• 한일 군사정보협정 중단촉구 결의안 국방위 공방 끝 불발　　　　(연합뉴스 11. 18)

– 야 3당이 추진한 '한일 군사정보보호협정(General Security of Military Information Agreement, GSOMIA) 추진 중단 촉구 결의안'은 18일 국회 국방위원회에서 여야 간 의견이 엇갈리면서 채택이 무산됐다. 국방위는 이날 전체회의에서 더불어민주당 우상호 원내대표가 대표 발의한 결의안 채택 문제를 협의할 예정이었으나, 여야 간 입장을 좁히지 못해 무위에 그쳤다. 야당 의원들은 회의 초반부터 최순실 파문 속에 추진되는 이번 협정의 체결 과정과 시기에 대해 강하게 문제를 제기하면서 표결을 통해서라도 결의안을 처리하자고 요구했다. 그러나 여당 의원들은 정부의 대국민 홍보 노력이 부족했던 점을 지적하면서도 "국정이 중단된다 해도 '안보 시계'는 돌아가야 한다"며 상임위 차원의 결의안 처리는 동의할 수 없다고 입장을 고수했다.

11월 23일

• 새누리 김무성 "대선 불출마, 탄핵에 앞장"…여권 분열 본격화　　　(경향신문 11. 23)

– 김무성 새누리당 전 대표가 23일 대통령선거 불출마를 선언하면서 박근혜 대통령에 대한 탄핵안 발의에 앞장서겠다고 밝혔다. 김 전 대표는 이날 국회 의원회관에서 기자회견을 열고 "박근혜 정부 출범에 일익을 담당했던 사람으로서, 직전 당 대표로서 국가적 혼란에 책임을 통감한다"면서 "정치인생 마지막 꿈이었던 대선 출마의 꿈을 접고자 한다"고 밝혔다. 이어 "새로운 보수를 만들고 국민에 대한 책임을 지는 의미에서 당내에서 탄핵 발의에 앞장서기로 했다"고 말했다. 김 전 대표는 비주류모임

인 비상시국회의를 중심으로 탄핵안 발의를 위한 의원 모으기에 나설 것으로 보인다.

11월 24일

• 야 3당, 탄핵소추 단일안 내달 9일 종료 정기국회 내 처리키로 　　　(연합뉴스 11. 24)

– 야 3당은 24일 박근혜 대통령에 대한 탄핵소추안을 공동으로 마련하고 정기국회 내에 제출해 처리키로 했다. 더불어민주당 우상호·국민의당 박지원·정의당 노회찬 원내대표는 이날 국회에서 회담을 갖고 이 같이 합의했다고 민주당 이재정 원내대변인이 브리핑에서 밝혔다. 정기국회는 내달 9일 종료된다. 이에 따라 늦어도 9일 마지막 본회의에서 탄핵안 표결이 이뤄질 것으로 보인다. 야 3당은 탄핵소추안의 통과를 담보하기 위해 새누리당 의원들의 참여를 호소하기로 했다. 이 원내대변인은 "탄핵소추안을 발의할 때 새누리당 의원들이 개별적으로 동참하면 좋겠다는 취지"라고 설명했다.

11월 25일

• 교문위, 국정교과서 금지법 상정…여당 반대로 심의는 연기 　　　(연합뉴스 11. 25)

– 국회 교육문화체육관광위원회는 25일 역사교과서 국정화를 금지하는 법안을 전체회의에 상정했다. 그러나 여당이 곧바로 이에 대해 안건조정 신청을 하면서 법안 심의는 연기됐다. 이날 교문위 전체회의에서는 더불어민주당 간사인 도종환 의원이 애초 의사일정에는 포함되지 않았던 '역사교과용 도서 다양성 보장에 대한 특별법'을 안건으로 추가해 달라고 요청했다. 도 의원이 대표 발의한 이 법안은 국가가 저작권을 가진 교과용 도서를 금지하는 내용을 담고 있다. 새누리당 의원들은 이 법안이 법안소위를 통과하지 못한 만큼 안건으로 상정해서는 안 된다고 맞섰다. 이에 안건 상정 여부를 두고 거수 표결을 진행한 결과 22명의 위원 가운데 재석한 야당 측 15명이 찬성하여 전체회의 상정이 선포됐다. 그러나 여당 의원들이 이에 강력히 반발, 안건 조정위 회부를 신청하면서 심의는 이뤄지지 않았다.

11월 11일

• 두 번째 사과에도…박 대통령 지지율 여전히 5%　　　　　　(동아일보 11. 12)

− 박근혜 대통령의 지지율이 2주 연속 역대 대통령 지지율 중 최저치인 5%에 머물렀다. 박 대통령이 '최순실 게이트'에 대한 두 번째 사과(4일)와 김병준 국무총리 후보자에 대한 사실상 지명 철회(8일) 등으로 정국 수습에 나섰지만 지지율 반등에 실패한 것이다. 한국갤럽이 8~10일 조사해 11일 발표한 여론조사 결과에 따르면 박 대통령의 직무 수행 지지율은 지난주에 이어 5%였다. '잘못하고 있다'는 응답은 90%였다. 지역별로는 호남에서, 연령별로는 20대에서 지지율이 0%였다.

11월 12일

• 새누리당 17% 최저 지지율…올해 초의 반 토막　　　　　　(경향신문 11. 12)

− 한국갤럽의 11월 둘째 주 조사에서 새누리당은 17%의 지지율로 최저를 기록했다. 더불어민주당이 31%의 지지율로 1위를 지켰고, 국민의당이 13%로 새누리당의 지지율에 바싹 다가섰다. 정의당은 6%의 지지율이었다. 지지정당이 없다고 한 응답자는 32%였다. 새누리당의 지지율은 최순실 게이트가 처음 보도되던 9월 말 30%대에 머물렀지만 의혹들이 하나둘씩 사실로 드러나면서 쭉쭉 떨어지다가 11월 조사에서는 급기야 20% 이하로 떨어졌다. 올해 초 30%대를 유지하던 때와 비교하면 반 토막이 난 지지율이다. 지역별로 보면 대구·경북에서 민주당이 27%의 지지율을 기록해 새누리당은 텃밭에서조차 민주당에 밀려 2등 정당으로 전락했다. 연령별로 보면 새누리당은 60대 이상을 제외하고 민주당에 뒤졌다.

11월 17일

• 국민 73.9% "박대통령 퇴진하거나 탄핵해야"　　　　　　(한겨레 11. 17)

− 여론조사기관 리얼미터 조사 결과, 국민 10명 중 7명 이상은 박근혜 대통령이 '박근혜·최순실 게이트'에 책임을 지고 퇴진하거나 탄핵되어야 한다고 생각하는 것으로 17일 나타났다. 퇴진·탄핵 여론은 42.3%(10월25일)→55.3%(11월2일)→60.4%(11월9

일)→73.9%로 줄곧 높아지고 있다. '과도내각 구성 후, 즉각 사퇴해야 한다'는 의견이 43.5%로 가장 높았고 '탄핵으로 책임을 물어야 한다'는 20.2%, '즉각 사퇴 후, 현 황교안 총리가 권한 대행을 해야 한다'는 10.2%로 나타났다. 모두 합쳐 사퇴·탄핵 의견은 73.9%다. 반면 '임기를 유지하고, 국회 추천 총리에게 내각 통할권만 부여해야 한다'는 견해는 18.6%에 그쳤다.

11월 25일

• 박 대통령 지지율 4%, 역대 최저치 또 경신…새누리 3위로 추락　　(연합뉴스 11. 25)

– 여론조사 전문기관인 한국갤럽이 지난 22~24일 실시한 여론조사에 따르면 박근혜 대통령의 국정 지지도가 집권 이후 최저 수준인 4%로 떨어졌다. 이는 갤럽이 대통령 지지도 조사를 시행한 이래 역대 대통령 가운데 가장 낮은 수치다. 세대별 지지율을 보면 청년층에선 20대와 30대 모두 0%로 나타났고, 중·장년층 또한 40대 4%, 50대 6%, 60대 이상이 9%였다. 지역별로는 여권의 '전통적 텃밭'으로 꼽히는 대구·경북(TK)에서 전주보다 2%포인트 떨어진 3%에 그쳤다. 새누리당 지지도 또한 창당 후 최저치(12%)를 경신하며 국민의당에도 뒤처져 3위로 추락한 반면, 더불어민주당 지지도는 박근혜 정부 출범 이후 최고치(34%)를 기록했다.

11월 26일

• 사상 최대 촛불집회, 광화문 앞 횃불 행진…저항의 소등까지　　(경향신문 11. 26)

– 26일 열린 '박근혜 대통령의 퇴진 촉구' 제5차 촛불집회에는 사상 최대 규모의 시민들이 모인 가운데 진행됐다. '박근혜 정권 퇴진 비상국민행동'은 이날 오후 9시 40분 기준 서울 광화문광장 일대에서 열린 5차 촛불집회에 150만 명이 운집했다고 밝혔다. 지난 12일 사상 최대 인원인 100만 명을 넘어섰다. 지역을 비롯해 전국에 총 190만 명이 집결했다고 주최 측은 밝혔다. 박 대통령의 고향인 대구에서는 비가 내리는 가운데도 2만 명 이상의 시민들이 모여 촛불을 밝혔다. 서울 경복궁역 인근에서는 일부 시민들이 '횃불'을 들었다. 이후 안전을 우려해 횃불을 껐지만, 꿈적하지 않고 있는 박 대통령에 대한 시민들의 답답함을 보여준 장면이다. 오후 8시에는 저항의 의미에서 '1분 소등' 퍼포먼스가 진행됐다.

6차(11월 말~12월 말)

김윤실

박근혜 대통령에 대한 탄핵소추안이 12월 9일 국회 본회의를 통과했다. 탄핵안은 더불어민주당, 국민의당, 정의당 및 무소속 의원 171명이 12월 3일 공동 발의한 것으로, 뇌물죄뿐만 아니라 세월호 참사에 대한 부실대응 관련 헌법 제10조 국민 생명권 보호 의무 위반 등 박 대통령이 직무를 하면서 헌법과 법률을 위반했다고 판단한 사안을 광범위하게 담았다(동아일보 2016. 12. 09). 탄핵안은 재적의원 300명 가운데 유일하게 표결에 불참한 새누리당 최경환 의원을 제외한 299명이 투표에 참여해 찬성 234명, 반대 56명, 기권 2명, 무효 7명으로 가결 처리되었다. 표결 직전 친박계의 이탈 기류를 느낀 친박계 좌장 최경환 의원과 이정현 대표가 탄핵 반대를 호소했지만 역부족이었으며(조선일보 2016. 12. 09), 오히려 새누리당에서 62명이 탄핵에 동참한 것으로 계산되어 친박계에서도 찬성표가 나온 것으로 보인다(조선일보 2016. 12. 09).

탄핵안 표결에 앞서 11월 29일 박 대통령이 제3차 대국민담화를 통해 "대통령직 임기 단축을 포함한 진퇴 문제를 국회의 결정에 맡기겠다"고 밝히자, 비교적 탄핵에 적극적이던 새누리당 비박계가 조기퇴진 협상을 제안하는 등 야3당과 비박계 간의 탄핵연대가 흔들리기 시작했다. 애초 야당들은 12월 2일 탄핵안의 본회의 처리를 계획했었지만, 비박계의 입장 변화를 우려한 국민의당이 이를 거부하면서 결국 탄핵안 처리가 무산되었다. 아울러 12월 1일 새누리당이 '내년 4월 박 대통령 퇴진·6월 대선'을 만장일치 당론으로 채택하면서 탄핵 가능성은 더욱 불투명해졌다. 그러던 중 12월 3일 6차 촛불집회에 전국적으로 주최 측 추산 232만 명이 모이자, 새누리당 비박계는 촛불민심을 수용하여 야당이 주도하는 탄핵 표결에 참여하기로 4일 결정했다(중앙일보 2016. 12. 05; 동아일보 2016. 12. 05).

여야는 박 대통령 탄핵안 가결 이후 국정 정상화를 위한 여야정(與野政) 협의체 구성을 논의하였다. 이 과정에서 새누리당 지도부는 야당을 믿을 수 없다면서 제안을 일축했고 야당도 친박계 지도부를 대화 파트너로 인정하지 않겠다고 밝히면서 협상은 진통을 겪었다(연합뉴스 2016. 12. 12). 또한 12월 12일 협의체를 운영하기로 가까스로 합의한 직후 정진석 원내대표 등 새누리당 원내지도부가 탄핵안 가결에 대한 책임을 지고 돌연 사퇴하여 추가 논의가 어려운 상황에 부닥쳤다(중앙일보 2016. 12. 13). 야 3당은 13일 황교안 대통령 권한대행 총리의 권한 범위와 국정수습 방안을 논의하기 위해 황 권한대행과 정당대표들 간 회동을 제안했다(연합뉴스 2016. 12. 13). 한편 국회 최순실 국정농단 진상규명을 위한 국정조사 특별위원회가 연일 청문회를 개최하고 있는 가운데 최순실 씨나 우병우 전 청와대 민정수석이 청문회에 출석하지 않자 여야 위원들의 질타가 쏟아졌다(연합뉴스 2016. 12. 07).

한국 정당

11월 29일

• 박 대통령 "진퇴 맡기겠다"…여(與) "협상하자" · 야(野) "탄핵불변" (연합뉴스 11. 29)
– 박근혜 대통령이 29일 발표한 제3차 대국민담화에서 "여야 정치권이 논의하여 국정의 혼란과 공백을 최소화하고 안정되게 정권을 이양할 방안을 만들어주면 그 일정과 법 절차에 따라 대통령직에서 물러나겠다"면서 "대통령직 임기 단축을 포함한 진퇴 문제를 국회의 결정에 맡기겠다"고 말했다. 박 대통령은 그러나 퇴진 시기와 구체적인 방법론에 대해선 전혀 언급하지 않았다. 이 같은 박 대통령의 제안을 야권 3당은 '꼼수'로 규정하고 곧바로 일축했지만, 야당과 함께 탄핵을 추진해온 새누리당 비주류는 일단 다소 긍정적 반응을 보이면서 '시한부 조기퇴진 협상'을 제안하는 등 탄핵 정국에 미묘한 변화의 기류가 일기 시작했다.

12월 01일

• 민주 "오늘 발의" vs 국민의당 "불가"…2일 탄핵 무산 (연합뉴스 12. 01)
– 더불어민주당이 1일 박근혜 대통령 탄핵소추안의 이날 발의 및 2일 본회의 처리 입장을 결정해 국민의당에 제안했으나 국민의당이 이를 거부했다. 국민의당은 "비박이 선회한 상황에서 현실 가능성이 없다"며 거부 입장을 분명히 했다. 탄핵안은 재적 과반(151명)이 안 되면 발의 자체가 성립되지 않기 때문에 '2일 처리'가 사실상

무산되는 등 야당의 탄핵대오가 일대 위기에 직면했다. 특히 이날 새누리당이 의원 총회에서 '내년 4월 퇴진-6월 대선'의 퇴진로드맵을 만장일치 당론으로 채택함에 따라 탄핵 성사 전망이 낮아질 가능성이 제기되고 있다.

12월 04일

• **새누리당 비박계 '9일 탄핵 표결'로 선회…"가결 위해 최선"**　　　(한겨레 12. 04)

– 새누리당 비박계가 오는 9일 박근혜 대통령의 입장 표명과 관계없이 탄핵소추안 표결에 참여해 찬성표를 던지기로 뜻을 모았다. '여야가 박 대통령의 퇴진 일정에 합 의하지 못할 경우'라는 전제가 붙었지만, 야당이 이미 '협상 불가'를 선언했기에 9일 탄핵안 통과 가능성이 커졌다. 앞서 비박계는 지난 1일 의원총회에서 '4월 퇴진, 6월 대선' 당론 채택에 동의한 뒤 '대통령이 7일까지 퇴진 일정을 밝히면 탄핵을 할 필요 가 없다'는 입장을 밝힌 바 있다. 하지만 촛불집회를 통해 박 대통령의 3차 담화(11월 29일)와 여권발(發) '4월 퇴진론'의 역풍이 확인된 데다 "탄핵안이 부결되면 비박계 모 두의 정치생명이 끝날 수 있다"는 위기감을 드러낸 의원이 많았다고 참석자들은 전 했다. '9일 탄핵안 표결' 방침을 세운 야권은 새누리당 비박계의 이날 결정을 환영했 다.

12월 08일

• **야 3당 "부결 땐 의원 총사퇴" 1박 2일 국회농성 배수진**　　　(중앙일보 12. 09)

– 더불어민주당과 국민의당·정의당이 박근혜 대통령 탄핵소추안 표결을 하루 앞 둔 8일 탄핵안 부결 시 국회의원직 총사퇴 카드로 배수진을 쳤다. 야당은 박 대통령 에 대한 탄핵안에서 '세월호 참사가 국민의 생명권 보장(헌법 10조)을 위배했다'는 내 용을 삭제해 달라는 비박계의 제안도 거절했다. 우상호 원내대표는 "(탄핵안 발의 전) 새누리당 의원 40명 이상이 공동발의에 참여해준다는 전제하에 협상했으나, 최종적 으로 공동발의에 참여의사를 안 밝힌 만큼 검토할 이유가 없다"고 일축했다. 야당은 탄핵안 표결이 진행되는 9일까지 국회를 떠나지 않고 '1박 2일' 농성을 시작했다.

12월 11일

• 야권 "황교안 일단 지켜볼 것"…책임정당 부각·박(朴) 정부 수술 병행

(연합뉴스 12. 11)

− 더불어민주당과 국민의당 등 야권은 11일 황교안 대통령 권한대행 체제에 대해 "일단 지켜보겠다"는 입장을 보였다. 그러면서도 황 권한대행의 역할을 '최소한'으로 규정하는 동시에 박근혜 정부의 정책기조 '대수술'을 예고하는 등 국정운영의 주도권을 완전히 가져오겠다는 의지를 보였다. 애초 박 대통령 탄핵안 처리 직전까지만 해도 민주당을 중심으로 한 야권은 황 총리 교체는 물론 내각총사퇴까지 언급할 정도로 '황교안 대행체제'에 대한 거부감이 컸다. 하지만 국정공백 사태가 현실화하자 아무 대책 없이 정부에 각을 세우기만 한다면 혼란을 가중시키는 무책임한 정당이라는 비난 여론에 휩싸일 수 있다는 우려가 작용한 것으로 보인다.

12월 12일

• 여야 3당 "여야정 협의체 운영…국회 개헌특위 신설키로" (연합뉴스 12. 12)

− 여야 3당은 '포스트 탄핵' 정국 운영 방안을 논의하기 위한 여야정 협의체를 운영하는 한편 국회 개헌특위를 신설하기로 12일 합의했다. 또 이달 15~31일 임시국회를 열고, 20·21일에는 본회의에서 대정부질문을 하기로 하고 황교안 대통령 권한대행 국무총리를 출석시키기로 했다. 새누리당 정진석·더불어민주당 우상호·국민의당 박지원 원내대표는 이날 국회에서 회동, 이같이 합의했다고 3당 원내대변인들이 밝혔다. 3당 원내대변인은 "(여야정 협의체) 형식과 참석 대상은 각 당 논의를 거쳐 추후 결정할 예정이며, 실무협의는 3당 정책위의장과 부총리들이 하기로 했다"고 밝혔다.

12월 13일

• '신당선' 타려는 김무성…유승민 "탈당은 마지막 카드" (중앙일보 12. 14)

− 새누리당 김무성 전 대표가 13일 "신보수와 중도가 손을 잡고 새로운 보수정당을 창당해 좌파 집권을 막아야 한다"며 탈당 및 신당 추진 의사를 밝혔다. 그러면서 "새누리당은 해체하고 재산은 국가에 헌납해야 한다"고 주장했다. 하지만 이런 주장은

같은 비주류 유승민 의원에 의해 보류됐다. 유 의원이 이날 비상시국회의에서 "당안에서 개혁을 위해 끝까지 투쟁하고 탈당은 마지막 카드"라고 만류하자 다수 의원이 16일 원내대표 선거 이후로 집단 탈당 논의를 유보하자고 결론 냈다.

한국 선거·의회

12월 03일

- 내년도 예산안 본회의 통과…'증세 없는 복지' 깨져　　　　　　　(중앙일보 12. 03)
- 400조 5495억원 규모의 내년도 예산안이 3일 오전 4시쯤 국회 본회의를 통과했다. 당초 정부안에 비해 1500억원 가량 삭감된 결과다. 새누리당과 더불어민주당, 국민의당은 전날 누리과정(만 3~5세) 무상보육 예산 중 연간 8600억을 중앙정부가 부담하기로 합의했다. 법인세는 인상하지 않는 대신 고소득자에 대한 세금은 더 부과하기로 했다. 헌법상 회계연도 개시 30일 전까지 의결해야 하는 예산안 법정처리 시한(12월 2일)에 협상이 최종 타결됐고, 본회의를 예정된 날짜를 넘겨 개의하는 차수변경 끝에 예산안을 처리했다. 여야는 법인세를 올리지 않기로 했지만 박근혜 정부의 주요 정책기조였던 '증세 없는 복지'는 무너졌다는 평가를 받고 있다.

12월 03일

- '야3당+무소속' 의원 171명, 박 대통령 탄핵소추안 발의　　　　(연합뉴스 12. 03)
- 더불어민주당, 국민의당, 정의당 등 야3당은 3일 박근혜 대통령에 대한 탄핵소추안 단일안을 확정, 공동 발의했다. 야3당과 무소속 등 의원 171명은 이날 본회의에서 새해 예산안이 처리된 직후인 오전 4시 10분 민주당 우상호, 국민의당 박지원, 정의당 노회찬 원내대표 등 야3당 원내대표 대표발의로 '대통령(박근혜) 탄핵소추안'을 국회에 제출했다. 탄핵 정족수는 재적의 3분의2인 200명으로, 이날 발의한 171명과 정세균 국회의장 등 172명에 더해 28명의 찬성표가 더 필요한 상황이다. 탄핵안은 핵심쟁점인 '뇌물죄'와 함께 세월호 참사에 대한 부실대응으로 헌법이 보장한 국민 생명권 보호 의무를 위반했다는 점도 담았다.

12월 06일

• 야당 '세월호 7시간' 원안대로 박 대통령 탄핵안에 포함키로   (연합뉴스 12. 06)

– 더불어민주당이 오는 9일 국회 본회의에 상정될 박근혜 대통령 탄핵소추안에서 '세월호 7시간' 부분을 원안대로 유지하기로 했다. 여당 비박(비박근혜)계의 탄핵 참여를 유도하기 위해 물밑에서 해당 문구를 수정하는 문제를 논의해왔으나, 최종적으로 이를 유지하는 것으로 방침을 정했다. 탄핵안은 '세월호 7시간' 부분에 대해 "국가 재난상황에서 대통령이 이처럼 대응한 것은 사실상 국민의 생명을 보호하고 안전을 도모하지 않은 직무유기"라면서 헌법 제10조인 생명권 보장 조항 위반이라고 적시돼 있다. 야당이 이처럼 '원안 유지'를 밀어붙이기로 한 배경에는 지난 주말 최대 인파가 몰린 촛불집회 후, 비박계의 탄핵 찬성 기류가 강해지면서 가결 정족수를 채우기가 한층 수월해졌다는 자신감도 깔린 것으로 풀이된다.

12월 07일

• 핵심 의혹마다 증인들 '모르쇠' 일관…최순실 청문회 '쳇바퀴'   (연합뉴스 12. 07)

– 국회에서 열린 '최순실 게이트' 국정조사 특위의 7일 청문회에서는 핵심 증인들이 대거 불출석한 가운데 회의장에 나온 증인들 역시 '모르쇠'로 일관하면서 진상규명에 난항을 겪었다. 최순실씨의 조카인 장시호 씨나 김기춘 전 청와대 비서실장이나 차은택 광고감독 등 주요 관계자들은 질문에 대해 "기억이 안난다"거나 "모르겠다" 등의 답변만 내뱉었다. 심지어 거짓 증언을 했다가 발언을 번복하기도 하고, 증인들끼리 증언이 엇갈리거나 서로에 대한 비난전까지 벌어졌다. 특위 위원들은 작정한 듯 핵심 의혹을 두고 맹공을 벌였음에도 실체적 진실에는 다가가지 못한 채 회의는 쳇바퀴만 도는 형국을 보였다.

12월 09일

• 국회, 박 대통령 탄핵 가결…새누리 62명 탄핵 가결 동참   (조선일보 12. 09)

– 박근혜 대통령 탄핵소추안이 9일 탄핵 가결 정족수(200석 이상)를 훌쩍 뛰어 넘는 234표의 압도적 찬성으로 국회 본회의를 통과했다. 야당 및 무소속(더불어민주당 121·국민의당 38·정의당 6·무소속 7) 172명이 모두 찬성표를 던졌다고 보면 새누리당에서 62

명이 대통령 탄핵에 동참한 것으로 계산된다. 새누리당은 비박계를 뛰어 넘어 친박계조차 탄핵안에 찬성표를 던진 것으로 알려졌다. 탄핵 표결 전 찬성을 공언한 새누리당 의원은 모두 44명이었는데, 이 인원 외에 드러나지 않은 친박계 18명이 탄핵안에 찬성표를 던진 셈이다

한국 여론

12월 02일

• 박 대통령 지지율 2주 연속 4%…역사 국정교과서 67%가 반대   (한겨레 12. 02)

– 박근혜 대통령의 지지율이 2주 연속 역대 최저치인 4%에 머무르고 있는 것으로 나타났다. 자신이 대통령직에서 물러나는 일정을 국회에 떠넘긴 3차 담화가 즉각 퇴진을 요구하는 민심을 전혀 움직이지 못한 것이다. 한국갤럽이 3차 담화 당일인 11월 29일부터 12월 1일까지 진행해 2일 발표한 여론조사 결과를 보면, 박 대통령 직무수행에 대한 긍정평가는 지난주와 같은 4%였으며, 부정평가는 지난주 93%보다 2%포인트 낮은 91%로 조사됐다. 정당 지지율은 더불어민주당 34%, 새누리당 15%, 국민의당 14%, 정의당 6% 순이었다. 한편 한국사 교과서 국정화 추진을 찬성하는 의견은 17%에 머물렀지만, 반대 의견은 67%로 1년 전 국정화 확정 고시 때보다 반대 의견이 늘었다. 대통령 불신이 정부 정책 불신으로 확장된 것으로 풀이된다.

12월 03일

• 당 깃발 찢기고, 계란 맞고…새누리로 옮겨 붙은 촛불   (조선일보 12. 05)

– 6차 촛불집회가 열린 지난 3일 서울 여의도 새누리당 당사에 내걸린 '국민 여러분 한없이 죄송합니다. 하루라도 빨리 국정을 수습하겠습니다'는 현수막이 시위대가 던진 계란으로 얼룩졌다. 이날 새누리당 당사 앞에서 열린 사전집회에서 사회자가 "박근혜 대통령 탄핵에 반대표를 던지겠다는 새누리당을 용서할 수 없다"고 하자 시위대가 일제히 계란을 던진 것이다. 일부 시위대는 '박근혜 국정 농단 공범 새누리당'이라 적힌 가로 15m, 세로 8m 크기 대형 현수막을 찢는 퍼포먼스도 벌였다. 그동안 서울 광화문광장 주변에서 진행됐던 촛불집회가 이날 새누리당을 겨냥해 여의도로 확산됐다.

시위대는 '대통령 퇴진'뿐만 아니라 '새누리당 해체', '새누리당 공범자' 등의 구호도 외쳤다. 한편 이날 친박(親朴) 단체들도 서울 여의도와 서울역광장 등에서 대통령 퇴진에 반대하는 '맞불 집회'를 열었다. 하지만 촛불집회 참가자와 충돌은 발생하지 않았다.

12월 09일

• 탄핵 찬성 81%, 박 대통령 지지도 5%…갤럽 조사   (중앙일보 12. 09)

– 한국갤럽은 지난 6~8일 여론조사를 실시한 결과 응답자의 81%가 박근혜 대통령 탄핵에 찬성한다고 답했다고 9일 밝혔다. 반대는 14%였고 모름·무응답은 5%였다. 81%를 국회의원 의석수에 대입하면 300석 중 243석에 해당한다. 지역별로는 서울 83%, 인천·경기 80%, 충청 87%, 호남 94%였고 대구·경북(TK)은 69%, 부산·경남(PK)은 79%였다. 연령별로는 20대 93%, 30대 94%, 40대 92% 등 20~40대의 경우 90% 이상 탄핵에 찬성하는 것으로 조사됐다. 50대는 79%였고 60대 이상도 54%로 절반 이상이 찬성 입장을 밝혔다. 박 대통령 국정 지지도는 5%로 집계됐다. 최근 5주간 박 대통령 지지도는 5-5-5-4-4%였다. 정당 지지도는 더불어민주당이 35%로 박근혜 정부 출범 이후 최고치를 또다시 경신했다. 새누리당은 13%를 기록하며 국민의당과 농률을 이뤘다. 정의당은 7%였다.

12월 09일

• 문재인·반기문 20%… 이재명, 18%로 추격   (조선일보 12. 10)

– 한국갤럽이 지난 6~8일 조사해 9일 발표한 여론조사에서 차기 대선 주자 선호도를 묻는 질문에 더불어민주당 이재명 성남시장이 18% 지지율을 얻어 공동선두인 민주당 문재인 전 대표, 반기문 유엔 사무총장(이상 20%)을 2%포인트 차이로 바짝 쫓아갔다. 이 시장의 지지율은 지난달과 비교해 10%포인트 오른 수치다. 올해 상반기까지만 해도 1~2% 지지율로 별다른 관심을 받지 못했던 이 시장은 '최순실 게이트'가 불거진 이후 대선 주자 가운데 가장 먼저 거리로 나와 박 대통령의 하야와 탄핵을 주장하면서 가파른 상승세를 기록 중이다. 한편 국민의당 안철수 전 대표는 지난달에 비해 2%포인트 떨어진 8%로 4위였으며, 안희정 충남지사(5%), 박원순 서울시장, 손학규 전 민주당 대표, 새누리당 유승민 의원(이상 3%)이 뒤를 이었다.

7차(12월 말~2017년 1월 말)

김윤실

최순실 국정농단 사태와 박근혜 대통령 탄핵안 가결 이후 내홍을 겪던 새누리당이 결국 분당되었다. 새누리당 비박(비박근혜)계 의원 29명이 12월 27일 집단 탈당하여 새로운 '개혁보수신당(가칭)' 창당을 공식 선언한 것이다. 나경원 의원이 정강정책 방향 등을 이유로 합류를 보류하는 등 당초 새누리당을 탈당하기로 한 35명 보다 적은 인원이 신당에 참여하였지만 원내교섭단체 구성 기준인 20명은 넘겼다(동아일보 2016. 12. 27). 이에 새누리당을 먼저 탈당했던 김용태 의원을 포함한 30명은 이날 의원총회를 열어 초대 원내대표로 4선(選) 주호영 의원, 정책위의장에 3선 이종구 의원을 각각 합의 추대하였고, 국회에 제4원내교섭단체로 정식 등록하였다(연합뉴스 2016. 12. 27). 이후 개혁보수신당(가칭)은 1월 8일 '바른정당'으로 명칭을 결정하였다.

새누리당은 원내 제2당으로 전락한 이후에도 친박계 인적청산을 둘러싸고 심각한 갈등을 겪었다. 새누리당 전국위원회에서 만장일치 추인을 받아 인적 쇄신에 나선 인명진 비상대책위원장이 12월 30일 친박계 핵심인사들의 자진 탈당을 요구하자 사흘만인 1월 2일 이정현 전 새누리당 대표가 자진 탈당하였다. 나머지 친박계 핵심의원들은 거센 탈당 압박에도 불구하고 거부 입장을 밝히며 강하게 반발하였다. 특히 친박계 좌장 격인 서청원 의원이 9일 인명진 비상대책위원장을 상대로 형사 고소함에 따라 당의 내홍이 법적 다툼으로 번지기도 했다(연합뉴스 2017. 01. 09). 결국 새누리당 윤리위원회가 1월 20일 박근혜 대통령 탄핵에 따른 당 위기 책임을 물어 서청원·최경환 의원에 당원권 정지 3년을, 윤상현 의원에 당원권 정지 1년을 징계하자 세 의원 모두 반발하였지만(연합뉴스 2017. 01. 21), 야당뿐만 아니라 비박계에서도 쇄신이 "기대치에 턱없이 모자란다"는 비판 여론이 확산되었다(중앙일보 2017. 01. 22; 연합뉴스 2017. 01. 22).

더불어민주당에서도 민주연구원이 작성한 이른바 '개헌 보고서'를 둘러싼 당내 갈등이 불거졌다. 1월 4일 당내 비문(비문재인) 진영은 개헌을 고리로 한 '제3지대' 구축이 대선 승리에 큰 위협이 될 수 있다는 보고서 내용이 문재인 전 대표를 대선 후보로 기정사실화한 것이라 반발하며 친문(친문재인) 진영에 대한 공세를 펼쳤다(연합뉴스 2017. 01. 04). 한편 개혁입법에 대한 기대를 모았던 1월 임시국회가 결국 맹탕 국회로 끝났다. 국회는 1월 20일 본회의를 열어 '가습기 살균제 피해구제법', '국정교과서 폐기 촉구 결의안' 등 26개 안건을 통과시켰으나, 선거연령 18세 하향 조정, 고위공직자비리수사처 신설, 재벌 개혁 등 핵심 법안들은 여야 간 입장차를 좁히지 못해 상임위 문턱도 넘지 못했고 2월 임시국회로 넘어갔다(한겨레 2017. 01. 20; 연합뉴스 2017. 01. 20).

한국 정당

12월 16일

• 새누리 이정현 대표 등 '친박' 지도부, 전격 일괄사퇴   (연합뉴스 12. 16)

– 새누리당 이정현 대표를 비롯한 친박(친박근혜)계 당 지도부가 16일 전격적으로 일괄 사퇴했다. 이 대표는 이날 여의도 당사에서 긴급 기자간담회를 열어 "오늘 저는 당 대표직을 사퇴한다"면서 "조원진·이장우·최연혜·유창수·박완수 최고위원도 함께 사퇴한다"고 밝혔다. 당초 이 대표와 최고위원단은 오는 21일 총사퇴하겠냐는 입장을 밝혔으나 이날 오전 원내대표 경선에서 친박 후보인 정우택 의원이 당선되자 일정을 앞당겨 즉각 사퇴를 선언했다. 이에 따라 정 원내대표는 당헌·당규에 따라 대표 권한대행 자격으로 비상대책위원회 구성 등을 주도하게 됐다.

12월 27일

• 비박계 의원 29명 집단탈당…'개혁보수신당' 창당 선언   (연합뉴스 12. 27)

– 새누리당 비박(비박근혜)계 의원 29명은 27일 집단탈당을 하고 '개혁보수신당'(가칭) 창당을 공식 선언했다. 탈당한 의원 29명은 다음달 24일 창당 절차를 완료한다는 계획이지만 이날 원내교섭단체로 등록한다는 방침이어서 새누리당·더불어민주당·국민의당 등 3당 체제로 출발했던 20대 국회가 4당 체제로 새롭게 재편하게 됐다. 교섭단체 등록에는 '선도 탈당'한 김용태 의원을 포함해 30명이 이름을 올릴 것으로 알려졌다. 창당추진위원회 공동위원장인 정병국·주호영 의원과 김무성 전 대표, 유승

민 전 원내대표 등은 이날 국회에서 기자회견을 열고 창당 선언문을 통해 "저희가 결별을 선언한 새누리당 내 친박(친박근혜) 패권세력은 진정한 보수의 가치를 망각했고, 그 결과 국민의 신뢰를 잃었다"고 비난했다.

01월 01일

• 여야 정치권, 박 대통령 입장표명에 '엇갈린 반응'   (연합뉴스 01. 01)

– 새누리당과 야권은 1일 박근혜 대통령이 출입기자단 신년인사회를 통해 '최순실 국정농단 게이트' 의혹 등을 정면으로 반박한 데 대해 엇갈린 반응을 보였다. 새누리당은 박 대통령의 이날 의혹 해명에 대해 구체적인 논평은 삼가면서 '박 대통령이 국정운영 정상화에 역할을 해줄 것'이란 기대 섞인 전망을 내놓은 반면, 더불어민주당과 국민의당 등은 '궤변', '후안무치' 등의 표현으로 맹공했다. 민주당 박경미 대변인은 국회 브리핑에서 "탄핵으로 인한 직무정지가 무슨 뜻인지 모르거나, 탄핵을 한 국회와 국민을 기만하려는 것이라고 볼 수밖에는 없다"고 말했다. 새누리당의 비주류가 탈당해 만든 개혁보수신당(가칭)도 다른 야당만큼 노골적인 표현을 쓰지는 않았지만 비판 대열에 가세했다. 장제원 대변인은 서면 논평에서 시기와 내용적으로 모두 부적절한 간담회라는 점을 지적했다.

01월 02일

• 이정현 탈당…정우택 "다른 의원도 고해성사를" 친박 압박   (중앙일보 01. 03)

– 이정현 전 새누리당 대표가 2일 자진 탈당했다. 인명진 비상대책위원장이 지난 12월 30일 "사람을 청산하지 않으면 새누리당은 바뀌지 않는다. 당 대표 등이 정치적 책임을 지라"고 탈당을 요구한 지 사흘 만이다. 인명진 위원장이 1월 6일 시한으로 탈당을 요구한 대상 중 이 전 대표가 처음으로 탈당을 택하면서 서청원·최경환·윤상현·조원진 의원 등 친박 핵심 의원들에 대한 압박도 거세지는 분위기다. 하지만 서청원 의원과 최경환 의원 등 친박 핵심 10여 명은 1일 밤 회동을 하고 "쫓겨나듯 나갈 순 없다"며 탈당 거부 입장을 정했다.

01월 06일

• 민주 '개헌 보고서' 놓고 지도부도 충돌…'문재인 vs 비문재인' 대치 (연합뉴스 01. 06)

– 더불어민주당 싱크탱크인 민주연구원이 작성한 '개헌 보고서'로 촉발된 당내 진영 간 갈등이 좀처럼 진화되지 않고 있다. 당내 진상조사위원회까지 꾸려 수습을 시도했지만, 조사 결과를 두고 당내에서 이견이 터져 나오는 것은 물론 지도부 간에도 입장이 갈리는 등 어수선한 분위기는 가라앉지 않고 있다. 비문(비문재인) 신영이 해당 보고서를 "문재인 전 대표의 시각을 반영한 것"이라고 공격하는 상황에서 문재인 전 대표를 제외한 다른 당내 대권주자들 역시 민주연구원과 당 지도부를 겨냥한 공세에 나서면서 조기대선을 앞두고 '문재인 대 비문재인' 대결 구도가 선명해지는 모습이다. 민주당 지도부는 6일 오전 비공개 최고위를 열어 진상조사위의 조사 결과를 청취했다. 이 자리에서 조사위는 지난 2016년 11월 민주연구원 이사회의 결정으로 15개 연구 아젠다를 선정하면서 '개헌 보고서' 작성이 시작됐다는 점, 일부 언론이 보도한 대로 '친문(친문재인)' 인사들끼리 보고서를 돌려본 것은 사실과 다르다는 점 등을 보고했다.

01월 10일

• 인명진·서청원, 의총서 서로 "물러나라"   (한겨레 01. 10)

– 인적 청산을 놓고 첨예한 갈등을 빚고 있는 새누리당의 인명진 비상대책위원장과 친박계 좌장 서청원 의원이 10일 면전에서 상대의 퇴진을 주장하며 격돌했다. 이날 오후 국회에서 열린 새누리당 의원총회에서 인 위원장은 "민주주의의 요체가 책임이다. 박근혜 대통령이 직을 잃을 수 있는 상황에서 같이 책임을 져야 한다는 것은 그 분을 가깝게 모신 사람으로서의 책임"이라고 말했다. 직접 거명을 하진 않았으나 서청원·최경환 의원 등 친박계 핵심 의원을 겨누어 자진탈당을 요구했다. 이어 공개 발언을 자청한 서 의원은 "목사님이 독선·독재·패권을 하고 있다. 사당을 만들고 있다. 강압적인 독선과 독주를 끝낼 때까지 저는 계속 갈 것"이라고 탈당 거부 입장을 고수했다. 서 의원에 이어 김진태·김태흠·이우현·지상욱 등 친박계 의원들도 나서서 인 위원장을 비판했다. 하지만 의총이 끝난 뒤 정우택 원내대표는 기자들에게 "거의 대부분 의원들이 인명진 비대위원장과 같이 해서 쇄신·변화를 통해 우리 당

을 재건하겠다는 뜻에 동참하기로 했다"고 전했다.

01월 12일

• 반기문 귀국… 4당 4색 반응   (조선일보 01. 13)

– 더불어민주당은 12일 귀국한 반기문 전 유엔사무총장을 겨냥해 "철저한 국민 검
증에 임해야 한다"고 했다. 민주당은 추후 당내 대선 후보가 정해지고 캠프가 차려
지면 반 전 총장의 의혹에 대한 본격적인 검증을 하기로 했다. 새누리당은 여야 4당
가운데 가장 적극적으로 반 전 총장의 귀국을 반겼다. '최순실 게이트'가 불거지기
전만 해도 반 전 총장의 여당행은 자연스러운 수순으로 관측됐지만, 반 전 총장 측
은 최근 친박 중심 새누리당과는 거리를 두고 있다. 바른정당에서는 입당 제안과 검
증 필요성에 대한 목소리가 동시에 나왔다. 국민의당은 반 전 총장에 대해 연대의 메
시지를 표명하면서도 각종 의혹에 대해서는 명확한 해명이 필요하다는 입장을 밝혔
다.

01월 15일

• 박지원, 국민의당 신임 당대표 선출   (한겨레 01. 15)

– 15일 오후 열린 국민의당 전당대회에서 당 비상대책위원장 겸 원내대표를 지낸 4
선 박지원 의원이 61.58%(총합 200% 기준) 지지율로 새 대표에 선출됐다. 전당대회 과
정에서 부각된 당내 자강론(안철수 전 국민의당 상임공동대표)과 연대론(김동철 비상대책위원
장, 주승용 원내대표)의 갈등은 박 대표의 당선으로 '자강에 기반한 전술적 연대'로 정리
될 가능성이 높아 보인다. 박 대표는 2015년 2·8 새정치민주연합 전당대회에서 문재
인 전 민주당 대표에게 패했고, 2016년 4·13 총선을 앞두고 민주당을 탈당해 국민의
당에 합류했다.

01월 20일

• 새누리당 서청원·최경환, 당원권 정지 3년…박 대통령은 제외   (경향신문 01. 20)

– 새누리당 윤리위원회가 20일 친박계 핵심 서청원·최경환 의원에게 당원권 정지
3년, 윤상현 의원에게는 1년을 징계했다. 서·최 의원은 2020년 21대 총선 공천에서

배제된다. 윤리위 류여해 대변인은 이날 회의 결과 브리핑에서 이들에게 당 분열, 민심 이탈의 책임 등을 물었다고 밝혔다. 윤 의원에겐 박 대통령을 '누님'이라고 부르는 등 당 위신 훼손 책임도 지적했다. 다만 윤 의원이 윤리위에 참석해 직접 소명한 것을 감안해 징계 수위를 낮췄다. 최 의원은 출석하지 않고 소명자료만 냈다. 서 의원은 소명자료조차 제출하지 않았다. 인명진 비상대책위원장의 인적청산 작업이 '친박 대오(隊伍)'를 무너뜨리기는 했지만 '박근혜 지키기' 등으로 '쇄신 쇼'라는 혹평에 직면했다. 더불어민주당 추미애 대표는 인 위원장을 향해 "친박 원조를 내쫓고 '뉴 친박'을 하겠다는 것이냐"고 말했다.

한국 선거·의회

12월 22일

• '모르쇠' 철벽방어 우병우…언론 재탕 추궁 그친 국조특위   (연합뉴스 12. 22)

– 검찰 출두 이후 한 달 보름 만인 22일 '최순실 청문회'에 모습을 드러낸 우병우 전 청와대 민정수석비서관의 태도는 한마디로 뻣뻣했다. 여야 의원들의 잇따른 송곳 추궁에 맞서 "송구하다"는 입장 표명은 했지만 구체적인 현안에 대해서는 "나는 할 일을 했다"는 식의 답변을 이어갔다. 특히 '비선실세' 최순실 씨와의 관계와 가족회사 돈 유용 등 핵심 의혹들에 대해 시종 모르쇠와 부인으로 일관했다. 우 전 수석의 '당당한' 태도에 일부 의원은 할 말을 잃고 한숨을 내쉬기도 했다. 하지만 동시에 이번 사태의 핵심 증인을 청문회장에 세워놓고도 결정적 한 방을 찾아내지 못하고 변죽만 울린 국정조사특위의 역량 역시 도마 위에 올랐다. 우 전 수석의 장모 김장자씨 소유 골프장 종업원 음성 녹취록을 공개한 국민의당 김경진 의원을 제외하고, 위원들이 제기한 의혹 대부분은 기존에 알려진 언론 보도에 근거한 것이었다.

01월 05일

• 대선 안개 속 '닻 올린' 개헌특위…시기·권력구조 관건   (연합뉴스 01. 05)

– 국회 헌법개정특별위원회가 5일 첫 전체회의를 열고 개헌 논의에 시동을 걸었다. 국회 차원에서 개헌특위가 가동되는 것은 1987년 이후 30년 만에 처음이다. 개헌특

위는 ▲입법·집행부 권력구조 및 개헌절차 ▲법원·헌재 권력구조 및 정당·선거제도 ▲기본권 및 통일·경제 ▲지방분권 및 재정 등 크게 4개 소위로 구성돼 운영된다. 무엇보다 개헌특위에선 차기 대선을 앞두고 권력구조 문제가 최대 쟁점으로 부상할 것으로 전망된다. 현재로서는 특위에서 논의될 권력구조 개헌 방향이 크게 ▲분권형 대통령제 ▲의원내각제 ▲대통령 4년 중임제 등으로 정리된다. 또 다른 주요 쟁점은 개헌 시기다. 대선 전에 개헌작업을 마무리할지, 아니면 여야가 대선 공약으로 내걸고 차기 대통령의 임기 내 약속을 이행할지도 논의 대상이 될 수 있다.

01월 09일

• 국회 소위, '18세 투표권' 의결…선거연령 하향 급물살 타나　　　(연합뉴스 01. 10)
– 조기 대통령선거 가능성이 커지는 상황에서 국회 안전행정위원회 안전 및 선거법 심사소위가 9일 선거연령을 현행 만19세에서 18세로 낮추는 내용의 공직선거법 개정안을 의결했다. 선거연령을 '18세 이상'으로 하향 조정하자는 주장은 그동안 야권과 시민단체 등에서 꾸준히 제기돼왔으나 국회에서 입법의 문턱을 넘은 것은 처음이다. 아직 안행위 전체회의와 법제사법위원회, 본회의 등 거쳐야 할 관문이 많지만, 입법을 위한 첫 단추를 꿰맸다는 점에 의미가 있다는 게 전문가들의 시각이다. 특히 소위에서는 더불어민주당과 국민의당 뿐만 아니라 새누리당과 바른정당 소속 의원들도 만장일치로 찬성 의견을 냈다. 앞서 중앙선거관리위원회는 세계적인 추세 등으로 볼 때 우리도 선거연령을 낮출 필요가 있다는 개정의견을 제출한 바 있다.

01월 20일

• '가습기살균제법' 통과…비쟁점법안 26건 처리하고 1월 국회 마감 (연합뉴스 01. 20)
– 가습기 살균제 피해자들의 지원 방안 등을 담은 '가습기 살균제 피해구제법'이 재석 156명 중 찬성 154명, 기권 2명으로 20일 국회 본회의를 통과했다. 국회는 사전에 중앙선거관리위원회 산하 선거여론조사심의위원회에 등록된 선거 여론조사만 공표 가능하고, 여론조사 시 휴대전화 가상번호(안심번호)를 이용 가능토록 하는 내용의 공직선거법 개정안을 처리했다. 이 법안은 선거당일 SNS(소셜네트워크서비스) 등을 활용한 '투표 인증샷' 게시를 허용하는 내용도 포함하고 있다. 국회는 지난 15일 활동

을 종료한 '박근혜 정부의 최순실 등 민간인에 의한 국정농단 의혹 사건 진상규명을 위한 국정조사특위'의 국조결과보고서도 채택했다. 이로써 지난 9일 민생법안 처리를 목표로 소집된 1월 임시국회는 마감됐지만 빈 수레가 요란했다는 비판을 면치 못하게 됐다. 1월 국회에서 본회의를 통과한 안건은 26건에 불과하고, 그나마도 모두 비쟁점법안이다. 선거연령 18세 하향조정, 고위공직자비리수사처 설치, 법인세 인상, 노동개혁법, 서비스산업빌전법 등 여야 간 쟁점법안은 입장차를 좁히지 못한 채 2월 임시국회로 넘겼다.

한국 여론

12월 30일

• 60대 이상·경북서도 '박 대통령 즉시 사퇴' 절반 넘어 (경향신문 12. 30)

– 박근혜 대통령이 헌법재판소의 탄핵심판과 관계없이 즉시 사퇴해야 한다는 여론이 70%를 넘는 것으로 조사됐다. 헌재가 박 대통령 탄핵을 인용할 것이라는 답변도 80%에 육박했다. 즉시 사퇴하는 방식이든 탄핵심판에 따른 것이든 10명 중 7명은 박 대통령의 사퇴를 요구하는 것으로 풀이된다. 경향신문 신년 여론조사에서 박 대통령의 향후 거취에 대해 '헌재 결정을 기다리지 말고 즉시 사퇴해야 한다'는 답변이 70.2%를 차지했다. '헌재 결정을 기다려야 한다'는 29.0%였다. '즉시 사퇴' 답변은 전 연령과 지역에서 고루 높게 나타났다. 박 대통령 지지층이 몰린 60대 이상에서도 55.9%로 과반이었고, 박 대통령의 정치적 고향인 대구·경북에서도 60.3%를 기록했다.

01월 01일

• 4당 체제 정당지지율, 민주당 압도적 선두·새누리 급락 (연합뉴스 01. 01)

– 26년 만에 재현된 4당 체제에서 더불어민주당이 압도적인 지지율 선두를 달리는 것으로 1일 조사됐다. 연합뉴스와 KBS가 코리아리서치에 의뢰해 지난달 28~29일 실시한 여론조사 결과에 따르면, 민주당은 36.3%의 지지율로 2위인 새누리당(12.4%)을 3배 가까이 앞섰다. 국민의당이 9.7%로 3위를 차지했고, 가칭 개혁보수신당이

5.9%로 4개 교섭단체 가운데 마지막에 자리했다. 민주당 지지율은 2016년 2월 연합뉴스-KBS 조사 때의 지지율(23.1%)과 비교하면 약 11개월 만에 13.2%포인트 뛰어올랐다. 반면 국민의당은 창당 초기인 지난 2월의 10.6%와 비교해 오차 범위에서 소폭 떨어진 성적표를 받았다. 새누리당 지지율은 지난 2월 조사 때의 40.9%와 비교해 3배 이상 폭락했다. 지난해 2월 조사와 비교하면 부동층이 많아진 것도 특징이다. 이번 조사에서 '없다'와 '모른다', 무응답 등은 모두 30.9%로 지난 조사(20.7%)보다 10%포인트 이상 늘었다.

01월 05일

- **선거연령 18세로 하향 '찬성' 46. 0% vs '반대' 48. 1%…여론 팽팽   (동아일보 01. 05)**

– 선거연령을 18세로 하향하자는 정치권 일각의 주장에 대해 국민의 46.0%가 찬성, 48.1%가 반대 의사를 밝히며 여론이 양분됐다. 더불어민주당과 국민의당, 정의당 등 야3당이 '선거연령 18세로 하향조정'을 당론으로 주장하고 있지만 새누리당은 반대, 개혁보수신당은 찬성입장 발표 하루 만에 잠정보류 입장을 밝히며 정치권의 입장이 양분된 것과 궤를 같이 하는 모양새다. 여론조사 전문기관 리얼미터가 4일 선거연령 하향 조정에 대한 국민여론을 조사한 결과 '찬성한다(매우 찬성 25.7%, 찬성하는 편 20.3%)'는 응답이 46.0%, '반대한다(매우 반대 19.2%, 반대하는 편 28.9%)'는 응답이 48.1%로 나타나며 찬반양론이 오차범위 내에서 팽팽하게 맞섰다.

01월 19일

- **문재인 28. 1%, 반기문 21. 8%…반기문 소폭 하락   (연합뉴스 01. 19)**

– 더불어민주당 문재인 전 대표가 반기문 전 국제연합(UN) 사무총장과의 격차를 소폭 더 벌리며 3주 연속 대선지지율 선두를 이어갔다고 여론조사 전문업체인 리얼미터가 19일 밝혔다. 리얼미터가 16일부터 18일까지 실시한 여론조사 결과에 따르면 문재인 전 대표는 지난주보다 2.0%포인트 오른 28.1%의 지지율을 기록하며 1위를 지켰다. 반 전 총장은 지난주보다 0.4%포인트 내린 21.8%의 지지율을 기록하며 2위에 그쳤다. 리얼미터 측은 "반 전 총장은 '꽃동네 턱받이', '퇴주잔' 논란 등 민생 행보과정에서 몇 가지 희화화된 논란이 많이 보도됐다"며 "부정적 면이 언급되면서 지지

율에 긍정적 영향을 주지 못했다"고 분석했다.

01월 19일

• '대통령·국회의원 정년 제한'에 찬성 54. 7%　　　　　　　　　　(연합뉴스 01. 19)

– 최근 정치권에서 대통령, 국회의원, 지방자치단체장 등 국민이 투표로 선출하는 공직사의 정년을 제한하는 방안을 놓고 논생이 벌어신 가운데 여론은 찬성이 우세한 것으로 나타났다. 더불어민주당 표창원 의원은 지난 16일 "대통령과 장관, 국회의원, 지방자치단체장을 포함한 모든 공직에 최장 65세 정년 도입이 꼭 필요하다"고 주장했고, 여권과 국민의당은 다음 날 "노인 폄하 망발"이라며 비난했다. 여론조사 전문기관 리얼미터는 선출직 공직자 정년 제한에 대한 여론조사 결과, '찬성한다'는 의견은 54.7%, '반대한다'는 응답은 33.1%, '잘 모른다'는 12.2%로 집계됐다고 19일 밝혔다. 이 같은 결과는 '최순실 국정농단'과 '박 대통령 탄핵' 정국을 거치면서 정치권에 대한 불신이 극대화된 데 따른 것으로 보인다고 리얼미터는 설명했다.

01월 20일

• 더불어민주당 37%, 새누리당 12%, 국민의당 11%, 바른정당 9%　　(연합뉴스 01. 20)

– 고공행진하던 더불어민주당 지지율이 하락해 40% 선 아래로 떨어졌다는 여론조사 결과가 나왔다. 여론조사 전문업체 한국갤럽이 지난 17~19일 실시한 조사에 따르면 민주당 지지율은 37%로 전주보다 4%포인트 하락했다. 민주당은 12월 3주차에 40%의 지지율을 얻어 40%대에 올라섰으나 한 달여 만에 다시 30%대로 떨어졌다. 친박(친박근혜)계 핵심을 향한 인적 청산 작업이 진행 중인 새누리당은 전주와 동일한 12%의 지지율을 보였다. 지난 15일 '박지원 대표 체제'를 출범시킨 국민의당은 전주보다 1%포인트 오른 11%로 소폭 상승했다. 새누리당 비박(비박근혜)계 탈당파로 구성된 바른정당은 2%포인트 상승한 9%의 지지율을 기록했다.

01월 21일

• 함박눈에도 꺼지지 않는 촛불…"이재용 구속하라"　　　　　　　　(한겨레 01. 21)

– 21일 서울 종로구 광화문광장에서 13차 주말 촛불집회 '내려와 박근혜 바꾸자 헬

조선 설맞이 촛불'이 열렸다. 주최 쪽인 '박근혜 정권 퇴진 비상국민행동'(퇴진행동)은 연인원 32만 명의 시민이 운집했다고 밝혔다. 함박눈이 쏟아지는 영하의 날씨에도 불구하고, 13만 명이 모였던 지난 주말 집회보다 오히려 더 많은 인파가 모였다. 이틀 전 법원이 이재용 삼성전자 부회장의 구속영장을 기각한 것에 대한 시민들의 분노가 광화문광장의 열기를 더했다. 이날 집회는 주최 쪽이 그동안 주장해왔던 박근혜 즉각 퇴진·황교안 사퇴와 더불어 재벌총수 구속을 요구하고 법원의 이 부회장 영장기각 규탄의 목소리를 높이는 자리가 됐다. 한편, 박 대통령 탄핵을 반대하는 '대통령 탄핵기각을 위한 국민총궐기운동본부'(탄기국)도 이날 오후 서울 덕수궁 대한문 앞에서 이른 바 '태극기 집회'를 열었다.

8차(1월 말~2월 말)

   헌법재판소의 박근혜 대통령 탄핵심판과 최순실 국정농단 사건에 대한 특별검사팀의 수사가 진행되면서 조기대선 가능성이 커지자 정당들의 움직임이 바빠졌다. 지난 12월 27일 새누리낭 비박(비박근혜)계 의원들이 신낭 창낭을 위해 동반 탈당한지 한 달도 채 지나지 않은 1월 24일 바른정당이 중앙당 창당대회를 열고 초고속으로 공식 출범했다(연합뉴스 2017. 01. 24). 최근 정계에 복귀하면서 더불어민주당을 탈당하고 자신의 조직인 '국민주권개혁회의'를 출범시켰던 손학규 전 민주당 대표는 2월 7일 국민의당과 통합을 선언했다(조선일보 2017. 02. 08).

   새누리당은 최순실 국정농단 사태 이후 정부와 여당에 대한 민심이 악화된 상황에서 박근혜 대통령과 차별화하기 위해 당명 변경을 추진했고 2월 13일 자유한국당으로 새 당명을 공식 확정했다(연합뉴스 2017. 02. 13). 자유한국당이 약칭을 '한국당'으로 정하자 야권에서는 당명에 국호를 넣는 것은 부적절하다며 문제제기가 잇따르기도 했다(연합뉴스 2017. 02. 14). 한편 더불어민주당이 대선 후보 경선에 참여할 일반 선거인단을 모집하기 시작한 첫날인 2월 15일, 지원자가 몰려 해당 홈페이지 접속과 ARS 전화 연결이 마비되기도 했다(동아일보 2017. 02. 15).

   헌재의 박 대통령 탄핵심판 일정이 지연되어 2월 내 선고가 사실상 무산되고 2월 28일까지인 특검의 활동 기한이 점차 다가오자 여야 간의 공방은 점차 격해졌다. 더불어민주당, 국민의당, 정의당 등 야3당 대표는 2월 8일 헌재가 이정미 헌재소장 권한대행의 퇴임일인 3월 13일 이전에 박 대통령 탄핵심판을 인용해야 한다고 요구했고, 여권은 탄핵심판에 영향을 미치려는 '선동정치'라며 비판했다(연합뉴스 2017. 02. 08). 야당들은 황교안 대통령 권한대행 국무총리에게 특검 수사기간을 연장하라고 지속적으로 요구하는 동시에 2월 23일 본회의에서 특검 연장안을 처리하기 위해 정세균 국회의장이 직권상정 권한을 동원해야 한다고 압박하기도 했다. 하지만 여야 간 합의가 전제돼야 한다는 정 의장의 원칙론에 따라 끝내 특검 연장법은 본회의에 상정되지 못하고 무산되었다(연합뉴스 2017. 02. 23).

제5부.. 한국의 동향 및 쟁점 521

한편 조기대선이 가시화되자 개헌에 대한 정치권의 논의도 본격화되었다. 새누리당은 2월 1일 의원총회에서 올해 대통령선거 전에 '대통령 직선 이원정부제'로 권력구조를 개편하는 것을 골자로 하는 헌법 개정을 완수하기로 당론을 채택했다(연합뉴스 2017. 02. 02). 이후 바른정당과 국민의당이 잇따라 개헌을 당론으로 정하면서 민주당을 제외한 여야3당이 개헌 연대를 구축하는 모양새다. 여야3당의 원내지도부는 2월 21일 단일개헌안을 마련하는데 의견을 모았으며, 대통령의 권한을 대폭 줄인 이원집정부제 형태가 유력하게 거론되고 있다(연합뉴스 2017. 02. 23).

한국 정당

01월 24일

• '원내4당' 바른정당 공식 출범…"범보수 구심점 될 것"　　　　　(연합뉴스 01. 24)
- 새누리당에서 갈라져 나온 바른정당이 24일 '범보수의 구심점'을 기치로 내걸고 중앙당 창당작업을 완료했다. 바른정당은 이날 당직자와 당원 4천여명이 참석한 가운데 중앙당 창당대회를 열고 신당 창당의 마침표를 찍었다. 지난달 27일 새누리당의 비박(비박근혜)계 의원 29명이 동반 탈당을 선언한 지 28일 만이며, 지난 5일 발기인대회를 개최해 창당준비위원회를 꾸린 이래 19일만의 초고속 창당이다. 이로써 바른정당은 현역의원 31명을 둔 원내 제4당으로 자리매김하게 됐다. 바른전당은 이날 창당준비위원장을 맡아온 정병국 의원을 초대 당 대표로 추대했고, 김재경·홍문표·이혜훈 의원과 오세훈 전 서울시장을 최고위원으로 선출했다.

02월 02일

• 민주, 표창원 6개월 당직정지…여당 "꼬리 자르기, 솜방망이 처벌" (연합뉴스 02. 02)
- 더불어민주당 윤리심판원은 2일 표창원 의원이 주최한 전시회에 박근혜 대통령을 풍자한 누드 그림이 전시돼 논란이 벌어진 것과 관련, 당직자격정지 6개월 징계를 결정했다. 당원자격정지와 달리 당직정지는 공천에서 원칙적으로 배제되지는 않지만, 징계 전력자는 공천관리심사위 심사시 일정 범위의 불이익을 받는다. 또 당직

징계 기간 지역위원장직을 수행을 못하는 등 활동에 제한을 받는다. 새누리당 여성 의원들은 기자회견을 열고 "표 의원 징계 결과는 실망스러운 꼬리 자르기에 불과한 솜방망이 처벌"이라면서 "표 의원의 즉각 사퇴를 촉구한다"고 비판했다. 민주당내 일각에서도 표 의원에 대한 징계 처분이 가볍다는 지적이 나온다.

02월 07일

• 손학규·국민의당 통합… '스몰텐트'로 첫발 뗀 제3지대   (조선일보 02. 08)

– 손학규 전 민주당 대표가 7일 국민의당과 통합을 선언했다. 손 전 대표는 작년 10월 정계에 복귀하면서 더불어민주당을 탈당했고 자신의 조직인 '국민주권개혁회의'를 출범시켰다. 손 전 대표가 국민의당에 합류하는 형식으로 이뤄진 두 세력의 통합으로 '제3지대'는 일단 시동을 걸었다. 손 전 대표는 국민의당과 추가 합류가 예상되는 정운찬 전 국무총리를 개혁 세력으로 칭하면서 그 외 정당들을 강하게 비판했다. 그는 "안철수의 '공정 성장', 천정배의 '개혁 정치', 정운찬의 '동반 성장'과 손잡고 '저녁이 있는 삶'을 실현하겠다"고 했고, "박근혜 정권의 국정 농단에 책임이 있는 새누리당·바른정당은 대한민국을 이끌 수 없고, 민주당 패권주의 집단이 정권을 잡는 것도 패권 교체에 불과하다"고 했다. 손 전 대표의 합류로 국민의당 대선 경선은 현재까지는 안 의원, 손 전 대표, 천정배 의원의 3자 구도가 됐다.

02월 08일

• 야3당 "3월 13일 이전 탄핵심판 인용해야"   (한겨레 02. 09)

– 더불어민주당과 국민의당, 정의당 등 야3당 대표가 8일 헌법재판소를 향해 이정미 소장대행 퇴임일인 3월 13일 이전에 박근혜 대통령 탄핵 결정을 내려야 한다고 촉구했다. 헌재가 지난 7일 박 대통령 쪽 증인신청을 받아들이면서 탄핵심판 일정 지연이 불가피해지자, 야권이 '탄핵 전열'을 정비하고 총공세에 나선 것이다. 야3당 대표는 또 황교안 대통령 권한대행 겸 국무총리에게 특별검사 활동기간 연장과 청와대 압수수색 승인을 요구했다. 야3당이 한목소리로 헌재의 조속한 탄핵 결정 요구에 나선 것은 최근 '탄핵안이 기각될 것'이라는 일부 관측이 흘러나오고, 탄핵 인용을 전제로 대선에만 집중하는 야권을 향한 촛불민심이 심상치 않음을 감지했기 때

문이다.

02월 13일

• 새누리당, 5년 만에 역사 속으로…자유한국당으로 새출발 (연합뉴스 02. 13)

- 새누리당은 13일 당명을 자유한국당으로 변경한다. 새누리당은 이날 오후 전당대회 수임기구인 전국위원회 회의를 개최해 새 당명을 최종 확정한다. 이번 당명 변경은 '최순실 국정농단 사태' 이후 박근혜 정부에 대한 민심 이반이 심각한 상황에서 여당이 박 대통령과 선을 긋고 차별화하기 위한 과정의 일환으로 추진되었다. 앞서 새누리당은 대(對) 국민 공모를 통해 '국민제일당', '새빛한국당', '으뜸한국당' 등 3개를 선정했지만 부정적인 의견이 많아 지난달 26일 이를 폐기하고 전문가 의견을 청취했다. 이에 새누리당은 자유한국당, 행복한국당, 국민제일당, 보수의힘 등 4개 당명을 후보군으로 다시 선정해 책임당원 1만여명을 대상으로 여론조사를 실시했고, 이 과정에서 자유한국당이 27%로 가장 높은 득표율을 보였다.

02월 13일

• 여야 4당 원내대표, 헌재 탄핵심판 결정 승복하기로 합의 (연합뉴스 02. 13)

- 여야는 13일 박근혜 대통령에 대한 헌법재판소의 탄핵심판에서 어떤 결정이 내려지더라도 결과에 승복한다는 구두 합의를 도출했다. 더불어민주당 우상호, 자유한국당 정우택, 국민의당 주승용, 바른정당 주호영 원내대표는 이날 정세균 국회의장 주재로 오찬 회동을 갖고 이같이 결정했다. 정치권에서 여야 간 탄핵 인용과 탄핵 기각 등 상반된 주장이 분출하면서 헌재의 결정이 내려지면 자칫 불복운동으로 번지는 등 사회적 혼란이 커질 수 있다는 우려가 제기된 것이 사실이었다. 이에 따라 정치권이 헌재 결정에 승복한다는 합의를 먼저 해야 한다는 주장이 꾸준히 제기됐음을 고려하면 이날 4당 원내대표의 합의는 이런 불확실성을 상당 부분 걷어낸 것으로 평가된다.

02월 15일

• 더불어민주당 경선 참여 선거인단 모집 폭주…서버·전화 먹통 '불만'

(동아일보 02. 15)

– 더불어민주당이 15일 오전부터 대선후보 경선에 참여할 일반 선거인단을 모집하고 있는 가운데, 지원자가 몰려 해당 홈페이지 접속과 ARS 전화 연결이 마비 상태다. 민주당은 이날 오전 10시부터 1차 선거인단 모집에 들어갔다. 이번 선거인단 모집에는 당원이 아닌 일반 국민도 참여할 수 있어 관심이 폭주하고 있다. 또 포털 사이트 실시간 검색어 상위권을 장악했다. 민주당 중앙당선거관리위원회에 따르면 만 19세 이상 모든 국민을 대상으로 한 선거인단 모집은 △시·도당 당사 직접 방문 신청 △콜센터(1811-1000)를 통한 전화접수 △인터넷 접수 등 세 가지 방식으로 이뤄진다. 하지만 오전 10시부터 민주당 홈페이지 접속과 ARS 전화 연결이 되지 않고 있어 누리꾼들이 불만을 토로하고 있다.

02월 24일

• 민주, 3월초 의총서 개헌 의견수렴…우상호, 개헌압박에 "당리당략"

(연합뉴스 02. 24)

– 더불어민주당은 2월 임시국회가 끝나는 대로 3월 초 의원총회를 열어 개헌에 대한 의견을 수렴하기로 했다. 자유한국당과 바른정당, 국민의당 등 민주당을 제외한 여야 정당들이 잇따라 개헌 당론 채택에 나서며 개헌을 고리로 '비문(비문재인) 연대'를 구축, 포위하고 있는 가운데 당내 개헌파 의원들이 당 차원의 입장 표명을 압박하고 나선 데 따른 것이다. 하지만 우상호 원내대표는 다른 여야 정당의 개헌 압박 움직임에 대해선 "절차와 내용 면에서 다 부적절하다"고 선을 그었다. 우 원내대표는 "개헌은 국회에서 만장일치로 넘겨도 국민투표에서 어떻게 될지 모르는데, 이러한 당리당략적 접근이 옳으냐"고 지적했다.

02월 24일

• 여야, 황 권한대행에 "특검 연장하라" vs "안된다" 압박 (연합뉴스 02. 24)

– 최순실 국정농단 사건을 파헤쳐온 박영수 특별검사팀의 활동종료일이 다가오면

서 여야는 특검 수사기간 연장의 키를 쥔 황교안 대통령 권한대행 국무총리를 양방향에서 압박했다. 더불어민주당·국민의당·바른정당 등 야 3당은 황 권한대행이 특검의 수사 기간 연장 요청을 승인해야 한다며 협공을 펼쳤고, 자유한국당은 특검 연장에 미련을 버리라며 맞받아쳤다. 여야의 '특검연장' 찬반 압박에 황교안 권한대행 측은 "현 상황에서 결정된 것이 없다"며 "특검 수사 기간 연장 여부를 면밀히 검토 중이다"라는 기존의 입장을 되풀이했다. 황 권한대행은 특검 활동 종료 시각인 28일 자정 전까지 특검 연장 승인 여부를 밝혀야 한다.

한국 선거·의회

02월 01일

• 반기문 "정치교체 순수한 뜻 접겠다"…귀국 20일 만에 대선불출마 (연합뉴스 02. 01)
- 반기문 전 유엔 사무총장은 1일 대선 불출마를 전격 선언했다. 지난달 12일 귀국해 사실상 대선행보에 나선 지 20일 만으로, 과거 고건·정운찬 전 총리 등 제3지대 후보로 거론됐다가 중도 포기한 전철이 이번에도 되풀이됐다. 반 전 총장은 이날 국회 정론관에서 긴급 기자회견을 열어 "제가 주도하여 정치교체 이루고 국가 통합을 이루려던 순수한 뜻을 접겠다"고 밝혔다. 반 전 총장은 "갈가리 찢어진 국론을 모아 국민대통합을 이루려는 포부를 말한 것이 (귀국 후) 지난 3주간 짧은 시간이었다"며 "그러나 이런 순수한 애국심과 포부는 인격살해에 가까운 음해와 각종 가짜뉴스로 정치교체 명분이 실종됐다"고 말했다.

02월 03일

• 바른정당, 1호 당론 법안으로 '의원 국민소환법' 발의   (연합뉴스 02. 03)
- 바른정당 황영철 의원은 3일 국민이 지역구는 물론 비례대표 국회의원들을 소환할 수 있도록 하는 '국회의원 소환법' 제정안을 대표발의했다고 밝혔다. 이는 바른정당이 당론으로 채택해 추진키로 한 1호 법안이다. 제정안은 유권자 15%의 서명을 받아 국민소환을 청구할 수 있게 했다. 국민소환투표는 유권자 총수의 3분의 1이 투표하고 유효투표수의 과반수가 찬성하면 소환이 확정되도록 했다. 법안에 따르면

국회의원에 대한 청렴의무와 지위남용에 따른 사익추구 및 알선 금지 등을 규정한 헌법(46조)을 위반하거나, 직권남용·직무유기 등 위법하고 부당한 행위를 한 경우, 또 국회의원의 품위에 맞지 않은 언행으로 사회적 물의를 일으킨 경우 전부 소환 대상이 될 수 있다. 바른정당은 이 같은 내용의 법 제정을 당 차원에서 적극적으로 뒷받침하는 한편, 차기 대통령선거 공약으로도 내세운다는 방침이다.

02월 05일

• 안희정 '대연정'에 시끌⋯야권 주자들 '때리기'　　　　　　　(연합뉴스 02. 05)

－ 정치권은 5일 안희정 충남지사의 '대연정 발언'을 놓고 벌집을 쑤신 듯 어수선했다. 야권 진영 내에서 민감할 수밖에 없는 뇌관을 건드린 대연정 발언 논란은 야권의 유력 대선주자인 더불어민주당 문재인 전 대표가 지난 4일 "동의할 수 없다"고 맞받아치면서 고(故)노무현 전 대통령의 적자간 충돌로 이어졌으나, 이튿날 안 지사가 발언 취지를 적극적으로 해명하고 문 전 대표 측도 확전을 자제하면서 일단 수그러지는 듯했다. 그러나 이재명 성남시장이 5일 "역사와 촛불에 대한 명백한 배신"이라며 사과를 요구하자 안 지사가 "곡해"라며 정면반박하고 사과 요구를 거부, 민주당 대선 경선에서 2위 싸움을 벌이고 있는 두 사람 간 '신경전'으로 비화했다. 안 지사가 "대연정이 될지 소연정이 될지는 의회에 맡기는 것"이라며 한발 물러섰지만, 안철수 전 대표 등 국민의당 인사들이 안 지사에 대한 협공에 가담하며 야권 내 논란은 가라앉지 않았다.

02월 09일

• 개헌특위 민주의원들 '부글부글'⋯"이원집정부 합의 사실 아냐"　　(연합뉴스 02. 09)

－ 국회 개헌특위가 지난 8일 '오스트리아식 이원집정부제'로의 전환에 사실상 합의했다는 소식이 언론을 통해 전해지자 특위 소속 더불어민주당 의원들이 부글부글 끓고 있다. 여야 간에 아직 확실한 합의를 이뤄내지 못한 상황에서 여당 의원들이 "의도적으로 개헌 합의가 다 된 것처럼 호도하고 있다"(민주당 김경협 의원)는 것이 이들 의원의 불만이다. 개헌특위는 전날 제2소위는 이날 비공개회의를 열었으며, 새누리당 소속 이주영 의원은 "이원집정부제라고 하는 분권형 대통령제 의견이 다수

였다. 그쪽으로 공감대가 형성됐다"고 말했다. 그러나 민주당 인사들은 "합의가 전혀 되지 않았다"며 "마치 합의가 다 된 것처럼 설명하는 것은 분명한 왜곡"이라고 반발했다.

02월 19일

• 여야 '환노위 사태' 봉합 · 국회 정상화…특검연장은 평행선　　　　(연합뉴스 02. 19)
– 여야가 19일 국회 환경노동위원회 청문회 의결 사태로 촉발된 대치를 일단 마무리하고 국회를 정상화하기로 했다. 이대로 국회 파행이 길어진다면 여야 모두에게 부담이 될 수밖에 없는 상황에서 한발씩 물러나며 접점을 찾은 모양새다. 물론 특검 수사기간 연장에 대해서는 여야의 입장이 여전히 팽팽하게 맞서고 있다. 환노위는 지난 13일 전체회의에서 삼성전자 백혈병 피해, MBC 노조 탄압, 이랜드파크 부당노동 강요 등 3건의 청문회 실시 등을 의결했지만 한국당이 반발해 국회 의사일정을 전면 거부한 것이다.

02월 23일

• '특검연장법' 처리 무산…특검연장 공은 황 권한대행 손에　　　　(연합뉴스 02. 23)
– 박영수 특별검사팀의 수사기간 연장을 골자로 한 특검법 개정안의 국회 처리가 끝내 무산됐다. 국회는 23일 본회의를 열어 현직 검사의 청와대 파견 근무를 제한하는 검찰청법 개정안 등 26개 법률안 등을 통과시켰다. 그러나 특검법 개정안은 본회의에 상정조차 되지 않았다. 야4당은 소관 상임위원회인 법제사법위를 통과하지 못한 이 법을 정세균 국회의장이 직접 본회의에 부의할 것을 요구했으나, 여당인 자유한국당은 직권상정에 반대해왔다. 본회의에 앞서 정 의장은 더불어민주당 우상호 · 자유한국당 정우택 · 국민의당 주승용 · 바른정당 주호영 원내대표와 회동을 하고 특검법 개정안 처리를 위한 막판 타결을 시도했으나 정 원내대표의 반대로 합의를 이루지 못했다. 특검법 개정 불발에 따라 황교안 대통령 권한대행 국무총리가 박 특검의 연장 요청을 승인하지 않으면 특검 수사는 오는 28일 종료된다.

01월 23일

• 문재인 29. 1%로 30% 근접…반기문 2. 4%포인트 내린 19. 8%   (연합뉴스 01. 23)

– 더불어민주당 문재인 전 대표가 반기문 전 유엔 사무총장과의 격차를 벌리며 지지율 30% 선에 다가섰다고 여론조사 전문업체인 리얼미터가 23일 밝혔다. 리얼미터가 지난 16일부터 20일까지 실시한 여론조사 결과에 따르면 문재인 전 대표는 지난주보다 3.0%포인트 오른 29.1%를 기록했다. 반 전 총장의 지지율은 지난주보다 2.4%포인트 내린 19.8%로 나타나, 문 전 대표와의 격차는 9.3%포인트로 벌어졌다. 이날 대선출마를 공식 선언하는 이재명 성남시장은 지난주보다 1.6%포인트 내린 10.1%로 지지율이 2주 연속 하락했다. 국민의당 안철수 전 상임대표의 지지율은 0.4%포인트 오른 7.4%로, 2주 연속 완만한 회복세를 보였다. 안희정 충남지사의 지지율은 4.7%, 새로 조사에 포함된 황교안 대통령 권한대행 국무총리의 지지율은 4.6%를 기록했다. 정당 지지도는 민주당이 38.0%, 새누리당이 12.5%, 국민의당이 11.5%, 바른정당이 8.9% 순으로 나타났다.

02월 05일

• 민주 37. 9%…국민의당-새누리-바른정당 한자릿수   (동아일보 02. 06)

– 5일 동아일보 여론조사 결과 더불어민주당이 37.9%로 가장 높은 지지를 받았다. 한 달 전 실시한 신년조사(32.8%)보다 5.1%포인트 상승했다. 민주당을 제외한 3개 정당은 모두 한 자릿수 지지율에 그쳤다. 국민의당(9.8%)에 이어 새누리당(9.6%), 바른정당(7.7%) 순으로 3개 정당이 오차 범위 내에서 도토리 키 재기 싸움을 하는 형국이다. 새누리당은 신년 여론조사 당시 13.7%에서 4.1%포인트가 하락한 것으로 나타났다. 연령별로는 40대 이하, 이념 성향별로는 중도(41.2%)와 진보(65.0%)에서 민주당에 대한 지지가 강했다. 반면 50대 이상과 보수에서는 4개 정당에 대한 지지가 비교적 고르게 나타났다. 특히 보수는 바른정당(17.1%)보다는 여전히 새누리당(28.7%)을 더 지지하는 것으로 나타났다.

02월 10일

• 안희정, 문재인 10%포인트 차 추격…여권선 황교안 쏠림 심화 　　(중앙일보 02. 11)

– 더불어민주당 문재인 전 대표를 같은 당 소속 안희정 충남지사가 맹추격하기 시작했다. 10일 발표된 한국갤럽의 주간 여론조사에서 안 지사는 19%의 지지율을 기록하며 1위 문 전 대표(29%)를 10%포인트 차로 따라붙었다. 같은 기관의 한 주 전 조사보다 안 지사는 9%포인트 급등했지만, 문 전 대표는 3%포인트 빠졌다. 나머지 야권 주자들의 지지율은 문 전 대표와 안 지사와는 격차가 있다. 민주당 소속 이재명 성남시장은 8%, 국민의당 안철수 전 대표는 7%, 국민의당에 합류한 손학규 국민주권개혁회의 의장은 1%의 지지율을 보였다. 여권에선 황교안 대통령 권한대행에 대한 쏠림 현상이 강화됐다. 황 대행의 지지율은 지난주보다 2%포인트 오른 11%였다. 바른정당 유승민 의원은 3%에 그쳤다.

02월 16일

• '특검 기한 연장' 찬성 67. 5%, 반대 26. 7% 　　　　　　　(연합뉴스 02. 16)

– '최순실 게이트'를 수사하고 있는 박영수 특별검사팀의 수사기간 연장에 대해 국민 약 3명 중 2명이 찬성하는 것으로 나타났다. 여론조사 전문기관 리얼미터가 특검 연장에 대한 여론조사를 한 결과, '찬성' 의견이 67.5%로 나타났다고 16일 밝혔다. '매우 찬성'이 59.7%, '찬성하는 편'이 7.8%다. 반대 의견은 '매우 반대' 16.2%, '반대하는 편' 10.5% 등 모두 26.7%로 집계됐다. '잘 모른다'는 응답자는 5.8%였다.

02월 18일

• 탄핵심판·특검 막바지…열기 더한 촛불−태극기집회 　　　(연합뉴스 02. 18)

– 헌법재판소의 박근혜 대통령 탄핵심판과 '최순실 국정농단' 사건 특별검사팀 수사가 막바지로 치닫는 가운데 박 대통령 탄핵 찬반단체들의 대규모 집회가 주말인 18일 열렸다. 16번째 열린 탄핵 촉구 촛불집회는 국정농단 사태의 한 축으로 지목된 이재용 삼성전자 부회장 구속 의미를 짚고, 삼성으로 부터 뇌물수수 의혹을 받는 박 대통령의 조속한 탄핵과 특검 수사기간 연장을 요구했다. 탄핵 반대 '태극기 집회'도 세를 결집해 맞불공세를 이어갔다. 탄핵 정국을 '최순실 게이트' 핵심 폭로자 고영태

전 더블루K 이사가 기획한 '사기극'으로 규정하고, 이 부회장 구속이 박 대통령을 뇌물죄로 엮는 시도라고 주장했다.

02월 24일

• 문재인 32%·안희정 21%…각각 1%포인트 하락 (연합뉴스 02. 24)

– 더불어민주당 문재인 진 대표와 안희정 충남지사의 지지율이 모두 지난주보다 1%포인트씩 하락한 것으로 나타났다. 여론조사 전문업체 한국갤럽이 21~23일 조사한 여론조사에서 민주당 문재인 전 대표의 지지율과 안희정 충남지사의 지지율은 32%와 21%로 집계됐다. 문 전 대표와 안 지사의 지지율은 지난주보다 1%포인트씩 하락한 것으로 안 지사는 지난 2주간 지지율이 12%포인트나 급등했으나 이번 주 들어 상승세가 꺾인 것으로 나타났다. 황교안 대통령 권한대행 국무총리와 국민의당 안철수 전 대표, 이재명 성남시장이 모두 8%의 지지율을 기록했다. 바른정당 유승민 의원이 지난주와 같은 2%의 지지를 얻었고, 모름·없음·응답거절은 19%로 나타났다. 정당 지지도는 민주당 44%, 국민의당 12%, 자유한국당 10%, 바른정당 6%, 정의당 3% 순이었으며, 없음·의견유보는 26%로 나타났다.

제2장

한국의 쟁점

사드(THAAD) 배치를 둘러싼 정치권의 엇갈린 입장

김윤실

정부가 북한의 미사일 공격에 대응하기 위해 미국의 고고도 미사일방어체계인 사드(THAAD)를 한반도에 배치하기로 결정하였음을 7월 8일 발표하자, 여당인 새누리당은 환영 입장을 밝혔지만 야권은 일방적인 결정이라며 반발하였다. 다만 국민의당과 정의당이 사드 배치에 반대하는 뜻을 분명히 밝힌 것과 달리, 더불어민주당은 "실익 있는 사드 배치라면 반대하지 않는다"며 온도차를 보이기도 했다(동아일보 2016. 07. 08). 한미 군 당국은 8일 사드의 한반도 배치 발표 당시 구체적인 장소가 아직 정해지지 않았다고 밝혔지만, 이후 배치 장소를 둘러싼 온갖 추측이 쏟아졌고 이미 결정되었으면서 공개하지 않아 오히려 불필요한 혼란과 갈등만 키우고 있다는 비난의 목소리도 있었다(연합뉴스 2016. 07. 11).

7월 13일 경북 성주가 사드(THAAD) 배치지역으로 선정되었음이 발표되자 논란은 더욱 거세졌다. 새누리당은 정부를 옹호하는 입장을 발표했지만, 경북 성주를 지역구로 둔 새누리당 이완영 의원은 주변 지역 의원들과 함께 기자회견을 열어 선정 기준을 소상히 밝히고 지역민에 대한 지원책을 먼저 내놓으라고 요구하고 나섰다(연합뉴스 2016. 07. 13). 야권은 사드가 성주에 배치되면 수도권이 방어범위에서 제외되기에 군사적 효용성이 약하고 중국 및 러시아와의 관계 경색이 우려될 뿐만 아니라 결정 과정에서 공론화와 여론수렴이 부재했다며 비판했다(연합뉴스 2016. 07. 20). 한편 국민의당과 정의당은 사드 배치 반대를 당론으로 정했지만 더민주는 당론 없이 의원들이 개별 의견을 내놓고 있다는 점에서 차이가 있다. 제1야당으로서 사드 결정에 대해 정부와 여당을 비판하고는 있지만 지지층 이탈을 막는 동시에 중도층을 끌어안기 위해 전략적으로 신중한 입장을 보이고 있는 것이다(조선일보 2016. 07. 14). 국민의당과 정의당에서 더민주의 모호한 입장을 비판하는 목소리가 터져 나오고 있는 상황이다(연합뉴스 2016. 07. 27; 조선일보 2016. 07. 19).

성주 군민들은 7월 15일 성주를 방문한 황교안 국무총리에게 물병과 계란을 던지며 강력하게 항의하였고, 21일 대규모 상경하여 사드(THAAD) 반대 장외집회를 열기도 하였다. 야권은 정책 결정 과정에서 국회나 국민과의 충분한 논의 없이 졸속으로 결정된 것이 잘못됐다고 비판하고 있지만, 한편으로는 성주 군민들의 요청에도 불구하고 촛불집회에 참석하거나 성주군에 방문하기 보다는 국회 안에서 싸우겠다는 뜻을 밝히고 있다(연합뉴스 2016. 07. 18). 전국 여론조사에서는 사드의 한반도 배치에 찬성하는 응답이 반대보다 더 많은 것으로 나타나기도 하였다(연합뉴스 2016. 07. 15). 전체 여론과 성주 군민 사이에서 정치권이 적절히 균형 잡힌 태도를 취하는 것이 어렵지만 필요하다고 생각된다. 정부가 충분히 소통하지 않고 일방적으로 사드 배치를 발표한 것은 이미 벌어진 일이다. 앞으로는 눈앞의 이해득실보다 갈등을 치유하는 현실적인 방안을 찾음으로써 화합으로 나아가야 할 것이다.

참고문헌

동아일보. 2016.07.08.
연합뉴스. 2016.07.11.
_____. 2016.07.13.
_____. 2016.07.15

_____. 2016.07.18.

_____. 2016.07.20.

_____. 2016.07.27.

조선일보. 2016.07.14.

_____. 2016.07.19.

‖‖

새로운 여야 정당 지도부에 바라는 점

김윤실

새누리당과 더불어민주당의 전당대회 결과는 주류의 승리였다. 친박(친박근혜)계의 이정현 의원이, 친문(친문재인)계의 추미애 의원이 각각 새누리당과 더불어민주당의 새로운 대표로 선출되었다. 두 사람은 당내 주류이지만 출신 지역은 당내 소수라는 한계를 이겨내고 당권을 잡았다는 점에서 공통점이 있다. 전남 곡성 출신의 이정현은 영남을 지지기반으로 하는 새누리당의 첫 호남 출신 당 대표이며, 경북 대구 출신의 추미애 역시 호남을 기반으로 하는 더민주에서 대구·경북(TK) 출신으로는 처음으로 당 대표직에 당선되었다. 대선을 1년여 앞둔 시점에 정치권에 새로운 변화가 시작된 것은 아닌지 기대해볼 수 있는 부분이다.

새누리당 이정현 신임 대표는 당 대표에 선출된 직후 "'천막당사'의 정신을 되살려 각종 행사에서 형식성을 타파하고 조촐하게 열자"며 "특별히 당 대표를 모시는 행사에서 권위주의를 타파해야 한다"고 불필요한 의전을 줄일 것을 당부했다(연합뉴스 2016. 08. 10). 실제로 이 대표는 취임하자마자 당 대표 집무실의 '사장님 소파'를 치우는 대신 여러 명이 앉을 수 있도록 간이 의자를 여러 개 놓았고, 원외 인사들에게 당 대표실을 개방하여 회의할 수 있도록 하였다(조선일보

2016. 08. 18). 당 대표라는 격식을 깨고 국민 눈높이에 맞추려는 노력이라 할 수 있다.

　더불어민주당 추미애 신임 대표는 당초 '선명하고 강한 야당'을 표방하면서 좌클릭을 통해 정체성을 강화할 것을 예고했지만, 정치·이념적 성향과 관계없이 박정희·이승만 전 대통령을 포함해 전직 대통령들을 두루 참배하는 등 예상 밖의 파격 행보를 보이기도 했다(연합뉴스 2016. 08. 28; 연합뉴스 2016. 08. 29). "민생을 살리고 국민이 하나 돼 통합하라는 게 오늘날 시대 과제"이기 때문에 "할 말은 하되, 국민통합을 위해 포용해야 한다"는 것이 추 대표의 생각이다(연합뉴스 2016. 08. 29). 추 대표는 새누리당 이정현 대표와의 첫 상견례 자리에서도 "국민의 먹고사는 문제"와 "절박한 민생을 보듬는 것"을 최우선 과제로 해야 한다며 여야 간의 소통을 강조했다(연합뉴스 2016. 08. 29).

　새누리당과 더불어민주당의 새 지도부가 당내 주류라는 점에 안주하기 보다는 민생과 사회통합을 생각하고 스스로 개혁해야 민심을 되찾을 수 있을 것이다. 새누리당이 박근혜 정부의 성공적 마무리와 정권재창출에, 더민주가 야권통합과 정권교체에만 집중한다면 양당의 새로운 지도부는 전혀 새롭지 않다는 평가를 받게 될 것이다. 특정 계파의 지지를 받아 당선된 당 대표라는 한계에서 벗어나 타협과 소통의 리더십으로 민생 현안에 집중할 때 당내 통합은 물론 대선 승리에 더욱 가까워질 수 있을 것이다.

참고문헌

연합뉴스. 2016.08.10.
＿＿＿＿. 2016.08.28.
＿＿＿＿. 2016.08.29.
조선일보. 2016.08.18.

반복되는 국회 파행과 여소야대

김윤실

20대 국회가 한 달 사이에 두 차례나 파행을 겪었다. 첫 정기국회가 시작되던 9월 1일 정세균 국회의장이 개회식 연설에서 우병우 청와대 민정수석의 거취 문제를 거론하며 사실상 사퇴를 요구하고, 사드(THAAD) 배치 결정과 관련 정부의 태도를 지적하며 소통 부족을 비판하자 새누리당 의원들이 강하게 반발하였다(경향신문 2016. 09. 01). 새누리당은 정 의장이 국회의장으로서의 중립성을 잃었다며 국회 일정 전면에 대한 보이콧을 선언했지만, 여소야대(與小野大) 정국에서 제3당으로서 캐스팅보트 역할을 자처하던 국민의당은 정 의장의 개회사를 "최고의 개회사"라 호평하며 여당의 태도를 비판하기도 하였다(연합뉴스 2016. 09. 01). 추가경정 예산안이라는 시급한 현안을 앞두고 있었기에, 여야는 이튿날인 9월 2일 국민의당 소속 박주선 부의장에게 본회의 사회권을 넘기는 대신 국회를 정상화하기로 합의하였다.

얼마 지나지 않아 여야는 또다시 국회에서 충돌하였다. 9월 24일 새벽 김재수 농림축산식품부 장관 해임건의안의 본회의 통과를 앞두고 정세균 국회의장이 차수를 변경한 것을 두고 새누리당이 불법이라고 주장하며 국정감사를 포함한 모든 국회 의사일정을 거부하기로 한 것이다. 이 과정에서 새누리당은 정 의장을 직권남용 및 권리행사 방해죄로 형사고발하고 국회 윤리위에도 회부하기로 하는 등 공세를 퍼부었다(연합뉴스 2016. 09. 25). 특히 새누리당 이정현 대표가 정의장 사퇴를 요구하며 9월 26일부터 무기한 단식에 돌입하고 소속 의원들이 본회의장 앞에서 릴레이 1인 시위에 나서며 압박하고 나섰다(연합뉴스 2016. 09. 26). 여야 간 극한대치가 파국으로 치닫던 10월 2일 오후, 국회는 극적으로 정상화되었다. 파행이 길어질수록 새누리당 내부에서 국감을 정상화해야 한다는 목소리가 터져 나왔고, 원내 다수를 차지한 야권이 주도하여 단독 국감이 실질적으로 진행되자 비판 여론 등에 부담을 느낀 새누리당이 국감에 복귀하기로 결정한 것이다(연합뉴스 2016. 10. 02).

여소야대이면서 동시에 야당에서 국회의장을 배출한 20대 국회는 비교적 순조롭게 원 구성 협상을 마무리 지었으나, 첫 정기국회에서는 여당이 국감을 보이콧하는 등 초유의 사태가 발생하였다(연합뉴스 2016. 09. 25). 국회가 파행을 거듭하는 사이 정치권에 대한 유권자들의 실망감은 커질 수밖에 없었다. 9월 말에 실시된 한 여론조사 결과에 따르면, 박근혜 대통령과 새누리당, 더불어민주당의 지지율은 모두 소폭이지만 하락한 것으로 나타났다(연합뉴스 2016. 09. 30). 국회 파행의 책임이 어느 한 정당에 있기보다는 국회와 정치권 전반의 오만과 아집에 있다고 유권자들은 생각하는 것이다. 여야는 여대야소(與大野小)였던 19대 국회 당시를 떠올리며 상대방을 이해하고자 노력하는 자세가 필요하다. 수적 우위에 있다고 힘자랑을 하거나 막말과 보이콧으로 투쟁하기보다는 책임감 있는 자세로 의정 활동에 임해야 유권자의 지지와 신뢰를 얻을 수 있을 것이다.

참고문헌

경향신문. 2016.09.01.
연합뉴스. 2016.09.01.
_____. 2016.09.25.
_____. 2016.09.26.
_____. 2016.09.30.
_____. 2016.10.02.

최순실 게이트로 가속화된 박근혜 대통령 레임덕

김윤실

박근혜 정부의 비선 실세 핵심이 정윤회의 전 부인인 최순실 씨라는 의혹이 본격적으로 제기된 것은 지난 9월 말이었다. 더불어민주당과 국민의당 등 야권은 최순실 씨가 미르·K스포츠재단의 설립과 운영에 깊숙이 개입했고 특히 기부금 모금 과정에서 특혜를 받았다는 의혹을 제기하였다. 그러던 중 최순실 씨가 사용한 것으로 추정되는 태블릿 PC에서 박근혜 대통령의 연설문과 각종 기밀문서들이 발견되면서 최순실 씨의 국정농단 파문은 더욱 거세졌다. 최 씨의 태블릿 PC가 언론에 보도된 바로 다음 날인 10월 25일 박 대통령이 직접 대국민 사과를 하며 수습에 나섰지만 논란은 하루하루 더욱 커지고 있다.

　여론조사 전문기관 한국갤럽의 정례조사에 따르면 30% 이상을 유지하던 박근혜 대통령의 견고했던 지지층이 9월 들어 온갖 의혹과 논란을 겪으면서 흔들리기 시작했고, 최순실과 미르·K스포츠재단 의혹이 증폭되면서 결국 30% 아래로 떨어졌다. 박 대통령의 10월 셋째주 지지율은 25%에 머물렀는데, 2014년 세월호 참사 당시에도 40~50%를 유지했던 것에 비하면 임기 말 권력누수 현상인 레임덕이 사실상 현실화되었다고 할 수 있다(연합뉴스 2016. 10. 21; 경향신문 2016. 10. 22). 특히 박 대통령이 10월 19일 박정희 전 대통령의 고향인 경북 구미와 영주 등을 방문하며 지지층 결집을 시도했음에도 대구·경북(TK)의 지지율이 오히려 하락하였고, 여당인 새누리당의 지지율도 낮은 수준에 머무르며 심각한 민심이반을 보이고 있다(경향신문 2016. 10. 21).

　박근혜 대통령의 대국민 사과 이후 사실상 최 씨의 국정개입을 더는 부인하기 어려운 상황이 되자, 새누리당은 10월 26일 진상 규명을 위한 특별검사 도입 결정을 내렸다(연합뉴스 2016. 10. 26). 또한 야권의 대선주자들은 대통령이 국정을 추진할 동력이 약화되었고 권위에 큰 상처를 입었기에, 내각 총 사퇴 후 초당적인 국정운영을 위해 '거국중립내각'을 구성하여 국정 공백을 최소화해야 한다고 주장하고 나섰다(연합뉴스 2016. 10. 26). 현재 국민들은 최순실이라는 특정 개인의 의견에 더욱 귀 기울이고 의지한 대통령에게 좌절감과 분노를 느끼고 있다. 대통령으로서 자격이 없다는 비난을 받고 있기에 앞으로 박 대통령은 급격한 레임덕에서 헤어나지 못할 것이다. 단순히 측근의 비리에 그치는 것이 아니라 박 대통령 본인의 무능과 실정(失政)에서 비롯된 일이기에 역대 정권보다 더욱 무기력한 정권 말이 될 것으로 보인다. 정치권은 이러한 상황을 국가비상사태로 여겨야하며 자신들의 이해득실을 따질 것이 아니라 국가와 국민 전체를 위해 신중하게 협의하고 선택해야 한다.

참고문헌

경향신문. 2016.10.21.
_____. 2016.10.22.
연합뉴스. 2016.10.21.
_____. 2016.10.26.

지지율 추락과 촛불민심의 의미

김윤실

박근혜 대통령이 10월 25일과 11월 4일 두 차례에 걸쳐 최순실 사태에 대해 대국민담화를 발표하였음에도 불구하고 국민들의 분노와 불신은 더욱 악화되었고, 박 대통령과 새누리당의 지지율은 곤두박질쳤다. 한국갤럽에 따르면 11월에 들어선 이후 박 대통령에 대한 지지율은 역대 대통령 지지율 중 최저치인 5%에 머물렀고 11월 넷째 주 조사에서는 4%로 떨어졌다(동아일보 2016. 11. 12; 연합뉴스 2016. 11. 25). 특히 최근 세대별 지지율을 보면 20대·30대의 박 대통령에 대한 지지율은 거의 0%에 가까운 수치를 유지하고 있다. 정당 지지율에서 선두자리를 지키던 새누리당은 한국갤럽의 11월 넷째 주 여론조사에서 창당 후 최저치(12%)를 기록하며 국민의당에도 뒤처져 3위로 추락하였다(연합뉴스 2016. 11. 25).

10월 29일 시작된 주말 촛불집회의 규모는 점차 커졌고, 11월 26일에 열린 5차 촛불집회에는 주최 측 추산 서울에서만 150만 명, 전국 190만 명이 모여 대통령의 퇴진을 외쳤다. 5차 촛불집회는 역대 최대 규모일 뿐만 아니라 청와대로부터 불과 200m 떨어진 청운효자동 주민센터까지 행진하는 유례없는 방식으로 진행되었음에도 불구하고 충돌이나 마찰 없이 평화시위가 진행되었다(연합뉴스 2016. 11. 26). 특히 최근 촛불집회 참가자들은 시민단체 등 외부 세력의 개입에 의해서가 아니라 자발적으로 가족, 친구, 연인과 함께 모였다는 점에서 의미가 있다고 평가된다(국민일보 2016. 11. 13). 집회는 축제에 가까운 평화로운 분위기에서 진행되었다. 참가자들은 함께 노래를 부르고 자유발언을 통해 의견을 표출하고 거리를 행진했으며, 폭력적이지 않지만 적극적인 저항의 의미를 담아 경찰 차벽에 꽃 스티커를 붙이기도 했다(경향신문 2016. 11. 19). 시위 도중 일부 참가자가 과격한 행동을 보이거나 몸싸움이 일면 다른 참가자들이 나서서 '비폭력·평화시위'를 외치며 막았다. 추운 날씨 속에서 서로를 위로하며 촛불과 함께 따뜻한 음료를 나누고 시위가 끝난 뒤 자발적으로 쓰레기를 줍는 등 성숙한 시민의식을 보였다.

반면 새로운 국정농단 의혹이 끊임없이 터져 나오고 있는 와중에도 청와대와 박 대통령은 국회와 협의 없이 일방적인 불통 개각을 발표하는가 하면, 사태 수습 방안으로 스스로 제시했던 국회 추천 국무총리 임명과 박 대통령 검찰 조사 수용 등과 관련해 말을 바꾸는 듯한 모습을 보여 국민들의 분노를 더욱 키웠다(중앙일보 2016. 11. 03; 조선일보 2016. 11. 21). 새누리당은 친박계와 비박계로 갈라져 사실상 분당 위기로까지 치닫고 있으며, 야당들 역시 박 대통령 탄핵 추진을 당론으로 확정하였지만 구체적인 계획은 제시하지 못하며 엇박자를 보이고 있다(조선일보 2016. 11. 22). 국민들은 진정한 민주주의가 무엇인지 보여주고 있지만 정치권은 여전히 구태에 머물러 있는 듯하다. 대통령의 처참한 지지율과 꺼지지 않는 촛불이 보내는 메시지를 여권뿐만 아니라 정치권 전체가 새겨들어야 한다.

참고문헌

경향신문. 2016.11.19.
국민일보. 2016.11.13.
동아일보. 2016.11.12.

연합뉴스. 2016.11.25.

_____. 2016.11.26.

조선일보. 2016.11.21.

_____. 2016.11.22.

중앙일보. 2016.11.03.

|||||||||||||||||||||||||||||||||||||||||||||||||||||||||||||||||||||||||||||||||||||||||||||||||

촛불민심이 이끌고 국회가 응답한 탄핵안 가결

김윤실

박근혜 대통령 탄핵소추안이 재적의원 300명 가운데 가결 정족수 200명을 훨씬 넘어서는 234명이라는 예상보다 높은 찬성률로 본회의를 통과했다. 하지만 탄핵 표결을 앞두고 실시된 여론조사 결과들을 보면 당연한 결과라고 할 수 있다. 한국갤럽이 12월 6~8일 실시한 여론조사에서 응답자의 81%가 박 대통령 탄핵에 찬성한다고 답했고, 리얼미터가 8일 실시한 여론조사에서 탄핵 찬성 비율은 78.2%였다(중앙일보 2016. 12. 09). 탄핵안에 찬성한 234명이 전체 국회의원 300명의 78%라는 점을 고려하면, 이번 국회의 탄핵안 표결은 국민의 의사가 반영되고 정치 대표성이 구현된 사례라고 평가할 수 있다.

박 대통령이 11월 29일 제3차 대국민담화에서 대통령직 임기 단축을 포함한 진퇴 문제를 국회의 결정에 맡기겠다고 발표하자 비박계의 탄핵 입장이 흔들리기 시작했다. 새누리당은 12월 1일 '내년 4월 말 박 대통령 퇴진, 6월 말 대통령선거 실시'를 당론으로 채택하기에 이르는데, 이는 탄핵안 가결의 열쇠를 쥔 비주류도 동의한 만장일치였다(경향신문 2016. 12. 01). 더불어민주당은 박 대통령의 담화가 국회를 분열시켜 탄핵을 모면하려는 정치적 술책이라며 탄핵 추진을 강행하였지만(중앙일보 2016. 11. 29), 결국 애초 계획이었던 12월 2일 탄핵안 처리는 무산되었다. 이후 새누리당 비박계가 다시 박 대통령 탄핵안 표결에 참여해 찬성표를 던지기로 태도를 바꾼 것은 뜨거운 촛불민심 때문이었다.

12월 3일 주최 측 추산 232만 명이 참여한 역대 최대 규모의 촛불집회가 전국적으로 열렸고, 이날 촛불은 청와대뿐만 아니라 새누리당 당사로도 향했다. 여의도 새누리당 당사에 걸린 현수막은 시위대가 던진 계란으로 얼룩졌고 시위대가 외치는 구호는 '새누리당 해체', '새누리당 공범자'였다(조선일보 2016. 12. 05). 국민의 뜻이 대통령 탄핵임을 확인한 비박계는 탄핵안 표결로 선회할 수밖에 없었다. 국민들은 촛불을 들어 '대통령 탄핵'이라는 민심을 정치권에 전달했고 국회가 이를 받아들인 것이다. 흔들리고 주저하는 국회의 마음을 다잡아 준 것은 역시 국민들이었다.

대통령 탄핵안의 본회의 통과 이후 정치권은 여야정 협의체 구성을 논의하고 나섰지만 아직 뚜렷한 성과를 내지 못하고 있으며, 새누리당은 친박계와 비박계 간의 내분이 격화되어 분당 위기로 치닫고 있다(연합뉴스 2016. 12. 14). 황교안 권한대행 체제의 한계에 대한 우려와 동시에 개헌 필요성에 대한 목소리가 여러 곳에서 제기되고 있다(연합뉴스 2016. 12. 13). 이러한 혼란의 상황에서 정치권은 서로 주도권을 잡기 위해 시간을 끌기 보다는 국정 공백의 최소화를 위해 머리를 맞대야 할 것이다. 그것이 촛불민심이 원하는 방향이다.

참고문헌

경향신문. 2016.12.01.
연합뉴스. 2016.12.14.
_____. 2016.12.13.
조선일보. 2016.12.05.
중앙일보. 2016.12.09.
_____. 2016.11.29.

새누리당 분당 이후 4당 체제에 대한 기대

김윤실

　비박계의 집단 탈당으로 새누리당이 분당되면서 기존의 새누리당·더불어민주당·국민의당 3당 체제가 4당 체제로 재편되었다. 1월 24일까지 창당 작업을 완료하기로 계획을 세운 신당은 12월 27일 창당을 선언하자마자 의원총회를 열어 원내대표로 주호영 의원을 추대하고 교섭단체 등록을 마쳤다. 신당은 창당 이전인 12월 17일 신당 출범을 가정한 정당지지도 조사에서 18.7%의 지지율로 더불어민주당(30.3%)에 이은 2위를 기록하였다. 창당 직후인 12월 27~28일 이틀간 실시된 한 여론조사에서도 신당의 지지율은 17.4%로 민주당(33.7%)에 이어 2위를 차지하였고, 새누리당(15.8%)과 국민의당(11.7%)을 앞질렀다(중앙일보 2016. 12. 29).

　하지만 이러한 비박계 신당 '바른정당'의 지지율은 오래 유지되지 못했다. 이후 발표된 대부분의 여론조사에서 신당의 지지율은 4개 교섭단체 가운데 4위에 머물렀다(연합뉴스 2017. 01. 01; 조선일보 2017. 01. 07; 연합뉴스 2017. 01. 20). 신당이 1월 1일 SNS에 올린 당명 공모 글에는 '박근혜내란공범당', '다시새누리합칠당', '바꿔도똑같당', '이제안속는당' 등 박근혜 정권 실패의 연대 책임을 강조하는 비판적 댓글이 많이 달리기도 했다(한겨레 2017. 01. 04). 창당 작업을 마무리하기 전부터, 당명조차 정해지기 전부터 유권자들은 신당이 기존의 정당들과 크게 다르지 않다고 실망감을 표출한 것이라 할 수 있다.

　바른정당은 개혁입법의 캐스팅 보터(casting voter) 역할을 자처했으나 오히려 18살 선거연령 하향 조정, 공직자비리수사처(공수처) 설치, 경제민주화법 등 주요 정책 현안에 대한 내부 이견 정리에 실패하며 당론을 명확하게 정하지 못하고 오락가락하는 행보를 거듭했다(한겨레 2017. 01. 20). 특히 바른정당은 선거연령 18세 하향에 합의했다고 1월 4일 발표하였으나, 회의에 불참했던 의원들을 중심으로 반대 목소리가 터져 나오자 하루 만인 5일 결정을 번복하고 다시 논의하기로 하여 논란이 되었다(연합뉴스 2017. 01. 05). 새누리당과의 차별화를 내세우면 야심

차게 창당된 바른정당이 낮은 지지율을 기록하며 고전하자 당 내부에서도 우려의 목소리가 커져가고 있다(한겨레 2017. 01. 20).

하지만 4당 체제에 대한 기대도 있다. 87년 체제의 승자독식 선거제도하에서 유지되어온 양당체제는 국민의당과 바른정당의 등장으로 점차 다당체제로 변화하고 있다. 이분법적인 정치구조 속에서 정권을 잡고 기득권을 유지하기 위해서는 상대방이 실패하여야 했고 정당들은 끊임없이 싸울 수밖에 없었다. 하지만 다당체제에서는 다른 정당들과 힘을 합해야 법률이나 정책을 추진할 수 있기에 갈등의 정치를 완화하고 합의제 민주주의를 실현할 수 있을 것이다. 바른정당은 창당선언문에서 재벌개혁과 경제민주화를 주요 노선으로 제시했는데, 이는 야권이 핵심 개혁의제로 삼고 있는 것이기에 입법공조를 기대해 볼 수 있다(경향신문 2016. 12. 27).

참고문헌

경향신문 2016.12.27.
연합뉴스. 2017.01.01.
_____. 2017.01.05.
_____. 2017.01.20.
조선일보. 2017.01.07.
중앙일보. 2016.12.29.
한겨레. 2017.01.04.
_____. 2017.01.20.

반기문 불출마 이후 떠오른 안희정의 존재감

김윤실

박근혜 대통령 탄핵 심판을 앞둔 조기대선 국면에서 범여권의 유력 대선주자였던 반기문 전 유엔총장이 2월 1일 대신 불출마를 선언했다. 한때 문재인 전 더불어민주당 대표에 앞서 지지율 1위를 기록하기도 했던 반 전 총장이 돌연 불출마하자 대선주자들의 지지율에 크고 작은 변화가 있었다. 문 전 대표는 30% 안팎의 높은 지지율로 선두자리를 지켰고 황교안 대통령 권한대행은 보수 진영의 대안으로 떠오르며 반사이익을 봤다(조선일보 2017. 02. 07). 하지만 무엇보다 안희정 충남지사의 급부상이 눈에 띈다. 한 달 전까지만 해도 안 지사의 지지율은 5% 안팎에 머물렀고, 문 전 대표와 반 전 총장의 지지율 경쟁에 밀려 대중의 관심 밖에 있었다고 할 수 있다. 하지만 2월 이후 각종 여론조사에서 안 지사의 지지율은 고공행진하기 시작했다(경향신문 2017. 02. 03; 조선일보 2017. 02. 07). 2월 1일부터 이틀 동안 실시되어 반 전 총장이 불출마 선언 직전부터 직후까지의 여론을 담아낸 한국갤럽의 조사에 따르면, 당시 안 지사의 지지율은 가까스로 두 자리 수인 10%를 기록했다. 선두를 달리는 문재인 전 대표(32%)에 비하면 낮은 지지율이지만, 안 지사는 한 달 전과 비교해 도약의 폭이 가장 큰 후보였다(연합뉴스 2017. 02. 03). 다음으로 2월 10일 발표된 한국갤럽의 주간 여론조사에서 안 지사는 9%포인트 급등한 19%의 지지율을 보였고, 17일 같은 기관에서 발표한 조사에서는 처음으로 20%대를 넘어선 22%를 기록했다(중앙일보 2017. 02. 11; 동아일보 2017. 02. 18).

단순히 반 전 총장의 충청표가 안 지사에게로 옮겨갔다는 것만으로는 그의 지지율 급상승을 충분히 설명할 수 없을 것이다. 안 지사는 충청대망론의 중심축에 있던 반 전 총장의 퇴장이라는 선거판의 큰 변화를 단번에 기회로 만들 수 있는 준비가 이미 되어있었던 것으로 보인다. 안 지사는 1월 22일 청중의 질문에 즉석에서 답하는 '즉문즉답' 형식으로 대선출정식을 가졌으며, 이때 현장뿐만 아니라 인터넷 중계를 시청하는 3천여명과도 SNS를 통해 실시간으로 대화하며 소통하는 다소 파격적인 모습을 보여줬다(연합뉴스 2017. 01. 23). 정치권의 세대교체와 소통을 원하는 민심과 시대정신을 잘 읽은 것이다. 이후 안 지사의 '대연정' 제안과 '선의' 발언 등이 논란이 되기도 하였지만, 한편으로 이는 안 지사의 인지도와 존재감이 커져가고 있음을 반증한다고 할 수 있다. 야권 내부에서도 안 지사의 발언 등에 반대하는 목소리가 있었는데, 안 지사는 원칙과 소신을 강조하며 정면 돌파하기도 하고 동시에 경우에 따라서는 논란과 관련해 사과하는 모습을 보이기도 했다(중앙일보 2017. 02. 05; 연합뉴스 2017. 02. 21). 문 전 대표의 페이스메이커(pace-maker) 역할에 그칠 것이라 여겨지던 안 지사의 존재감이 커져감에 따라 민주당 경선은 흥행 조짐을 보이고 있다. 신당 창당이나 당명 변경보다는 후보 간의 정책 토론과 건설적 경쟁만이 당과 후보 개인 모두의 경쟁력을 높여줄 것이다.

참고문헌

경향신문. 2017.02.03.
동아일보. 2017.02.18.
연합뉴스. 2017.01.23.
_____. 2017.02.03.
_____. 2017.02.21.
조선일보. 2017.02.07.
중앙일보. 2017.02.05.
_____. 2017.02.11.

제6부

대만의 동향 및 쟁점

정당 민주주의의 위기

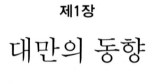

제1장

대만의 동향

9차(2월 말~3월 말)

최민지

2016년 5월 20일 출범한 대만의 14대 정부는 대만의 첫 여성 총통 차이잉원(蔡英文)이 이끌고 있다. 대만의 국회인 입법원(立法院)의 의석수는 총 113개로 민진당(民進黨)이 68석으로 60% 비중을 차지하고 있다(Kotra 2017).

대만 문화부는 국민당(國民黨) 정권에 의한 학살사건인 2·28 사건 70주년과 계엄령 해제 30주년을 맞아 중정기념당에서 장제스(蔣介石)와 관련된 모든 흔적을 지우는 것을 기본으로 하는 용도 변경안을 마련 중이다(연합뉴스 2017. 02. 27). 2·28 사건 진상을 규명하고 피해자와 유족들에 대한 책임을 다함으로써 역사를 바로 잡겠다는 것이 차이정부의 입장이다(연합뉴스 2017. 02. 27). 하지만 이러한 중정기념당 '탈(脫) 장제스화' 정책에 55%의 국민이 반대하는 것으로 조사되었고, 57%가 '사회 대립을 야기한다'라고 답했다(中國時報 2017. 02. 26).

한편, 대만 당국은 자국 내에 중국 간첩이 5천여명에 이를 것이라고 밝혀 논란이 일고 있다(연합뉴스 2017. 03. 14). 이를 두고 집권당인 독립성향의 민진당 입법위원들은 정부가 국가 안보에 총력을 기울이라고 주문하였다(연합뉴스 2017. 03. 14). 이에 따라 대만 국방부가 국방백서를 발간, 중국의 군사적 위협에 우려를 표시하며 자국의 군사 무기를 독자적으로 개발하고 생산 능력을 증강시키겠다고 밝혔다(中國時報 2017. 03. 17). 또한 '대만' 국호를 둘러싼 논란이 다시금 불붙고 있다. 고위 관료들이 잇따라 대만 명칭 포기를 시사하는 발언을 내놓으면서 각계에서는 중국에 굴욕적인 항복을 했다며 반발하고 나섰다(Taibei Times 2017. 03. 21; 중앙일보 2017. 03. 24 재인용). 양안관계가 악화된 가운데 관련 법안인 '양안협정감독조례'에 대해 여야가 갈등을 빚었다. 국민당은 민진당이 '양안협정감독조례'에 대해 성실한 실행을 하지 않는다며 비판하였다(Taibei Times 2017. 03. 21).

한편 마잉주(馬英九) 전(前) 총통이 통신보장·감찰법 위반 등의 혐의로 기소되며 2011년부터 검찰에 입법원 사무실을 도청해 보고하도록 한 혐의를 받았다(연합뉴스 2017. 03. 14). 타이베이(臺北) 지검 측은 법률과 행정 절차에 정통한 마 전 총통이 세계 공통적 기본 가치인 개인 정보 보호, 자유와 통신기밀 자유 및 자주권을 분명히 알고 있으면서도 도청행위를 했다고 밝혔다(연합뉴스 2017. 03. 14).

중국의 '하나의 중국' 원칙 압박으로 중국 관광객이 감소하고 실물 민생경제의 어려움을 겪으면서 차이잉원 총통은 지지율이 급속히 하락하고 탄핵 압박을 받고 있다(연합뉴스 2017. 03. 10). 민진당 계열의 대만 세대싱크탱크재단(世代智庫)은 2월 3일 여론조사 결과 차이잉원 총통에 대한 만족도가 43.3%로 불만족율 51.8%보다 낮게 나타났다고 전했다(연합뉴스 2017. 03. 10).

대만 정당

02월 27일

• 다시 불붙는 '대만판 역사바로세우기'…'장제스 흔적 지우기'   (연합뉴스 02. 27)
– 대만 문화부는 장제스의 국민당 정권에 의한 원주민 학살사건인 2·28 사건 70주년에 맞춰 중정기념당에서 장제스와 관련된 모든 흔적을 지우는 것을 뼈대로 하는 용도 변경안을 마련 중이다. 문화부는 기념관 내 장제스를 상징하는 로고는 물론 장제스가 생전 사용한 물품 전시나 인물 안내도 없앨 것이라고 말했다. 중정기념당은 대만독립 성향의 민진당이 2016년 선거에서 승리하며 정권 탈환에 성공한 뒤 탈 장제스 정책을 추진하면서 줄곧 논란의 대상이 돼 왔다. 특히 올해 2017년은 2·28 사

건 70주년과 계엄령 해제 30주년이어서 탈 장제스 논란은 더욱 거세지고 있다. 2·28 사건 진상을 규명하고 피해자와 유족들에 대한 책임을 다함으로써 역사를 바로잡 겠다는 것이 차이잉원 총통이 이끄는 정부의 입장이다. 차이 총통은 "부인할 수 없 는 비극적 역사를 은폐해서는 안 된다"며 "진상은 끝없이 규명돼야 하고 정의의 추 구도 끝이 있어선 안 된다"고 강조했다. 반면 국민당 주석 경선에 나선 하오룽빈(郝 龍斌) 전 타이베이 시장은 "타이베이의 랜드마크이자 시민 휴식공간인 중정기념당은 2007년 국가문화재로 지정돼 있다"며 "현 정부의 용도변경 추진은 범법 행위"라고 비난했다.

03월 10일

• "대만에 중(中)간첩 5천여 명 "주장···여당 경계심 vs 야당 "과장말라"

(연합뉴스 03. 14)

− 3월 10일 중국인 저우훙쉬(周泓旭)씨가 중국 당국으로부터 활동 자금을 받아 대만 의 각계각층을 포섭하려한 혐의로 체포된 가운데 대만 당국이 자국 내에 중국 간첩 이 5천여 명에 이를 것이라고 밝혀 논란이 일고 있다. 이를 두고 집권당인 독립성향 의 민진당 입법위원들은 정부가 국가 안보에 총력을 기울이라고 주문하고 나섰다. 민진당의 뤄즈정(羅致政) 입법위원은 국가안전법을 더욱 강력하게 수정해야 한다면 서 조사국, 군정보국 등 관련 기관의 모든 간첩 정보가 통합되어야 한다고 주장했 다. 뤄 위원은 간첩활동 처벌 규정을 대폭 강화한 보방공작법 제정이 시급하다고 강 조했다. 보방공작법은 차이잉원 총통이 수차례 법제화를 강조해온 것으로, 중국에 기밀 유출시 최소 7년 이상의 징역에 처한다는 내용을 담고 있다. 대만 야당은 반발 하고 나섰다. 차이정위안(蔡正元) 국민당 정책위원장은 법 제정 후 관련 인사들을 간 첩으로 몰아 내쫓은 뒤 대만 독립 세력을 기용하려는 것 아니냐며, 우둔한 수법을 쓰 는 민진당은 대만독립경비본부를 설립하는 것이 더욱 현실적이라며 비꼬았다. 대만 의 중국시보는 자국내 간첩 5천 명 있다는 것은 과장된 표현이라면서, 이들이 어디 서 어떤 간첩활동을 하는 지 증거를 제시해야 한다면서 숫자에 대한 개념 정리부터 필요하다고 비판했다.

03월 20일

• '양안협정감독조례' 여야 마찰   (Taibei Times 03. 21)

– 입법부는 행정위원회에서 열린 질의응답시간에 장샤오웨(張小月) 대륙위원회 주임과 '양안협정감독조례'에 대해 갈등을 빚었다. '양안협정감독조례'는 민간의 참여로 중국과 대만 협정에 대한 행정부 수행을 감독하자는 취지의 법규로 2015년부터 입법원에 계류 중이다. 국민당 의원 쩡밍쭝(曾銘宗)은 민진당이 '양인협정감독조례'에 대해 성실한 실행을 하지 않는다며 비판했다. 그는 "의회와 민진당은 이 조례안이 중요하다고 강조하지만, 어떠한 실질적인 조취도 취하지 않고 있다"고 말했다. 또한 "의회가 집행하는 협상을 감독하는 법안이 의회의 초안으로 만들어 진다는 것은 모순적인 행동이다"라며 불만을 표했다. 이에 대해 장샤오웨 대륙위원회 주임은 "우리는 입법부가 개방성, 투명성, 시민 참여를 보장할 수 있는 법안을 통과시키길 원하기에, 우리들만의 버전의 조례 초안을 제시하지 않을 것이다"라고 말했다. 민진당은 "양안관계의 전반적인 상황을 고려 할 때 이문제가 현재 시급한 사항이 아니다", "의회가 이 문제에 대해 논의하고 싶어 하지 않거나 민진당이 검토를 위하지 않는 것이 아니다, 단지 이러한 법이 현실에서 실행되기 까지 시간이 필요하다는 것이다"라고 답했다.

대만 선거·의회

03월 14일

• 마잉주 전 총통 기소한 대만검찰 "통신보장·감찰법 위반"   (연합뉴스 03. 14)

– 대만 마잉주 전 총통이 통신보장·감찰법 위반 등의 혐의로 기소됐다. 마 전 총통은 2011년부터 검찰에 입법원 사무실을 도청해 보고하도록 한 혐의를 받고 있다. 타이베이 지검 측은 법률과 행정 절차에 정통한 마 전 총통이 세계 공통적 기본 가치인 개인 정보 보호, 자유와 통신기밀 자유 및 자주권을 분명히 알고 있으면서도 도청행위를 했다고 밝혔다. 지검 측은 마 전 총통이 이런 사실을 부인하고 있지만, 당시 황스밍(黃世銘) 검찰총장은 장이화(江宜樺) 행정원장에게 관련 사안을 보고했으며 장 전 원장은 총통부 뤄즈창(羅智强) 부비서장과 긴밀한 관계였다고 밝힘으로써, 마 전 총

통의 주장을 반박했다. 아울러 마 전 총통 측의 이런 행위는 사법과 정치의 경계를 넘어 특정 목적을 위해 커 위원의 개인정보를 수집해 국민의 기본권리를 침해한 것으로 마 전 총통의 범죄 사실이 명확하다고 밝혔다. 앞서 최고법원 검찰서 특별 검사팀은 재판과정에서 드러난 커젠밍(柯建銘)과 왕진핑(王金平) 간 통화내용에 대한 불법녹취 혐의 등에 대한 조사를 벌이는 한편 마 전 총통과 황 전 검찰총장의 기밀누설 혐의 등을 조사해왔다. 이후 통신보장·감찰법 위반 및 기밀유출죄로 1년 3개월 징역형을 선고받은 황 전 총장은 도청한 모든 내용을 마 전 총통에 보고했다고 진술한 것으로 전해졌다.

03월 16일

• 대만 국방백서, 첨단무기 독자적 개발 선언…"중국과의 긴장감 고조"

(中國時報 03. 17)

– 대만 국방부가 국방백서를 발간, 중국의 군사적 위협에 우려를 표시하며 자국의 군사 무기를 독자적으로 개발하고 생산 능력을 증강시키겠다고 밝혔다. 대만 국방부는 16일 4년마다 발간하는 국방백서 '국방계획 총검토(四年期國防總檢討, QDR) 2017년판'에서 외교와 재정상의 제약으로 대만이 첨단 무기들을 조달하기 어려운 상황에 있다며 독자적인 개발과 생산 능력을 끌어올릴 필요가 있다고 밝혔다. 백서는 중국이 국방비를 계속 증강하고 있고, 군 개혁과 무기장비 현대화를 진행하고 있다며 중국군이 대만을 무력 침공할 생각을 포기하지 않고 있다고 우려했다. 백서는 "중국 군용기와 군함이 대만 부근에서 최근 왕성하게 활동하고 있다"며 중국의 군사적 위협이 고조되고 있다고 파악했다. 대만도 "철저 방위와 국토안전 확보를 위해 군비를 확충, 억지력과 연합전력을 보유해야 한다"고 역설했다. 이에 관해 대만 국방부는 중국의 군사적 위협에 대처하기 위해 단거리-수직이착륙기 스텔스 전투기를 배치하고 잠수함을 자체 생산하겠다는 방침을 밝혔다. 한편 중국은 '하나의 중국' 원칙을 수용하지 않는 대만에 무력행사도 불사하겠다는 의지를 갖고 군사적 긴장을 고조시키고 있다.

03월 17일

• 대만을 대만이라 부르지 못하고…"싸우지도 못하고 중국에 항복했다"

(Taibei Times 03. 21; 중앙일보 03. 24 재인용)

− 대만에서 '대만' 국호를 둘러싼 논란이 다시금 불붙고 있다. 고위 관료들이 잇따라 대만 명칭 포기를 시사하는 발언을 내놓으면서 각계에서는 중국에 굴욕적인 항복을 했다며 반발하고 나섰다. 대만 영자지 타이베이타임스는 "차이잉원 정부의 관료들이 대만 국호 사용을 부끄러워하고 있다"며 "이는 대만을 외교적으로 무장해제시키는 것으로 많은 국민이 정부를 믿을 수 없는 처지가 됐다"고 비판했다. 이어 "정부가 싸움조차 안 하고 중국의 '지시'를 그대로 따르고 있다"며 "국제 사회와 대만 국민은 중국에 무기력하게 항복한 정권에 무엇을 기대할 수 있겠는가"라고 강도 높게 힐난했다. 최근 재점화된 국호 논란은 3월 17일 린더푸(林德福) 신임 체육서장이 입법원에서 "국제 스포츠대회에 대만이라는 명칭을 쓸 수 없는 것을 받아들여야 한다"고 발언한 이후 촉발됐다. "이는 부득이한 선택"이라고도 덧붙였다. 또 최근 천수중(陳時中) 위생복리부장이 오는 5월 세계보건기구(World Health Organization, WHO) 총회에 참석할 때 대만 명칭을 사용할 것인지를 묻는 질문에 답을 회피한 것도 논란을 가중시켰다. 반중정서가 높아진 상황에서 고위 관료들이 굴복하는 모습을 보이자 대만인들은 "정부가 치욕을 바로 잡지 않고 중국이 원하는 대로 조용히 받아들이고 있다"며 시위에 나섰다. 범야권 정당인 대만단결연맹(台聯黨, 대련당) 소속 의원들도 "앞으로 닥칠 모든 곤란에도 다 '부득이한 선택'을 할 것인가"라며 정식 국호를 되찾을 것을 촉구했다.

대만 여론

02월 26일

• 중정기념당 '탈(脫) 장제스화', 55%가 반대   (中國時報 02. 26)

− 차이 정부의 이행기정의 실현의 일환인 중정기념당 '탈 장제스화' 정책에 55%의 국민이 반대하는 것으로 조사되었다. 차이 정부가 중정기념당에서 장제스 관련 전시와 기념상품 판매 중단에 대해 어떻게 생각하는지 묻는 질문에 26.5%가 찬성,

55.8%가 반대하였으며, 17.7%는 의견없음 혹은 무응답으로 나타났다. 교차분석 결과, 민진당 지지자 중 '찬성' 비율이 56%에 달했으나, 반대 비율도 33.6%로 나타났다. 무당층에서는 '찬성'이 20.7%, '반대'가 53.5%의 비중을 차지했다. 또한 차이 정부의 이러한 행동이 사회 이행기 정의 실현에 도움이 되는지 묻는 질문에는 21.2%가 '도움이 된다' 라고 답했고, 57%가 '사회 대립을 야기한다', 21.8%는 의견없음 혹은 무응답으로 나타났다.

03월 10일

• [대통령 탄핵] 총통 탄핵 여론 많은 대만, 비상한 관심 보여   (연합뉴스 03. 10)
– 차이잉원 총통이 지지율 급감 속에 탄핵 압박을 받고 있는 대만은 10일 박근혜 전 대통령 탄핵 인용 결정에 비상한 관심을 보였다. 상당수 대만 네티즌은 박 전 대통령 탄핵 문제를 아시아의 대표적인 여성 지도자 중 한 명인 차이 총통 국정수행에 대한 불만과 연관시켰다. 중국의 '하나의 중국' 원칙 압박으로 중국 관광객이 감소하고 실물 민생경제가 좀처럼 나아질 기미가 보이지 않는데 따른 불만으로도 분석된다. 청년 실업, 최저임금 문제에서도 가시적인 성과가 나오지 않고 있다. 지난 2016년 12월 한국 국회에서 박 전 대통령 탄핵안이 가결되자 대만에서도 차이 총통이 그 뒤를 따를 것이라는 전망이 나오기도 했다. 당시 추이(邱毅) 전 국민당 입법의원은 "차이 총통도 박 대통령 상황을 지켜보면서 잠을 제대로 이루지 못할 것"이라며 "차이 총통이 임기를 마칠 가능성은 거의 없으며 남은 임기는 길어야 2년"이라고 주장했다. 대만의 대표적 여론조사기관인 대만지표민조(台灣指標民調)는 2016년 12월 차이 총통의 국정수행 만족도가 30%대로 떨어진 월례조사 결과를 내놓은 이후 조사 결과를 발표하지 않고 있다. 민진당 계열의 대만 세대싱크탱크재단은 3월 3일 여론조사 결과 차이 총통에 대한 만족도가 43.3%로 불만족율 51.8%보다 낮게 나타났다고 전했다.

10차(3월 말~4월 말)

대만 국민당 홍슈주(洪秀柱) 대표가 칭다오 맥주는 국민당 당(黨)의 자산이고 중국으로부터 돌려받아야 한다고 주장하며, "1949년 대만으로 건너올 때 국민당은 당 재산 국가재산 구분 없이 대만을 건설한 반면 민신낭 정부는 국민당 자금줄 말리기 작업을 하는 등, 무책임하게 집권하고 있다"고 강력히 비난했다(中國時報 2017. 04. 04; 뉴시스 2017. 04. 04 재인용). 또한 5월 20일 국민당 주석 선거에 앞서 입법원 교섭단체는 국민당 주석 후보를 초청하여 정견발표좌담회를 개최하였다. 후보 6명 가운데 좌담회에 불참한 홍슈주 현(現) 국민당 주석을 제외한 나머지 5명의 후보가 정견을 발표하였으며, 특히 양안관계에 대해 '9·2공식(1992년 '하나의 중국'을 인정하되 각자 명칭을 사용하기로 한 합의)'을 인정하는 입장을 밝혔다(中國時報 2017. 04. 11).

중국과의 양안관계에선 중국은 대만을 '중국 타이베이(中國台北)'로 표기하며 '하나의 중국' 원칙 수용을 거부하는 대만에 대한 압박 수위를 높였다(海外網 2017. 04. 17; 아주경제 2017. 04. 18 재인용). 이러한 상황에서 차이잉원 정부는 방산연구소 연구원 출신의 미사일 전문가를 상장(上將·대장격) 직급의 국방부 차관으로 발탁하며 안보 중심의 정책을 추진하고 있다(自由時報 2017. 04. 21; 연합뉴스 2017. 04. 21 재인용). 또한 중국의 군사적 압력에 자주국방의 필요성을 절감하고 독자적 무기 개발에 나섬과 동시에 국방분야 일자리 창출이라는 부수적 효과도 노리고 있지만, 중국의 압력이 계속되는 상황에서 '차이잉원표 자주국방'에는 한계가 있다는 현실론이 제기되고 있다(CNA 2017. 04. 11; 연합뉴스 2017. 04. 11 재인용). 강화된 국방정책과는 대조적으로 타이베이 지방법원은 3년전 해바라기운동(太陽花學運) 과정에서 행정원을 점거하고 농성을 벌인 웨이양(魏揚·대만 칭화대 대학원생) 등 8명에게 무죄를 선고하며 대만의 반(反)중 성향 시위에 대한 유화적 입장을 보이고 있다(自由時報 2017. 04. 11; 연합뉴스 2017. 04. 11 재인용).

이처럼 악화된 양안관계 속에 대만독립 지지율은 23.4%로 10년 만에 최저치를 기록하였고, 차이잉원 정부의 양안 정책에 대해 48.5%가 신뢰할 수 없다는 입장을 보인 반면 38.3%는 신뢰한다고 답했다(觀察者網 2017. 04. 03; 아주경제 2017. 04. 03 재인용). 대만 독립과 중국 통일을 둘러싼 대만 사회의 갈등이 최근 친(親)일본을 상징하는 핫타 요이치(八田與一) 동상과, 친(親)중국을 상징하는 장제스 동상 머리 자르기 경쟁으로도 표출되고 있다(聯合報 2017. 04. 24; 연합뉴스 2017. 04. 24 재인용).

대만 정당

04월 03일

• 대만 국민당 대표 "칭다오맥주 우리 자산…중국서 돌려받을 것"

(中國時報 04. 04; 뉴시스 04. 04 재인용)

– 대만 여당 국민당 홍슈주 대표가 칭다오 맥주가 국민당 당(黨) 자산이며 중국으로부터 돌려받아야 한다고 주장해 화제가 됐다. 홍 대표는 민진당 정부의 국민당 자금줄 말리기 작업을 비난하면서 "당 재산을 정리하면서 대륙에도 국민당 소유의 자산이 남아있는 것을 발견했는데 그 중 하나인 칭다오 맥주가 국민당 직영 사업인 사실을 확인했다"고 밝혔다. 그는 "우리 손에 칭다오맥주회사가 국민당 소유라는 확실한 증거가 있다"며 "공산당(中国共产党)이 국민당의 자산을 불법 점유하고 있기 때문에 언젠가 시진핑(習近平) 국가주석에게 이 채무를 정리할 것을 요구하겠다"고 주장했다. 홍 대표는 "국민당은 1949년 대만으로 건너올 때 빈 손이 아니라 다량의 황금을 배에 싣고 왔으며 당시 당재산 국가재산 구분 없이 대만을 건설했다"면서 "반면 민진당 정부는 무책임하게 집권하고 있다"고 강력히 비난했다. 작년에 집권한 차이잉원 정부는 국민당의 자금줄 말리기 작업을 진행해 왔다. 작년 7월에는 국민당 당산 환수를 목적으로 하는 법안을 통과시켜 국민당에 큰 타격을 입혔고, 이어 같은 달에 '중화민국 적십자법(中華民國紅十字會法)'을 폐지해 국민당의 비자금 조성 통로를 막았다.

04월 10일

• 국민당 주석 선거 후보자 5인 '9·2공식(九二共識)' 인정으로 한마음 (中國時報 04. 11)

– 국민당 입법원 교섭단체는 국민당 주석 후보를 초청하여 정견발표좌담회를 개최하였다. 주석 출마를 선언한 후보 6명 가운데, 좌담회에 불참한 홍슈주 현(現) 국민당 주석을 제외한 나머지 5명의 후보가 정견을 발표하였으며, 특히 양안관계에 대해 '9·2공식'을 인정하는 입장을 밝혔다. 잔치셴(詹啓賢) 선(前) 국민당 부주석은 "양안관계의 평화 발전과 국민의 복지가 최고의 원칙이므로, '9·2공식'과 '일중각표(一中各表, 중국과 대만이 각자의 해석에 따른 명칭을 사용하는 것)'를 끈기 있게 일관해 나가야 한다". 관웨이강(潘維剛) 전(前)입법위원은 "양안은 '9·2공식'와 '일중각표'를 전제로 화목하게 지내야 한다. 이러한 전제는 함부로 변화시킬 수 없고, 양안은 안정 속에서 변화를 추구해야 한다". 한궈위(韓國瑜) 전(前) 입법위원은 "양안관계는 이성관계와 같다. 대만은 미국, 일본, 중국과 연애할 수 있으나, 함부로 결혼할 수 없다. 그렇지 않으면 다른 2개 국가들이 반발할 것이다". 우둔이(吳敦義) 전(前) 부총통은 "양안은 중화인민공화국(中华人民共和国)과 중화민국(中華民國)의 지위에 관한 문제이다. '9·2공식'은 대만이 정식으로 제안하여 중국이 이에 동의한 것이기에, 이를 쉽게 포기할 수 없다". 하오룽빈 전(前) 타이베이시장은 "국민당의 양안정책은 '9·2공식, 일중각표'를 견지하는 것이며, 대만해협의 안정을 유지하고 경제 발전을 추구하는 것이다. 대만에 이익이 된다면 당 주석은 중국을 방문할 필요가 있으며, 국공포럼도 지속해 나가야 한다"라고 각 입장을 밝혔다.

04월 11일

• '중화 타이베이'가 '중국 타이베이로', 중(中) 압박에 대만 '들썩'

(海外網 04. 17; 아주경제 04. 18 재인용)

– 중국이 대만에 대한 표기를 '중국 영토의 일부분'이라는 의미를 담은 '중국 타이베이'로 표기해 대만이 들썩이고 있다. 지금까지 중국은 대만을 '중화 타이베이'(中華台北)로 표기해왔다. 중국중앙방송(CCTV)가 제23회 아시아탁구대회에 대한 소식을 전하면서 대만 대표팀을 '중화 타이베이팀'에서 '중국 타이베이팀'으로 바꾸었을 뿐 아니라 신화통신(新華通訊), 인민일보(人民日報) 등 관영매체, 웨이보(중국판 트위터) 등

의 대만 표기가 11일부터 달라진 것으로 파악됐다. 국제민간항공기구(ICAO) 사이트의 대만 표기도 'Taipei, TW'에서 'Taipei, CN'으로 변경됐다. 중국 관영언론 등 매체는 이러한 조치에 대해 "중국 당국이 '하나의 중국' 원칙 수용을 거부하는 대만에 대한 압박 수위를 높였다"고 분석했다. 대만의 대륙위원회 주임위원인 장샤오웨는 "이는 도저히 받아들일 수 없는 일"이라며 "대만은 절대 중국 영토의 일부분이 아니다"고 반발했다. 대만 외교부도 "중국이 대만 명칭을 가지고 '하나의 중국'을 수용하라는 압력 수위를 높이는 것을 받아들일 수 없다"고 불만을 표시했다. 국민당은 이러한 상황을 유발한 원인이 차이잉원 총통에 있다고 비난했다. 후원치(胡文琦) 국민당 중국 문화인터넷미디어 연구회(文傳會) 주임은 "이 상황을 만든 것은 차이 총통이 '9·2공식'을 수용하지 않았기 때문"이라며 "차이 총통과 정부는 이를 해결 방안을 내놓아야 할 것"이라고 목소리를 높였다. 리전광(李振廣) 베이징연합대학 대만연구원 부원장은 "현재 양안관계가 악화된 것은 사실이고 중국은 대만의 국제적 입지를 더 이상 허용할 수 없다는 입장"이라고 강조했다.

대만 선거·의회

04월 10일

• 대만, 정부청사 점거 반(反)중시위대에 무죄 선고

(自由時報 04. 11; 연합뉴스 04. 11 재인용)

– 타이베이 지방법원은 3년 전 해바라기운동 과정에서 행정원을 점거하고 농성을 벌인 웨이양 등 8명에게 무죄를 선고했다. 중국과 체결한 '양안서비스무역협정(Cross-Strait Service Trade Agreement, CSSTA)'이 중국 종속을 가속화할 것이라며 반대시위에 나선 이들은 지난 2014년 3월 3주간의 입법원 점거농성에 이어 행정원 청사를 점거하고 농성을 벌였다. 쉬궈(徐國) 행정원 대변인은 법원의 판결을 존중한다고 밝혔다. 대만 법원은 앞서 지난 3월 31일엔 '시민 불복종' 개념을 처음으로 인용해 황궈창(黃國昌) 시대역량(時代力量) 입법위원을 비롯한 입법원 점거농성 지도부 22명 전원에게도 무죄를 선고한 바 있다. 하지만 타이베이법원은 행정원 점거농성 도중 공무집행 방해 혐의로 기소된 쉬순즈(許順治) 등 10명에 대해서는 징역 3~5개월형을 선

고했다. 이들은 곧 상소했다. 대만 법원은 대만의 반중 성향 시위에 대한 유화적 입장을 보이고 있다.

04월 11일

• 중국굴기론 맞서는 차이잉원 잠함국조론…'현실적 한계' 지적도

(CNA 04. 11; 연합뉴스 04. 11 재인용)

— 친(親)독립 성향의 차이잉원 대만 총통 정부가 중국의 군사적 압력에 맞서 독자적인 무기 개발에 박차를 가하고 있다. 11일 대만 중앙통신(CNA) 등에 따르면 차이 총통 정부는 지난달 발표한 '잠함국조'(潛艦國造, 잠수함과 함정의 직접 건조) 계획에 따라 2020년 12월까지 29억 대만달러(1천70억 원)를 잠수함 설계에 투입할 계획이다. 차이 총통은 "대만 자주국방 정책 가운데 가장 도전적인 프로젝트로 일각에선 전망을 좋게 보고 있지 않지만 대만 정부로선 절대 피할 수 없는 사명이라고 생각한다"고 말했다. 미국산 무기 구매를 선택한 마잉주 전 총통이나 천수이벤(陳水扁) 전 총통과 달리, 차이 총통 정부가 독자적 무기 개발에 나서는 것은 최근 중국의 군사적 압력과 맞물려 자주국방의 필요성을 절감했기 때문으로 관측된다. 대만 정부로서는 국방분야 일자리 창출이라는 부수적 효과도 노리는 것으로 분석된다. 군사전문기인 앤서니 웡(黃東) 마카오국제군사학회 회장은 "독자 무기개발 계획은 젊은이들에게 더 많은 고급 일자리 기회를 제공하고 인재를 확보하기 위한 목적"이라고 말했다. 그렇지만 중국의 압력이 계속되는 상황에서 '차이잉원표 자주국방'에는 한계가 있다는 현실론도 만만찮은 분위기다. 대만 단장(淡江)대 황제정(黃介正) 국제정세 전문가는 "대만의 방위 산업 발전에 분명한 한계가 있다"고 지적했다. 중국 해군 군사전문가 리제(李杰)는 대만이 30여 년 전 핵잠수함 개발을 시작한 중국 인민해방군을 기술, 수량 면에서 따라잡기 어려울 것이라는 입장을 밝혔고, 앤서니 웡 회장도 "중국의 외교적 압력 때문에 현재까지 세계에서 어떤 국가도 감히 대만산 무기를 사려 하지 않는다"면서 "차이 총통이 책임감 있고 결연한 지도자로서 위험을 감수할 필요가 있다"고 지적했다.

04월 21일

• 대만, 방산연구원 출신 차관 발탁…자주국방 정책 강화

(自由時報 04. 21; 연합뉴스 04. 21 재인용)

– 대만이 방산연구소 연구원 출신의 미사일 전문가를 상장 직급의 국방부 차관으로 발탁했다. 차이잉원 대만 총통은 방산무기 연구기관인 중산과학연구원 장관췬(張冠群) 원장을 군 최고위 계급인 상장으로 승진시키고 국방부 군비(軍備) 담당 부부장(차관)으로 내정했다. 장 원장은 중산과학연구원(中山科學硏究院)에서 방공미사일 톈궁(天弓) 3호, 대함 미사일 슝펑(雄風) 3호, 칭톈(擎天) 1호 개발을 주도한 미사일 전문가다. 장 원장의 상장 발탁은 대만 정부가 앞으로 군의 전문성을 중시하고 '자주국방' 정책을 강화하겠다는 의미로 해석된다. 차이 총통은 이와 함께 추궈정(邱國正) 총참모장 후임에 해군 출신의 리시밍(李喜明) 국방부 군정(軍政) 담당 부부장을 내정했다. 군정 부부장은 현재 수석 부참모총장(참모차장)인 푸쩌춘(蒲澤春) 상장이 물려받게 되고 육군 부사령관 천바오위(陳寶余) 중장이 상장 진급과 함께 부참모총장으로 승진하게 됐다. 그동안 문관 출신이 군정 부부장을 맡아오던 관례를 깨고 차이 총통은 계속 현역 상장에게 군정 부부장을 맡기고 있다. 현직 국방부의 상장급 장성도 7명에서 8명으로 늘렸다. 군비 부부장 정더메이(鄭德美) 상장을 총통부 전략고문으로 옮긴 것도 차이 총통이 안보 중심의 정책을 추진하겠다는 의미로 풀이된다.

대만 여론

04월 03일

• 대만인 대만독립 지지율 10년만에 최저치 (觀察者網 04. 03; 아주경제 04. 03 재인용)

– 대만 여론조사기관 위안젠(遠見)여론조사센터가 실시한 설문조사 결과 대만독립 지지율은 23.4%로 집계됐다. 대만 독립을 내세우는 민진당 차이잉원 정부가 출범했지만, 출범이후 양안관계가 불안해지면서 대만독립 지지율이 하락한 것으로 분석된다. '당분간 현상유지'를 택한 대만인이 34.1%로 가장 높았으며, '영원한 현상유지'는 20.2%였다. 대륙과의 통일을 지지하는 대만인은 9.3%였다. 대만독립지지율은 2014년 '해바라기 운동' 당시의 28.5%에 비해서는 5.1%포인트 하락했으며, 10년

만에 최저치를 기록했다. '영원한 현상유지' 지지율은 지난해 9월 15.6%에서 4.6%
포인트 증가하며 10년만에 가장 높은 수치를 보였다. 20대 젊은층에서는 중국과의
통일을 찬성한다는 응답자가 7.9%로 지난 2016년 9월에 비해 3.9%포인트 늘어났지
만, 대만독립을 찬성한다는 응답자는 4.4%포인트 떨어진 26.0%로 나타났다. 차이
잉원 정부의 양안 정책에 대해서는 절반에 가까운 48.5%가 신뢰할 수 없다는 입장
을 보인 반면 38.3%는 신뢰한다고 답해 대조를 이뤘다. 현 정부가 최우선적으로 시
행해야 할 국정 과제로 응답자들은 경제 살리기(64.5%)를 꼽았고 다음으로 '양안관
계 개선'(14.3%)을 주문했다. 현 정부가 추진 중인 '역사 바로세우기'는 10.2%에 그쳤
다. 한편, 국민당이 지난달 실시한 여론조사에서는 차이 총통의 국정운영 만족도는
25.7%로 급락했고 불만족도는 61.5%에 달했다.

04월 22일
• 이번엔 장제스 동상 머리 절단…"대만 사회 대립·갈등 표출"

(聯合報 04. 24; 연합뉴스 04. 24 재인용)

― 최근 대만과 일본의 우호를 상징하는 일본인 동상의 머리 부분이 절단된 데 이어
장제스 동상도 머리 부분이 잘린 채 발견됐다. 대만 독립과 중국 통일을 둘러싼 대
만 사회의 갈등이 최근 동상 머리 자르기 경쟁으로 표출되는 형국이다. 이후 대만의
급진 독립단체인 '대만 건국 공정대(臺灣建國工程隊)'가 자신들의 소행임을 밝히며 지
난 16일 타이난(台南)에서 일어난 일본인 핫타 요이치(八田與一) 동상 머리 절단에 대
한 보복성 조치라고 주장했다. 대만에서 독립을 지지하는 민진당 계열 인사는 반(反)
중국, 친(親) 일본 성향을, 중국과의 통일을 바라는 국민당 계열은 반 일본, 친 중국
성향을 보이는 경향이 두드러진다. 최근 '신대만 국책싱크탱크(新台灣國策智庫)' 연구
소가 실시한 여론조사 결과 응답자의 79.9%는 중국과의 현상유지를 원했지만 그렇
지 못할 경우 62.0%는 대만 독립을, 21.2%는 중국과 통일을 지지한다고 답한 것으
로 나타났다. 최근 통일파의 요이치 동상 절단은 독립파의 심리를 자극, 이번 장제
스 동상 머리 절단 사건으로 이어진 것으로 관측된다.

11차(4월 말~5월 말)

최민지

대만이 세계보건총회(World Health Assembly, WHA)의 초청장을 받지 못한 것에 대해 여야 정치인들이 모두 유감을 표했다. 홍슈주는 "건강은 모든 국가의 보편적 가치인데 중국은 이를 저지하고 있다"라고 말하면서 "국민당 집권기간 동안 세계보건총회에 순조롭게 참가할 수 있었던 반면, 민진당 정부 출범 이후 왜 참가할 수 없는지를 생각해야 한다"라며 민진당 정부를 비난했다(聯合報 2017. 05. 10). 국민당의 주석 선거에서는 우둔이 전 부총통이 과반 득표로 선출되며 2차 결선 투표를 피하게 됨에 따라 국민당을 재결집해 2020년 차기 총통선거에서 정권교체를 실현할 계기를 마련하게 됐다는 평이 나온다(연합뉴스 2017. 05. 20). 우둔이 주석 당선자는 양안 관계에 대해 국민당과 중국 공산당 간 국공회담이 합당하고 가능한 시기에 진행될 것이라고 말하며 '9·2공식' 합의의 중요성과 하나의 중국 원칙을 강조했다(聯合報 2017. 05. 23; 연합뉴스 2017. 05. 24 재인용).

한편 취임 1주년을 앞두고 있는 차이잉원 총통은 "새로운 정세 아래 양안관계의 객관적 현실을 직시하고, 양안 평화와 안정은 물론 지역 안정과 번영에 유리한 해답을 찾아 양안 관계의 새로운 모델을 함께 재건하자"며 이른 바 '삼신(三新)' 방안을 제안했지만 중국 대륙에게 무시당했다(環球時報 2017. 05. 04; 아주경제 2017. 05. 04 재인용). 지속되는 중국의 위협에도 대만은 핵무기 개발을 추진하지 않겠다고 밝히며 펑스콴(馮世寬) 국방부장은 "대만에 핵무기 개발능력이 없는 것은 아니지만 북한처럼 핵무기 개발을 하지는 않을 것"이라고 강조했다(聯合報 2017. 05. 08; 연합뉴스 2017. 05. 08 재인용).

2020년 대만 총통선거에 출마할 대선 주자 후보로 궈타이밍(郭台銘) 회장이 급부상하며 국민당 측에서도 궈 회장의 출마설을 환영하고 있고, 대만 현지 매체들도 궈 회장의 대선 출마 가능성을 분석하는 글을 쏟아내고 있다(CCTV 2017. 05. 09; 아주경제 2017. 05. 10 재인용).

차이잉원 총통은 20일 취임 1주년을 맞았지만, 외교와 경제 부문에서 뚜렷한 성과를 내지 못한 채 대만 안팎에서 궁지에 몰리고 있다. 차이 총통 지지율은

28%로 역대 총통 취임 1년 시점 지지율 가운데 가장 낮았다(TVBS 2017. 05. 15; 연합뉴스 2017. 05. 19 재인용). 정책별 만족도 조사에서 양안관계, 경제발전, 이행기 정의의 항목 모두에서 긍정적인 평가보다 부정적인 평가가 더 높은 것으로 나타났으며 그중 경제 분야에서 부정적인 평가가 58%로 가장 높았다(聯合報 2017. 05. 17).

대만 정당

05월 10일

• 세계보건총회(WHA) 초청장 받지못한 것에 대해 여야 일제히 목소리 높여

(聯合報 05. 10)

— 대만이 세계보건총회의 초청장을 받지 못한 것에 대해 여야 정치인들이 모두 유감을 표했다. 타이난 시장 라이칭더(賴清德)는 대만에 불리하게 피해를 주는 대륙을 비난했다. 타이베이 시장 커원저(柯文哲)는 "대륙이 대만 문제를 현명하지 못하게 처리하며, 이는 쯔위(周子瑜) 사건처럼 불필요한 것이다"라고 말했다. 국민당 주석 선거 입후보자 하오룽빈과 홍슈주는 대만이 세계보건총회 초청장을 받지 못한 것에 대해 모두 깊은 유감을 표했다. 하오룽빈은 "관용적인 국제 공간이 있길 바라지만, 참석할 방도가 없는 현 상황은 대만 외교에 있어 큰 좌절이다"라고 말했다. 홍슈주는 "건강은 모든 국가의 보편적 가치인데 중국은 이를 저지하고 있다. 또한 국민당 집권기간 동안 세계보건총회에 순조롭게 참가할 수 있었던 반면, 민진당 정부 출범 이후 왜 참가할 수 없는지를 생각해야 한다"라며 민진당 정부를 비난했다. 라이칭더는 "정치적 입장이 국민들의 건강에 대한 보편적 가치를 능가해서는 안 되며 중국이 정치권력을 통해 강력히 개입하는 것은 대만인들의 감정을 상하게 할 뿐만 아니라, 자신과 남에게도 불리하게 작용 한다"라고 말했다.

05월 20일

• 대만 국민당, 새 주석에 우둔이 전 부총통 선출   (연합뉴스 05. 20)

— 대만 제1야당 국민당의 새 주석에 우둔이 전 부총통이 선출됐다. 국민당은 20일

투표자격이 있는 47만여 명의 전 당원을 대상으로 한 직접선거에서 6명의 주석 후보 가운데 우 전 부총통을 오는 8월 시작되는 임기 4년의 주석으로 선출했다. 투표율은 58.1%였다. 우 전 부총통은 52.2%의 득표율로 홍슈주 현 국민당 주석의 19%, 하오룽빈 전 타이베이 시장의 16%를 제치고 새 주석직에 오르게 됐다. 우 전 부총통은 대만대 역사학과를 졸업한 뒤 대만 중국시보 기자를 거쳐 1973년 타이베이 시의원으로 정계에 입문, 가오슝(高雄)시장에 이어 마잉주(馬英九) 전 총통의 1기 시절 행정원장을 지낸 인물이다. 2012년 총통 선거에서는 마잉주 후보의 부총통 러닝메이트로 출마해 당선됐다. 우 전 부총통이 과반 득표로 2차 결선 투표를 피하게 됨에 따라 빈사 상태에서 절치부심하던 국민당을 재결집해 2020년 차기 총통선거에서 정권교체를 실현할 계기를 마련하게 됐다는 평이 나온다. 그간 홍 주석이 작년 대선 패배 이후 국민당 재기의 발판을 마련하는 데는 역부족이었다는 평가가 일반적이었다. 국민당에 대한 당원들의 불만족도는 64.4%에 달했다. 이에 따라 새로 당선된 우 주석은 당내 통합 및 결속과 함께 새로운 대중국 노선을 정립하며 민심을 잡아야 하는 과제를 안게 됐다. 특히 차이잉원 총통이 '하나의 중국' 원칙 불인정으로 양안관계에 급경색된 가운데 내년 2018년 치러질 지방선거에서 무소속 의사 출신인 커원저 타이베이 시장의 연임을 막고 타이베이시를 되찾으며 하는 과제도 안고 있다.

05월 23일

• 대만 국민당 주석 당선자 "적절한 시기에 시진핑(習近平)과 회동"

(聯合報 05. 23; 연합뉴스 05. 24 재인용)

– 대만 제1야당 국민당의 주석으로 선출된 우둔이 전 부총통이 시진핑 중국 국가주석과의 국공회담 의사를 내비쳤다. 우둔이 주석 당선자는 당 중앙회의에 참석한 자리에서 국민당과 중국 공산당간 국공회담이 얼마 남지 않았다며 합당하고 가능한 시기에 회담이 진행될 것이라고 말했다. 우 주석 당선자는 그러면서 이른바 '9·2공식' 합의의 중요성과 하나의 중국 원칙을 강조했다. 우 당선자는 부총통을 역임한 지 채 1년밖에 지나지 않아 중국으로 출국하려면 총통부의 승인을 받아야 한다. 9·2공식을 인정치 않는 차이잉원 총통의 승인 여부가 주목된다. 총통부는 지난해 마잉주 전 총통이 홍콩에서 강연을 위해 출국 신청을 했을 때 거부했지만 우 주석 당선인이

미국을 방문할 땐 승인한 바 있다. 이에 앞서 지난 2016년 11월 1일 홍슈주 국민당 주석이 시진핑 중국 국가주석과의 국공 수뇌회담을 가진 바 있다. 이 자리에서 홍 주석은 대만을 지칭하는 '중화민국'을 단 한 차례도 언급하지 않아 국민당 내부에서도 반발기류가 형성되기도 했다.

대만 선거·의회

05월 03일
• "양안관계 새롭게 모색하자" 대만 차이잉원 제안에 중국 '콧방귀'

(環球時報 05. 04; 아주경제 05. 04 재인용)

– '하나의 중국'의 수용을 거부해온 대만 독립 성향의 차이잉원 정부가 양안관계의 새로운 발전모델을 함께 모색하자고 제안했지만 중국 대륙에게 '무시'당했다. 취임 1주년을 앞두고 있는 차이 총통은 "새로운 정세 아래 양안관계의 객관적 현실을 직시하고, 양안 평화와 안정은 물론 지역 안정과 번영에 유리한 해답을 찾아 양안 관계의 새로운 모델을 함께 재건하자"며 이른 바 '삼신' 방안을 제안했다. 삼신은 새 정세, 새 설문, 새 모델, 이른 바 '새로운 세 가지'라는 뜻이다. 차이 총통은 구체적으로 양안관계 정세가 새롭게 변하고 있는 만큼 대만이 일방적으로 해결책을 찾는 건 불가능하며, 중국 대륙과 대만이 함께 양안관계의 평화안정을 유지하기 위한 새로운 모델의 해법을 공동으로 찾아야 한다고 설명했다. 중국에서 대만 사무를 관활하는 중공중앙 대만사무관공실과 국무원 대만사무관공실은 차이 총통의 제안과 관련해 아직까지 아무런 반응도 하지 않고 있다. 다만 관영 환구시보는 "차이 총통이 제안한 삼신은 곧 '하나의 중국'을 인정하는 9·2공식을 수용하지 않겠다는 것을 의미한다"고 평론했다. 사설은 "차이 총통은 9·2공식을 수용할 수 없다는 구태의연한 입장을 에둘러 표현한 것"이라며 "오늘날 민진당의 고집스런 태도로는 양안이 나눌 대화가 없으며 지금의 냉전 상태를 유지할 수 밖에 없을 것"이라고도 전했다. 그러면서 "아태 정세가 줄곧 변화하고 있는 가운데 민진당 정권은 여전히 대만 독립이라는 낡은 꿈에 깊이 빠져 깨어나길 거부하고 있다"고도 꼬집었다.

05월 07일

• 대만 국방부장 "우린 北과 달라…능력 있어도 핵무기개발 안해"

(聯合報 05. 08; 연합뉴스 05. 08 재인용)

− 대만이 중국의 위협에도 핵무기 개발을 추진하지 않겠다는 뜻을 밝혔다. 펑스콴 국방부장은 국가 안보전략 학술토론회에 참석해 "대만에 핵무기 개발능력이 없는 것은 아니지만 북한처럼 핵무기 개발을 하지는 않을 것"이라고 강조했다. 펑 부장은 "대만은 군사력을 남발해 호전적인 북한과는 같지 않다"면서 "대만은 영원히 핵무기를 개발하지 않을 것이며 거래카드로 삼기 위해 또 다른 핵위기를 초래하지도 않을 것"이라고 강조했다. 그는 "동아시아 평화에 관심을 갖는 국가들은 모두 우리의 이 같은 입장 표명에 크게 기뻐하며 우리에게 박수를 보내고 있다"고 전했다. 펑 부장은 북한의 핵실험·미사일 발사 도발이 동북아 정세의 급변을 초래하며 대만도 엄혹한 상황에 처해 있다고 강조하면서, 대만의 생존 보장을 위해 신중한 판단이 필요한 때라고 덧붙였다. 그는 그러면서 지난 20년간 중국의 군사력이 급속도로 확장된 데 대해 우려를 표했다. 펑 부장은 "중국의 다방면에 걸친 위협은 끊이지 않을 것이고 양안의 정치적 상황도 과거 국면을 벗어날 수 없을 것"이라고 말했다. 그는 대만군의 훈련 범위를 확대해 대응 태세를 갖출 것이라고 밝혔다.

05월 09일

• 대만 차기 대선주자? 팍스콘 궈타이밍과 중국총리 '이야기꽃'

(CCTV 05. 09; 아주경제 05. 10 재인용)

− 대만 차기대선주자 후보로 급부상하고 있는 대만 최대재벌이 리커창(李克强) 중국총리와 만났다. 궈타이밍 훙하이(鴻海, 폭스콘) 그룹 회장은 5월 9일 정저우(郑州) 팍스콘 과기단지를 방문한 리커창 총리를 직접 수행했다. 리 총리는 "팍스콘이 더 많은 최첨단 연구개발(R&D)와 산업체인 배치를 이곳에 하길 바란다"고 전했다. 궈 회장은 이날 리 총리의 공장 시찰을 내내 수행하며 이런저런 이야기를 나눈 것으로 전해졌다. 궈타이밍 회장은 오는 2020년 대만 총통선거에 출마할 대선 주자 후보로 급부상하고 있는 인물이다. 최근 궈 회장이 백악관을 두 차례 방문해 트럼프(Donald Trump) 대통령과 밀담을 나누며 대만의 대표 지도자로 각인시킨 일이 계기가 됐다. 친중 성

향의 야당 국민당 측에서도 궈 회장의 출마설을 환영하고 있는 눈치다. 대만 현지 매체들도 궈 회장의 대선 출마 가능성을 분석하는 글을 쏟아내고 있다. 대만 시보주간(時報週刊)이 최근 실시한 차기 대선 여론조사에선 차이잉원 현 총통과 궈 회장이 대결할 경우 35.7%가 궈 회장을, 24.2%가 차이 총통을 지지하는 것으로 나타났다. 궈 회장은 대만에서 자수성가한 기업인으로 유명하다. 1950년 대만에서 태어난 궈 회장은 대표적인 대만 내 친중 기업가다. 궈 회장은 저돌석이고 막말도 서슴지 않아서 궈 회장은 '대만의 트럼프'라고 불리기도 한다.

대만 여론

05월 15일

• 대만 차이 총통 취임 1년…뚜렷한 성과 없이 안팎에서 궁지

(TVBS 05. 15; 연합뉴스 05. 19 재인용)

– 차이잉원 대만 총통이 20일 취임 1년을 맞지만, 외교와 경제 부문에서 뚜렷한 성과를 내지 못한 채 대만 안팎에서 궁지에 몰리고 있다. 대만 TVBS 방송이 15일 발표한 여론조사 결과에 따르면 차이 총통 지지율은 28%로 역내 총통 취임 1년 시점 지지율 가운데 가장 낮았다. 리덩후이(李登輝) 전 총통은 취임 1년 때 37%였으며 천수이볜 전 총통과 마잉주 전 총통은 각각 41%와 38%로 모두 35% 이상이었다. 차이 총통 취임 당시 지지율보다는 20%포인트 이상 급락했다. 불만족도는 56%로, 처음으로 50%를 넘어섰다. 집권 민진당 계열의 세대싱크탱크 조사에서도 차이 총통의 국정 운영에 만족한다는 응답률이 41.3%로 불만족(52.9%) 비율을 밑돌았다. 차이 총통 지지율이 1년 새 급락하는 것은 그동안 경제나 외교 정책 등에서 별다른 성과를 내지 못하고 있기 때문으로 받아들여진다. 전문가들은 양안 관계의 '현상 유지' 입장을 고수하는 차이 총통이 친미국·반중국적 태도를 누그러뜨리고 실용적으로 접근할 필요가 있다고 조언했다. 랴오다치(廖達琪) 중산대 정치연구소 교수는 "차이 총통이 선거 공약대로 많은 일을 벌이고 있지만 제대로 한 것은 없다"며 "큰 걸 잡으려다 작은 걸 놓쳤다"고 평가했다. 판스핑(范世平) 대만 사범대학교 정치연구소 교수는 차이 총통이 외부적으로 외교와 양안 관계 압박에 눌린 상태에서 내부적으로도 많은

사건에 시달렸다며 국민에게는 외교나 양안 문제보다 경제 문제가 더 중요하다고
지적했다.

05월 17일

• 국민의 과반수 경제와 양안에 불만족 (聯合報 05. 17)

– 차이잉원 정부의 정책별 만족도 조사에서 양안관계, 경제발전, 이행기 정의의 항
목에서 모두 긍정 평가보다 부정 평가가 높이 나타났다. 그중 경제분야(5+2산업정책,
전첨인프라 건설 등)에서 부정 평가가 58%로 가장 높았다. 39%가 차이 총통의 집권 이
후 대만의 경제상황이 악화되었다고 응답했다. 하지만 연금개혁 정책에선 만족도가
58%로 나타나며 차이 총통이 추진하는 개혁 정책 중 가장 긍정적으로 평가되었다.
양안관계 방면에선 차이 총통이 9·2공식을 인정하지 않으며, 비록 '삼신' 방안을 주
장하며 양안관계를 개선하자는 주장을 하고 있지만, 53%가 양안관계 처리에 대해
불만족을, 23%가 만족을 표했다. 차이 총통의 노동기본법 개정 및 일례일휴(一例一
休, 주5일제) 정책 실시 이후 근로환경이 호전됐다는 응답은 6%에 불과했으며, 나빠졌
다는 응답은 41%, 비슷하다는 응답은 45%로 나타났다. 또한 경제가 호전되었다는
응답은 8%에 불과했으며, 나빠졌다는 응답은 39%, 비슷하다는 응답은 44%로 나타
났다. 차이 정부의 이행기 정의에 대해서는 33%가 만족하며, 44%가 불만족 한다고
답했다. 연금 개혁 정책에 대해서는 적지 않은 국민의 지지를 받았다. 58%가 지지한
다고 답했고, 25%가 지지하지 않는다고 답했으며 무응답은 17%로 나타났다. 분석
조사 결과 60세 이하의 국민 중 연금개혁을 지지하는 비율은 60%를 차지하고 지지
하지 않는 비율은 30% 미만으로 나타났다. 60세 이상의 국민은 54%가 연금개혁에
지지하고, 21%가 지지하지 않으며 무응답은 24%로 나타났다.

12차(5월 말~6월 말)

최민지

국민당 문화전파위원회 부주임 홍멍카이(洪孟楷)는 "연금개혁 문제에는 충분한 소통이 필요하지만 민진당은 너무 급하게 입법원 임시회의 5일 동안 협상한 후 반대 의견을 고려하지 않고 오직 정치적 목적만을 위해 바로 표결했다"라고 비판하며, 민진당의 이러한 행동은 다음 임시 회의에서 전망계획조례를 순조롭게 통과시키기 위한 시간을 벌기 위한 것이라고 주장했다(聯合報 2017. 06. 22). 국민당 주석 당선자 우둔이는 민진당이 집권한 후 국가가 안팎으로 궁지에 처하게 되었으며, 자신이 집권한다면 정치 발전의 선두자로서 최선을 다해 양안의 평화와 경제 발전을 추진할 것이라고 말했다(聯合報 2017. 06. 23).

민진당 정부의 탈(脫) 원전정책에 대하여 대만인 10명 중 5명 이상이 전기료 인상을 우려해 반대한다는 조사 결과가 나왔고, 이에 대해 장리산(張麗善) 국민당 입법위원은 "전력의 안정적 공급은 기업들을 대만에 남아있게 할 수 있고, 전기요금 상승은 물가 상승과 직결돼 민생 악화로 이어질 수 있다"고 말했다.

한편 가석방 중인 천수이볜 전 대만 총통의 추가 비리 혐의에 대한 심리가 재개될 것으로 알려지면서 그의 사면 문제가 대만 정치권의 '뜨거운 감자'로 떠오르며 이에 대해 차이잉원 총통이 대체로 법조계 의견을 존중해 결정할 것이라는 분석이 나온다(聯合報 2017. 06. 01; KBS 2017. 06. 01 재인용). 대만 정부는 동남아를 상대로 한 '신남향(新南向) 정책'에 따라 동남아어를 정규 교과과정에 포함시키고 '이주여성 친정외교'를 강화하기로 했다(연합뉴스 2017. 06. 12). 또한 차이잉원 정권이 국정 역사교과서의 '탈(脫) 중국화'를 추진하며 이번 초안을 둘러싸고 대만의 탈중국화, 대만 독립사상 고취 등에 대한 우려가 나오고 있다(自由時報 2017. 06. 19; 아주경제 2017. 06. 20 재인용).

양안관계에선 대만의 남아메리카 우방이었던 파나마가 중국과의 수교를 맺고 대만과 단교하였다. 이에 대해 대만 총통부는 "중국의 이 같은 방식은 양안이 평화에서 대립으로 향하도록 잘못을 저질러 현상에 큰 타격을 줬다"며 "양안 정세를 처음부터 새로이 평가토록 하겠다"고 강조했다(연합뉴스 2017. 06. 13). 양안관계에 대한 여론조사에선 대만인 10명 중 7명이 중국이 요구하는 '하나의 중국'에 동의하지 않는다는 조사 결과가 나왔다(旺報 2017. 06. 09; 연합뉴스 2017. 06. 09 재인용). 응답자의 83.9%는 중국이 대만의 대외활동에 압박을 가해 대만의 권익을 훼손했다고 답했고, 80.5%는 중국이 '중화민국(中華民國)'이 존재한다는 사실을 인정해야 한다고 밝혔다(旺報 2017. 06. 09; 연합뉴스 2017. 06. 09 재인용).

대만 정당

06월 22일

- **국민당, 민진당의 연금개혁 표결 추진 너무 급해** (聯合報 06. 22)

– 국민당 문화전파위원회 부주임 홍멍카이는 국민당 기자회견에서 이번 임시회의는 3주간의 시간이 있음에도 민진당은 연금개혁 의제를 충분히 토론 하려하지 않고 1주 만에 바로 통과시키며 급하게 일을 처리하였다고 비판했다. 그는 "작년 연금개혁 회의는 반년동안 진행되며 성심껏 소통한 반면, 이번에는 입법원 임시 회의 5일 만에 바로 처리하며 민진당이 왜 이렇게 급해하는지 모르겠다"라고 말했다. 홍멍카이는 민진당의 이러한 행동은 다음 2주간의 임시 회의에서 전망계획조례를 순조롭게 통과시키기 위한 시간을 벌기 위한 것이라고 주장했다. 그는 "연금개혁을 충분하게 협상하여 통과된 법안이 국민들의 인정을 받아야 한다"며 "만약 민진당이 정치적 목적을 위해 반대의 목소리를 듣지 않는다면, 입법원 임시 회의 에서 연금개혁 법안과 계획조항 모두를 통과 시키고 싶어 하는 욕심에 정치적 책임을 지게 될 것이다"라고 말했다.

06월 22일

- **대만 '탈(脫) 원전' 찬반 팽팽…"원전 폐기 땐 비용부담 의사 42%"** (中國時報 06. 22; 연합뉴스 06. 22 재인용)

– 대만인 10명 중 5명 이상이 전기료 인상을 우려해 민진당 정부의 탈(脫) 원전정책에 반대한다는 조사 결과가 나왔다. 추가요금을 내더라도 원자력 발전소 폐기를 지지한다는 비율과 이에 따른 전력난을 감수할 것이라는 비율도 각각 40%를 훌쩍 넘

어서면서 원전 폐기를 둘러싼 찬반 양론이 거의 팽팽히 맞서는 것으로 나타났다. 일각에서는 원전의 완전 폐기시 전기요금의 40% 인상이 불가피할 것이라는 전망이 나오고 있다. 이에 대해 리스광(李世光) 경제부장은 "발전용 연료 원가가 변하지 않는다는 전제 하에 정밀 계산을 하면 2025년께 전기요금은 10% 상승에 그칠 것"이라고 말했다. 차이잉원 총통도 작년 초 총통 당선 직후 원전을 폐기하더라도 전기요금을 올리지 않겠다는 입장을 밝힌 바 있다. 대만은 2025년까지 화력발전(80%)과 신재생에너지(20%)를 대체 에너지원으로 삼을 계획이다. 화력발전을 대체 에너지원의 주력으로 삼는데 대해서는 반대 의견이 압도적이었다. 무려 75.0%가 반대 입장을 냈다. 쑨리췬(孫立群) 국가정책연구재단 사무총장은 현 정부의 탈원전 정책 실현은 안정된 전력공급과 함께 적절한 수준의 전기요금을 보장하는 방안이 가장 시급하게 요구되는 과제라고 지적했다. 장리산 국민당 입법위원은 "전력의 안정적 공급은 기업들을 대만에 남아있게 할 수 있고, 전기요금 상승은 물가 상승과 직결돼 민생 악화로 이어질 수 있다"고 말했다.

06월 23일

• 우둔이 국민당 주석 당선자, 홍슈주 주석에 감사 인사 (聯合報 06. 23)

– 타이난 시민 서비스센터 이사장 쩡둥양(曾东阳)이 국민당 주석 당선자 우둔이를 위한 감사연회를 주최하였다. 우둔이는 홍슈주 현 국민당 주석에게 감사를 표하고 4개의 원칙을 강조했다. 그는 '9·2공식'과 '일중각표' 원칙을 견지해야만 국가의 존엄을 보존할 수 있으며, 이는 대만 독립을 반대하는 최적의 방식이라고 밝혔다. 또한 그는 민진당이 집권한 후 국가가 안팎으로 궁지에 처하게 되었으며, 자신이 집권한다면 정치 발전의 선두자로서 최선을 다해 양안의 평화와 경제 발전을 추진 할 것이라고 말했다. 우둔이는 4가지 발전 방향을 제시했다. 첫 번째는 청렴하고 효율적이며 친절한 서비스의 정부와 사회를 구축하는 것, 두 번째는 경제 번영과 공동 부유, 세 번째는 사회의 공익과 평화, 네 번째는 '9·2공식'과 '일중각표'를 지지하는 것을 꼽았다. 우둔이는 '9·2공식'과 '일중각표'는 1992년 양안이 합의한 원칙이고, 이는 양측이 구두 방식으로 각자의 의견을 표한다는 것에 동의했음을 의미한다고 주장했다. 또한 이러한 표현은 두 개의 중국, 혹은 하나의 중국과 하나의 대만을 뜻하는 것이 아

니며, 헌법에 기초하는 일중각표이며 각자의 의견을 표하는 정의라고 정리했다.

06월 01일

• 타이완, 천수이벤 사면 정치권 '뜨거운 감자' 부상

(聯合報 06. 01; KBS 06. 01 재인용)

– 가석방 중인 천수이벤 전 대만 총통의 추가 비리 혐의에 대한 심리가 재개될 것으로 알려지면서 그의 사면 문제가 대만 정치권의 '뜨거운 감자'로 떠올랐다. 천 전 총통은 대만의 첫 민진당 출신 총통으로 임기가 끝난 이듬해인 2009년 재임 기간 뇌물수수, 총통 기밀비(판공비) 횡령, 비자금 조성 등의 혐의로 유기징역 최고형인 20년형을 선고받고 타이중(台中) 교도소에 수감됐다가 2015년 1월 병세 악화에 따라 치료를 위한 가석방을 허용받았다. 가석방 논의 과정에서 뇌물 1천만 대만달러(3억5천만 원)를 친척의 계좌에 맡겨 세탁한 혐의로 추가 기소됐고, 국가기밀 유출, 위증교사, 국무기금 남용 등의 의혹이 추가로 제기됐다. 천 전 총통 변호인은 "정신과 주치의 2명이 천 전 총통의 뇌 질환이 악화하고 있다는 소견을 밝혔다"고 전했다. 하지만 이런 병세와 가석방 신분인데도 천 전 총통은 거리낌 없이 외부 활동을 하고 있다. 천 전 총통은 차이잉원 현 총통이 참석하는 행사에도 참가하겠다고 밝히기도 했다. 하지만 차이 총통이 대체로 법조계 의견을 존중해 결정할 것이라는 분석이 나온다. 황중옌(黃重諺) 총통부 대변인은 "이 문제로 국론이 분열되지 않도록 하는 것이 가장 큰 원칙"이라고 밝혔다. 이 원칙은 차이 총통이 후보 시절에도 언급한 바 있다.

06월 12일

• 대만, 동남아 이주여성 '친정외교'…동남아어 교과과정 편입　　(연합뉴스 06. 12)

– 대만 정부가 동남아를 상대로 한 '신남향 정책'에 따라 동남아어를 정규 교과과정에 포함시키고 '이주여성 친정외교'를 강화하기로 했다. 대만 교육부는 2019년부터 베트남어 등 7개 동남아 언어를 대만 공립 교과과정에 포함시켜 이주민 자녀를 대상으로 모국어를 가르치도록 할 계획이다. 대만은 추후 이들 이주민 자녀를 신남향 정

책의 선봉으로 만든다는 계획이다. 새로 시행될 어문 교과과정에는 기존 중국어, 본토어(민남어, 객가어), 영어 외에 베트남어, 캄보디아어, 인도네시아어, 말레이시아어, 미얀마어, 필리핀어, 태국어 등 7개 언어가 '신주민(新住民)어'로 새롭게 편입된다. 판원중(潘文忠) 대만 교육부장(장관)은 "신주민의 자녀 출생에 따라 동남아 각국 문화, 언어가 대만에 유입됐다"며 "이들은 신남향정책의 상호 보완적 역할을 수행함으로써 대만과 동남아시아국가연합(Association of South-East Asian Nations, ASEAN) 회원국들의 소통을 늘릴 수 있을 것"이라고 말했다. 대만이 이처럼 동남아어 교육을 강화하는 이유는 동남아 이주민 자녀가 급격히 늘어나면서 신남향정책 추진에 도움이될 것이라는 판단 때문이다. 린이쉬안(林宜玄) 타이베이 과기대 교수는 "동남아어 정규화 교육은 신주민의 모국어 선택권을 존중하려는 취지"라며 "일반 대만학생도 동남아 어학과정의 학습과 및 문화 교류를 통해 신주민에 대한 고정관념을 바꿀 수 있을 것"이라고 말했다.

06월 13일

• 파나마 외교전승리 中 "역사 새장 열어" vs 대만 "금전외교말라"   (연합뉴스 06. 13)
– 대만의 남아메리카 우방이었던 파나마가 중국과의 수교를 맺고 대만과 단교했다. 중국 외교부는 "파나마 정부는 세상에 오직 하나의 중국만이 있다는 것을 인정했다"며 "파나마 정부는 대만과 외교관계 끊고, 앞으로 어떠한 공식적인 관계나 교류를 맺지 않기로 했다"고 강조했다. 이와 관련, 대만 총통부는 중국과 파나마를 상대로 강한 불만을 표했다. 대만 총통부는 "대만 정부와 국민은 여러 영역에서 최선을 다해 우방과 협력했지만 금전을 투입한 외교 방식으로 경쟁을 벌일수는 없었다"고 밝혔다. 이어 "중국이 끊임없이 '하나의 중국' 원칙을 앞세워 각종 수단을 동원해 대만의 국제 공간에 압박을 가했다"며 "이는 대만 국민의 생존 권리에 대한 공공연한 '위협'이자 대만 해협 및 주변 지역의 평화와 안정에 공공연한 '도발'"이라고 주장했다. 총통부는 "중국의 이 같은 방식은 양안이 평화에서 대립으로 향하도록 잘못을 저질러 현상에 큰 타격을 줬다"며 "양안 정세를 처음부터 새로이 평가토록 하겠다"고 강조했다. 그러면서 중국을 향해 "즉각 지역 안정을 훼손하고 대만인민을 해치는 행동을 그만두고 책임감 있는 지역 대국으로서 양안관계를 정확한 궤도로 회복시킬 것

을 엄중히 통고한다"고 밝혔다. 총통부는 "분명한 사실은 대만에 어떤 정당이 집권을 하든, 양안정책과 입장이 어떠하든 대만은 공동으로 외부 도전과 중국의 압박에 맞설 것"이라고 강조했다.

06월 19일

• "중국역사는 동아시아史" 대만 역사교과서 '탈(脫) 중국화' 추진

(自由時報 06. 19; 아주경제 06. 20 재인용)

– 대만 차이잉원 정권이 국정 역사교과서의 '탈(脫) 중국화'를 추진하며 논란이 일고 있다. 대만 자유시보는 국가교육연구원이 새롭게 수정 중인 '12년 국민 의무교육 사회영역 교과과정 요강 초안'에는 기존의 한족 중심의 역사관을 중심으로 서술된 역사 교과서를 대만의 최근 500년 역사에 초점을 맞춰 수정하는 방안이 포함됐다고 19일 보도했다. 초안에 따르면 우선 대만 관련 부분에서는 과거 한족 위주의 역사관에서 서술됐던 것과 달리 대만이 다민족 국가임을 강조하고, 대만 원시민족을 한 챕터로 만들어 서술하기로 했다. 또 대만의 '현대국가 형성' 부분에서는 대만이 자치와 민주를 추구해온 역사궤적 등을 포함시키기로 했다. 이로써 국제 정세 속 대만의 지위, 일제 통치 시기, 전후 민주화 발전에 대한 학생들의 이해를 증진시킨다는 계획이다. 또 중국사를 따로 서술하지 않고 동아시아 역사 속에 편입시키기로 했다. 대신 공산주의가 중국 및 동아시아에 미친 영향, 동아시아 역내 협력, 경제무역 통합 등을 중점적으로 서술하기로 했다. 이번 초안을 둘러싸고 대만의 탈중국화, 대만 독립사상 고취 등에 대한 우려도 나왔다. 대만의 한 유명언론인인 샤오스옌(簫師言)은 "이는 중국 수천년 역사를 버리고 대만 역사의 시작을 네덜란드, 스페인 식민통치 시절부터 보는 것"이라며 대만과 중국 대륙의 역사를 완전히 분리시키려는 대만 독립세력의 고질적인 수법이라고 꼬집었다.

06월 09일

• 대만인 73% "'하나의 중국' 동의 못해"…81% 현상유지 지지

(旺報 06. 09; 연합뉴스 06. 09 재인용)

– 대만인 10명 중 7명이 중국이 요구하는 '하나의 중국'에 동의하지 않는다는 조사 결과가 나왔다. 9일 대만 왕보(旺報)에 따르면 본토 담당부처인 대륙위원회가 최근 대만 정치대 선거연구센터에 의뢰해 성인 남녀 1천76명을 대상으로 설문조사를 실시한 결과 응답자의 73.4%가 '하나의 중국' 원칙을 인정하지 않는다고 답했다. 이는 대만과 중국이 '하나의 중국'에 속한다는 전제 조건에 따라 대만을 중국의 지방정부로 바라보는 중국의 인식에 대해 대다수 대만인들이 여전히 부정적인 태도를 갖고 있음을 보여주는 것이어서 주목된다. 특히 응답자의 83.9%는 중국이 대만의 대외활동에 압박을 가해 대만의 권익을 훼손했다고 답했다. 아울러 80.5%는 중국이 '중화민국'이 존재한다는 사실을 인정해야 한다고 밝혔다. 이번 조사에서는 또 차이잉원 정부의 기조대로 중국과 대만이 현 상태를 유지해야 한다는 응답이 80.9%를 차지했다. 다만 양안교류의 속도에 대해서는 '너무 느리다'는 응답이 45%를 차지했다. 아울러 응답자의 89.4%는 양안이 상호 존중과 소통, 대화로 차이를 이해해야 양안의 평화 안정이 이뤄질 수 있다고 답했고 85.9%는 중국이 대만 민주제도와 민의를 존중해야 한다는 의견을 보였다. 대륙위원회는 이번 조사 결과와 관련해 중국이 양안교류에 소극적 태도를 보이며 대만의 국제 사회 참여를 방해하면서 부정적 인식이 쌓이면서 양안관계 발전에 불리한 요인이 되고 있다고 지적했다.

제2장
대만의 쟁점

이행기 정의와 사회통합

최민지

과거 1947년 장제스 중국국민당 정권이 대만 주민들을 대량으로 살해한 '2·28사건'에 집권세력이 해결의지를 표명했다. 2·28사건은 국민당의 착취와 비민주적 폭압정치에 대만민중이 저항하고 이를 과도하게 진압하여 대만인들에게 깊은 상처로 남아있다(오마이뉴스 2017. 03. 02).

차이 총통은 2·28사건 발생 70주년 기념식에서 2·28사건의 진실 규명을 위해 '이행기의 정의 조례 초안(과거청산법)'을 입법원에서 우선 처리하기로 했다고 밝히며, "피해자만 있고 가해자가 없다는 인식은 바뀌어야 한다. 화해는 진상규명을 전제로 해야 한다"라고 말했다(한겨레 2017. 03. 01). 그는 장제스 전 총통을 기리는 중정기념당에서 장제스와 관련된 모든 흔적을 지우는 것을 뼈대로 하는 용도 변경안을 마련 중이라고 밝혔고, 이에 대해 국민당은 "타이베이의 랜드마크이자 시민 휴식공간인 중정기념당은 2007년 국가문화재로 지정돼 있다"며 "현정부의 용도변경 추진은 범법 행위"라고 비난했다(聯合報 2017. 02. 27; 연합뉴스 2017. 02. 27 재인용).

차이 정부의 '이행기 정의'가 문제가 된 이유는 이를 시행하는 인물들이 특정 정치입장과 이데올로기에 편향되어있어 모두가 만족할 만한 결과를 도출하기 어렵다는 것과 '탈 장제스화' 움직임이 명목적으로만 '이행기 정의' 실현이라는 것이다(주타이뻬이대표부 2017. 03. 03). 양안 당국 간 신뢰가 없는 상태에서 중국은 차이 정부의 행동을 '탈 중국화'의 일환으로 문화독립을 계속 추진하고 있는 것으로 해석할 것이기 때문이다(주타이뻬이대표부 2017. 03. 03).

이러한 행보는 실물 민생 경제의 어려움으로 지지도가 지속 하락하고 있는 차이 정부가 민진당 지지 세력의 결속력을 강화시키기 위한 것으로 보인다(주타이뻬이대표부 2017. 03. 03). 그러나 차이 정부의 이러한 행동이 사회 이행기 정의 실현에 도움이 되는지 묻는 여론조사에서 국민의 57%가 '사회 대립을 야기한다'라고 답하며 부정적인 시각을 내보였다(中國時報 2017. 02. 26). 사회 통합에 관한 독일의 통일사례를 살펴보면 정치·경제적인 통합을 넘어 그것을 튼튼하게 떠받칠 수 있는 사회·문화적인 통합이 매우 중요하다는 점을 알 수 있다(뉴시스 2016. 05. 17). 그중 역사 청산 문제는 사회 문화적 통합을 위한 피할 수 없는 과정이다. 따라서 대만의 '이행기 정의'가 당장은 국민의 부정적 여론을 얻고 여야갈등을 유발할지라도, 그 해결 과정을 통해 보다 견고한 사회 통합의 길로 나아갈 수 있을 것이다.

참고문헌

뉴시스. 2016.05.17.
연합뉴스. 2017.02.27.
_____. 2017.03.10.
오마이뉴스. 2017.03.02.
주타이뻬이대표부. 2017.03.03.
한겨레. 2017.03.01.
聯合報. 2017.02.27.
中國時報. 2017.02.26.

민진당의 정강 유지와 여론 수용

최민지

제19차 당대회를 앞둔 중국이 국내외 안정을 최우선 과제로 삼으며 대만의 '분리주의'에 대한 경계를 한층 강화하고 나섰다(한겨레 2017. 04. 16). 대만을 '중국 영토의 일부분'이라는 의미의 '중국 타이베이'로 표기하며 '하나의 중국' 원칙 수용을 거부하는 대만에 대한 압박 수위를 높이고 있다(아주경제 2017. 04. 18). 중국의 보복성 조치로 대만을 찾는 중국인 관광객들이 급감하면서 지난 10개월 사이 대만에 2조 원을 웃도는 경제 손실이 난 것으로 나타났고(연합뉴스 2017. 04. 03), 중국이 국제무대에서 대만을 고립시키기 위해 외교적 노력을 기울이며 대만의 수교국은 21개국으로 줄어든 상황이다(국민일보 2017. 04. 13).

이러한 중국의 압박 속에서 차이 정부는 전투기, 잠수함 등을 독자적으로 개발하는 각종 '국조(國造)'계획을 세우고, 미사일 전문가인 장관천 원장을 국방부 차관으로 발탁하는 등 안보 중심의 정책을 추진하고 있다(연합뉴스 2017. 04. 21). 또한 자주국방 정책으로 국방 분야 일자리 창출이라는 부수적 효과도 노리고 있지만 중국의 외교적 압력 때문에 어떤 국가도 대만산 무기를 사려 하지 않을 것이라는 이유로 '차이잉원표 자주국방'에는 한계가 있다는 현실론이 제기되고 있다(연합뉴스 2017. 04. 11).

야당인 국민당은 양안관계 악화라는 현 상황을 유발한 원인이 차이 총통이 '9·2공식'을 수용하지 않았기 때문이라며 차이 총통과 정부는 이에 대한 해결 방안을 내놓아야 할 것이라고 목소리를 높였다(아주경제 2017. 04. 18). 최근 실시된 여론조사에 따르면 대만독립 지지율은 23.4%로 집계되며 10년 만에 최저치로 떨어졌다(아주경제 2017. 04. 03). 현 정부가 최우선적으로 시행해야 할 국정 과제로 '경제 살리기'(64.5%)와 '양안관계 개선'(14.3%)이 꼽혔고, 해외 투자 또는 취업을 희망하는 응답자의 51.5%가 중국에서 기회를 잡겠다고 답했으며 현 정부가 교류강화를 추진하는 동남아는 중국의 절반 수준에 불과했다(아주경제 2017. 04. 03).

대만독립의 추구라는 민진당의 대표 정강의 유지에 따른 양안관계악화는 경제 활성화를 우선적으로 원하는 대만 국민과 민진당이 불협하는 상황을 초래했다. 차이잉원 총통이 지난 2016년 선거에서 승리한 이유는 지난 8년 간 마잉주 총통의 경제정책 실패에 유권자의 심판이 이루어진 점과 당시 대만 내에서 강화된 대만 정체성 문제에 대한 대만인들의 여론을 수렴하였다는 점이다(김원곤·박정수 2016). 하지만 근 1년이 지난 현재 대만 국민들의 요구는 독립보단 양안관계 개선을 통한 경제 회복에 초점을 두고 있다. 차기 총통 선거에서 민진당이 집권을 유지하기 위해서는 변화된 여론을 수용하는 것과 정강을 유지하는 것 사이의 접점을 찾는 일이 선행되어야 할 것이다.

참고문헌

국민일보. 2017.04.13.

김원곤·박정수. 2016. "차이잉원 당선 이후 당면과제와 전망-양안관계를 중심으로." 『대한정치학회보』, 24권 2호, 129-149.

아주경제. 2017.04.03.

_____. 2017.04.18.

연합뉴스. 2017.04.03.

_____. 2017.04.11.

_____. 2017.04.21.

한겨레. 2017.04.16.

국민당 주석 선출과 당내 통합 과제

최민지

　대만 제1야당인 국민당은 47만여 명의 당원을 대상으로 직접선거를 실시해 새 주석 자리에 우둔이 전 부총통을 선출했다(KBS 2017. 05. 20). 최근 국민당은 잇따른 선거 패배와 노선 갈등으로 심한 내홍에 시달리고 있다. 실제 지난 2013년 주석 선거에서 마잉주 전 총통이 주석직 연임에 성공했다가 이듬해 치러진 지방선거 참패로 주석직 교체가 이어지고 있고, 당시 주석직 보궐선거에서 주리룬(朱立倫) 신베이(新北) 시장이 당선됐다가 지난 2016년 총통선거와 입법위원선거에서 민진당에 대패하면서 사임했다(연합뉴스 2017. 05. 19). 이어 치러진 보궐선거에서 홍슈주 주석이 당선됐으나 불안한 리더십으로 인해 당내 결속에 실패하며 현재 국민당에 대한 당원들의 불만족도는 64.4%에 달한다(연합뉴스 2017. 05. 19).

　이러한 상황에서 우 전 부총통이 52.2%의 과반 득표로 2차 결선 투표를 피하게 됨에 따라 국민당을 재결집해 2020년 차기 총통선거에서 정권교체를 실현할 계기를 마련하게 됐다(연합뉴스 2017. 05. 20). 국민당이 당원들의 높은 불만족도를 극복하고 당내 통합을 이루기 위해서는 당내 민주주의가 요구된다. 당내 민주주의 확립은 민주 정치의 근간이 된다는 점에서 당원들이 당내 주요한 정책결정 과정에 참여할 수 있도록 제도적으로 보장하는 것은 정당 정치의 발전을 위해 매우 중요한 조건이다(강원택 2008).

　현 대만의 상황은 양안관계 악화로 외교는 설 자리를 점차 잃어가고 있고 이는 고스란히 경제에까지 타격을 입히고 있다(아주경제 2017. 05. 18). 이에 따라 취임 1주년을 맞은 차이잉원 민진당 정권 지지율이 하락세를 이어가고 있어 우 차기 주석이 국민당을 재건에 성공하고 내년 지방선거에서 선전한다면 2020년 정권 탈환도 가능할 것이다(아주경제 2017. 05. 21).

　또한 시진핑 중국 국가 주석이 우둔이 전 부총통에 축전을 보내 9·2공식을 견지해나가기를 바란다고 밝혔고 이에 우 전 부총통은 중국 공산당과 대만 국민당이 9·2공식을 공고히 하고 양안의 영속적인 발전을 촉진하게 되기를 바란다고 화답함으로써(연합뉴스 2017. 05. 21) 우둔이 전 부총통이 악화된 양안관계에 긍정적 역할로 작용할 가능성을 내보이고 있다.

또한 중국과의 통일을 주장했던 홍 주석과 비교해 우 차기 주석은 다소 '중도 노선'을 취하고 있다는 점도 주목할 만하다(아주경제 2017. 05. 21). 우둔이 차기 주석이 당내 민주주의 실현을 통한 당내 통합과 양안갈등의 중재자 역할을 잘 수행해 낼 때, 국민당은 만년 여당이라는 잃어버린 수식어를 되찾을 수 있을 것이다.

참고문헌

강원택. 2008. "한국 정당의 당원 연구–이념적 정체성과 당내 민주주의." 『한국정치학회보』 42권 2호, 109–128.

아주경제. 2017.05.18.

_____. 2017.05.21.

연합뉴스. 2017.05.19.

_____. 2017.05.20.

_____. 2017.05.21.

KBS. 2017.05.20.

국가 위기 속 야당의 역할

최민지

대만의 우방국이었던 파나마가 전격적으로 대만과 단교하고 중국과 수교하면서 대만은 분노와 충격에 빠졌다. 파나마는 1912년 중화민국 시절부터 대만과 수교를 맺고 107년간 공식관계를 유지해 온 최장기 수교국이자 지난 2016년 6

월 차이 총통의 첫 해외 순방국이었다(문화일보 2017. 06. 23). 파나마의 단교로 대만의 수교국은 20개국으로 줄어들며 또 한 번의 외교적 타격을 입게 됐다(연합뉴스 2017. 06. 13). 중국의 차이잉원 정부에 대한 압박이 강화되면서 앞으로 국가 승인 취소 사태가 파나마에 이어 바티칸, 도미니카 공화국, 파라과이 등에도 확산될 가능성이 제기되고 있다(연합뉴스 2017. 06. 14).

민진당과 차이잉원 총통은 집권 1년 내내 "양안관계를 그대로 유지하겠다"고 계속 말해왔지만 대만은 '9·2공식'이라는 정치적 기초를 버리고 양안관계 평화 발전을 위한 핵심 기반을 무너뜨렸다(아주경제 2017. 06. 16). 이는 파나마가 대만과의 단교를 선택한 근본적인 배경이기도 하다(아주경제 2017. 06. 16).

양안 관계의 방향성에 대한 여론조사에서 중국과 대만이 현 상태를 유지해야 한다는 응답이 80.9%를 차지했고, 89.4%는 양국이 상호 존중과 소통, 대화로 서로의 차이를 이해해야 양안의 평화 안정이 이뤄질 수 있다고 답했다(旺報 2017. 06. 09; 연합뉴스 2017. 06. 09 재인용). 이처럼 양안 문제에 대한 집권당의 추진과 국민의 여론이 일치 하지 않는 상황에서 야당의 역할이 필요시 된다.

국민당 주석 당선자 우둔이는 '9·2공식'과 '일중각표' 원칙을 견지해야만 국가의 존엄을 보존할 수 있으며, 자신이 집권한다면 정치 발전의 선두자로서 최선을 다해 양안의 평화와 경제 발전을 추진할 것이라고 말했다(聯合報 2017. 06. 23). 이는 대만과 중국의 갈등이 초래한 국가위기 속에서 국민당이 해결사 역할을 할 가능성이 있음이 드러나는 대목이다. 하지만 중국의 '하나의 중국' 수용 압박과 파나마 단교의 영향으로 대만인들의 독립성향이 강화되고 있기 때문에(연합뉴스 2017. 06. 21) 국민당의 무조건적인 친 중국 행보는 사회통합에 도움이 되지 않을 것이다. 따라서 국민당은 '친 중국'이라는 당의 특성을 대만 국민들의 반중 감정을 자극하지 않는 선에서 효과적으로 발휘하여야 한다. 이와 더불어 국민의 요구와 집권당의 소통을 연결하는 적극적인 야당의 모습을 보여줄 때, 대만은 악화된 양안관계를 회복하며 대외적 위기를 극복할 수 있을 것이다.

참고문헌

문화일보. 2017.06.23.

아주경제. 2017.06.16.

연합뉴스. 2017.06.09.

_____. 2017.06.13.

_____. 2017.06.14.

_____. 2017.06.21.

聯合報. 2017.06.23.

旺報. 2017.06.09.

제7부

싱가포르의 동향 및 쟁점

리셴룽 총리와 여당의 위기

제1장
싱가포르의 동향

9차(2월 말~3월 말)

김진주

싱가포르는 의원내각제 국가로 현재 제13대 의회가 2015년 9월 선출되어 임기를 지내고 있다. 2015년 9월 총선에서 집권당인 인민행동당(People's Action Party, PAP)이 69.86%의 득표율로 총 89석 중 83석을 확보하였으며, 인민행동당의 리센룽(李顯龍·Lee Hsien Loong) 총리가 2004년부터 현재까지 총리직을 수행중이다(Kotra 2017).

싱가포르 의회는 지난 2월 28일부터 3월 10일까지 회의를 진행하였으며, 정부가 제안한 물 가격 인상안을 담은 2017년 예산안과 인지세, 컴퓨터 사이버 보안, 에너지 절약 법안 등과 관련하여 논의하였다(싱가포르의회 2017). 그밖에 3월 의회 회의에서는 소수 집단, 민족을 위한 위원회 구성, 지원방안 등에 대한 심의도 있었다. 3월 8일 싱가포르 총리실 장관인 찬춘싱(陳振聲·Chan Chun Sing)은 지난 두 의회 회기 동안 통과된 법안 중 대통령령 소수민족 권리 위원회(The Presidential Council for Minority Rights, PCMR)에 보고된 것이 없다고 발표했으며, 9일 문화공동체유소년 장관 그레이스 푸 하이 이엔(傅海燕·Grace FU Hai Yien)은 정부가 새로운 싱가포르 보안 커뮤니티 네트워크로써 싱가포르의 모든 종교단체와 연결하여 테러 공격을 받을 시 예배장소를 마련할 수 있도록 지원하는 방안을 내놓았다(The Straits Times 2017. 03. 08; 2017. 03. 09). 한편 같은날 의회는 의회 내 말레이시아. 이슬람 출신 전문가, 관리자, 임원, 기술자들을 도울 수 있는 위원회를 새롭게 구성하였다(The Straits Times 2017. 03. 09).

이번 회기에서 주요 야당인 노동자당(Workers' Party, WP)은 정부가 내세운 2017년 예산안에 포함되어 있는 물 가격 인상안에 내해 관련 토론회에서 가격 인상에 대한 합리적인 설명을 정부가 해줄 것을 촉구하고 나섰다(Today 2017. 03. 01). 노동당뿐만 아니라 상당수의 집권당인 인민행동당 의원들 역시 물 가격 인상을 연기해줄 것을 요청하여 반대 의견을 피력했다(Mothership 2017. 03. 04).

한편 2016년 조사에 따르면 싱가포르 국민들은 경찰서비스와 같은 공무원의 서비스에 대해 매우 높은 신뢰를 보이며 만족을 표하는 것으로 나타났다. 3월 3일 의회 연설에서 내무부 장관 겸 법무부 장관 카시비스와나딴 샨무감(Kasiviswanathan Shanmugam SC)은 싱가포르 국민의 경찰에 대한 믿음과 신뢰는 모든 공공서비스에 대한 신뢰를 보여주는 것이라고 강조했다(The Straits Times 2017. 03. 03).

싱가포르 정당

02월 27일
• 싱가포르 인민당(Singapore People's Party, SPP) 창립자 신극통(沈克栋 · Sin Kek Tong) 사망　　　　　　　　　　　　　　　　　　(The Straits Times 03. 01)
– 싱가포르 인민당을 창당하고 정치계에서 20년 이상 6번의 총선에 출마한 야당 정치인인 신극통이 2월 27일 별세했다. 신 총재는 싱가포르 민주당(the Singapore Democratic Party, SDP)에서 1988년 선거를 나왔고 이후 싱가포르 민주당을 떠나 싱가포르 인민당을 창립하였다.

02월 28일

• 노동자당(WP), 물 가격 인상에 대한 요구   (Today 03. 01)

– 싱가포르 노동당 의원들이 28일 물 가격 인상에 대해 발표한 정부의 결정에 대해 예산안 토론회에서 30%에 임박하는 가격 인상이 어떻게 계산된 것인지 합리적인 설명을 해줄 것을 촉구했다. 지난 주 재무부 장관 행 스위 키트(王瑞杰·HENG Swee Keat)는 2017년 7월과 2018년 7월에 2단계로 물 가격이 30% 향상될 것이라고 발표한 바 있다. 그는 수자원 확보가 국가 생존의 문제라고 지적하면서 당국은 담수화 비용과 국가차원의 수자원 확보방안인 "뉴워터(Newater)" 생산 비용을 반영하여 책정한 가격이라고 덧붙였다. 이에 대해서 노동당의 레온 페레라(贝理安·Leon Perera)와 데니스 탄립팡(陈立峰·Dennis Tan Lip Fong) 의원은 물 가격을 인상하는 시기가 경기 순환보다 정치 주기에 더 일치하고 있는 듯하다고 지적하였다.

03월 24일

• 인민행동당 여성의 날개와 무성단체(PAP Women's Wing and BoardAgender), 다양한 목표설정   (Business Times 03. 24)

– 인민행동당의 여성의 날개와 무성 단체는 다양성 목표 설정 및 모니터링을 싱가포르 기업 지배 구조법을 필수 구성 요소로 삼고 권고안을 발의했다. 권고안은 기업들은 자신이 선택한 목표를 설정할 수 있지만 2020년까지 최소한 20%의 여성을 이사회에 채택해야 한다고 주장한다. 그들은 싱가포르 여성들의 가족, 기업 사회 및 경제에 대한 기여는 입증되지만 사회차원에서 공헌할 수 있는 능력은 아직 인정받지 못했다며, 싱가포르 내 기업 이사회에 소속된 여성의 수가 다른 국가들에 비해 떨어진다며 싱가포르 화폐은행(the Monetary Authority of Singapore, MAS)에 여성의 낮은 대표성을 제고할 수 있는 이번 방안을 권고하고 나섰다.

03월 08일

• 의회, 지난 2번의 회기 동안 어떤 인종이나 종교 단체에게 불리한 법안 없었다

(The Straits Times 03. 08)

– 3월 8일 수요일 싱가포르 총리실 찬춘싱 장관은 지난 두 회기 동안 통과된 법안 중 대통령령 소수민족 권리 위원회(PCMR)에 보고된 것이 없다고 발표했다. 협의회의 역할은 인종 또는 종교 공동체의 사람들에게 불리한 영향을 줄 수 있는 법률에 집중하는 것이다. 협의회 의원들은 문제가 되는 법안에 대해 제안된 법률을 변경하거나 제안하지 말 것을 요청하는 역할을 수행한다. 법안은 이사회에 제출되기 전에 3단계의 확인과정을 거친다. 확인과정 중에 법안이 특정한 인종이나 종교 사람들에게 직·간접적으로 불이익을 줄 지 여부를 조사하게 된다.

03월 09일

• 의회, 말레이. 무슬림 전문가, 관리자, 임원, 기술자를 돕기 위한 새로운 위원회

(The Straits Times 03. 09)

– 의회는 말레이. 이슬람 출신 전문가, 관리자, 임원 및 기술자들이 불확실한 경제에서 역풍을 견뎌내는 데 도움을 주기 위해 새로운 위원회를 구성하였다. 무슬림 부서 담당인 야곱 이브라힘(YAACOB Ibrahim) 장관은 성장하는 그룹을 재훈련하고 고용 좌절로부터 돕기 위해 위원회를 설립한다고 밝히며 위원회 의장은 무하마드 페이샬 이브라힘(Muhammad Faishal Ibrahim)이 맡게 된다. 야곱 장관은 좋은 고용 기회를 제공하기 위해 노력할 것이며 동시에 교육을 통해 지속적으로 훈련시키겠다고 말했다.

03월 09일

• 의회, 새로운 네트워크가 테러와의 공격을 돕기 위해 종교 단체를 연결할 것

(The Straits Times 03. 09)

– 9일 목요일 문화공동체유소년 장관 그레이스 푸 하이 이엔은 정부가 새로운 싱가

포르 보안 커뮤니티 네트워크로써 싱가포르의 모든 종교단체와 연결하여 테러 공격을 받을 시 예배장소를 마련할 수 있도록 지원한다고 밝혔다. 새로운 네트워크는 선거구 수준에서 인종 및 종교적 조화를 촉진하고 종교 단체와의 정부의 동반 관계를 강화하는 인종 간 종교 신앙 단체들(the Inter-Racial and Religious Confidence Circles, IRCCs)의 활동을 보완할 것이라고 하이 이엔 장관을 덧붙였다. 그는 부처는 공동체 조직과 협력하여 다민족, 다종교 사회에서 종교가 어떻게 실천되고 있는지를 명확히 하고, 상호 존중하는 환경에서 일할 것이며, 이러한 노력은 세계적으로 불확실성과 분열이 커지고 있는 시기에 매우 중요하다고 말했다.

03월 16일

• 토니 탄 켕 얌(陳慶炎·Tony Tan Keng Yam) 대통령, 2017 예산에 녹색 불

(The Straits Times 03. 17)

- 토니 탄 대통령이 16일 2017년 예산안을 승인하면서 정부가 4월 1일부터 시작하는 새로운 회계연도에 대한 지출 계획을 수행할 수 있도록 길을 내었다. 탄 대통령의 동의는 다양한 부처에 지출 계획이 의회에서 승인된 지 일주일 후에 된 것이다. 이번 예산안은 특별송금을 포함해 총 정부지출이 750억 7,000만 달러에 달한다는 내용을 담고 있다. 탄 대통령은 대통령 고문위원회(Council of Advisers, CPA)의 조언을 듣고 결정한 것으로 알려졌으며, 세계 경제에 영향으로 인해 무역 및 투자가 둔화될 수 있지만 기술의 발전은 계속해서 촉매제가 될 것이며, 기업과 사람들은 기술을 포용하고 성장할 수 있도록 장비를 갖추고 있어야 한다고 말했다.

03월 17일

• 싱가포르, 언론 자유에 대한 이코노미스트의 보고서 반박 (The Straits Times 03. 17)
- 정부는 이코노미스트지(the Economist)가 싱가포르의 언론의 자유에 대한 보도한 기사에서 2014년 사건을 인용한 것에 있어 시위자 집단에 대해 조치를 취한 이유를 다시 밝혔다. 당시 시위대는 자선행사를 방해했다는 이유로 법원의 판결을 받았으며, 싱가포르 고등 관무관(High Commissioner) 푸 치 흐시아(Foo Chi Hsia)은 서면을 통해 그들은 정부를 비판한 혐의로 기소된 것이 아니라 자선행사를 방해해서 그렇다

는 것을 다시 한 번 언급했다. 2014년 한 블로거를 포함해 싱가포르인 6명은 자선행사가 있는 공원에서 정부의 세금 계획에 반대하는 시위를 진행하였고 같은 해 10월 유죄판결을 받았다. 그녀는 서면에서 3월 11일에 실린 이코노미스트의 보고서에서 싱가포르에서 언론에 자유가 없다고 주장한 것에 대해 불만을 표시하며 싱가포르인들은 국제 뉴스를 포함하여 정보와 인터넷에 자유롭게 접근할 수 있다고 언급했다. 또한 사법부가 언론의 자유로 인해 폄하되는 것을 허용하지 않을 것이리고 말했다.

싱가포르 여론

03월 03일

• 여론조사 결과 응답자 87%, 경찰은 세계 수준의 범죄 투쟁 조직

(The Straits Times 03. 03)

- 싱가포르 경찰은 세계 최고 수준의 범죄의 싸우는 조직이라고 응답한 응답자가 87%에 달한다고 산무감 장관이 금요일 의회 연설에서 밝혔다. 그는 90%의 응답자가 경찰이 주요 법 및 명령을 다룰 준비가 되어 있으며 미래의 안보 필요성에 대해 대응할 준비가 잘 되어있다고 답했다. 2016년 4,800명의 싱가포르인과 영주권자를 조사한 결과 88%가 경찰이 높은 서비스를 제공하고 있다고 응답했다. 또한 92%는 싱가포르의 일반적인 안전과 보안을 좋음 또는 매우 우수함으로 평가하였으며, 그는 이러한 결과는 싱가포르인들의 경찰에 대해 갖는 높은 믿음과 신뢰를 반영하는 것이라고 말했다. 또한 다른 부서 역시 마찬가지 일 것이며, 이번 조사는 공무원들의 헌신으로 인해 싱가포르 국민의 모든 공공서비스에 대한 신뢰가 드러난 결과라고 밝혔다.

10차(3월 말~4월 말)

김진주

싱가포르 의회는 이번 달 4월 3일, 4일에 걸쳐 44차, 45차 회기를 개최했다. 44차 회기에서는 테러 법안, 공공질서 법안 등이 논의되었으며, 45차 회기에서는 싱가포르 여성들의 열망, 싱가포르 내 마약 퇴치와 노력 강화 등을 검토했다 (The Online Citizen 2017. 04. 03; Parliament of Singapore Votes and Proceedings 2017. 04. 04). 또한 의회의 상임 명령에 대한 정기 검토를 담당하는 위원회에서 대통령을 무효화하기 위해 따라야 할 절차와 법안의 도입과 논의가 시작될 때까지의 기간 및 수정 통지 기간 증대, 의원의 질의시간 관련 내용 등을 담은 보고서가 발표되었다(The Straits Times 2017. 04. 25).

한편 4월 4일에 있었던 회의에서 환경수자원 장관 마사고스 줄키플리(Masagos Zulkifli)는 의회에서 무슬림 간호사와 제복을 입은 장교에게 직장에서의 투동 (Tudung·말레이시아 무슬림 여성들이 머리에 쓰는 히잡의 일종) 착용을 허용할 것을 촉구한 노동자당(WP)의 파이살 마납(Faisal Manap) 의원에게 국민들의 단결을 해치는 주장이라며 비판했다(The Straits Times 2017. 04. 05). 또한 그는 노동당과 지도부가 국가의 인종적, 종교적 조화에 전념하고 있는지 궁금하다고 덧붙였다(The Straits Times 2017. 04. 05).

아울러 싱가포르 최초의 독립 내각 소속이자 여당인 인민행동당(PAP) 소속인 오스만 웍(Othman Wok)이 타계했다. 그는 다문화주의를 확립하는 데에 노력을 기울여 왔으며, 지속적인 노력을 통해 오늘날 인민행동당(PAP)의 다인종 플랫폼에 크게 기여한 인물이다(The Straits Times 2017. 04. 17).

싱가포르의 여론으로는 Randstad의 최신 업무모니터(Workmonitor) 연구 보고서에 따르면 싱가포르 내 여성이 다른 국가와 비교하여 고용주에게 불만족스러운 비율이 높은 것으로 나타났다(Today 2017. 04. 05). 한편 테러단체 이슬람 국가 (IS)의 위협에 있어 싱가포르 정부의 군사적 노력과 국내 다양한 공동체 간의 강력한 유대 관계를 통한 방안들이 유용한 무기와 방안이 될 수 있다는 의견이 있었다(The Straits Times 2017. 04. 24).

다음달 회기는 5월 8일에 열릴 예정이다.

04월 04일

• 마사고스, 파이살의 문제 제기 비판   (The Straits Times 04. 05)

– 환경수자원 장관 마사고스 줄키플리 장관은 의회에서 말레이시아. 이슬람 공동체와 관련하여 분열적인 이슈를 제기하려는 야당인 노동당(WP)의 파이살 마납의원을 비판했다. 싱가포르 내 여성의 열망을 지지한다는 토론에서 파이살 의원은 무슬림 간호사와 제복을 입은 장교에게 직장에서의 투동 작용을 허용할 것을 촉구했다. 그는 호주나 영국과 같은 국가들이 이것을 허용하고 있기에 싱가포르 역시 언제 그것을 허용할지 질문했다. 그러나 이에 대해 마사고스 장관은 파이살 의원의 접근방식이 사람들을 모아서 단결시키는 대신 차이점에 초점을 맞추는 움직임에 중점을 두고 있기에 우려스럽다고 말했다. 또한 그는 싱가포르가 다인종사회에 있고 모두가 공동의 공간을 넓히기 위해 역할을 수행해야 한다며, 종교의 중요성 역시 강조했다. 그는 향후 적절한 시기와 장소, 방법을 고안하여 이러한 문제를 논의할 것이며, 싱가포르 국민들 사이에 상호 신뢰와 상호이해를 강화하기 위해 노력해야 하기에 단계적으로 나아가야 한다고 강조했다. 또한 노동당과 그 지도부가 국가의 안보를 뒷받침하는 인종적, 종교적 조화에 전념하고 있는지 궁금하다고 덧붙였다.

04월 17일

• 싱가포르 최초 내각 의원 오스만 웍 92세 나이로 사망   (The Straits Times 04. 17)

– 싱가포르 최초의 독립 내각 소속인 오스만 웍이 92세의 나이로 사망했다. 그는 1963년부터 1981년까지 파시르판장 지역의 국회의원으로 그는 사회와 문화에 있어 여러 업적을 남겼을 뿐만 아니라 다문화주의를 확립하는 데에 노력을 기울였다. 그는 인민행동당(PAP)이 설립된 직후 가입했으며 1963년부터 1977년까지 사회부 장관을 역임했다. 그는 사회의 약자들에 관심을 기울였고, 특히 1965년 말레이시아로부터 싱가포르가 분리된 이후 불안한 상황에서 인종이나 종교에 상관없이 모든 사람

들이 동등하게 대우받는 사회를 지원하기 위해 말레이시아 출신 사람들을 모으는 데에 힘을 썼다. 비록 그 과정에서 반역자라는 낙인이 찍혀 죽음의 위협을 받기도 했으나 그의 지속적인 노력은 오늘날 인민행동당(PAP)의 다인종 플랫폼에 큰 기여를 하였다. 타르만 샨무가라트남(Tharman Shanmugaratnam) 부총리는 월요일에 페이스북에 올린 글에서 "우리는 (오스만 씨에게) 빚을 지고 있다. 그는 우리가 가지고 있는 무엇보다 중요한 다민족 싱가포르를 가능하게 만들었다"고 말했다.

싱가포르 선거·의회

04월 03일

• 2017년 4월 3일 의회 질문   (The Online Citizen 04. 03)

– 싱가포르 13대 의회는 44차 회기를 4월 3일 월요일 정오에 개최한다. 이번 의회에서는 64개의 구두질문과 23개의 서면질문이 요청되었으며, 6개의 법안이 소개될 예정이다. ▷판매자 배송 (잔해 제거) 법안, ▷바다의 오염 방지 (수정안) 법안, ▷테러 (방사능 물질의 오용 억제) 법안, ▷공공 오락 및 회의 (개정) 법안, ▷등록 된 디자인 (수정안) 법안, ▷싱가포르 사회 과학 대학 법안. 또한 인민행동당(PAP)이 다수 석을 보유하고 있기 때문에 ▷컴퓨터 오용 및 사이버 보안 (개정) 법안, ▷공공질서 법안, ▷에너지 보존 (개정) 법안이 상정 후 바로 통과될 것이다.

04월 04일

• 싱가포르 13대 본회의 질문

(Parliament of Singapore Votes and Proceedings 04. 04)

– 45차 회기에서 의회는 구두로 18개의 질문을 답변, 토론한다. 싱가포르 여성들의 열망 즉, 싱가포르 여성들의 가족적, 사회적, 경제적 공헌과 그들이 가족과 직업적 성취를 동시에 수행할 수 있도록 지원하는 방안에 대해 질의하고 동의했으며, 싱가포르 내 마약의 퇴치와 퇴치 노력을 강화하기 위한 내용 등이 함께 논의되었다.

04월 05일

• 이사회 내 여성임원: 2020년까지 20%, 2030년까지 30%   (The Straits Times 04. 05)

– 다양성 실천위원회(The Diversity Action Committee, DAC)는 향후 13년 동안 이사회의 여성 지분을 늘리기 위한 확대 목표를 채택했다. 이것이 충족된다면, 여성은 2020년까지 지금보다 459명의 이사석을 더 채울 수 있다. 싱가포르에 상장된 기업 이사회에서 여성의 과소 대표를 해결하기 위해 2014년에 실립 된 다양성 실천위원회(DAC)는 "근거리(hop, skip and jump)" 접근 방식을 취하고 있다. 이 계획은 2020년까지 20%, 2025 년까지 25%, 2030년까지 30%로 여성 이사회 의석을 증가시키는 계획이다. 싱가포르 의회에서 연설 한 탄 추안 진(陈川仁·Tan Chuan-Jin) 사회와 가족 개발부 장관은 다양성 실천위원회(DAC)의 계층화 된 접근에 대한 지지를 표명했다. 그는 "여성들을 이사회에 데려 오는 것은 여행이 아닌 목적지이며, 기업과 경제는 시간이 지남에 따라 이사회에서 많은 여성들이 있는 것에 대해 이점을 얻고 볼 수 있을 것이다"라고 말했다.

04월 25일

• 의원 패널, 의회 절차 변경 권고   (The Straits Times 04. 25)

– 화요일에 발표된 의회의 상임 명령에 대한 정기 검토를 담당하는 위원회는 보고서에서 대통령을 무효화하기 위해 따라야 할 절차를 설명했다. 이 절차는 대통령이 대통령 고문위원회(CPA) 과반수의 조언에 반대하고 거부권을 행사하면 시작될 것이다. 의회는 3 분의 2 다수결로 거부권을 무시할 수 있다. 헌법재판소의 조언뿐만 아니라 그의 거부권 사용에 대한 대통령의 사유를 연구할 시간을 주기 위해 대통령을 제명하기 위한 동의가 이루어지기 적어도 2일전까지는 의회에 대통령의 사유와 의회의 권고안이 제출되어야 한다. 정부는 5월 8일 의회 회기 때 위원회의 권고안 채택을 위해 움직일 예정이다. 기타 또 다른 변경사항으로, 법안의 도입과 논의가 시작될 때까지 시간이 최소 7일에서 10일로 늘어난다. 수정 통지 기간도 2일에서 4 일까지 증가할 것이다. 이로 인해 의회가 법안과 수정안을 고려할 시간을 더 많이 가질 것이라고 위원회는 말했다. 또한 질문 시간이 끝날 때 질문에 답하지 않은 의원은 1시간 이내로 질문을 연기하거나 철회할지 여부를 표시해야 한다. 이렇게 하면 질문

을 연기하거나 철회하지 않기로 한 의원에 대한 서면 답변의 유통이 촉진될 것이라고 이 보고서는 전했다.

04월 05일

- **싱가포르 여성, 고용주에게 가장 불만족**   (Today 04. 05)
— 채용 회사인 랜드스타드의 최신 업무모니터 연구 보고서(2017년 1분기)에 따르면 싱가포르 여성들은 고용주에게 가장 불만족스러워 하지만 그들은 그것에 대해 아무것도 하지 않을 것으로 나타났다. 조사대상 34개국 중 싱가포르는 40% 이상의 여성이 불만을 표시하는 것으로 나타나 고용주에 대한 만족도가 낮은 순으로 4위를 차지했다. 이는 전 세계 평균보다 11%나 낮은 수치이다.

04월 24일

- **싱가포르 내 테러 위협의 의미**   (The Straits Times 04. 24)
— 지난 4년 동안 이라크와 시리아의 이슬람 국가(IS)의 테러 위협은 알카에다를 능가했다. 이러한 테러의 위협이 싱가포르인들에게 중요한 이유는 무엇인가? 최근 종교를 가장한 테러리즘이 기승을 부리고 있는 가운데 알카에다와 이슬람 국가(IS) 같은 극단주의자 그룹은 사람들을 분열시키고 증오를 선동하는 수단으로 종교에 몰두했다. 그들은 이슬람에 대한 왜곡된 해석을 배포하고 폭력을 전파한다. 싱가포르는 이슬람 국가(IS)가 주요 영역으로 간주하는 지역에 위치하고 있으며, 그들은 동남아시아 지역에 이슬람 국가 연합인 칼리프(Caliphate)를 세우려는 목표를 가지고 있다. 이들은 또한 이 지역의 여러 무장세력 집단을 소집했으며 싱가포르는 금융 허브로서의 지위가 미국 주도의 글로벌 연합에 대해 참여하고 있기에 이슬람 국가(IS)의 주요 대상이 될 수 있다. 싱가포르 리센룽 총리는 테러공격이 이미 말레이시아, 인도네시아, 필리핀에서 자행되었으며 조만간 싱가포르에 침입할 수 있다고 밝혔다. 이를 극복하기 위해 싱가포르는 싱가포르인들에게 위기에 대처하는 방법을 알려주기 위해 테러리즘의 위협에 대항하여 훈련되고 무장한 비상 대응팀을 선보이며 다방면에서

싸우고 있다. 예를 들어 공공질서법을 개정하여 대규모 군중들이 참석하는 공공 행사에 보안이 강화될 것이다. 또한 새로운 SG보안 커뮤니티 네트워크를 통해 모든 종교 단체를 연결하고 예배 장소가 장래의 공격에 대비할 수 있도록 도와주고 있다. 이러한 다양한 공동체 간의 강력한 유대관계는 향후 분열을 모색하는 테러리즘의 위협에 대항하는 싱가포르의 최고의 무기가 될 수 있다.

11차(4월 말~5월 말)

김진주

싱가포르의 내각이 일부 개편되었다. 싱가포르 총리실은 5월 1일부로 현 총리실, 외교부 및 교통부 선임 국무장관인 조세핀 테오(楊莉明·Josephine Teo) 및 현 내무부 및 국토개발부 선임 국무장관인 데스몬드 리(李智陞·Desmond Lee)가 정식 장관(Full Minister)으로 임명하는 등의 개편내용을 발표하였으며, 특히 조세핀 테오의 승진은 내각 내 두 번째 여성 장관의 탄생으로 여성의 입지 향상을 진전시켰다는 평가를 받고 있다(The Straits Times; 주싱가포르대사관 2017. 05. 01 재인용).

싱가포르 의회는 46차 회기에서 지난 회기에 제안되었던 상서 법안, 바다의 오염 방지 법안, 테러 법안, 공공 오락 및 회의 법안 등을 통과시켰다(The Online Citizen 2017. 05. 08). 또한 의회 및 법안 절차를 개선하고 선출직 대통령관련 헌법의 변경을 구체화하기 위한 상임 명령(the Standing Orders)의 변경사항이 의회에서 만장일치로 수용되었다(The Straits Times 2017. 05. 08).

한편 2016년 법안 개정으로 인해 소수인종을 위한 대통령선거가 2017년 9월에 치러짐에 따라 올해는 말레이시아계 후보를 등록하게 된다(The Straits Times 2017. 05. 31). 따라서 9월 대선에서의 예비후보 등록 신청서가 6월 1일부터 제공되며, 자격 인증서, 공동체 증서, 재무제표 등을 선거시행 영장(the Writ of Election)이 발급된 뒤 5일 후까지 제출해야 한다(The Straits Times 2017. 05. 31).

지난 5월 22일 영국 맨체스터에서 발생한 공연 테러와 5월 24일 인도 자카르타 테러 이후 싱가포르 내에 테러에서도 대한 두려움이 점차 확산되고 있다. 7월 1일에 홍림공원 내 자유발언대(Speakers' Corner)에서 진행되기로 한 성적소수자관련 핑크도트(Pink Dot) 행사에서 처음으로 보안요원이 참가자들의 가방과 신분증을 확인하여 싱가포르인, 영주권자만이 행사에 참여할 수 있도록 하고 방어벽을 세우는 등의 조치가 취해질 예정이다(The Straits Times 2017. 05. 30). 핑크도트 대변인에 따르면 초기에는 이번 행사에 있어 경찰에 이러한 제안에 방어벽을 세우는 것만 동의했으나 영국 및 인도에서의 테러 이후 경찰의 제안을 받아들이게 된 것으로 보인다(The Straits Times 2017. 05. 30).

05월 05일

• 노동자당(WP) 의원, 다음 주 의회에서 4개 고등학교 폐쇄 요구 예정

(The Online Citizen 05. 05)

– 다음 주 의회에서 노동자당(WP) 의회 의원들은 세랑군, 주롱, 템펀스, 이노바 내 4개의 고등학교(Junior Colleges)의 폐쇄에 대해 의회 의장에게 요청할 예정이다. 각 고등학교는 안델슨, 피오니어, 메리디언, 이슌 지역에 병합된다.

05월 05일

• 인민행동당(PAP) 도시 회의(Town Council), 새로운 승강기 모니터링 시스템 구현

(People's Action Party News and Happening 05. 05)

– 여당인 인민행동당(PAP)이 관리하는 마을 협의회가 개발한 승강기용 실시간 대시보드 관리 시스템이 이번 달 말에 출시될 예정이다. 인민행동당(PAP) 도시회의 조정위원장인 테오 호 빙(張俐賓·Teo Ho Pin)은 이 시스템을 통해 문제에 보다 신속하게 대응할 수 있다고 발표했다. 이 시스템은 15개 시의회에서 관리하는 23,000대의 승강기 성능을 모니터링한다. 테오 박사는 "우리는 승강기에 많은 주의와 자원을 투입하고 있다. 이것이 바로 승강기 관리 시스템을 구축한 이유이다. 따라서 승강기를 개별적으로까지 어느 위치인지, 유지 보수한 승강기의 성능은 어떤지 추적할 수 있다"고 말했다.

04월 27일

• 싱가포르 내각 일부 개편

(The Straits Times 05. 01; 주싱가포르대사관 05. 01 재인용)

– 싱가포르 총리실은 4월 27일 보도 자료를 통해 5월 1일부로 현 총리실, 외교부 및 교통부 선임 국무장관인 조세핀 테오 및 현 내무부 및 국토개발부 선임 국무장관인

데스몬드 리를 각각 정식 장관으로 임명하는 등 내각 일부 개편내용을 발표하였다. The Straits Times는 테오 장관의 승진으로 그레이스 푸 문화공동체청소년부 장관에 이어 두 명의 여성 장관을 갖게 되어 싱가포르 내 여성의 입지 향상에 진전이 있었다고 평가했다. 또한 과거 노동분야에서의 경험을 가지고 있는 테오 장관에 대해 향후 인력부 장관이 되기 위한 수순을 보이는 것으로 분석했다.

05월 08일

• 2017년 5월 8일 본회의 질문   (The Online Citizen 05. 08)

– 싱가포르 13대 의회는 46차 회기를 5월 8일 월요일 오전 11시에 개최한다. 이번 의회에서는 57개의 구두질문과 39개의 서면질문이 요청되었으며, 지난 회기에 소개되었던 6개의 법안이 인민행동당(PAP)이 다수 석을 보유하고 있기 때문에 통과될 예정이다. ▷상선(난파선) 법안, ▷바다의 오염 방지(수정안) 법안, ▷테러(방사능 물질의 오용 억제) 법안, ▷공공 오락 및 회의(개정) 법안, ▷등록 된 디자인 수정안) 법안, ▷싱가포르 사회 과학 대학 법안.

05월 08일

• 의회 절차 및 규칙의 변경   (The Straits Times 05. 08)

– 의회는 의회 진행과 행동을 규율하는 규정에 대해 제안된 변경을 만장일치로 수용했다. 상임 명령의 변경은 의회 및 법안 절차를 개선하고 작년에 통과된 선출직 대통령 관련 헌법의 변경을 구체화하기 위한 것이다. 의회는 의장인 할리마 야콥(Halimah Yacob)을 의장으로 하는 10인 의회 위원회(Parliamentary Committee)에 인민 행동 당(PAP)과 야당 의원들을 추천했다. 그레이스 푸 하원 의원은 지난 달 발표된 보고서의 권고안이 만장일치로 위원회에 의해 합의되었다고 말하며 개정안이 의회의 효율적인 시스템을 만들 것이라고 밝혔다. 채택된 변경 사항 중에는 의회가 법안 및 수정안을 고려할 시간이 더 많이 필요한 것들이 일부 존재한다. 예를 들어, 법안의 도입과 논의가 시작될 사이의 기간은 이제 7일 대신 10일이어야 한다. 그녀는 증가된 기간은 장기간 앉아 있기 때문에 법안이 너무 빨리 읽히는 상황을 피할 것이라고 말했다. 또 다른 변화는 의회가 접수하는 탄원서와 관련이 있는데 청원서가 하원의

법안이나 발의안과 관련이 있다면, 의회는 공공 청원위원회(the Public Petitions Committee)에 제출하는 대신 법안이나 발의안을 함께 고려할 수 있게 된다. 푸 하원의원은 이것이 청원서가 부결 된 후에 고려되는 상황들을 막을 것이라고 말했다. 선출직 대통령과 관련한 절차에 대해서도 헌법이 정한 기한 내에, 대통령이 통과된 조치에 대한 구속력을 발휘하지 못하면 의회에 정보를 제공해야하고, 대통령이 대통령 고문위원회(CPA) 과반수의 조언에 반대하고 거부권을 행사하면 의회는 3분의 2 다수결로 이 거부권을 무시할 수 있다.

05월 27일

• 리 총리, 새로운 이민자 유입을 주의 깊게 관리해야 　　　　(The Straits Times 05. 28)
– 싱가포르가 이민자 수를 꾸준히 유지하기 위해 새로운 이민자를 받아들이고 있지만 유입에 대해 조심스럽게 관리해야 한다고 리 총리는 어제 말했다. 그는 이주민에 대해 그들은 사회에 통합될 수 있어야하고, 경제에 공헌할 수 있는 능력과 기술을 갖추고 있어야하며, 마음을 올바른 위치에 두어야 한다고 시민권 행사에서 덧붙였다. 매년 약 20,000명의 사람들이 새로운 시민이 된다. 근로 연령 인구가 적기 때문에 노동력 부족을 막기 위해서는 안정적인 인구 유지가 필요하다. 앙 모 키오 집단선거구 지역의 의원인 리 총리는 어제 앙 모 키오 집단선거구와 셍캉 서부 단일선거구 거주자를 위해 150명의 새로운 시민들에게 시민권 증명서와 신분증을 선물했다. 그는 "싱가포르 시민권을 취득하는 것은 이 섬이나 노동자의 거주자가되는 것이 아니라 싱가포르에 대한 충성심을 표하며 시민의 책임을 다할 것을 약속하는 것이다"라고 말했다.

05월 31일

• 대통령 희망자, 6월 1일부터 신청서 수령 가능 　　　　(The Straits Times 05. 31)
– 후보자들은 말레이시아 후보들을 위한 싱가포르 최초의 대선에 앞서 목요일(6월 1일)부터 9월 대선에 참가 신청을 시작할 수 있다. 수요일에 정부 관보에 발표된 이 법안의 개정사항은 선거가 어떻게 운영될 것인지와 후보자가 제출해야하는 신규 또는 개정된 양식, 회사의 주주 자본을 계산하기 위한 재정적 절차 등이 포함되었다. 이

절차는 2016년 11월에 통과된 헌법 변경 효력을 발생시켜 대선 후보자의 기준을 강화한다. 신청서는 8월 말 선거시행 영장이 발급된 후 5일 후에 마감되며 잠재적인 후보자에게 서류를 제출을 준비할 수 있도록 최소한 2개월 반의 시간을 준다. 선거 관리국(the Election Department·ELD) 웹 사이트와 사무실에서 양식을 얻을 수 있으며, 모든 후보자가 발표될 때 후보 추천일 전에 자격 여부를 통보 받게 된다. 필요한 서류는 유명 후보자의 경우 자격 인증서와 말레이 사회의 일원임을 나타내는 공동체 증서, 민간 부문의 후보자의 경우 승인 된 회계 기준에 따라 재무제표를 제출해야하며, 회사가 최근 3년간 보유한 지분이 최소 5억 달러 이상임을 입증해야 한다. 그들은 또한 회사가 평균적으로 세금을 내고 이익을 낸 것을 보여 주어야 하며, 지명서에 새로운 조항으로 포함된 법정 선언을 해야 한다. 성공적으로 지명될 겨우 후보자 신청서는 추천 일에 공개된다. 필요한 정보가 복잡하기 때문에 후보자가 서류를 제출할 수 있는 시간이 늘어나고 대통령선거위원회(the Presidential Elections Committee·PEC)가 더 많은 시간을 가질 것이다. 대통령선거위원회(PEC)는 공공 서비스위원회 위원장인 에디 테오(張贊成·Eddie Teo)가 이끌게 된다. 선거관리국(ELD)은 또한 수요일(5월 31일) 언론 발표문에서 공동체 위원들을 발표했다. 위원회는 선거 목적을 위해 어떤 인종 그룹 후보자가 소속되어 있는지 평가한다. 신청자는 자신이 속한 지역 사회를 선언해야 하며, 관련 소위원회는 동의하는 경우 인증서를 발급한다. 위원장은 대통령 소수 인권위원회 위원 티모시 제임스(Timothy James de Souza)이다.

싱가포르 여론

05월 30일

• 방어벽, 보안요원, 가방 및 신분증을 확인하는 핑크도트 집회

(The Straits Times 05. 30)

– 자유발언대 행사에서 홍림 공원 주변에 방어벽이 세워져 보안요원을 통해 입장하는 입구를 볼 수 있을 것이다. 이 보안담당자는 참석자의 가방과 신분증도 확인한다. 이러한 조치는 레즈비언, 게이, 양성애자 및 트랜스 젠더(Lesbian, Gay, Bisexual, and Trans-gender·LGBT) 핑크도트의 9번째 행사에서 7월 1일에 실시될 것이다. 보안요

원은 최근 테러공격으로 인한 보안문제뿐만 아니라 외국인이 행사에 참석하지 못하도록 할 수 있는 장소에 배치된다. 핑크도트 조직자는 경찰에 싱가포르인과 영주권자만이 행사에 참여할 수 있도록 하는 조치를 취하라고 요청받았다고 말했다. 초기 핑크도트의 대변인 패린 초아(Paerin Choa)는 당사와의 토론에서 경찰에게 동의한 유일한 제안은 공원을 방어벽으로 막는 것뿐이라고 밝혔으나 5월 22일 영국 맨체스터에서 발생한 공연 테러이후 참가자들의 안전을 위해 경찰이 참가자들의 가방을 확인하는 것을 요청했다.

12차(5월 말~6월 말)

김진주

싱가포르의 현 총리이자 싱가포르 정권을 장기집권하고 있는 리센룽이 가족 내부 분열의 문제로 위기를 겪고 있다. 리 총리의 동생인 리셴양(李顯陽·Lee Hsien Yang)과 리웨이링(李瑋玲·Lee Wei Ling)은 지난 14일 페이스북을 통해 '리콴유의 가치에 무슨 일이 벌어지고 있나'라는 제목의 성명을 발표하면서 리센룽을 형제로서도 리더로서도 신뢰하지 않고, 정부기관에 의해 감시와 협박을 당하고 있다고 밝혔다(중앙일보 2017. 06. 21). 그들은 덧붙여 리 총리가 자신이 사망하면 저택을 헐어버리라는 아버지의 유언을 어기고 보존하여, 정치적 우상화를 통해 아들 리훙이(李鴻毅·Li Hongyi)에게 권력을 이양하려고 한다고 주장했다(중앙일보 2017. 06. 21).

이에 대해 인민행동당(PAP)은 자신들의 홈페이지를 통해 사실을 확인하고, 리 총리를 옹호하는 글을 지속적으로 보도하고 있다. 리 총리는 6월 19일 비디오를 통해 싱가포르인들에게 대국민 사과를 했으며, 싱가포르를 통치하는 책임을 우선으로 할 것이라고 강조했다(People's Action Party News and Happening 2017. 06. 19). 반면 노동자당(WP)은 옥슬리 로드 논쟁에서 침묵을 깨고 리 총리의 권력 남용 혐의에 대한 우려를 표명했으며, 페이스 북을 통해 권력 남용 혐의가 싱가포르 정치 제도에 대한 신뢰 하락에 영향을 미칠 것을 우려한다고 밝혔다(Today 2017. 06. 20).

한편 9월에 치러질 대통령선거와 관련하여 몇몇의 후보자들이 이름을 올리고 있는 상황이며(The Straits Times 2017. 06. 01), 주요 후보 중 하나인 야곱 이브라힘 통신 정보부 장관은 모든 후보자들이 싱가포르인들에게 다가갈 수 있는 다인종주의를 지지해야 한다고 말하기도 하였다(The Straits Times 2017. 06. 02). 또한 이번 대통령선거가 말레이시아계의 후보자로 한정되었지만 선출된 대통령은 모든 집단을 포용해야 하기 때문에 정부차원에서 비 말레이시아인들의 적극적인 투표참여를 독려하는 노력이 필요하다는 의견도 존재하고 있는 상황이다 (The Straits Times 2017. 06. 07).

다음달 7월 3일 의회에서는 리 총리의 옥슬리 38번가 자택 문제에 대해 진상을 규명하는 논의가 이어질 예정이다.

06월 19일

• 리 총리, 국가 문제가 더 중요해

(People's Action Party News and Happening 06. 19)

— 리셴룽 총리는 인민행동당(PAP) 정부가 싱가포르 통치의 책임에서 벗어나지 않을 것이며, 국가적 문제를 해결하는 것이 우선이라고 강조했다. 그는 6월 19일 비디오 진술을 통해 싱가포르인들에게 정부의 우선 순위에 대해 안심시키기 위해 노력했다. 그는 이번 사태로 인해 싱가포르를 통치하는 책임을 다할 것이며, 현재 싱가포르가 직면하고 있는 긴급한 경제 및 안보 문제를 포함하여 더 중요한 국가 문제를 다룰 것이라고 강조했다. 또한 그는 자신이 공무원으로서 사적 업무와 공적 업무를 분리하는 엄격한 기준을 지킬 것이라고 말했다. 그는 덧붙여 가족 재산에 관한 분쟁으로 인해 싱가포르인들에게 혼란을 야기한 점에 대해 사과하여 상황이 악화되는 것을 막기 위해 최선을 다할 것이라 말했다.

06월 20일

• 노동자당(WP), 리 총리 권력 남용 혐의에 대한 우려 표명 (Today 06. 20)

— 노동자당(WP)이 20일 옥슬리 로드 논쟁에서 침묵을 깨고 리 총리의 권력 남용 혐의에 대한 우려를 표명했다. 노동자당(WP)은 페이스 북을 통해 그 혐의에 대한 진상을 규명하기 위한 7월 3일 의회에서 이루어질 질문에 대해 밝혔다. 또한 그들은 게시한 글에서 리 총리 가족의 옥슬리 38가를 두고 벌어진 가족 문제를 사적으로 또는 법정에서 해결해야 한다고 서술하며, 우리는 권력 남용 혐의와 싱가포르 정치 제도에 대한 신뢰 하락에 우려를 표한다고 덧붙였다. 일부 비평가들은 리 총리의 권력 남용 혐의에 대한 공개적인 조사를 촉구했다.

06월 27일

• 리 총리의 주장   (People's Action Party 06. 27)

– 리셴룽 총리가 형제, 자매인 리셴양과 리웨이링이 그에게 부과한 혐의에 대해 반
드시 다룰 것이라고 재차 강조했다. 그는 형제들이 자신이 하지 않았던 일에 대해 주
장을 계속하고 있으며 대부분 정확하지 않다고 말했다. 또한 2017년 7월 3일에 열
릴 의회에서 이번 의혹에 대해 대처할 것이라는 입장을 보였다. 현재 리 총리의 가족
은 그들의 아버지인 리콴유에 대한 분쟁에 휘말렸으며, 인민행동당(PAP)과 싱가포르
정부의 출생지인 이 집에 대해 리 총리의 형제들은 철거를 요구하고 있는 상황이다.
그러나 부총리겸 옥슬리 38번가의 각료위원회 위원장인 테오 치 힌(張志賢·Teo Chee
Hean)은 장관급의 위원회들이 집에 대한 철거를 막고 있지 않다는 성명서를 발표했
다.

싱가포르 선거·의회

06월 02일

• 야곱(Yaacob), 대통령 후보자는 모두에게 다가갈 수 있어야 해

                                         (The Straits Times 06. 02)

– 대통령선거 후보자는 직책을 직업으로 보는 것이 아니라 소명으로 봐야 한다고
야곱 이브라힘 통신 정보부 장관이 말했다. 그는 또한 모든 후보자들이 싱가포르인
들에게 다가갈 수 있는 다인종주의를 지지해야 한다고 말했다. 그는 공공 부문의 경
험을 가지고 있다는 요건을 충족시킴으로써 대통령선거에 출마할 자격이 있는 몇몇
개인 중 하나로 부상하고 있다.

06월 07일

• 대통령선거: 비 말레이시아인들이 투표하도록 특별한 노력을 기울여야 한다

                                         (The Straits Times 06. 07)

– 다가오는 대통령선거가 말레이시아인 후보로 정해졌지만 선출된 대통령을 모두
에게 다가가야 한다. 투표는 강제적일지 몰라도 투표를 하는 것에 대한 의미를 강제

적일 수 없다. 비 말레이시아인들의 투표 참여가 낮다면 선거 결과의 의미가 없을 것이기 때문에 정부는 비 말레이시아인들에게 설명하고, 동원하여 선거에 참여시키기 위한 추가적인 노력을 기울여야 한다.

06월 14일

• 싱가포르 '형제의 난'…리셴룽 총리, 대국민사과에도 리더십 '흔들' (중앙일보 06. 21)

– 리셴룽 총리의 남동생 리셴양과 여동생 리웨이링이 지난 14일 페이스북을 통해 '리콴유의 가치에 무슨 일이 벌어지고 있나'라는 제목의 성명을 발표하면서 리셴룽을 형제로서도 리더로서도 신뢰하지 않고, 정부기관에 의해 감시와 협박을 당하고 있다고 밝혔다. 그들은 리콴유 전 총리의 자택 처리에 대해 언급하며 리콴유 전 총리가 2015년 3월 29일 사망하기 전 자택이 우상화의 장소로 사용될 것을 우려해 자택을 기념관으로 만들지 말고 헐어버리라고 유언했으나 리 총리가 아버지의 유언을 어기고 자택을 정치적 자산으로 이용하려고 한다고 주장했다. 그들은 리 총리가 이러한 우상화를 통해 왕조를 만들고, 자신의 아들인 리홍이에게 권력을 이양하려고 한다고 주장했다. 비난이 확산되는 가운데 리셴룽 총리는 19일 성명을 통해 대국민사과를 발표했고, 아들 리홍이를 위한 정치적 야심을 품고 있다는 주장에 대해선 터무니없다고 반박했다. 다음달 7월 3일 국회에서 공개 성명을 통해 재차 의혹에 대해 해명하겠다고 밝혔으나 21일, 리 총리가 2011년 리콴유 전 총리에게 자택을 유적지로 선포하겠다고 보낸 이메일을 리셴양이 공개하는 등 형제간의 갈등은 폭로전으로 번지고 있다.

06월 16일

• 접수된 대통령선거 서류 　　　　　　　　　　　　　(The Straits Times 06. 16)

– 60세의 말레이시아인이자 이슬람교인 다국적 기업의 회장이 대통령직에 도전할 예정이다. 그의 친구 중 한 명이 6월 16일 선거구에 나타나 서류를 접수했다. 새로운 경쟁자에 대해서는 알려진 바가 없으나 대신 서류를 접수한 사람은 후보자에 대해 초다국적 기업의 회장이고, 싱가포르에 거주하고 있는 60년대 초반 생이라고 말했다. 그는 이 비밀스러운 후보자가 싱가포르의 모든 집단의 지지를 얻을 수 있을 것이

라고 덧붙였으며 또한 어떤 정당과도 연결되지 않은 인물이라 말했다.

06월 27일

• 많은 사람들이 이웃과 가깝고 싶어 해　　　　　　　　　　(Today 06. 27)

– 최근 조사에 따르면 지난 1년 동안 싱가포르 내에서 이웃 간의 상호 작용과 주변 사람들의 이웃을 환영하는 움직임이 줄어든 것으로 나타났다. 이 조사를 의뢰한 싱가포르 친절 운동(Singapore Kindness Movement)은 3명 중 1명(29%)이 이웃과 의견을 주 3회 이상 교환했다고 밝혔다. 또한 10명 중 1명(11%)만이 이웃 사람들과 일주일에 3번 이상 대화를 나눈 것으로 나타나 지난 설문조사보다 17% 적었다. 이러한 결과에 대해 싱가포르 친절 운동 단체는 좋은 이웃의 중요성을 말하면서 테러리즘의 위협이 있기에 이웃을 알 필요가 있다고 강조했다.

제2장

싱가포르의 쟁점

사회통합을 위한 싱가포르 정부와 정당의 노력

김진주

싱가포르는 의원내각제를 채택하고 직접선거를 통해 의원과 대통령을 선출하는 민주주의 국가이지만 1965년 독립되었을 당시부터 단 한 차례도 정권교체가 이루어지지 않은 일당우위 패권정당체체를 가지고 있다(임성학 2003). 현재 싱가포르에는 인민행동당(PAP)과 노동자당(WP), 국가단결당(National Solidarity Party), 싱가포르 민주당(SDP), 개혁당(Reform Party) 등이 활동하고 있지만 2015년 9월 총선 결과에 따라 집권당인 인민행동당(PAP)이 전체 89개 의석 중 83석을 차지하고 있으며, 야당인 노동자당(WP)에서만 6석을 확보해 제13대 의회가 임기를 수행중이다(Kotra 2017).

이렇듯 인민행동당(PAP)은 이번 제13대 의회뿐만 아니라 지금까지 모든 의회에서 약 80석에 달하는 의석을 차지해왔으며(외교통상부 2012), 의원내각제에서 실제 국가의 수반의 역할을 하는 총리와 헌법에 의해 국가를 대표하는 대통령역시 인민행동당 소속이거나 지지를 받고 있는 상황이다(Kotra 2017). 이에 따라 싱가포르를 독재 정권, 권위주의라 분류한다(Ortmann 2011). 하지만 일당우위 체제임에도 불구하고 사회통합을 위한 싱가포르 정부와 집권당 인민행동당(PAP)이 다수를 차지하는 의회의 자체적인 노력은 상당히 주목할 만하다.

지난 2016년 11월 싱가포르 의회는 장기간 대통령을 배출하지 못한 인종그룹을 대상으로 인종 간 통합을 위해 단독으로 대통령에 입후보할 수 있는 권한을 부여하는 개헌안을 가결했다(연합뉴스 2016. 11. 10). 다인종, 다언어, 다문화 국가인 싱가포르는 인구 구성비를 보면 중국계가 74.7%이고, 말레이계가 13.6%, 인도계가 8.9%를 차지한다(연합뉴스 2016. 11. 10). 따라서 중국계의 영향이 크지만 2017년에 치러질 대통령선거에서는 대통령 직선제 이후 단 한 번도 대통령을 배출하지 못한 말레이시아계가 단독으로 후보를 내게 되었다(연합뉴스 2016. 11. 10). 또한 의회 내에서는 말레이시아. 이슬람 출신 전문가, 관리자, 임원, 기술자들을 도울 수 있는 위원회를 새롭게 구성하기도 하였다(The Straits Times 2017. 03. 09). 싱가포르 정부 역시 대통령령 소수민족 권리 위원회(PCMR)를 두고 의회에서 처리되는 법안에 대해 특정한 인종이나 종교 사람들에게 직·간접적으로 불이익을 줄지 여부를 상시조사하고 있으며(The Straits Times 2017. 03. 08), 모든 종교단체와 연결하여 테러 공격을 받을 시 예배장소를 마련할 수 있도록 새로운 싱가포르 보안 커뮤니티 네트워크를 설립하는 등의 노력을 기울이고 있다(The Straits Times 2017. 03. 09).

지난 제13대 총선 당시 일당 장기집권이라는 비판에도 불구하고 인민행동당의 득표율은 약 70%에 달했으며(Kotra 2017), 싱가포르의 공공서비스와 관련해서도 약 88%의 국민이 긍정적인 인식을 가지고 있다(The Straits Times 2017. 03. 03). 이와 같은 국민의 높은 신뢰와 지지는 싱가포르 정부와 정당의 노력이 영향을 미쳤을 것이라 생각해볼 수 있으며, 향후 지속적으로 국민의 통합을 위해 다양한 노력을 기울여야 할 것이다.

참고문헌

연합뉴스. 2016.11.10.
외교통상부. 2012.06.
임성학. 2003. "아시아 민주주의의 비교분석과 공고화." 『한국사회과학』 25권, 191–

211.

Kotra. 2017. http://news.kotra.or.kr. user. nationInfo. kotranews. 14. userNa-
    tion BasicView.do?nationIdx=60 (검색일: 2017.03.26.)

Ortmann, S. 2011. "Singapore: Authoritarian but newly Competitive." 『Journal
    of Democracy』, 22(4), 153-164.

The Straits Times. 2017.03.03.

_____. 2017.03.08.

_____. 2017.03.09.

_____. 2017.03.09.

⠀

싱가포르 다문화주의의 양면성

김진주

싱가포르는 강력하고 장기집권 중인 여당을 가지고 있는 국가로 민주적이지 않다는 비판이 높음에도 다양한 문화와 인종, 종교를 통합하기 위해 정부차원에서 지속적인 노력을 기울이고 있다(The Straits Times 2017. 03. 08; The Straits Times 2017. 03. 09). 그러나 이러한 다문화주의가 실제로 소수인종과 집단을 위해 이루어지고 있는지 그들의 다문화주의가 해석에 따라 양면성을 가질 수 있지는 않은지 심도 있게 논의해보아야 할 사안이다.

4월 회기에서 환경수자원 장관 마사고스 줄키플리 장관은 싱가포르 내 여성의 열망을 지지한다는 토론에서 파이살 의원이 말레이시아, 이슬람 공동체와 관련하여 분열적 이슈를 제기하려한다며 비판했다(The Straits Times 2017. 04. 05). 당시 파이살 의원은 무슬림 간호사와 제복을 입은 장교가 직장 내에서의 투둥(Tudung) 착용을 허용해 달라고 촉구하며 종교적 의무를 이행하면서 여성들이 경력에 대한 열망을 성취할 수 있는 기회가 주어져야 한다고 강조했다(Today 2017. 04. 04). 그러나 이에 대해 마사고스 장관은 파이살 의원이 사람들을 모아서 연합시키는 대신에 말레이시아. 이슬람 공동체의 감정을 상처입히게 국가대 종교의 분열을 야기한다고 주장하며 우려를 표했다(Today 2017. 04. 04). 파이살 의원의 이러한 주장은 다문화주의로 나아가기 위해 충분히 논의할만한 사항이라 할 수 있다. 실제로 다문화주의는 모든 종교와 상관없이 개인은 경제적 이익을 취득할 수 있어야 하며 사회·문화적 혜택을 누릴 수 있어야 한다(Kurien, P. A. 2006). 그렇기 때문에 그들의 종교적인 의상, 행위 등 역시 경제활동 중이라 하더라도 존중받아야 하는 것이다. 그러나 마사코스 장관의 비판은 이와는 달리 오히려 그들의 종교적 행태가 다른 민족의 분열을 야기할 수 있다는 내용을 담고 있다.

싱가포르가 지향하는 다문화주의에 대해 이번 사례를 통해 조심스럽게 논의해볼 필요가 있다. 그들이 지향하는 다문화주의는 무엇이며 과연 그것이 실제 다양한 종교와 인종 집단을 통합할 수 있는 것인지 고민해보아야 한다. 사회통합은 다문화주의의 정의처럼 모든 개인이 어떠한 규제를 받지 않은 상태에서 정치·사회적 행위를 할 수 있어야지만 이루어질 수 있을 것이다. 따라서 싱가포르가 가지고 있는 다문화주의의 양면성을 다시한번 고찰하고 실제 사회적 분열을 야기하고 있는 것이 어떤 것인지 생각해보아야 비 민주적이라는 비판 속에서도 실질적인 사회적 통합을 이룩할 수 있을 것이다.

참고문헌

Kurien, P. A. 2006. "Multiculturalism and "American" Religion: The Case of Hindu Indian Americans," 『Social Forces』, 85(2), 723-741.

The Straits Times. 2017.03.08.

_____. 2017.03.09.

_____. 2017.04.05.

Today. 2017.04.04.

민주주의에서의 야당의 의미와 싱가포르 야당의 역할

김진주

싱가포르의 여당인 인민행동당(PAP)은 2015년 9월에 선출된 제13대 의회에서 총 89석 중 83석을 확보하고, 인민행동당(PAP)의 리센룽 의원이 2004년부터 총리를 연임하면서 권위주의라는 비판을 받을 정도로 장기간 집권하고 있는 상황이다(Kotra 2017). 그러나 싱가포르는 의원 및 대통령을 직선제로 선출하고 야당이 존재하는 민주주의 체제를 가지고 있다. 또한 여당인 인민행동당(PAP)는 각종 위원회나 토론 등에서 야당의 의원들을 포함시키며(The Straits Times 2017. 05. 08) 소수야당의원을 배제하고 있지 않고 있다. 하지만 싱가포르는 지속적으로 비민주적이라는 비판을 받고 있는 상황이다. 이러한 문제점에 대해 조심스럽게 정권을 획득하지 못하고 여당에 대한 견제 역할을 많이 수행하지 못하는 야당에게서 찾아볼 수 있을 것이다.

민주주의와 달리 전체주의는 정치권력을 하나로 통합하는 형태의 통치적 특징을 갖는다(Friedrich and Brzezinski 1965). 따라서 전체주의, 권위주의 국가라고 한다면 하나의 정당이 정치적 활동을 수행하는 일당체제가 이루어져야 하는 것이다. 그런 맥락에서 싱가포르는 노동자당(WP)인 야당이 존재하고 의회 내에도 진출하고 있기 때문에 일당제체라 보기에는 어려움이 있다. 하지만 야당의 역할은 매우 미비한 것으로 보인다. 여당이 행정부나 대통령(총리)에 대해 자율성을 가지고 있지 않기 때문에 야당은 정부와 여당의 활동을 비판, 견제하는 역할을 수행해야 한다(이시원·김주찬 2005). 그러나 싱가포르의 주요 야당이라 할 수 있는 노동자당(WP)은 자신들의 운영하는 홈페이지에 보도자료가 2017년 1월에 멈춰있을 뿐만 아니라 각 싱가포르 주요 언론사 기사들에서도 노동자당(WP)에 활동에 대한 내용을 찾기가 어려운 상황이다. 의회 내에서는 몇 차례 발언권을 얻어 활동을 이어가고 있는 상황이지만 이 마저도 인민행동당(PAP)의 비판을 받고 있고(People's Action Party News and Happening 2017. 03. 14), 이에 대해서는 어떠한 대응도 찾아볼 수 없다.

비록 인민행동당(PAP)이 사회를 통합하기 위해 소수 인종이나 이민자를 위한 다양한 활동을 펼치고 있는 상황이지만 올바른 정책의 수립과 국정수행을 위해 야당이 정부와 여당을 견제하여 진정한 민주주의를 확립할 필요가 있을 것이다. 2015년 9월 총선에서 인민행동당(PAP)이 제1당의 자리를 유지했으나 장기집권에 대해 유권자들의 불만이 커져가고 있으며 1981년까지 선거에서 단 한 석도 얻지 못했던 야당이 의회에 진출하는 쾌거를 이루었다(연합뉴스 2015. 09. 12). 따라서 이러한 가능성을 바탕으로 향후 야당은 유권자들의 다양한 요구를 수용하고 정당과 여당을 비판하는 역할을 충분히 수행하여 민주주의 확립을 위해 노력해야 할 것이다.

참고문헌

연합뉴스. 2015.09.12.

이시원·김주찬. 2005. "정책결정과정에서 야당의 영향력 연구." 한국행정학회 학술 발표논문집, 43-67.

Friedrich, C. J., and Brzezinski, Z. K. 1965. Totalitarian Dictatorship. Cambridge, MA: Harvard UP.

Kotra. 2017. 「국가정보-싱가포르」(http://news.kotra.or.kr. user. nationInfo. kotranews. 14. userNationBasicView.do?nationIdx=60)

People's Action Party News and Happening. 2017.03.14.

The Straits Times. 2017.05.08.

리센룽 총리가(家)의 내부 분열과 변화의 필요성

김진주

인민행동당(PAP)의 리센룽 총리는 2004년부터 지금까지 아버지 리콴유의 뒤를 이어 장기간 싱가포르를 집권하고 있다(Kotra 2017). 하지만 장기집권으로 인해 싱가포르인들의 불만은 다소 커져가고 있다. 그가 소속된 인민행동당(PAP)의 경우 2015년 총선에서 역시 제1당의 자리를 유지했으나 야당에 대한 유권자의 지지가 점차 늘어나면서 야당의 의석이 늘어가고 있는 상황은 지금까지의 권력 집중이 점차 변화해야 한다는 것을 보여준다(연합뉴스 2015. 09. 12).

6월 14일 리센룽 총리의 형제, 자매가 그들의 아버지 리콴유의 자택과 관련하여 리 총리가 아버지의 유언을 따르지 않고, 자신들을 정부 기관을 통해 감시하고 있다는 성명을 발표했다(중앙일보 2017. 06. 21). 이에 대해 인민행동당(PAP)은 자신들의 홈페이지와 언론을 통해 이러한 혐의에 대해 반박하는 기사를 냈으며, 리 총리는 즉각 대국민사과를 발표하며 혐의를 부인하고 나섰다(People's Action Party 2017. 06. 19). 그러나 싱가포르의 주요 야당이라 할 수 있는 노동자당(WP)은 페이스 북을 통해 리 총리의 옥슬리 38가를 두고 벌어진 가족 문제는 사적으로 또는 법정에서 해결해야 한다고 밝히며 우리는 권력 남용 혐의와 싱가포르 정치 제도에 대한 신뢰 하락에 우려를 표한다고 비판했다(Today 2017. 06. 20). 더욱이 이번 리 총리가(家)의 내부적 문제는 리 총리가 이를 통해 아들인 리홍이에게 권력을 이양하려고 한다는 의혹이 제기되면서 리 총리의 현 장기집권 상황과 맞물려 문제가 확산되고 있다.

아무리 직선제로 의원을 선출하는 민주적인 정치적 제도를 채택하고 있다고 하더라도, 장기집권으로 인한 권력 집중의 지속적인 문제와 이번 가족의 내부 분열을 통해 제기된 권력 이양에 대한 문제가 제기되고 있다는 점은 싱가포르의 민주주의를 위협하는 요인으로 작용하기에 충분할 것이다. 더욱이 부패에 대해 강력한 제재를 가함으로써 정부를 굳건하게 하고 있는 싱가포르의 경우 이번 리 총리의 권력 이양, 리콴유 우상화 등은 리 총리 자체의 부패함을 보여

줄 수 있어 정치적 혼란을 야기할 수 있다. 따라서 오는 7월 3일 국회에서 리 총리가(家)의 내부 분열에 대한 진상이 명확하게 규명되어야 할 것이며, 이를 통해 싱가포르 내 권력 집중 현상에 대해 보다 민주적인 개선방안이 모색되어야 할 것이다.

참고문헌

연합뉴스. 2015.09.12.

Kotra. 2017.

People's Action Party. 2017.06.19.

Today. 2017.06.20.